Detlev Arens, Ingrid Nowel,
Werner Preuß, Margarete Graf, Bernd Wurlitzer
Peter Fleischmann, Christian Schnieders

100 x Deutschland

Die 100 wichtigsten Kulturdenkmäler

DUMONT KUNST REISEFÜHRER

Deutschland – eine Kunstzeitreise

Von den Mühen der Auswahl

Runde Zahlen haben Autorität aus sich heraus. Und von den runden ist die Zahl 100 die rundeste. Wenn sie so unerbittlich wie in unserem Fall zur Auswahl zwingt, gibt es wenig Zweifels-, dafür umso mehr Verzweiflungsfälle. ›Eigentlich‹ müsste die eine Kunststätte auf der Liste die andere nach sich ziehen – und schon ist die ideale Größe verfehlt. Jede Hilfestellung kommt da gelegen, vor allem die in Gestalt des UNESCO-Welterbes, das zuletzt die ganzen Stadtbilder oder doch Ensembles bevorzugt hat.

Ebenso gehören die Hochburgen des Kulturtourismus in diesen Band. Dass so viele Menschen etwa Rothenburg ob der Tauber besuchen, spricht von vornherein weder gegen sie noch gegen die Stadt. Im übrigen gilt die Faustregel: je älter, desto auratischer. Die ältesten Kunstwerke ziehen gerade auch wegen ihrer Verschlossenheit in Bann.

Römerzeit

Am Anfang steht die Arbeit der Ausgräber. Sie legen, oft den Bagger im Nacken, immer noch Zeugnisse der Römerzeit frei. Die Eroberer setzten einen zivilisatorischen Standard, der auch noch heute staunen lässt. Besonders eindrucksvolle Hinterlassenschaften finden sich in den Provinzkapitalen Köln und Mainz, auch bei Städten wie Augsburg und Koblenz deutet schon der Name auf den römischen Ursprung. Der Limes ist heute über weite Strecken wieder eine Landschaftsmarke, entlang der Wasserleitung aus der Eifel nach Köln führt ein Wanderweg, der den »Römerkanal« als eine der bedeutendsten antiken Ingenieurleistungen erschließt.

Dennoch läuft alles auf Trier hinaus. Das liegt nicht nur an Dichte und Aussagekraft der archäologischen Befunde: Hier stehen mit der ehemaligen Palastbasilika und der Porta Nigra auch noch Römerbauten aufrecht. Darüber hinaus kann Trier seine historisch herausragende Rolle ins Feld führen: Es stieg um 300 n. Chr. zur Residenz eines Augustus und zum Mittelpunkt des Reiches auf. Entsprechend früh fasste das Christentum Fuß, kirchliche Bauten waren es vor allem, die das römerzeitliche Erbe bewahrten.

Karolinger und Ottonen

Der Zusammenbruch des römischen Imperiums hatte einen Kulturbruch im Gefolge. Die Archäologen konnten den einen oder anderen Mauerzug aus dem 5., 6. oder 7. Jahrhundert sichern, aber keiner ge-

Detail aus dem Dionysosmosaik im Römisch-Germanischen Museum, Köln. Um 230–240 entstanden, stellt das Fußbodenmosaik einer römischen Stadtvilla in Köln den Anbruch des goldenen Zeitalters dar. Der Gott selbst bildet das Zentrum des Bodens. Mit etwa 7 x 10 m ist das Mosaik eines der größten und schönsten seiner Art nördlich der Alpen.

winnt als Bauwerk Anschaulichkeit. Umso größeres Interesse richtet sich auf die ganz wenigen deutschen Architekturen der Karolingerzeit. Sie bringen niemanden in die Verlegenheit der Auswahl. Der Aachener Dom und die Torhalle von Kloster Lorsch sind Solitäre. Ins Weltkulturerbe allerdings gelangte Lorsch unter der Voraussetzung, die Torhalle datiere aus der Glanzzeit der Dynastie.

Das geschichtsmächtigere Bauwerk ist der Aachener Dom, einst die Pfalzkapelle Karls des Großen. Der Kaiser sah sein Reich in der Nachfolge des Imperium Romanum, sich selbst als Erbe der römischen Herrscher. Karls Mythos warf seinen Schatten auf das ganze Mittelalter, wenngleich der Versuch einer Heiligsprechung letztlich fehlschlug.

Mit der Aachener Kaiserpfalz verbindet Lorsch vor allem ein nach dem Kloster benanntes Evangeliar, das in der karlischen Schreibstube entstanden und mit vollständigem Deckelschmuck erhalten ist. Es bezeugt die enge Verbindung zwischen dieser Reichsabtei und dem großen Herrscher. Er war bei ihrer Gründung zugegen, er schenkte ihr nicht nur die ganze Mark Heppenheim, sondern verlieh Lorsch auch die Immunität und das Recht der freien Abtswahl.

Eine Brücke von der karolingischen zur ottonischen Kunst lässt sich dank einer Insel schlagen, einer Insel im Bodensee. Äußerlich mögen die Kirchen auf der Reichenau die Bedeutung des hiesigen Klosters (gegründet 724) nur mehr schemenhaft widerspiegeln, doch reichen die Vierung und das östliche Querhaus des Münsters in die karolingische Glanzzeit zurück. Großartige Fresken aus ottonischer Zeit bewahrt die Oberzeller Kirche St. Georg. Im Skriptorium der Reichenauer Benediktiner entstanden berühmte Handschriften, berühmt vor allem durch ihre Malerei. Das Reichenauer Evangeliar Ottos III. gehört zu den wertvollsten Stücken des Aachener Domschatzes.

Auf Lebenszeit verbannte Karl den Sachsenherzog Widukind auf die Reichenau. Zur Nachkommenschaft des Herzogs gehörte Mathilde, die Gemahlin König Heinrichs I.; ein Jahrhundert nach Widukinds Tod hinter Klostermauern steht sie an der Spitze des Reiches. Als Gründerin des Stiftes Quedlinburg tritt Mathilde in diesem Band auf, der an gewichtigen Beispielen zeigt, wie nun der Osten ins helle Licht der Geschichte tritt. Das Kaisertum der sächsischen Ottonen zählt sicher zu den bemerkenswertesten Phänomenen deutscher Geschichte. Und dank dem Hildesheimer Bischof Bernward, auch er aus sächsischen Adel, gewinnt eine Gruppe von Bau- und Kunstwerken ein so markantes Profil, dass sich das Stichwort »bernwardinische Kunst« bis heute in den Lexika behauptet.

Romanik

Das erste europaweit verbindliche Stilepochenzertifikat leitet sich von lateinisch *romanus,* also römisch, ab. In den Augen der kunstsinnigen Betrachter verkörpert die Romanik demnach eine Art gefühltes Altertum. Dafür mag hier der großartige Westbau des Trierer Doms stehen, eines Gotteshauses, das ja tatsächlich noch Mauerwerk eines antiken Sakralbaus integriert. Der Dom stellt auch die Hauptkennzeichen romanischer Architektur vor Augen: Fest umrissene, auf den Kubus hin angelegte Baukörper werden zusammengefügt, die Planer setzen auf Massenwirkung, betonen die Mauer.

Bei näherem Hinsehen ist der Epochenbegriff so unumstritten nicht. Vielfach wird die ottonische Kunst zur frühen Romanik gerechnet oder ihr doch teilweise zugeschlagen. Und schon bezogen auf die heutige Bundesrepublik herrscht keine Einigkeit, innerhalb welchen Zeitkorridors sich die Früh- von der Hochromanik trennt. Trotz solcher Unschärfen, ja bei allem Misstrauen gegen die Epochenbegrifflichkeit überhaupt, muss aber festgehalten werden, dass Griffigeres nicht zur Verfügung steht.

Einen ersten zweifellosen Höhepunkt erreicht die Baukunst zur Zeit der Salier, also etwa zwischen 1030 und 1140. Jetzt verlagern sich die Haupt- und Staatsaktionen wieder deutlich in den Westen des Reiches, die mächtigen Kaiserdome am Rhein, Mainz, Speyer und Worms, wirken als Fanal. Doch es sind eben auch Glücksfälle wie Maria Laach, wo an eher entlegenem Ort die triumphale Architektur einer Klosterkirche die Möglichkeiten des Stils verdeutlicht.

Fast übereinstimmend wird die Spätromanik mit der Stauferzeit (1140–1250) gleichgesetzt. Das Ensemble der romanischen Kirchen Kölns wird um einige spektakuläre Ostpartien bereichert, keinerlei endzeitliche Ermüdung der schöpferischen Kraft zeigt auch ein Bauwerk wie der Bamberger Dom (Gesamtweihe 1237). Doch dürfen über der Architektur jene Meisterwerke der Goldschmiedekunst nicht vergessen werden, die als Reliquiare oft genug die Keimzellen, vielleicht sogar die Inspirationsquellen ihrer Kirchen sind.

Aus der Romanik bleiben erstmals auch Freskenzyklen in geringer, aber doch nennenswerter Zahl erhalten. Einen schönen Bogen von der Architektur zur Malerei schlägt die Hildesheimer Michaelskirche, wo ein großartiger Wurzel-Jesse-Zyklus seit Ende des 12. Jahrhunderts die flache Holzdecke des Mittelschiffs überzieht.

Naturgemäß sind Profanbauten weniger sakrosankt als Sakralbauten. Sie werden unbedenklicher verändert oder ersetzt. Denkmalpfleger hüten daher die wenigen romanischen Wohnhäuser in Deutschland wie einen Augapfel. Burgen hingegen wurden – fast hätten wir gesagt: glücklicherweise – häufig aufgegeben, wenn sie den gestiegenen Komfortbedürfnissen nicht mehr genügten. So verfielen sie zwar, doch blieben immerhin Bauteile wie der stauferzeitliche Palas von Burg Gutenfels am Oberen Mittelrhein erhalten. Den berühmteren, auch älteren Palas (spätes 12. Jh.) hat die 1838–89 wieder aufgebaute Wartburg südlich von Eisenach, doch wirkten hier immerhin rheinische Steinmetzen. Der Goslarer Kaiserpfalz drohte im 19. Jahrhundert der Abbruch, eben noch rechtzeitig konnte sie als Symbol nationaler Größe gerettet werden.

Gotik

Nie hätten sich seine Erfinder träumen lassen, dass der Begriff »Gotik« Epoche machen würde. Vordenker der italienischen Renaissance brandmarkten die Goten als Liquidatoren der antiken Kultur, gotische Kunst demnach als Schöpfung von »Barbaren«. Positiv gewendet, setzte sich später die Vorstellung fest, die Gotik sei der deutsche Nationalstil schlechthin. Entwickelt und gültig ausformuliert wurde der gotische Formenkanon jedoch in Frankreich.

Über die Quellen dieses Stils und die Gründe für seine enorme Durchsetzungsfähigkeit (allerdings nicht in Italien) ist viel gemutmaßt worden. Im Rahmen dieser Einleitung soll es bei der Feststellung blei-

Rothenburg ob der Tauber, St. Jakob, Heilig-Blut-Altar von Tilman Riemenschneider, Abendmahl (s. S. 323)

ben, dass sich vor allem die gotische Baukunst klar gegen die romanische abgrenzt. Sie verleiht ihren Schöpfungen einen entschiedenen Zug in die Höhe, entwickelt sie als Einheit und löst die Mauer bis auf ein tragendes Gerüst auf.

Zu den ersten gotischen Bauten gehört übrigens die Trierer Liebfrauenkirche, sie geht mit dem (romanischen) Dom aus einer spätantiken Doppelbasilika hervor. Doch findet sich der früheste Ansatz gotischer Architektur weit im Osten des Reiches. Beim Magdeburger Dom (begonnen 1209) gab wohl der bischöfliche Bauherr den Ausschlag, der seine Kenntnis der neuesten Entwicklungen einem langjährigen Paris-Aufenthalt verdankte. Und während sich hierzulande die romanische Architektur zäh behauptet, ist so mancher Steinmetz dieser Tradition voraus: Vorzügliche Bildwerke (etwa im Bamberger und im Mainzer Dom) stehen der französischen Kathedralplastik sehr nahe, ohne jedoch eine Verbindung mit der romanisch geprägten Architektur eingehen zu können.

Der Kölner Dom ist dann Durchbruch und Höhepunkt zugleich. Dass der hiesige Erzbischof diese »Westkunst« favorisierte, hat auch mit seiner Opposition gegen die Staufer zu tun, unter deren Herrschaft die Romanik gerade auch in Köln eine letzte Glanzzeit erlebte. Die Vollendung der großen gotischen Kirchen war vielfach erst im 19. Jahrhundert möglich. Eine Ausnahme war das Freiburger Münster, dessen Turmhelm Schule machen sollte.

Großen Anteil an der Entwicklung gotischer Baukunst hat der 1098 in Frankreich gegründete Zisterzienserorden. Seine deutschen Niederlassungen Maulbronn und Chorin sind herausragende Beispiele der Kirchen- und Klosterbaukunst. Das frühgotische Choriner Gotteshaus blieb nur als Ruine erhalten, dafür ist es ein zeitlicher Vorposten der Backsteingotik, wie sie in den Stadtbildern von Lübeck, Stralsund oder Wismar Triumphe feiert. Welche Möglichkeiten dieses Baumaterial auch dem Profanbau eröffnet, zeigen etwa das Lübecker und das Stralsunder Rathaus aufs Eindrucksvollste.

Im Kirchenbau der deutschen Spätgotik setzen Hallen die stärksten Akzente. Bei der Annenkirche in Annaberg-Buchholz und dem Freiberger Dom in Sachsen, bei der Münchner Frauenkirche oder der Nürnberger Sebaldkirche in Süddeutschland lässt sich schon eine neue Rationalität des Bauens beobachten, die eine Abkehr von alten Gepflogenheiten darstellt. Das könnte erklären, warum spätgotische Schöpfungen vielerorts mit Elementen der Renaissancearchitektur eine friedliche Koexistenz führen. Und die spätgotische Plastik erreicht hierzulande ihr außerordentlich hohes Niveau auch, indem sie der neuen Epoche vorarbeitet: Künstler wie Hans Bachoffen (s. S. 131), Niclaus Gerhaert van Leyden (s. S. 46), Hans Multscher (s. S. 253), Tilman Riemenschneider (s. S. 50, 323), Veit Stoß (s. S. 51, 278, 279) oder Peter Vischer (s. S. 229, 280) entwerfen ein Menschenbild, das deutlich realistischere Züge hat.

Exkurs: Fachwerk

Auch andere Länder können mit eindrucksvollen Fachwerkbauten aufwarten, doch dominieren die hiesigen Beispiele. Dabei sprechen für den Fachwerkbau zuallererst die geringeren Kosten; deshalb blieb er über Jahrhunderte so aktuell wie seine Techniken traditionell. Was

Alfeld, Prachtvolles Fachwerk eines Renaissance-Bürgerbaus: Lateinschule von 1610 mit Darstellung der Sieben Freien Künste, der Sieben Tugenden sowie biblischer Gestalten

nicht heißen soll, dass er sich nicht entwickelt oder keine Epochenwechsel widergespiegelt hätte. Nur bleibt beim Fachwerk die eigentümliche Bauweise stets im Vordergrund der Wahrnehmung.

Das preiswertere Bauen läuft keineswegs auf ein schlichteres Erscheinungsbild hinaus. Im Gegenteil wirken Fachwerkhäuser mit ihren vorkragenden Obergeschossen, den Schnitzereien am hölzernen Gerüst und dem Kratzputz der Gefache so überbordend malerisch, dass sie darin die massiven Bauten weit hinter sich lassen können. Die ganze Faszination des Fachwerks zeigt sich dort, wo komplette Straßenzüge erhalten blieben. Unser Band spannt den Bogen von Quedlinburg an der Bode nach Rothenburg ob der Tauber. Das zeitlich weiteste Spektrum hat Quedlinburg, die Stadt bewahrt Zeugnisse vom frühen 14. bis zum Anfang des 20. Jahrhunderts. Nach Rothenburg zog es schon die Romantiker, heute wirkt seine Anziehungskraft weit über Deutschland hinaus: Japaner wie Amerikaner zeigen sich angesichts dieser Kulissen beeindruckt, ja begeistert.

Renaissance

Einige Forscher warnen, unser Bild der Epoche zu sehr von der italienischen, namentlich der florentinischen Renaissance bestimmen zu lassen. Doch dieser Vorbehalt ändert am Befund wenig: In Deutschland gibt es nur wenige repräsentative Bauten dieses Stils, unter denen sich keine einzige Sakralarchitektur findet.

Immerhin sind Gläserner Saalbau und der Ottheinrichsbau des Heidelberger Schlosses genuine Schöpfungen der Epoche, wie auch das Antiquarium in der Münchner Residenz. Dass Augsburg gelegentlich als Renaissancestadt annonciert wird, mutet etwas kühn an, Willkür ist es keineswegs. Dank der geschäftlichen Verbindungen süddeutscher Handelshäuser, namentlich der Fugger, gelangte die Baukunst der italienischen Renaissance über die Alpen. Nürnberg öffnet sich ebenfalls für den neuen Stil. Dafür steht weit vor allen anderen die Person Albrecht Dürers, der den Begriff 1523 mit »Wiedererwachsung« übersetzte.

Die Weser hat einer deutschen Spielart der Renaissance den Namen gegeben, zu ihren eindrucksvollsten Zeugnissen gehört das Bremer Rathaus. Die Weserrenaissance neigt später zur nordwesteuropäischen Ausprägung des Stils, die schon zwischen Renaissance und Barock vermittelt. Die kunstgeographische Verbindung zu den Niederlanden zeigt ebenfalls Schloss Güstrow. Aber selbst das Erscheinungsbild dieses zu seiner Zeit (1558) hochmodernen Bauwerks verzichtet nicht auf den Bezug zum Mittelalter. Manieristisch geprägte Schmuckformen finden sich schließlich auch am Aschaffenburger Schloss.

Barock und Rokoko

Die große Zäsur des Dreißigjährigen Krieges hat im 17. Jahrhundert kaum richtungsweisende Bauwerke entstehen lassen, die Münchner Theatinerkirche und Schloss Pommersfelden sind Ausnahmen. Pommersfelden steht sozusagen programmatisch für einen Wechsel, der sich bereits unter dem Horizont der Renaissance angebahnt hatte: Das politisch geschwächte Bürgertum verliert auch seine kulturelle Führungsrolle, die an die Fürsten übergeht. Sie begreifen die Architektur als ideales Mittel, ihren absoluten Herrschaftsanspruch darzustellen.

So entstehen die großartigen Schlösser Ludwigsburg, Rastatt oder Schleißheim (Neues Schloss). Ins Auge fällt die starke Beteiligung der Italiener, schon in Pommersfelden prägten sie den ganzen Bau. Und noch in Brühl (Augustusburg) und Würzburg (Residenz des Fürstbischofs) sind die Fresken von Carlo Carlone und Giovanni Battista Tiepolo Glanzpunkte der Ausstattung.

Die Treppenhäuser hier wie dort schuf allerdings der geniale Balthasar Neumann. Er schrieb auch im Kirchenbau Kunstgeschichte, seine fränkische Wallfahrtskirche Vierzehnheiligen ist ein machtvoller Abgesang der Epoche. In München war den Brüdern Asam mit

Das Benediktinerkloster Ettal in strahlendem Barock

St. Johannes Nepomuk zuvor ein Kirchenbau gelungen, der als Gesamtkunstwerk dem ehrgeizigsten Anspruch des Barock genügte.

Der Schwerpunkt des Kunstschaffens liegt jetzt im Süden Deutschlands; zumindest im Bereich der Sakralarchitektur galt der Barock als Instrument der Gegenreformation. Dagegen hält Dresden, das zu einem Zentrum nicht nur der barocken Baukunst wurde; stellvertretend seien der Zwinger des Matthäus Daniel Pöppelmann und die protestantische Frauenkirche von George Bähr genannt.

Die Übergänge vom Barock zum Rokoko sind hierzulande noch schwerer zu fassen, weil die stark verzögerte Aufnahme des Barock die Epoche gewissermaßen komprimierte. Den Schlossbau des Rokoko prägte François Cuvilliés (1695–1768). Der ehemalige Hofzwerg des Kurfürsten Max Emanuel schuf mit der Amalienburg eine Art Leitarchitektur des Rokoko, auch sein Brühler Schlösschen Falkenlust gehört zu den vollendeten Schöpfungen der Epoche. Und wer in Friedrich dem Großen die Verkörperung der preußischen Kardinaltugenden sieht, dem muss die Bezeichnung »friederizianisches Rokoko« wie Ketzerei klingen. Dennoch spricht aus Sanssouci mit seinem Terrassengarten, dem Chinesischen Haus und den Grotten die ganze verschwenderische Lust des Ancien Régime.

Auch im Kirchenbau verlieren sich jetzt die großen Gesten der Architektur, das schlichte Äußere dient dazu, das dekorative Innere um so effektvoller in Szene zusetzen. Die Wieskirche im bayerischen Pfaffenwinkel ist dafür das schönste Beispiel, ihre Gestaltung als Gesamtkunstwerk ruht noch einmal auf den Schultern zweier Brüder: Dominikus und Johann Baptist Zimmermann.

Klassizismus und Historismus

Aus der Rückschau mutet der Klassizismus wie eine Verzweiflungstat an, ein letzter Damm des verbindlichen Regelmaßes gegen die Flutwelle der Neostile. Das monumentale Brandenburger Tor (1789–91) von Carl Gotthard Langhans beschwor die griechische Antike und wurde zum Wahrzeichen Berlins (»Spree-Athen«). Der bedeutendste Architekt des Klassizismus war aber wohl doch Karl Friedrich Schinkel. Um sein Altes Museum mit der imposanten Kolonnade (eingeweiht 1830) sollte später die Museumsinsel entstehen.

Der Klassizismus blieb, nicht zuletzt dank der Schüler Schinkels, auch im weiteren 19. Jahrhundert präsent. Aber schon der Meister selbst plante im Geist der Romantik gotische Kirchen. Auch er verschloss sich dem Historismus nicht, zu dessen ursprünglichsten Schöpfungen die Landschaftsgärten der Epoche gehören, etwa das Wörlitzer Gartenreich bei Dessau, die Anlagen des Fürsten Pückler-Muskau oder die (umgestaltete) Kasseler Wilhelmshöhe.

Die so genannten Märchenschlösser Ludwigs II. können als romantische Visionen gelten, allen voran natürlich Neuschwanstein. Der bayerische König hatte sich auch von der eben restaurierten Wartburg anregen lassen. Sie ist eines der großen nationalen Projekte des 19. Jahrhunderts, zu denen auch die Vollendung der Kölner Doms gehört. Im gewaltigen Leipziger Völkerschlachtdenkmal (erst 1913 vollendet) sah sein Planer Bruno Schulz eine Hommage ans germanische Urvolk. Eine entspannte Alternative zu dieser Art bramarbasierender Architektur ist das Friedrichsbad in Baden-Baden (1871–77), dessen Quellen dem Historismus ohnehin ewige Jugend geschenkt haben.

Übrigens hoffte Schinkel auf eine wirkliche Synthese und wollte das »Beste aus allen Zwischenzeiten« mit Bedürfnissen und Erfordernissen zeitgenössischen Bauens verbinden. Diesen utopischen Zug lassen die Münchner Residenz Leo von Klenzes, genauer ihr Königsbau, und die Dresdner Oper Gottfried Sempers, beide an der italienischen Renaissance orientiert, durchaus erkennen. Aber gegen Ende des Jahrhunderts mischen sich die Neostile immer beliebiger, das Sammelsurium der Architekturzitate aus allen Epochen zeigt bestenfalls eklektizistisches Raffinement.

Jugendstil und Industriearchitektur, Expressionismus und Neues Bauen

Die Abkehr vom Historismus leitet der Jugendstil ein. Ihm hängt immer noch der Neckzettel des bloß Dekorativen an, seine Architektur gilt weithin als Fassadenkunst. Dagegen lässt sich die Künstlerkolonie der Darmstädter Mathildenhöhe ins Feld führen. Es kennzeichnet die deutschen Verhältnisse, dass sie von einem (hessischen) Großherzog gegründet wurde. Bauten von Peter Behrens und Joseph Maria Olbrich prägen das leider arg gezauste Ensemble.

Ein feuriges Zwischenspiel blieb der Expressionismus. Seine Architektur kam oft über den Entwurf nicht hinaus, nach dem Ersten Weltkrieg lag das Bauwesen darnieder. Wegweisende Arbeiten kamen von Hans Poelzig (Kulissen zum Film »Der Golem«) und Erich Mendelsohn (Potsdamer Einsteinturm). Zu den ganz wenigen Zeugnissen des gebauten Expressionismus zählt das Hamburger Chilehaus von Fritz Höger; eine emphatische Architektur, die das traditionelle Material Backstein für avanciertestes Bauen nutzt.

Ihre »expressionistische Phase« hatten in den frühen 1920er Jahren fast alle führenden Köpfe, soweit sie vor den Zeichenbrettern standen. Sie wandten sich bald (wieder) einem nüchternen Bauen zu, das eine Vielzahl von Etiketten herausgefordert hat: Neue Sachlichkeit, Funktionalismus, Rationalismus, Internationaler Stil oder Neues

Bauen. Flaggschiff ist unbestritten das Bauhaus. Aus der Weimarer Kunstgewerbeschule hervorgegangen und 1924 nach Dessau übersiedelt, wurde es wesentlich von Walter Gropius geprägt. Das grandiose Kerngebäude mit Werkstätten und Ateliertrakt (1925/26) macht deutlich, wie entschieden sich deutsche Architekten an die Spitze modernen Bauens gesetzt hatten.

Gropius war auch an der Weißenhofsiedlung Stuttgart (1927) beteiligt, sie lässt ihre Bedeutung als städtebauliches Projekt inzwischen wieder erkennen. Die Leitung lag in den Händen von Ludwig Mies van der Rohe, und neben Le Corbusier, dem vielleicht genialsten Architekten des 20. Jahrhunderts, wirkten hier noch einige andere Schlüsselfiguren des Neuen Bauens.

Die oft pauschal unterstellte Affinität des Bauhauses zur Industriearchitektur führte dazu, dass die Essener Zeche Zollverein unter der Rubrik Bauhaus abgespeichert wurde. Doch hat die Schöpfung von Fritz Schupp und Martin Kremmer (Entwurf 1927) einen Zug ins Heroisch-Gewalttätige, der mit der Leitidee egalitären Bauens unvereinbar ist. Aber die bildmächtige Organisation der Baukörper, die folgerichtige Widerspiegelung der Produktionsabläufe in diesem über Jahrzehnte immer erweiterten Ensemble – sie zerstreuen viel Argwohn gegen das Etikett »schönste Zeche der Welt«.

Avantgarde-Architektur

Nach der Emigration der bedeutenden Architekten (Gropius, Mendelsohn, Mies van der Rohe) und dem Zweiten Weltkrieg fand Deutschland nur verzögert wieder Anschluss an den internationalen Standard. Ein skurriler Sonderfall ist sicher die Karl-Marx-Allee im Osten Berlins. Dort liegt der Schatten Stalins über einer Arbeiter-und-Bauern-Architektur, die als »nationale Traditionspflege« ausgegeben wurde, aber doch nur ein Nachklapp des Historismus war. Um Avantgarde-Akzente im Stadtbild bemühte sich die VW-Stadt Wolfsburg, sie setzte vor allem der Finne Alvar Aalto (1898–1976).

Wir zielen gar nicht auf eine Pointe ab: Doch keineswegs nur dank unserer Auswahl fällt ins Auge, welche herausragende Rolle die Museen für das neueste Bauen spielen (Vitra Design Museum, Weil am Rhein; Neue Staatsgalerie Stuttgart; Museumsmeile Bonn, Museumsufer Frankfurt). Seit einigen Jahrzehnten schmückt sich die so genannte öffentliche Hand gerne mit avancierter Architektur – oft ohne die Häuser selbst angemessen auszustatten. Und am Münchner Olympiastadion hat sich gezeigt, wie schnell eine hoch gelobte moderne Architektur museale Züge annehmen kann.

Mit dem Hang zur Repräsentation geht einher, dass sich die Bauherren mit den international angesehensten Vertretern der Zunft

schmücken, heißen sie nun Richard Meier, Frank O. Gehry oder James Stirling. Unter ihnen haben die »Postmodernen« und »Dekonstruktivisten« das meiste Aufsehen erregt. Spielerisch wandten sich die Postmodernen gegen das aus ihrer Sicht angestrengte Bauen der strengen Neuerer. Die Dekonstruktivisten meinen es grundsätzlicher. Ihre Baukunst will eine längst aus den Fugen geratene Gesellschaft widerspiegeln, wobei wie im Fall Frank O. Gehrys die provokante Fassade verspricht, was die konventionelle Raumgestaltung nicht halten kann.

Die Stuttgarter Staatsgalerie, ein Aufsehen erregender Museumsbau der 1980er Jahre

Diese Bauten blieben meist Solitäre, kühne städtebauliche Projekte finden sich kaum. Insofern ist die Vereinigung der beiden deutschen Staaten ein Glücksfall: Der Potsdamer Platz in Berlin gehört in dieses Buch – trotz allen Streits darüber, ob hier die planerischen Möglichkeiten voll ausgeschöpft wurden. Und trotz aller kritischen Stimmen bleibt es doch das Verdienst von Norman Foster, den alten als Neuen Reichstag gelüftet und gelichtet zu haben – das ist durchaus eine Spielart der Befreiung.

Daten zur Geschichte

Römerzeit und 1. Jahrtausend

Ab 1. Jh. v. Chr.	Aus römischen Militärlagern entwickeln sich u. a. die Siedlungen *Augusta Vindelicorum* (Augsburg), *Augusta Treverorum* (Trier), *Colonia Claudia Ara Agrippinensium* (Köln) und *Moguntiacum* (Mainz).
2. Jh. n. Chr.	Bau der Porta Nigra und der Römerbrücke in Trier
4. Jh.	Palastbasilika in Trier
754	Bonifatius, der »Apostel der Deutschen«, wird in Friesland ermordet.
724	Gründung von Kloster Reichenau
768–814	Regierungszeit Karls des Großen
776–774	Die Königshalle der Benediktinerabtei Lorsch entsteht.
790–805	Auf Veranlassung von Kaiser Karl dem Großen wird in Aachen die Pfalzkapelle erbaut.
um 810	Lorscher Evangeliar
830	In Reichenau wird der »Klosterplan von St. Gallen« entworfen, der Idealplan eines Klosters.
922	Bau der Königspfalz in Quedlinburg
980	Weihe von St. Pantaleon, Köln
998–1001	In Reichenau entsteht das Evangeliar Ottos III.

11. Jahrhundert

um 1000	Wandmalereien in St. Georg, Reichenau
1010–1033	Bau der Michaeliskirche in Hildesheim
1013–1015	Bronzetüren des Hildesheimer Doms mit 16 Szenen aus dem Alten und dem Neuen Testament
1030–1061	Bau des Doms zu Speyer
um 1040	Die erste Kaiserpfalz in Goslar wird errichtet.
1048	Vollendung des Münsters St. Marcus und Marien auf der Insel Reichenau
1056–1106	Regierungszeit Heinrichs IV.
1065	Weihe von St. Maria im Kapitol, Köln
1076	Papst Gregor VII. verhängt den Kirchenbann über Kaiser Heinrich IV.
1080	St. Peter und Paul, Reichenau
1098-1179	Hildegard von Bingen
1093–1250	Bau der Klosterkirche Maria Laach

12. Jahrhundert

1129	Weihe der Stiftskirche in Quedlinburg
1145–1200	Kirche des Zisterzienserklosters Eberbach
1148–1178	Kirche des Zisterzienserklosters Maulbronn
1152–1190	Regierungszeit Kaiser Friedrichs I., »Barbarossa«
ab 1130	Bau des Doms zu Worms
1172	Weihe von Groß St. Martin in Köln
ab 1181	Nikolaus von Verdun arbeitet für den Kölner Dom den Dreikönigenschrein.
vor 1188	Evangeliar Heinrichs des Löwen

13. Jahrhundert

um 1200	Der Palas der Wartburg wird errichtet.
1200	St. Aposteln in Köln wird vollendet.
1225–1265	Dom zu Münster
1200–1210	Wolfram von Eschenbach verfasst den »Parzival«.
1209–1520	Magdeburger Dom
1210–1237	Bamberger Dom
1213–1242	Naumburger Dom
1225–1230	»Bamberger Reiter«
1235–1260	Liebfrauenkirche in Trier
1235	Weihe des Limburger Doms
1240/1250	»Die Klugen und die Törichten Jungfrauen« im Paradies des Magdeburger Doms
1244–1250	Stifterfiguren im Naumburger Dom: Hermann und Reglindis, Ekkehard und Uta
1248	Baubeginn des Kölner Doms
1250–1350	Marienkirche in Lübeck
1260–1477	Dom zu Meißen
1273–1309	Klosterkirche Chorin in Brandenburg
1276–1439	Straßburger Münster
1278–1340	Severikirche in Erfurt
ab 1280	Regensburger Dom

14. Jahrhundert

1346–1378	Regierungszeit Kaiser Karls IV.
1350	Baubeginn des gotischen Chors am Dom zu Aachen
1354–1536	Freiburger Münster
1355–1361	Frauenkirche in Nürnberg

Der Altar der Stadtpatrone, das so genannte Dombild von Stefan Lochner im Kölner Dom, um 1440. Es zeigt die Heiligen Drei Könige, die hl. Ursula mit ihren Jungfrauen und St. Gereon mit seinen Gefährten (s. S. 202).

1360–1432	St. Martin in Landshut
1375–1450	St. Lamberti in Münster
1377	Baubeginn des Ulmer Münsters
1378	Bau des Rathauses von Görlitz
1381	Baubeginn von St. Nikolai in Wismar

15. Jahrhundert

1404	In Bremen wird der Roland aufgestellt
1405–1410	Bau des Bremer Rathauses
1414–1418	Auf dem Konzil von Konstanz wird die Spaltung der Kirche beigelegt, Jan Hus und andere so genannte Ketzer werden zum Tode verurteilt.
1440–1445	Dombild von Stefan Lochner, Köln
1450	Johannes Gutenberg entwickelt den Buchdruck mit beweglichen Lettern
ab 1455	Gotischer Neubau des Doms von Erfurt
1464–1478	Holstentor in Lübeck
1468–1488	Münchner Frauenkirche
1471–1500	Gotischer Neubau der Albrechtsburg in Meißen
1472	Der Fachwerkbau Rübenacher Haus auf Burg Eltz entsteht.
1473–1553	Lucas Cranach
um 1475–1528	Matthias Grünewald
1483–1546	Martin Luther
1484–1512	Dom zu Freiberg

1484–1545	Hans Baldung, gen. Grien
1497–1543	Hans Holbein
1499	Baubeginn der St.-Annenkirche in Annaberg-Buchholz

16. Jahrhundert

1500	Albrecht Dürer malt sein Selbstbildnis.
1501–1505	Tilman Riemenschneider schnitzt den Heilig-Blut-Altar für die Kirche St. Jakob in Rothenburg ob der Tauber.
1513–1515	Matthias Grünewald malt den Isenheimer Altar.
1516	Die Fugger stiften in Augsburg eine Siedlung für arme Bürger, die »Fuggerei«.
1517	Beginn der Reformation
1517–1518	»Verkündigung im Rosenkranz« von Veit Stoß in St. Lorenz, Nürnberg
1519–1556	Regierungszeit Kaiser Karls V.
1524/1525	Bauernkriege
1529	Albrecht Altdorfer malt »Die Alexanderschlacht«.
1545–1563	Auf dem Konzil von Trient werden Luthers Thesen verworfen, Beginn der Gegenreformation.
1555	Augsburger Religionsfriede
1556–1559	Ottheinrichbau des Heidelberger Schlosses
1558–1598	Schloss Güstrow
1560	Der Bau des Kölner Doms wird eingestellt.
1564–1576	Regierungszeit Kaiser Maximilians II.
1569–1573	Herzog Wilhelm von Bayern lässt das Antiquarium in der Münchner Residenz errichten.
1580–1302	Errichtung der Wismarer »Wasserkunst«

17. Jahrhundert

1605–1614	Schloss Aschaffenburg
1607	Reiche Kapelle in der Münchner Residenz
1618–1648	Dreißigjähriger Krieg
1648	Im Westfälischen Frieden werden die Machtverhältnisse in Europa neu geordnet, katholische und protestantische Konfession sind zukünftig einander gleichgestellt.
1640–1688	Friedrich Wilhelm I., der »Große Kurfürst«, regiert in Preußen.

1663–1696	Bau der Theatinerkirche in München, der ersten barocken Kirche in Süddeutschland
1664	Baubeginn von Schloss Nymphenburg
1665–1726	Johann Dientzenhofer
1669	Kloster Benediktbeuern wird barock umgebaut.
1670–1733	Regierungszeit von Kurfürst Friedrich August I., dem Starken, von Sachsen
1680–1758	Johann Baptist Zimmermann
1687–1753	Balthasar Neumann
1688–1697	Pfälzischer Erbfolgekrieg. Beim Rückzug 1689 verwüsten die Truppen Ludwigs XIV. die Pfalz und die linksrheinischen Gebiete, u. a. werden Heidelberg, Worms und Speyer zerstört.
1695–1791	Schloss Charlottenburg, Berlin
1698–1752	Schloss Rastatt

18. Jahrhundert

1701	Preußen wird Königreich
1701–1714	Spanischer Erbfolgekrieg
ab 1701	Schlosspark Wilhelmshöhe in Kassel
1701	Baubeginn des Neuen Schlosses in Schleißheim bei München
1704–1733	Schloss Ludwigsburg
1708	Johann Friedrich Böttger gelingt die Herstellung von Porzellan.
1709–1728	Matthäus Daniel Pöppelmann baut den Dresdner Zwinger.
ab 1709	Barocker Umbau der Klosterkirche Ettal durch Enrico Zuccalli und Joseph Schmuzer
1711–1718	Schloss Weißenstein in Pommersfelden (Johann Dietzenhofer)
1720–1744	Würzburger Residenz (Balthasar Neumann)
ab 1722	August der Starke lässt Schloss Pillnitz in Dresden errichten.
1723–1736	Schloss Moritzburg
1723–1772	Balthasar Neumann baut die Wallfahrtskirche Vierzehnheiligen.
1725–1775	Ignaz Günther
1725–1768	Schloss Augustusburg in Brühl (François Cuvilliés)
1726–1743	Frauenkirche in Dresden (George Bähr)
1729–1745	Die Brüder Cosmas Damian und Egid Quirin Asam bauen St. Johann Nepomuk in München.

1732–1808	Carl Gotthard Langhans
1734–1737	François Cuvilliés baut die Amalienburg im Nymphenburger Schlosspark in München.
1745–1765	Die Wieskirche entsteht unter der Leitung von Dominikus und Johann Baptist Zimmermann.
1745–1747	Park und Schloss Sanssouci in Potsdam
1745–1748	Markgräfliches Opernhaus in Bayreuth
ab 1748	Barocke Umgestaltung des Klosters Ottobeuren
1751–1762	St. Michaelis (Michel) in Hamburg
1756–1763	Siebenjähriger Krieg zwischen Preußen und Österreich
1758	Beginn der Anlage des Wörlitzer Gartenreichs unter Leopold Friedrich Franz von Anhalt-Dessau
1763–1769	Neues Palais, Potsdam
1764–1850	Johann Gottfried Schadow
1774–1840	Caspar David Friedrich
1779–1783	Burg Hohenzollern in Hechingen, Stammsitz der Hohenzollern
1787–1791	Anlage des Neuen Gartens in Potsdam
1788–1791	Brandenburger Tor

19. Jahrhundert

1803	Mit dem Reichsdeputationshauptschluss werden die freien Reichsstädte und kleinen Fürstentümer aufgelöst und größeren Fürstentümern zugeschlagen. Die meisten Klöster werden aufgehoben, ihr Besitz fällt an den Staat.
1806	Franz II. legt die deutsche Kaiserkrone nieder, Ende des Heiligen Römischen Reiches
1813	In der Völkerschlacht bei Leipzig erleidet Napoleon eine entscheidende Nederlage gegen die verbündeten Heere Russlands, Österreichs und Preußens.
1814	Auf dem Wiener Kongress wird die Neuordnung Europas nach den Napoleonischen Kriegen verhandelt.
1815–1845	Anlage des Muskauer Parks nach Plänen von Hermann Fürst von Pückler-Muskau
1818	Caspar David Friedrichs Gemälde »Der Blick von den Kreidefelsen in Rügen«
1821–1824	Kurhaus in Baden-Baden
1830–1930	Museumsinsel Berlin

1834	Gründung des Deutschen Zollvereins
1842–1880	Vollendung des Kölner Doms
1845–1857	Schloss Schwerin
1848/1849	Bürgerliche Revolution (»Märzrevolution«), die Nationalversammlung in der Frankfurter Paulskirche beginnt, eine Verfassung auszuarbeiten.
1869–1880	Schloss Neuschwanstein
1870–1871	Deutsch-Französischer Krieg
1871	Gründung des deutschen Kaiserreichs
1871–1878	Gottfried Semper erbaut die Dresdner Oper.
1875	Adolph von Menzel malt »Das Eisenwalzwerk«.
1878–1885	Schloss Herrenchiemsee
1880	Gründung der Völklinger Hütte
1881–1888	Der Frankfurter Hauptbahnhof wird gebaut.
1888–1898	Bau der Hamburger Speicherstadt
1888–1918	Kaiser Wilhelm II.
1892	Gründung der Münchner Sezession
1894	Der Berliner Reichstag wird gebaut.
1898–1913	Völkerschlachtdenkmal Leipzig
1899	Gründung der Berliner Secession
1899–1914	In Darmstadt entsteht die Jugendstilsiedlung Mathildenhöhe.

20. Jahrhundert

1905	Ernst Ludwig Kirchner, Fritz Bleyl, Erich Heckel und Karl Schmidt-Rottluff gründen in Dresden die expressionistische Künstlergruppe »Die Brücke«.
1910	Wassily Kandinsky malt seine ersten abstrakten Bilder.
1911	Gründung der Künstlergruppe »Der Blaue Reiter« in München (Wassily Kandinsky, Franz Marc u. a.)
1914–1918	Erster Weltkrieg
1919	In Weimar wird das Bauhaus gegründet.
1921	Erich Mendelsohn baut das Astrophysikalische Institut in Potsdam (»Einsteinturm«).
1922–1924	Chilehaus in Hamburg von Fritz Höger in expressiven Formen
1927	Bau der Weißenhofsiedlung in Stuttgart als Bauausstellung des Deutschen Werkbundes
1927–1932	Zeche Zollverein, Essen
1929	Das Bauhaus zieht nach Dessau um.
1939–1945	Zweiter Weltkrieg

Das Bundeskanzleramt: machtvolle Repräsentationsarchitektur für die Republik

1945	Dresden wird durch einen Luftangriff zerstört.
1949	Baubeginn der Karl-Marx-Allee, Berlin
1953	Gründung der Hochschule für Gestaltung, Ulm
1956–1963	Berliner Philharmonie (Hans Scharoun)
1961	Bau der Berliner Mauer
1968–1972	Olympiagelände in München (Günter Behnisch)
1988–2001	Daniel Libeskind baut das Jüdische Museum in Berlin.
ab 1989	Auf dem Areal der Firma Vitra in Weil am Rhein entstehen Gebäude bedeutender zeitgenössischer Architekten (Frank O. Gehry, Zaha Hadid, Tadao Ando, Nicolas Grimshaw).
1992	Eröffnung von Kunstmuseum und Kunst- und Ausstellungshalle der Bundesrepublik Deutschland in Bonn
ab 1994	Neugestaltung des Potsdamer Platzes in Berlin
1996–2002	Pinakothek der Moderne in München (Stephan Braunfels)
1999	Umgestaltung des Berliner Reichstagsgebäudes durch Lord Norman Foster
2004	Eröffnung des Museums der Bildenden Künste in Leipzig

Der Aachener Dom

»Ein über die Maßen herrliches Gotteshaus«

Pfalzkapelle bedeutendster Bau der Karolingerzeit, filigrane Gotik im Chor; UNESCO-Welterbe seit 1978

Erbaut:
Pfalzkapelle: um 800
Chor: um 1350

Besonders sehenswert:
- ☆ *Säulen im Obergeschoss der Pfalzkapelle*
- ☆ *Ambo*
- ☆ *Pala d'Oro*
- ☆ *Barbarossaleuchter*
- ☆ *Marien- und Karlsschrein*

Kern des Aachener Doms ist die um 800 geweihte Pfalzkapelle Karls des Großen; ein Schlüsselwerk der europäischen Baukunst, dessen Einzigartigkeit schon für die Zeitgenossen außer Frage stand. Von einem »über die Maßen herrlichen Gotteshaus« sprach der Karlsbiograph Einhard. Und der Reichenauer Abt Walahfrid Strabo (808/09–849) sah hier »Salomons gewaltigen Tempel« wiedererstanden.

Sein zentrales Achteck wird von einem 16-seitigen Umgang zwei Geschosse hoch eingefasst. Das steil gebuckelte Faltendach von 1669 mag irritieren; welchen Glücksfall der Überlieferung diese Kirche darstellt, zeigt sich ganz in ihrem Inneren: Dies **Oktogon** ist von einer bautechnischen und baukünstlerischen Kühnheit, die lange Zeit unerreicht bleiben sollte.

Die Macht der Mauermasse wird akzentuiert durch die gewinkelten Eckpfeiler, zwischen denen der Umgang wenigstens zu ebener Erde im Dunkeln liegt. Der schlicht durchfensterte Obergaden bereitet auf die triumphale Kuppel vor. Eine Kuppel ist sie nur hinsichtlich der Bauart: Denn dieser Abschluss führt das Oktogon sozusagen bis zum Scheitel, bildet also keine Halbkugelform, sondern acht sphärische Segmente, die voneinander durch Grate abgeteilt sind. Das ist ein kleiner, aber kein geringfügiger Unterschied. Dieses so genannte Klostergewölbe betont den Zug in die Höhe, auch das eine charakteristische Eigenart dieser Kirche.

Einen besonderen Akzent setzt das Geschoss unterhalb des Obergadens: Zwei Säulenreihen bilden zunächst eine dreifache Arkade, die darüber werden schlicht in den großen Bogen eingestellt. Diese Säulen tragen nichts, desto offensichtlicher sollen sie prunken. Großenteils antik, bestechen sie sowohl durch das kostbare Material des Schaftes als auch durch den erlesenen Kapitellschmuck. Ganz offenbar wollte der Bauherr an die große römische Tradition anknüpfen.

Vorbilder und Nachfolge

Die Vorbilder sprechen ebenfalls für den Willen des Herrschers, sein Reich in die Nachfolge des Imperium Romanum zu stellen. Nur lassen sich Vergleiche mit San Vitale (6. Jh.) in Ravenna oder Kirchen im oströmischen Konstantinopel kaum zu einer Abstammungsgeschichte verdichten. So hat der imposante, allerdings schlecht erhaltene Pfalzkapellen-Westbau keinen Vorläufer, jedenfalls keinen erhaltenen. Doch mit seinem mächtigen Hauptturm und den flankierenden Treppentürmchen fand er in der rhein-maasländischen Romanik viele Nachfolger.

Kuppel der Pfalzkapelle des Aachener Doms

So atemberaubend sich dieser Bau heute noch präsentiert, so wenig wissen wir über seine Erbauer. Immerhin ist der Pfalzkapellen-Schöpfer namentlich bekannt. Doch mehr, als dass er in Metz gestorben ist, wird von diesem Odo nicht überliefert. Woher er sein profundes Wissen hatte, wer auf seine Entwürfe Einfluss genommen hat, ob Einhard, der Aufseher über Karls Bauten, oder gar der Herrscher selbst: das alles ist unbekannt.

Blick durch das Oktogon in den Hochchor

Zum eigentlichen Herzstück der Kirche wurde **Karls Thron,** der im Westen genau die Achse des Oktogons bezeichnet. Hier folgte Karl der Messe, die der Priester im Chor gegenüber zelebrierte. Es war dieser Thron, der seit Otto I. die deutschen Könige bis 1531 zur Krönung nach Aachen führte, also auch noch dann, als die politischen Zentren des Reiches längst anderswo lagen.

Der außergewöhnliche Rang dieser Kirche schlug sich auch in den Stiftungen nieder, die nachfolgende Herrscher ihr machten. Der prunkvolle **Ambo** ist ein Geschenk Heinrichs II., des letzten Saliers auf dem Kaiserthron. Die 15 goldgerahmten Felder des Lesepults schmücken zum Teil antike Kleinode, ihre Motive wie der Weingott Dionysos nehmen sich in diesem Umfeld eher exotisch aus. Die Preziosen stammen wohl aus dem Besitz Theophanus; die Gattin Ottos II. war eine oströmische Prinzessin.

Die Vorderseite des Hauptaltars wird heute von der berühmten **Pala d'oro** verkleidet. Heinrichs Vorgänger Otto III. hat sie gestiftet, doch erst nach 1014 kam sie in den Dom. Sinnfällig sind ihre 16 Goldreliefs um die Mandorla in der Mitte, die einen thronenden Christus zeigt. Obwohl die Tafel im Reich gefertigt wurde, lässt sie noch byzantinischen Einfluss erkennen.

Brillante Kunstwerke zeigt auch die Domschatzkammer, darunter das Lotharkreuz (um 1000) und den antiken Proserpina-Sarkophag, der zunächst die Gebeine Karls des Großen aufgenommen hatte.

Überhaupt waren es die salischen Kaiser, die sich um die Aachener Pfalzkapelle verdient machten. Otto I. hatte sie zur Krönungskirche bestimmt, sein jung verstorbener Enkel Otto III. kann als Begründer des Karlskultes gelten. Natürlich verfolgten diese Herrscher damit politische Absichten. Vor allem Otto III. stellte sich wie der Karolinger in die Tradition des römischen Weltreichs und strebte ausdrücklich seine »Erneuerung« an.

200 Jahre später verstand sich ein anderer Kaiser als Nachfolger des großen Karl. Als wahrhaft raumgreifendes Kunstwerk stiftete Friedrich I. den nach ihm genannten **Barbarossaleuchter.** Das Aachener Abbild des Himmlischen Jerusalem hat nicht die kanonischen zwölf Seiten, dafür spielen seine acht Segmente mit den 16 Türmen auf den Grundriss der Kirche an. Dass Barbarossa die Pfalzkapelle besonders auszeichnete, war nur folgerichtig, schließlich wollte er ja die Heiligsprechung des Bauherrn durchsetzen. Dieses Unternehmen scheiterte, geblieben ist der grandiose **Karlsschrein,** in den am 27. Juli 1215 die sterblichen Überreste des alten Kaisers gebettet wurden. Schon Anklänge an die Gotik zeigt der wenig später entstandene **Marienschrein,** auch hier nimmt die für Aachen so bedeutende Kaisergestalt eine Giebelseite ein. Beide Reliquiare sind Meisterwerke, deren Goldglanz nicht davon abhalten sollte, die Feinheiten der Ausführung zu bewundern.

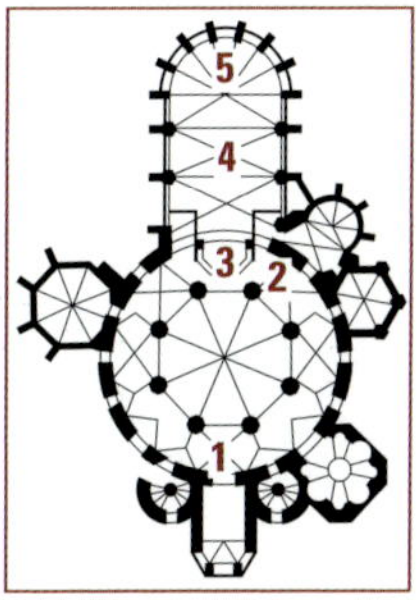

Aachen, Dom
1 Karlsthron im ersten Geschoss
2 Ambo
3 Pala d'Oro an der Vorderseite des Hauptaltars
4 Marienschrein
5 Karlsschrein

Himmelwärts strebend: Der gotische Chor

Die beiden sorgfältig restaurierten Schreine stehen heute im gotischen Chor der Kirche. Der gotische Chor: Vom Standpunkt derzeitiger Denkmalpflege scheint er ein Sakrileg. Kaiser Karl IV., der ziemlich am anderen Ende des Reiches, nämlich in Prag residierte, veranlasste um 1350 den Neubau. Und auch dieser Karl aus dem Haus der Luxemburger beanspruchte den Karolinger als eine Art Ahnherrn, auch er hat versucht, den Karlskult wiederzubeleben.

550 Jahre waren seit Errichtung der Pfalzkapelle vergangen, 550 Jahre, und nicht einmal ansatzweise versuchte die neue Architektur, den gewaltigen Abstand stilistisch zu überbrücken. Vielmehr entstand hier ein Bau avanciertester Gotik. Die langbahnigen Fenster reichen fast bis zur Dachtraufe hinauf und überlassen dem Mauerwerk allein in der Sockelzone das Feld. Nur Strebepfeiler fangen den Druck der Gewölbe sichtbar auf. Auch im Inneren scheint dieser Bau den Gesetzen der Statik zu spotten: Ganz ohne Kapitell schwingen sich die Dienste so leicht in die Höhe, als trügen sie einen Schirm und kein steinernes Gewölbe. Die Engel an den Wänden, äußerst qualitätvolle Plastiken auf Augenhöhe der französischen Kathedralgotik, erwecken den Eindruck, sie wollten dieses Gewölbe geradewegs in den Himmel heben.

Doch ob Gotik oder »karolingische Renaissance«: die Architektur und historische Bedeutung des Aachener Doms St. Marien hat hierzulande nichts Vergleichbares. So war die Entscheidung der UNESCO nur folgerichtig, ihn 1978 als erstes deutsches Bauwerk in die Liste des Weltkulturerbes aufzunehmen.

Öffnungszeiten:
Mo–Sa 11–19,
So 13–19 Uhr
(im Winter bis 18 Uhr)
www.aachendom.de

Tourist-Info Aachen:
Elisenbrunnen
Tel. 02 41/1 80 29 60
www.aachen.de

Die St.-Annenkirche

Die Kirche der Bergleute

Bedeutende spätgotische Hallenkirche mit charakteristischer Gewölbeform

Erbaut: 1499–1525

Besonders sehenswert:
- ☆ *Gewölbe*
- ☆ *Emporenbrüstungen mit 100 Reliefs*
- ☆ *Schöne Tür*
- ☆ *Bergknappschaftsaltar*
- ☆ *Hauptaltar*

1492 wurden am Schreckenberg Erzgänge entdeckt. Auf Initiative Herzog Georgs entstand ab 1496 die regelmäßige Stadtanlage von Annaberg; den Grundriss entwarf Ulrich Rülein von Calw, der spätere Bürgermeister von Freiberg. Durch den Silberbergbau wurde Annaberg das wirtschaftliche und kulturelle Zentrum des Erzgebirges, die »Königin der Silberstädte«. So konnte auch die St. Annenkirche (1499–1525) erbaut werden, ein Kleinod spätgotischer Architektur in Obersachsen. Annaberg war zu dieser Zeit mit 12 000 Einwohnern nach Freiberg die zweitgrößte Stadt Sachsens; die heutigen Großstädte Leipzig und Dresden hatten rund 5000 Einwohner. Der Niedergang des Bergbaus, Brände und Kriegseinwirkungen ließen die Bergstadt bereits Ende des 16. Jahrhunderts bedeutungslos werden. Die Annenkirche ist in ihrer Dominanz in der Stadtgestalt das bedeutendste überkommene Zeugnis und bis heute ein singuläres Wahr- und Glaubenszeichen geblieben.

Der Grundstein für den Kirchenbau wurde 1499 in Anwesenheit der Herzöge Georg, Heinrich und Friedrich gelegt. 1502 beginnt der im obersächsischen Raum besonders einflussreiche Konrad Pflüger (»Schwab«) mit dem Bau des Turms an der Südwestecke und der großen dreischiffigen Halle mit dreiteiligem Chorschluss im Osten. Nach dem Tod Pflügers 1508 leitet Peter Ulrich von Pirna (gest. 1513) den Weiterbau, das Dach kann 1513 aufgesetzt werden. 1515 übernimmt Jakob Heilmann von Schweinfurt die Bauleitung. Er vollendet die Kirche mit einem neuartigen Schlingrippengewölbe.

Das Äußere ist schlicht, die Westfront mit dem Hauptportal der 1930er Jahre wirkt streng und geschlossen, der übereck gesetzte, wuchtige Südwestturm erhält Anfang des 19. Jahrhunderts einen klassizistischen Aufbau mit neuem Turmhelm.

Der Innenraum

Der Turm ist knapp 79 m hoch, von der 32 m hohen Umgangsplattform hat man einen schönen Blick über die Stadt. Noch etwas höher wohnt traditionell die Türmerfamilie.

Innen öffnet sich ein wunderbarer, lichter, angenehm warmfarbiger und froh stimmender Raum: ein Erlebnis, das den Betrachter sogleich überwältigt. Mittelschiff, Seitenschiffe und Chor sind zu einem einheitlichen Raumgefüge von großer Harmonie vereint, aus den schlanken Pfeilern erwächst ein bewegtes Schlingrippen- und Schleifensterngewölbe. Die sechsteiligen Schleifensterne, die jeweils ein Joch überspannen, mit den kunstvoll verzierten Schlusssteinen mit Sternen und Wappen in Gold, Blau und Rot bilden eine einzigartige Gewölbefiguration.

St.-Annenkirche in Annaberg-Buchholz, Innenraum mit dem charakteristischen Schlingrippen- und Schleifensterngewölbe

Die farbigen Glasfenster stammen von einer Restaurierung aus dem letzten Viertel des 19. Jahrhunderts. Das Gestühl ist nicht wie üblich auf den Altar ausgerichtet, sondern quer zur seitlichen Kanzel. Die umlaufenden Emporenbrüstungen sind mit hundert Relieftafeln von Franz Maidburg und weiteren Meistern besetzt, von denen achtzig die biblische Geschichte von der Erschaffung der Welt bis zum Jüngsten Gericht veranschaulichen, zwanzig weitere die zehn Lebensalter von Mann und Frau (als »Biblia pauperum«, Bibel der Armen). Die **Schöne Tür** (1512, von Meister HW signiert), ursprünglich für die Franziskanerkirche (»Ablasspforte«) in Annaberg geschaffen, wurde 1577 an die äußere Südwand der Annenkirche versetzt, 1597 dann ins Innere. In einer architektonischen Rahmung mit tief eingeschnittenem Gewände entwickelt sich ein ungemein reicher und bewegter Figurenaufbau in zurückhaltender Farbgebung in Weiß, Blau und Gold: zentral der »Gnadenstuhl«, Gottvater, der gekreuzigte Jesus und die Taube des Heiligen Geistes als göttliche Dreieinigkeit, weiter Maria und Franziskus und Engelchöre in innigster Anteilnahme. Das Portal der Südsakristei, um 1518, zeigt Schmuckformen und figürliche Ausgestaltung in spätgotischer Manier, die Architekturrahmung bereits Renaissanceformen. Die Kanzel stammt von Franz Maidburg, 1516 datiert. Der achteckige Kanzelkorb sitzt auf einer Konsole mit dem Annaberger Stadtwappen und dem kursächsisch-polnischen Wappen über einer gedrehten Säule, in den Brüstungsfeldern sind Anna selbdritt und vier

»Nirgends erscheint spätgotische Architektur derart ›vegetabilisiert‹, nirgends so naturhaft. Die Rippenansätze des Mittelschiffes sind wie biegsame Weidenruten um die Pfeilerschäfte gewunden. In den Seitenschiffen ist das Sternmotiv vierteilig abgewandelt.«
Heinrich Magirius, 1994

Kirchenväter dargestellt, an der Kanzeltreppe ein »vor Ort« arbeitender Bergmann. Der kelchförmige, aus einem Stück gearbeitete Taufstein (um 1520; Meister HW, Hans Witten) wird am gedrehten Schaft von Plastiken von Kindern und Kinderengeln belebt.

Die Altäre

Mehrere spätmittelalterliche Altäre sind erhalten geblieben. Der **Bäckeraltar,** eine Stiftung der Bäckergesellen von 1516, wohl von Christoph Walther I., zeigt in lebendig geschnitzten Szenen im Mittelschrein die Beweinung Christi, in den Seitenflügeln Kindheitsgeschichte und Passion und in der Predella die Grablegung. Es ist der einzige erhaltene Altar einer Bäckerinnung in Deutschland. Die farbkräftigen Gemälde des **Pflockschen Altars** (1521) sind das Werk eines in Mitteldeutschland tätigen Cranachschülers. Auf dem Mittelbild ist der Marientod mit Stiftern dargestellt, auf den Seitenflügeln der hl. Valentin und der hl. Sebaldus. Im Chor finden wir von links nach rechts den Altar der Bergknappschaft, den Hauptaltar und den Marienaltar. Der **Hauptaltar,** ein Werk der Frührenaissance, wurde von Adolf und Hans Daucher in Augsburg in Marmor und Kalkstein gearbeitet und 1522 in der Annenkirche aufgestellt. Auf dem Reichstag 1518 in Augsburg hatte Herzog Georg die Fuggerkapelle kennengelernt und den Altar bei der Werkstatt Daucher bestellt. In einer kräftigen architektonischen Rahmung sind der Stammbaum Christi und seine heilige Sippe (»Wurzel Jesse«) vollplastisch mit Büsten und Ganzfiguren dargestellt. Der spätgotische **Bergknappschaftsaltar,** 1521 geweiht, zeigt in geschnitzten Szenen in der Mitte die heilige Nacht (der Stall von Bethlehem hat die Form eines Palastes), in den Flügeln Marienszenen und Anbetung der Könige, in der Predella Marientod mit zwei Bergleuten, im Gesprenge den Kreuzestod Christi mit den Bergbauheiligen Daniel und Christophorus und darüber Maria im Strahlenkranz. Der Altar ist wegen der von Hans Hesse 1521 gemalten Tafeln auf der Rückseite mit der Darstellung des Bergbaus berühmt. In einer Berglandschaft sind arbeitende Bergleute über Tage, Göpel, Huthäuser und Fuhrwerke zu sehen, eine der seltenen authentisch überkommenen Darstellungen des Bergbaus. Inmitten dieser profanen Szenen ist die Legende des Bergbaupatrons Daniel, die sagenhafte Entdeckung des Silbererzes, eingeflochten. Die beiden Flügel zeigen rechts eine Münzwerkstatt, links eine Schmelzhütte. Der **Marienaltar** der Münzer und Schmelzer, ein hoher Flügelaltar (1522), zeigt im Mittelschrein beherrschend die Muttergottes im Strahlenkranz, in der Predella den Marientod, in den Flügeln das Marienleben, darüber ein Gesimsaufsatz mit dem Schweißtuch der Veronika und in der Bekrönung eine Kreuzigungsgruppe.

Öffnungszeiten:
Kirche: tgl. 10–17,
So 12–17 Uhr;
Turm: 1. Mai–31. Okt.
Mo–Fr 10–16.30 Uhr,
Sa 10–17 Uhr,
So 13.30–17 Uhr

Tourist-Info Annaberg
Markt 1
Tel: 03733/194 33
www.annaberg-buchholz.de

Schloss Johannisburg

Die Wucht am Main

Bewundernswert zügig entstand die Johannisburg, nämlich binnen neun Jahren (1605–1614). Und immer wieder einmal hat dieses frühe 17. Jahrhundert dazu verleitet, es dem Frühbarock zuzuschlagen. Aber hierzulande reichte die Renaissance oft bis an die große Zäsur des Dreißigjährigen Krieges. Einige Beobachter meinen sogar, das Aschaffenburger Schloss bleibe in manchem Detail noch hinter die Renaissance zurück, sei dem mittelalterlichen Burgenbau verpflichtet.

Zuallererst beglaubigt das Schloss den Rang seines Bauherrn. Der Mainzer Erzbischof besitzt die Kurwürde, er ist Erzkanzler des Heiligen Römischen Reiches Deutscher Nation, also von der Hierarchie her sein erster Fürst (wenn auch einer ohne großes weltliches Territorium). 1552 war seine Nebenresidenz über dem Main zerstört worden. Ein schmerzlicher Verlust, weshalb Fürstbischof Johann Schweikard von Kronberg laut Wahlkapitulation alles daransetzen wollte, »darmit das Schloss zue Aschaffenburg wider mögt erbawet werden«.

Schon ein Jahr später machte Kronberg seine Ankündigung wahr und holte Georg Ridinger (1568–1616) an den Main. Der gebürtige Straßburger stand in Diensten eines benachbarten Territorialherrn, besonders ausgezeichnet hatte er sich bisher nicht. Und da seine späteren Schöpfungen alle zerstört wurden, bleibt dieses Schloss als ein-

Bedeutendes Renaissanceschloss

Erbaut: 1605–14

Besonders sehenswert:
- ☆ *Kanzel und Altar der Schlosskirche*
- ☆ *Gemäldegalerie*
- ☆ *Korkmodellsammlung*

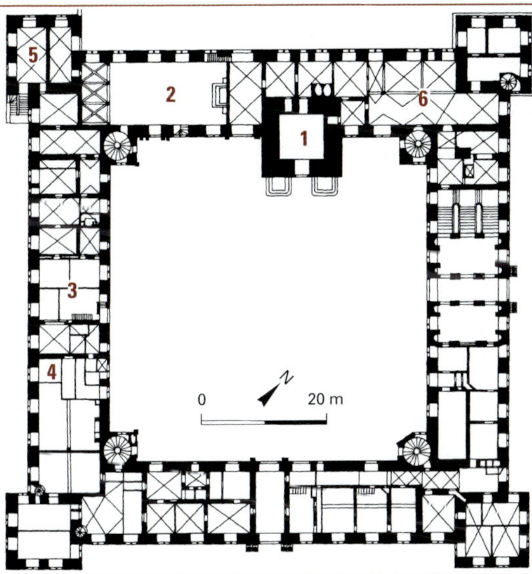

Aschaffenburg, Schloss Johannisburg
1. *Bergfried*
2. *Schlosskirche*
3. *Mainflügel, fürstliche Wohnräume (rekonstruiert) im zweiten Obergeschoss*
4. *Schlossgalerie*
5. *Hofbibliothek*
6. *Schlossmuseum (Obergeschoss)*

Aschaffenburg, Schloss Johannisburg

ziger Tätigkeitsnachweis. Den vermarktete er geschickt: Ein großes Kupferstichwerk über »St. Johannspurg« verbreitete seinen Ruhm und ist für Bauhistoriker eine wertvolle Quelle.

Sparen musste Ridinger nicht: Er konnte die gewaltige Summe von fast einer Million Gulden verbauen. Erleichtert wurde die Finanzierung auch durch Hexenprozesse, denn das Vermögen der schuldig Gesprochenen ging großenteils an den Landesherrn.

Schon die erste Tat Ridingers führte zu einem spektakulären Ergebnis, obwohl sie das eigentliche Werk nur vorbereitete: Zum Fluss hin wurde eine Mauer angelegt, die vordergründig das Terrain sichern sollte. Immerhin 20 m hoch und teuer mit Sandsteinquadern verblendet, mag sie an eine Burgmauer erinnern. Doch diese Mauer sollte sich eben nicht schützend vor die (Neben-)Residenz stellen, sondern sie im Gegenteil bestmöglich präsentieren! Ihre genaue Mitte bezeichnet das kurfürstliche Schmuckwappen (heute eine Kopie), früher noch gekrönt von einem Johannes Baptist, der Namenspatron des Bauherrn wie des Baus war.

Bei der Planung musste der Baumeister allerdings auf den Bergfried der »herrlich alt Reichskantzley« Rücksicht nehmen, also auf den Teil, der die Wehrhaftigkeit einer mittelalterlichen Burg eigens betont. Er ist gewissermaßen ein Pfahl im Fleisch des Schlosses, das sich ja herausbildet, indem Wohn- und Wehrfunktion eines Herrensitzes auseinandertreten.

Der Bergfried sitzt im nordwestlichen Trakt einer Vierflügelanlage, deren quadratischer Grundriss schon ihre Kompaktheit andeutet. Die vorspringenden Türme betonen die Ecken des Baus und erreichen stattliche 52 m Höhe. Doch sind sie ins Gliederungssystem der Trakte eingebunden, und selbst oberhalb der Dachtraufe bleiben sie auf den Gesamteindruck der Massivität verpflichtet: Ihre Geschosse verkürzen sich, und über dem Dachfirst der Flügel betont eine umlaufende Galerie die Waagrechte. Mit dem letzten Geschoss springen diese Türme ins Achteck, um mit einer gravitätischen Haube abzuschließen.

Wenn schon die Türme derart horizontal veranlagt sind, wie erst die Flügel. Kräftige Gesimsstreifen teilen ihre Fassaden aus – wiederum – exakt bearbeiteten Rotsandsteinquadern, die einförmige Reihung der Fenster wird nur durch ihre verschiedenen Abschlüsse gemildert, ihre sparsam profilierten Rahmen fallen kaum ins Auge. Den aufwändigsten Schmuck stellen die Zwerchgiebel dar. Zierelemente wie Pilaster und Nische kommen aus der italienischen, Maskenkonsolen, Roll- und Beschlagwerk eher aus der (manieristisch unterwanderten) nordwesteuropäischen Renaissance.

Belebter wirkt die Architektur des Innenhofs. Das liegt am mächtigen Akzent des Bergfrieds, aber auch an den vier Treppentürmchen. Sie springen als Eckbauten mit drei Seiten eines gedachten Oktogons vor, das östliche zeigt alle acht Seiten. Ein Zeichen setzt ebenfalls das Portal zur Kirche, wohl eine Arbeit des fränkischen Bildhauers Hans Juncker. Im Innern hat Juncker mit Hochaltar und Kanzel gezeigt, dass er zu den besten deutschen Bildhauern seiner Zeit zählte. Übrigens trägt die flache Tonne der Decke ein Netzgewölbe. Mit dem regelmäßigen Rautenmuster seiner Rippen lässt es sich ohne weiteres der Spätgotik zuordnen.

Sonst wurden die Räume des Schlosses unter dem vorletzten Mainzer Fürstbischof völlig umgestaltet, als »Louis-seize« ist dieser Übergangsstil zwischen Rokoko und Klassizismus in die Kunstgeschichte eingegangen. Noch einmal zurück führen die Treppentürme der Johannisburg. Ihre kräftigen Gewölberippen formieren sich zu einem Schleifenstern, unter dem die Spindel der Treppe in einem kühn gewundenen Kranz endet. Von der Unvereinbarkeit von Gotik und Renaissance kann demnach keine Rede sein: Selbst gegen Ende der neuzeitlichen Epoche bestehen hier zwei Formensprachen nebeneinander.

Gewiss macht die Aschaffenburger Johannisburg Anleihen bei der französischen Schlossbauweise, insgesamt aber verkörpert sie beispielhaft die deutsche Renaissancearchitektur. Als Vierflügelanlage gehorcht sie den Prinzipien der Symmetrie, sie ist – bei aller Nüchternheit des Erscheinungsbilds – souverän durchkomponiert, die Details sind auf den Gesamteindruck abgestimmt. Ridinger selbst hat den Bau ein heroisches Werk genannt – das scheint auch heute noch eine zutreffende Charakteristik.

Die Schlossgalerie als Filiale der Bayerischen Staatsgemäldesammlungen zeigt unter anderem eine Kreuzigungsgruppe von Hans Baldung Grien und eine Gregorsmesse aus der Schule von Lucas Cranach. Die Hofbibliothek verfügt über eine wertvolle Sammlung früher Drucke und ausgezeichneter Handschriften aus Mainz.

Öffnungszeiten:
April–Sept. Di–So 9–18,
Okt.–März Di–So 10–16 Uhr;
Schlossgarten tgl. 6–21 Uhr
www.schloesser.bayern.de

Tourist-Info Aschaffenburg:
Schlossplatz 1
Tel. 06021/395-800
www.info-aschaffenburg.de

Augsburg

Altstadt mit großer Geschichte

Zentrum der deutschen Renaissance

Begründet: 15 n. Chr.

Besonders sehenswert:
- ☆ *Rathaus*
- ☆ *Dom*
- ☆ *Maximilianstraße*
- ☆ *Fuggerei*
- ☆ *Lechviertel*

Augsburg, die schöne Stadt in Bayerisch-Schwaben, ist über 2000 Jahre alt. Aus dem römischen Militärlager (15 n. Chr.) erwuchs die Stadtanlage *Augusta Vindelicorum,* die über die Via Augusta auf direktem Weg mit Rom verbunden war. Augsburg wurde Domstadt mit Bischofssitz und 1276 zur freien Reichsstadt erklärt. Tuchhandel, Textilherstellung und Handwerk blühten; die Gold- und Silberschmieden waren berühmt. Die Kaufleute der Stadt knüpften nicht nur Handelsbeziehungen mit Italien, auch der Hanse machten sie mächtig Konkurrenz. Die Patrizierfamilien, die großen Unternehmer der Renaissance, bauten die gewachsenen Verbindungen aus, und ab etwa 1500 – Kolumbus hatte »Westindien« entdeckt, die Erschließung und Ausbeutung Mittel- und Südamerikas begann – stiegen sie in den Gewürzhandel ein, Beginn einer einzigartigen Blütezeit. Über 150 Jahre lang beherrschten die Fugger und ihre Dynastie die Welt der Renaissance; sie ›machten‹ Kaiser und regulierten die Finanzmärkte der Welt. Ihre Heimatstadt wurde zum wohlhabenden und glanzvollen inoffiziellen Machtzentrum des Kaiserreichs mit prachtvollen Patrizierhäusern, Palästen und als Krönung dem Rathaus mit seinem Goldenen Saal. Im »deutschen Florenz« waren Kaiser und Könige zu Gast, Klerus und Künstler, Martin Luther, Albrecht Dürer. Hier kamen die Fürsten zusammen, um Reichstage abzuhalten, hier wurde der historisch bedeutsame Augsburger Religionsfrieden geschlossen, der den Landesfürsten nach langem Ringen die Selbstbestimmung über die Religionszugehörigkeit sicherte. Im Dreißigjährigen Krieg erging es Augsburg schlecht; die Stadt verarmte, auch das Imperium der Fugger brach zusammen. 1806 wurde Augsburg bayerisch. Im Zweiten Weltkrieg ist die Stadt zu zwei Dritteln zerbombt worden; die restaurierte und rekonstruierte Altstadt strahlt heute wieder im historischen Glanz mit ihrer prächtigen Maximilianstraße, der großen Flaniermeile, mit behaglichen Plätzen und Winkeln, zahllosen architektonischen Schätzen und einer reichen Museums-, Kunst- und Kulturlandschaft.

Auf dem **Domareal** mit seiner barocken Hofgarten-Anlage treffen römische und bedeutende frühe Zeugnisse der Kirchengeschichte zusammen. An der Südseite des Doms erinnert eine Brunnenplastik an die drei Diözesanpatrone: die hl. Afra (4. Jh.), eine frühchristliche Märtyrerin, Fürstbischof Simpert (8. Jh.) und Bischof Ulrich (10. Jh). Unter dem Domplatz liegt ein Teil der Römerstadt; sehr ansprechend zusammengestellt sind die Repliken von Steindenkmälern an der »Römermauer«. Der **Dom Mariä Heimsuchung** selbst ist mehr als tausend Jahre alt, unterschiedlichste Bauteile aus Romanik, Gotik und

Literaturtipp:
›Kauf dir einen Kaiser. Die Geschichte der Fugger‹ von Günter Ogger ist eine hochinteressante Lektüre, spannend und unterhaltsam, die auch die großen Zusammenhänge darstellt (Knaur).
Martha Schadt nimmt sich die ›Frauen der Fugger‹ vor – auch sie waren gestandene Unternehmerinnen (Piper).

Barock bilden ein eindrucksvolles Ganzes. Die Weihe des ottonischen Doms fand 1065 statt, die Krypta mit ihren Fresken ist das älteste Zeugnis. Die nadelspitzen Türme (13./16. Jh.) wurden auf ältere Unterbauten gesetzt. Besondere Schätze des Doms: das südliche Marienportal von 1356, die wunderbar leuchtenden Prophetenfenster aus dem 12. Jahrhundert in der Südwand des Mittelschiffs, vier Tafelbilder von Hans Holbein d. Ä. Auf der Westseite schließt sich der barockisierte **Fronhof** an, die einstige fürstbischöfliche Residenz mit dem Pfalzturm (1507): Im alten bischöflichen Palast wurde 1530 vor Kaiser Karl V. das »Augsburger Bekenntnis«, die *Confessio Augustana,* den Reichsfürsten und -ständen verlesen.

Deutsches Florenz

Der weite Rathausplatz ist Treffpunkt und Zentrum Augsburgs, ringsum die verkehrsfreien Einkaufsstraßen. Das **Rathaus** ist überwältigend: ein streng gegliederter, hoch aufschießender Bau, elegant, urban, mächtig. Mit zwei kupfergedeckten Türmen, einer bis zu den Turmspitzen reichenden geschwungenen Giebelfassade mit feinem Dekor und dem Raster zahlloser Fensterreihen – es ist der bedeutendste und schönste profane Renaissancebau nördlich der Alpen. Errichtet hat es der geniale Stadtbaumeister Andreas Holl (1616–20). Im Innern der berühmte **Goldene Saal** in goldstrotzender Prächtigkeit, ein Riesenraum mit vergoldeter Kassettendecke und zwanzig Deckengemälden, die sich im hellen Tageslicht (von sechzig Fenstern!) in Szene setzen. Hier tagten die Ratsmitglieder; heute ist es Augsburgs schönster Repräsentationsraum. Neben dem Rathaus der ebenfalls von Holl erbaute, 78 m hohe **Perlachturm.** Dies Doppelgespann ist das Wahrzeichen Augsburgs, es zeugt von Reichtum, Selbstbewusstsein und Stolz. Der **Augustusbrunnen,** ein Kunstwerk von Rang (um 1600) ist eine Allegorie auf die Stadt; 21 m hoch oben der römische Kaiser und Stadtgründer, umgeben von vier Flussgöttern.

Beim Rundblick vom Perlachturm fächert sich das Dächergewirr, die lebhaften Straßenschneisen und Plätze mit ihren zahllosen Kirchen zu einer strukturierten Stadtlandschaft auf. Die Schnur der Maximilianstraße, die »Kaisermeile« der alten Reichsstadt, zieht sich als Mittelachse von Nord nach Süd. An ihrem Nordende liegt der Dom, zwei weitere, prachtvolle Renaissance-Brunnen geben der »Max-Straße« mit ihren gleichmäßigen, lang sich hinstreckenden herrschaftlichen Stadtpalais und den tiefen Hofarealen den Takt vor. Den südlichen Abschluss bildet das Doppelgespann der Kirchen St. Ulrich/St. Ulrich und St. Afra. Östlich davon liegt das schöne Gassengewirr der Handwerker-Altstadt, ein labyrinthisches Geschling mit einem Adernetz schmaler Lechkanäle, dazwischen Brücken, Wasserräder, kleine Plätze. Der Stadtgraben in Nord-Süd-Richtung markiert die alten Wallanlagen. Gleich über der Straße, in der Jakobervorstadt, liegt die weltberühmte Fuggerei: ein behütetes Städtchen in der Stadt, von einem Mauerkranz gefasst. Die älteste Sozialsiedlung der Welt ist das Werk der Fugger-Dynastie.

Unweit vom Rathaus, zwischen engen Gassen, bietet das **Maximilian-Museum** in einem stattlichen Bürgerhaus mit Fassadenmalerei (1546) ein anregendes bauliches Miteinander von Alt und Neu, Innen und Außen. Hier stehen die Originale der drei Renaissance-Brunnen, hier wird die Stadtgeschichte lebendig. Ein paar Schritte weiter liegt die barock ausgestaltete evangelische **St.-Anna-Kirche.** 1518 war Luther zu Gast; schon ab 1525 wurden hier die ersten protestantischen Gottesdienste abgehalten. Eine Ausstellung widmet sich der Augsburger Reformationsgeschichte. Im Westchor, in der prächtigen Fugger-Kapelle, befindet sich die Grablege von Jakob Fugger und seinen Brüdern. Wunderschön auch die Goldschmiedekapelle mit zartfarbigen Fresken.

Dann die »Kaisermeile«: Südlich des Merkurbrunnens beginnt die Schokoladenseite der Maximilianstraße, weit und elegant. In dichter Abfolge reihen sich die Kaufmannshäuser und großen Renaissance-Palais aneinander. Hinter einer langen, ockergelben Fassade verborgen (Eingang Max-Str. Nr. 38), breitet sich das **Fugger-Stadtpalais** (1512–15) mit mehreren Innenhöfen aus. Hier lebte Jakob Fugger, von hier aus führte er sein Weltunternehmen, hier waren Habsburgerkaiser zu Gast, Tizian und Dürer. Im Damenhof mit seinen Arkaden und Galeriegeschossen lässt sich fürstlich speisen. Das gewaltige Geviert des **Schaezler-Palais** (1765–70) mit seinem Festsaal ist der schönste Rokokobau der Stadt, ist Heimat der hochkarätigen Sammlungen der **Deutschen Barockgalerie** und der **Staatsgalerie Alterdeutscher Meister** mit Werken von Hans Holbein d. Ä., dem Porträt Jakob Fuggers von Dürer, mit Gemälden von Rubens, van Dyck oder Tiepolo. Das Ende der Prachtstraße am Ulrichplatz wartet mit einer reizvollen Besonderheit auf. Dicht aneinander geschmiegt sind die Kirchen St. Ulrich/ St. Ulrich und St. Afra. Das kleine vorgebaute Gotteshaus ist **St. Ulrich,** seit 1526 protestantische Pfarrkirche mit eindrucksvollem barockem Kirchenraum und reich ornamentierter Stuckdecke (1710). Die katholische Kirche **St. Ulrich und St. Afra,** der achte Kirchenbau an dieser Stelle, erhebt sich über den Gräbern der Stadtpatrone und Bistumsheiligen; das älteste Zeugnis für das Bestehen einer christlichen Gemeinde. In dem spätgotischen Raum präsentieren sich bedeutende Altäre der Renaissance und barocke Ausstattung.

Ein kurzer Spaziergang führt in die **Handwerker-Altstadt:** ein anmutiges Gewusel schmaler Gassen, sorgsam revitalisierter Plätzchen zwischen bunten Fachwerkhäusern, kleinen Geschäften, Gold- und

Augsburg, Straßenzug in der Fuggerei

Silberschmieden, die an die berühmte Augsburger Tradition anschließen, mit Restaurants und Wirtschaften. Zahllose Brücken und Stege führen über die alten Lechkanäle, die in den letzten Jahren erst aus ihren unterirdischen Tunnels befreit wurden; heute ist das Lechviertel ein begehrtes Wohnquartier. Es hat nur überlebt, weil sich Bürgerinitiativen sehr lautstark bemerkbar gemacht haben – eigentlich sollte es abgerissen werden. In einem typischen Handwerkerhaus, Auf dem Rain 7, ist Bertolt Brecht geboren; eine Gedenkstätte erinnert an ihn.

Die Fugger: »Weltgeschichte ist Geldgeschichte«

Als Jakob Fugger 1514 seine »Fuggerei« zu planen begann, nannte man ihn schon »den Reichen«. Er knüpfte gemeinsam mit seinen Brüdern aus dem noch bescheidenen Familienbetrieb seines Vaters ein Handelsnetz, das bis in alle erreichbaren Erdteile führen sollte, schuf

Öffnungszeiten:
Rathaus:
tgl. 10–18 Uhr;
Perlachturm:
Mai–Ende Okt.
tgl. 10–18 Uhr

Römer-Museum:
Dominikanergasse 15
Di–So 10–17 Uhr

Maximilian-Museum:
Philippine-Welser-Str. 24
Di–So 10–17 Uhr

Schaezler-Palais:
Maximilianstr. 46
Di–So 10–17 Uhr

Fuggerei:
tgl. geöffnet, Tore ab 22 Uhr geschl.
www.fugger.de

Brechthaus:
Auf dem Rain 7
Di–So 10–17 Uhr

Tourist-Info Augsburg:
Rathausplatz
Tel. 0821/50 20 70
www.augsburg-tourismus.de
Augsburg Tourismus veranstaltet sehr schöne thematische Führungen und Spaziergänge, u. a. auch mit »Jakob Fugger höchstpersönlich«.

ein weltweites Handels-, Industrie- und Bankenimperium. Die Fuggerbrüder hatten die Schulden der Habsburgerkaiser in großem Stil übernommen, und mit untrüglichem Gespür, eiserner Familiendisziplin, mit Weitsicht, List und erheblichem Druck baute Jakob als Familienoberhaupt im Gegenzug seine Macht aus. Er war immer der Erste, der Schnellste, der Zäheste, und im Lauf seines Lebens wurde er zum reichsten und mächtigsten Mann seiner Zeit. Er, der Augsburger – nicht die Medici, nicht die Päpste, kein Florentiner oder Venezianer. Auch nicht Karl V., in dessen Reich »die Sonne nie unterging«. Jakob Fugger war es, der Karls Wahl zum Kaiser finanzierte. Jakob und sein Nachfolger Anton bestachen Könige, Kaiser und Päpste. Sie gaben Kredite, mischten sich in den Ablasshandel ein, prägten die Münzen des Vatikan, bezahlten die Schweizer Garde. Sie beherrschten die Woll-, Tuch- und Gewürzmärkte. Sie saßen auf den wichtigsten Rohstoffen, ihnen gehörte ein Montanimperium. Sie mischten mit bei der Eroberung Südamerikas. Sie handelten mit ganz Europa, mit Ostindien, Afrika und der Neuen Welt. Sie scheffelten unendlich viel Geld. Die Fugger waren die Weltmacht ihrer Zeit, und Anton Fugger wäre wohl auch nach heutigem Maßstab der reichste Mann der Welt. Dürer, Tizian und Luther waren zu Gast; Bellini und Holbein d. Ä. haben für die Fugger gearbeitet. Sie waren es, die mit Kunstsinn und Stilgefühl die Kultur der Renaissance nördlich der Alpen verbreiteten. Eine einzigartige Familiendynastie, die, durch mehrere Staatsbankrotte geschädigt, mit dem Dreißigjährigen Krieg ihre Macht verlor. Aber noch heute gibt es eine Fugger-Bank und Nachkommen, die Schlösser und Besitz verwalten – und auch die Stiftung der Fuggerei lebendig halten.

Die **Fuggerei,** von einer Mauer mit fünf Toren umschlossen, ist die älteste Sozialsiedlung der Welt und die meistbesuchte Sehenswürdigkeit Augsburgs. Sie wurde ab 1521 bezogen, von ehrbaren, unverschuldet in Not geratenen Bürgern, die hier lebenslanges Wohnrecht bekamen. 52 Häuser, ordentlich aufgereiht in den Gassen, zwischen Plätzen und Gärtchen, mit 147 Wohnungen. So ist es heute noch. In der Mittleren Gasse steht das einzige innen noch original erhaltene Haus – es zeigt als **Museum** das häusliche Leben vor rund 500 Jahren. Im Nachbarhaus übrigens lebte der Urgroßvater von Mozart, und auch Mozarts Vater ist in Augsburg geboren. Die Jahreskaltmiete ist genauso hoch wie ehedem, sie beträgt einen Rheinischen Gulden, das sind umgerechnet 88 Eurocent; und wie in der Stiftungsurkunde festgelegt, müssen die Bewohner seit mindestens zwei Jahren in Augsburg leben, katholisch sein und täglich einmal in der Kapelle ein »Vater unser«, ein »Gegrüßet seist du Maria« und ein«Glaube an Gott« für das Seelenheil der Stifter beten – das hielten diese wohl doch für dringend nötig.

Fürst-Pückler-Park Bad Muskau

Berühmter Park eines berühmten Mannes

Größter Landschaftspark Europas; UNESCO-Welterbe seit 2004

Angelegt: 1815–45

Besonders sehenswert:
- ☆ *Schloss*
- ☆ *Orangerie*
- ☆ *Badepark*
- ☆ *Schloss und Park Branitz*

Ein Brückenschlag mit historischer Symbolkraft: Die Postbrücke im Fürst-Pückler-Park ist 2003 wieder eröffnet worden – seither können die Besucher die Lausitzer Neiße mühelos und stilvoll überqueren.

Der Fluss bildet die Grenze zwischen Deutschland und Polen, ab 1945 waren die weiten Parkanlagen diesseits und jenseits des Flusses zwei getrennte Welten. 1987 begannen vorsichtige Annäherungen, und mit dem Fall der Mauer entwickelte sich eine intensive Zusammenarbeit der deutschen und der polnischen Landschafts- und Denkmalpfleger – ein Werk der Aussöhnung, das die legendäre »Ideallandschaft« ihres nicht minder legendären Schöpfers aus dem Dornröschenschlaf befreit hat. Jetzt, als Ganzes, ist der Muskauer Park mit seiner weit ausgreifenden Gestaltung der größte Landschaftspark in Europa. Mit Kriegsende 1945 war der Park geteilt worden. Die polnische Seite deklarierte ihren Teil als Naturschutzgebiet, die DDR stellte ihren unter Denkmalschutz. Unglaublich viel ist seither geschehen, Kriegsschäden, Verfall, Wildwuchs und Verschlammung der Gewässer sind überwiegend behoben. Die gemeinsamen Leistungen zur Wiederherstellung dieses Kunstwerks von Weltrang hat auch die UNESCO gewürdigt und den Park in die Liste des Welterbes aufgenommen. Und ganz in Pücklers Sinn gehen die Verjüngungsarbeiten, die Neupflanzungen und Sanierungen weiter: »Die landschaftliche Gartenkunst ist kein abgeschlossenes, bleibendes Werk wie das der Malerei, weil es nicht ein totes, sondern ein lebendes ist.«

»Mein Garten ist mein Herz«

Wir sind im niederschlesischen Oberlausitzkreis in Sachsen. Das kleine Bad Muskau mit seinen 4000 Seelen liegt westlich der Lausitzer Neiße, eingehüllt von den großartigen alten Bäumen der Gartenlandschaft; es geht nahtlos über in die Bereiche von Schloss -, Bade- und Bergpark. Diese deutsche Seite bildet rund ein Drittel des 830 ha großen Gesamtareals; etwa zwei Drittel machen den polnischen Teil aus.

Als Heinrich Ludwig Hermann Fürst von Pückler-Muskau (1785–1871) 1815 von seiner ersten Englandreise zurückkam, war er von den englischen Landschaftsgärten derart beflügelt, dass er sofort sein eigenes grünes Reich anzulegen begann: In großem Stil kaufte und tauschte er Land ringsum; dann verwirklichte er hier mit seinem Hauptgärtner Jakob Rehder dreißig Jahre lang seinen Traum von einer »landschaftlichen Natur als konzentrierter Bilderfolge, als poeti-

Das Schloss im Muskauer Park

sches Ideal«. Den Flusslauf und das natürliche Geländerelief nahm er zum Ausgangspunkt. Ein künstlicher Seitenarm wurde angelegt, Erdreich verschoben, Hügel abgetragen oder angeschaufelt, Dörfer umgesiedelt, Terrassen, Park- und Gartenzonen geschaffen. Pückler ließ Brücken errichten, Seen, Auen und Wasserfälle anlegen, er ließ pflanzen, umsetzen und bauen, er hat Hundertschaften von Einheimischen beschäftigt. Wichtig waren ihm große Baumgruppen, weite Blickachsen und wechselnde Landschaftsbilder; die zahllosen Schaugebäude, die Staffage der klassischen englischen Gartenästhetik, wie er sie beispielsweise zum ersten Mal als Zehnjähriger in Wörlitz (s. S. 110) gesehen hatte, vermied er – alles sollte natürlich gewachsen erscheinen. Für das große **Schloss** und einige reizvolle Parkarchitekturen hatte Schinkel die Pläne entworfen; es wurde umgebaut und von Treppenanlagen und kunstvoll terrassierten Blumengärten eingefasst. Eine **Orangerie** im Tudorstil kam hinzu. 1823 wurde das Hermannsbad eröffnet; eisenhaltige Quellen auf dem Areal wurden damit nutzbar gemacht für einen kleinen, feinen Kurbetrieb. Pücklers Frau Lucie war ebenso von der Gartenmanie angesteckt; sie gestaltete den **Badepark.**

Wunderschön ist eine Fahrt mit der historischen Waldeisenbahn, die von Bad Muskau über Weißwasser zum großartigen Rhododendronpark Kromlau schnauft.

Und dann wurde es eng, das Geld ihnen ging aus. Das Ehepaar ließ sich in schönstem Einvernehmen scheiden, damit Hermann eine sehr reiche neue Frau fände; 1826–29 ging er nach England und Irland auf Brautschau. Als er unverrichteter Dinge zurückkam, war er zwischenzeitlich nicht nur als Gartenarchitekt berühmt geworden, sondern auch als Schriftsteller und exzentrischer Lebemann: Lucie hatte begonnen, seine amüsanten Briefe aus England zu veröffentlichen. Die »Briefe eines Verstorbenen« brachten ihm Ruhm, auch einiges Geld. 1834 veröffentlichte der Fürst die »Andeutungen über Landschaftsgärtnerei«, ein Manifest und praktisches Lehrbuch am Beispiel von Muskau. Es wurde zu einem noch heute verlegten Standardwerk und zog bedeutende Aufträge nach sich, u. a. die Anlage von Park Babelsberg in Potsdam.

»Muskau, glaube ich, ist mein Verderben«

Mit diesem Stoßseufzer hatte Fürst Pückler Recht – und auch wieder nicht. Bis 1845 hielten Lucie und Hermann noch durch; der herrliche Landschaftspark erstreckte sich nun über rund 250 ha. 1845 waren beide pleite: die ganze Herrlichkeit musste verkauft werden. Der neue Besitzer, Prinz Friedrich der Niederlande, ebenfalls ein Gartennarr, ließ das Alte Schloss zum zierlichen **Amtshaus** umgestalten, verlegte den Badebetrieb in das schöne **Kavalierhaus,** erweiterte das Parkgelände bis auf seine heutige Größe; östlich der Lausitzer Neiße entstanden der Unterpark und das Arboretum.

Die Pücklers ließen packen und begannen ein letztes großes Abenteuer: Sie zogen 40 km gen Norden, auf den Stammsitz der Familie, nach Schloss Branitz bei Cottbus. **Branitz** war topfeben und tödlich langweilig, »bitterbösester Sandboden«. Also begann der »grüne Fürst« im Alter von sechzig Jahren aufs Neue und kreierte den letzten großen Landschaftsgarten des 19. Jahrhunderts, rund 100 ha groß. Aus dem Nichts entstanden sanfte Hügel, Berge, Seen und Kanäle, Wiesen, 12 km Wege und kleine Architekturen, er ließ ausgewachsene Bäume verpflanzen und Eichen, Buchen, Pappeln setzen. Das reizende **Schloss** in sächsischem Barock hat Gottfried Semper um 1850 umgestaltet – heute ist hier das **Fürst-Pückler-Museum** beheimatet, das die faszinierende Persönlichkeit des Fürsten, sein Leben und Werk lebendig vor Augen führt. Von seinen Ägyptenreisen inspiriert, ließ Pückler auch zwei spektakuläre **Pyramiden** aufschütten und modellieren: eine abgestufte Landpyramide mit Plattform, ihr gegenüber die Seepyramide, die 13 m hoch aus der spiegelnden Wasserfläche ragt. Hier sind beide Pückler-Muskaus bestattet. Einzigartig in Europa sind nicht nur die bepflanzten Pyramiden, die mit den Jahreszeiten sommergrün, laubrot oder schneebedeckt zwischen Bäumen und Wassern aufleuchten – auch ihr Schöpfer war einzigartig, und aus dem Land der großen Gärten hörte man: »What a man!«

Öffnungszeiten:
Muskauer Park mit allen Bauten:
Mai–Okt. tgl. 10–18, Nov.–April tgl. 10–17 Uhr
www.muskauer-park.de

Für das Hin und Her zwischen deutscher und polnischer Seite im Muskauer Park den Personalausweis nicht vergessen!

Park und Schloss Branitz in Cottbus:
April–Okt. tgl. 10–18, Nov.–März Di–So 10–17 Uhr
www.pueckler-museum.de

Tourist-Info Bad Muskau:
Schlossstraße 6
Tel. 03 57 71/504 92 und 699 05
www.badmuskau.info

Die Kurstadt Baden-Baden

Ewig sprudeln die Quellen

Berühmter Kurort des Fin de Siècle

Stadtwerdung:
um 1000

Besonders sehenswert:
- ☆ Altes und Neues Schloss
- ☆ Stiftskirche
- ☆ Friedrichsbad
- ☆ Kurviertel
- ☆ Lichtentaler Allee

Zunächst haben die hiesigen Bäder wohl nur die achte römische Legion aus dem nahen Straßburg erquickt, aber sie stehen am Anfang einer großen Tradition. Der lange Kur-Schatten liegt in Baden-Baden selbst über den Türmen der Evangelischen Stadtkirche, die ihren Abschluss dem Sündengeld aus der Spielbank verdanken. Und doch lässt sich bei einem Rundgang durch die Kurstadt manches Kleinod entdecken, das der Hochkultursnob hier nicht erwarten würde.

Nicht nur eine Kurstadt

Ein Dokument des Jahres 712, das Baden-Baden erwähnt, ist leider eine Fälschung, leider, weil hier von Bädern die Rede ist.

Schon das römische Verwaltungszentrum *Aquae Aureliae* führt das Wasser im Namen, der für Baden-Baden gewissermaßen Pate stand. Die Ausgrabungen lieferten ein recht genaues Bild von dieser *civitas*, sie umfasste etwa die heutige Kernstadt. Um 260 geben die Alemannen der römischen Herrschaft am Oberrhein den Todesstoß. Nun schweigt die Überlieferung für lange Zeit. Die erste gesicherte Nachricht hält einen Besitzerwechsel fest, 987 schenkt Kaiser Otto III. »Badon« im Ufgau einem Grafen Managold.

1112 nennt eine Urkunde mit Hermann II. erstmals einen »Markgrafen von Baden«. Dieser Zähringer gilt als Begründer der heute »Altes Schloss« genannten Burg. Um 1340 hat Baden-Baden etwa die Ausdehnung der heutigen Altstadt, 1473 kommt Kaiser Friedrich III. zur Kur – und verbindet dabei das Angenehme mit dem Nützlichen, denn in diesem Jahr findet hier der Fürstentag statt. Schon damals scheint sich die Badestadt eines großen Rufs erfreut zu haben, damit einher geht die Festigung der Markgrafschaft als Territorialstaat.

1479 wird das Neue Schloss der neue Fürstenwohnsitz, doch schon 1535 teilt sich das Land ins protestantische Baden-Durlach und ins katholische Baden-Baden. Dem Dreißigjährigen Krieg folgt der Pfälzische Erbfolgekrieg, die Landstriche an der Grenze des Heiligen Römischen Reiches zu Frankreich werden fürchterlich heimgesucht. 1689 brennt die Stadt nieder, ein Grund mehr für Markgraf Ludwig Wilhelm, seine Residenz 1706 nach Rastatt zu verlegen (s. S. 308).

Nun sinkt der Stern Baden-Badens. Doch Ende des 18. Jahrhunderts zeichnet sich der Aufstieg zu *dem* Kurort Europas ab. Seit etwa 1820 kommen gekrönte Häupter ebenso wie Geistesheroen, selbst eine Schließung aller Spielbanken 1867 tut der Entwicklung keinen Abbruch. Wohl aber der Erste Weltkrieg – bis in die 50er Jahre wird Baden-Baden jetzt von seinem Mythos leben. Dann fallen viele Prunkbauten des Fin de Siècle der Abrissbirne zum Opfer, und erst nach

Baden-Baden, Alter Stadtbahnhof, zentrale Eingangshalle

1980 wird das Bemühen erkennbar, wieder Farbe in die städtebaulichen Grauzonen zu bringen.

Altes und Neues Schloss

Der Aufstieg zum **Alten Schloss** empfiehlt sich schon wegen des schönen Blicks auf Baden-Baden und seine Umgebung. Aber diese Burg bestimmt ja auch die Stadtgeschichte. Der Bergfried stammt noch aus den Anfangszeiten der Anlage, überhaupt ist die Oberburg ihr ältester Teil. Hier lag der Akzent entschieden auf der Wehrhaftigkeit, das unterstreicht die mächtige Schildmauer noch einmal. Der große Palas unterhalb stammt schon aus der Zeit um 1400.

1479 verlegt Markgraf Christoph den Familiensitz weiter zur Stadt hin. Auf dem neuen Terrain ließ sich großzügiger planen, aber das **Neue Schloss** verdient die Bezeichnung »Schloss« eigentlich erst, als Philipp II. es nach 1570 in den Formen der Renaissance umgestalten lässt. Das Hauptgebäude versah der Münchner Baumeister Caspar Weinhardt mit dem noch erhaltenen prächtigen Portal.

Mit dem Umzug nach Rastatt geriet dieses Neue Schloss an den Rand des Geschehens. Dem Aufstieg Baden-Badens zur Kurmetropole verdanken seine Räume ihr heutiges Erscheinungsbild, 1843–47 wird der Palast als Sommerresidenz herausgeputzt. Das Jahr 1995 bezeichnet den tiefsten Einschnitt in seiner jüngsten Geschichte, damals ließ die markgräfliche Familie das wertvolle Inventar großenteils versteigern. Dann drohte dem Schloss der völlige Ruin; erst eine kuwaitische Unternehmensgruppe ging das Wagnis ein, dieses nun wirklich historische Ensemble zu retten. Natürlich kämpfen die Investoren mit der Tücke des historischen Objekts, die Arbeiten ziehen sich hin, gehen aber doch stetig voran. Bald wird Baden-Baden wohl um ein Luxushotel reicher sein.

Das Stadtzentrum als Badezentrum

Gut ins Bild der Kurstadt fügt sich das etwas seitab gelegene Baldreit. Um einen lauschigen Innenhof gruppiert sich eine mehrfach erweiterte Vierflügelanlage, sie kann als repräsentatives Beispiel für die Badehäuser des 18. Jahrhunderts gelten. Im Baldreit zeigt heute das Stadtmuseum seine Sammlungen, und selbstverständlich nimmt das Thema Kuren einen breiten Raum ein.

Schon Baden-Badens **Rathaus** fügt sich dem Leitmotiv. Bevor das neue Kurviertel jenseits der Oos entstand, war es Kur-, damals Konversationshaus. Die Ursprünge des schlichten Gebäudes liegen freilich in einem barocken Jesuitenkloster, das Friedrich Weinbrenner bis 1824 umgestaltete. Vom Zentrum der Gegenreformation übers Zentrum des Amüsierbetriebs zum Zentrum des Stadtregiments (seit 1864): zweifellos eine bewegte Geschichte.

Markt- und stadtbildbeherrschend aber ist die ehemalige **Stiftskirche.** Sie erhebt sich über den luxuriösen Kaiserthermen der Römer. Die spätgotische Halle ersetzte einen romanischen Vorgänger des 13. Jahrhunderts, sie verdankt sich der Gründung eines Stifts durch den Landesherrn. Von dieser Aufwertung zeugt auch die Ausstattung, vor allem das fast 13 m hohe, äußerst filigrane Sakramentshäuschen (um 1490) und das Sandstein-Kruzifix von 1467. Sein Christus ist ein wirklich Erlöster – und eine der wenigen Arbeiten, die Niclaus Gerhaert van Leyden, diesem herausragenden Bildhauer der späten Gotik, sicher zugeschrieben werden können. Bis ins 18. Jahrhundert diente die Kirche als Grablege der katholischen Linie des Hauses Baden. So finden sich hier einige prunkvolle Epitaphe, darunter der für das berühmteste Familienmitglied, den Markgrafen Ludwig Wilhelm, besser bekannt als »Türkenlouis« (s. S. 308).

Wieder eng ans Leitmotiv schließen sich **Altes Dampfbad** und **Friedrichsbad** an. Während der Bau von Heinrich Hübsch (1848 vollendet) heute den Ausstellungen vorbehalten ist, dient Carl Dernfelds Friedrichsbad noch seinem ursprünglichen Zweck. 1871–77 erbaut, galt es als modernstes Badehaus Europas, dem Zeitgeschmack getreu stand die italienische Hochrenaissance Pate. Im Giebelrund des Mittelteils prangt die Kolossalbüste Großherzog Friedrichs I., der den Anstoß zu diesem Bau gab. Innen beeindruckt das kühn überkuppelte, kreisrunde Bewegungsbad, römisch orientiert und mit Carrara-Marmor ausgekleidet. Auch die **Caracalla-Therme** lockt mit dem Rückgriff auf die Antike. Die Nachfolgerin des in den 60er Jahren abgerissenen Augusta-Bads wurde 1983–85 zur neuzeitlichen »Thermenlandschaft« hochgepäppelt.

Der ursprüngliche Name des späteren Kaisers Caracalla fand sich auf einem Baden-Badener Widmungsstein. Klanglich ist an Caracalla gar nichts auszusetzen, und die Frage, ob sich ein übel beleumundeter Herrscher als Patron eignet, kann die Thermengäste kalt lassen.

Beim etwas seitab und bergauf gelegenen **Paradies** hält der Name dagegen, was er verspricht. Die Wassertreppe hier erinnert an italienische Renaissancegärten und vielleicht auch an die Kasseler Wilhelmshöhe (s. S. 195). Max Laeuger hat sie 1922 als Längsachse einer Garten-Villenanlage entworfen. Über drei Straßenzüge hinweg führt sie 40 Höhenmeter den Hang hinunter, ihre Stufen enden in zwei krebsschwanzähnlichen Ornamenten. Die Brunnengrotte am Beginn darf ebenso wenig fehlen wie der Halbrundbrunnen am Fuß der Kaskade.

Das neue Kurviertel

Auf Weinbrenners programmatische Frage: »Wie sollen wir bauen?« gibt heute allein noch der Mittelteil des Kurhauses Antwort: Ein Portikus wie dieser ist Kennzeichen fast aller größeren Weinbrenner-Schöpfungen.

Schon um 1815 zeichnete sich ab, dass die Kernstadt den Anforderungen eines mondänen Bads nicht mehr genügen würde. Doch jenseits der Oos gab es genügend Platz für ein repräsentatives Kurviertel. Glanzvoller Mittelpunkt sollte das **Kurhaus** (1821–24) Friedrich Weinbrenners werden. Der badische Oberbaudirektor entwarf hier eine seiner charakteristischen Architekturen, die unter dem Horizont des Klassizismus eine Synthese von ländlichem und urbanem Bauen anstrebten. Das traf in Baden-Baden nicht den Geschmack der Schönen Welt, 1835 nannte der französische Dichter Alfred de Musset, Zeitgenosse und Geistesverwandter Heinrich Heines, das Kurhaus »einen großen, fossilen Brocken«. Früh drohte der Abriss, und nur zehn Jahre nach der Fertigstellung gab es erste Veränderungen. 1853–55 nahm sich der Theater(!)architekt Charles Séchan des linken Kurhausflügels an, nun endlich konnten die vornehmen Besucher in neobarockem Prunk schwelgen.

Sehr viel geschmeidiger wusste sich der Amtsnachfolger den Erwartungen des hiesigen Publikums anzubequemen. Doch hatte sich Heinrich Hübsch gegen den Abriss des Kurhauses energisch zur Wehr gesetzt, wenngleich er den betont nüchternen »Kastenstil« seines Lehrers kritisierte. Zum Ersatz der benachbarten Trinkhalle Weinbrenners lieferte Hübsch allerdings die Pläne. Die **Neue Trinkhalle** ist mit ihrem 90 m langen Wandelgang ein Bauwerk, das einen romantisch angehauchten Klassizismus präsentiert. Satt in die Klaviatur des Neobarock greift das pompöse **Theater,** 1862 nach Entwürfen von Charles Dérchy vollendet. Eigens zur Einweihung komponierte Hector Berlioz die heitere Oper »Béatrice und Bénédict«, er leitete auch die Uraufführung.

Ein Spätwerk des großen Klassizisten Leo von Klenze ist die rumänisch-orthodoxe **Stourdza-Kapelle.** Wiederum Friedrich Weinbrenner baute für den Verleger Johann Friedrich Cotta ein ehemaliges Kapuzinerkloster zum noblen **Hotel Badischer Hof** um. Schönstes Fin de Siècle beschwört der **Alte Stadtbahnhof** mit separatem Fürstensaal und dem Prunkstück der Hauptschalterhalle. Seit 1845 war die Kurstadt auf dem Schienenweg erreichbar, der heutige, ein wirklich großer Bahnhof entstand 1892–94. Als er stillgelegt wurde, fand sich doch eine angemessene Nutzung: Durch ihn führt der Weg ins Baden-Badener Festspielhaus.

Entlang der Lichtentaler Allee

Die Kunsthalle verfügt über keine eigenen Bestände, dennoch hat sie mit Ausstellungen zur Avantgardekunst immer wieder auf sich aufmerksam machen können. Die spröde Architektur dieser Halle (1909) steht seit Ende 2004 im Schatten des Museums Frieder Burda von Richard Meier, das zu den besten Schöpfungen des Amerikaners zählt. Die Sammlung hat ihre Schwerpunkte in der klassischen Moderne und der etablierten zeitgenössischen Kunst.

Die Lichtentaler Allee beginnt am Goetheplatz, also mitten in der Stadt. Nur ein wenig weiter nördlich liegt das Doppel von **Staatlicher Kunsthalle** und dem **Museum Frieder Burda.** Doch sollten wir uns nach diesem kunstlastigen Auftakt eine kleine Abschweifung gestatten. Denn im Villenviertel rechts der Oos finden sich nicht nur einige klingende Hotel-Namen, sondern auch die **Englische** und die **Russische Kirche.** Sie geben Gelegenheit, an die vielen gekrönten und bekränzten Häupter zu erinnern, die es nach Baden-Baden zog. Ein besonders interessantes Kontingent stellten die russischen Dichter. Nikolai Gogol (1809–1852) und Iwan Turgenjew (1818–1883) waren ebenso hier wie Fjodor Dostojewski (1821–1881) und Leo Tolstoj (1828–1910). Dostojewski verfiel (auch) hier derart dem Glücksspiel, dass er für den Ort selbst kaum Augen hatte. Nur, wer denkt angesichts einer **Lichtentaler Allee** schon an solche Schicksale? Stattliche drei Kilometer zieht sich diese Promenade, die Oos nebenher ist aufs Netteste gebändigt. Kurz, hier herrscht heiterste Kuratmosphäre, und immer wieder bieten sich schöne Ausblicke. Das Ziel heißt **Kloster Lichtenthal.** Die Niederlassung der Zisterzienserinnen schmiegt sich in eine Flussschlinge. Diese gibt sich recht natürlich, stellt aber ein seltenes Beispiel politischer Regulierung dar. Die Oos trennte hier die Bistümer Speyer und Straßburg. Der markgräflichen Gründerin war daran gelegen, dass ihr Frauenkloster auf Speyrer Seite zu liegen kam, und so ließ sie kurzerhand den Wasserlauf verändern. Die imposante Anlage hat ihren Mittelpunkt in Kirche und Fürstenkapelle. Die romanische Klosterkirche wurde 1256 geweiht, aber schon um 1300 in den Formen der Gotik neu gestaltet. Die kleine Fürstenkapelle daneben ist eine Stiftung von 1288. Einige Mitglieder der markgräflichen Familie ließen sich hier noch bestatten, nachdem die innerstädtische Stiftskirche als Grablege des Hauses Baden-Baden diente.

Nur wenig weiter nördlich liegt das **Brahmshaus.** 1865 hatte der Komponist an der Maximilianstraße erstmals zwei Dachgeschosszimmer bezogen, bis 1874 sollte er dort regelmäßig die Sommermonate verbringen. Auch die befreundete Clara Schumann fand nach dem Tod ihres Mannes Robert in Baden-Baden Zuflucht, wenngleich ihr Häuschen an der Aubrücke längst verschwunden ist. Doch das kleine Museum für Johannes Brahms bietet ein schönes Schlussbild dieser Sommermetropole Europas.

Tourist-Info Baden-Baden:
Schwarzwaldstraße 52
Tel. 07221/27 52 00
info@baden-baden.com

Bamberg

Von allen Seiten schön

An markanten Bauten mangelte es Bamberg auch im 15. Jahrhundert nicht, dennoch wurde damals das Süßholz zum Wahrzeichen der Regnitzmetropole. Dass die Bamberger Gärtnerstadt ins Weltkulturerbe mit eingehen konnte, hat andere Ursachen, aber die Kultur des Lakritzlieferanten schafft doch eine schöne Verbindung. Einer weiteren Verbindung sei ausdrücklich vorgebeugt, denn zum Lobe Bambergs braucht es keine Süßholzraspler.

Intakte Barockstadt mit mittelalterlichen Strukturen; UNESCO-Welterbe seit 1993

Gegründet: 11. Jh.

Besonders sehenswert:
- ☆ *Dom mit Bamberger Reiter*
- ☆ *Kloster Michaelsberg*
- ☆ *Stiftskirche St. Jakob*
- ☆ *St. Stephan*
- ☆ *Altes Rathaus*
- ☆ *Klein-Venedig*

Das historische Stadtgefüge

Unübersehbar erhebt sich über den Ausläufern des Steigerwalds der Dom. Hier stand vorzeiten die Reichspfalz Heinrichs II., der 1002 zum König und zwölf Jahre später zum Kaiser gekrönt wurde. 1007 wird Bamberg Bischofssitz, dessen Kathedrale sich im Laufe des 11. Jahrhunderts vier Stifte bzw. Klöster zuordnen. St. Michael, St. Stephan, St. Gangolf und St. Jakob bilden etwa die Form eines Kreuzes mit dem Dom als Schnittpunkt. Nahe der Oberen Pfarrkirche entstand die erste Siedlung an einer Regnitzfurt. Sie wuchs rasch zu einem Handelszentrum heran, das zwischen linkem und rechtem Flussarm seinen Straßenmarkt etablierte. Damit ist das Gefüge der mittelalterlichen Stadt umrissen, ein Gefüge, das bis heute erhalten blieb.

Noch bevor der hiesige Bischof auch ein weltlicher Herr wurde, legte er 1062 seine Hand auf Bamberg. Als Stadt hatte es Anspruch auf eine Mauer, doch kam es nie zu einer geschlossenen Umwehrung. 1435 begehrten die Bürger gegen Stifte und Bischof auf, weil die geistlichen Herren kaum etwas zur Sicherheit der Stadt beitragen wollten, aber sie holten sich blutige Nasen. Bamberg blieb ein mehr oder weniger offenes Gemeinwesen.

Die meisten spätmittelalterlichen Wohnsitze der Bürgerstadt gingen in Umbauten auf, die nach dem Dreißigjährigen Krieg stattfanden; der Barock prägte Bamberg entscheidend. Damals entstand eines der schönsten deutschen Städtebilder, das alle Fährnisse der kommenden Jahrhunderte erstaunlich gut überstanden hat.

Der Domberg

Von der Stadt zum **Dom** hinauf: Mit jedem Schritt zieht diese Gottesburg stärker in ihren Bann. Sie hält ihren 1012 geweihten Vorgänger zwar gegenwärtig, ist aber ein Bauwerk des 13. Jahrhunderts – und eine der großartigen Schöpfungen im Übergang von der Romanik zur

Vorzügliche Sandsteinfiguren sind Ecclesia und Synagoge an den Portalflanken, sie gehen letztlich wohl auf die Vorbilder am Straßburger Münster zurück. Es sind hier allerdings Kopien, die Originale stehen im südlichen Seitenschiff des Doms.

Gotik. Die dreischiffige, gewölbte Basilika mit westlichem Querhaus und doppeltem Chor wurde im Osten begonnen; ältester Teil ist die Hallenkrypta, die Gestaltung der Ostapsis erinnert an die großen Kaiserdome am Oberrhein. Trotz der recht kurzen Bauzeit (nach 1210–37) gab es einige Planwechsel; trotz des zwischenzeitlichen Wirkens einer zisterziensisch geprägten Bauhütte bekam die Bischofskirche ein immer repräsentativeres Erscheinungsbild, sichtbarster Ausdruck sind ihre vier Türme.

Als prächtigster von vier Eingängen zeigt sich das Fürstenportal an der Domnordseite, an dessen reicher Plastik offenbar zwei verschiedene Bauhütten beteiligt waren. Gehören die Apostel und Propheten des Gewändes noch in die Spätromanik, ist die Darstellung des Jüngsten Gerichts im Tympanon schon frühgotisch inspiriert. Außerordentliche Kunstwerke finden sich ebenfalls im Dominneren. Mit der frühen Geschichte dieser Kirche am engsten verbunden ist das Hochgrab der kaiserlichen Stifter Heinrich und Kunigunde, das der große Tilman Riemenschneider 1499–1513 aus Solnhofener Kalkstein schuf.

Mit diesem später heilig gesprochenen Herrscherpaar steht auch das berühmteste Werk des Doms in Verbindung. Für den **Bamberger Reiter** lässt sich kein Künstler namhaft machen, um so üppiger schossen die Mutmaßungen ins Kraut, wen die grandiose, ursprünglich farbig gefasste Skulptur darstellen sollte. Doch gibt es heute kaum mehr

Bamberg, Blick auf Dom, Neue Residenz und Kloster Michaelsberg, vorne rechts das Inselrathaus mit dem Rottmeisterhaus

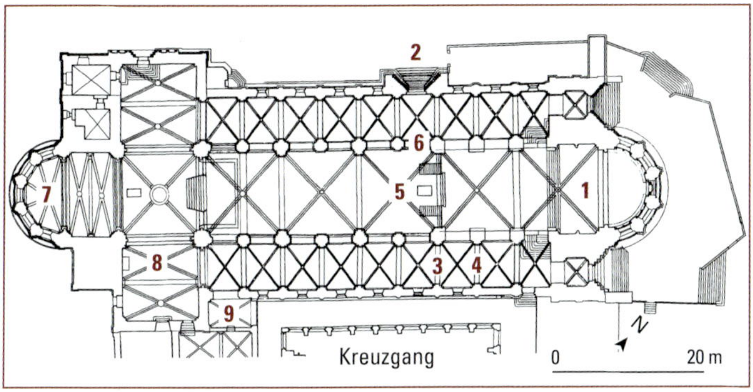

Bamberger Dom
1 Ostchor
2 Fürstenportal
3 Ecclesia
4 Synagoge
5 Riemenschneiders Hochgrab für Kaiser Heinrich II. und Kaiserin Kunigunde
6 Bamberger Reiter
7 Peterschor mit Kreuzaltar
8 Marienaltar von Veit Stoß
9 Rosenkranzgemälde von Lucas Cranach (Antoniuskapelle)

Zweifel daran, dass dieser jugendliche Bekrönte den ungarischen König Stephan meint, der als Schwager Kaiser Heinrichs II. seinem Volk das Christentum einigermaßen rabiat aufgedrängt hatte und gleichfalls heilig gesprochen wurde.

Zur Attraktivität des Domplatzes trägt die **Alte Hofhaltung** bei, die im Nordwesten an die Kirche grenzt. Sie wendet der Freifläche den prächtigen Spätrenaissancebau der Neuen Ratsstube und die reich skulptierte Schöne Pforte (1571/73) zu. Dahinter liegen die **Domherrenhöfe,** ihre Gärten reichen den stadtabgekehrten Hang hinunter.

Den stärksten Profanbauakzent setzt jedoch die **Neue Residenz.** Von ehrgeizigeren Plänen wurde nur ihr Zweiflügelbau realisiert, aber der strenge Barock wirkt eindrucksvoll genug. Den Abschluss fanden die Arbeiten 1702 im stadtzugewandten **Vierzehnheiligenpavillon.** Er lässt die Turmidee immerhin anklingen und kann so als Machtdemonstration des Fürstbischofs gegenüber den Bürgern verstanden werden. Johann Leonhard Dientzenhofer schuf den Bau, dessen Kaisersaal seinem Namen Ehre macht. Auch bei seiner Ausstattung hatte der Fürstbischof Größeres vor, nur forderten die dafür ins Auge gefassten italienischen Künstler einen zu hohen Preis.

Zur Residenz gehört ein wunderschöner Rosengarten, der eine prächtige Sicht auf Stadt und Umland bietet.

Die Klöster und Stifte

Dass Bamberg immer wieder den Rom-Vergleich auf sich zog, liegt nicht nur an den innerstädtischen Hügeln, sondern auch an den Klöstern und Stiften, die deren Kuppen oder doch die oberen Hangpartien besetzen. Zweifellos in heftigste optische Konkurrenz zum Domberg tritt der **Michaelsberg.** Das ehemalige Benediktinerkloster wurde um 1700 barockisiert, die Pläne kamen von Johann Leonhard Dientzenhofer und seinem Bruder Johann , später griff auf Geheiß des Fürstbischofs sein oberster Baumeister Balthasar Neumann noch einmal korrigierend ein. Hinter der höchst geschickt eingepassten Barock-

Dem Kreuzgang des Karmelitenklosters haben die Wechselfälle der Nutzungsgeschichte zugesetzt, doch gibt wenigstens der Ostflügel ein authentisches Beispiel gotischer Traditionspflege: Um 1350 entstanden, greift die Anlage auf den romanischen Formenkanon zurück. Ein tolles Treiben aber herrscht in der Kapitell- und Kämpferplastik. Noch hat niemand entschlüsseln können, ob diesen wundervollen Drolerien eine tiefere Bedeutung zukommt.

fassade dieser Klosterkirche liegt ein schlichtes romanisches Langhaus, das aber von einem gotischen oder gotisierenden Netzgewölbe abgeschlossen wird. Wahrscheinlich Wolfgang Ritterlein ließ auf dieser Decke einen artenreichen, leicht stilisierten Kräutergarten erblühen. Prächtigstes Werk der Kirche ist die Kanzel von Georg Reuß (1751) mit ihren überbordenden Schmuckformen.

Die Gartenanlage des Klosters, anmutig in den Hang getreppt, lockt auf den Weg zur Regnitzaue. Doch gilt dieser Streifzug ja den Klosterbauten auf den Höhen, und so geht es eben nicht nur bergab, sondern auch wieder bergan. Südlich folgt jetzt die ehemalige **Chorherrenstiftskirche St. Jakob.** Von allen Bamberger Gotteshäusern liegt sie dem Dom am nächsten, außerdem hat sie ihr romanisches Raumbild am zähesten bewahrt. Doch selbst diese flachgedeckte Säulenbasilika erhielt eine barocke Fassade. Und weil sich die Kirche dem Gemeinwesen zuwenden sollte, musste ihre Schaufront vor den Chor gesetzt werden, eine entschiedene Geste der Stadtbildversöhnung.

Etwas versteckt in den Hang des Oberen Kaulbergs schmiegt sich das **Karmelitenkloster.** 1589 zogen hier die Mönche ein, gegründet wurde es im 12. Jahrhundert als Niederlassung der Benediktinerinnen. Das stattlichste Relikt der romanischen **Basilika St. Theodor** ist das so genannte Löwenportal, doch Johann Leonhard Dientzenhofer gab der Kirche ab 1692 ein entschieden barockes Gepräge. Und auch die Karmeliter machten den Osten zum Westen, um mit der einladenden Schaufront städtische Kirchgänger zu locken.

Einen bedeutenden Beitrag zur Bamberg-Kulisse liefert wieder **St. Stephan,** die Kirche krönt den südlichsten Ausläufer des Steigerwalds im Stadtgebiet. Ihren ältesten Vorgänger weihte Papst Benedikt VIII. 1020, vom Bau Mitte des 13. Jahrhunderts blieb der Turm erhalten, auch blieb der Grundriss in Form eines griechischen Kreuzes verbindlich. Vom ansbachischen Hofbaumeister Valentin Juncker kam der Entwurf für den Chor, eine noble frühbarocke Architektur von 1626. Erst ab 1677 entstanden das ausladende Quer- und das kurze Langhaus nach den Plänen Antonio Petrinis. Die Fassade ist die früheste des barocken Bamberg.

Die Bürgerstadt

Das Nordportal der Oberen Pfarre heißt Ehe- oder Brautportal, weil hier im späten Mittelalter die Trauungen stattfanden. So hat das beliebte Gewändethema der Klugen und Törichten Jungfrauen (etwa 1370) einen direkten Bezug.

Auch die Bürgerstadt setzt einen unübersehbaren Kirchenschwerpunkt. Die **Obere Pfarre** vertritt mit ihrem mächtig aufragenden Chor (Baubeginn 1392) glanzvoll die Gotik, eine in Bamberg unterrepräsentierte Epoche. Der oder die Baumeister sind unbekannt, aber schon die Qualität der Chorarchitektur genügte, um sie mit der berühmten Baumeisterfamilie Parler (s. S. 157, 280, 351) in Verbindung zu bringen. Das schlichtere Langhaus ist einige Jahrzehnte älter, am ältesten sind die unteren Geschosse des Turms. Ganz unorthodox erhebt er sich an der Südwestecke und ist sowohl Kirchturm als auch Türmersitz; seine eigentümliche Haube trägt er seit 1537/38.

Das Raumbild des Langhauses prägt die Barockisierung nach 1711, im Chor behaupten sich die gotischen Formen. Und der barocke Hochaltar mit seinen gewaltigen Säulen bewahrt das um 1320 entstandene, wunderschöne Gnadenbild Kölner Provenienz.

Als eigentliche Klammer von Berg- und Inselstadt aber präsentiert sich das **Alte Rathaus** zwischen Oberer und Unterer Brücke. Von seinem spätmittelalterlichen Vorgänger blieb immerhin das Untergeschoss erhalten, ebenso das Rottmeisterhaus als Fachwerkanhang. Nach Plänen Michael Küchels entstanden ab 1744 der imposante Brückenturm und der pittoreske Sitz des Stadtregiments.

Handel und Wandel der Bamberger Gärtner konzentrierten sich um den straßengleich gestreckten **Grünen Markt.** Die ehemalige Jesuiten- und heutige Stadtpfarrkirche **St. Martin** musste sich hier in die Häuserzeile fügen, wo die spektakuläre Fassade von Georg Dientzenhofer nicht so sehr ins Auge fällt. Auf den ersten Blick zeigt sie mit den fünf Achsen und dem übergiebelten, vorgezogenen Mittelteil eine vertraute Gliederung des Frühbarock. Aber Dientzenhofer gewinnt diesem Schema eben doch eine ganz eigene Monumentalität ab und gibt der Fassade eine kraftvoll-pathetische Note.

Als städtebauliches Ensemble erste Güte präsentiert sich auch der **Maxplatz,** an dessen barocker Gestaltung der große Balthasar Neumann mitwirkte. Im **Sandviertel** gilt das Interesse sicher auch den schönen Häuserfronten und der bemerkenswerten Dominikanerkirche mit ihrer barock überprägten Gotik. Womöglich noch mehr lockt eine Gaststätte wie das »Schlenkerla«: Ihr berühmtes Bier unter spätgotischen Gewölben zu trinken ist eine Art Privileg.

Ganz im Nordosten Bambergs, schon jenseits des rechten Regnitzarms und heutigen Rhein-Main-Donau-Kanal-Teilstücks, liegt **St. Gangolf.** Vom Weihedatum (1063) her ist sie die älteste Bamberger Kirche, das dreischiffige Lang und das Querhaus stammen noch aus dem 11. Jahrhundert. Natürlich hat auch sie den folgenden Stilepochen Tribut zollen müssen, davon zeugen am sichtbarsten die barocken Hauben ihrer beiden Türme.

Einen schönen Bamberger Dreiklang haben wir uns bis zum Schluss aufbewahrt. Das Schlösschen **Geyerswörth** hat zwar mehrere Umbauten über sich ergehen lassen müssen, aber seine Renaissance-Ursprünge gegenwärtig halten können. Ein wenig flussabwärts geben die Häuser von **Klein-Venedig** dem Regnitzufer eine äußerst malerische Note, und flussaufwärts vertritt das **Concordia-Palais** feierlichen Hochbarock. Vom dem Turm des Schlösschens aber hat der Besucher den vielleicht schönsten Blick auf das ganze Bamberg.

Der Marktbrunnen des Johann Christian Bissing (1698/99), dem Johann Kaspar Metzner einen Neptun aufgesetzt hat, lässt keinen Zweifel an seiner Zentrumsfunktion. Der Gott des Meeres ist des Guten vielleicht doch etwas zu viel, aber nah am Wasser ist das bürgerliche Bamberg ja auch gebaut.

Tourist-Info Bamberg:
Geyerswörthstr. 3
Tel. 09 51/29 76-200
www.bamberg.info

Bayreuth

Opern, Schlösser, Gärten

Barocke Residenzstadt und Sehnsuchtsort der Wagner-Verehrer

Erbaut:
Markgräfliches Opernhaus: 1745–48
Neues Schloss: 1754
Festspielhaus: 1875

Besonders sehenswert:
- ☆ *Markgräfliches Opernhaus*
- ☆ *Neues Schloss: Spiegelscherbenkabinett*
- ☆ *Eremitage*
- ☆ *Festspielhaus*

Jeder kennt ja jemanden, der fünf, sechs, meistens sieben Jahre warten muss, bevor er mit einem Ticket für die Bayreuther Festspiele geadelt wird. Und jeder kennt auch jemanden, der über den ganzen Rummel die Nase rümpft und Wagner nicht ausstehen kann. Aber grundsätzlich und überhaupt ist Richard Wagner einer der größten und unabsehbar nachwirkenden Komponisten; für Opernfreunde und Wagnerfans ist das Festspielhaus in Bayreuth eine heilige Pilgerstätte, ein Besuch der Festspiele ein unauslöschliches Erlebnis. Den ganzen August über ist Bayreuth Mittelpunkt des musikalischen Universums, »Weltstadt auf Zeit«. Die Einwohner sind wie auch immer verwoben mit der Musik der Stadt, kennen ihren »Bassiwall«, wissen über den höheren Klatsch Bescheid, der die Sänger und Musiker mit Weltgeltung umgibt. Hotels und Gasthöfe wie auch zahllose Privatquartiere im weiten Umkreis sind belegt, und die Küchenchefs legen erst nach Vorstellungsschluss so richtig los.

Der alles beherrschende Richard Wagner hat sein Festspielhaus im Jahr 1876 eingeweiht; sein Haus Wahnfried ist heute Museum. Nach Bayreuth hatte ihn die Suche nach einem geeigneten Ort für sein »nationales Unternehmen« geführt – 1872 schaute er sich das herrliche Markgräfliche Opernhaus an, das seinerzeit die größte Bühne Deutschlands besaß. Heute noch gilt es als eines der schönsten Barocktheater Europas, es ist zur Aufnahme ins UNESCO-Welterbe vorgeschlagen. Das Opernhaus wiederum ist Teil der von Markgräfin Wilhelmine als große Kultur- und Kunstlandschaft geschaffenen Bayreuther Schlösser und Gärten, die das kleine, weltabgewandte Städtchen zwischen Fränkischer Schweiz, Fichtelgebirge und Frankenwald Mitte des 18. Jahrhunderts für kurze Zeit zur glanzvollen Residenz machten. Einer Sternschnuppe gleich leuchtete der markgräfliche Hof nur für kurze Zeit, bis zu Wilhelmines Tod. Heute bilden Altes und Neues Schloss, das Opernhaus, die Eremitage, die Gartenanlagen den historischen Kern der Stadt. Sie sind die großen Sehenswürdigkeiten, die den Charakter Bayreuths geformt haben, unabhängig von der »Wagnerei«.

Literaturtipp:
Der schöne Band ›Gartenlust Lustgarten‹ ist der offizielle Führer der Schlösserverwaltungen einzelner Bundesländer. Bayern ist prächtig vertreten (Schnell und Steiner, Regensburg).

»Getrennte Körper, eine Seele«

Friederike Sophie Wilhelmine (1709–58) war hoch gebildet, scharfzüngig und schön, als sie, die preußische Prinzessin, im europäischen Heiratsschachspiel mit dem Markgrafen Friedrich von Bayreuth verbandelt wurde. Die ursprünglich anvisierte glänzende Partie – sie war

Bayreuth, Markgräfliches Opernhaus

dem englischen Thronfolger versprochen – kam nicht zustande, so wurde es dann also in Herrgottsnamen Bayreuth. Wilhelmine war mit ihrem drei Jahre jüngeren Bruder im zauberhaften Rheinsberg aufgewachsen, schon dort hatte sie in Philosophie, Kunst, Musik geschwelgt. Ihr »Alter Ego«, ihr Bruder, war Friedrich II., der Große. Wilhelmine war wohl die einzige Frau, die er von Herzen liebte; er schrieb, dass »diese Bindungen unauflöslich sind, dass wir getrennte Körper, aber eine einzige Seele haben«.

Das **Alte Schloss** an der Maximilianstraße in Bayreuth, mehrfach umgebaut und auf eine Burganlage aus dem 13. Jahrhundert zurückgehend, war markgräfliche Residenz; rundum gab es nur mehr einige Straßen, das Rathaus, die Stadtkirche mit ihren Doppeltürmen und viel Wald.

Wilhelmine war die treibende Kraft, sie ersann die Pläne für die großen Bauprojekte, die das Paar dann gemeinsam ins Abgelegene setzte. Die große Schwester ahmte ihren mächtigen Bruder in allem nach: Der preußische König lud Voltaire zum philosophischen Gedankenaustausch ein, bald war er auch bei ihr ausführlich zu Gast; Friedrich II. baute ein Opernhaus in Berlin – sie ließ das **Markgräfliche Opernhaus** (1745–48) errichten. Nach Entwürfen des Franzosen Joseph Saint-Pierre gebaut, wurde es von der damals berühmtesten Theaterbaufamilie, Guiseppe Galli-Bibiena und seinem Sohn Carlo aus Bologna, ausgestattet. Mit mehreren Emporen im Oval, Deckenfresken, Prunkloge, üppigen, funkelnden Lüstern: ein sinnliches Raumerlebnis, samtschwer und goldglänzend vor der 27 m tiefen Bühne, die die Hälfte des gesamten Baus einnimmt.

Die Rastlose, Elegante umgab sich mit Sängern und Musikern, sie schuf ein eigenes Opernensemble, eine Schauspiel- und eine Balletttruppe. 1753 zerstörte ein Brand wesentliche Teile des Schlosses; unweit davon, in der heutigen Ludwigstraße, ließen die Markgrafen ein **Neues Schloss** errichten. Auch dieser Bau ist von Saint-Pierre; in nur zwei Jahren waren die Raumfluchten, die Prunkräume, Garten-, Musik- und Palmenzimmer in anmutigem, lichtem Rokokostil bezogen. Den Geschmack der Zeit ins Bizarr-Morbide kehrend, ließ Wilhelmine die übliche Spiegelgalerie aus Scherben fertigen; das **Spiegelscherbenkabinett** ist einzigartig, zeigt die dunkle Seelenhälfte ihrer Schöpferin.

Nicht nur den anschließenden Hofgarten mit seinen prächtigen Brunnen, Wasserläufen, Brücken und alten Baumgruppen ließ Wilhelmine umgestalten: Als Hochzeitsgeschenk hatte sie die **Eremitage** erhalten, eine Gartenanlage mit allerlei kleineren Architekturen vor den Toren Bayreuths; auch ein Schloss war dabei. Eremitagen waren eine Generation zuvor überaus beliebt gewesen; Adel und Hof spielten Mönch und Nonne, trugen Kutten, aßen dünne Wassersuppen und zogen sich in die verstreut liegenden Hütten, die Einsiedeleien, zurück. Das **Alte Schloss** wurde zur vierflügeligen Anlage erweitert, die strenge barocke Gartengeometrie aufgelockert. Herrlich ist die Orangerie, heute **Neues Schloss** genannt, mit der Oberen Grotte und dem Achteck des prächtigen **Sonnentempels** im Zentrum, auf dessen Kuppeldach der vergoldete Sonnenwagen, von zwei Rössern gezogen, blitzt – Friedrich der Große hatte sein Sanssouci (s. S. 299), Wilhelmine schuf das ihrige: eingeschossig, mit weit ausschwingenden Flügelbauten, die mit suggestiver Geste das heitere Oval des Zentralparterre einfassen.

Übernachtung:
Ein Erlebnis ist Pflaums Posthotel in Pegnitz; Behagliches und Futuristisches im exklusiven, familiären Haus mit Sterneküche. Nicht nur die Opernstars werden zur Festspielzeit von Haus zu Haus gefahren. www.ppp.com

Wunderschön und sehenswert ist auch der **Schlosspark Fantaisie,** den die einzige Tochter von Wilhelmine und Friedrich gestaltete. Im Schloss lädt das erste Gartenkunstmuseum Deutschlands zum Besuch.

Die »Wagnerei«

Wilhelmine starb 1758, in Bayreuth wurde es still. Ihr Grab, unter preußischer Krone, liegt neben dem Friedrichs in der Schlosskirche. 1810 fällt Bayreuth an das Königreich Bayern, im Oberfränkischen wird es noch stiller. Bis sich Richard Wagner (1813–83) mit Cosima, drei Kindern und Hofstaat hier niederlässt. Sein nobles **Haus Wahnfried,** vom Bayernkönig Ludwig II. finanziert (s. S. 273) und 1874 bezogen, ist sein erstes eigenes Refugium – und sein letztes. »Hier, wo mein Wähnen Frieden fand – Wahnfried sei dieses Haus von mir benannt.« Diener, Kammerjungfer, Gärtner, Hausmeister, Zimmermädchen, Köchin und Gouvernante müssen sein. Der Hausherr ist zufrieden im Familienkreis und schreibt und komponiert auch gern mal kleine Scherze wie die drei Takte lange Melodie »Cosima! Cosima! Wie hast du geschlafen?« Heute ist die Villa **Richard-Wagner-Museum,** zeichnet Leben, Werk und Wirkung in Originalräumen nach, die Geschichte der Festspiele, auch die komplizierten, unglückseligen, skandalträchtigen Verschlingungen des Wagner-Clans im Dritten Reich, der ja noch heute den Hügel regiert. Nahebei ist das **Sterbehaus von Franz Liszt,** ebenfalls als Museum geführt: Der Klaviervirtuose und Komponist war der Vater von Cosima, kam mehrfach nach Bayreuth; während der Festspiele im Jahr 1886 ist er gestorben.

Das Grundstück für das **Festspielhaus** bekommt Richard Wagner von der Stadt geschenkt, Gottfried Semper zeichnet die Pläne nach Wagners Vorstellungen, der sich den Zuschauerraum in der Art eines klassischen Amphitheaters wünscht; das kaiserliche Berlin im frisch geeinten Reich unterstützt ihn in als »Retter der deutschen Kunst«: »Bismarck hat Deutschland, (ich selbst) ein deutsches Theater geschaffen«.

Er komponiert, er überwacht den Bau, er geht auf Tour, um die besten Sänger und Musiker zu holen, meistert permanente Finanzkrisen, technische und künstlerische Katastrophen. Am 3. August 1876 wird das Festspielhaus auf seinem Hügel, von einem Park umgeben, mit Pomp und Prunk eröffnet, mit Kaiser Wilhelm, dem Kaiser von Brasilien, Ministern und Adeligen en masse. »Das Rheingold« wird gegeben und trifft eher auf Ablehnung; es wird ein finanzieller Verlust. Erst 1882 bringt »Parsifal« den großen Durchbruch mit »unaufhörlichem Beifallsturm«. Ein halbes Jahr später der Tod in Venedig, in Cosimas Armen.

Öffnungszeiten:
Markgräfliches Opernhaus:
April–Sept. tgl. 9–18, Okt.– März 10–16 Uhr, mit Ton- und Lichtinszenierung

Neues Schloss:
April–Sept. tgl. 10–18, Okt.–März 10–16 Uhr

Richard-Wagner-Museum:
April–Okt. tgl. 9-17, Di, Do–20 Uhr, Nov –März tgl. 10–17 Uhr
www.wagnermuseum.de

Franz-Liszt-Museum:
Sept.–Juni tgl. 10–12, 14–17, Juli, August tgl. 10–17 Uhr

Festspielhaus:
Führung Di–So 10, 10.45, 14.15, 15 Uhr, an Probentagen und während Festspielzeit begrenzt, Nov. geschlossen
www.bayreuther-festspiele.de

Altes und Neues Schloss:
April–Sept. 9–18, 1.–15. Okt. 10–16 Uhr
www.bsv.bayern.de

Tourist-Info Bayreuth:
Luitpoldplatz 9
Tel. 0921/88588
www.bayreuth-tourismus.de

Kloster Benediktbeuern

Der »Bayerische Escorial«

Eines der ältesten Klöster Bayerns mit hochbarocker Kirche

Gegründet: 793
Heutiger Bau: ab 1669

Besonders sehenswert:
- ☆ *Klosterkirche*
- ☆ *Maierhof*
- ☆ *Alter Festsaal*
- ☆ *Zentrum für Umwelt und Kultur*

Im wunderschönen bayerischen Alpenvorland liegt zwischen Bad Tölz und Murnau der heimelige Ort Benediktbeuern, und schon von weitem grüßen die doppelten Zwiebeltürme der Kloster- und Pfarrkirche. Das Kloster Benediktbeuern ist eines der ältesten und schönsten in Bayern; seine Klosterkirche schwelgt in hochbarockem festlichem Weiß und Gold. Zum Schatz der Bibliothek gehörten die »Carmina Burana«, die »Lieder aus Beuern« (13. Jh.). Die Sammlung gilt als die bedeutendste des Mittelalters, weltberühmt wurde sie durch die Vertonung von Carl Orff. Das Kloster wird seit über siebzig Jahren von den Salesianern Don Boscos geführt. Zwei kirchliche Hochschulen, Seminare und das Zentrum für Umwelt und Kultur sorgen für reges Leben und einen immerwährenden ruhigen und freundlichen Strom an gedanklichem und spirituellem Austausch.

Das Bauensemble, wie wir es heute kennen, ist im 17. Jahrhundert entstanden und leitete die große Blütezeit des Klosters ein. Die Gründung des Klosters *Buron* geht auf das Jahr 793 zurück, bis 1803 lebten hier Benediktinermönche. Sie kultivierten das Land, rodeten Wälder, entwässerten Moore, schufen Ackerböden und Viehweiden und gaben das Land zur Bewirtschaftung frei. Seit Anbeginn hatte Buron unter dem Schutz der Karolinger gestanden, der Überlieferung nach ist dem Kloster eine Schenkung von Karl dem Großen zugekommen: ein Stück vom Unterarm des hl. Benedikt. Damit wurde das Kloster ein wichtiger Weiheort dieses Heiligen im deutschen Sprachraum. So wurde auch, spätestens im 13. Jahrhundert, der höchste Berg der Region (1801 m) zur« Benediktenwand«, das Kloster zu »Benedictumburanum«, die Ortschaft Buron gleichfalls zu Benediktbeuern.

Der Landstrich um Benediktbeuern ist wegen seiner zahlreichen Kirchen auch als »Pfaffenwinkel« bekannt. Weltberühmt ihrer barocken Schönheit wegen ist die Wieskirche (s. S. 371), ca. 20 km entfernt.

Über die Epoche der Romanik hinweg schwamm das Kloster im Strom der Geschichte: Es wurde mächtig und einflussreich. Aber der weltliche Auftrag – Landwirtschaft, Bauwesen und soziale Aufgaben – wurde immer wieder zurückgeworfen: durch Brände, die Pest und große Not während des Dreißigjährigen Krieges.

Die barocke Anlage

Die Gesamtanlage wird geprägt durch die repräsentative Barockkonzeption aus drei vierflügeligen Ensembleteilen mit je einem Innenhof. Sie sind zwei Richtungsachsen zugeordnet: Auf der west-östlichen Hauptachse liegen die Kirche, der Konventbau und das Arkadengeviert mit Seitenausläufern. In nord-südlicher Reihung markiert der Mittelrisalit des Maierhofes die Querlinie. Diesem Koordinatensystem

Kloster Benediktbeuern vor der Benediktenwand

fügen sich auch Gärten und Nebengebäude. Herzstück ist die Klosterkirche, südlich davon liegen der Kreuzgarten und der wunderschöne romanisch-gotische **Kreuzgang** mit barocken Stuckarbeiten und sorgsam präsentierten Funden aus der Frühzeit des Klosters. Die dreiflügelige Anlage des **Konventhauses** wurde ab 1669 umgebaut. Der **Alte Festsaal** im zweiten Obergeschoss präsentiert sich als frühbarockes Gesamtkunstwerk mit reichem gegossenem Stuck und 29 Deckengemälden. Überwältigend ist auch der **Kapitelsaal** mit seinem Stichkappengewölbe und üppiger Stuckatur. Der **Neue Festsaal** (1730) ist die Hauskapelle der Salesianer und nicht immer zugänglich.

1681–86 erfolgte der Neubau der **Klosterkirche.** Sie ist die erste bedeutende hochbarocke Kirche Oberbayerns außerhalb Münchens, eine langgliedrige Wandpfeileranlage mit Seitenkapellen und ohne Querschiff. Strahlendes Weiß ist der Grundton, Licht und Reinheit Gottes symbolisierend. Neuartig war das breite, ausgerundete Gewölbe: es ließ viel Platz für die Szenen aus dem Leben Jesu, eine herrliche Malerei von Georg Asam, dem Vater der berühmten Asam-Brüder. Das Altarbild zeigt den hl. Benedikt vor der Dreifaltigkeit (Martin Knoller, 1788). In der Gruft wurden verstorbene Mitbrüder – in Gebetshaltung auf einer Steinbank sitzend – in Richtung Hauptaltar bestattet. Im Psallierchor östlich oberhalb des Hauptaltars saßen die lebenden Mönche dann beim Stundengebet in der Gegenrichtung: eine Gebetsgemeinschaft der Toten und der Lebenden. Inmitten der wundervollen Gesamtausstattung kommt die machtvolle Barockorgel (Josef Christoph Egedacher, 1686) bei Kirchenkonzerten besonders zur Geltung.

Die Klosterkirche St. Benedikt ist seit 1803 Pfarrkirche von Benediktbeuern; 1973 wurde sie zur päpstlichen Basilica Minor erklärt. Seitdem Kardinal Ratzinger zum Papst gewählt wurde und den Namen Benedikt annahm, ist das geistige Band nach Rom besonders stark.

Die kleine **Anastasiakapelle** ist ein altes Wallfahrtsziel in schönstem lichtem Rokoko, ein längsovaler Bau, nach dem Goldenen Schnitt konstruiert (Johann Michael Fischer, 1751–53). Die hl. Anastasia hatte

Die Ordensgemeinschaft der Salesianer hat heute ca. 18 000 Mitglieder, die sich überwiegend der Jugendarbeit widmen.

im Jahr 1704 die Gebete der Einheimischen erhört und anstürmende Truppen abgewehrt, was ihr als »Kochelsee-Wunder« gutgeschrieben wurde.

Um 1710 entstand der **Maierhof,** einer der größten und eindrucksvollsten landwirtschaftlichen Nutzbauten des bayerischen Barock. Er war ein Modellbetrieb seiner Zeit und das wirtschaftliche Zentrum des Klosters. Die Verwaltung von 750 ha Landbesitz, reichem Forstbestand, von Holzverarbeitung, Fischerei, Mühlen, Handwerk und Brauereien lief hier zusammen. Im Erdgeschoss des riesigen Gevierts residierten rund 100 Pferde und 300 Rinder in dreischiffigen Säulenhallen. Die Tenne nahm das gesamte Obergeschoss ein. Im vorgestellten Giebelbau lebten und arbeiteten Verwalter und Bedienstete. Heute sind in den schön restaurierten Flügelbauten Teile der Hochschule,00 Ausstellungs- und Informationsräume und u.a. das interessante **Zentrum für Umwelt und Kultur** beheimatet.

Die Einspielung der »Carmina Burana« von Sir Simon Rattle gilt als das absolute Nonplusultra an Interpretation.

Orffsches »Buranieren«

Mit der Säkularisierung im Jahr 1803 gingen mit dem Kloster und seinem Landbesitz auch die Schätze der über 20 000 Bände umfassenden Klosterbibliothek in Staatsbesitz über. Dabei wurden die **Carmina Burana** entdeckt, die größte und bekannteste Sammlung weltlicher Lyrik des Mittelalters. Sie stammt aus dem 11./12. Jahrhundert, bis heute ist ihr Ursprung ungeklärt. 1934 stieß der Münchner Komponist Carl Orff (1895–1982) auf eine Zusammenfassung der lateinischen und deutschen Lieder und Gesänge – und war »mit magischer Gewalt angezogen« von ihrer Ausdruckskraft, der derben Sinnlichkeit und Vitalität. »Es begann ein Suchen und Sichten, ein Finden und Verwerfen«; das »Buranieren« ließ ihn nicht mehr los. Innerhalb von vier Tagen hatte er die ersten Chöre komponiert. Die Uraufführung des szenischen Musikwerkes über Laster und Liebe, Völlerei, Sünde und die Schönheiten der Welt fand 1937 in Frankfurt am Main statt – der Paukenschlag, mit dem Orffs »Carmina« berühmt wurden. Die unkomplizierten Chöre und Lieder, die stampfenden und hinkenden Rhythmen fielen wie ein Elementarereignis, wie warmer Frühlingsregen in die Musikgeschichte ein. Sie sind bis heute eines der meistgespielten Musikwerke des 20. Jahrhunderts.

Öffnungszeiten:
tgl. 9–17.30 Uhr, Festsaal und Kurfürstensaal nur mit Führung: Okt–Mai Sa, So, Fei 14.30, Mai–Juni Sa, So, Fei 11, 14.30 Uhr, Juli–Sept. tgl. 14.30, Sa, So, Fei auch 11 Uhr
www.kloster-benediktbeuern.de

Tourist-Info Benediktbeuern:
Prälatenstraße 3
Tel. 08857/248
www.benediktbeuern.de

Im Jahr 1930 erwarben die Salesianer Don Boscos die Klosteranlagen, haben über die Jahrzehnte saniert und restauriert und ein geistig-soziales Umfeld geschaffen, das in Nachfolge der Benediktiner weit ins Land hinausstrahlt. Nicht unerheblich sind die weltlichen Genüsse: Seit 1695 darf Klosterbier verkauft werden, im Klosterstüble und im Biergarten gibt es beste bayerische Landküche, und wird eines der zahlreichen Feste gefeiert, gibt's auch noch a Blasmusik.

Brandenburger Tor und Pariser Platz

Weltberühmtes Wahrzeichen und Entree Berlins

Das Brandenburger Tor ist das einzige wirklich weltberühmte Wahrzeichen Berlins – jeder weiß, dass es preußisch-deutsche Geschichte, Macht und Gewalt, Sieg, Krieg und Niederlagen, Trennung und Wiedervereinigung symbolisiert. Bescheiden ging es bei der Einweihung des Stadttores im Jahr 1791 zu – es wurde einfach dem Kutschenverkehr übergeben. Der Architekt Carl Gotthard Langhans hatte im Rahmen der repräsentativen Ausgestaltung der königlichen Residenz eine Toranlage geschaffen, die das Schloss und die Allee Unter den Linden zur Westseite hin mit einem neuen Glanzlicht krönte. Den Propyläen auf der Akropolis in Athen nachempfunden, ist das monumentale Tor von zwei Flügelbauten gefasst. Beidseitig gliedern sechs dorische Säulen die Durchfahrten, die mittlere war ausschließlich dem Monarchen vorbehalten. Über friesgeschmücktem Gebälk und Attika die berühmte Quadriga – ein von vier Pferden gezogener Streitwagen mit der Siegesgöttin. Quadriga und bildhauerischer Schmuck sind zum überwiegenden Teil von Johann Gottfried Schadow entworfen worden.

Eines der letzten großen Bauwerke des 18. Jahrhunderts, erster Ausdruck des Berliner Klassizismus

Erbaut: 1791

Architekt:
Carl Gotthard Langhans

Die »gute Frau«

Da thront sie nun, die Siegesgöttin. Ja, sie hat immer in Richtung Schloss geschaut und, nein, niemals nach Westberlin. Die »gute Frau«, wie Heine sie nannte, erlebte Berliner Geschichte unmittelbar und hautnah: Sie beobachtete, wie Preußen zitterte, als Napoleon Einzug hielt. Sie selbst wurde nach Paris verschleppt und nach dem Sieg über Napoleon nach Haus geholt, wieder enthüllt und bejubelt. Aus der Friedensgöttin war nun eine Siegesgöttin geworden, mit preußischem Adler und Lorbeerkranz ausstaffiert. Sie erlebte die rauschhaften Feiern zur Reichsgründung 1871, sie blickte auf die prächtigen Stadtpalais und Botschaften auf dem Pariser Platz, sie blickte auf Kaiserzeit und Weimarer Republik, auf Demonstrationen hungernder Arbeitsloser, heftige Gemetzel zwischen Spartakisten und Freikorps-Kämpfern.

Johann Gottfried Schadow (1764–1850) war als Bildhauer schon zu Lebzeiten berühmt. Der »olle Schadow« gilt als Vater des Berliner Stils, der durch kraftvollen Realismus gekennzeichnet ist (s. S. 66).

Am 30. Januar 1933, dem Tag der Ernennung Adolf Hitlers zum Reichskanzler, wogten die braunen Kolonnen der SA unter Fackelschein durch das Brandenburger Tor. Waffenklirrende Aufmärsche und martialische Paraden beherrschten nun das Bild, bis schließlich nach der Schlacht um Berlin – das Brandenburger Tor war angeschlagen, die Quadriga zerstört – hoch oben die rote Fahne der Sieger wehte. Während des Kalten Krieges wuchsen dem Tor neue symbolische Kräfte zu: Im geteilten Deutschland wurde es zum Mahnmal zwischen Ost und West. Am 17. Juni 1953 stürmten die Demon-

Das Brandenburger Tor, Wahrzeichen und Symbol Berlins.

Der Maler Max Liebermann (1847–1935), berühmt, elegant und von den Berlinern wegen seines unerschrockenen Mutterwitzes geliebt, war von 1920 bis 1932 Präsident der Akademie der Künste schräg gegenüber. 1935 ist er in seinem Stadthaus gestorben – als 87-Jähriger, von den Nazis verachtet und gedemütigt. Sein Kommentar zu den NS-Aufmärschen, deren Anblick er sich durch heruntergelassene und nie wieder geöffnete Rollladen ersparte: »Ich kann gar nich' so viel fressen, wie ich kotzen möchte.«

stranten des Volksaufstandes durch das Tor: Was als Protest der Bauarbeiter auf der Stalinallee begonnen hatte, weitete sich zu einem systembedrohenden Aufstand der DDR-Bürger gegen ihre Parteiführung aus. Mit Hilfe der sowjetischen Armee wurde das Aufbegehren niedergemäht.

1956 entschloss sich der Ostberliner Magistrat zu einem Neuguss der Quadriga; dazu waren die in Westberlin lagernden Gipsabgüsse von 1942 nötig. Die jedoch rückte der Senat nicht raus. So kam es zu einer bizarren nächtlichen Aktion: West parkte die nagelneue, in Kupfer ausgeführte Quadriga mit dem Tieflader vor dem Tor und drehte bei; Ost ließ sie dort in der Nacht von Arbeitern abholen. Und dann wurden Westberlin und das Brandenburger Tor eingemauert; als militärisches Objekt der Sicherheit und Ordnung an der Staatsgrenze der DDR stand es grau und trist in grauem, tristem Niemandsland. Am 9. November 1989 fiel die Mauer, und das Bild vom Brandenburger Tor, bestürmt von jubelnden Menschenmassen, ging um die Welt. Am 22. Dezember 1989 wurde es offiziell geöffnet. Seine Lage ist nun wieder so, wie sie schon sein Erbauer Langhans mit Liebe pries: »ohnstreitig die schönste von der ganzen Welt«.

Der Pariser Platz – Salon der Republik

Der Pariser Platz – ein legendärer Name, ein quirliges Entree für den Prachtboulevard Unter den Linden. Mit seinen Botschaftsgebäuden, dem Hotel Adlon, der Akademie der Künste und dem Stadtpalais des Malers Max Liebermann strahlte er eine satte Weltläufigkeit aus, die im Zweiten Weltkrieg in Schutt und Asche versank. Seit dem Mauerbau im Todesstreifen gelegen, war er in kahlem Trübsinn erstarrt.

Heute bietet er wieder ein geschlossenes Bild und trotz seiner Größe eine fast intime Atmosphäre. Bis auf die US-Botschaft sind alle Institutionen an ihren alten Platz zurückgekehrt.

Sein Leben begann, als Friedrich Wilhelm I., der Soldatenkönig, ab 1735 im Rahmen der Stadterweiterung am Ende der Linden ein »Quarrée« anlegen ließ, 120 x 120 m groß. Hohe Beamte, Militärs und preußischer Adel bauten; Staatsminister, Grafen und Generäle, Dichter, Maler und Musiker lebten hier. Heute präsentiert sich der Platz als lebhafte Stadtszenerie, gestaltet von internationalen Architektenstars, eine Salon-Melange aus Kunst, Kultur und Kommerz.

Schlendert man durchs Brandenburger Tor, öffnet sich das neue Platzensemble. Die Flügelhäuser schließen auf mit **Haus Sommer,** Pariser Platz 1, und **Haus Liebermann,** Pariser Platz 7. Sie wurden von dem Berliner Joseph Paul Kleihues als Zwillingspaar entworfen. Im Eck zum Liebermann-Haus lässt sich vom **Palais am Pariser Platz** mit Durchgang zum Reichstag schön draußen sitzen und gucken. Die anschließende **Dresdner Bank** stammt von Gerkan, Marg und Partner, deren Meisterstück in Berlin der glasüberdachte Hauptbahnhof sein wird. Am Pariser Platz 5 dann, am angestammten Platz, die **Französische Botschaft.** Ihr Architekt ist der weltweit renommierte Christian de Portzamparac.

Mitglieder der Akademie der Künste im 20. Jahrhunderts waren u. a.: Thomas und Heinrich Mann, Franz Werfel, Alfred Döblin, Gerhart Hauptmann, Heinrich Zille, Mies van der Rohe, Ernst Barlach, Käthe Kollwitz, Wilhelm Furtwängler, Carl Orff, Erwin Piscator, Max Beckmann, Bertolt Brecht, Anna Seghers, Heiner Müller. Derzeitiger Präsident ist Adolf Muschg.

Auf der südlichen Platzseite gibt es noch eine Baulücke: Hier wird die **Botschaft der Vereinigten Staaten** errichtet. Der brisanten Sicherheitslage wegen gab es jahrelange Verzögerungen. Daneben trügerisch schlicht das **DZ Bank Haus:** Es stammt vom kalifornischen Stararchitekten Frank O. Gehry, der sich zur Platzseite hin brav zurücknimmt. Auch er hatte sich dem Geist der »kritischen Rekonstruktion«, den strengen Bauvorgaben, zu fügen. Doch schon im feinen Detail der Fenstergestaltung zeigt sich raffiniertes Abweichlertum. Im Innern erkennt man seine kühne Handschrift wieder: Inmitten der Galeriegeschosse aus dunklem Holz schimmert ein silbriger Fischleib, die Konferenz- und Tagungshöhle (wunderbar zu sehen von der Kuppel des Reichstags).

Inmitten der steinernen Lochfassaden ist die gläserne Außenhaut der **Akademie der Künste** ein frecher Stilbruch. Der Bau, im Innern wie ein Mikado-Spiel mit stürzenden Schrägen und aufgeworfenen Rampen, stammt von Altmeister Günther Behnisch und Werner Durth. Schließlich der Neubau des legendären **Hotels Adlon** in internationalem Neoprunk: Es war ab 1907 die aller-allererste Adresse im Land; 1945 war nur ein Rumpf geblieben. Die Berliner Architekten Rüdiger Patzschke und Rainer-Michael Klotz haben einen Fünf-Sterne-Plus-Palast errichtet, der das alte Erscheinungsbild aufnimmt. Bei so viel Glanz und Eleganz schien die einzige Currywurst-Bude »aufm Platz« wohl zu mickrig; sie durfte trotz anhaltender Proteste nicht bleiben.

Tourist Info Berlin:
Pariser Platz
10117 Berlin
www.berlin-tourist-information.de

Schloss Charlottenburg

Das Berliner Versailles

Schönstes Beispiel barocker Baukunst in Berlin

Erbaut: 1695–1791

Besonders sehenswert:
- ☆ *Große Eichengalerie*
- ☆ *Weißer Saal und Goldene Galerie*
- ☆ *Belvedere mit Porzellansammlung*

Die Kriegszerstörungen von Schloss Charlottenburg waren derart verheerend, dass lange über einen Wiederaufbau debattiert wurde. Als dann1950/51 »drüben in der SBZ«, der Sowjetisch besetzten Zone, das Stadtschloss gesprengt wurde, war ein Wiederaufbau des Charlottenburger Schlosses die ideologische Gegenreaktion im Westteil der Stadt.

Lichterketten und Fackeln säumen Alleen und Terrassen; Boote schaukeln im Teich, die Schlossgärten sind erfüllt von Musik, Tanz, barocken Lustbarkeiten, Maskeraden und Opernaufführungen: Im Sommer 2005 wurde die barocke Festkultur im Park von Schloss Charlottenburg wieder lebendig. Gefeiert wurde das 300-jährige Jubiläum der Namensgebung des Schlosses und der gleichzeitigen Gründung der Stadt Charlottenburg. Aus Liebe zu seiner verstorbenen Frau Sophie Charlotte hatte der brandenburgische Kurfürst und preußische König Friedrich III./I. die Sommerresidenz »auf der Lietzenburg« umbenannt.

Das Lustschloss (1695–99) weit vor den Toren Berlins hatte Kurfürst Friedrich III. seiner Frau geschenkt. Die strahlende, geistreiche erste preußische Königin – »nur ihre Taille ist mittelmäßig« – hatte die verlachte märkische Streusandbüchse kultiviert, zum Hort der Künste und Gelehrsamkeit gemacht. An den Festen nahm als Freund auch der große Leibniz teil; er wurde der erste Präsident der Akademie der Künste und Wissenschaften.

Schloss Charlottenburg, komplett rekonstruiert, ist heute das glanzvollste Beispiel höfischer Baukunst in Berlin, und mit seinen exquisiten Sammlungen, den erlesenen Interieurs lassen sich vom Barock über friderizianisches Rokoko, den Klassizismus Schinkels bis hin zu Biedermeier und Wilhelminismus die preußischen Stilauffassungen nacherleben.

In den Schlosspark mit Barockanlage und Landschaftsgarten sind zierlich hineingesetzt das Mausoleum mit dem Sarkophag der unvergessenen Königin Luise, das strahlende Belvedere und der sommerliche Schinkel-Pavillon.

Das Schloss ist von allen Hohenzollern zumindest zeitweilig bewohnt worden – was bei der Abfolge an Wilhelms, Friedrichs und Friedrich-Wilhelms mit ihren ausgeprägten Abneigungen und Vorlieben und ihren zahlreichen Bauvorhaben, besonders in Potsdam, durchaus nicht zwingend war. Nach dem Krieg fast völlig zerstört, konnte es in zwanzigjähriger Arbeit wieder aufgebaut und restauriert werden – heute wird es von der Stiftung Preussische Schlösser und Gärten Berlin-Brandenburg verwaltet und ist Mittelpunkt eines reichen **Museums- und Kulturareals** inmitten eines lebendigen Stadtquartiers.

Man sollte den Weg über die wunderschöne baumgesäumte Schlossstraße nehmen: Sie bildet die Blickachse hin zum Schloss mit seinem Ehrenhof, der Reiterstatue des Großen Kurfürsten und der goldenen Fortuna auf dem Kuppelturm (Richard Scheibe, 1952).

Das barocke Schloss Charlottenburg mit seinen weitläufigen Park- und Gartenanlagen ist ein beliebtes Ausflugsziel der Berliner.

Am Fuß des Treppenaufgangs im Mitteltrakt steht der lebensgroße Gipsabguss der Prinzessinnengruppe von Schadow, eines der schönsten Werke preußisch-klassizistischer Bildhauerkunst. Realistisch, anmutig und lebendig zeigt es die Schwestern Luise und Friederike. Vom Königshaus wurde die Skulptur wegen ihrer Freizügigkeit geächtet; Miniaturen in Porzellan allerdings zierten alle gehobenen Haushalte. Sie werden noch heute von der KPM hergestellt. Das Original steht in der Alten Nationalgalerie (s. S. 76).

An der Schlossanlage wurde über 150 Jahre lang in drei großen Phasen gebaut, bis sie ihre dreiflügelige Gestalt und ihre imposante Breite von 505 m erhielt. Das machtvolle **Reiterstandbild** stammt von dem bedeutendsten Barock-Baumeister Berlins, Andreas Schlüter (1698), der auch am Stadtschloss und am Zeughaus arbeitete. Es zeigt den Großen Kurfürsten, Friedrich Wilhelm I., Sophie Charlottes Schwiegervater, der nach dem Dreißigjährigen Krieg den Grundstein für den Aufstieg Preußens legte.

Der **Mitteltrakt** ist der älteste Teil (1695–99). Johann Arnold Nehring und Martin Grünberg errichteten einen dreigeschossigen Bau mit elf Achsen, die Mitte zur Gartenseite hin betonte ein säulengefasstes Oval. Nachdem sich Kurfürst Friedrich 1701 zum König Friedrich I. in Preußen gekrönt hatte, entstanden, mit Versailles als Vorbild, die langen **Seitentrakte,** die den neuen **Ehrenhof** einschlossen (Eosander von Göthe). Am westlichen Flügel setzte die **Große Orangerie** den Schlusspunkt, und den Mitteltrakt betonte Göthe mit einem schlanken Kuppelturm, vom einer Laterne gekrönt. Die strenge Symmetrie der Architektur mit ihren Blickachsen und Bezugspunkten setzte sich in den barocken Gartenanlagen fort.

Der dritte große Baubabschnitt geht auf Friedrich den Großen zurück, der Schloss Charlottenburg nur kurz bewohnte, bevor er sich nach Sanssouci zurückzog. 1740–43 errichtete sein Freund und Hofbaumeister Knobelsdorff für ihn den östlichen Flügel, eine lange Enfilade, in deren Mittelpunkt die Goldene Galerie strahlt: im **Neuen Flügel** oder **Knobelsdorff-Flügel** findet das »friderizianische Rokoko« in strenger und doch heiter verspielter Form, mit anmutigen Dekor- und Schmuckelementen seine vollendete Ausprägung. Das **Schlosstheater** als Abschluss des Orangerieflügels und das Belvedere im Park stammen von Langhans (1787–91), dem Erbauer des Brandenburger Tors. Der nördlichen Parkteil wurde ab 1818 vom unermüdlichen Peter Joseph Lenné (s. S. 295) in einen Landschaftsgarten umgestaltet.

Barock und Rokoko im Höhenflug

Im Hauptbau ist die **Große Eichengalerie** der Blickfang: ein lang gestreckter Festsaal, der zum Regierungsantritt von Friedrich Wilhelm I. im Jahr 1713 fertig gestellt wurde. Hier finden Staatsempfänge und festliche Konzerte statt. Neben den Gemächern Sophie Charlottes und Friedrichs I. bilden das **Porzellankabinett** mit vergoldeten Wandnischen und blau-weißem Porzellan aus China und Japan sowie die **Schlosskapelle** Höhepunkte barocker Prachtentfaltung. Im Obergeschoss die **Hoftafel- und Silberkammer** mit dem 2694 Teile umfassenden Kronprinzensilber sowie das **Kronkabinett** mit Resten des Hohenzollern-Kronschatzes.

Im **Knobelsdorff-Flügel** befinden sich die privaten Gemächer Friedrichs des Großen, die Sommerräume und »Winterkammern« Friedrich Wilhelms II., das von Schinkel gestaltete elfenzarte Schlafzimmer der Königin Luise. Hinreißend in festlichem Rokoko und absoluter Höhepunkt sind die Festsäle (1740–46): Lange Blickachsen verbinden den Weißen Saal und die knapp 50 m lange **Goldene Galerie** mit zartgrünen Wänden, vergoldeten Spiegeln und reichem, schaumigem Ornamentschmuck nach einer Vorlage von Antoine Watteau. Der **Weiße Saal** ist ebenfalls ein köstliches Raumerlebnis mit zart geschwungenem Goldschmuck und der aufgewölbten Decke in pudrigen Pastelltönen. Das 1742 von Antoine Pesne gestaltete Deckengemälde »Hochzeit von Peleus und Thetis« wurde in den Jahren 1972/73 durch eine freie Neuschöpfung von Hann Trier ersetzt. Bedeutend ist die **Sammlung französischer Malerei** des 18. Jahrhunderts mit Gemälden von Watteau, Boucher und Chardin. Es folgen der ovale Spiegelsaal, die Bibliothek Friedrichs II. und das Schlafzimmer Kaiser Wilhelms II., das um 1900 für das Stadtschloss gearbeitet worden war.

Festliche Parklandschaft

In den **Schlosspark** mit großem barockem Parterre, mit Luiseninsel, Teichen, Brücken und Bootsanlegestelle an der Spree, sind drei Bauwerke eingestreut. Wie eine festliche Pralinenschachtel strahlt das Teehaus, das **Belvedere,** dem Besucher entgegen (Carl Gotthard Langhans, 1788): ein dreigeschossiger Bau mit flachem Kuppelhäubchen und ovalem Grundriss, dem vier kleine Flügelpartien vorgeschoben sind – ein schönes Beispiel barocker und frühklassizistischer Formensprache. In den reizenden Sälchen dann die zerbrechlichen Kostbarkeiten zur Geschichte des Berliner Porzellans aus der Königlichen Porzellan Manufaktur (KPM) seit 1755: Auf hauchfeinem Grund Rosenknospen, winzige goldgelbe Schmetterlinge, Maiglöckchen, Früchte, Botanisches und Ornithologisches, Frühling, Sommer, Herbst und Winter. Nach dem Tod der vielgeliebten Königin Luise im Jahr 1810 hatte Schinkel den zweiten Bau im Park, das **Mausoleum** entworfen. Ihr Marmorsarkophag ist eines der schönsten skulpturalen Werke des Klassizismus (Christian Daniel Rauch, 1811–1814).

Reizvoll ist auch der **Schinkel-Pavillon** (1824/25), das Sommerhäuschen von Friedrich Wilhelm III. Sehr zurückhaltend und klassisch schlicht konzipierte Schinkel einen doppelgeschossigen Kubus mit umlaufendem Balkon und säulengestützten Loggien. Heute sind in dem schönen kompakten Haus Möbelstücke, Gemälde und Architekturzeichnungen Schinkels und seiner Zeitgenossen zusammengetragen.

Öffnungszeiten:
Schloss Charlottenburg:
Di–Fr 9–17,
Sa, So 10–17 Uhr,
Wechselausstellungen im Erdgeschoss,
Park frei zugänglich
www.spsg.de

Museum für Vor-und Frühgeschichte:
Di–Fr 9–17,
Sa, So 10–7 Uhr
www.smb.museum

Museum Berggruen:
Di–So 10–18 Uhr
www.smb.museum

Das Ägyptische Museum mit der Nofretete ist vom östlichen Stüler-Bau auf die Museumsinsel zurückgekehrt (s. S. 74); 2007 wird das Museum Scharf-Gerstenberg mit Meisterwerken des Surrealismus dort einziehen.

Gipsformerei der Staatlichen Museen zu Berlin:
Mo–Fr 9–16,
Mi bis 18 Uhr

Das Jüdische Museum

Labyrinth der Erinnerungen

Bedeutendstes deutsches Museum deutsch-jüdischer Geschichte in aufwühlender Architektur

Erbaut: 1988–2001

Architekt:
Daniel Libeskind

Tausende von Besuchern warteten schon auf Einlass, als das Jüdische Museum in Berlin-Kreuzberg der Öffentlichkeit übergeben wurde. Nur ein paar Stunden später wurde es wieder geschlossen: Da waren zwei Flugzeuge in die Türme des World Trade Centers in Manhattan gerast, am 11. September 2001. »Ich fühlte eine Verbindung zwischen beiden Ereignissen«, erklärte Daniel Libeskind, nachdem er den Wettbewerb für den Masterplan von Ground Zero mit zentralem Turmbau mit großer Mehrheit gewonnen hatte. Jetzt gilt er als einer der weltweit bedeutendsten Architekten; seine Bauten sind allesamt Meisterleistungen sinnbildhafter Architektur, es sind »Bauten, die singen«. Mit seinem Jüdischen Museum ist Daniel Libeskind ins Rampenlicht der Weltöffentlichkeit gerückt, schon den Rohbau hatten Tausende besichtigt.

Zwei extrem kontrastierende Architekturen mit extrem unterschiedlichem Hintergrund bilden das Gesamtensemble: Neben dem anmutigen sonnig-gelben Barockbau des Collegienhauses, in dem zu Ost-West-Zeiten das Berlin Museum beheimatet war, erstreckt sich, einem erstarrten Blitz gleich, das spröde, silbrig schimmernde Zickzackband des Jüdischen Museums.

Die Erinnerung an Verfolgung, Exil und ausgelöschtes Leben ist in der Stadtlandschaft Berlins ein ständiger Begleiter, nirgendwo in Deutschland sind historische Brüche, Behauptungswille und Neuanfänge deutlicher zu entdecken.

Chiffren und Codierungen, die »Erfahrung der Abwesenheit«, liegen der dramatischen, regellos scheinenden Formensprache des Baukörpers zugrunde: Das nahezu fensterlose, mit grauem Zinkblech verkleidete Band gleicht im Grundriss den Fragmenten eines zerborstenen Davidsterns. Die schmalen, unregelmäßig gesetzten Fensterschlitze und Stanzungen, die in die Außenhaut geritzt sind, symbolisieren Fixpunkte in einem verlorenen jüdischen Stadtplan von Berlin. Sie versinnbildlichen die topographische Leere – die *voids* der konkreten Geschichte zerstörten Lebens.

Heute ist das Jüdische Museum eine der Hauptsehenswürdigkeiten Berlins. Es ist das größte Museum deutsch-jüdischer Geschichte, Forschungs- und Dokumentationszentrum Deutschlands. Der Besucher betritt das Museum in der Verbindungsklammer zwischen dem Collegienhaus und dem Libeskindbau. Vom kerzengeraden Rückgrat, das jedes Geschoss durchzieht, zweigen Nischen ab, tote Winkel und asymmetrische Räume. Tageslicht wird durch die Fensterschlitze gefiltert. Die über 20 m hohe Hauptachse, der Void, schlägt eine Schneise durch Geschichte und Erinnerungen jüdischen Lebens in Deutschland. Sie führt zu den verschiedenen Themenschwerpunkten und Sammlungen: Zu religiösem Leben, zu Land- und Hofjuden, zu Bürgertum und Familie. Dreizehn auch interaktive Epochenbilder spannen einen Bogen vom Mittelalter bis heute, zeigen die Wege zur Gleichberechtigung, zur Moderne und zur Urbanität. Zum Nationalsozialismus und zum Holocaust. Zahllose persönliche Erinnerungsstücke, Fotos, Filme, Dokumente zeichnen jüdisches Leben und die Schicksale der Verfolgten des Nationalsozialismus nach. Dabei versinnbildlichen die Voids das, »was nicht mehr sichtbar ist, weil es zu Asche geworden ist«. Im Untergeschoss führt eine Achse blindlings ins Nichts, hinein in den **Holocaust-Turm:** kahl, roh, dunkel und ungeheizt. Ein weiterer Weg führt ins Freie, ins Offene, ins Exil des **E. T. A. Hoffmann-Gartens:** Auf geneigter Ebene recken sich in einem machtvollen Geviert weiße Betonstelen hoch, von Baumgrün gekrönt.

Mit zeitgenössischer Kunst, Wechselausstellungen, Gesprächsrunden, mit Kinderveranstaltungen und Entdeckungspfaden, Restaurant und Shop ist es zu einem sehr lebendigen Zentrum der Begegnung gewachsen.

Collegienhaus und »Gespenster-Hoffmann«

Die barocke Dreiflügelanlage des einstigen »Königlichen Collegienhauses«, um 1730 von Johann Philipp Gerlach für den Soldatenkönig errichtet, jetzt Entree-Areal des Jüdischen Museums, ist eines der sel-

Schräge Architektur im Jüdischen Museum

Die Sprache der Libeskind-Bauten verlangt Aufmerksamkeit und Gespür. Dann rütteln sie alle Sinne auf und bewegen die Gefühle. Es sind Gebäude, die fest im Boden des jeweiligen Ortes verwurzelt sind, im Licht und Schatten seiner Geschichte wie das Felix-Nussbaum-Haus in Osnabrück oder das Imperial War Museum of the North, das Kriegsmuseum in Manchester.

tenen noch erhaltenen Glanzlichter jener Zeit. Von Anfang des 19. Jahrhunderts bis zum Ersten Weltkrieg war es Sitz des königlichen Kammergerichts und Schauplatz dramatischer Prozesse, nach der Teilung Berlins war es das Westberliner Stadtgeschichtliche Museum.

E. T. A. Hoffmann, der am Gendarmenmarkt lebte und schrieb, saß hier von 1816 bis 1822 als Kammergerichtsrat unwillig den Prozessen vor. Bei den »Demagogenverfolgungen« gegen burschenschaftliche Umtriebe war er als Richter nur äußerst widerwillig beteiligt. An dem gefeierten Freispruch für »Turnvater« Jahn, der wegen »hochverräterischer Verbindungen« in Haft saß, hatte »der sonderbare, tolle, geniale« Kammergerichtsrat maßgeblich Anteil. Ein verdüstertes, gespaltenes Leben hat der »Gespenster-Hoffmann« geführt; die schwarze Romantik seiner Literatur wie »Der goldene Topf« oder die »Elixire des Teufels« mit grotesken Zügen und fantastischen Motiven ist bis heute unvergessen.

Wanderer zwischen den Welten

Der 1946 in Polen geborene amerikanische Staatsbürger Libeskind ist ein Wanderer zwischen den Welten, zwischen Kunst, Architektur, Musik und Philosophie, zwischen den USA und Europa. Als brillanter Theoretiker und Rhetoriker hatte er zahlreiche Lehrstühle inne, führte mit Frank O. Gehry (Kalifornien), Zaha Hadid (London), Peter Eisenman (New York) und Coop Himmelblau (Wien) die Riege der Dekonstruktivisten an. Mit seiner Avantgarde-Position, die die Kritik an der »Tyrannei des rechten Winkels« und die Überschreitung herkömmlicher Statik formulierte, haben sich Bauherren sehr lange sehr schwer getan. Heute sind die Architekten »unbaubarer Bauten« weltweit begehrte Großmeister, und der Bau des Jüdischen Museums war dabei einer der großen Durchbrüche.

Um die Verwirklichung seines Jüdischen Museums hat Libeskind schwer gekämpft. 1988, noch zu Mauerzeiten, hatte er den Ausschreibungswettbewerb gewonnen, obwohl es da noch keinen einzigen realisierten Bau von ihm gab. Geplant war ein Anbau des stadtgeschichtlichen Berlin Museums mit nur 1000 m^2 für eine Abteilung Jüdisches Museum. Der preisgekrönte Libeskind-Entwurf sah aber schon 10 000 m^2 vor, und er wurde auch genehmigt. Libeskind zog mit seiner Familie umgehend nach Berlin. Seiner Frau Nina war klar: »Wenn du willst, dass gebaut wird, müssen wir dort sein.« Es wurde gebaut, vor und nach dem Mauerfall. Es dauerte 13 Jahre, so lange sind sie geblieben. Es gab unendlich komplizierte Streitereien, kulturpolitische Affronts, Rücktritte, und schließlich wurde aus der untergeordneten Jüdischen Abteilung ein eigenständiges, komplett unabhängiges Jüdiches Museum, das bedeutendste Deutschlands.

Öffnungszeiten:
Mo 10–22 Uhr,
Di–So 10– 20 Uhr

Lindenstrasse 9–14
10969 Berlin
www.jmberlin.de

Die Karl-Marx-Allee

»Sozialistisch und national«

Einziger Nachkriegsboulevard Deutschlands

Erbaut: ab 1949

Besonders sehenswert:
☆ Strausberger Platz
☆ Frankfurter Tor

Gerade noch geschafft: Am letztenTag der alten DDR ist die Karl-Marx-Allee noch schnell unter Denkmalschutz gestellt worden. Zum europäischen Baudenkmal erklärt, steht die als Prunk- und Prachtstück angelegte »Erste Straße des Sozialismus« angegraut, aber kerzengerade da. Sie ist die letzte große architektonische Präsentation einer untergegangenen Ideologie, eines der seltsamsten Zeugnisse deutscher Baugeschichte und der einzige Boulevard Europas, der in der Nachkriegszeit angelegt wurde.

Die einstige Frankfurter Allee war die wichtigste Ausfallstraße Richtung Osten. Im Jahr 1701 zog hier der erste König in Preußen, Friedrich I., aus Königsberg von seiner Krönung kommend nach Berlin ein. Später marschierte die Armee Napoleons von hier aus gen Moskau. Als Sieger und Befreier stürmte die Rote Armee im April 1945 durch die Trümmer- und Ruinenstümpfe, Ziel: Tiergarten, Wilhelmstraße, Reichstag. Und am 17. Juni 1953 nahm hier der Aufstand seinen tragischen Lauf.

Aufbau – Schicht um Schicht

Auferstanden aus Ruinen ist die Stalinallee, wie sie ab Dezember 1949 hieß, in einer ungeheuren Anstrengung der Bevölkerung, die, der Zukunft zugewandt, ans Werk ging. Im Jahr 1952 wurde vom ZK der SED das »Nationale Aufbauprogramm Hauptstadt Berlin« ins Leben gerufen – mit einer umfassenden Enttrümmerungsaktion und dem Baubeginn der Stalinallee. Im Licht der Scheinwerfer und bei Lautsprechermusik rackerten sich die Aufbauhelfer – Trümmerfrauen, Handwerker, Lehrer, Krankenschwestern und Sekretärinnen – ab, machten mit beim »Aufbausparen« und der »Aufbaulotterie.« Tag für Tag kamen Tausende, hängten ihrem vollen Arbeitstag noch eine so genannte Halbschicht dran, das waren drei Aufbaustunden. Es gab Stempel im Aufbauheft, silberne und goldene Aufbaunadeln, nach 100 Halbschichten ein namentlich ausgestelltes Los für die Aufbaulotterie. Tatsächlich sind 40 Prozent der Wohnungen in der Stalinallee und den angrenzenden Neubaugebieten verlost worden, viele, besonders auch »bewährte Antifaschisten« erhielten den begehrten Wohnraum für besondere Verdienste, erst später half bei den Zuteilungen das Parteibuch nach. Am 30. Januar 1953 erfolgte die erste Verlosung, die Gewinner waren, wie das »Neue Deutschland« berichtete, 2 Näherinnen, 16 Arbeiter, 7 Brigadiere, 2 Meister, 1 Lehrer, 2 Architekten, 1 Arzt und 1 Volkspolizist.

Der Bau der Stalinallee fiel in die heiße Zeit des Kalten Krieges mit seinen Propaganda-Schlachten. Der Westberliner Senat reagierte mit dem auf höchstem westlichem Standard erbauten Hansaviertel.

So wie der Ku-Damm als Schaufenster des Westens firmierte, war die Karl-Marx-Allee das Schaufenster des Ostens: eine 2, 5 km lange Magistrale, 90 m weit, sechsspurig, mit breitem, baumgesäumtem Mittelstreifen, zwei gewaltigen Platzanlagen, überkuppelten Turmhäusern, mit »Wohnpalästen für das Volk« im Moskauer Zuckerbäckerstil, mit 3000 Wohnungen und 200 Läden, Kino, Gaststätten, Wochenmarkt. Sie war Lebensader des dichtgepackten Bezirks Friedrichshain, Treffpunkt und Flaniermeile der Berliner.

1949 wurden im Rahmen eines Generalbebauungsplans die ersten Bauten der »Wohnzelle Friedrichshain« errichtet. Der Entwurf der fünfgeschossigen Laubenganghäuser (Karl-Marx-Allee 102/104 und 126/128) stammte von Hans Scharoun und war dem Bauhaus verpflichtet, licht, streng, klar. Ein Weiterbau wurde abgelehnt. Inzwischen wetterte die SED nämlich gegen »amerikanische Kästen«, wie sie sich in West-Berlin und der Bundesrepublik breitmachten. Ulbricht forderte eine Architektur, die »sich nach dem Vorbild der Sowjetunion dem Inhalt nach auf den Sozialismus und der Form nach auf die nationalen Formen« gründen sollte: Rückgriffe auf Schinkels Klassizismus, Anleihen beim Zuckerbäckerstil des Stalinismus, um das »Repräsentationsbedürfnis der werktätigen Bevölkerung zu befriedigen.«

Das **Hochhaus an der Weberwiese** setzte die ästhetischen Zeichen für die folgende Gesamtplanung: Der Architekt Hermann Henselmann, ein hochtalentierter Bauhäusler, hatte hier nach verrissenen Entwürfen, heftiger Verzweiflung und längeren Beratungen mit Brecht endlich den von der SED gewünschten Stil getroffen: ein massiver, zehngeschossiger Baukörper in traditioneller Ziegelbauweise mit Fassadenstrukturen und Dekorelementen Schinkelscher Prägung. Im Herbst 1951 wurde Henselmann in die Leitung der »Gestaltungskollektive Stalinallee« berufen. Er war für die Abschnitte Strausberger

Platz und Frankfurter Tor verantwortlich, die großen Achsen- und Eingangssituationen des 2 km langen Stadtbauensembles. 1960 war dieser Bauabschnitt abgeschlossen.

Nach Stalins Tod hatte Chruschtschow aber schon die Phase der Großplattenbauweise eingeläutet, die dann den letzten Abschnitt der Straße vom Strausberger Platz bis zum Alexanderplatz (1959–65) kennzeichnet. 1961 wurde das Stalin-Monument in einer nächtlichen Aktion entfernt, am Morgen wachten die Bewohner der Stalinallee zu ihrer Überraschung in der Karl-Marx-Allee auf.

Literaturtipp:
Der wunderbare Roman ›Franziska Linkerhand‹ (1974) von Brigitte Reimann zeichnet das Porträt einer jungen Architektin, die sich am Aufbau einer Plattenbau-Großsiedlung beteiligt. Die Figur des Professors darin ist eine Verschlüsselung von Hermann Henselmann (Aufbau). Hochinteressant auch Stefan Heyms früher Roman ›Die Architekten‹, in dem er die ideologischen und menschlichen Kämpfe beim Aufbau der Hauptstadt der DDR thematisiert (Bertelsmann).

Ost-Barockig

Entstanden ist schließlich eine stark bewegte Reihung von sieben- bis neungeschossigen Wohnpalästen, die von Platzanlagen begleitet werden und den Boulevard kompositorisch zusammenhalten. Der bestimmende Eindruck ist die rhythmische Gliederung: unterschiedliche Höhen und Breiten, Passagen und Loggien, tiefe Rück- und Vorsprünge, Balustraden und Balkone, Friese, Schmuckgesimse und dekorative Detailarbeit. Der **Strausberger Platz** mit großem Ringbrunnen wird von abgetreppten Hochhäusern flankiert. Alle Sockelgeschosse sind mit Naturstein, alle darüberliegenden Stockwerke mit Keramikkacheln aus Meißen verkleidet. Die Wohnungen, von der Einraumvariante bis zur großen Vierraumwohnung mit Stuck, Parkettboden, Zentralheizung, Bad und Telefon, wurden ergänzt durch Gemeinschaftsräume. Im Zeichen der Völkerfreundschaft sorgten Gaststätten, Tanzcafés und Kulturzentren der Bruderstaaten für regen Betrieb auf der Flaniermeile. Das Restaurant »Moskau« mit der »Natascha-Bar« hatte eine Sputnik-Nachbildung im Eingangsbereich. Im »Café Warschau« lockte die Warschauer Torte, im »Praha« und im »Haus Budapest« gab es Tokayer, Salami und geigende Zigeuner. Die »Mokka Milch Eisbar« wurde sogar im Schlager verewigt. Sie alle mutierten nach der Wende zu Steakhäusern und Kneipen; nur die Karl-Marx-Buchhandlung hält wacker stand.

Weithin sichtbar ist das monumentale Kuppel-Ensemble vom **Frankfurter Tor,** dessen Vorbild die Kuppeln der Gontardschen Türme auf dem Gendarmenmarkt sind: Es markiert den Abschluss der Karl-Marx-Allee und auch das Ende des Zuckerbäckerstils mit nationalen Anteilen, des »sozialistischen Klassizismus«.

Nach dem Mauerfall ein höchst ironischer Hakenschlag der Geschichte: Die Karl-Marx-Allee wurde von einem Banken-Konsortium aufgekauft, mit allen Mietern, 50 000 m² bröselnder Fassaden und dem Bodensatz machtvoller Erinnerungen. Die aufwändige Sanierung ist eine Milliardenaktion. Sie wird durch Fonds privater Anleger finanziert – so kann es kommen.

Tourist-Info Berlin:
Brandenburger Tor
Pariser Platz
www.berlin-tourist-information.de

Die Museumsinsel

Die preußische Akropolis

Gesamtkunstwerk als Heimstatt eines einzigartigen Universalerbes der Menschheit; UNESCO-Welterbe seit 1999

Erbaut: 1830–1930

Besonders sehenswert:
- ☆ *Nationalgalerie mit Werken des 19. Jh.*
- ☆ *Pergamonmuseum mit Zeusaltar von Pergamon und Prozessionsstraße von Babylon*
- ☆ *Altes Museum mit Nofretete*

Der Kontrast könnte größer kaum sein: auf der einen Straßenseite die große Leere des einstigen Schlosses neben der ausgebeinten Hülle vom Palast der Republik, gegenüber, gerahmt vom wilhelminisch-pompösen Berliner Dom und dem bedeutenden barocken Zeughaus, an der Stirnseite des Lustgartens das großartige Alte Museum von Karl Friedrich Schinkel. 1830 als »Neues Museum« eingeweiht, bildete es mit Schloss und Dom das symbolische Dreigestirn des Zeitalters preußischer Selbstgewissheit: Königtum, Kirche und Kunst. Die Architektur griechischer Tempel zum Ausgangspunkt nehmend, schuf der größte Baumeister Berlins einen getragenen, zurückhaltenden Bau, der seine strahlende Schönheit erst im Innern preisgibt. Schinkels »beste Arbeit« ist eine geniale Mogelei: Hinter dem strengen Blockaufbau mit 18 ionischen Säulen verbergen sich ein weiter doppelläufiger Treppenaufgang und eine zweistöckige, vollendet proportionierte Rotundenkuppel, dem römischen Pantheon nachempfunden. Die wundervollen Raumabfolgen präsentieren sich leuchtend hell, erhebend und festlich. Hier befinden sich jetzt die Antikensammlung und, als Interimslösung bis zum Jahr 2009, das Ägyptische Museum mit der Nofretete.

Gesamtkunstwerk Museumsinsel

Ein Kustode erinnert sich: »In den letzten Tages des Krieges wurde die Museumsinsel zum Schauplatz von Kampfhandlungen. Seit dem 20. April waren in den Kellern des Pergamonmuseums 1000 Männer vom Volkssturm einquartiert. Mit Mühe konnte verhindert werden, dass sie Inschriftensteine aus Milet und Pergamon zum Bau von Barrikaden und zum Abdichten der Fenster verwandten.«

Das Alte Museum als Abschluss des Lustgartens bildet auch den Auftakt hin zur wasserumschlossenen Museumsinsel. Das über einhundert Jahre gewachsene Gesamtkunstwerk mit seinen fünf großen Museumsbauten steht als einzigartiges Kulturerbe da, als ein »Tempelareal des Geistes und der Schönen Künste«, ein betörendes Szenarium mit einer wirkungsvollen, heterogenen Architektur, schwebend zwischen den Wassern. Bis zum Zweiten Weltkrieg konnte man auf der preußischen Akropolis eine einzigartige Wanderung durch Zeit und Raum der Kunstgeschichte unternehmen, die Hochkulturen des Abendlandes in einer Gesamtschau mit und in den Museen erleben, von den Anfängen der Kunst bis in die Gegenwart hinein. Der Bilderbestand der Gemäldegalerie und der Nationalgalerie zählte zu den eindrucksvollsten Sammlungen der Welt, die deutschen Altertumswissenschaftler, Forschungsreisenden und Archäologen, allen voran Alexander von Humboldt, besaßen Weltgeltung; die von ihnen entdeckten und ausgegrabenen Architekturen und Kunstwerke wie der Pergamonaltar oder die Schliemannschen Funde in Troja, präsentiert in Berlin, erregten internationale Aufmerksamkeit, besaßen und besitzen Weltrang.

Weithin sichtbar ist die große Kuppel des Bodemuseums, das zwischen Spree und Kupfergraben den nördlichen Abschluss der Museumsinsel bildet.

Die Kriegsschäden am Gesamtareal sind immer noch schmerzhaft präsent, die Trennung der überaus reichen Sammlungen in Ost und West bis zur Vereinigung wirft immer noch Schatten. Die Zusammenführung und Neuordnung jedoch und die komplexen Baumaßnahmen auf der Insel machen große Fortschritte und sind weit in die Zukunft geplant, damit ihr unvergleichliches Erbe erhalten und neu präsentiert werden kann. Alles sehr aufregend, sehr kompliziert, sehr langwierig.

Das Neue Museum – Universalgeschichte der Menschheit

An der Nordspitze der Spreeinsel ist zwischen 1830 und 1930 das Ensemble der fünf imposanten Museumsbauten gewachsen. Das **Alte Museum,** Schinkels Meisterwerk, war bei seiner Fertigstellung im Jahr 1830 eines von nur drei öffentlichen Museen in Deutschland. Schon bei der Eröffnung war klar, dass es zu wenig Raum gab. Friedrich Wilhelm IV. hatte schon während seiner Kronprinzenzeit das gesamte Areal nördlich des Alten Museums zur »Freistätte für Kunst und Wissenschaft« erklärt. Das von Friedrich August Stüler entworfene **Neue Museum** war der zweite Bau auf dem Inselterrain – es sollte das alte Schinkelsche entlasten. Es entstand mit langen Verzögerungen zwischen 1843 und 1859. Die prachtvollen, goldgeschmückten und bemalten Räume, Höfe und Säle folgten der Idee, die Universalgeschichte

Das Schicksal der in Berlin verbliebenen Kunstwerke: Eine Woche nach Kriegsende brannte der Flakturm in Friedrichshain aus – rund 500 Gemälde wurden dabei zerstört. Ein Großteil der Sammlungen wurde in die Sowjetunion abtransportiert; mit Gründung der DDR konnten große Teile der Bestände bis 1957 in den Bruderstaat, auf die Museumsinsel, zurückkehren. Verloren sind allein an Gemälden: knapp 600 aus der Gemäldegalerie, über 800 aus der Nationalgalerie, rund 3000 aus den Staatlichen Schlössern. Die 200 Gemälde aus Potsdam, jetzt in der Eremitage in St. Petersburg, sind heute noch Zankapfel.

der Menschheit als sinnliches Erlebnis erfahrbar zu machen. Hier präsentierten sich, in vorweggenommener Manier des Historismus, die sensationellen archäologischen Funde der ägyptischen Hochkulturen in leuchtend ausgemalten, ägyptisch inspirierten Sälen und Höfen. Im Hauptgeschoss mit den Abgüssen antiker Skulpturen, mit Grafik und Zeichnungen reihte sich ein üppig griechisch-römisch gestalteter Saal an den anderen. Die gesamte überbordende Pracht mit gewölbten Decken, Kuppeln, gewaltigen Treppenläufen, Säulenreihen, Stuck und Marmor ist im Zweiten Weltkrieg so schwer zerbombt worden, dass der Bau nur notdürftig gesichert und nur zu besonderen Anlässen betreten werden konnte. In den letzten Jahren sind aufwändige Fundamentierungs- und Sicherungsarbeiten durchgeführt worden; jetzt wird nach Entwürfen des britischen Architektenstars David Chipperfield auf eine Neu- und Wiedereröffnung im Jahr 2009 hingearbeitet; dann werden auch das einzigartige Ägyptische Museum und die Papyrussammlung endgültig in ihre historische Heimstatt zurückkehren.

Die Nationalgalerie – Tempel der Kunst

Der dritte Museumsbau auf der Insel war die **Nationalgalerie,** 1867–76 ebenfalls von Stüler konzipiert und nach dessen Tod von J. H. Strack weitergeführt. Sie wird jetzt als Alte Nationalgalerie bezeichnet -- die Neue, von Mies van der Rohe, liegt am Kulturforum. Den Vorgaben Friedrich Wilhelms IV. folgend, entwickelte Stüler einen »Tempelbau für die Wissenschaften«, der Universitätsräume aufnehmen sollte. Während der Bauzeit änderte sich der Verwendungszweck – eine große Schenkung zeitgenössischer deutscher Malerei sollte in die Gründung einer Nationalgalerie münden. Also mussten die baulichen Anforderungen denen einer Gemäldegalerie angepasst werden.

Auf 12 m hohem Sockelgeschoss thront ein korinthischer Tempel in rotem Sandstein mit vorgesetzter doppelläufiger Freitreppe. Der ›Kritische Führer durch die Nationalgalerie‹ des Kunsthistorikers und Kritikers Karl Scheffler von 1912 attestiert eine »starke und geschlossene Wirkung« und fährt fort: »Es ist nachher in Berlin kein Gebäude dieser Art mehr errichtet worden, das so klar und edel gegliedert ist. Doch ist das Denkmal Friedrich Wilhelms IV. auf der Höhe der Treppe etwas durchaus modern Unorganisches, etwas Stilloses, dessen sich ein Schinkel niemals schuldig gemacht hätte.« Als optische Anbindung führt eine lange Kolonnadenreihe von der Spreeseite bis zum Rücken des Alten Museums. In den Sälen, bewegt geschmückt und prachtvoll ausgestattet, fanden bildende Kunst, Skulpturen und Gemälde des 19. Jahrhunderts Platz, und um Auswahl, Zusammen-

Literaturtipp:
Einen Überblick über Geschichte, Gegenwart und Zukunft der Sammlungen mit ihren Meisterwerken bieten die zwei vom Generaldirektor Peter-Klaus Schuster herausgegebenen Bände: ›Die Museumsinsel‹ (DuMont Literatur und Kunst Verlag).

setzung, Rang und Wert der Sammlungen und Ankäufe entbrannten um die Jahrhundertwende harte Auseinandersetzungen, die in der Zensur, dem Ankaufsveto durch den Kaiser kulminierten. Den Direktoren Tschudi und Justi jedoch gelangen großartige Ankäufe moderner Kunst; die »Neue Abteilung« galt als weltweit wichtigste Sammlung der Moderne.

Nach dem Zweiten Weltkrieg erfolgte die Restaurierung des Stammhauses der Nationalgalerie bis 1955. Nach einer aufwändigen Grundinstandsetzung durch die Architekten HG Merz, Stuttgart, die auch ein drittes Geschoss einzogen, ist die Alte Nationalgalerie 2001 wiedereröffnet worden: »eine glanzvolle Wiedergeburt«, »ein überwältigendes Gelingen«, wie der Tagesspiegel schrieb. Erstmals wieder seit der Schließung im Jahr 1939 werden hier nun die kompletten Kunstsammlungen des 19. Jahrhunderts gezeigt. Im Vestibül fällt als Einstimmung der Blick sofort auf das Lieblingswerk des Berliner Klassizismus, die Prinzessinnengruppe von Schadow (s. S. 66). Von der Goethezeit und der Romantik reichen die Sammlungen bis zum französischen Impressionismus, zu Gründerzeit und Secession. Herausragende Werke sind u.a.: 16 Gemälde von Caspar David Friedrich, die Werke von Schadow und Schinkel, das unerschöpflich reiche Werk von Adolph von Menzel mit »Walzwerk« und »Flötenkonzert, der frühe Max Liebermann und die Maler der Berliner Secession.

Imperiale Prachtentfaltung: Das Bodemuseum

Die Nationalgalerie befindet sich noch im Bau, als die nördliche Spitze des Areals durch eine hoch gelegene Stadtbahn-Trasse vom Rest der Museumstempel abgeschnitten wird; auf dreieckigem Grundriss zwischen den Spreearmen entsteht zwischen 1898 und 1904 ein weiterer großer Museumsbau für den enorm gewachsenen Bestand der Sammlungen. Der vom Kaiser favorisierte Architekt Ernst von Ihne errichtet den neobarocken Repräsentationsbau als **Kaiser-Friedrich-Museum.** Einem Ozeanriesen gleich pflügt sich der runde Bug, von einer mächtigen Kuppel gekrönt, durch das Meer der Spree. Atemberaubend in ihrer räumlichen Pracht ist die Eingangshalle. Auch hier ein historistisches Gesamtkunstwerk, ein als großes Renaissance-Museum konzipierter Bau mit einer florentinischen »Basilika« auf der Mittelachse, Kuppelhallen, Sälen und Räumen, die den Zeitgeist und den Epochenstil der Gemälde und Skulpturen auch äußerlich widerspiegelten. Das gesamte Obergeschoss mit seiner harmonisierenden Raumgestaltung zeigte Gemälde und Skulpturen. Nach schwerer Kriegsbeschädigung und Wiedereröffnung in den 50er Jahren erhielt es den Namen **Bodemuseum:** Wilhelm von Bode, Leiter der Gemäldegalerie und ab 1906 Direktor der Königlichen Museen, hatte maß-

Wilhelm von Bode, von 1906–1920 Generaldirektor der Berliner Königlichen Museen, war gefürchtet für seine Raffinesse bei der Akquisition von Gemälden. Entdeckte er z.B. bei einer Industriellenfamilie eine Kostbarkeit, die der Besitzer nicht hergeben mochte, wurde kurz darauf der Besuch des Kaisers »auf eine Tasse Tee« annonciert. Der musste dann eben jenes Kunstwerk lobpreisen – und wer durfte wagen, sich dem deutlichen Wink Seiner Majestät zu widersetzen?

geblich Einfluss auf die Innenraumgestaltung und Ausstellungskonzeption, er war zudem der einflussreichste, ja legendäre Kunsthistoriker seiner Zeit. Das Bodemuseum wird derzeit generalsaniert; die kostbare Münzsammlung ist schon wieder an ihrem angestammten Platz zu sehen.

Das Pergamonmuseum

Die wohl glänzendste (und längste!) literarische Beschreibung des Pergamonaltars bildet das Eingangskapitel der ›Ästhetik des Widerstands‹ von Peter Weiss – eine sperrige, großartige Trilogie, in der Kunsthistorie und die Geschichte der europäischen Klassenkämpfe von 1917–1945 in einer Gesamtschau miteinander verknüpft sind.

Auf Bodes Initiative hin nahm auch der letzte Bau auf der Museumsinsel, die große dreiflügelige Anlage des **Pergamonmuseums,** Gestalt an. Das in Europa erste Architekturmuseum ist von Alfred Messel und Ludwig Hoffmann für die weltweit bedeutenden Sammlungen antiker Baukunst maßgeschneidert worden (1909–1930).

Die Bauarbeiten waren wegen des Sumpfgeländes äußerst schwierig; Krieg, Revolution und Finanznöte unterbrachen sie über ein Jahrzehnt lang, und 1930 konnte es fertig gestellt werden. Der Altar von Pergamon, das Ischtar-Tor, das Markttor von Milet, der Flügel mit dem Deutschen Museum: Nur knapp ein Jahrzehnt konnten die Schätze auf der Museumsinsel besichtigt werden, dann wurden wegen des Kriegsbeginns alle Museen geschlossen. Der Wiederaufbau des Pergamonmuseums begann unmittelbar nach Kriegsende.

Beheimatet sind hier die Antikensammlung, das Museum für Islamische Kunst, das Vorderasiatische Museum. Deren Bestände werden nach und nach mit den West-Beständen aus Charlottenburg und Dahlem hier zusammengeführt; in den nächsten Jahren wird nach dem Masterplan von Oswald M. Ungers umgebaut und saniert.

Kernstück und Mittelpunkt sind die weltberühmten Architekturrekonstruktionen: der **Zeusaltar von Pergamon** (160 v. Chr.), die **Prozessionsstraße** und das **Ischtartor von Babylon** (um 600 v. Chr.), das **römische Tor von Milet** und die **Prunkfassade des Wüstenschlosses Mschatta** (8. Jh. n. Chr.).

Zukunftsmusik

Öffnungszeiten:
Di-So 10–18 Uhr; z. T. auch Do 10–22 Uhr.
Info-Tel. 030-266 3660
www.smb.museum

Alle Museen können mit einer Tageskarte am selben Tag besichtigt werden.

Die Komplettrestauration der Museumsinsel wird noch bis ins Jahr 2010 dauern und über eine halbe Milliarde Euro kosten. Die Insel wird, abgesehen von der Alten Nationalgalerie, ein Zentrum der großen archäologischen Museen (Ägypten, Antike, Vorderasien, Islam, spätantike und byzantinische Kunst, Vor- und Frühgeschichte plus Münzsammlung) werden, um sich dann in einer kulturhistorisch geordneten Abfolge zu präsentieren – gemeinsam mit den anderen Häusern und Forschungseinrichtungen der Staatlichen Museen zu Berlin Stiftung Preußischer Kulturbesitz ein einzigartiges Universalerbe.

Der Potsdamer Platz

Klein-Manhattan in Berlin

Während der Internationalen Filmfestspiele sind hier die roten Teppiche ausgerollt; in den Kinos, den Luxushotels, in Bars und im festlichen Kaisersaal geben sich Stars und Regisseure die Ehre. Die Berliner mischen mit, gehen Promis und ihre Filme gucken. Tatsächlich ist rund um den Potsdamer Platz eine neue Mitte entstanden, lebensprall und bunt. Hier wird gearbeitet, gelebt, eingekauft, flaniert und sich amüsiert – das neue Cityquartier ist Tag und Nacht in Betrieb.

Zeitgenössische Architektur in neuem Stadtquartier

Erbaut: ab 1994

Besonders sehenswert:
☆ Arena
☆ Filmhaus
☆ Debis-Haus

Im Mauerbrachland zwischen Ost und West, in der Nachkriegsschneise zwischen Ostblock und Westmächten faszinierte im letzten Jahrzehnt Europas größte Baustelle. Jetzt ist eine neue Stadtlandschaft entstanden. Im Mai 2006 wird das letzte Großprojekt in Betrieb genommen, der Hauptbahnhof nördlich des Spreebogens. Insgesamt wurden im Zentrum Berlins bisher rund 14 Mrd. Euro verbaut, allein 4 Mrd. am Potsdamer Platz. Knapp 1000 Baustellen – vom Bund, dem Land Berlin, der Deutschen Bahn, Großunternehmen und Privatinvestoren – sind um die Jahrtausendwende gezählt worden.

Dutzende internationaler Wettbewerbe für Masterpläne, Strukturpläne und Einzelkomplexe haben die Stadt in Atem gehalten, Stararchitekten aus aller Welt haben bei dem »wunderbaren Wagnis« mitgemischt. Und Hunderttausende kamen, um die Baustellen als »Schaustellen« zu erleben.

Rund um den Potsdamer Platz sind nun eine Million Quadratmeter nagelneue Großstadt übereinander gestapelt und nebeneinander gedrängt, mit Hochhäusern, Blockbauten, Plätzen, ganzen Straßenzügen, einer Shopping Mall und überraschenden, aufregenden Ausblicken, die es so bisher nie gegeben hat.

Das langgezogene Dreieck des Gesamtareals wird im Süden vom Landwehrkanal begrenzt, im Nordwesten reicht es bis hin zum Kulturforum mit Philharmonie und Neuer Nationalgalerie. Im Osten stellen der Potsdamer Platz und das Oktogon des Leipziger Platzes die Verbindung zur Mitte wieder her. Quer hindurch führt die Neue Potsdamer Straße; nördlich davon liegt das Sony-Areal, südlich das DaimlerChrysler-Territorium. Beide treffen am Potsdamer Platz zusammen.

Das DaimlerChrysler-Areal umfasst 19 Bauten. Der Masterplan stammt von Renzo Piano und Christoph Kohlbecker. Das Sony-Areal wurde hauptsächlich von Helmut Jahn geplant und bebaut.

Die Daimler-City

Spaziert man vom Potsdamer Platz die Schneise Alte Potsdamer Straße hinunter, bildet das **Kollhoff-Hochhaus** den ersten Blickfang im **Daimler-Chrysler-Areal.** Der abgestufte Turmbau im hanseatischen Backstein-Look mit aufgesetzten, vergoldeten Spitzen bildet

Das luftige Zeltdach über dem Sony Center

einen überraschenden Kontrast zu den steil aufstrebenden Häuserfronten in Terrakotta-Pink von Renzo Piano. Das kleine alte **Weinhaus Huth** am Fontane-Platz ist der einzig überlebende Kriegszeuge inmitten der eng gesetzten neuen Straßenschluchten. Sorgsam bewahrt und restauriert, wurde aus der Prominenten-Weinstube der Kaiserzeit eine Bistro-Bar. Daneben liegt der Eingang zur glasüberdachten **Shopping Mall.** Auf deren Rückseite erkennt man die Handschrift von Richard Rogers: Die offen liegenden Versorgungsröhren gehören zu seinen Büro-, Wohn- und Geschäftshäusern mit steinernen Sockelgeschossen, Arkadengängen, abgetreppten, bauchigen oder langgliedrigen Stahl- und Glasaufbauten. Die Innenhöfe öffnen sich zum grünen Wiesenwall der **Neuen Promenade** an der Linkstraße. Die gefällt den Berlinern nicht: wie die Mauer, nur in Grün. Weiter südlich endet die Straße im **Marlene-Dietrich-Platz.** Der ist eine eher kümmerliche Angelegenheit geworden, offen, zugig, schwach definiert.

Mit dem Fahrstuhl in den Himmel über Berlin bzw. zur Aussichtsterrasse im Kollhoff-Hochhaus – traumhafte Blicke.

Zwischendrin und rundherum: Restaurants, ein Musical-Theater, der Luxus-Tempel des Grand Hyatt Hotels, Spielbank, Varieté und das Imax-Kinocenter. 10 000 Menschen leben und arbeiten jetzt hier, umgeben von Besucherströmen. Am Reichspietschufer bildet das **Debis-Haus** von DaimlerChrysler den Abschluss. Der Büroturm, von einem grün leuchtenden Würfel weithin sichtbar gekrönt, war der erste bezogene Bau (Piano, 1997). Herzstück ist das gläserne Atrium mit den Ausmaßen einer veritablen Kathedrale – genug Platz zum Atmen für die über 12 m hohe Maschinenskulptur von Jean Tinguely. Der anschließende Geschäftsblock, zwei ineinander geschobene Kammbauten mit bauchig auskragender »Bugwelle« zum Landwehrkanal hin, stammt von Arata Isozaki.

Das Sony-Gelände

Eingangsportal zum Sony-Gelände ist die gläserne Halbmondscheibe des Bürohochhauses am Potsdamer Platz. Mit 26 Stockwerken beherrscht es die Stadtsilhouette. Der Deutsch-Amerikaner Helmut Jahn war Masterplaner; von ihm ist auch der **Sony-Turm,** der zum Herzstück und Zentrum weist: der lichtdurchfluteten **Arena** mit gefaltetem Zeltdach. Die kreisrunde Platzanlage wird eingefasst von den Bauten der Sony-Europa-Zentrale mit »Entertainment-Center«, Bars, Restaurants. Hineingeschoben ist auch das **Filmhaus** mit **Filmmuseum.** Hier wird Berlins große Filmgeschichte lebendig, und endlich auch wird mit der Marlene-Dietrich-Sammlung das Leben der Ur-Berlinerin gewürdigt.

Und weiter, nicht erlahmen: Apartmentblöcke und Bürobauten legen sich im Halbrund um das Forum. Neben den noblen, gläsernen Wohnwelten der »Esplanade Residenz« leuchtet in historischer Patina der neobarocke **Kaisersaal.** Er stammt aus dem alten, hochherrschaftlichen Grandhotel Esplanade, das nach dem Mauerbau vor sich hinrottete, allerdings unter Denkmalschutz gestellt. Für 25 Mio. Euro wurde der Saal Stein für Stein nummeriert, aus seinem Gehäuse herausgesägt, verpackt, und Zentimeter um Zentimeter um insgesamt 75 m verschoben – eine technische Meisterleistung.

Im Kalten Krieg tobte die Propaganda-Schlacht mit hochbeinigen Leuchtreklamen nach hüben und drüben: Westliche Nachrichten für die »Zone«, aus dem russischen Sektor der Lockruf: »Der kluge West-Berliner kauft bei der HO«.
Am 17. Juni 1953 fanden sich auch hier Aufständische und Schaulustige aus Ost und West ein. Russische T-34-Panzer und heimische Volkspolizei räumen den Platz; das Columbia-Hochhaus wird von einer wütenden Menge in Brand gesetzt, das Haus Vaterland, noch wacker in Rudimenten vorhanden, ebenfalls, es brannte am 17. Juni aus.

Im Auge des Hurrikans: Potsdamer und Leipziger Platz

Im Gründerzeitrausch und im Hochgefühl kaiserlich-wilhelminischer Größe entwickelte sich das **Doppelgespann Potsdamer** und **Leipziger Platz** zum Nabel der Reichshauptstadt; es wurde gebaut, gebaut, und schon Fontane klagte: »Der Potsdamer Platz war auch heute wieder wegen Kanalisation und Herstellung eines Inselperrons gesperrt.«

Bestleistung: Neben Bahnhof, S-, und U-Bahn steuerten 26 Straßenbahn- und fünf Buslinien mit Tempo! Tempo! den Potsdamer Platz an. Ein Zeitgenosse stellte mit Befriedigung fest, dass »täglich die Bevölkerung von ganz Nürnberg über den Potsdamer geht oder die von ganzen deutschen Ländern wie Lippe, Mecklenburg-Strelitz und Schaumburg-Lippe zusammen.«

In den 20er Jahren tobte, brauste und rauschte der Verkehr am Potsdamer Platz, eingehüllt in Lichterglanz, Lärm und Menschengewühl – er galt als verkehrsreichster Platz Europas. Eine Platzanlage hatte der »Potsdamer« nie besessen; er lag ja ursprünglich außerhalb des Stadttores, das sich zur barocken Anlage des Oktogons hin öffnete. Der »Potsdamer« war ein festgezurrter Knotenpunkt, sechs Straßen mündeten hier ein. Der Potsdamer Bahnhof spuckte Menschen aus, die U-Bahn kam 1907, die S-Bahn 1936 hinzu; ringsum Hotels, Restaurants, Amüsierbetriebe, im Mittelpunkt der 1910/11 errichtete bauchige, säulengeschmückte Kuppelbau, der als »Haus Vaterland« berühmt wurde: mit verspiegeltem Tango-Ballsaal, Eintänzern und Revuegirls, Ungarischer Weinstube, Türkischem Café, Wildwest-Bar, muskulösen Cowboys und der Bodega mit glutäugigen »Spanierinnen aus der Ackerstraße«. Im Café Josty trafen sich Politiker, Schriftsteller, Künstler. Adolph von Menzel kam jeden Tag vorbei, später saß George Grosz lange Stunden dort: »Ich skizzierte, beobachtete die Menschen oder ließ mir vom eigens dafür angestellten Zeitungskellner die neuesten Zeitschriften bringen.« Im Vox-Haus wurde 1923 die erste Rundfunksendung Deutschlands ausgestrahlt, und ein Jahr später machte das Türmchen mit Normaluhr und verkehrsregelndem Polizisten in der Platzmitte Schlagzeilen. Erich Kästner schrieb 1926 eine wunderbare Hymne: »Sie stehen verstört am Potsdamer Platz und finden Berlin zu laut ...« Das 19-geschossige Columbia-Haus, 1931/32 von Erich Mendelsohn im Zeichen der Neuen Sachlichkeit erbaut, reckte sich kühl und streng wolkenwärts über den Verkehrsmief hinweg.

Im alten Oktogon des Leipziger Platzes mit Hotel- und Geschäftsbauten lockte ab 1905 das »Weltwunder Wertheim« die Käuferscharen an. Es war das größte, schönste und luxuriöseste Kaufhaus Deutschlands, mit byzantinischen Galeriegeschossen und Lapislazuli-Säulen in einem technisch ausgefeilten Bau von Alfred Messel.

1945 war aus der unsichtbaren Bezirksgrenze am Potsdamer Platz die Sektorengrenze geworden, hier stießen sowjetischer, amerikanischer und britischer Sektor zusammen. Und nach dem Mauerbau herrschte hier Zwischenzeit und Niemandsland. Noch die letzte Ruine wurde für den Bau der Sperr- und Sicherheitsanlagen abgerissen, die U-Bahn unterbrochen, die S-Bahn geschlossen. Nur noch Mauer war da, eine Aussichtsplattform, Touristenbusse und ein Souvenirbüdchen.

Neben den neuen Bauten wie dem Ritz-Carlton Hotel, dem Mosse Palais und der interessant gestalteten Kanadischen Botschaft liegt auch das einstige Wertheim-Gelände. Die amerikanische Erbengemeinschaft hat über die Jewish Claim Agency das Recht auf Milliarden-Kompensation einklagen können, und niemand weiß nun so recht, was hier passiert.

www.potsdamer-platz.net

Öffentliche Verkehrsmittel:
S1, S2, S 25, U2, demnächst auch S21 und U3

Tourist-Info Berlin:
Brandenburger Tor
Pariser Platz
10117 Berlin
www.berlin-tourist-information.de

Das Reichstagsgebäude

Bau deutscher Demokratie

Symbol der wechselhaften Geschichte Deutschlands

Erbaut: 1894
Umgestaltet: 1999

Architekten:
Paul Wallot,
Sir Norman Foster

Ein Gang hinauf in die gläserne Kuppel des Reichstagsgebäudes ist ein Erlebnis und zählt zu den beliebtesten Attraktionen Berlins. Der Rundblick ist fantastisch: die grüne Dichte des Tiergartens, die neue Mitte mit dem Kanzleramt und den Regierungsbauten, das Sowjetische Ehrenmal, Brandenburger Tor und Pariser Platz, dahinter die grauen Wellen des Holocaust-Mahnmals, die Häuserschluchten jenseits der Spree. Und wie kein anderes Gebäude repräsentiert der Reichstag mit dem Sitz des Deutschen Bundestages die Geschicke Deutschlands, die historischen Brüche, politischen Fallgruben, die Widersprüchlichkeiten und mehrfachen Neuanfänge.

Über 20 Jahre hat es gedauert, bis das deutsche Parlament nach der Reichsgründung von 1871 ein eigenes repräsentatives Gebäude erhielt: im Dezember 1894 erfolgte die Schlusssteinlegung durch »SM«, Seine Majestät Kaiser Wilhelm II. Im Jahr darauf konnte das Parlament die Arbeit aufnehmen. Heftiger Streit um den Standort und eine dem Kaiser genehme Architektur war vorausgegangen, und der Frankfurter Architekt Paul Wallot musste ständig Änderungen vornehmen. Der wuchtige, sechsgeschossige Quader ist im Stil der Hochrenaissance gewandet; ein prächtiges Bauensemble mit kräftigen Ecktürmen, vorgesetztem Säulenportikus und quadratischem gläsernem Kuppelaufbau. Für SM allerdings war es »der Gipfel der Geschmacklosigkeit« – eine Äußerung, die dazu beitrug, dass sich ganz Deutschland und Europa mit Wallot solidarisierte.

»Wir machen das so!« Als roter Faden durch die Baugeschichte zieht sich die bewusste Umgehung des parlamentarischen Willens durch die Kaiser – sie mischten sich überall ein. Wilhelm I. setzte fest, dass der Bau auf keinen Fall die Höhe des Stadtschlosses übertreffen dürfe; Wilhelm II. führte das ungeliebte Projekt weiter, ließ die Kuppel mit der Kaiserkrone zieren, machte die Schlusssteinlegung zu seiner eigenen Zeremonie: »Tag und Stunde der Feier bestimme ich«, und »vergaß« die üblichen Ehrungen für den Architekten.

Zeiten in Grau und Schwarz

Nach dem **9. November 1918**, der Kaiser hat abgedankt, die Revolution gesiegt, ruft der sozialdemokratische Reichstagsabgeordnete Philipp Scheidemann von einem der Fenster am Hauptportal des Reichstags die Republik aus; er kommt damit Karl Liebknecht nur wenige Stunden zuvor, der vom Schloss aus die »freie, sozialistische Republik« verkündet. Die Arbeiter- und Soldatenräte besetzen Schloss und Reichstagsgebäude; der Kampf zwischen alter Ordnung einerseits und Sozialdemokraten, Sozialisten und Spartakisten andererseits bestimmt die Zeitenwende nach Ende des Ersten Weltkriegs. Im September 1919 tritt die Weimarer Verfassung in Kraft und der neu gewählte Reichstag nimmt seine Arbeit zum ersten Mal unter demokratischen Verhältnissen auf.

1932 wurden die Nationalsozialisten stärkste Fraktion, Hermann Göring zum Reichstagspräsidenten gewählt; am **27. Februar 1933,** mit dem **Reichstagsbrand,** ging auch die Demokratie in Flammen auf; das Gebäude wurde geschlossen, der braune Terror setzte ein. Das Ende des »Tausendjährigen Reiches«: Am **30. April 1945** hatte die Rote Armee, Schritt für Schritt, Raum für Raum, auch die »Festung Reichstag« erobert – der Bau trug schon die Narben und Wunden von einer Million Geschossen, die Kuppel war zerschmettert, das Säulenportal zerschossen – und konnte um 20.50 Uhr, nach zehnstündigem Kampf, als Symbol des Triumphes, des Sieges über die Mächte der Finsternis, hoch oben über dem Kuppelstumpf die rote Fahne hissen. Der Zweite Weltkrieg war beendet; Deutschland, Berlin, Tiergarten und Mitte eine rauchende Trümmerwüste.

Im Niemandsland

Während der Blockade, am **9. September 1948,** fand die größte politische Versammlung in der Geschichte West-Berlins statt: Vor dem ausgebrannten Reichstag ruft Oberbürgermeister Ernst Reuter vor 350 000 Berlinern: »Ihr Völker der Welt, ihr Völker in Amerika, in England, in Frankreich, in Italien! Schaut auf diese Stadt und erkennt, dass ihr diese Stadt und dieses Volk nicht preisgeben dürft und nicht preisgeben könnt!« Die dann von den westlichen Alliierten eingesetzte Luftbrücke – eine einzigartige Leistung – hat den eingeschlossenen West-Berlinern das Überleben gesichert.

Da stand er dann, der Reichstag, über 40 Jahre lang, hart an der Mauer, notdürftig geflickt und ohne Kuppel. Ab 1969 gab es einen funktionstüchtigen Bau, mit kahlschlagsanierten und stilbereinigten Hallen, Plenar- und Sitzungssälen. Auf Druck der Sowjets hin durften hier jedoch keine bundespolitischen Entscheidungen getroffen werden, jeder Normalbetrieb war ausgeschlossen. So blieb nur die Ausstellung »Fragen an die Deutsche Geschichte« als Pflichtprogramm aller Berlin-Besucher ebenso wie die Kreuze im Rücken des Reichstages, die an die Menschen erinnern, die während ihrer Fluchtversuche durch den Landwehrkanal erschossen wurden.

»Wir wollen am Reichstagsgebäude die Geschichte der deutschen Demokratie erzählen.« Lord Norman Foster ist einer der bedeutendsten Architekten der Gegenwart. Seine klaren, lichtdurchfluteten Bauten haben die Grenzen des technisch Machbaren erweitert und sind allesamt Hymnen an eine objektbezogene Ästhetik, die Glas und Stahl, Licht und filigrane Linienführung mit großer Kühnheit verbindet.

Auf dem **Platz der Deutschen Einheit,** der weiten Rasenfläche, vormals Königsplatz, wurden Demos abgehalten, Grillfeste veranstaltet, Fußball gespielt, legendäre Rockkonzerte, schön laut über die Mauer hinweg, veranstaltet, und am **3. Oktober 1990** fand hier die Wiedervereinigungsfeier statt.

Die Kuppel – neues Highlight Berlins

Die Hauptstadtdiskussion war im Juni 1991 entschieden: »Sitz des Deutschen Bundestages ist Berlin.« Drei Jahre später fiel die Entscheidung für Norman Foster und für die Kuppel. Und seit der offi-

ziellen Übergabe des Gebäudes an den Deutschen Bundestag im Juli 1999 ist der alte Riesenquader als eines der großen städtebaulichen Highlights von Besucherschlangen umrundet.

Foster hat die alte, kopflose Wallot-Schachtel bis auf die Hülle entkernt; das Äußere blieb sorgsam erhalten. Als Krönung und Symbol »der modernen Demokratie« ist die nachts beleuchtete eiförmige Glas-Stahl-Kuppel weithin sichtbar. Wir als Fußvolk können nun in weiten Spiralen die Kuppel hinauf bis zum offenen Dachplateau wandern und dort die grandiose Aussicht genießen. Die von Foster bewunderte »erstaunliche Klarheit« der Wallotschen Raumgefüge, die bei den Umbauten in den Sechzigern verloren ging, ist wieder freigelegt und erfahrbar. Eindrücklich auch sind die erzählenden Elemente: Kriegswunden und -narben, Graffiti der Rotarmisten von 1945, die punktuell die Spuren der Geschichte dokumentieren. Mittelpunkt der Blockbebauung mit zwei Innenhöfen ist ein gläserner Würfel, der durch alle Geschosse hindurch sich verjüngend in das gläserne Kuppelrund hineinschiebt; im Erdgeschoss die Eingangshallen und zwei Innenhöfe; in den oberen Stockwerken Sitzungssäle, Presselobby, Räume für den Präsidenten, den Ältestenrat und die Verwaltungsleitung. Ein hochfunktionales Bauwerk mit modernster Technik, das subtil und sensibel Alt und Neu, Offenheit und Transparenz mit unserer eigenen Geschichte und der des Hauses verbindet.

Das Wahrzeichen des neuen Berlin: die atemberaubend schöne gläserne Reichstagskuppel von Norman Foster. Fantastische Ausblicke auch vom durchgestylten Restaurant »Käfer im Reichstag«.

Öffnungszeiten:
Tgl. 8–24 Uhr, letzter Einlass 22 Uhr

Tourist-Info Berlin:
Pariser Platz
www.berlin-tourist-information.de

Die Bonner Museumsmeile

Eine Art Hauptstadtecho

Vier hochrangige Museen auf engem Raum

Eröffnet: 1934, 1992, 1994

Architekten:
Hartmut und Ingeborg Rüdiger
Axel Schultes
Gustav Peichl

Diplomatenrennbahn hieß die Bundesstraße 9 im Volksmund, und diese Bezeichnung gehörte noch zu den freundlicheren Neckzetteln. Dass es hier einmal so viel gute Gründe zur Fahrtunterbrechung geben würde, ließ sich nicht voraussehen. Für den Titel »Museumsmeile« mag vor allem der Stabreim sprechen, doch mit dem Museum König, dem Haus der Geschichte, dem Doppel von Kunstmuseum und Bundeskunsthalle folgen stadtauswärts immerhin vier Häuser ziemlich dicht aufeinander, und wer die (etwas abseits gelegene) Dependance des Münchener Deutschen Museums in der Ahrstraße hinzurechnen will, kommt sogar auf deren fünf.

Museum König und Haus der Geschichte

Die unmittelbarste Beziehung zur Geschichte der Bundesrepublik hat ausgerechnet ein Haus, das sich an erster Stelle »Zoologisches Forschungsinstitut« und erst dann **Museum Alexander König** nennt. Doch mit der Dauerausstellung »Unser Blauer Planet – Leben im Netzwerk« zählt es zu den wichtigsten Naturkundemuseen der Republik. Hinter der antikisierenden Fassade eines erhabenen Wissenschaftstempels (eingeweiht 1934) warten auf Besucher glänzende Inszenierungen der Großlebensräume Afrikanische Savanne und Arktis/Antarktis.

Am 1. September 1948 aber tagte im Lichthof des Museums erstmals der Parlamentarische Rat, um das Grundgesetz der Bundesrepublik Deutschland zu erarbeiten. Auch heute kann diese Ausstellungshalle unter dem Glasdach als Glücksfall der Museumsarchitektur gelten. Und geblieben ist auch die »Parlamentarische Giraffe«. Der kunstvoll präparierte Hochbeiner, von Gründer Alexander König selbst erworben, soll damals schon auf das parlamentarische Treiben herabgeschaut haben. Tatsächlich war sie wie alle anderen Tiere verhüllt, aber als schöne Anekdote aus den Anfängen der Republik wird die Geschichte trotzdem gern erzählt.

Die ganze Zeitspanne erfasst das **Haus der Geschichte der Bundesrepublik Deutschland** ein paar hundert Meter weiter südlich. 1994 wurde der Bau des Braunschweiger Architektenehepaares Hartmut und Ingeborg Rüdiger eröffnet, ein Jahr später erhielt das Haus den Museumspreis des Europarats. Es vermittelt ein lebendiges, denkbar facettenreiches Geschichts-Bild, neben Politik, Wirtschaft und Kultur kommt auch der Alltag zu seinem Präsentationsrecht.

Da dieses Haus stets auch auf aktuelle Entwicklungen reagieren will, ist es eigentlich immer ein Museum im Aufbau. Und beim Volu-

Lichtschächte auf dem Dach der Bundeskunsthalle von Gustav Peichl

men einiger Exponate wie dem Originalkino der 1950er Jahre oder dem 68er Wasserwerfer lässt sich hochrechnen, wann die 4000 m² seiner Ausstellungsfläche erschöpft sein werden.

Kunstmuseum und Kunst- und Ausstellungshalle der Bundesrepublik Deutschland

1992 eröffnet, ist dieses Doppel der entschiedenste architektonische Wurf an der Museumsmeile. Wenngleich längst nicht so entschieden, wie sich das Axel Schultes gewünscht hatte. Er wollte hier einen »Stadtraum« schaffen, durfte aber nur das Kunstmuseum planen. Dennoch lassen sich beide Häuser als baukünstlerische Einheit verstehen. Allerdings ist die Freifläche zwischen ihnen, ursprünglich als urbaner Platz gedacht, den größten Teil des Jahres durch ein riesiges Zelt respektive eine Eisbahn zugestellt.

Verschlossen wirkt das **Kunstmuseum Bonn** nach den Plänen von Axel Schultes, verschlossen jedenfalls auf den ersten Blick. Wer vom Zentrum her kommt, für den öffnet zunächst nur ein schmaler Spalt den Kubus, durch den sich der Besucher sozusagen hindurchzwängen muss. Ein paar Schritte an der B 9 stadtauswärts reißt freilich die Mauer ab, ein monumental-nüchternes Portal tut sich auf. Und so abweisend sich die Architektur nach außen gibt, so offen ist sie hinter den kaum durchfensterten Mauern. Zu dieser Offenheit tragen wesentlich die Dächer bei, zum Platz hin schwebt eines wie ein Segel über dem Bau.

Das zeitliche Fundament der Kunstmuseum-Bestände bilden die Werke des Rheinischen Expressionismus, allen voran die Arbeiten August Mackes. Doch mit deutlicher Anspielung auf die einstige Rolle Bonns rühmt sich das Haus, eine der wichtigsten Sammlungen deutscher Kunst nach 1945 zeigen zu können. Sie wird ergänzt von einem Fundus außerordentlicher Künstlervideos.

Über der imposanten Architektur wird leicht vergessen, dass dieses Kunstmuseum nur über lächerlich geringe Summen zum Ankauf neuer Objekte verfügt. Aber müssen sich die Verantwortlichen deshalb kapitalkräftigen Sammlern ausliefern, die oft ihre sehr eigennützigen Interessen verfolgen?

Gar keine eigenen Bestände hat die **Kunst- und Ausstellungshalle der Bundesrepublik Deutschland.** Dafür konzipiert sie Jahr für Jahr spektakuläre, durchweg gut besuchte Ausstellungen, denn die Bundeszuschüsse halten das Haus immer noch finanziell beweglich. Übrigens unterstreichen die rostigen Säulen längs der Friedrich-Ebert-Allee die besondere Verbindung zur Republik: Sie symbolisieren die 16 Bundesländer.

Die Pläne zur Halle stammen vom Wiener Architekten Gustav Peichl. Die Außenfassaden dieses Baus sind reicher gegliedert, überdies zeigen sie einen Sinn fürs sparsam eingesetzte, elegante Detail, der an das Œuvre Josef Hoffmanns erinnert. Doch auch Peichl setzt zunächst einmal auf ein blockhaftes Erscheinungsbild, sogar gegen den Platz hin ist sein Bauwerk abgeschirmt. Die Folge der Ausstellungsräume ist klar gegliedert, die Treppen wirken fast demonstrativ schlicht.

Besucher kommen zunächst in einen fast intimen Vorhof, der einem schräg gesetzten, stark gewellten Plexiglas-Entree präludiert. Solche spielerischen Beiläufigkeiten gönnt sich der gelegentliche Karikaturist Peichl gern. Dazu gehören ebenfalls die Lichtschächte auf dem begehbaren Dach mit ihrer kegelförmigen, türkisfarbenen Ummantelung. Sie lassen sich als Verweis auf orientalische Bauusancen verstehen und haben das Zeug zum Wahrzeichen.

Den Vergleich von Kunstmuseum und Ausstellungshalle gewinnt vielleicht doch die Architektur Axel Schultes'. Sie wirkt stringenter, selbst ihre Neigung zu Pathos und Erhabenheit bleibt eingebunden in ein plastisches Verständnis vom Bauwerk. Aber zweifellos kann Bonn mit beiden Häusern wuchern, wenn im benachbarten, ehemaligen Parlamentsviertel ein »Internationales Kongresszentrum« entsteht. So kann die Bundesstadt Bonn das verlorene Hauptstadtgefühl durch den Bedeutungszuwachs im Weltweiten ausgleichen.

Öffnungszeiten:
Museum König:
Di–So 10–18 Uhr,
Mi 10–21 Uhr

Haus der Geschichte:
Di–So 9–19 Uhr

Kunstmuseum:
Di–So 11–18 Uhr,
Mi 11–21 Uhr

Kunst- und Ausstellungshalle:
Di, Mi 10–21 Uhr,
Do–So 10–19 Uhr

Tourist-Info Bonn:
Münsterplatz
Tel. 0228/77 50-00 und 194 33

Bremen – Rund ums Rathaus

Von Hanse und Hanseaten

»Roland der Riese am Rathaus zu Bremen«: Der Kinderreim umringt das Herz des Stadtstaates der Freien und Hansestadt Bremen, den großen, von historischen Bauten geschützten Marktplatz, gute Stube und Treffpunkt der Bremer und ihrer Gäste. Im Osten ist die Altstadt eingefasst vom Halbkreis der sternförmigen Wallanlagen und Stadtgräben, im Westen markiert die Weser die einstmals natürliche Begrenzung der Stadt, und mittendrin liegt der Marktplatz.

Renaissance-Rathaus als Zeugnis bürgerlicher Souveränität; UNESCO-Welterbe seit 2004

Erbaut:
Rathaus: 1405–1410
Roland: 1404

Besonders sehenswert:
☆ Rathaus
☆ Böttcherstraße

Hier wurde und wird Politik gemacht – immer mit Blick auf Handel und Seefahrt. Als die Weser zu Beginn des 19. Jahrhunderts zu versanden drohte, die goldenen Zeiten der mächtigen Kaufmannsstadt mit Handelsbeziehungen über alle Weltmeere hinweg in Gefahr waren, wurde 1827 ein neuer, großer Hafen angelegt, Bremerhaven. Mit diesem Hafen, 57 km nördlich von Bremen, an der Wesermündung zur Nordsee, konnte Bremen neue Weltgeltung erringen. Der Norddeutsche Lloyd war hier zu Hause, von hier sind Hunderttausende auf den Auswandererschiffen in ein besseres Leben aufgebrochen, und auch die großen Luxusliner sind hier ausgelaufen. Noch heute ist es der größte Fischerei-, auch Autoverladehafen des europäischen Festlands. Und ein Kuriosum: Bremerhaven gehört zum Land Bremen; dazwischen liegt Niedersachsen. Ein kleiner Staat, ein bedeutender Überseehafen, eine vitale Stadt, in der Wissenschaft und Raumfahrt, High Tech, reiche Kunstsammlungen und Liebe zur Tradition zuhause sind.

Bremen gehörte mit Hamburg (s. S. 174) und Lübeck (s. S. 220) zum mächtigen Dreigestirn der Hanse; das prachtvolle **Rathaus** spiegelt die politischen, wirtschaftlichen und künstlerischen Kräfte dieser Zeit aufs Schönste wieder. Errichtet wurde der rechteckige Backsteinbau 1405 bis 1410. 200 Jahre später dann erhielt er die wunderbare Renaissance-Fassade, die den Bürgerstolz zum Ausdruck bringt, das aufrechte Selbstverständnis einer freien, unabhängigen Stadt, die mit Handel und Seefahrt reich geworden war. Heute präsentiert sich das Rathaus mit seinem berühmten Ratskeller nahezu unverändert als ein herausragendes Erbe der deutschen Spätrenaissance. Der von Arkaden gesäumte Baukörper wird im Mitteltrakt durch einen feingegliederten Erker mit flandrischem Giebel betont. Auf der gesamten Fassade, vor und zwischen den Fensterpartien, wimmelt das Leben im reich ornamentierten steinernen Wandteppich: Engelsvolk, Fabeltiere, Blumen, Vasen, Früchte. Hinter den Fassaden liegen zwei große gotische Hallen übereinander: Im Erdgeschoss trafen sich Händler, Handwerker, Bauern und Bürger, hiel-

Im Deutschen Schifffahrtsmuseum in Bremerhaven wird die Geschichte der Seefahrt, auch mit historischen Schiffen, lebendig. Das neue Deutsche Auswandererhaus stellt nicht nur die Geschichte der Auswandererschiffe dar, sondern bietet auch die Möglichkeit, auf persönliche Spurensuche nach ausgewanderten Vorfahren zu gehen. www.dsm.de

Bremen, die Rathaus-Marktfront

ten Markt ab, tauschten Neuigkeiten aus; im Obergeschoss liegt würdevoll und feierlich der schönste **Festsaal** Bremens. 40 Meter lang, mit dunkler Balkendecke, Wandgemälden, Skulpturen und alten Schiffsmodellen: Hier wurde Politik gemacht und Recht gesprochen, hier trafen sich die vornehmen Handelsherren und Senatoren, und auch heute noch glänzt und funkelt der Saal im Licht der Kerzen, wenn sich Honoratioren aus der ganzen Welt alljährlich zur berühmten »Schaffermahlzeit« zusammenfinden. Sie geht zurück auf die Verwalter der Seehandelshäuser, die »Schaffer«, die nach jährlicher Abrechnung getafelt haben, bevor die Weser eisfrei war und alle Kapitäne mit ihren Schiffen wieder in See stachen.

Wie eine begehbare Schmuckschatulle öffnet sich im Festsaal die eingebaute kleine **Güldenkammer.** Reich geschnitzt und über und über im Jugendstil ornamentiert, ist sie das Werk des Malers Heinrich Vogeler aus Worpswede, der sie 1905 ausgestaltete. Die Übergänge zum rund hundert Jahre alten **Neuen Rathaus** sind offen und fließend: In den zurückhaltend-vornehmen Räumen arbeiten Stadtverwaltung und tagt der Senat.

Im **Ratskeller** geht es genussvoll zu für Leib und Seele: In zwei Kilometern Weinkeller lagern rund 1200 verschiedene Weißweine, allein 600 deutsche. Bremen besaß seit 1405 das Monopol für die Verschiffung und Lagerung von Weißweinen; Lübeck hielt es für Rotweine – dort ist der »Rotspon« sehr beliebt. Die Weißen aus Bremens Ratskeller werden von hier weltweit an alle Botschaften geliefert und z. B. auch an den englischen und den spanischen Hof. Die sehr alten Weine erzielen in den großen Auktionshäusern der Welt horrende Preise, und die ältesten aus dem frühen 18. Jahrhundert werden tröpfchenweise als höchste Auszeichnung gereicht. In der dreischiffigen historischen Halle, in den Gewölben zwischen mächtigen Rund- und Spitzbögen, zwischen Schmuckfässern, Kellern und Schatzkammer hat der Märchendichter Wilhelm Hauff im Jahr 1826 seine »Phantasien im Bremer Ratskeller« geschrieben, und heute bieten ein Gourmetrestaurant und die große alte Ratskeller-Restauration Feines und Deftiges.

Wenn schon an der Waterkant, dann sollte man das alte Seemannsgericht Labskaus probieren, dazu ein Bremer Becks Bier.

Den **Roland** kann niemand übersehen: Die Bremer Bürger bauten ihn für die Ewigkeit, denn zuvor waren alle hölzernen Statuen regelmäßig vom Klerus niedergebrannt worden – zu aufmüpfig. Einen Roland als Symbol für Marktfreiheit und Stadtfrieden trifft man in zahlreichen Städten Norddeutschlands an – dieser ist der größte, schönste und älteste. Die mit Baldachin fast zehn Meter hohe Statue aus Weser-Sandstein steht seit 1404 vor dem Rathaus und schaut nachsichtig lächelnd hinüber zum St.-Petri-Dom.

An der Westseite des Rathauses steht neben der Kirche Unser Lieben Frauen die zierliche Bronzeplastik der **Bremer Stadtmusikanten** (Gerhard Marcks, 1951) nach dem weltweit geliebten Märchen der Brüder Grimm.

Kaffee HAG und Kaba – die Böttcherstraße

Schlendert man auf die Südseite des Marktplatzes, vorbei an der schönen, nach dem Zweiten Weltkrieg wiederaufgebauten Zeile der Renaissance- und Barockhäuser mit Restaurants und Cafés, repräsentiert der **Schütting** noch einmal ganz prächtig die jahrhundertealte Bedeutung der Handelswelt. Das Haus der Bremer Kaufmannschaft mit der goldenen Kogge hoch auf dem Giebel stammt von 1537; nach den Kriegszerstörungen wurde die Renaissance-Fassade steingenau rekonstruiert. Wie denkwürdig, dass nur Rathaus und Roland die schweren Bombardierungen völlig unzerstört überlebt haben.

Und dann tut sich mit dem vergoldeten Fries des »Lichtbringers« (1934) über einem schmalen Eingangsportal eine außerordentliche Architekturfantasie auf, die die Fesseln des so bedächtigen Rahmens bremischer Stadtgeschichte mit dramatischen Gesten gesprengt hat: die **Böttcherstraße.** Engbrüstige, hoch aufschießende dunkle Backsteinbauten folgen dem alten Gassenverlauf. Die eine Straßenseite zeigt ein Gesicht mit geradlinigen, wohlgeordneten Häusern altbre-

Literaturtipp:
Matthias Wegner: ›Hanseaten. Von stolzen Bürgern und schönen Legenden‹ (Siedler). Eine reiche, glänzend erzählte Kulturgeschichte der drei Hansestädte Lübeck, Hamburg und Bremen mit unterhaltsamen Seitenhieben.

Die Künstlerkolonie Worpswede liegt 28 km von Bremen entfernt im Moor und lohnt einen Ausflug. Am schönsten ist die Anfahrt mit dem Schiff. Um 1900 lebten und arbeiteten hier Maler und Bildhauer, die weithin bekannt wurden. Am bedeutendsten ist das Werk von Paula Modersohn-Becker. Heute ist Worpswede ein malerisches Dörflein für Künstler und Kunsthandwerker.
www.worpswede.de

mischen Stils; auf der gegenüber liegenden Seite jedoch wogen, schwingen und kurven sich die Fassaden, die Nischen, Terrassen, Höfe und Erker. Ein seltsamer Rundturm, viel Golddekor, Bandverzierungen, blaue Glassteine und überall Skulpturen, Bronzereliefs, Büsten und dunkel raunende Inschriften. Eine magische Welt überquellender Handwerkskunst, zwischen Atlantis-Vision, Jugendstil-Fließen und seemännischem Kitsch: »bombastische Mystik« für Heinrich Vogeler. Dies Gesamtkunstwerk des Expressionismus, hauptsächlich bis 1929 fertig gestellt, geht auf einen einzigen Mann zurück: Ludwig Roselius (1847–1943). Der hatte als reicher Kaufmann die Überreste aller Häuser der Böttcherstraße nach und nach aufgekauft, um hier mit seinem Geld ein Gesamtkunstwerk zu schaffen, das an Bremer Traditionen anschließen, gleichzeitig aber in eine ästhetisch neue, ferne Zukunft weisen sollte. Die Gesamtleitung hatte der Bildhauer Bernhard Hoetger (1874–1949) inne, verwirklicht wurde das Werk ausschließlich mit heimischen Architekten und Künstlern. Er hatte auf der Darmstädter Mathildenhöhe gearbeitet (s. S. 102) und war in der nahen Künstlerkolonie Worpswede zu Hause wie auch die Maler Otto Modersohn, Paula Modersohn-Becker, Heinrich Vogeler und zeitweilig Rainer Maria Rilke. Ein Freund beschrieb Hoetgers Arbeit: »Er baute, wie ein Bildhauer modelliert: er knetete die Wände, Treppen, Tore, Brunnen, Kuppeln, Schornsteine. Keinerlei Reißbrettzeichnungen lagen vor. Hoetger »gebar« den Bau an der Baustelle aus dem Hirn und dem Auge.«

Für den umfangreichen Nachlass von **Paula Modersohn-Becker**, den er aufgekauft hatte, ließ Roselius ein eigenes **Museum** errichten; es zeigt ihr Werk in schönster Fülle. Bis heute ist es das weltweit einzige Museum, das dem Werk einer Frau gewidmet ist. Roselius' eigenes Wohnhaus ist die Idealschöpfung eines mittelalterlichen Bürgerhauses mit stimmungsvollen, kostbaren Interieurs, die bis zur Barockzeit führen und den hochrangigen Kunstwerken von Altartafeln und Skulpturen, Werken von Lucas Cranach d. Ä. und Tilmann Riemenschneider den maßgeschneiderten Rahmen bieten. Heute ist das **Museum im Roselius-Haus** mit dem von Modersohn-Becker verbunden.

Und Roselius? Er war ein Ästhet, gebildet und weltläufig, ein Mann voller politischer Widersprüche, ein Exzentriker aus dem Norden. Und ein kluger, weitblickender Geschäftsmann: Aus der väterlichen Firma für Kolonialwaren und Kaffeehandel schuf er ein Unternehmen mit eigenen Plantagen in Übersee, mit Niederlassungen in zahlreichen europäischen Städten. Sein größter Coup war das von ihm entwickelte Patent auf Kaffee HAG, den Kaffee ohne Koffein, und »Kaba, den Plantagentrank«. Genialisch vermarkten konnte er seine Produkte auch noch – beide wurden weltweit bekannt.

Öffnungszeiten:
Kunstsammlungen Böttcherstraße
Di–So 11–18 Uhr
www.pmbm.de

Tourist-Info Bremen:
Obernstraße/Liebfrauenkirchhof
Tel. 01805-10 10 30
www.bremen-tourismus.de

Die Brühler Schlösser

Aus der Götterdämmerung des Ancien Régime

Schlossensemble von François Cuvilliés; UNESCO-Welterbe seit 1984

Erbaut: 1725–1768

Besonders sehenswert:
- ☆ *Treppe von Balthasar Neumann in Augustusburg*
- ☆ *Spiegelkabinett in Falkenlust*
- ☆ *Barockgarten*

»Monsieur de cinq eglises«, diesen Beinamen gaben schon die Zeitgenossen dem Kurfürsten Clemens August (1700–1761). Dabei hatte der Spross aus dem Hause Wittelsbach nur widerwillig die geistliche Laufbahn eingeschlagen. Doch war der hohe Kirchenmann ja auch ein weltlicher, ein Landesherr. Seit 1719 herrschte Clemens August über die Fürstbistümer Münster und Paderborn, 1724 kamen die von Osnabrück und Hildesheim hinzu. Den Gipfel seiner Laufbahn aber hatte er bereits ein Jahr zuvor erreicht, da folgte er seinem Onkel Klemens Joseph als Erzbischof von Köln.

Dieser beachtliche Territorien- und Machtkomplex im Nordwesten des Reiches wollte zur Schau gestellt sein. Leider hatte der Vorgänger schon die imposante Bonner Residenz errichten lassen, das Zentrum der Macht war mithin besetzt. Um so mehr Ehrgeiz entfaltete sein Neffe im nahen Brühl, obwohl hier bei weitem nicht die einzige fürstbischöfliche Baustelle eröffnet werden sollte.

Dabei nahm eines der größten barocken Bauvorhaben einen recht bescheidenen Anfang. Johann Konrad Schlaun, der gewiss verdienstvolle Oberbaumeister aus Münster (s. S. 268), wurde beauftragt, die verfallene Wasserburg unter Wahrung verwendbaren Mauerwerks (mit anderen Worten: möglichst kostengünstig) zu einem Jagdschloss auszubauen.

Schlaun plante und ging 1725 zügig ans Werk, drei Jahre später stand der Rohbau. Dann freilich geriet das Unternehmen jäh ins Stocken. Bei einem Besuch in München hatte der geistliche Landesherr und Kurfürst seinem Bruder Karl Albrecht die Pläne gezeigt, und das Haupt des Hauses Wittelsbach hatte nur spöttisch die Lippen gekräuselt. Ein so hinterwäldlerisches Gemäuer sei wohl kaum eines Reichsfürsten würdig, ließ er den Jüngeren wissen. Der war ins Mark getroffen, doch Karl Albrecht wusste Rat. Sein eigener Hofbaumeister François Cuvilliés: Das sei der Mann, der für Brühl eine Anlage nach dem *dernier cri* der Schlossarchitektur entwerfen könne. Innerhalb etlicher Jahrzehnte erstand nun ein Ensemble, das mit den beiden Schlössern Augustusburg und Falkenlust sowie der barocken Gartenanlage ins UNESCO-Weltkulturerbe einging.

Glanzvolle Augustusburg

Schlaun bekam kurzerhand den Abschied, und Cuvilliés durfte ohne allzu enges Kostenkorsett eine Sommerresidenz errichten. Das Hauptschloss Augustusburg öffnet sich mit einem Ehrenhof nach Osten,

Blick aus dem Treppenhaus gegen die Repräsentationsräume des Großen Neuen Appartements

von den sieben Fensterachsen seines Corps de Logis bilden die zentralen drei ein Portalmotiv. Auch die Südseite zum Gartenparterre wurde besonders ausgezeichnet, fünf Fensterachsen fasst die Balustrade über der Traufe zusammen. Nur zeigt sich ebendort auch ein Verstoß gegen barocke Baugebote, ein eklatanter Symmetriemangel. Im Westen hat der Bau eine Fensterachse mehr, es ist die Stelle, an der Schlauns Schlossbau doch noch durchscheint.

Aber gemessen an der Pracht im Inneren wirken die Fassaden ohnehin eher schlicht. Hier wirft sich der Barock ins volle Ornat einer herrschaftlichen Architektur. Ob Garden- und Audienzsaal im Großen Neuen Appartement, ob großer Speisesaal oder die »Ritterstube« des Blauen Winterappartements, all diese Räume waren darauf angelegt, einem Besucher sozusagen den Atem zu verschlagen. Und auch die intimeren Gemächer bestechen durch die Erlesenheit ihrer Einrichtung. Nur als Beispiel kann das Speisezimmer im Sommerappartement genannt werden, es ist nicht allein von großer Anmut, sondern auch von einem Versprechen sommerlicher Kühle, das sicher auch auf die Steigerung des Appetits berechnet war.

Die Treppe

Doch das festlichste, das triumphalste Ereignis ist die Treppe Balthasar Neumanns, entstanden zwischen 1743 und 1748. Vom Vestibül im Erdgeschoss führt zunächst eine Stufenfolge bis auf die halbe Höhe, sie führt auf eine Triumpharchitektur an der Rückwand des Treppenhauses zu, deren Zentrum eine vergoldete Büste des Bauherrn bildet. Vom Podest vor diesem altarähnlichen Aufbau wendet sich die Treppe um 180 Grad und teilt sich in zwei Läufe, um die Empfangsräume im Südappartement zu erschließen. Neumanns Schöpfung gewinnt mit jeder Stufe an Helligkeit, als wäre selbst das Licht in den Dienst der Fürstenverherrlichung gezwungen. Und das meisterhafte Deckengemälde des vielgefragten Carlo Carlone (1686–1775) feiert Clemens August als Wohltäter der Künste.

Von Carlone stammen auch die Deckengemälde im Garden- und im Musiksaal und in der Schlosskapelle, für die er auch das Altarbild des hl. Johann Nepomuk schuf.

Hohe Gartenkunst

Vom großartigen Audienzsaal geht der Blick in den Barockgarten, der um 1730 nach Plänen von Dominique Girard entstand. Es gehört zu den Brühler Glücksfällen, dass diese Anlage nach den erhaltenen Plänen rekonstruiert werden konnte, ein seltenes Beispiel eines fraglos authentischen Französischen Gartens. Die überaus reiche Ornamentik seines Parterres macht deutlich: Der Gärtner wirkt hier als verlängerter Arm des absoluten Herrschers. Wie gründlich er sich die Natur untertan macht, zeigen vor allem die virtuosen Lineaturen aus Buchsbaum. Diese Feinarbeit ist Ausdruck höfischer Lebensart, ein vegetatives Seitenstück zur Etikette. Die Allmacht der Gartenschere gebietet auch über größere Strukturen, wie die Lindenalleen mit dem kastenförmigen Schnitt der Kronen zeigen. Hier gibt es übrigens noch Bäume, die aus der Zeit von Clemens August stammen.

Diese Lindenalleen bilden den Rahmen für die große Blickachse, die in Brühl freilich an der Parkmauer endet. Die Mitte nimmt auch hier der große Spiegelweiher ein. Zum Schloss hin sind ihm je vier kleinere Becken vorgelagert, und den Abschluss vor der Laubkulisse des Tiergartens bildet das große Becken. Zu genauer Symmetrie angehalten, gleitet das nasse Element von dort über flache Treppen ins Hauptbassin. Ohnehin ist Wasser das belebendste Element dieses Parks, kräftig akzentuiert durch die Fontänen.

Schloss Falkenlust

Eine seitlich geführte Allee durch den ehemaligen Tiergarten und die heutige Agrarsteppe läuft geradewegs auf das Schloss Falkenlust zu. 1733 fertig gestellt, weist das Understatement seines Erscheinungsbilds ins Rokoko, doch zunächst einmal ist der Name Programm. Die Falkenbeize galt als die fürstlichste aller Jagden, und der leidenschaftliche Nimrod Clemens August hat ihr mit Falkenlust ein Denkmal ganz eigener Art gesetzt. Im alten Tiergarten von Brühl gab es eine Reiherkolonie, die zum Fischfang an einen Altarm des Rheins flog. Dabei überflog sie die Ebene, die sich vor dem Falkenbusch auftat. An seinem Rand stand das Schlösschen, hier stiegen die Falken auf, um die Reiher nach erbittertem Kampf zu Boden zu zwingen. Das Dach von Falkenlust hatte eine Plattform, von der aus die Gäste diesen Luftkampf beobachten konnten. Im Dienst der Falkenjagd steht das ganze Ensemble: Niedrigere Stallgebäude, Unterkünfte für die Bediensteten, Pferde und die Greife selbst bilden mit kleinen abgeteilten Höfen prägnante Einheiten. Nebst dem Schlösschen fügen sie sich zu einem Ensemble, dessen vollendete Proportionen sich erst aus der Luft, aus der Vogelperspektive, erschließen.

Die Reiher, selbst durchaus stattliche Vögel, waren übrigens keine Jagdbeute im platten Sinn des Wortes. Wenn sie am Boden lagen, sprengte der Falkner heran, um sein Tier wieder aufzunehmen. Hätte der Greif einmal Blut geleckt, wäre er für die Falknerei verloren gewesen. Und die Abrichtung der gefiederten Jäger war ein ebenso zeitwie kostenaufwändiges Unternehmen, das sich nur ein wirklich begüterter Adliger leisten konnte. Der berühmte Traktat Kaiser Friedrichs II. über die Falknerei ist ein Beispiel für die kolossale Wertschätzung dieser Art, den Tieren nachzustellen – auch wenn es in unseren Augen etwas von Barbarei hat, sich an diesen Luftduellen zu weiden.

Jede einzelne der 10 581 Fliesen im Schloss ist eigens für Falkenlust hergestellt worden, sie kamen sehr wahrscheinlich aus der Rotterdamer Brennerei »De Bloempot«.

Aber von Barbarei lässt die Atmosphäre dieses Schlösschens nichts spüren, obwohl das Thema der Falkenjagd hier ständig gegenwärtig ist: auf Ölbildern und Wandmalereien, als Stuckschnitzerei oder als Sujet der verschwenderisch eingesetzten Fliesen. Das ganze Treppenhaus strahlt von ihrem Weiß und Blau wider, den Farben des Hauses Wittelsbach, die auch als Rautenmuster vielfachen Anteil am Gesamtbild haben.

Das Treppenhaus bedeutete für den Architekten einer »maison de plaisance« die wohl größte Herausforderung. Dieser Typ eines Lustschlosses betonte seinen intimen Charakter, »Klarheit« und »Bequemlichkeit« galten als oberste Architekturprinzipien. Er forderte vom Planer äußerste Disziplin und höchstes Geschick hinsichtlich der Raumaufteilung. Vor allem soll das Treppenhaus für seine leichte Eleganz stehen, es soll die Gemächer bestens erschließen und einen optimalen Lichteinfall gewährleisten. Das alles gelingt in Falkenlust auf derart eindrucksvolle Weise, dass sein Vorbildcharakter immer wieder herausgestellt worden ist.

Den Höhepunkt der Ausstattung und einen Kontrapunkt zur kühlen Noblesse der Treppe bildet das Spiegelkabinett. Der Einsatz des Spiegels, dem hinsichtlich der Verzauberung schon immer viel zugetraut wurde, dient dazu, den Raum zu weiten, aber seine Flächen fügen sich zwanglos in die ornamentale Explosion des vergoldeten Schnitzwerks vor den blauen Holzverkleidungen. So üppig, so graziös, so hinreißend hat das Rokoko in Deutschland nie mehr zu sich selbst gefunden. Dieses Schlösschen atmet allen Zauber verspielter Stilkunst aus der Götterdämmerung des Ancien Régime. Und wer will es dem Kurfürsten verdenken, dass er dieses Ambiente auch für seine Verstöße gegen das Keuschheitsgelübde nutzte.

Mit dem Zug durch den Park

Übrigens hat auch das 19. Jahrhundert in Brühl seine Spuren hinterlassen. Mitten durch den ehemaligen Tiergarten führt die viel befahrene Eisenbahnlinie Köln–Bonn. Kein Geringerer als der preußische König Friedrich Wilhelm IV. verfügte 1841 ihren Bau, denn die Kölner Bürger sollten hier im Park lustwandeln dürfen. Außerdem war die Verbindung des Landschaftsgartens mit avancierter Technik ganz nach dem Geschmack dieses »Romantikers auf dem Fürstenthron«. Der berühmte Gartenarchitekt Peter Joseph Lenné hatte den Auftrag, die Trasse harmonisch in den Garten einzubinden. Von dieser Harmonie blieb wenig. Aber immerhin kam Brühl zu einem Bahnhof, der nur einen Steinwurf von der Augustusburg weg liegt. Heute sorgt ein öffentliches Verkehrsmittel dafür, dass auch die höchst feudalen Schlösser ihren Besuchern wirklich offen stehen.

Öffnungszeiten:
Di–Fr 9–12, 13.30–16, Sa, So, Fei 10–17 Uhr, Dez., Jan. geschlossen, nur mit Führung

Park: tgl. 7–18 Uhr, mit zunehmender Abendhelligkeit schrittweise bis 21 Uhr.

www.schlossbruehl.de

Zisterzienserkloster Chorin

Große Backsteingotik im Fontane-Land

Karl Friedrich Schinkel saß als Beamter in der Preußischen Oberbaudeputation und legte nach einer Inspektionsreise durch die Mark Brandenburg heftig Beschwerde ein, der ruinöse Zustand des Klosters Chorin sei schockierend: »Bei der Seltenheit solcher Denkmäler in dieser Provinz wird die Erhaltung eines solchen zur Pflicht.«

Das war im Jahr 1817; gerade hatte Schinkel sein erstes Bauprojekt, die Neue Wache, begonnen; als Schöpfer des klassizistischen Berlins wurde er der größte Baumeister Preußens. Und als königlicher Oberlandesbaudirektor, zuständig für jedes neue oder zu erhaltende Bauwerk in Preußen, wird er mit Genugtuung festgestellt haben, dass man sich um den Erhalt des Klosters Chorin tatsächlich gekümmert hatte. Ab 1831 erfolgten Reparaturen und erste Restaurierungsarbeiten.

Bedeutendes Werk der norddeutschen Backsteingotik

Erbaut: 1273–1334

Besonders sehenswert:
☆ Westfassade

Natur gewordene Baukunst

Heute gilt die Ruine oder vielmehr: die entbeinte Stätte des Zisterzienserklosters Chorin als eines der schönsten und bedeutendsten Werke der norddeutschen Backsteingotik; es war beispielgebend für die gesamte Region. Der Reformorden der Zisterzienser, der ursprünglich die Tugenden der Benediktiner wiederherstellen wollte, entwickelte sich rasch zu einer dann doch eigenständigen Glaubensgemeinschaft. Das erste Reformkloster war 1098 im Tal von Cîteaux *(Cistercium)* in der Nähe von Dijon entstanden. Der neue Zweig der Benediktiner, an den weißen Kutten zu erkennen, wurde als Orden der Kolonisation überaus erfolgreich; hundert Jahre nach der Gründung gab es bereits ein Netz aus 2000 Klöstern in Frankreich, England, Schottland, Irland und auf deutschem Gebiet. Ab 1180 arbeiteten und beteten die Weißkutten in der Mark, und da sie im Gegensatz zu den Benediktinern, die sich auf Bergen oder Hügeln niederließen, in Niederungen, an Flussläufen und in sumpfigen Ebenen siedelten, entstanden allein in der Mark und an der Lausitz innerhalb eines Jahrhunderts über zwanzig Zisterzienserklöster, denen die Kultivierung der Region zu verdanken ist. Ihr Hauptkloster war Lehnin. Von 1258 datiert die Stiftungsurkunde: eine Schenkung an das Kloster Lehnin. 1273 wurde in Chorin mit dem Bau für ein neues, unabhängiges Kloster begonnen; als Jahr der Vollendung nimmt man 1334 an.

Den Askaniern als Herrschergeschlecht folgten die Hohenzollern; 1539/40 schließt sich die Mark der Reformation an; unmittelbar dar-

Brandenburg ist Fontane-Land: Theodor Fontane, der Vielschreiber, hat 1862–82 immer wieder seine »weltabgeschiedene« Heimat bereist. Die umfangreichen ›Wanderungen durch die Mark Brandenburg‹ waren immer im Druck und sind auch heute noch ein Begriff. Chorin zog ihm »wie ein Schattenbild« vorüber, »halb märchenhaft, halb gespenstisch«.

Chorin, Westfassade der Klosterkirche

Gleich um die Ecke liegt das gewaltige Schiffshebewerk Niederfinow am Oderbruch: Alle Schiffe auf dem Oder-Havel-Kanal werden per Fahrstuhl befördert. Idyllisch liegt das Wochenendhaus von Bertolt Brecht und Helene Weigel am Scharmützelsee bei Strausberg in der Märkischen Schweiz. Es ist als Gedenkstätte und Museum erhalten.

auf werden fast alle Klöster säkularisiert. Und damit begannen die Jahrhunderte des Verfalls. Auch das Kloster Chorin wurde ausgeschlachtet; Mauern eingerissen, Ziegel zum Bauen abgeschleppt. Der Dreißigjährige Krieg hinterließ seine Spuren, der gesamte Klosterbesitz wurde landwirtschaftlich als Domänenamt betrieben.

»Halb märchenhaft, halb gespenstisch«

Wunderschön liegt das Kloster Chorin, eingebettet in welliges Grün, vor dem Hintergrund lichter Wäldchen und umringt von Hecken und Wiesen. Sanfte Hügel bestimmen die Landschaft, und ganz überraschend tauchen die Umrisse des Klosters auf: eine rotwangige Backsteinlandschaft, vielgestaltig und machtvoll. Auf den Wiesen lagern Besuchergrüppchen und picknicken; viele sind mit dem Fahrrad gekommen. Der Amtssee ist ein paar Schritte entfernt; auf einer kleinen Anhöhe liegt die Gartenterrasse der Neuen Klosterschänke.

Auch jetzt ist die Wiederherstellung noch nicht abgeschlossen, aber beim Rundgang durch die weiträumigen Klosteranlagen überwältigt die Schönheit dessen, was da ist. Vor allem die Kirche in grandioser Leere: die dreischiffige, kreuzförmige Pfeilerbasilika hat klassisch-ausgewogene Proportionen. Das **Langhaus** mit elf Jochen und kurzem Chor ist klar und streng im Aufbau; allein die Zweig- und Blattwerkornamente an Konsolen und Kapitellen und das Maßwerk bieten kunstvollen Bauschmuck. Die schönen Abschattierungen des Backsteins in Rot, pudrigem Rosé und Ockergelb kennzeichnen die unterschiedlichen Bauphasen. Das ursprünglich hohe, auf den Pfeilern sitzende Gewölbe, vor Jahrhunderten eingestürzt, wurde durch einen Balkendachstuhl ersetzt (18. Jh.); das Dach selbst ist in den 1960er Jahren neu gedeckt worden. Neben anderen Bauteilen ist das südliche Seitenschiff wie auch der nördliche Kreuzgang verloren – offen liegt die Flanke des Langschiffs da. Eindrucksvoll zeugen die noch existierenden **Klosterbauten** wie das Refektorium, das Pfortenhaus, Brauhaus und die Gewölbemassen der Küche vom wohlorganisierten Klosterleben, von der Ästhetik der Baukunst, die stattlich, elegant, überlegt, aber nie üppig prachtvoll war. Türme wurden vermieden, die Statik auf das Notwendigste reduziert. Figürliches Bildwerk war ohnehin nicht gestattet, es gab nur Grisaille-Fenster ohne Farbigkeit, die Fußböden zeigten keine Einlegearbeiten, sondern nur Ziersteinverlegung. Die neueren Funde sind liebevoll dargeboten, im entkernten Abtflügel soll ein Museum zur Geschichte der Zisterzienser eingerichtet werden. Großartig ist die erhaltene **Westfassade,** sie vermittelt am besten die Baukunst der Zisterzienser: In der dreigeteilten Fassade sind die Eckpfeiler als Treppentürme ausgebildet und mit Steinhelmen abgeschlossen. Das Maßwerk ist vielgestaltig geschmückt, und die aufwärtsstrebende Dynamik wird durch die feingegliederte Massigkeit des Backsteins wunderbar geerdet.

Das ist überhaupt der bleibende Eindruck: die organische Schönheit der Anlage, die in ihrer Leere und Kompaktheit mit dem Erdreich verwachsen scheint; wo Wiesengrün, Bäume und Sträucher mit den noch gebliebenen Mauern und Bögen, den Portalen und Fassaden in vielerlei Rottönen naturhaft verschmolzen sind. Und wenn bei den weithin beliebten Klosterkonzerten in den Sommermonaten die Märker, Berliner und ihre Gäste am frühen Abend im Kirchenschiff sitzen oder auf den Wiesen lagern und der Musik zuhören, ist die Harmonie von Natur, Bauwerk und Kunst vollkommen.

Das meistbesuchte Musikfestival Brandenburgs ist der traditionsreiche »Choriner Musiksommer« mit hochkarätigen Konzerten in der Klosterkirche (Juni, Juli, August).

Öffnungszeiten:
tgl. 9–18,
im Winter 9-16 Uhr

Tourist-Info Chorin:
Tel. 033366/703 77
www.kloster-chorin.info

Die Mathildenhöhe

Jugendstil in höchster Blüte

Jugendstil-Künstlerkolonie mit Anspruch auf ganzheitliches Leben und Arbeiten

Erbaut: 1899–1914

Besonders sehenswert:
- ☆ *Hochzeitsturm*
- ☆ *Villenareal*
- ☆ *Ernst-Ludwig-Haus*

Was fällt dem Architektur-und Kunstfreund sofort beim Stichwort Darmstadt ein? Die Mathildenhöhe. Die einstige Künstlerkolonie schillert und prunkt in reinstem Jugendstil, in einem rauschhaften Zusammenklang von Architektur, Kunst und Natur. Mit Künstlervillen und Wohnhäusern, Ausstellungsgebäude und Atelierhaus, mit Russischer Kapelle, komponierten Parkanlagen und dem außerordentlichen Hochzeitsturm. Das Stadtteilchen entwickelte sich um 1900 zu einem europäischen Zentrum der Moderne und brachte Darmstadt den Ruf einer der aufregendsten Jugendstil-Metropolen Europas ein.

Gesamtkunstwerk Mathildenhöhe

Darmstadt, die »kleine Großstadt«, war als Residenz und Hauptstadt hessischer Landgrafen und Großherzöge Zentrum von Politik, Wirtschaft, Kultur und schönen Künsten. Mit Residenzschloss, Herrngarten und Prinz-Georgs-Garten war ein historisch gewachsener Mittelpunkt entstanden, der auch heute noch die Innenstadt prägt. Und mit der Künstlerkolonie Mathildenhöhe hat der letzte regierende Landesfürst der Stadt das berühmteste Erbe hinterlassen.

Großherzog Ernst Ludwig (1868–1937), weltmännisch, vorausschauend und unkonventionell, war Initiator und Mäzen der Künstlerkolonie, eines Reformprojekts, das mit innovativen Erzeugnissen neue Möglichkeiten für Handwerk und Industrie schaffen, neue Lebens- und Wohnformen aufzeigen sollte. Inspiriert wurde er von William Morris und der Arts-and-Crafts-Bewegung, die er während der Besuche bei seiner Großmutter, Queen Victoria, in England kennen gelernt hatte. Ernst Ludwigs Zeitgenosse, der Kunsthistoriker Alfred Lichtwark, charakterisierte den kunstbegeisterten Landesherrn: »Er ist jung, und er versteht die Jugend, und er wird durch Verfehltes und Misslungenes nicht erkältet. Er geht aufs Ganze.«

»Die Produktivität dieser Jahre um die Jahrhundertwende ist hinreißend, die Epoche leuchtet und glitzert vor Zuversicht und Selbstgefühl, und doch rührt uns inmitten solcher Schönheit, die überall regieren soll, die Ahnung des Verfalls an, die ihr mitgegeben scheint. ›Denn das Schöne ist nichts als des Schrecklichen Anfang‹, in manchem Sinne, auch hier.«
Dolf Sternberger: Über Jugendstil

Für das umfassende Projekt der Lebensreform, das Experimentierfeld einer zeitgemäßen Wohn- und Lebenskultur, berief er den Wiener Architekten und Künstler Joseph Maria Olbrich (1867–1908), der zum führenden Kopf der Künstlergruppe wurde. Seine Häuser und Bauten haben das Erscheinungsbild geprägt; von ihm stammen der Hochzeitsturm, die Ausstellungshalle, das Atelierhaus und mehrere Wohnbauten. Die Künstlergemeinschaft hatte wechselnde Mitglieder; u. a. waren Peter Behrens und Alfred Messel dabei, zwei Architekten, die heute als Wegbereiter des modernen Industriebaus gelten, die Bildhauer Ludwig Habich und Bernhard Hoetger, die Kunsthandwerker

Das Ernst-Ludwig-Haus, Ateliergebäude der Künstler, ist heute ein exquisites Museum

und Maler Hans Christiansen und Albin Müller; letzterer übernahm nach dem frühen Tod von Olbrich die Leitung der Künstlerkolonie. In vier Ausstellungen zwischen 1901 und 1914 zeigten sie einem breiten Publikum »das neue Leben in Schönheit«: Wohnhäuser, komplette Interieurs, Glas, Porzellan, Grafik, Textilien und Schmuck in dekorativ-floralem, ornamentalem Jugendstil erregten internationales Aufsehen und schufen bleibenden Ruhm.

»Tempel der Arbeit«

Vom Schloss aus lenkt und lockt die Erich-Ollenhauer-Promenade den Spaziergänger hinauf zur Mathildenhöhe. Von weitem schon ist das Wahrzeichen Darmstadts sichtbar, der rot geklinkerte, hoch aufschießende Hochzeitsturm (1907) mit seinem eigenwilligen fünfzinnigen Dachabschluss, der an die Finger einer Hand erinnert. Er war das symbolische Geschenk der Stadt an das großherzogliche Paar zu seiner Vermählung.

Neben der strengen Komposition der **Platanenallee** mit den Großskulpturen von Bernhard Hoetger scheint die **Russische Kapelle** malerisch zu fremdeln. Der Petersburger Architekt Louis Benois hatte ein Gotteshaus für die Besuche des Zarenpaars errichtet – Nikolaus II. hatte Alexandra, die Schwester von Ernst Ludwig geheiratet – und es gerade fertig gestellt, als die Künstlerschar ab 1899 die Mathildenhöhe zu verwandeln begann. Seinem Hochzeitsturm stellte Olbrich die großen **Ausstellungshallen** zur Seite, die 1908 mit der »Hessischen Landesausstellung für freie und angewandte Kunst« eingeweiht

Im prächtigen Großen Glückert-Haus, Alexandraweg 23, ist die Deutsche Akademie für Sprache und Dichtung zu Hause, die jährlich den bedeutenden Büchner-Preis verleiht.

Ein Spaziergang führt von der Mathildenhöhe in die wunderschöne Parkanlage der Rosenhöhe – sie wurde durch Ernst Ludwig ab 1900 im italienischen und englischen Gartenstil umgestaltet. Das Löwentor als Eingangsfanfare stammt von Albin Müller und Bernhard Hoetger (1914).

wurden. Heute ist hier das städtische Institut Mathildenhöhe zu Hause, das das gesamte Areal erhält und verwaltet, die zahlreichen kulturellen Aktivitäten initiiert und den Bau mit internationalen Wechselausstellungen bespielt.

Das strahlende Schaustück ist das **Ernst-Ludwig-Haus,** von Olbrich als Ateliergebäude entworfen und 1901 bezogen. Leuchtend weiß, mit einem omegaförmigen Hauptportal, reich dekoriertem Treppenaufgang und flankiert von den Großskulpturen »Mann« und »Weib« (Ludwig Habich), weist die Schaufront feierlich den Weg hinein in den »Tempel der Arbeit«. Alle Räume sind in voller Pracht erhalten und präsentieren sich selbst in ihrer Schönheit, zeigen Leben und Werk der Künstlergemeinde.

Zwischen Alexandraweg und Olbrichweg liegen die indivuduell gestalteten, wunderschönen **Villen** im »neuen Stil«, die Wohnhäuser der Künstler, die Musterbauten gehobener Wohnkultur: u. a. die Häuser Olbrich, Behrens, Deiters. Besonders eindrucksvoll: das Große Glückert-Haus, 1901 für den gleichnamigen Möbelfabrikanten erbaut.

Ab 1910 zeigte der Jugendstil eine Übermüdung der Form; wie seine Ornamente welkte er dahin, ging über in eine strengere Ästhetik, die die Sachlichkeit des Bauhauses ankündigte. Und mit den todbringenden Zeiten des ersten Kriegsjahres 1914 fand der Lebens- und Kunstanspruch des Jugendstils sein Ende.

Öffnungszeiten:
Ernst-Ludwig-Haus: Di–So 10–17 Uhr, Führungen Sa 15 Uhr; Ausstellungshalle: Di–So 10–18 Uhr, Führungen So 11 Uhr;

Braun Design Sammlung (Industriedesign ab 1945), Institut für Neue Technische Form, Di–Sa 10–18, So 10–13 Uhr; www.mathildenhoehe.de

Der Zutritt zum Gelände ist jederzeit möglich und frei. Zum Entspannen: Shop, Café und Restaurant.

Tourist-Info Darmstadt:
Im Carree 4a
Tel. 06151/95 15 00
www.proregio-darmstadt.de

Schwelgend und schwellend: der Jugendstil

Um 1900 blühte der Jugendstil in Wien, Brüssel, Glasgow, Barcelona, Paris und Darmstadt. Mit fließenden Linien, organisch-vegetabiler Geschmeidigkeit und handwerklicher Brillanz revoltierten die Künstler gegen den etablierten Kunstbetrieb und die Geschmacklosigkeiten industrieller Billigproduktion. Architektur und alle angewandten Künste fanden im Jugendstil zu neuen Ausdrucksformen.

In England wirkten William Morris und die »Arts-and-Crafts«-Bewegung mit ihren dem »reinen« Mittelalter entlehnten Gestaltungsideen, den naturhaften, verschlungenen Dekoren, stilprägend. In Glasgow hinterließ Charles Rennie Mackintosh eine ganze Reihe von eigenwilligen Bauten, für die er auch die Interieurs komplett gestaltete. In Frankreich prägten René Lalique und Emile Gallé die Glaskunst der Art Nouveau; in Brüssel schuf Victor Horta herrliche Bauten und Inneneinrichtungen. In Wien leitete der Maler Gustav Klimt die Secession ein und brachte mit seinen biegsamen, goldenen Frauenleibern in ihrer lasziven Sinnlichkeit Kritiker, Künstler und Publikum in Wallung. Die Wiener Werkstätten, der Deutsche Werkbund, die Künstler aus Worpswede – sie alle sind mit dem Jugendstil verbunden, jener kurzen, aber so schaffensfrohen Epoche.

Das Bauhaus in Dessau

Architektur-Ikone der Moderne

Dessau ist eine lebendige, großzügig angelegte Stadt. Die Altstadt rund um den Markt ist frisch gestaltet und sorgsam rekonstruiert; von der barocken Residenz sind der prächtige Johannbau und die Marienkirche erhalten. Doch Dessau meint: Bauhaus. Natürlich – es ist ein Begriff rund um den Globus. Und gleich nebenan, in Wörlitz, liegt einer der berühmtesten Gärten Deutschlands, ja Europas. Dessau ist eingebettet in eine märchenhaft schöne Gartenlandschaft, deren Elbauen und Wäldchen, Wiesentäler und Alleen die Fürsten von Dessau-Anhalt mit Parkanlagen und Schlössern zu einem unvergleichlichen Gesamtkunstwerk aus Natur und Kultur gemacht haben. Und beide, das Bauhaus und das Gartenreich Dessau-Wörlitz, sind als UNESCO-Welterbe gewürdigt. Diese Doppelung ist einzigartig, da muss man hin.

Entwicklungslabor der Architektur des 20. Jh.; UNESCO-Welterbe seit 1996

Begründet: 1919, Umzug nach Dessau: 1925

Besonders sehenswert:
- ☆ *Bauhaus*
- ☆ *Meisterhäuser*
- ☆ *Kornhaus*

Zwei große historische Phasen haben Dessau und die Region geprägt: Das anhaltinische Fürstenhaus hatte sein kleines Ländchen recht bescheiden durch die Geschichte gebracht, bis Fürst Franz Ende des 18. Jahrhunderts, von der Ideenwelt der Aufklärung beseelt, ein grandioses Gartenreich nach englischem Vorbild kreierte – der Wörlitzer Park ist der erste, der älteste, der schönste englische Landschaftsgarten auf dem Kontinent (s. S. 110). Nicht nur ein Park, sondern in Natur gesetzte Philosophie, ein Kunstwerk mit Bildungsauftrag. Schon zu Franzens Lebzeiten war er über die Grenzen hinaus bekannt, Ziel beschwerlicher Kutschreisen; auch Goethe war hingerissen.

Rund um Dessau liegen die Schlösser und Gärten des Gartenreichs Dessau-Wörlitz. Von Dessau sind es knapp 15 km in herrlicher Landschaft bis zum Park und Schloss Wörlitz. Wunderbar als Radtour!

Ein zweites Mal errang Dessau einen Spitzenrang im frühen 20. Jahrhundert, nun als Wirtschaftsstandort und Knotenpunkt einer vernetzten Industrieregion. In den Junkers-Werken wurden die ersten Ganzmetallflugzeuge gebaut (nur hier konnte man übrigens die Bauhaus-Möbel aus Stahl fertigen), in Wolfen waren Agfa und die Filmproduktion zu Hause. Als Rüstungsschmiede des Dritten Reiches ist Dessau im Zweiten Weltkrieg zu 84 Prozent zerstört worden. Zu DDR-Zeiten in großem Stil wieder aufgebaut, hatte die Stadt als Teil des mitteldeutschen Industriegürtels über 100 000 Einwohner; doch nach der Wende blieb Dessau zerzaust zurück. Die Stadt hat dann die Ärmel hochgekrempelt, hat saniert und restauriert; der ganze Landstrich ist heute im Umbruch und außerordentlich interessant.

Das tadellos restaurierte Bauhaus spielt dabei eine wichtige Rolle. Die Stiftung Bauhaus Dessau setzt wieder Impulse, besitzt internationale Strahlkraft als wiedergeborenes Zentrum für Städtebau, Architektur und Design mit Tagungen, Ausstellungen, Workshops und Besuchern aus aller Welt.

Kinderschreck und viel Radau

Das Bauhaus hat eine kurze Geschichte, aber eine revolutionäre Wirkung: Es war die einflussreichste Kunst- und Architekturschule des 20. Jahrhunderts. Die Arbeit seiner Mitglieder, ihre Theorien, ihre Auffassungen von Raumgestaltung und Einrichtung, von Grafik, Kunst und Kunsthandwerk haben unseren Wohn- und Einrichtungsgeschmack, unser ganzes Stilempfinden bis heute geprägt. Und die Bauten von Walter Gropius, Mies van der Rohe, Marcel Breuer, Josef Albers u. a. haben die modernen Städtebilder rund um den Globus nachhaltig beeinflusst. Die »weiße Schachtel«, das »gläserne Rechteck« – aus diesen Prototypen und ihren Nachfolgern sind elegante, lichtdurchflutete, traumhaft schöne Architekturen entstanden, die die Grenzen des technisch Machbaren immer weiter ins Zukünftige geschoben und eine neue Ästhetik in die Welt gesetzt haben, die kniefällige Bewunderung verdient. Aber auch aufeinander gestapelte gesichtslose Boxen sind gewuchert, anonym und hässlich, in denen sich die »Unwirtlichkeit der Städte« ausdrückt. Im Bauhaus ist nicht nur das Zusammenspiel neuer Entwürfe, neuer Materialien, neuer Bautechniken erprobt und angewandt worden, sondern auch das Ineinandergreifen von Malerei, Grafikdesign und allen angewandten Handwerksformen – eine radikale Abkehr von alten, festgefahrenen, ungenügenden Lebensformen. Paul Klee hat am Bauhaus gelehrt, Lyonel Feininger, Wassily Kandinsky, Oskar Schlemmer, László Moholy-Nagy, Herbert Bayer.

Insgesamt hat das Bauhaus nur vierzehn Jahre existiert, zunächst in Weimar, dann bis 1932 in Dessau, nach einem letzten kurzen Jahr der Auflösung in Berlin musste die »bolschewistische Kaderschmiede« 1933 schließen. 1919 war es von Walter Gropius als Nachfolge der großherzoglichen Kunstgewerbeschule in Weimar mit einem Paukenschlag in die Welt gesetzt worden und hatte mit der ersten großen Ausstellung von 1923 mächtig für Furore gesorgt. Gropius und seine Mitstreiter entwickelten nämlich nicht nur neue Formen des Wohnens und Ausstattens, sie strebten auch ein nicht da gewesenes Ideal des gemeinschaftlichen Arbeitens und Lebens an, in dem Kunst und Architektur, Handwerk und industrielle Fertigung gleichberechtigt nebeneinander standen. Letztlich jedoch war die von Gropius herangeholte Avantgarde dann doch zu avantgardistisch für das hehre, klassisch-verklärte Weimar: »Drei Tage in Weimar, und man kann auf Lebenszeit kein Quadrat mehr sehen«, stöhnte ein Kunstkritiker. Die Bevölkerung sah das unkonventionelle Treiben mit Verständnislosigkeit, die Stadtväter waren nachhaltig irritiert und unkooperativ. »Es gab eine elterlich-autoritäre Drohung, die jedes aufsässige Kind aus Weimar schnell wieder zur Räson brachte: ›Ich schick dich ins Bau-

Literaturtipp:
Einen beträchtlichen Teil ihrer Autobiographie widmet Nina Kandinsky ihrer Bauhaus-Zeit, auch mit Klatsch und Tratsch und Alltagsleben: ›Kandinsky und ich. Mein Leben mit einem großen Künstler.‹

haus!‹«, erzählt Nina Kandinsky in ihrer Autobiographie; »das Bauhaus, schien es, war die lokale Residenz des Teufels.«

Dessau, die umtriebige Industriestadt, hatte keine Berührungsängste. Im Gegenteil, ihr Bürgermeister Fritz Hesse ließ den Bauhäuslern freie Wahl der Grundstücke; alle Bauten wurden von der Stadt finanziert. Einzige Vorgabe: Die städtische Kunstgewerbeschule sollte integriert werden. Walter Gropius als Direktor beider Institutionen entwarf die Bauten gemeinsam mit Carl Fieger aus seinem Büro; im Herbst 1925 begannen die Arbeiten am Bauhaus und den Meisterhäusern. Im Juli 1926 waren die Meisterhäuser bezugsfertig, kurz darauf begann der Betrieb im halbfertigen Bauhaus. Die offizielle Einweihung fand mit viel Wirbel und über tausend Gästen aus dem In- und Ausland am 4. Dezember 1926 statt.

»Zentralgestirn« im Meisterhaus

Der Bau selbst war Manifest und Symbol neuer Wohn-, Arbeits- und Lebensformen: Nach der Devise »bei Null anfangen« gab es keine Satteldächer mehr, kein Gesims, keine Dachtraufen, keinerlei Fassadenschmuck. Die Funktion bestimmte die Gestalt: Flachdächer, glatte

Das Bauhaus in Dessau: Wegweisend die gerasterte Vorhangfassade aus Glas und Metall

Fassaden, ums Eck geführte Fensterbänder, viel Licht, flexible Raumgestaltung, Eisen, Stahl und Glas, an Farben nur Weiß, Grau und Schwarz. Das Bauensemble besteht aus drei L-förmigen, miteinander verbundenen Flügeln. Bahnbrechend war der Stahlbetonskelettbau mit der gerasterten Vorhangfassade aus Glas und Metall, ein Manifest der »Vereinfachung durch Multiplizierung«. Im straßenseitigen Hauptgebäude wurden die Werkstätten untergebracht, im Nebentrakt mit den gereihten Fenstern die städtische Gewerbeschule, im Flachbau Kantine und Aula, Mittelpunkt des gemeinschaftlichen Lebens; hier wurden die legendären Feste gefeiert. Im Rücken dann der fünfgeschossige »Turm« mit Wohnateliers. Schaut man sich heute die Räumen an, sind es vor allem die Details, die bestechen: die Treppenaufgänge, Türbeschläge, Balustraden. Die Fensterlösungen. Stühle, Tische, Schalter, Beleuchtung, Kugelaschenbecher – Urformen und Originaldesign der Moderne.

Im Zentrum der Galaxie, dem zweigeschossigen Brückenbau über der Durchgangsstraße, liegen Direktorat und Architekturabteilung: Hier thronte der elegante, kühle Gropius als »Zentralgestirn«, von Klee auch »Silberprinz« genannt: Gold wäre zu vulgär gewesen. Er dirigierte seine Meister-Kollegen und Schüler, bestimmte Materialien, Formen und Farben bis 1928. Ihm folgte Hannes Meyer, ab 1930 leitete dann Mies van der Rohe, berühmt-berüchtigt für seine Weißenhof-Siedlung in Stuttgart (s. S. 343), das Bauhaus bis zu seiner erzwungenen Auflösung.

Zum Welterbe gehört nicht nur das eigentliche Bauhaus, also die Hochschule, sondern auch die faszinierenden **Meisterhäuser** in der Ebert-Allee, in denen die Direktoren Gropius und Mies van der Rohe und die Lehrer mit ihren Familien gelebt haben. Die Häuser, wenige Gehminuten von der Hochschule entfernt, schwimmen wie kleine, strahlend helle Inseln unter hohen Baumkronen im Wiesengrün. Drei weiße, in sich verschobene Doppelhäuser mit Dachterrassen, Ateliers, Balkonen, offenen Gärten. Das Dircktorenhaus ist nicht mehr vorhanden. Gropius wie auch Mies van der Rohe lebten die ästhetische Reduzierung der Bauhaus-Eleganz – »weniger ist mehr« – in äußerster Konsequenz vor, wobei nicht alle Besucher begeistert waren: Bei Gropius »funktionieren hauptsächlich Schalter und Hebel, Wäsche saust wie Rohrpost durch Kanäle«, und bei Mies huschte ein »Butler, schwarz gewandet und mit blütenweißen Handschuhen« durch die minimalistischen Räume.

Die drei erhaltenen Wohnbauten sind wundervoll und sehr aufwändig restauriert, sie vermitteln – das war die eigentliche Sensation nach ihrer Wiedereröffnung vor ein paar Jahren – das Flair ihrer Bewohner, die mit Frauen, Kindern, Haustieren und Fahrrädern hier zu Hause waren, auch mal Chaos verbreiteten, die sich für das karge Bauhaus-Konzept entschieden oder sich lieber gemütliche Nischen gesucht und sich dem eigenen Farbrausch überlassen haben.

Jedes der Doppelhäuser besitzt ein gemeinsames Ateliergeschoss, ein kleineres und ein größeres Hausteil für Familien. Im Haus Nr. 2/3 lebten László Moholy-Nagy mit Frau Lucia sowie Lyonel und Julia Feininger mit ihren drei Söhnen. Die Einrichtung der Moholy-Nagys war die fleischgewordene Bauhaus-Idee mit karger Möblierung aus den eigenen Werkstätten; schließlich galt László, wie Oskar Schlemmer spöttelte, als »Ministerpräsident« im Bauhaus-Staat. Die Feiningers liebten ihr Zuhause (»Wir sitzen auf unserer Terrasse, die einfach wonnig ist«), kombinierten alte Möbelstücke mit neuem Design und eigenen Gemälden, und besonders schön fanden sie ihr farbenfrohes Treppenhaus, »unsere ganze Freude, mit roten Geländerstreifen auf den kobaltblauen glatten Treppenwangen«. Hier ist jetzt das **Kurt-Weill-Zentrum Dessau** eingerichtet, der Komponist der »Dreigroschenoper« wurde 1900 in Dessau geboren. In Nr. 4/5 duldete die Familie des Malers Oskar Schlemmer (sein legendäres »Triadisches Ballett« hatte die Gemüter schon in Weimar erregt) nur Primärfarben. Im größten Kontrast zur Bauhaus-Linie lebten die eng miteinander befreundeten Familien Klee und Kandinsky im Doppelhaus Nr. 6/7. Warme Erdfarben, viel Blau und Gelb beim Katzenliebhaber Paul Klee, seiner Frau Lily und Sohn Felix; bei Wassily und Nina Kandinsky dagegen kühne Farbkombinationen: ein blassrosa Wohnzimmer mit Schwarz und Silber, eine vergoldete Wandnische – »wie ein ostasiatisches Museum«, sagte Felix Klee. Hier feierten sie Feste und tanzten Tango zu Grammophonmusik.

Die Architekten des Bauhauses haben in Dessau noch weitere Gebäude errichtet, die bis heute erhalten sind, wenn auch teilweise verändert oder deutlich in die Jahre gekommen. Das **Arbeitsamt,** 1928/29 nach Plänen von Walter Gropius verwirklicht, bricht radikal mit der Tradition der repräsentativen, einschüchternden Behördenarchitektur und schöpft aus dem Formenkanon des modernen Industriebaus. Die **Laubenganghäuser** von Hannes Meyer und die **Bauhaussiedlung** von Gropius/Meyer erprobten die Bauhausprinzipien im Wohnungsbau. Sehr schön und idyllisch gelegen ist das bis zum letzten Teelöffel nach Originalvorlagen restaurierte Restaurant und Terrassencafé **Kornhaus** an der Elbe (Carl Fieger; 1929/30).

Die meisten Bauhäusler mussten emigrieren; ihr Ruhm eilte ihnen voraus. Gropius, Mies van der Rohe, Marcel Breuer u. a. wurden als »weiße Götter« hofiert, bildeten einflussreiche Architekturschulen, errichteten Hochhäuser, die zu Ikonen der Moderne wurden. Ihre Bauauffassung liegt dem »International Style« zugrunde, der ab 1945 dann verwässert zurück nach Deutschland kam, als die Städte in Trümmern lagen und neu erfunden werden sollten.

Literaturtipp:
Furchtlos polemisch, spöttisch und unterhaltsam erzählt Tom Wolfe die amerikanische Story der Bauhäusler und deren Erben: ›Mit dem Bauhaus leben‹ (Philo Verlagsgesellschaft).

Öffnungszeiten:
Bauhaus:
Gropiusallee 38
tgl. 10–18 Uhr

Meisterhäuser:
Ebertallee
März–Okt. Di–So 10–18 Uhr,
Nov.–Febr. Di–So 10–17 Uhr

www.bauhaus-dessau.de

Tourist-Info Dessau:
ZerbsterStrasse 2
Tel. 0340/ 204 14 42
www.dessau-tourismus.de

Das Gartenreich Dessau-Wörlitz

Ein europäisches Arkadien

Erster Englischer Garten des Kontinents; UNESCO-Welterbe seit 2000

Angelegt: ab 1766

Besonders sehenswert:
- ☆ *Schloss*
- ☆ *Rousseau-Insel*
- ☆ *Felseninsel Stein*
- ☆ *Schlossanlage Oranienbaum*
- ☆ *Schloss und Park Luisium*

Vom wiesengrünen, blütengesprenkelten Elbwall oberhalb der goldenen Urne breitet sich ein Gemälde unvergesslicher Ansichten aus: Im Osten leuchtet der weiße Kuppeltraum des Pantheons zwischen hohen Baumwipfeln hervor, im Westen grüßt der Floratempel, nach Süden hin weitet sich der Blick über die Elbauen. Die Urne, Erinnerung an die kurz nach der Geburt gestorbene Tochter des Fürstenpaares, ruht dem Betrachter zu Füßen im Wiesengrün; das Ensemble mit Wörlitzer Kirche, Synagoge und Schloss auf der gegenüberliegenden Seeseite bildet den Hintergrund, rahmt die Urne beschützend ein. Der »Warnungsaltar« ist den Naturkräften gewidmet, er trägt die Inschrift: »Wanderer, achte Natur und Kunst und schone ihre Werke«. Dieser großartige »Toleranzblick« ist eine präzis gesetzte Blickachse und Symbol für die Leidenschaft, mit der Fürst Franz seine Gartenanlagen als malerische Bilder verwirklichte. Sein Ziel war es, aufgeklärte Toleranz, »Schönheit und Nützlichkeit« in wechselnden Landschaftsbildern zum Ausdruck zu bringen. Das Beziehungsnetz, mit dem er Schlösser und Gärten zu einem grünen Arkadien verband, ist das Gartenreich Dessau-Wörlitz, eine der großen europäischen Kulturleistungen, die von der UNESCO gewürdigt wurden.

Leopold III. Friedrich Franz von Anhalt-Dessau (1740–1817) hatte Mut, Durchsetzungskraft und Visionen. Als Sechzehnjähriger kämpfte er im Heer Friedrichs des Großen im Dritten Schlesischen Krieg, nach einem Jahr, 1757, machte er der Quälerei ein Ende: Er war so frei und ging davon und deklarierte sein gerade mal 700 km^2 großes Ländchen für neutral. Solche Dreistigkeit musste er mit schweren Zwangsabgaben büßen. Doch auch dann ließ der übermächtige Preußenkönig nicht locker: 1765 zwang er ihn zu der Heirat mit Prinzessin Luise Henriette von Brandenburg-Schwedt. Franz liebte sie nicht, Luise liebte ihn nicht, ihr erstes Kind starb nach der Geburt. Schließlich lebten sie getrennt, Franz ließ für sie das Schlösschen Luisium errichten, heute Teil der Dessau-Wörlitzer Gartenlandschaft.

Das Gartenreich umfasst knapp 150 km^2; es gibt so viel zu sehen und erleben, dass man auf jeden Fall zwei, drei Tage einplanen sollte. Ein besonderes Erlebnis sind die Gondelfahrten im Wörlitzer Park sowie die zahlreichen Festivals und Konzerte im gesamten Gartenreich.

Ab 1766 kreierte Franz gemeinsam mit seinen Freunden, dem Architekten Friedrich Wilhelm von Erdmannsdorff und dem Gärtner Johann Friedrich Eyserbeck, in Wörlitz den ersten englischen Landschaftsgarten auf dem Kontinent, ein märchenhaft schönes Sinnbild aufgeklärter Naturphilosophie. Nach ausgedehnten Bildungsreisen durch Italien, Frankreich und die Schweiz fand er im freiheitlichen bürgerlichen England mit seinen grandiosen Gartenschöpfungen die Inspiration dazu, sein Fürstentum nach den neuen Ideen der Aufklärung, der Naturlehre und des Rousseauschen »Contrat social«

Im Wörlitzer Gartenreich

komplett umzugestalten. Parkanlagen und Schlösser nahmen ab 1766 über dreißig Jahre hin Gestalt an; erst kurz vor seinem Tod ist der letzte Baustein gesetzt worden. Gleichzeitig förderte er neue landwirtschaftliche Methoden, schuf Baumschulen, Gärtnereien, und auch die Aufschüttung der Elbdämme brachte seine Untertanen in Arbeit. Seine Gartenlandschaft stand immer im Mittelpunkt der »ästhetischen Erziehung«. Sie war frei zugänglich für jedermann, schloss ja auch Landwirtschaft mit ein, und seither machte sie Generationen von Besuchern glücklich.

Das Städtchen Wörlitz und der Wörlitzer Park sind der künstlerische Höhepunkt der kultivierten Naturlandschaft mit Wiesen, Wäldchen und Seen, Tempeln, Aussichtspunkten und Alleen, die Fürst Franz rund um die Elbauen und den Fluss Mulde kreiert hat. Das Gartenreich Dessau-Wörlitz erstreckt sich über rund 150 km^2; es umfasst einen Ring von sechs in ihrem Charme völlig unterschiedlichen Schloss- und Gartenanlagen: Schloss Mosigkau in schönstem Rokoko, Schloss und Park Georgium, den Landschaftspark Großkühnau, Park und Schloss Luisium, ein klassizistisches Schmuckkästchen, den Wörlitzer Park sowie die niederländisch geprägte Stadt- und Schlossanlage Oranienbaum südlich von Wörlitz.

Literaturtipp:
Kulturstiftung Dessau-Wörlitz (Hg.): ›Unendlich schön. Das Gartenreich Dessau-Wörlitz‹. Ein prächtiger Bildband, der das gesamte Gartenreich mit allen Architekturen im Detail vorstellt. Ganz reizend ist auch der ›Gartenführer‹ für Kinder und Junggebliebene (beide Nicolaische Verlagsbuchhandlung).

Die gesamte Landschaft ist UNESCO-Welterbe; sie ist zudem Bestandteil des Biosphärenreservats Mittlere Elbe, das ebenfalls unter dem Schutz der UNESCO steht, ein einzigartiges Ensemble zwischen Land und Wasser, unter weiten Himmeln.

»Die reinste Lieblichkeit«

»Hier ist es unendlich schön. Mich hat's gestern Abend, wie wir durch die Seen, Kanäle und Wäldchen schlichen, sehr gerührt, wie die Götter dem Fürsten erlaubt haben, einen Traum um sich herum zu schaffen. Es ist, wenn man so durchzieht, wie ein Märchen, das einem vorgetragen wird, und das Ganze hat die reinste Lieblichkeit.« Goethe war im Jahr 1778 zu Gast in Wörlitz; in seinen »Wahlverwandtschaften« hat er viel später die Gartenanlage als Seelenlandschaft gespiegelt. Wie er haben sich auch Kant, Herder, Novalis oder Hölderlin von den Gartenanlagen mit den zahllosen Blickachsen verzaubern lassen, auch der zehnjährige Hermann, später Fürst von Pückler-Muskau (s. S. 41) – hier wurde er inspiriert; seine Gartenmanie hat ihn dann gar in den Ruin getrieben. Die Besucher wurden so zahlreich, dass Fürst Franz ab 1788 den »Glücksseligen« fortan einen gedruckten Gartenführer in die Hand gab. Auch Bauhaus-Künstler wie die Ehepaare Klee und Kandinsky haben Kutschpartien hierher unternommen – noch heute die beschaulichste Art, sich an der Perlenschnur der Kunstwerke entlangzubewegen.

Im kleinen hübschen **Wörlitz** ist die neugotische evangelische **Kirche St. Petri** mit ihrem Kirchhof sehr schnell gefunden; sie und das benachbarte **Graue Haus** bilden das Hauptentree zum Gartenreich. Ort, Park und Landschaft gehen fließend und offen ineinander über. Das **Schloss** oder Landhaus (1769–73) mit dem festlichen weißen Portikus ist der erste klassizistische Bau auf dem Kontinent – in England hatte Franz die eleganten Bauwerke nach dem Vorbild des italienischen Renaissance-Baumeisters Andrea Palladio kennengelernt. Auch die **Synagoge,** vormals Vestatempel (1789/90), am Ende der Amtsgasse überblickt schon den weich und weit ausschwingenden Wörlitzer See, von hier führt die Amtsfähre hinüber ans andere Ufer.

Und dann sollte man sich treiben lassen im Märchenreich der Bilder: Der Wörlitzer Park besteht aus fünf großen Teilen, alle miteinander verknüpft durch unzählige mäandernde Wege, durch kleine Fähren über Seearme und Kanäle. Mehr als zwanzig unterschiedliche Brücken illustrieren den Fortschritt der Ingenieurskunst quer durch die Geschichte bis hin zu einer Miniausgabe der ersten Eisenbrücke von Coalbrookdale, der damals modernsten Konstruktion der Welt. Alle Lustbauten, alle Ziertempelchen und Pavillons sind durch über 120 Blickschneisen miteinander vernetzt; da taucht dann das opulent verzierte **Gotische Haus** auf, Pantheon und Venustempel, Blumentheater, Palmengarten und das Labyrinth. Mit der **Rousseau-Insel** (1770) im Osten schuf Fürst Franz eine Hommage an den Philosophen, der seine Visionen beflügelt hatte. Bis zum Ende seines Lebens schlug er sich mit dem komplizierten Mechanismus des künstlichen Vulkans auf der **Felseninsel Stein** herum: Die bis heute weltweit einzige Nachbildung des Vesuvs wollte und wollte ihre feurigen Lavamassen nicht ausspucken; nur wenige Male ist es vor großem Publikum gelungen. Die Insel wurde mit großem Aufwand restauriert und ist nun eine der spektakulärsten neuen alten Sehenswürdigkeiten.

»Jede halbe Pferdestunde eine Parkanlage«

Die »Gartenreichtour Fürst Franz« bietet als Fahrradstrecke eine wunderbare Möglichkeit, alle Schlösser und Parkanlagen im Gartenreich Dessau-Wörlitz in Muße zu erleben. Südlich von Wörlitz liegt die bezaubernde barocke Stadt- und Schlossanlage **Oranienbaum.** Geometrisch angelegt, greift das bedeutende Barockensemble mit anmutigem Marktplatz, Straßengeviert und Schloss auf niederländische Baukunst zurück. Fürst Johann Georg ließ es ab 1683 für seine Frau errichten, die aus dem Haus Oranien-Nassau stammte. Das schöne Schloss mit seinen erlesenen Räumen wird nun komplett saniert; Teilbereiche bleiben aber zugänglich. Die Gartengestaltung stammt weitgehend von Fürst Franz, im englisch-chinesischen Bereich ist die Pagode mit Aussichtsturm der Höhepunkt.

Großen Charme besitzt die kleine, intime Anlage von Schloss und Park **Luisium:** Das klassizistische kubische Schlösslein ist das Meisterwerk von Erdmannsdorff; Fürst Franz ließ es für seine Frau Luise erbauen (1774–78). Heiter und elegant sind die Räume, stimmungsvoll ist der Park mit herrlichen alten Baumgruppen, Plastiken und malerischen Ausblicken. Nach der »nächsten halben Pferdestunde« (gilt auch für das Fahrrad) dann das Parkensemble **Georgium** mit Orangerie, Fremdenhaus und opulentem Schloss – auch der Bruder des Fürsten Franz war der Bau- und Gartenlust verfallen. Hier ist die hochkarätige **Anhaltinische Gemäldegalerie** zu Hause mit Werken u. a. von Lukas Cranach und Hans Baldung Grien, holländischer und flämischer Malerei und einem reichen Bestand an Gemälden des 18. Jahrhunderts.

Die Schloss- und Gartenanlage **Mosigkau** (um 1750) betört als eines der letzten weitgehend erhaltenen Rokokoensembles in Mitteldeutschland. Heiter und großzügig sind die originären Räume; Höhepunkt ist der Galeriesaal mit bedeutenden Gemälden flämischer und holländischer Meister wie Rubens, van Dyck und Jordaens.

Öffnungszeiten:
Der Wörlitzer Park ist immer frei zugänglich.

Schloss Wörlitz und Gotisches Haus:
Mai–Sept. Di–So 10–18 Uhr,
Ostern, April, Okt. Di–So 10–17 Uhr

Alle anderen Park- und Schlossanlagen:
Mai–Sept. Di–So 10–18 Uhr;
Ostern, April, Okt. Sa, So 10 – 17 Uhr

Tourist-Info:
Wörlitz-Information
Förstergasse 26
Tel. 034905/202 16 und 217 04
www.gartenreich.com

Stadtinfo Oranienbaum
Schlossstraße 17
Tel. 034904/225 20
www.oranienbaum.de

Kulturstiftung Dessau-Wörlitz
www.ksdw.de

Die Dresdner Frauenkirche

Meisterwerk des europäischen Barock

Vollendeter Zentralbau des Barockzeitalters mit glockenförmiger Kuppel; UNESCO-Welterbe seit 2004

Erbaut: 1726–43
Zerstört: 14. Februar 1945
Wiederaufbau: 1993–2005

Baumeister:
George Bähr

Etwas unerwartet steht sie nun doch da – die neue »alte« Frauenkirche, das Wahrzeichen Dresdens. Fast ein Fremdkörper im städtebaulich sich gerade erst entwickelnden Umfeld am Neumarkt. Wie auf Probe, als könnte sie jeden Augenblick wieder verschwinden. War doch die Ruine mit dem Trümmerberg seit Februar 1945 das gewohnte Bild. Ein Mahnmal gegen den Krieg, in den 1980er Jahren auch Symbol der Friedens- und Bürgerrechtsbewegung. Und seit Beginn des Wiederaufbaus 1993 auch viel besuchte und berühmte Dauerbaustelle mit Baugerüsten und mitwachsendem Schutzdach. Im Juni 2004 konnte die Dresdner Bürgerschaft mit dem Aufsetzen der Turmhaube und des Turmkreuzes die äußere Vollendung der Frauenkirche feiern. Deutschland und die Welt nahmen Anteil.

Mit der Kuppel der Frauenkirche, der wunderbaren »steinernen Glocke«, ist das Dresdner Altstadtpanorama wieder vollständig, so wie es Bernardo Bellotto, gen. Canaletto, in seiner berühmten Ansicht »Dresden vom rechten Elbufer unterhalb der Augustusbrücke« 1748 meisterhaft festgehalten hat (Gemäldegalerie Alte Meister). Im Juli 2004 wurde die Altstadt mit dem Dresdner Elbtal in das Weltkulturerbe der UNESCO aufgenommen.

George Bährs fulminante Kuppelkonstruktion

1722 erhielt der Ratszimmermeister George Bähr von der evangelischen Stadtgemeinde den Auftrag, für die baufällige alte Kirche »Zu unserer lieben Frauen« Planungen für einen Neubau vorzulegen. Er hatte zuvor nur kleinere Kirchen in Schmiedeberg, Forchheim und Königstein als Zentralbauten errichtet. Der protestantische Gottesdienst mit Predigt, Abendmahl und Gemeindegesang verlangte eine räumliche Zusammenfassung der Gemeinde, gemäß der Forderung Martin Luthers, dass zwischen Priester und Laien keine Schranke sein sollte. Ein überkuppelter, kreisförmiger Innenraum mit umlaufenden Emporen, wenig ausgeprägtem, halbrund geschlossenem Chorraum und die Zusammenfassung von Altar, Kanzel und Orgel zum Kanzelaltar war dafür die ideale Form. Nach Bearbeitungen der Bährschen Planungen durch das Oberlandbauamt unter Graf von Wackerbarth und einem Gegenentwurf von Johann Christoph Knöffel konnte 1726 der Grundstein gelegt werden. August der Starke nahm selbst Einfluss und förderte den Bau, sollte die neue Frauenkirche für Dresden doch eine städtebaulich ähnliche Bedeutung bekommen wie Santa Maria della Salute am Canal Grande für Venedig.

Unter den Fachleuten galt Bährs Konstruktion als äußerst kühn in ihrer engen Verschmelzung von Unterbau und turmartiger Kuppel auf einer Grundfläche von nur 45 x 45 m (bedingt durch die enge mittelalterliche Bebauung). Sie hatten durchaus Zweifel, ob der Bau eine so mächtige Kuppel tragen konnte. Bähr hatte ursprünglich in seiner Planung eine hölzerne Kuppel vorgesehen. Insgeheim hatte er aber wohl von Anfang an eine steinerne Kuppel gedacht und die Fundamente bereits stärker angelegt. Nicht zu Unrecht zweifelten Zacharias Longuelune, Jean de Bodt und der einflussreiche Gaetano Chiaveri an der Standfestigkeit des Kirchenbaus. Chiaveri, Baumeister der katholischen Hofkirche, hatte bereits als führender Baustatiker seiner Zeit ein Gutachten für die Kuppel von St. Peter in Rom erstellt. Seine Untersuchungen ergaben, dass sich das Gewicht der Kuppel nur auf die dadurch überbeanspruchten acht Mittelpfeiler verteilte und nicht, wie Bähr angenommen hatte, auch auf die Außenwände. Trotzdem hielt die Kuppel über 200 Jahre. Selbst die Beschießung im Siebenjährigen Krieg durch die preußischen Truppen Friedrichs II. überstand sie.

»In einer protestantischen Predigtkirche, der Dresdner Frauenkirche George Bährs, wird die Kuppel absolut. Denn dieser Bau ist, gestatte man die doch im Eindruck begründete Übertreibung, nur noch Kuppel. Und völlig steinern bis zur offenen Laterne.«
Alexander von Reitzenstein, 1956

Der Bau gedieh rasch. 1734 konnte die Weihe stattfinden. Im Frühjahr 1738 stirbt George Bähr. Sein Schüler und Mitarbeiter Johann Georg Schmid leitet die Bauausführung bis zum Schluss. Gemeinsam mit Johann Georg Fehre krönt er 1743 die Kuppel mit offener Laterne und Turmkreuz.

Ein vollendeter Zentralbau

Bährs protestantischer Sakralbau vereint den Typus norddeutscher zentralisierter Emporenkirchen mit dem italienischen Kuppelbau. Aus einem quadratischen Grundriss erwächst ein runder Zentralraum mit acht schlanken Pfeilern, verbunden durch Rundbögen, mehrgeschossigen Emporen, glockenförmig geschweiftem Tambour und innerer und äußerer zweischaliger Kuppel mit Laterne und Turmkreuz (ursprünglich hatte Bähr einen Obelisken als Abschluss vorgesehen). An den vier Ecken befinden sich schräg gestellte, 51 m hohe Treppentürme mit Bekrönungen, an der Ostseite tritt eine halbrunde Apsis für den Kanzelaltar nur geringfügig hervor. Der Bau ist 95 m hoch, der Kuppeldurchmesser beträgt 23,5 m. Der 12 m hohe Altar, die Kanzel und der Orgelprospekt stammen von Johann Christian Feige, die Orgel ist ein Werk des berühmten Orgelbauers Gottfried Silbermann. Er schuf u. a. die Orgeln der katholischen Dresdner Hofkirche und des Freiberger Doms (s. S. 152). Trotz geringer Grundfläche boten Schiff und Emporen 3 600 Sitzplätze; insgesamt fasste die Kirche 5000 Besucher.

George Bährs besondere Leistung war es, auch gegen Einflussnahme und Widerstände der Fachkollegen letztlich seine eigenwillige Bauvorstellung von hoher künstlerischer Gestaltungskraft durchgesetzt

Im Barock entwickelte sich eine Verschmelzung von Zentralraum und Langbau, wie z. B. bei Longhenas Santa Maria della Salute (1631–87) in Venedig, Hardouin-Mansarts Invalidendom (1675–1706) in Paris und Christopher Wrens St. Paul's Cathedral (1675–1710) in London.

zu haben (George-Bähr-Gedenkstätte im Schloss Lauenstein im Osterzgebirge). Er war nie in Italien, kannte aber von Kupferstichen die berühmten Bauten in Rom und Florenz. Der Zentralbaugedanke war in der Renaissance zur höchsten Vollendung gebracht worden, von Francesco di Giorgio, Sebastiano Serlio, Leon Battista Alberti, Andrea Palladio und Leonardo da Vinci architekturtheoretisch befördert. Aus Kreis und Quadrat entwickelt, galt der Zentralbau als die edelste und höchste Bauform. Mit Santa Maria della Consolazione (1506–1608) in Todi findet diese Vorstellung ihren reinsten Ausdruck, mit Bramantes bzw. Michelangelos St. Peter in Rom monumentale und verbindliche Form.

Bährs Frauenkirche besticht durch schwungvolle Eleganz, dynamisches Streben und plastische Durchformung des Baukörpers. In ihrer klaren, harmonischen Gesamtform, den geschmeidigen Übergängen und besonders in der glockenförmigen Ausprägung von Tambour und Kuppel ist sie einmalig und von unvergleichlicher Schönheit. Zur Bedeutung der Frauenkirche schreibt Jürgen Paul (1994): »Die Dresdner Frauenkirche ist eines der großen Meisterwerke der europäischen Baukunst. Der mächtige Zentralbau stellt nicht nur die monumentalste und bedeutendste architektonische Schöpfung des protestantischen Kirchenbaus dar, sondern gehört als baukünstlerische Formfindung zu den Hauptwerken der Kunst des Barockzeitalters. Die glockenförmig geschwungene steinerne Kuppel war nicht nur eine geniale Ingenieurleistung, sondern eine ganz eigenständige, ja eine der originellsten Kuppellösungen des Barock.«

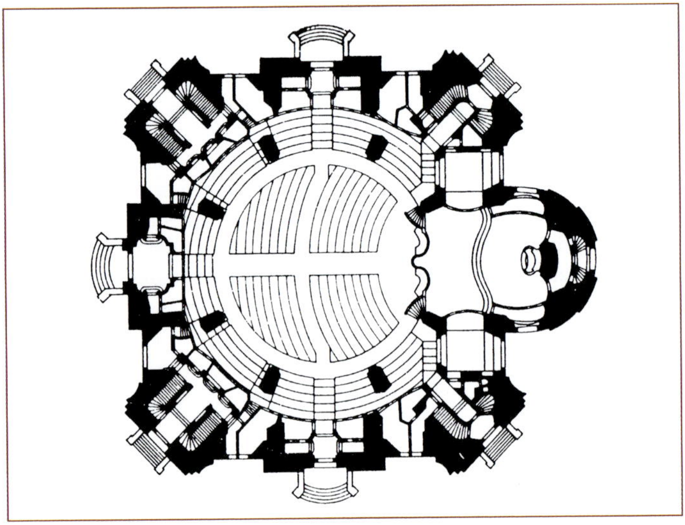

Grundriss der Dresdner Frauenkirche

Der Wiederaufbau

Dresdner Altstadtpanorama mit Frauenkirche, Brühlscher Terrasse und Hofkirche ▷

Bereits in den ersten Jahren nach dem Krieg wurden Pläne für einen Wiederaufbau der Frauenkirche entwickelt. Aber erst im Zuge der politischen Wende 1989 kam der Wiederaufbau verstärkt ins Gespräch und konnte eine breite Öffentlichkeit ansprechen. Der Dresdner Trompeter Ludwig Güttler veranstaltete bereits Benefizkonzerte für den Wiederaufbau der Frauenkirche, als es in der DDR nicht opportun war und die deutsche Denkmalpflege in Ost und West noch gegen den Wiederaufbau plädierte. Als Vorsitzender der »Stiftung Frauenkirche« blieb er weiterhin die treibende Kraft des großen Unternehmens. In der Fachwelt war der Wiederaufbau lange umstritten, in der Bevölkerung gab es von Anfang an praktisch nur Zustimmung. Bürgerinitiativen, Unternehmen, Verbände, Freundes- und Förderkreise im In- und Ausland, vor allem auch in England und den USA, unterstützten das Vorhaben mit vielfältigen Aktivitäten, insbesondere mit unermüdlichen Spendenaufrufen. Ein beträchtlicher Teil der Baukosten von etwa 130 Mio. Euro wurde so aufgebracht.

1993 konnte die Enttrümmerung der Ruine und die Sicherung und Vermessung des Steinmaterials, 1994 der Wiederaufbau im Sinne einer archäologischen Rekonstruktion beginnen. Unter den letzten Trümmerschichten wurde auch das Grabmal George Bährs gefunden. 1996 konnten bereits Gottesdienste und Konzerte in der Unterkirche stattfinden. Zur Frauenkirche gab es einen großen Bestand wissenschaftlicher Pläne und Fotos. Darüber hinaus war noch genügend Originalsubstanz vorhanden – etwa ein Drittel sind sorgsam katalogisierte Steine der alten Frauenkirche, zwei Drittel wurden in der Sächsischen Schweiz neu gebrochen (der Dresdner Sandstein kommt traditionell aus dem Elbsandsteingebirge). Dies ermöglichte eine wissenschaftlichen Anforderungen genügende archäologische Rekonstruktion. Das Ergebnis gibt den Befürwortern des Wiederaufbaus Recht. (In ähnlicher Weise war in den 1950–80er Jahren unter schwierigeren Bedingungen der Wiederaufbau von Zwinger, Hofkirche und Semperoper gelungen.) Letztendlich war der alles übergreifende Wille entscheidend, das Dresdner Elbpanorama wieder vollständig erstehen zu lassen; dazu war die Frauenkirche unabdingbar. Vor diesem sozusagen existenziellen Anliegen werden alle Gegenargumente verblassen. Durs Grünbein über seine Heimatstadt:

> Altstadtufer, Schokoladenseite, innigste Partie …
> Bin gebannt von diesen früh vertrauten Umrißlinien.
> Schließ die Augen: auf den Lidern, innen, siehst du sie.
> Schwarz vorm Abendhimmel, etwas andre Pinien,
> Ragen Kuppeln, Glockentürme.

Öffnungszeiten:
Kirchenführungen (45 Min.) tgl. 10–16 Uhr zur vollen Stunde, Treffpunkt Eingang F an der Nordseite. Aufstieg zur Kuppel tgl. 10–13, 14–18 Uhr.

www.frauenkirche-dresden.org

Tourist-Info Dresden:
Prager Straße (Nähe Hauptbahnhof) und Schinkelwache, Theaterplatz
Tel. 0351/49 19 21 00
www.dresden-tourist.de

LEIPZIG

Schloss Pillnitz

Perle des Barock

Großzügige barocke Sommerresidenz des augusteischen Zeitalters in arkadischer Landschaft; UNESCO-Welterbe seit 2004

Erbaut: 1722–1826

Besonders sehenswert:
- ☆ Wasserpalais
- ☆ Bergpalais
- ☆ Neues Palais
- ☆ Englischer Pavillon
- ☆ Weinbergkirche

»Ist doch wirklich über dieses Stückchen Erde ein seltener Zauber ausgegossen. Es möchte schwer sein, den Charakter dieser Gegend anders als mit dem der ›Süßigkeit‹, des ›Soave‹ der Italiener zu bezeichnen, so weich biegt sich der breite klare Strom an den weintragenden Hügeln dahin, und so schön ist diese Vegetation.« Carl Gustav Carus (1789–1869), Naturforscher, Maler und Kunsttheoretiker der deutschen Romantik und seit 1827 königlicher Leibarzt, vermerkte es nach einem sommerlichen Aufenthalt in Pillnitz.

Genau hier gab Kurfürst August der Starke 1720 Order für die Errichtung eines »orientalischen Lustgebäudes«, einer großzügigen barocken Sommerresidenz direkt an der Elbe. Die Anlage von Schloss und Park sollte dann jedoch über hundert Jahre dauern. Trotz der langen Bauzeit entstand eine großartige Architekturschöpfung von besonderer Harmonie und einheitlicher Gesamtwirkung. Vom gegenüberliegenden Ufer oder von einem Elbdampfer aus scheint Schloss Pillnitz bei entsprechendem Licht märchenhaft dem Wasser zu entsteigen und sich gleichsam in einem heiteren Schwingen mit der sanften Hügellandschaft zu verbinden.

Am Anfang des 18. Jahrhunderts kamen aus dem absolutistischen Frankreich, verkörpert im Sonnenkönig Ludwig XIV., Anregungen zu neuen Schlossbauten auch nach Deutschland. Schloss Versailles lieferte als Vorgabe von höchstem Anspruch auch für deutsche Herrscher ein zwingendes Vorbild. Friedrich August I., genannt August der Starke, war seit 1694 Kurfürst von Sachsen und seit 1697 als August II. auch König von Polen. Er hatte als Herrscher eines florierenden Landes ehrgeizige Pläne für den Ausbau seiner Residenz Dresden, aber auch für stadtnahe Schlösser wie Pillnitz, Moritzburg und Großsedlitz.

Der »Große Plan« von Pillnitz, um 1720, eine Gesamtplanung des Generalintendanten des Bauwesens, Graf Wackerbarth, zeigt einen riesigen Parkkomplex von der Elbe bis zu den Hanglagen mit vielen Einzelbauten, Gärten und Höfen und im Schnittpunkt der Hauptachsen einen mächtigen zentralen Schlossbau, umgeben von zwölf Pavillons. Das Riesenprojekt war nicht finanzierbar, ein mehrfach verkleinertes Konzept wurde unter Mitarbeit von Zacharias Longuelune und später unter Leitung von Matthäus Daniel Pöppelmann erarbeitet. Entscheidend war neben der deutlichen Reduzierung der Anlage und der Preisgabe des Zentralschlosses die Verlegung der nord-südlichen Hauptachse in ost-westliche Richtung, parallel zur Elbe in Richtung der Dresdner Residenz.

Wasserpalais, Bergpalais und Neues Palais

1720 wird das **Wasserpalais** erbaut. Doppelt geschweifte Walmdächer, pagodenförmige Kamine und Aufsätze und bemalte Hohlkehlen mit chinesischen Motiven in Blau und Weiß auf gelbem und ockerfarbenem Grund verleihen Noblesse und fernöstliche Exotik. Eine doppelläufige Treppenanlage führt zum Hauptgeschoss. Davor liegt die elegant geschwungene Freitreppe. Sie umschließt amphitheatralisch den kleinen Gondelhafen an der Elbe. Auf den Pfeileraufsätzen thronen dekorativ zwei Sphingen von François Coudray. Hier legten die Prunkgondeln der höfischen Festgesellschaft an. Die Anlage von Pillnitz, insbesondere das Wasserpalais mit Gondelhafen, ebenso die Bauten der Altstadt, das Japanische Palais und Schloss Übigau waren Teil des Konzepts Augusts des Starken, die Elbe repräsentativ zu einem zweiten Canal Grande zu gestalten.

1723/24 entsteht als praktisch identisches Gegenstück das **Bergpalais** nördlich des Lustgartens. Genauere Kenntnisse ostasiatischer Architekturen fehlten (bekannt waren jedoch Darstellungen von Tempeln und Palästen auf chinesischem und japanischem Porzellan sowie auf Stichen), doch Künstler und Baumeister bereicherten in einer verklärten Vorstellung dieser Lebensweise sächsische Barockformen phantasievoll mit Chinoiserien und kamen so zu einem exotischen Gesamtbild. 1788–91 werden Wasser- und Bergpalais auf der Ostseite von Christian Traugott Weinlig, Johann Daniel Schade und

1706 wird Anna Constantia von Brockdorff Augusts Mätresse. Er schenkt ihr das alte Gut Pillnitz und lässt sie zur Reichsgräfin von Cosel erheben. Sie erhält ein geheimes Eheversprechen, das ihre gemeinsamen Kinder legitimiert und ihr eine rechtmäßige Nachfolge als Kurfürstin und Königin gesichert hätte. Anna Constantia ist klug, ehrgeizig, voller Raffinesse – und von außergewöhnlicher Schönheit. Sie beherrscht den Kurfürsten und den Hof rund zehn Jahre lang. Als sie 1716 in Ungnade fällt, verbannt August sie auf die Burg Stolpen, wo sie bis zu ihrem Tode in Haft bleibt.

Um 1780 kam eine Kamelie (Camelia japonica) aus Asien in den Pillnitzer Schlosspark. Anfangs als Kübelpflanze gehalten, wurde sie später am heutigen Standort im Englischen Garten ausgepflanzt. Sie gilt als die älteste japanische Kamelie in Europa. Ein fahrbares Glashaus schützt das über 200 Jahre alte Prachtexemplar von knapp 9 m Höhe und 33 m Kronenumfang im Winter. Im Frühjahr zeigt sich die baumgroße Kamelie in einem bezaubernden karminroten Blütenkleid.

Christian Friedrich Exner um Flügelbauten in vereinfachten Formen eines frühen Klassizismus ergänzt.

In einer weiteren Bauphase von 1821 bis 26 vervollständigte Christian Friedrich Schuricht mit dem **Neuen Palais** die Südostseite des Lustgartens, so dass die nun nach drei Seiten geschlossene Baugruppe dem Zwinger in Dresden ähnelt. Der führende Baumeister des Dresdner Klassizismus passt die strengeren Formen des Palais gekonnt den barocken Bauten an. Korinthische Säulen, Attika und Uhrturm gliedern und betonen die Fassade zum Lustgarten. Der größte Raum ist der Speisesaal im elbseitigen Küchenflügel – der bedeutendste klassizistische Kuppelbau Dresdens – mit Wand- und Deckenmalereien von Carl Vogel von Vogelstein. Die Schlosskapelle im Nordflügel wurde 1830 geweiht. Diese beiden Flügelbauten umschließen den östlich vorgelagerten Fliederhof.

Der Pillnitzer Park

Anmutig verbinden sich in Pillnitz Architektur, Parkanlagen und Landschaft. Symmetrisch in französischer Manier axial auf die Schlossbauten bezogen sind Lustgarten, Großer Schlossgarten, die Heckenquartiere, die schnurgerade Kastanienallee (Mail-Bahn) und Fliederhof. Harmonisch verbinden sich damit Englischer, Holländischer und Chinesischer Garten in den natürlichen Formen eines englischen Landschaftsparks, so dass der Besucher Pillnitz heute als barockes Gesamtkunstwerk erleben kann, besonders lebendig beim Elbhangfest im Juni oder romantisch bei einer sommerlichen Serenade.

Der **Englische Pavillon** in Form eines römischen Rundtempels, 1784 von Weinlig und Schade errichtet, ist Bramantes berühmtem Tempietto von San Pietro in Montorio in Rom nachempfunden. Christian Friedrich Schuricht schuf 1803 den **Chinesischen Pavillon,** einen quadratischen Kernbau mit Säulenumgang, geschweiftem Dach und zurückgesetzter Laterne mit Wetterfahne in Drachenform. Im Inneren erfreuen heitere chinesische Landschaftsdarstellungen. Im Heckengarten finden wir unter einem Schutzbau die Rote Tritonengondel, den Nachbau einer Prunkgondel, mit der die kurfürstliche Hofgesellschaft von Dresden nach Pillnitz fuhr. Als Winterquartier für die Kübelpflanzen der Subtropen dient die **Orangerie,** deren Mittelbau 1874 um zwei Seitenflügel erweitert wurde.

Zum Schloss- und Parkkomplex gehören auch das **Palmenhaus** (1859), das klassizistische **Wachgebäude** (Information und Shop), das **Kammergut** des 19. Jahrhunderts und das **Presshaus** (1827) am Bergweg. Oberhalb des Parks schmiegt sich die schlichte **Weinbergkirche** Zum Hl. Geist (1723–27) von Matthäus Daniel Pöppelmann reizvoll in den Weinbergshang.

Öffnungszeiten:
Park ganzjährig bis Anbruch der Dunkelheit, Kunstgewerbemuseum tgl. 10–18 Uhr, Bergpalais Mo, Wasserpalais Di geschl.

Tourist-Info Dresden:
Prager Straße und Schinkelwache Theaterplatz
Tel. 0351/49 19 21 00
www.dresden-tourist.de

Die Semperoper

Vom ersten Hoftheater zur Sächsischen Staatsoper

Einer der bedeutendsten europäischen Theaterbauten des 19. Jh.

Erbaut: 1871–78
Zerstört 13. Februar 1945
Wiederaufbau: 1977–85

Baumeister:
Gottfried Semper

Der gebürtige Hamburger Gottfried Semper (1803–79) war neben Karl Friedrich Schinkel der bedeutendste Baumeister und Kunsttheoretiker des 19. Jahrhunderts. Er bereist Italien und Griechenland, 1834 wird er Professor der Architektur in Dresden. Als aktiv Mitwirkender beim Maiaufstand 1849 muss er – wie der Hofkapellmeister Richard Wagner – Dresden verlassen und geht nach Paris und London. 1855 wird er nach Zürich und 1870 als kaiserlicher Architekt nach Wien berufen. Gegenüber Schinkels dominierendem romantischem Klassizismus entwickelt er eine funktionelle Bauweise von außerordentlicher Klarheit und hoher künstlerischer Reife, die auf den Formen der italienischen Renaissance aufbaut und von der französischen Revolutionsarchitektur beeinflusst ist. So lässt sich eine Entwicklungslinie nachziehen von Friedrich Gillys Entwurf zu einem Nationaltheater (1800) über Schinkels Theaterbau (1819–21; heute Schauspielhaus) am Gendarmenmarkt in Berlin zu Sempers erstem Hoftheater (1838–41) und seinem zweiten Hoftheater (1871–78). Seine Hauptwerke sind das erste Hoftheater, das neue Hoftheater (Semperoper), die Synagoge und die Gemäldegalerie in Dresden sowie das Burgtheater, der Hofburgneubau und das Kunsthistorische und das Naturhistorische Museum (gemeinsam mit Carl von Hasenauer) in Wien.

Sempers seinerzeit schon berühmtes erstes Hoftheater von 1838–41, in Formen der Frührenaissance erbaut, wird 1869 durch einen Brand zerstört. Vom Hofe zwar weiterhin verfemt, aber von der Dresdner Bevölkerung gewünscht, erhält Semper schließlich den Auftrag zum Neubau. Von Wien aus liefert er die Pläne für ein neues, größeres und moderneres Opernhaus, nun in den repräsentativen Formen der Hochrenaissance. Sein Sohn Manfred leitet die örtliche Bauausführung von 1871 bis 1878. Das neue Opernhaus sollte Teil seines großzügigen Forumsplans werden, der die offene Zwingerseite mit Repräsentativbauten bis zur Elbe ähnlich der Piazzetta San Marco in Venedig weitergeführt hätte. Zu diesem stadtplanerischen Konzept des 18. Jahrhunderts kam es nicht. Semper schließt mit dem Bau der Gemäldegalerie die vierte Zwingerseite und gestaltet so gleichzeitig eine der Hauptfronten des Theaterplatzes.

Am Brühlschen Garten zwischen Albertinum und Kunstakademie steht das Denkmal Gottfried Sempers (1882, von Johannes Schilling). Der Baumeister ist in bewegter Feldherrnmanier dargestellt, gleichzeitig wirkt er ernst und gesammelt.

Mit dem Erstarken des Bürgertums im 19. Jahrhundert erhalten nun neben Kirchen und Schlössern auch Museums- und Theaterbauten einen größeren Stellenwert in der Gesellschaft. Sempers erstes Dresdner Hoftheater, die Staatsoper in Wien, der erste Monumentalbau der Wiener Ringstraße, Charles Garniers Oper in Paris und die Oper in Frankfurt am Main demonstrieren das neue bürgerliche Selbstbe-

Semperoper und Reiterstandbild König Johanns von Sachsen

wusstsein. Das Königliche Opernhaus in Dresden erhält nach 1918 die Bezeichnung »Sächsische Staatsoper Dresden«. Nach dem Zweiten Weltkrieg setzt sich der Name »Semperoper« durch.

Zerstörung und Wiederaufbau

Am 13. und 14. Februar 1945 wird die Dresdner Altstadt durch britische und amerikanische Bombenangriffe vollständig zerstört. Auch die Semperoper brennt aus. Genau vierzig Jahre später, am 13. Februar 1985, kann das traditionsreiche Haus unter großer Anteilnahme der Bevölkerung mit Carl Maria von Webers romantischer Oper »Der Freischütz« wiedereröffnet werden (der »Freischütz« war Ende August 1944 die letzte Aufführung vor der Zerstörung gewesen).

Die Semperoper bildet heute den nordwestlichen Abschluss des Theaterplatzes, eines der schönsten Plätze in Deutschland. Schwungvoll und elegant buchtet sich die Schaufront in Segmentbogenform zum Platz. Der breit gelagerte zweigeschossige Arkadenbau in Rustikagliederung mit Doppelpilastern und Rundbogenfenstern wird in der Mitte durch eine über drei Geschosse führende Exedra, eine apsisartige Ein- bzw. Ausbuchtung in Form eines überhöhten Triumphbogens, wirkungsvoll betont und zusammengefasst. Dynamisch bekrönt wird sie von einer bronzenen Pantherquadriga mit den Figuren von Dionysos und Ariadne von Johannes Schilling. Dahinter folgen gestaffelt zurückgesetzt der Zuschauerraum und das 40 m hohe Bühnenhaus mit einem Dreiecksgiebel. In der äußeren Gestaltung des Baus wird so ganz nach Sempers Intentionen die funktionale Anordnung des Inneren mit Foyers, Treppenhäusern, Zuschauerraum und und Bühnenturm klar erkennbar. Hinter dem Bühnenhaus folgen modern gestaltete flachere Funktionsbauten für Probebühne, Technik, Verwaltung und Gaststätte.

Am Eingang empfangen den Besucher die Sitzfiguren Goethes und Schillers von Ernst Rietschel (Schöpfer des populären Goethe-Schiller-Denkmals in Weimar), seitlich außen befinden sich in Fassadennischen links die Plastiken von Shakespeare und Sophokles, rechts von Molière und Euripides. Die sechs Skulpuren überstanden den Brand des ersten Opernhauses und wurden von Semper den neuen Bau integriert.

In überwältigender Pracht erstrahlen das untere Rundfoyer, die seitlichen Treppenvestibüle, Zuschauerraum und Bühne, mit Stuckmarmor, Edelmetallen und Malereien kostbar gestaltet. Die Foyers und Treppenhäuser wurden originalgetreu wieder hergestellt, der Zuschauerraum mit der Königsloge in der Mitte und dem großen Kronleuchter gegenüber Sempers erstem Opernbau erweitert; er besitzt jetzt vier U-förmige Ränge gegenüber ehemals fünf. Der große Bühnenvorhang, ursprünglich von Franz Keller, konnte nach einem erhaltenen Entwurf rekonstruiert werden. Die Zahl der Sitzplätze wurde von etwa 1600 auf 1300 verringert, das Bühnenhaus für den Einbau zeitgemäßer Technik um 12 m verbreitert. Die Akustik ist vorzüglich und allseits gerühmt. Insgesamt ist die Semperoper eine meisterhaft gelungene Nachschöpfung eines Theaterbaus von internationalem Rang.

Die Sächsische Staatsoper ist nach wie vor Publikumsmagnet und das am besten ausgelastete Musiktheater in Deutschland (ca. 98 Prozent). Eine Aufführung sollte sich kein Besucher der Stadt entgehen lassen. In abendlicher Beleuchtung erlebt man den Theaterplatz mit Semperoper, Hofkirche, Residenzschloss und Gemäldegalerie in einem besonderen Zauber, warm und lebendig, wie die Inszenierung einer vergangenen Welt.

Dresdner Musik- und Theaterleben

Dresden hat eine lange Tradition als Kunst- und Kulturstadt, insbesondere auch im Musik- und Theaterleben. Die Staatskapelle feierte 1998 ihr 450-jähriges Bestehen. Zahllos sind die berühmten Regisseure, Dirigenten und Solisten. Bereits 1627 brachte der 55 Jahre in Dresden wirkende Hofkapellmeister Heinrich Schütz die erste deutschsprachige Oper, »Daphne«, zur Uraufführung. Das 18. Jahrhundert glänzte mit Johann Adolf Hasse, dem »ungekrönten König italienischer Musik«. Im 19. Jahrhundert gelangte das Theater- und Musikleben zu einer neuen Blüte. 1817–26 war Carl Maria von Weber Hofkapellmeister. Mit seinem Werk »Der Freischütz« kreierte er 1820 die erste deutsche Nationaloper. 1843 wird Richard Wagner als Hofkapellmeister berufen. Hier werden seine Opern »Rienzi« (1842), »Der Fliegende Holländer« (1843) und »Tannhäuser« (1845) uraufgeführt.

Führungen:
Zeiten (abhängig vom Probenplan) unter www.semperoper-fuehrungen.de

Spielplaninformation:
Tel. 0351/49 11 740
www.semperoper.de

Tourist-Info Dresden:
Prager Straße und Schinkelwache Theaterplatz
Tel. 03 51/49 19 21 00
www.dresden-tourist.de

Der Dresdner Zwinger

Ein höfischer Festplatz von vollendeter Harmonie

Weltberühmtes spätbarockes Gesamtkunstwerk, Spitzenleistung der europäischen Architektur; UNESCO-Welterbe seit 2004

Erbaut: 1709–1728
Zerstört: 14. Februar 1945
Wiederaufbau: 1945–63

Besonders sehenswert:
- ☆ Kronentor
- ☆ Wallpavillon
- ☆ Glockenspielpavillon
- ☆ Nymphenbad
- ☆ Porzellansammlung
- ☆ Mathematisch-Physikalischer Salon

»Kein Bau des Jahrhunderts zeigt ein gleiches Maß von spontaner Genialität. Man darf am Zwinger nicht die bezaubernde Fülle und den romantischen Übermut der Einzelformen als das allein Wesentliche sehen, ebenso ist es die Klarheit und Größe des Grundrisses. Es liegt hier nicht nur ein dekoratives, sondern auch ein architektonisches Meisterwerk vor.« Mit diesen prägnanten Worten (1931) erschließt Georg Dehio Gestalt und Ausstrahlung der Zwingeranlage. Und Johannes Jahn schreibt über den Zwinger (1960): »Ein Wunder an klarer, schwungvoll-elastischer Grundrissbildung, rhythmischer Gliederung, Wohlabgewogenheit der Verhältnisse und spielerischer Phantastik der Architekturformen.« Im Dresdner Zwinger verschmelzen allegorische Bedeutung, plastische Fülle und Verspieltheit mit der Klarheit und Kraft der architektonischen Struktur zu einer Spitzenleistung des europäischen Barock, ja zu einem Kunstwerk von Weltgeltung.

Pöppelmann, Permoser und Semper

Der Zwinger wird 1709–28 von Oberlandbaumeister Matthäus Daniel Pöppelmann aus Herford/Westfalen als höfischer Festplatz mit Galerien und Pavillons für August den Starken (Kurfürst Friedrich August I.) angelegt, eine meisterhafte Ausformung des absolutistischen Macht-

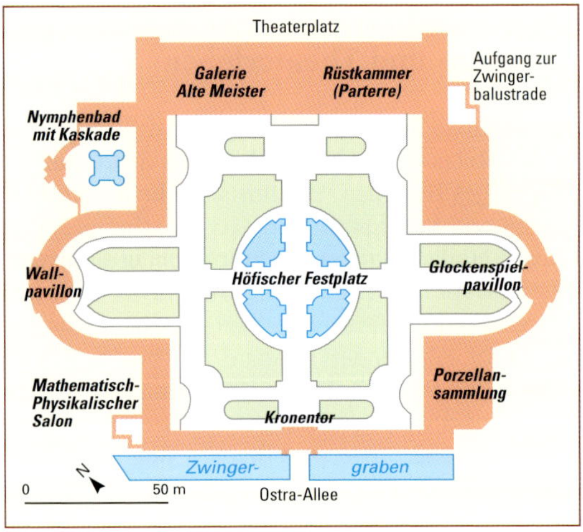

Grundriss des Dresdner Zwingers

Der Wallpavillon des Zwingers

und Gestaltungswillens dieses lebens- und sinnenfrohen Fürsten. Der süddeutsch geprägte Hofbildhauer Balthasar Permoser, der bereits in Wien und Italien gearbeitet hatte, schuf in kongenialer Weise den reichen Skulpturenschmuck. Erst 1847–55 schließt Gottfried Semper mit dem etwas zu wuchtigen Bau der Gemäldegalerie die offene Seite zur Elbe. 1924–36 erfolgte eine grundlegende Restaurierung des Zwingers durch Hubert Ermisch und Georg Wrba. Im Februar 1945 wird die Anlage durch Bombenangriffe weitgehend zerstört, aber bereits im Herbst des gleichen Jahres beginnt der Wiederaufbau durch die Zwingerbauhütte, wiederum unter Hubert Ermisch. 1963 waren die Arbeiten größtenteils abgeschlossen. Heute zieht das prachtvolle barocke Gesamtkunstwerk voller Beschwingtheit, Harmonie und Eleganz Besucherströme aus aller Welt an.

Was dem heutigen Betrachter als zielstrebig errichtete, einheitliche Gesamtanlage entgegentritt, gar als glückliche Fügung erscheinen mag, entstand doch in einem wechselvollen Prozess unterschiedlicher Pläne und Intentionen und sich wandelnder Funktionen am Übergang vom Barock zum Rokoko. Der Name »Zwinger« bezeichnete ursprünglich den Raum zwischen inneren und äußeren Befestigungsanlagen, der als Küchengarten, aber auch für höfische Festlichkeiten genutzt

Auch das gibt es: den Zwinger auf Japanisch! Mitte der 90er Jahre wurde die barocke Anlage im Porzellan-Park von Arita nach Originalplänen und in Originalgröße nachgebildet.

wurde, nach Pöppelmann »für alle Arten öffentlicher Ritterspiele, Gepränge und anderer Lustbarkeiten des Hofes«. Diesen Zwecken diente auch ein hölzernes Amphitheater mit Arkadengang nach Plänen Pöppelmanns. 1710 errichtet Pöppelmann auf der Wallböschung am Platz des heutigen Wallpavillons ein erstes festes Orangeriegebäude für die Sammlung exotischer Pflanzen und Bäume Augusts des Starken. Das Ensemble war sozusagen nur der Vorhof zu einem großen Schlossbau, der jedoch – ähnlich wie Pillnitz - über das Planungsstadium kaum hinausgelangte.

Ein Rundgang

Betritt der Besucher den Zwinger, wegen der günstigen Blickachse am besten durch den Glockenspielpavillon, wird er überwältigt von der Weite und Großzügigkeit der Anlage. Voller Beschwingtheit und Heiterkeit – wie aller Erdenschwere enthoben – scheinen die Architekturen unmittelbar der Natur zu entwachsen. Mit dem Grün der Rasenflächen, den Wasserspielen, den Bäumen auf den Balustraden und vielleicht noch sich auftürmenden Kumuluswolken in einem blauen Himmel rundet sich ein Bild der Fülle, ja Erfüllung – hier scheint die Vollendung einer Epoche auf, zu der eine Steigerung kaum noch denkbar ist. Eingeschnürt und bedrängt von den unmaßstäblichen Bauten aus unserer Zeit, zeigt die Zwingeranlage mit ihren edlen Proportionen doch Haltung und Größe inmitten der Großstadt.

»Mit keinem Fürstenhof in den deutschen Landen verbindet sich so sehr die Vorstellung von rauschhaften Festen wie mit der Dresdener Residenz Augusts des Starken. Unter seiner Herrschaft wandelte sich die Stadt nicht nur zu einer der schönsten in Europa, auch die Gartenkunst erhielt in Kursachsen neue Impulse. August kannte aus eigenem Erleben den Glanz des französischen Königshofes und die Festfreuden Italiens, insbesondere Venedigs. Kein Wunder, wenn der Kurfürst und König von Polen den Wunsch nach noch eigenwilligeren Schöpfungen hegte.«
Wilfried Hansmann, 1983

Der Innenhof des Zwingers ist mit einer Ausdehnung von 107 x 116 m annähernd quadratisch, wird jedoch durch die mit Pavillonbauten besetzten Ausbuchtungen gestreckt, so dass der Grundriss eine leichte Kreuzform zeigt. Die Außenmaße betragen etwa 170 x 240 m. Die Ecken der Langseiten sind durch vier zweigeschossige, rechteckige Saalbauten akzentuiert: an der Wallseite der **Französische Pavillon** und der **Mathematisch-Physikalische Salon,** an der Stadtseite der **Deutsche Pavillon** und der **Naturwissenschaftliche Pavillon** (Porzellansammlung).

Die Mitte der eingeschossigen Langgalerien über 36 Achsen entlang dem Zwingergraben wird vom prächtigen, vollendet proportionierten **Kronentor** markiert, einer Kombination aus Torturm und antikem Triumphbogen, reich ausgestaltet mit Säulen, Pilastern und plastischem Figurenschmuck auf der Attika, gekrönt von einer kupferbeschlagenen Turmzwiebel mit vier vergoldeten polnischen Adlern (auch eine Anspielung auf den deutschen Reichsadler ist denkbar) und Königskrone. In den Nischen symbolisieren lebensgroße Figuren von Vulkan und Bacchus (Grabenseite) und Pomona und Ceres (Hofseite) die vier Jahreszeiten, Arbeiten von Balthasar Permoser, Johann Joachim Kretzschmar und Paul Egell.

Pöppelmanns künstlerische Kraft erreicht mit dem **Wallpavillon** ihren Höhepunkt. Wieder ist es die staunenerregende Fülle, das Festliche, ja Rauschhafte, die rhythmisch gebändigte Verschmelzung von Architektur und Plastik, die überwältigt. Zum Wallpavillon schreibt Fritz Löffler (1955): »Es ist ein ovaler Festsaal, zu dem eine geschwungene Treppe führt. Der Baukörper ist anscheinend in völlige Auflösung geraten, die Mauermasse plastisch gebogen, alle Horizontalen sind gesprengt, und die Architektur bewegt sich sichtlich aufwärts zu dem die Welt tragenden Hercules, der den Pavillon bekrönt und den gesamten Zwinger überragt, eine Darstellung des sächsischen Augustus als Hercules Saxonicus. Wie ein kostbares Rankenwerk umzieht die Plastik Permosers und seiner Mitarbeiter den Bau, in dem Architektur und Bildwerke sich zu einer Einheit zusammenschließen.« Unbändige Lebensfreude und archaische Kraft verströmen die in Gruppen angeordneten Satyrhermen Balthasar Permosers an den Pilastern.

Eine besondere Überraschung erwartet den Besucher rechter Hand etwas versteckt hinter dem Wallpavillon: das **Nymphenbad,** ein festlicher Salon unter freiem Himmel, in dem sich Architektur, Plastik und Wasserkünste glücklich vereinen. Eine doppelläufige Treppe führt vom Wall ins Parterre und umschließt eine Grottenanlage mit fantastischen Tritonen und Delphinen, erfrischenden Kaskaden und Fontänen. Das Wasserbecken mit einer Fontäne in der Mitte wird von rahmenden Wänden gefasst, die Nischen sind von reizvoll-sinnlichen Nymphenfiguren intim belebt. Die »Nymphe, die vom Bade kommt«, die »Nymphe, die zum Bade geht« und die »Nymphe mit der Muschel« sind originale Arbeiten Permosers. Weitere Plastiken aus der Zeit des Barock stammen von Benjamin Thomae, Johann Christian Kirchner und Paul Egell. Die Nymphen der Nordseite sind Arbeiten von Georg Wrba aus den 1920er Jahren.

Das Pendant zum Wallpavillon ist der in einfacheren Formen ausgeführte **Glockenspielpavillon** an der Stadtseite. Die Glockenspielanlage aus Meißner Porzellan wurde 1926–36 eingebaut.

Sempers zweistöckiger, wuchtiger **Galeriebau** im Stil der italienischen Hochrenaissance schließt die vierte Seite des Zwingers, einfühlsam auf die Architektur Pöppelmanns eingehend. Mit der durch Säulen gegliederten Portalfront mit dreitorigem Triumphbogen, Rotunde und abschließender Kuppel antwortet der Baumeister gekonnt auf das genau gegenüber liegende Kronentor. Der Galeriebau beherbergt heute die berühmte **Gemäldegalerie Alte Meister** sowie die Rüstkammer. Ein Gang über die Zwingerbalustraden gibt noch einmal einen schönen Einblick in die Gesamtanlage. In Luftbildaufnahmen überschaut man den Zwinger in seiner Gediegenheit und Klarheit und auch in seiner Größe im Raumgefüge der heutigen Großstadt.

Öffnungszeiten:
Der Zwinger ist ganzjährig zugänglich (über vier Eingänge)

Gemäldegalerie Alte Meister, Rüstkammer, Mathematisch-Physikalischer Salon, Porzellansammlung: Di–So 10–18 Uhr

Tourist-Info Dresden:
Prager Straße und Schinkelwache Theaterplatz
Tel. 03 51/49 19 21 00
www.dresden-tourist.de

Kloster Eberbach

Die Welt der Zisterzienser

Romanisches Zisterzienserkloster mit großer Tradition

Erbaut: 1145–1200 (Kirche)

Besonders sehenswert:
- ☆ *Gotische Kreuzgangflügel*
- ☆ *Kapitelsaal*
- ☆ *Schlafsaal der Mönche*
- ☆ *Grabmäler in der Kirche*

Rheingau auf Weinbau zu reimen hat etwas von Kalauer. Doch Kloster Eberbach blieb trotz seiner wechselvollen Geschichte stets mit dem Weinbau verbunden. In einem Bachtal am Rand der Rheingauberge gelegen, hat Eberbach die Waldkulisse im Rücken und die Rebhänge als Landschaftsrahmen – ein Ort von ganz eigener Schönheit, wo Natur und Menschenwerk aufs glücklichste zusammentreffen.

Zwei Versuche waren fehlgeschlagen, am Kisselbach eine Niederlassung zu gründen. Dann kamen 1136 die Zisterzienser. Sechs Jahre später wirkten hier schon über 60 Mönche – aber selbst dies kraftvoll begonnene Klosterleben schien gefährdet. Die Kirchenspaltung nach der Zwei-Päpste-Wahl 1159 ging auch durch den Eberbacher Konvent, 1166 zog es dessen zweiten Abt romwärts, keineswegs als frommen Pilger, sondern als Flüchtling. Doch bald stabilisierten sich die Verhältnisse wieder, Eberbach nahm an der dynamischen Entwicklung des Ordens teil. Die Mainzer Erzbischöfe stärkten der Abtei den Rücken, später wählten die Grafen von Katzenelnbogen sie als Erbbegräbnis. Ihren großen Besitz im Umland verwalteten die Zisterzienser sehr effektiv, auch wirtschaftlich blühte das Kloster.

Sein Reichtum stach ins Auge, im Bauern- und im Dreißigjährigen Krieg wurde das Kloster geplündert, erst gegen Ende des 17. Jahrhunderts erstarkte es wieder. Die Säkularisation 1803 hatte einen erheblichen Raubbau an der Substanz zur Folge, Eberbach diente bis 1849 als Irrenanstalt, dann bis 1912 als Gefängnis. 1926 setzten die Bemühungen ein, dieses großartige Ensemble zu retten, seit 1983 wird es generalsaniert. Heute lässt sich der Genius Loci wieder erahnen, die Konzerte in der **Kirche** haben einen Ruf weit über die Region hinaus.

Etwa 1145 wurde der Bau im Osten begonnen, sein gerader Chorschluss kennzeichnet die frühen Kirchenbauten des Ordens. Um 1160 allerdings verhinderte die Kirchenspaltung für ein Jahrzehnt jeden Baufortschitt. Als die Arbeiten wieder vorangingen, hatte es einen Planwechsel gegeben. Die Ansätze der Gurtbögen sprechen noch für ein Tonnengewölbe in der burgundischen Tradition, ihr entsprechen auch die ursprünglich niedrigeren Querhausarme. Jetzt aber folgt die Architektur den Vorgaben der rhein-maasländischen Romanik. Das Langhaus erhält ein Kreuzgratgewölbe und wird im Gebundenen System errichtet, einem quadratischen Mittelschiffjoch entsprechen also zwei in den Seitenschiffen. Allerdings ging die neue Konzeption im alten Grundriss nicht ganz auf, denn im Langhaus zählen wir lediglich fünfeinhalb Doppeljoche, das halbe im Westen ist ein augenfälliger Kompromiss. Einen Kompromiss erzwingt ebenfalls die Er-

Dormitorium der Mönche im Zisterzienserkloster Eberbach

höhung der Querhausarme. Sie schafft zwar oberhalb der Kapellen Platz für zwei Räume, doch wirken die Öffnungen zu den Anbauten nun recht gedrungen. Insgesamt aber beeindruckt das Gotteshaus durch seine ebenso knappe wie prägnante Architektursprache.

Nachdem der Mainzer Erzbischof den Bau 1186 geweiht hat, erhält sein Südeingang um 1200 noch eine Vorhalle. Sie wird allerdings in der Gotik durch die Anlage einer Kapellenreihe fast »geschluckt«, deren reiche Maßwerkfenster und neun Querdächer offenbar die Situation am Haupteingang des Klosters aufwerten sollten. Von späteren Veränderungen zeugen nur der Dachreiter (17. Jh.) und wenige Stuckaturen des 18. Jahrhunderts in den Kapellen der Südseite.

Stets wird die programmatische Schlichtheit der Zisterzienserkirchen betont, ohne dass sie für die gähnende Leere des Eberbacher Gotteshauses verantwortlich wäre: Nach Augenzeugenberichten besaß es eine äußerst prächtige Ausstattung. Doch nur etliche Grabmäler haben den Wechsel der Moden, den Dreißigjährigen Krieg und die Säkularisation überstanden. Hier gibt es wahre Meisterwerke der Bildhauerkunst zu bewundern, allen voran im Chor das so genannte Hochgrab der beiden Mainzer Erzbischöfe Gerlach und Adolf II. aus dem Hause Nassau. Die heutige Präsentation geht auf das Jahr 1707 zurück, als die Steine der beiden Kirchenfürsten im Doppelepitaph

Unter den sieben Grabmälern der Katzenelnbogener Grafen im Querschiff ragen die Eberhards I. (gest. 1311) und Johanns II. (gest. 1357) hervor, aber die eindruckvollste Arbeit ist doch der Gedenkstein für Wigand von Hynsperg (gest. 1511), den Hans Backoffen geschaffen hat.

vereinigt wurden. Denn zwischen ihren Todesjahren (Gerlach 1371, Adolf II. 1475) liegen gut hundert Jahre. Das ehemalige Wandnischengrab Gerlachs ist mit der virtuosen Rahmenarchitektur und dem Baldachin eine Schöpfung ganz im Geist der hohen Gotik, die ideal aufgefasste, erdenferne Gestalt Gerlachs grenzt sich gegen den robusten Realismus des jüngeren Bildwerks scharf ab.

Wunschbild eines Klosters

Nur: Eberbach, das ist nicht allein die Kirche, sondern ein ganzes Klosterensemble, das eine fünf Meter hohe, noch großenteils ursprüngliche Ringmauer umschließt. Dank der Authentizität ihres Erscheinungsbilds wurde die Abtei Drehort im Film »Der Name der Rose«. Vom gotischen Kreuzgang blieben allerdings nur der nördliche und der westliche Flügel erhalten. Vor dem nördlichen liegt das spätromanische **Lavabo,** zu ihm führt noch der ursprüngliche Rundbogen, während das zugehörige Brunnenhaus abgebrochen wurde. An das Querhaus der Kirche stößt der Klausur-Ostflügel mit seinem grandiosen **Kapitelsaal.** Etwa 1354 wurde der ursprünglich romanische Raum umgebaut, damals erhielt er das wundervolle Sterngewölbe über der achteckigen Mittelsäule. Daran schließt die immer wieder verlängerte Fraternei an; ihr Obergeschoss nimmt der nicht weniger als 73 m lange **Mönchsschlaafsaal** fast ganz ein. Auch dieser um 1270 entstandene Raum ist zweischiffig, seine tief herabgezogenen Kreuzrippengewölbe erlaubten nur kurze Säulen.

Am entgegengesetzten Ende der Anlage, schon jenseits des überbauten Wisselbachs und ursprünglich außerhalb des Klosterbereichs, liegt das ehemalige Hospital. Es entstand um 1220 als letztes Gebäude, und sein Inneres lässt schon gotische Leichtigkeit, ja Eleganz ahnen.

Für die pittoreske Note im **Kreuzgang** sorgt das Rot-Weiß des Fachwerks, mit dem um 1500 der nördliche und der westliche Flügel aufgestockt wurden. Im Norden liegt der barock umgestaltete **Speisesaal** mit seiner schönen Stuckdecke, daneben folglich die ehemalige Küche. Sie wurde zwar 1720 erneuert, aber für diesen Arbeitsraum tat man eben nur das Nötigste, so dass hier die romanischen Formen erhalten blieben. Über dem Westflügel des Kreuzgangs entstand um 1500 der Bibliothekssaal; nur seine Ausmaße eine Vorstellung von der Größe des einst hier untergebrachten Bücherschatzes.

Eine schmale Gasse trennt den zweigeschossigen Bau der Laienbrüder vom Klausurbereich. Schon im 15. Jahrhundert hatte das Kloster allerdings nur noch so wenige Konversen, dass dieses stattliche 93 m lange Gebäude ganz verschieden genutzt wurde.

Auch die weitere Umgebung trägt noch die Züge einer alten Klosterlandschaft, das gilt auch für die Domäne Neuhof am Steinberg, einer traditionellen Eberbacher Lage. Hierhin zieht es die hessischen Staatsweingüter mit ihren Kellereien, ein geplanter Golfplatz würde ebenfalls ins historische Raumgefüge eingreifen. So weckt Eberbach noch heute Begehrlichkeiten.

Öffnungszeiten:
Okt.–März tgl. 11–17, April–Okt. tgl. 10–18 Uhr

www.klostereberbach.de
www.weingut-kloster-eberbach.de

Burg Eltz

Die Bilderbuchburg

Zwei Wege führen zur Burg Eltz: entweder von der Mosel die Elz hinauf oder von der weiten, hoch gelegenen Ebene des Maifelds in das enge, tief eingeschnittene Tal hinab. Dabei hat es gewiss seinen Reiz, angesichts einer Burg einmal nicht den Kopf in den Nacken zu legen, sondern auf sie hinunterzuschauen, besonders auf eine Burg wie Eltz. Das Flüsschen umläuft hier einen lang gestreckten, schmalen Felsen, der wenig Platz für eine Wehranlage lässt. Im Sommer macht schon der enge Laubwaldrahmen anschaulich, wie entschlossen das Bauwerk gegen die natürlichen Gegebenheiten durchgesetzt werden musste.

Wohl schon 1157 ist Eltz ein Reichslehen im Besitz des gleichnamigen Geschlechts, das sich gut ein Jahrhundert später in drei Linien teilt: die vom Goldenen und die vom Silbernen Löwen sowie die von den Büffelhörnern. Und alle bauten sie auf dem hiesigen Felsrücken. Eine solche Wohngemeinschaft war nicht Ungewöhnliches, sie heißt allgemein »Ganerbenburg«. Das Wort kommt vom althochdeutschen *ganervo*, es bezeichnet jemanden, der sich mit anderen ein nur gemeinsam nutzbares Erbe teilt.

Eine der am besten erhaltenen Burgen Deutschlands

Erbaut: 12.–17. Jh., restauriert im 19. Jh.

Besonders sehenswert:
- ☆ *Kamin in den Kempenicher Häusern*
- ☆ *Spätgotisches Netzgewölbe im Fahnensaal (Haus Groß-Lodendorf)*
- ☆ *Burgkapelle*
- ☆ *Rübenacher Schlafgemach*

Der Drang in die Höhe

Bei solcher Nutzung eines kleinen Grundstücks blieb von vornherein nur die dritte Dimension, um Platz zu gewinnen. So passten sich selbst die zwischen 1604 und 1661 errichteten Kempenicher Häuser dem Erscheinungsbild einer Burg an, obgleich der Adel andernorts schon die komfortableren Schlösser favorisierte. Über Jahrhunderte wuchs ein Gebäudekomplex in die Höhe, dessen Staffelung einzelner Häuser, Türme, Türmchen und Erker seinesgleichen sucht.

Natürlich erlebte auch diese Burg ihre Krisenzeiten. Als entschlossener Widersacher erwies sich Balduin, der äußerst machtbewusste Fürstbischof von Trier (gest. 1354). Dieser Luxemburger kehrte den Landesherrn besonders provokant heraus, dagegen begehrten die Adligen seines Territoriums auf, unter anderen auch die Herren von Eltz. Etwas weiter flussaufwärts ließ Balduin eine Wehranlage errichten. Sie ist schon lange Ruine, aber ihr Name »Trutzeltz« hält noch heute ihren Zweck gegenwärtig. Zwar konnten die Truppen des Landesherrn Eltz nie einnehmen, wohl aber die Besatzung aushungern. Die Eltzer verloren die Reichsunmittelbarkeit und mussten ihre Burg vom Fürstbischof zu Lehen nehmen. Übrigens konnte ihnen nur der Kaiser selbst den Status aberkennen. Doch der hieß damals Karl IV., ein Neffe Bal-

Burg Eltz

duins und seinem Onkel in vielem verpflichtet. Eine gewisse ausgleichende Gerechtigkeit lag immerhin darin, dass mit Jakob zu Eltz 1567 einer der Ihren Fürstbischof von Trier wurde.

Schlug die Sippschaft von Fürstbischof und Kaiser für die Eltzer unglücklich aus, kam ihnen eine andere Verwandtschaftsbeziehung sehr zustatten. Als Ludwig XIV. 1689 seinen Versuch gescheitert sah, die Grenze Frankreichs an den Rhein vorzuschieben, ließ er beim Rückzug seiner Truppen fast alles zerstören, was irgendwie nach Wehranlage aussah. Auch Eltz wäre wohl gesprengt worden, hätte nicht ein Johann Anton von Eltz-Üttingen im Heer des Sonnenkönigs gedient. Er konnte die Entfestigung verhindern.

Gegen Ende des 18. Jahrhunderts begann dann ein Familienmitglied die Verhältnisse zu ordnen. Graf Hugo-Philipp zu Eltz-Kempenich ließ ab 1791 zunächst das Innere wieder herrichten und vereinigte 1815 ganz Eltz in der Hand seines Zweiges. Immer wieder restauriert, blieb die Burg bis heute im Besitz dieser Familie.

Das imposanteste Bild bietet sich wohl doch vom Innenhof der Anlage. Dass überhaupt Platz für eine solche Freifläche blieb, ist erstaunlich genug, und dass die sich gar dem Nordhang zu in einer kleinen Terrasse fortsetzt, mutet wie Luxus an. Sonst rücken die Mauermassen dem Besucher sehr nahe; um so einladender wirken die prächtigen Portale, Fensterrahmungen und vorkragende Fachwerkpartien. Sie vermitteln jene Geborgenheit im eigenen Burgenwunschbild, auf die ein Besucher von Eltz Anspruch machen darf.

Die drangvolle Enge gestattete keine ausformulierte Burganlage mit Palas und Bergfried. Aber eine Art Bergfried gibt es vielleicht doch: Auf dem höchsten und hintersten Punkt des Geländes erhebt sich mit

Platteltz der älteste Teil des Ensembles (13. Jh.). Ihr gegenüber liegen mit den **Kempenichern** die jüngsten Häuser der Burg. Hier beeindruckt vor allem der prächtige Kamin des Untersaals, dem im Obersaal ein ebenso standesgemäßer Ofen entspricht. Wärme war in diesen Gemäuern etwas besonders Kostbares, dass ihre Spender besonders reichen Zierrat trugen, versteht sich fast von selbst. Das Haus **Groß-Rodendorf** (1470–1540) beherrscht die Ostseite des Ensembles, an den (erneuerten) vieleckigen Fachwerktürmchen lässt es sich schon von weitem erkennen. Ein markantes Detail ist der bedachte Erker an seiner Außenseite. Wegen der eltztypischen Verschachteltheit bleibt der Hoffront des Hauses nur eine einzige Achse. Die hat, gewissermaßen als Ausgleich, eine Vorhalle erhalten, auch sie stützt einen Erker. Und der Fahnensaal hat ein wunderschönes spätgotisches Netzgewölbe.

Spätgotisch auch das reiche Maßwerk in den Fenstern der **Kapelle,** die wohl 1327 neu aufgeführt wurde. Fast erübrigt sich der Hinweis, dass ihr Chor als Erker hervortritt: schließlich sind solche auskragenden Bauteile ein probates Mittel gegen die Raumnot.

Der Altaraufsatz in der Kapelle datiert aus der Zeit um 1500. Die Heiligen der gemalten Flügel (Gereon, Margaretha, Gertrud von Nivelles) flankieren das auch künstlerische Zentrum dieses Triptychons: eine vorzügliche Plastik der hl. Anna selbdritt, die wohl am Mittelrhein entstanden ist.

Zwischen Burgeingang und Terrasse liegt das 1472 vollendete **Haus Rübenach.** Es prägt das Gesamtbild von Eltz vielleicht am stärksten. Zwischen dem steinsichtigen Mauerwerk und dem Dach zieht sich ein schmales, weiß verputztes Geschoss, das mit einem Rundbogenfries vorkragt. Zur Feldseite wie zum Hof hin sitzen ihm je drei Türmchen auf, rund nach außen, vieleckig und in Fachwerk ausgeführt nach innen. Ein Erkervorbau auf zwei derben Basaltsäulen liegt vor dem Eingang, das Geschoss darüber ziert abermals ein Kapellenvorbau, der mit einem Drei-Sechstel-Schluss vor das Mauerwerk tritt und auf sehr fein gearbeiteten Konsolen ruht. Das Haus Rübenach birgt außerdem die schönsten Räume der Anlage. Das Schlafgemach hat seinen Namen nach dem Stufenbett vom Anfang des 16. Jahrhunderts, geradezu schwelgerisch wuchern (stark restaurierte) florale Muster über die Wände, die Balkendecke trägt schlichtere Blattornamente. Auch dieses Zimmer hat einen Kapellenerker, auch er freskiert, und seine Fenster schmückt noch die ursprüngliche Glasmalerei des späten Mittelalters.

Im Untersaal blieb die eindrucksvolle Holzdecke aus der Erbauungszeit erhalten. Hier fand die Eltzer Gemäldesammlung ihren angemessenen Platz; Prunkstück ist eine Madonna mit Kind von Lucas Cranach d. Ä. Die gewölbten Kellerräume schließlich wurden als Schatzkammer hergerichtet. Heiliges und Unheiliges führten hier eine friedliche Koexistenz, die Vielfalt der ausgestellten Kleinode grenzt ans Unüberschaubare. Um so handfester vermittelt der Kellerboden, wie überschaubar der Berggrat war, auf dem die ganze Burg Eltz unterkommen musste.

Öffnungszeiten:
Karfreitag–1. Nov. tgl. 9.30–17.30 Uhr, Führung ca. 40 Min. www.burg-eltz.de

Parkplatz:
Waldparkplatz Burg Eltz im Eltzer Wald, Antoniuskapelle, von dort zu Fuß oder per Pendelbus zur Burg.

Dom und St. Severi

Das Wahrzeichen der Stadt

Einmalige gotische Baugruppe auf dem Domberg

Erbaut:
Dom: 1349–1465
St. Severi: 1276–1360

Besonders sehenswert:
Im Dom:
- ☆ *Hoher Chor mit Glasmalereien*
- ☆ *Triangel*
- ☆ *Erfurter Wolfram*
- ☆ *Taufstein mit Taufgehäuse*
- ☆ *Triptychon-Altar mit »Einhornjagd«*
- ☆ *Sakramentshaus*

In St. Severi:
- ☆ *Hochaltar*
- ☆ *Sarkophag des hl. Severus*
- ☆ *Tafelgemälde »Mystische Einhornjagd«*
- ☆ *Hochrelief Erzengel Michael*
- ☆ *Orgelprospekt*
- ☆ *Taufstein mit Taufgehäuse*

Die monumentale Baugruppe von Dom und St. Severi gehört zu den bedeutendsten Schöpfungen mittelalterlicher Stadtbaukunst. Geradezu erhaben öffnen sich die beiden dreitürmigen Kirchenbauten nach Osten zur Stadt. Der elegant gestreckte Chor des Domes ist wie schwebend über die Kavaten (Stützbauten) vorgezogen, das Triangel vermittelt zur großartigen Schaufront von St. Severi mit den drei spitzen Turmhelmen. In der Kombination mit der breiten, sich nach oben verjüngenden Freitreppe präsentiert sich hier ein edles Bauensemble von wunderbar einheitlicher Gesamtwirkung.

Dom St. Marien

Der hl. Bonifatius veranlasste wohl im Jahre 724 den Bau einer ersten Kirche auf dem Untersberg. Mitte des 12. Jahrhunderts wurde eine romanische Basilika erbaut. Anfang des 14. Jahrhunderts wurde der Hügel durch gewaltige Fundamente und Stützmauern vergrößert, Mitte des 14. Jahrhunderts der Neubau des Hohen Chores begonnen. Chor und Krypta waren um 1370 vollendet. 1455 wurde nach dem Abriss des alten Langhauses mit dem Bau des spätgotischen Hallenlanghauses begonnen.

Der Chor in schönen Proportionen mit langen Maßwerkfenstern erhebt sich auf der Plattform über den 15 m hohen Substruktionen, Strebepfeiler mit Fialen strecken ihn zusätzlich. Dahinter tritt die Turmgruppe mit spätgotischem Mittelturm und den beiden Flankentürmen hervor; ihre heutige Form erhielten die Türme erst Mitte des 19. Jahrhunderts. Durch die dreieckige Form des **Triangels,** eines doppelstöckigen Portalvorbaus, konnten zwei repräsentative Portale mit skulpturalem Bildprogramm gestaltet werden: Im Gewände zur Stadtseite sind es die Zwölf Apostel sowie Maria mit dem Kind am Türpfeiler, das westliche Portal zeigt das Gleichnis von den Klugen und den Törichten Jungfrauen und im Tympanon Christus als Weltenrichter. An der Spitze zwischen den beiden Portalen steht erhöht der hl. Bonifatius, der Gründer des Domes, zwischen seinen beiden Gefährten Adolar und Eoban, die mit ihm den Märtyrertod erlitten.

Im **Hohen Chor** finden wir auf dreizehn vierbahnigen, 18 m hohen, Fenstern einen sehr bedeutenden Bestand an mittelalterlicher Glasmalerei (spätes 14. bis frühes 15. Jh.) in meist ursprünglicher Anordnung (Schöpfungsgeschichte, Leben der Patriarchen Abraham, Isaak und Jakob, Passion, Apostelfolge, Eustachiuslegende, hl. Bonifatius). Wesentlich bestimmt wird der Raumeindruck des 26 m hohen

Erfurt, Dom und St. Severi-Kirche

Chorraumes, erbaut von Johann Andreas Gröber, vom prachtvollen barocken **Hochaltar** (1697), der fast die gesamte Breite des Raumes füllt. In einen zweigeschossigen Aufbau sind zwölf überlebensgroße Figuren gestellt (Heilige, Märtyrer, Evangelisten), das untere Altargemälde zeigt die Anbetung der Heiligen Drei Könige von Jakob Samuel Beck (Mitte 18. Jh.), das obere die Gottesmutter als Schutzmantelmadonna (Robert Sandrock, 1950). Das reich gestaltete mittelalterliche **Chorgestühl** (um 1360) gehört zu den bedeutendsten in Deutschland. An der Nordwand des Chorhalses finden wir eine Relieffigur des hl. Bonifatius (um 1480), gegenüber eine romanische Muttergottes auf einem Thron in einem bogenförmigen Stuckrelief mit Christus, Bischöfen und Heiligen.

Die Seitenschiffe sind breiter als das Mittelschiff, ein ganz ungewöhnlicher Fall. Die Langhauspfeiler tragen Tafelgemälde auf Holz (Anfang 16. Jh.), die halbrund um die Pfeiler gebogen sind (Hostienmühle, Stammbaum Mariens, Messe des hl. Gregor, Himmelfahrt und Krönung Mariens, Kreuzigung, Anbetung der Heiligen Drei Könige, Predigt Johannes' des Täufers, Gnadenstuhl). Im südlichen Querhaus (Heilig-Blut-Kapelle) steht die bronzene romanische Leuchterfigur des **Wolfram,** um 1160, eine der sehr frühen Ganzfiguren im deutschen Raum. Dahinter hängt ein großes Sakramentshaus mit reichem

»Streng frontal ausgerichtet, die beiden kerzentragenden Hände in identischer Armbewegung seitlich erhoben, die klar gewölbten Flächen von sparsamen Faltenzügen gegliedert: die innere Architektonik der Gestalt entspricht der Monumentalität von Architekturplastik.«
Fritz Baumgart 1957 über die Figur des Wolfram

Im Mittelturm hängt die berühmte »Gloriosa«, ein Schwergewicht von zwölf Tonnen. Die zwei Meter hohe Glocke wurde in der Nacht vom 7. zum 8. Juli 1497 von Meister Gerhardus Wou de Campis gegossen und gehört weltweit zu den größten frei schwingenden Glocken.

Bildprogramm (Sandstein, Ende 16. Jh.), rechts ein ungewöhnliches Heiliges Grab (1450–60). In einer Truhe liegt die hölzerne Figur Christi, vorn schlafende Grabwächter, auf der Deckelinnenseite Maria und Johannes der Evangelist und die drei Marien mit Salbgefäßen. Es folgen eine Grabtumba mit dem Relief des Grafen von Gleichen mit zwei Ehefrauen, darüber das riesige Wandgemälde mit der Darstellung des hl. Christophorus (Ende 15. Jh.). Im nördlichen Seitenschiff steht der **Taufstein** (1587) von Hans Friedemann d. Ä., darüber das bis ins Gewölbe reichende Taufgehäuse von Hieronymus Preußer. Über einem Sockel mit sechs Säulen und Baldachin erhebt sich ein schlanker Obelisk, an dessen Spitze Gottvater in den Wolken dargestellt ist. Das Altargemälde des barocken Altars stellt die mystische Verlobung der hl. Katharina von Alexandrien dar, ein Werk von Lucas Cranach d. Ä. An der Ostwand des nördlichen Querhauses finden wir ein spätgotisches Altartriptychon mit einer Darstellung der mystischen Einhornjagd.

St. Severi

Im Jahre 1121 wird das St.-Severi-Stift erstmals urkundlich erwähnt. Nach romanischen Vorgängerbauten wurde 1276 mit dem Neubau einer fünfschiffigen gotischen Hallenkirche begonnen, Anfang des 14. Jahrhunderts wurde der Hochaltar geweiht, und bis etwa 1360 waren Langhaus, westliches Querschiff, Marienkapelle und Blasiuskapelle

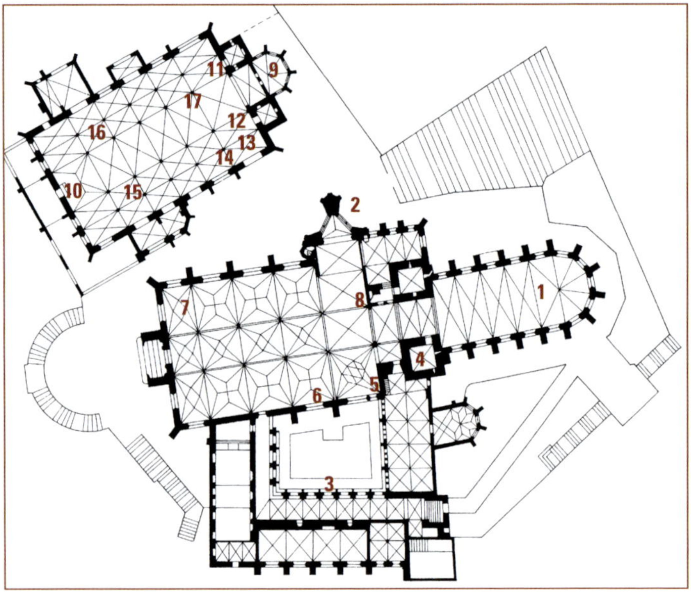

Erfurt, Dom
1 Hoher Chor mit Hochaltar
2 Triangel
3 Kreuzgang
4 Romanische Stuckmadonna
5 Leuchterfigur des Wolfram und Hl. Grab
6 Hl. Christophorus
7 Taufstein mit Taufgehäuse
8 Altartriptychon (mystische Einhornjagd)

St. Severi
9 Barocker Hochaltar
10 Barocker Orgelprospekt
11 Marienaltar
12 Severi-Altar
13 Tafelgemälde (mystische Einhornjagd)
14 Erzengel Michael
15 Severi-Sarkophag
16 Taufe
17 Epitaph-Kanzel

vollendet. Ende des 15. Jahrhunderts werden der wuchtigen Dreiturmgruppe die langen spitzen Turmhelme aufgesetzt.

Ein edler und klarer konstruktiver Raumeindruck empfängt den Besucher in dieser frühen gotischen Hallenkirche. Die schlanken Pfeiler, Arkadenbögen und Kreuzgewölbe sind schlicht gehalten. Von der reichen Ausstattung fällt zuerst der große **Hochaltar** (um 1670) auf, einer der frühesten barocken Altäre in Mitteldeutschland. Der dreigeschossige, festlich gestaltete Altaraufbau besetzt praktisch den gesamten Raum des Chores. Marmorierte Säulen, vergoldete Heiligenfiguren und ornamentales Schnitzwerk gipfeln im auferstandenen Christus mit dem Christusmonogramm als Spitze. Blicken wir in die entgegengesetzte Richtung, fällt der prächtige barocke **Orgelprospekt** (Anfang 18. Jh.) auf. Der spätgotische Marienaltar (um 1510) zeigt vor einem Goldgrund die thronende Muttergottes mit dem Kind, assistiert von der hl. Barbara und der hl. Katharina. Der **Severi-Altar** baut sich aus Altarmensa, Reliquienschrein und der originalen Deckplatte (nach 1360) des Severi-Sarkophags auf. Als Standfiguren in Hochrelief sind der hl. Severus, seine Gemahlin Vincentia und seine Tochter Innocentia dargestellt. An der südlichen Langhauswand folgt ein Tafelgemälde mit der mystischen Einhornjagd aus der zweiten Hälfte des 15. Jahrhunderts, links der Verkündigungsengel Gabriel, in der Mitte im verschlossenen Garten die Jungfrau Maria mit dem Einhorn. Besonders qualitätvoll ist der Erzengel Michael, ein Hochrelief aus Alabaster (1467), das die Seelenrettung und den Sieg über den Teufel in dekorativer Weise darstellt. Ein recht garstiger, kräftiger Teufel wird scheinbar ohne Mühe von Michael besiegt. In der Blasiuskapelle steht ein Flügelaltar (um 1510–20) mit der Darstellung der Muttergottes als Strahlenkranzmadonna.

Eine wertvolle Bildhauerarbeit ist der **Severi-Sarkophag** (um 1365). Auf den Seitenplatten und den Stirnfronten sind die sagenhafte Erwählung des Tuchwebers Severus zum Bischof von Ravenna, seine Inthronisation, Anbetung der Heiligen Drei Könige, die Familie des Severus und eine Madonna mit dem Jesuskind dargestellt. Der Sarkophag ist mit einer Abgusskopie der originalen Deckplatte (am Severi-Altar) versehen. Eine sehr beachtliche künstlerische Steinmetzarbeit ist die Taufe mit dem 15 m hohen Maßwerkbaldachin, der wiederum bis ins Gewölbe reicht (1467). Am nördlichen Pfeiler des östlichen Querschiffes findet man die seltene Form einer Epitaph-Kanzel (ohne Treppe), wohl vom Bildhauer Hans Friedemann d. Ä. geschaffen (gestiftet 1576). Den kastenförmigen Kanzelkorb schmücken Reliefs mit einem Christus in der Rast und der Auferstehung Christi, darüber der Schalldeckel mit Putten mit den Leidenswerkzeugen und als Krönung eine Weltkugel mit dem Gnadenstuhl.

Öffnungszeiten:
Dom St. Marien:
Mai–Okt. Mo–Fr 9–17,
Sa 9–16.30,
So, Fei 13–17 Uhr,
Nov.–Apr. Mo–Sa
10–11.30,12.30–16,
So, Fei 14–16 Uhr

St. Severi:
Mai–Okt. Mo–Fr
9–12.30, 13.30–17 Uhr;
Nov.–Apr. Mo–Fr
10–12.30, 13.30–16 Uhr

Tourist-Info Erfurt:
Benediktplatz 1
Tel. 0361/664 00
www.erfurt-tourist-info.de
www.erfurt-tourismus.de

Zeche Zollverein

Eine industrielle Kulturlandschaft

Herausragende Industriearchitektur des Ruhrbergbaus; UNESCO-Welterbe seit 2001

Erbaut: 1927–32, 1961

Besonders sehenswert:
- ☆ Anlage Schacht XII
- ☆ Kokerei
- ☆ RuhrMuseum
- ☆ Design Zentrum Nordrhein-Westfalen

Kultur machen kann jeder. Aber entkernte Hüllen alter Industriegiganten, Skelette gewaltiger Maschinen als Zeugnisse der eigenen Geschichte wiederzubeleben, sie als bizarre Kulissen in Szene zu setzen – darin ist der Ruhrpott Weltmeister.

Nach dem großen Zechensterben hat sich die schwer getroffene Region in einen neuen Ruhrpott mit einer neuen Identität verwandelt. Mit der Devise »Kultur statt Kohle« und »Werkstatt für die Zukunft« ist der riesige Ballungsraum mit fünf Millionen Menschen zum vitalsten Kulturrevier Europas mutiert.

Zum Symbol, ja, zur Ikone des neuen Ruhrpotts ist das Weltkulturerbe Museum Zollverein in Essen-Katernberg geworden. Die stillgelegte Zeche umfasst drei Großkomplexe: Schachtanlage XII mit Förderturm, Kesselhaus, Lesebandhalle, Schalthäusern und der gigantischen Kohlenwäsche, das Areal um Schacht 1/2/8 mit Maschinenhaus und Waschkaue sowie das Kokereigelände mit technischem Umfeld – insgesamt 16 Hektar Industriearchäologie als neu inszenierter Erlebnisraum.

Im Mittelpunkt steht das Architekturensemble des Förderturms von Schacht XII; ringsum ist das gigantische Zechengelände zur Industrienatur eingewachsen. Zwischen Gleisanlagen und Maschinenhäusern, auf Leerflächen und Abraumhalden sprießt und wächst üppige Natur: Bäume, Büsche, Wiesen. In dreißig Jahren ist der unkontrollierte Wildwuchs zu einer ökologischen Idylle geworden, die nun gepflegt werden will: Auf Zollverein sieht ein Förster nach dem Rechten.

Das ist nur eine Facette der starken und erregenden Kontraste, die das aufgelassene Zechengelände so außergewöhnlich machen. Hier sind die Superlative zu Hause: Zollverein galt als die »schönste Zeche der Welt«, sie war das leistungsstärkste Steinkohlenbergwerk mit der größten Kokerei Europas; ihre herausragende Industriearchitektur auf Schacht XII war zukunftsweisend für alle weiteren Anlagen rund um den Globus. Und weil Zollverein zur Stilllegung am 23. Dezember 1986 auch die besterhaltene Zechenanlage Europas war, hatte man sie eine Woche vorher komplett unter Denkmalschutz gestellt.

Bis zum letzten Tag war Zollverein gesperrtes Gelände; die Familien der Bergleute haben das Zechenareal erst nach der Stilllegung betreten können. Vordem gab es für sie nur kilometerlange, meterhohe Mauern. »Wir sahen die Rußwolken, hörten den Maschinenlärm und hatten beim Schwefelgeruch heimatliche Gefühle.«

»Omma Zollverein«

Angefangen hat alles mit dem Unternehmer Franz Haniel, der 1847 zwischen Äckern und Katen den ersten Schacht abteufen ließ, um hier Steinkohle für seine Hüttenwerke zu fördern. Den Namen »Zollverein« wählte Haniel, weil die wirtschaftliche Zusammenarbeit innerhalb der vielen deutschen Kleinstaaten erst durch die Gründung der Handelsvereinigung in Schwung kam. Zeche Zollverein wuchs rasant, mit einer labyrinthischen Stadt unter Tage, mit technischen Bauten über Tage, mit Werkssiedlungen, Schulen, sozialen Einrichtungen rundum. In den 1920er Jahren – Zollverein hatte vier Schachtanlagen mit insgesamt elf Schächten – wurde der neue **Schacht XII** abgeteuft.

Die »Route der Industriekultur« mit 25 Ankerpunkten verknüpft 6 große Museen, 9 Panoramen der Industrielandschaft und 12 Siedlungen auch als Radwegenetz. www.route-industriekultur.de

In den Jahren 1927–32 schufen die Architekten Martin Kremmer und Fritz Schupp die richtungsweisende Anlage im Stil der Neuen Sachlichkeit. Rund um den Ehrenhof und die **Schachthalle** mit dem **Förderturm** in ungewöhnlicher Doppelbock-Konstruktion entstand ein homogenes Bauensemble mit langen Achsen und weiten Symmetrien. Alle Hallen und Maschinenhäuser wurden in Stahlfachwerkkonstruktion mit Ziegelsteinfassaden ausgeführt und entsprachen in ihrer Funktionalität exakt den Arbeitsabläufen – ein oft kopierter Idealtypus. Zu Bestzeiten wurde hier viermal soviel Kohle gefördert und weiterverarbeitet wie auf anderen Zechen – 12 000 Tonnen täglich. Pro Schicht arbeiteten 2000 Kumpel auf Zeche; die Gesamtbelegschaft kam auf rund 6000. Unweit von Schacht XII ging 1961 die größte **Kokerei** Europas in Betrieb, auf der »schwarzen Seite« mit einer knapp ein Kilometer langen Koksofenbatterie mit 304 Öfen, Kaminen, Mischanlagen, Kohletürmen. Auf der »weißen Seite«, mit

Blick von der Kokerei Zollverein zur Zeche Zollverein XII

Patriarchalischisch geprägtes soziales Engagement und Abhängigkeiten gingen immer zusammen: Über Generationen hin waren Familien- und Werksgeschichte von »Omma Zollverein« miteinander verbunden. Die heute idyllischen Werkssiedlungen mit ihren kleinen Häusern und großen Nutzgärten stehen unter Denkmalschutz und werden noch überwiegend von den Familien der Zollvereiner bewohnt. Besonders schön zum Übernachten: Zimmer oder Pension in den Werkssiedlungen, z. B. im »Vierspänner«, den einstigen Steiger-Häusern. Zollverein Touristik, Tel. 0201/860 5940, www.zollverein-touristik.de

Gasometer, gigantischen Rohrleitungen und Löschtürmen, wurde das angefallene Kokereigas gereinigt und weiterverarbeitet. Erst 1993 wurde die Kokerei stillgelegt, im Jahr 2001 ist der Gesamtkomplex Zollverein zum Weltkulturerbe erklärt worden.

Kunst statt Kohle

Besonders eindrucksvoll ist das alte **Kesselhaus,** das 1996 von Lord Norman Foster für das **Design Zentrum Nordrhein-Westfalen** umgebaut wurde. Da hängen knallfarbige Autokarosserien von turmhohen Gestängen, bunte Sofas, Bestecke und Leuchten haben sich in den Zwischengeschossen als ständige Design-Schau und **Museum** eingerichtet. In weiteren Hallen präsentieren sich internationale Wechselausstellungen oder Werkschauen einzelner Künstler, es gibt jede Menge Film-, Tanz- und Musikstudios,Künstlerateliers, Kreativ-Büros, Restaurant und Bistros, Großkunst-Installationen, Festivals, Vollmond-Führungen und Licht-Inszenierungen.

Der Koloss **Kohlenwäsche** ist eines der Umbauprojekte, die sich mit dem Masterplan des Amsterdamer Stararchitekten Rem Koolhaas verwandeln: Über ein gläsernes Laufband erschließt sich ab 2006 das überregionale **RuhrMuseum** zur Geschichte der Arbeit. Im **Casino Zollverein** wird zwischen Schwerlastsäulen und unter Eisenlüstern »entschlackte Bergarbeiterküche« angeboten.

Über die Hochtrasse der Bandbrücke wandert man zum Gelände von Schacht 1/2/8 und zu den Hallen der einstigen **Waschkaue.** In den weiß gekachelten Sälen hängen unter der Decke noch die Ketten für die »weißen« und die »schwarzen« Arbeitsklamotten der Kumpel. Da und dort und überall im Haus: Studios, Probebühnen, Musik und junge Kreative. Gegenüber liegt der **Kunstschacht Zollverein** – weinumrankte weitläufige Ateliers des Künstlers Thomas Rother. Seine Skulpturen im Grüngestrüpp bilden einen pittoresken Kontrast zur Umgebung. Und versteckt hinter einem idyllischen Bauerngarten liegt die **Keramische Werkstatt Margaretenhöhe.** Sie wurde in den 1920er Jahren gegründet, ihre Produkte zeichnen sich durch japanisch inspirierte, vollendete Formen aus.

Die **Kokerei** kann abgesehen von ihren atemberaubenden Dimensionen mit jungen Attraktionen aufwarten: Inmitten der rostigrosa Szenerie liegt poolblau das **Freischwimmbad,** Kunst zum Reinspringen. Im einstigen Salzlager hat der **Palast der Projekte** der weltbekannten Künstler Ilya und Emilia Kabakov eine permanente Heimstatt gefunden. In der begehbaren spiralförmigen Skulptur laden 60 Tableaus zum Träumen und Nachdenken ein: Modelle und Texte über individuelle Aufbrüche und Kollektiverinnerungen – da sind sie hier genau richtig.

Öffnungszeiten:
April–Okt. tgl. 10–19 Uhr, Nov.–März tgl. 10–17 Uhr

Tourist-Info Zeche Zollverein:
Gelsenkirchner Str. 181
Zollverein Schacht XII
Tel. 0201/8303636
www.stiftung-zollverein.de

Kloster Ettal

Der »Himmel der Benediktiner«

Ettal liegt im Ammertal, am Fuße der Alpen, auf etwa 900 m Höhe – kein besonders günstiger Ort für eine Klosterniederlassung. Doch führte durch das Hochtal zwischen Loisach und den Ammergauer Bergen die Handelsstraße Augsburg–Verona, die gar nicht gut genug kontrolliert werden konnte. Vor allem in den unruhigen Zeiten um 1330 mit dem ständigen Streit zwischen Papst und Kaiser. Schon seit sieben Jahren stand Ludwig IV., der Bayer, (1314–47) unter Kirchenbann. So gab es mancherlei Gründe für ihn hier, am südlichsten Punkt des Reiches, ein Kloster zu gründen. Eine Marienstatue aus weißem Marmor war die Einstandsgabe, Ludwig hatte sie aus Pisa mitgebracht.

Barockes Benediktinerkloster mit großartiger Kirche

Gegründet: 1330
Barockisierung: ab 1720

Baumeister:
Enrico Zuccalli
Joseph Schmuzer

Zusammen mit den ersten zwanzig Mönchen zogen im Jahr 1330 auch zwölf Ritter mit ihren Frauen nach Ettal, dennLudwig hatte zusammen mit dem Kloster auch ein Stift für verehelichte Ritter gegründet. Dass ihm dabei die Gralssage als Vorbild diente, ist nicht unwahrscheinlich. Auch die Gestalt der gotischen Klosterkirche, die 1370 ihre Weihe erhielt, deutet auf eine gedankliche Verbindung zum Gralskult und zu den englischen Templer-Rundkirchen (deren Vorbild wiederum der salomonische Tempel in Jerusalem war): ein zwölfeckiger Zentralbau mit hohem Zeltdach und zweigeschossigem Umgang. Eine einzige zentrale Säule nahm die Last im Innern auf, von ihr aus entwickelte sich das Sterngewölbe, an ihr hatte auch das Gnadenbild seinen Platz.

Ob die in der Ritterregel festgelegte Lebensweise – die Ritter sollten einem Meister unterstehen, die Frauen einer Meisterin – tatsächlich verwirklicht wurde, ist zweifelhaft; ohnehin wurde der Ritterkonvent mit dem Tod des Kaisers erst der Zuwendungen beraubt und schließlich aufgelöst.

Aus der Reihe der bescheidenen Landklöster trat Ettal erst zu Beginn des 18. Jahrhunderts hervor, als die Wallfahrt »zu unserer Frau Stifterin« plötzlich beim Hofadel in Mode kam und sogar Kurfürst Maximilian I. und seine Gattin Maria Anna ins Ammertal lockte. Diese dem Kloster plötzlich zugewachsene Bedeutung wartete nur auf den Mann, der ihr Ausdruck verlieh – 1709 trat Abt Placidus II. Seiz auf den Plan. Er gab der Anlage das festlich-barocke Gepräge, das sie bis heute ausstrahlt.

Kaum im Amt, gelingt es ihm, Enrico Zuccalli als Baumeister zu engagieren (s. S. 262). Zuccalli baut Sakristei und Bibliothek, Brauhaus und Theater und blendet der Kirche eine neue, elegant ausschwingende Fassade vor. Doch mitten im großen Werk der Umgestaltung wird das Kloster 1744 von einem verheerenden Brand heimgesucht, der große Teile der Anlage in Schutt und Asche legt. Was für ein Rückschlag! Ob ein Wiederaufbau gelingen würde, schien zunächst fraglich. Doch mit Joseph Schmuzer, dem Wessobrunner Klosterbaumeister, wurde ein Mann gefunden, der den Faden wieder aufnahm. Nach Zuccallis Konzeption, doch mit viel eigener Imagination nahm

Schmuzer die Verwandlung des alten Klosters in eine zeitgemäße, barock-repräsentative Anlage in die Hand und schuf mit der Kirche ein großes Werk des bayerischen Barock. 1762 konnte die – freilich noch nicht vollendete – Kirche geweiht werden. Bis in die 1790er Jahre dauerte es, bis die Ausstattung der Kirche vollendet war, der Südturm stand sogar erst zu Beginn des 20. Jahrhunderts.

Ein weiter, leicht ansteigender Hof bildet den Rahmen für die **Klosterkirche St. Maria** mit der markanten Kuppel. Die zweigeschossige der Fassade wird von Halbsäulen, Fenstern, Blendbögen und Figurennischen gegliedert, im Rückschwung bindet sie elegant die beiden Türme ein. Der kleine Turm mit dem ärmlichen Zeltdach , der rechts hervorlugt, stammt übrigens noch vom mittelalterlichen Bau und hätte eigentlich im Zuge des Neubaus abgerissen werden sollen. 71 m hoch wölbt sich die Kuppel über dem Hauptraum, eine große Laterne bekrönt sie, darauf eine Zwiebel, ein Knauf, ein Kreuz.

Innenraum der Klosterkirche St. Maria in Ettal

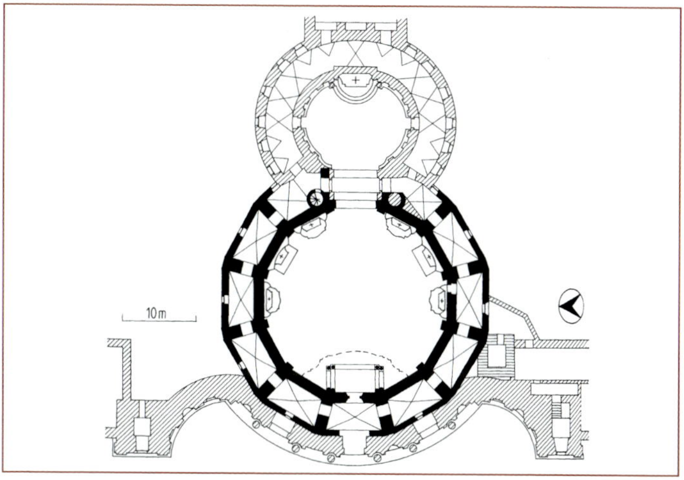

Grundriss der Klosterkirche St. Maria in Ettal

Das innere Portal hat bereits der ersten Kirche gedient. Es führt in einen strahlend hellen Raum in Weiß und Gold, der den Blick sofort nach oben lenkt, wo durch elf große Fenster das Licht hereinströmt (die Seite zum Chorraum hin ist durch ein Gemälde mit der Gründungslegende markiert). Das Zwölfeck der alten gotischen Kirche ist im Innenraum also noch gegenwärtig, wenn es auch durch vorgelegte Pilaster in ein vollkommenes Rund verwandelt ist. In der Kuppel tut sich oberhalb der gemalten Scheinarchitektur der weite Himmel der Benediktiner auf: Eine riesige Schar von Mönchen – mehr als 400 –, angeführt von ihrem Gründer, Benedikt von Nursia, ist hier vereint in der Anbetung der Dreifaltigkeit, auch das Gnadenbild, von einem Engel herbeigebracht, ist zu sehen.

Trotz aller Mühsal und allen Unterbrechungen: Bei der Ausstattung der Kirche ließen sich die Ettaler nicht lumpen. Den Innenraum stuckierten die renommierten Wessobrunner Künstler Johann Georg Übelher und Franz Xaver Schmuzer, Johann Jakob Zeiller (Hauptkuppel, Stiftungsfresko über dem Chorbogen, Altarblatt des Sakramentsaltars) und Martin Knoller (Chorraum, Hochaltarblatt und drei weitere Altarblätter) schufen die Fresken und Gemälde, der Münchner Bildhauer Johann Baptist Straub lieferte die reich mit Draperien, Rocaillen und Putten geschmückten Seitenaltäre.

Der querovale Chorraum atmet nicht mehr den Überschwang des Rokoko, sondern klassizistische Kühle. Am Hochaltar mit Triumphbogenarchitektur entschwebt Maria in den Himmel, auf dem Deckengemälde wird sie dort von ihrem Sohn freudig empfangen. Und ganz klein, in einer Nische des ausladenden Altars, das Gnadenbild, die Madonna mit dem Kind, beide in goldstrotzenden Gewändern.

Öffnungszeiten:
Klosterkirche Ettal
tgl. 8–18 Uhr
www.kloster-ettal.de

Klosterladen:
Im Klosterladen werden Biere aus der Klosterbrauerei sowie hauseigene Kräuterliköre verkauft.

Das Frankfurter Museumsufer

Welt der Kunst – Kunst der Welt

Bedeutende Museen in eindrucksvollen Bauten, alt und neu

Architekten: Richard Meier, Oswald Mathias Ungers, Günter Behnisch

Ein Riesenrad am abendlichen Mainufer vor dem Lichtermeer der Hochhaus-Skyline: In das Rund hineinprojiziert, riesig und farbenfroh, ist je eines der hundert schönsten Kunstwerke aus den Beständen Frankfurter Museen. Die Gemälde sind weithin sichtbar, sie spiegeln sich im Wasser, jeder Spaziergänger kann sie betrachten. Ein beglückendes, publikumsnahes Erlebnis – es war die Krönung des Museumsuferfestes 2005.

Frankfurt ist nicht nur »Mainhattan«, internationales Banken- und Börsenzentrum, nicht nur bedeutende Messestadt: Neben Kaiserdom, Paulskirche (s. S. 149), dem Römerberg und Goethes Geburtshaus sind es vor allem die überaus reichen Museen, die bedeutenden Ausstellungen, an denen sich die Frankfurter und ihre Besucher immer wieder erfreuen. Fünfundzwanzig Museen hat die Stadt zu bieten. Vom historischen Stadtzentrum nördlich des Mains führt ein kurzer Spaziergang über den Eisernen Steg auf die südliche Mainseite, den Schaumainkai, die Museumsmeile. Aufeinanderfolgend ein vielfältiges, in seiner Schönheit bestechendes Ensemble von knapp einem Dutzend großer Museen – eine Welt der Kunst in prachtvollen Villen und strahlenden Bauten von renommierten Architekten. Begleitet wird man vom Main und der Skyline auf dem gegenüber liegenden Ufer. In jedem Haus kann man in den Shops herumschauen und in den Bistros pausieren, auch auf den Terrassen unter freiem Himmel.

Highlights in Fülle – und Idylle

Das **Museum für Angewandte Kunst (mak)** sticht sofort ins Auge: ein kreideweißes Gebäudeareal zwischen Wiesengrün und hohen Bäumen. Locker zusammengefügt sind die alte Villa Metzler (1803) und der elegante luftige Bau des amerikanischen Stararchitekten Richard Meier. Seine Handschrift: weiße Kuben, Kreisformen, Wandscheiben, Dachausschnitte – eine Geometrie der Stille. Dies hier war sein erster Bau in Deutschland; der jüngste entstand für die Sammlung Frieder Burda in Baden-Baden (s. S. 48). Die Sammlungen der angewandten Kunst umspannen 6000 Jahre, Buchkunst und Grafik, islamische Kunst, Handwerkskunst Ostasiens, Mobiliar, Glas und Porzellan Europas vom 12. Jahrhundert bis zur unmittelbaren Gegenwart. Frech und bunt ist die Designkollektion unserer Tage. Die Zeugnisse vergangener Lebensformen, des Alltags von heute bis zu den Visionen der Zukunft sind überzeugend in Szene gesetzt, zwischen überraschenden Blickachsen, weiten Rampen und klug gestalteten Raumabfolgen.

Jährlich am letzten Augustwochenende feiern die Frankfurter Museen ihr Fest: Ein Kulturfestival erster Güte. www.museumsuferfest-frankfurt.de

Museum für Angewandte Kunst, Frankfurt

In einem Ensemble alter verwunschener Stadtpalais bietet das **Museum der Weltkulturen** die Möglichkeit, sich mit fremden Lebensformen, mit Kunst und Künstlern aus Afrika, Ozeanien oder Südamerika bekannt zu machen, Fragen nach Abstammung, Geschlecht, Jugend und Tod in thematischen Bündelungen nachzugehen. Entdeckungsreisen in die Welt des Films hält das **Deutsche Filmmuseum** bereit. Es geht um Vorgeschichte und Geschichte der beweglichen Bilder, künstlerische und technische Aspekte; merkwürdige Gerätschaften, zahllose Memorabilien des Kintopps und berühmter Filmstars sind hier versammelt. Im Mittelpunkt steht das Kino mit einem umfangreichen Programm vom Stummfilm mit Orgelmusik bis hin zu neuesten Schauspieler- und Länderporträts.

Europaweite Ausstrahlung und Bedeutung verbindet sich mit dem DAM, dem **Deutschen Architekturmuseum.** 1979 gegründet, war es das erste Haus seiner Art auf dem Kontinent. Der Architektenstar Oswald Mathias Ungers war für die Innengestaltung der Doppelhausvilla verantwortlich: Er setzte ein »Haus ins Haus«, das, auf Ungerschen Rastermaßen beruhend, karg, streng und dominierend ist. Immer wieder hat es Kontroversen gegeben: zu wenig Raum und Stell-

Literaturtipp:
Werner Spies, ›Duchamp starb in seinem Badezimmer an einem Lachanfall. Von der klassischen Moderne bis zur Gegenwart‹ (Hanser, Edition Akzente). Porträts der großen Künstler des 20. Jahrhunderts und private Geschichten, von einem bedeutenden Kenner ihrer Zeit.

Öffnungszeiten:
Alle Museen liegen am Schaumainkai.
Alle Di–So 10–17, Mi bis 20 Uhr

Museum für Angewandte Kunst mak
www.mak.frankfurt.de

Museum der Weltkulturen
www.mdw.frankfurt.de

Deutsches Filmmuseum
www.deutsches-filmmuseum.de

Deutsches Architekturmuseum DAM
www.dam-online.de

Museum für Kommunikation
www.museumsstiftung.de

Städelsches Kunstinstitut
www.staedelmuseum.de

Liebighaus – Museum alter Plastik
www.liebighaus.de

Haus Giersch – Museum Regionaler Kunst
www.haus-giersch.de

Tourist-Info Frankfurt:
Römerberg 27
Tel. 069/21 23 88 00
www.frankfurt-tourismus.de

flächen, zu viel Luftraum im Zentrum. Die Dauerschau bietet einen lebendigen Überblick über die Bau- und Siedlungsgeschichte des Menschen. Mit großen und kleinen, oftmals brisanten Ausstellungen über Stadtvisionen, Architekten aus Geschichte und Gegenwart macht das DAM auf die Leistungen der Architektenzunft aufmerksam.

Ein paar Schritte weiter in östlicher Richtung liegt das **Museum für Kommunikation.** Die Türen des schönen, freundlichen Hauses vom weltbekannten Architekten Günter Behnisch (zuletzt: Akademie der Künste, Berlin) sind weit geöffnet für Kinder, Junggebliebene und alle Medien- und Computerfreaks. Hier rattert, summt und klingelt es; von der Buschtrommel oder einer alten Poststelle über Telefone und Morsegeräte bis hin zu neuester Datentechnik; Videoterminals, PCs und interaktive Plattformen laden ein, sich aktiv in die globale Kommunikation einzuklinken.

Höhepunkt und Herzstück der Museumsmeile ist das **Städelsche Kunstinstitut.** Hier im Städel sind herausragende europäische Kunstwerke aus 700 Jahren zu Hause. Glanzvolle Gemälde aus unterschiedlichsten Epochen vom frühen 14. Jahrhundert bis zur Gegenwart: Altniederländer, Stephan Lochner, Hans Holbein, Lucas Cranach, Tiepolo, Poussin, Rubens, Rembrandt, Vermeer, Botticelli, auch die Barockmalerei des heimischen Adam Elsheimer, sind im obersten Geschoss versammelt. Das erste Stockwerk ist der Kunst des 19. und 20. Jahrhunderts gewidmet: Caspar David Friedrich, Max Liebermann, Romantiker, Impressionisten, Expressionisten, Renoir, Kirchner, Beckmann. Wunderbar präsentiert sind in Treppenhaus und Rotunde die Arbeiten von Yves Klein, Baselitz oder Bacon. Im Erdgeschoss ist die überaus reiche Grafische Sammlung beheimatet.

Zwischen Städel und dem benachbarten wunderschönen **Liebighaus** herrschen ein reger Austausch und eine innovative Zusammenarbeit. Immer wieder werden Einzelwerke in »Paarungen« zusammengespannt und kontrastiert: Das Liebighaus ist ein weltweit führendes **Museum alter Plastik** – Skulpturen und Friese aus der ägyptischen, griechischen und römischen Antike bis zum Klassizismus entfalten ihre Schönheit in herrlichen Räumen; ein erlesenes Wechselspiel von Licht und Schatten, Formen, Umrissen, Bronze, Marmor, Holz. Im alten Park versteckt: das idyllische Terrassencafé. Das sorgsam restaurierte **Haus Giersch** schließlich, still und fein, widmet sich mit seinen Wechselausstellungen der Kunst und kunsthistorischen Themen aus dem Rhein-Main-Gebiet – ein lebendiges Forum regionalen Kunstschaffens. Hier konzentriert sich die Welt der Kunst auf die direkte Umgebung – unbedingt sehenswert. Dann kann man im Rücken vom Schaumainkai, rund um den Schweizer Platz, ins behagliche Sachsenhausen mit seiner Kneipenlandschaft eintauchen und sich zünftig dem Ebbelwei hingeben.

Die Frankfurter Paulskirche

Demokratie wagen

Ort der ersten Verfassungsgebenden Versammlung von 1848, »Wiege der deutschen Demokratie«

Erbaut: 1786–1833

Nirgendwo wirkt das traditionelle Reiseführer-Ranking so von gestern wie in Frankfurt. An seiner Spitze steht hier wie anderswo der Dom, schon dessen Höhe bleibt selbst hinter den weniger hohen Hochhäusern zurück. Natürlich ließe sich im Fall der Paulskirche ebenfalls herkömmlich beginnen, also mit ihrer Baugeschichte seit den Tagen der Franziskaner, hier Barfüßer genannt. Auch dass diese Andachtsstätte die erste evangelische der freien Reichsstadt wurde, ist nur eine Randnotiz. Eher verdient Erwähnung, dass die Protestanten dem Verfall ihrer Hauptkirche mehr oder weniger getrost zusahen.

Denn mit dem Abriss 1786 setzt doch so etwas wie eine Vorgeschichte ein. Stadtbaumeister Johann Andreas Liebhardt entwarf eine Rotunde über ovalem Grundriss, der im Süden ein Glockenturm vorgesetzt wurde. Nur zögerlich schritt der Bau aus rotem Mainsandstein voran. Längst hatte sein Planer das Zeitliche gesegnet, da erhielt das Gotteshaus 1802 endlich eine Decke. Blieb dann aber geschlagene 27 Jahre sich selbst überlassen, verkam zur Ruine. Erst 1833 war es vollendet, der Glockenturm von einiger klassizistischer Noblesse, der Kirchenraum mit Platz für gut 2000 Gläubige. Pfarrer Anton Kirchner weihte den Bau als Paulskirche.

15 Jahre später qualifizierten der debattiergünstige Zuschnitt und das große Platzangebot die Paulskirche zur Tagungsstätte der »Verfassungsgebenden Deutschen Reichsversammlung«. Frankfurt selbst war immerhin Sitz einer Bundesversammlung, die der Wiener Kongress 1815 als »Rat des Deutschen Bundes« eingesetzt hatte, die aber sicher nichts mit einem Parlament zu tun hatte. Doch dann kam die Märzrevolution des Jahres 1848. Der preußische König hatte vor den Gefallenen der Berliner Barrikadenkämpfe das Haupt entblößt, die Souveräne insgesamt der Volksbewaffnung, Pressefreiheit und eben auch dem Einberufen einer Nationalversammlung zugestimmt.

Zwischen Ende April und Anfang Mai fanden die Wahlen in allen Staaten des Deutschen Bundes statt, außerdem in Ost- und Westpreußen, in Schleswig und einem Teil der Provinz Posen. Frauen waren nicht zugelassen. Und weil Männer nur als Selbstständige Stimmrecht hatten, mussten je nach Staat 5 bis 25 % von ihnen dem Urnengang fernbleiben. Aber nach damaligen Begriffen war dieses Parlament frei gewählt.

Am 18. Mai 1848 kamen Abgeordnete aus allen Staaten des Deutschen Bundes in die Paulskirche. Ein Jahr sollten sie hier, bei verhängter Orgel und Kanzel, tagen. Die Versammlung war Parlament und verfassungsgebendes Organ zugleich. Ihre Mitglieder bildeten die

Die Frankfurter Paulskirche

erste gewählte Vertretung nahezu aller deutschsprachigen Bürger Mitteleuropas – es sollte die einzige bleiben. Aus 598 Wahlkreisen kamen insgesamt 809 Delegierte, die stattliche Anzahl von 211 Parlamentariern rückte im Laufe des einen Jahres nach.

Anfangs ging es recht chaotisch zu. Aber das tat dem Arbeitseifer und -enthusiasmus keinen Abbruch. Als Nachfolgerin des Bundestags kürte die Versammlung zunächst ein Staatsoberhaupt, Reichsverweser genannt, und bestellte Minister. Rasch bildeten sich Fraktionen, rasch standen sich ein (meist bestimmender) rechter und ein linker Flügel gegenüber. In 27 Ausschüssen wurden die Entwürfe zur Reichsverfassung erstellt, am 12. Oktober 1848 und nach weitläufiger Debatte konnten in erster Lesung die Grundrechte verabschiedet werden. Ihre vierzehn Artikel blieben wegweisend bis zum Bonner Grundgesetz.

Aber schon in diesem Oktober war die Existenz dieses Parlaments gefährdet. Zunächst hatten sich die Großstaaten Österreich und Preußen vor dem revolutionären Elan geduckt, doch nun waren sie wieder erstarkt. Noch ermöglichte die Rivalität zwischen beiden die Weiterarbeit, aber schon erwies sich die Frage der Staatsbildung als äußerst heikel. Zunächst favorisierte das Plenum die sogenannte Großdeutsche Lösung, also eine Gemeinschaft aller Deutschen. Das aber hätte eine staatsrechtliche Teilung Österreichs bedeutet, dessen Territorium viele Völker umfasste. Die Reichsverfassung vom 28. März 1849 sah dann die Kleindeutsche Lösung vor, an der Spitze des Staates sollte ein preußischer Kaiser stehen, sein Amt erblich sein. Dieses Deutschland schloss Österreich aus.

Am 3. April 1849 trat eine Abordnung der Nationalversammlung vor Friedrich Wilhelm IV., um ihm die Kaiserkrone anzutragen. Der Monarch schlug das Angebot mit diplomatisch gewählten Worten, aber wohl mit innerlichem Abscheu aus. Denn die Verfassung sah ein konstitutionelle Monarchie vor, sie billigte dem Kaiser lediglich ein aufschiebendes Veto zu. Für einen Regenten »von Gottes Gnaden« war das eine ungeheuerliche Zumutung. So blieb der Versammlung nur, sich im Mai 1849 aufzulösen, das linke Rumpfparlament, nach Stuttgart ausgewichen, wurde wenig später durch den Einsatz von Militär vertrieben. Endgültig hatten die alten Mächte wieder die Oberhand.

Es dauerte noch einige Zeit, bis in der Paulskirche die Vorhänge vor Kanzel und Orgelprospekt wieder verschwanden, doch seit 1852 führte hier nur noch der Pfarrer das Wort. Bei den Bombenangriffen im März 1944 brannte das Gotteshaus völlig aus. Ein Architektenteam unter Leitung von Rudolf Schwarz besorgte den Wiederaufbau. Die Paulskirche erhielt jetzt eine Krypta und statt des Schieferdachs einen Abschluss, der fatale Ähnlichkeit mit einem Deckel hat.

Die Hoffnungen, Frankfurt zur Hauptstadt der neu gegründeten Bundesrepublik Deutschland zu machen, ruhten auch auf dem Symbol Paulskirche. Sie erfüllten sich nicht. Doch seit 1951 wird hier der Friedenspreis des Deutschen Buchhandels verliehen, den zuerst Albert Schweitzer erhielt. Und immer noch steht dieses Bauwerk für einen der größten und gewiss besten Momente der deutschen Geschichte: Hier gab sich die Nation eine Verfassung, und sehr im Unterschied zu 1919 und 1949 gab sie sich diese Verfassung nicht auf äußeren Druck, sondern aus eigenem Antrieb. Das rechtfertigt ein klein wenig Pathos schon.

Das Gremium spiegelte nicht das soziale Profil der Urwähler wider. Anders als in der Bevölkerung gab es hier mehr Protestanten als Katholiken, von den Abgeordneten kamen – nur mühsam unterdrücken wir den Hinweis auf die heutigen Verhältnisse – 57 Prozent aus dem Staatsdienst, die Landwirtschaft war mit gerade einmal 40 Abgeordneten vertreten. Auch strukturelle Unterschiede der Länder werden deutlich, zum Beispiel waren 35 Prozent der altbayerischen, aber nur 5 Prozent der südwestdeutschen Mitglieder adlig, 18 Prozent der altpreußischen, doch nur 3 Prozent der fränkischen Parlamentarier waren Gutsbesitzer.

Öffnungszeiten:
tgl. 10–17 Uhr

Tourist-Info Frankfurt:
Römerberg 27
Tel. 069/212 388 00
www.frankfurt-tourismus.de

Der Freiberger Dom

Schatzkammer aus allen Epochen

Prototyp obersächsischer spätgotischer Hallenkirchen mit bedeutender Ausstattung aus Romanik, Gotik, Renaissance und Barock

Erbaut: 1487–1512

Besonders sehenswert:
- ☆ Romanische Triumphkreuzgruppe
- ☆ Goldene Pforte
- ☆ Tulpenkanzel
- ☆ Kurfürstliche Begräbniskapelle mit Grabmal des Kurfürsten Moritz von Sachsen
- ☆ Große Silbermannorgel

Den Stadtbrand von 1484 überstanden von der romanischen Marienkirche in Freiberg nur der Chor und die Goldene Pforte; beide wurden in den Neubau übernommen. Papst Sixtus IV. erhob im Jahre 1480 die Pfarrkirche zu einer Kollegiatsstiftskirche, und die Weihe zum Dom erfolgte durch den Meißner Bischof Johann V. von Weißbach. Von 1487 bis 1512 erbauten die Brüder Bartholomäus und Johannes Falkenwalt die neue gotische Kirche.

Geschlossen zeigt sich die Westfassade mit den beiden wuchtigen, ungleich hohen Türmen. Vom Untermarkt wird der weit vorspringende Hauptchor als eigenständiger Architekturteil erkennbar. Eigentümliche Stilelemente sind das polygonale Dach in der Art welscher Hauben mit einem Obelisken und Pilaster mit ionischen Kapitellen, die wiederum von kleinen Obelisken mit Kugeln und Fahnen der sächsischen Herrschaftsgebiete bekrönt werden. Licht und weit, mit angenehmen Proportionen, empfängt das **Langhaus** den Besucher, eine dreischiffige netzgewölbte Hallenkirche von sechs Jochen mit umlaufender Empore und gekehlten, in die Seitenschiffe vorspringenden Wandpfeilern. Zehn schlanke Pfeiler, konkav ausgeformt und ohne Kämpfer, betonen die Leichtigkeit der Architektur.

Die Empore schließt im Osten den eingezogenen Chor wie ein Lettner ab, im Westen bildet sie eine geschwungene Tribüne. Sie gilt als die erste große Emporenanlage der sächsischen Spätgotik. Die große **Silbermannorgel** auf der Brüstung der Westempore ist das bedeutendste Werk des sächsischen Orgelbaumeisters Gottfried Silbermann (1683–1753). Er schuf sie von 1711 bis 1714 mit drei Manualen, 44 Registern und 2674 Pfeifen.

Silbermann baute insgesamt 44 Orgeln, von denen 31 erhalten sind, zumeist in den Dorfkirchen der Nachbarorte. Seine letzte große Arbeit war die Orgel in der katholischen Hofkirche in Dresden.

An den Freipfeilern und an den Wandpfeilern links finden wir die Zyklen der Klugen und Törichten Jungfrauen (Lindenholz, um 1515) und der Apostel (um 1505) aus der Werkstatt Philipp Koch.

Die **Bergmannskanzel** ist eines der wenigen Exemplare einer Epitaphkanzel. Je ein Bergmann stützt Treppe und Kanzelkorb. Die Reliefs zeigen einen Passionszyklus. Der Stifter und seine Gemahlin sind als vollplastische Figuren kniend vor dem gekreuzigten Christus dargestellt, auf dem Kanzeldeckel die Auferstehung Jesu Christi.

Tulpenkanzel, Grablege der Wettiner, Goldene Pforte

Die **Tulpenkanzel** ist eine frei stehende, fantastisch gestaltete steinerne Pflanze, die zu den reichsten Schöpfungen der mitteleuropäischen Plastik der späten Gotik zählt. Die beiden großen Themen mittelalterlicher Frömmigkeit, Maria und die Passion Christi, werden in der Tulpenkanzel meisterhaft gestaltet. Diese einmalige Bildhauerarbeit aus hellgrauem Porphyrtuff (um 1505–10) gilt als Werk des Meisters HW (Hans Witten). Der Hauptspross der Pflanze mit aloeartigen Blättern ist durch Einschnürungen dreigeteilt, in der mittleren Ausbuchtung tanzen vier Kinderengel. Der kelchförmige Kanzelkorb ist von einem Rankengeflecht umgeben, vier Büsten der lateinischen Kirchenväter heben sich heraus. Der Schalldeckel in Rosenform trägt die lateinische Schrift: »Gehet hin in alle Welt und predigt das Evangelium aller Kreatur«, darüber erscheint aus einer Blüte die Muttergottes als Strahlenkranzmadonna.

Die barocken **Fürstenlogen** an der Nordwand wurden 1726–28 von Matthäus Daniel Pöppelmann geschaffen. Aus der alten Marienkirche ist im rechten Seitenschiff ein Vesperbild (um 1430/40) von realistischer Intensität überkommen. Im Joch links daneben befindet sich das Knappschaftsgestühl aus dem ersten Drittel des 18. Jahrhunderts. Die fein gearbeitete Skulptur des Christophorus mit dem Christuskind (um 1520) von Philipp Koch besticht durch ihre bewegende Innigkeit.

Die **Triumphkreuzgruppe** zwischen Schiff und Chor, ursprünglich über dem spätromanischen Lettner, entstand um 1220/25. Sie gehört mit den Kreuzigungsgruppen von Halberstadt und Wechselburg zu den Hauptwerken der mitteldeutschen Holzbildplastik des 13. Jahrhunderts. Die überlebensgroßen Figuren von Christus, Maria und Johannes sind von außerordentlicher Klarheit und Würde. Christus (als Dreinageltypus) hängt nicht, sondern steht bzw. schwebt mit leicht angewinkelten Armen und geneigtem Kopf vor dem Kreuz. Maria und Johannes sind in Trauer versunken.

Nach der Einführung der Reformation durch Herzog Heinrich 1539 wurde der Freiberger Dom zur **Grabstätte** der protestantischen Wettiner. Im Vorchor dominiert das große Grabmal für Kurfürst Moritz von Sachsen. Es ist das erste Freigrab der Renaissance in Sachsen. Der prunkvolle, in Marmor und Alabaster gearbeitete Kenotaph ist ein Werk von Antonius van Zerroen. Über dem zweigeschossigen Aufbau tragen Greifen eine Platte, darauf kniet die lebensgroße Figur des Kurfürsten in Rüstung und mit geschultertem Schwert. In der Nordkapelle befinden sich Zinnprunksärge (16./17. Jh.) der wettinischen Herrscher. In der Schwesternkapelle (Südkapelle) ruhen die Mutter und die Tante Augusts des Starken.

Der hohe Chor wurde von Giovanni Maria Nosseni von 1585 bis 1594 zur kurfürstlichen Begräbniskapelle ausgebaut. Die Grablege gilt als das bedeutendste Werk des italienischen Manierismus nördlich der Alpen. Eine dreigeschossige Epitaph-Architektur aus Marmor mit Bronzeplastiken und Skulpturen aus Stuck von Carlo di Ces-

»Die kunstgeschichtliche Bedeutung der Freiberger ›Fürstengruft‹ für das mittlere und nördliche Deutschland kann gar nicht hoch genug eingeschätzt werden. Durch dieses Werk Giovanni Maria Nossenis erhielten hier Architekten, Bildhauer und Maler erstmals einen Begriff von den an der Antike orientierten Idealen architektonischer und körperlich-plastischer ›Ordnungen‹.«
Heinrich Magirius, 1993

Kurfürstliche Begräbniskapelle der Wettiner im Chor des Freiberger Doms

are prägt das konzentrierte Raumgefüge, illusionistisch aufgelöst von einem »offenen Himmel« mit der Wiederkunft Christi.

Die **Goldene Pforte** (um 1230) bildete ehemals das Westportal der romanischen Basilika. Nach 1490 wurde das Portal an die Südseite des neuen gotischen Kirchenbaus versetzt. Seit 1902 gibt ein Vorbau in Jugendstilformen Schutz vor Umwelteinflüssen. Der Meister der Goldenen Pforte verdichtet das ikonographische Programm der französischen Kathedralen, dort zumeist an drei Portalen angeordnet – Jüngstes Gericht, Krönung Mariä und Anbetung der Heiligen Drei Könige –, in ganz eigener Weise auf einem einzigen Skulpturenfeld.

Das Portal hat ein achtstufiges Gewände und skulptierte Archivolten in Halbkreisform über einem leicht spitzwinkligen Tympanon. Abwechselnd führen Gewändefiguren auf Säulchen und ornamentierte Säulen mit Kapitellen zur Portalmitte. Von links außen nach innen stehen der Prophet Daniel, die Königin von Saba, König Salomon und Johannes d. T., von rechts außen nach innen Hohepriester Aaron, Königin Bathseba, König David und der Evangelist Johannes. Im Tympanon thront Maria mit dem Christuskind auf dem Schoß, links die Anbetung der Könige, rechts der Verkündigungsengel Gabriel und Joseph. Die vier Archivolten zeigen von unten nach oben die Krönung Mariä durch Christus, zwölf Apostel und zwei Evangelisten, ein Engel übergibt die Seele eines Gerechten in Abrahams Schoß, die von zwei Engeln gerahmte Taube des Hl. Geistes, in der äußeren Archivolte die Auferstehung der Toten. Im Südwesten umschließen die **Kreuzgangflügel** (1510–14) mit Grabsteinen und Epitaphien, die Annenkapelle mit einem Epitaphaltar (1674) und die von Schönbergsche Grabkapelle den »Grünen Friedhof«.

Öffnungszeiten:
Mo–Fr 9–18,
Jan.–März 9–17,
Sa 9–12 Uhr

Tourist-Info Freiberg:
Burgstraße 1
Tel. 037 31/27 32 66
www.freiberg.de

Das Freiburger Münster

Der Dom als Bürgerkirche

Großartiger Turmhelm, als einziger einer Großkirche noch im Mittelalter vollendet

Erbaut: um 1200–1536

Besonders sehenswert:
- ☆ *Glasmalereien*
- ☆ *Gotische Retabel*
- ☆ *Portalhalle des Turms mit über 400 Figuren*

Selbst heute reichen die begrünten Ausläufer des Südschwarzwalds fast an den Chor dieses Münsters heran. Dennoch liegt Mariä Himmelfahrt »inmitten der Altstadt«, fest verbunden mit dem Gemeinwesen seit je. Der Ort entstand (erst) Ende des 12. Jahrhunderts auf Betreiben der Zähringer, die ganz in der Nähe ihren Stammsitz hatten. Hier, am Ausgang des Dreisamtals zur Rheinebene, kreuzten sich zwei wichtige Handelswege, wirtschaftlich gedeihen konnte Freiburg auch dank des Blei- und Silberbergbaus im Gebirge. Ende des 12. Jahrhunderts kündeten mächtige Stadtmauern von seiner Bedeutung.

Wenig später wurde das alte Gotteshaus durch eines ersetzt, das als Zähringer-Grablege dienen sollte. Doch dann starb das Geschlecht aus, Nachfolger als neue Stadt- und Münsterbauherren wurden die Grafen von Urach, später von Freiburg. Seit Ende des 13. Jahrhunderts aber bestimmten allein Freiburgs Bürger die Geschicke ihrer Stadtkirche, deren Äußeres vier große Bauabschnitte erkennen lässt.

Älteste Teile sind das Querhaus und die unteren Teile der so genannten Hahnentürme, die in den Winkeln zum ersten Chor saßen. Ihre späte Romanik verweist aufs nahe Straßburger Münster, schon damals begann also die Beziehung zwischen den beiden Sakralbauten. Doch 1220/30 kam es zu einem Planwechsel, der zwar eine Abkehr von der Romanik, aber noch keine Orientierung an Straßburg bedeutete. Vielmehr scheinen die zwei östlichen Joche des Freiburger Langhauses der burgundischen Zisterziensergotik verpflichtet, außerdem verraten sie einen noch etwas unsicheren, wenn nicht unbeholfenen Umgang mit dem neuen Stil.

Etwa ab 1260 leitete ein Meister vom Straßburger Münster die hiesige Bauhütte. Kaum mehr Wand-, dafür umso mehr der Fensterfläche, ausziseliertes Strebewerk mit Skulpturen in den Türmchen, die fantastischen Bildwerke der Wasserspeier – all dies zeigt, wie souverän er das Repertoire hochgotischer Baukunst beherrscht. Im Detail beglaubigt das erlesene **Lammportal** an der Südseite seine Meisterschaft.

Neben den vier westlichen Jochen geht auch die vorgestellte Einturm-Schaufront auf Pläne dieses Meisters zurück. Sicher bieten die Doppelturmfassaden der Bischofskirchen bessere Möglichkeiten für einen spektakulären Westabschluss, aber Freiburg muss dahinter nicht zurückstehen. Das gilt besonders für den Achteckaufsatz des Turms, den um 1280 ein weiterer Straßburger Meister über den quadratischen Unterbau setzte. Unbedingt der Gipfel aber ist der wundervolle, durchbrochene Maßwerkhelm, eine wirkliche Apotheose der Gotik, die aller Schwere und Widerständigkeit des Materials zu spotten scheint.

Turmhohes Manifest: Das Freiburger Münster mit dem spektakulären Westabschluss

Und während viele Kathedralen-Doppeltürme Stückwerk blieben, war dieser eine schon um 1320 wirklich vollendet. Er sollte reichsweit zum Vorbild werden. Aber mit der einen großen Tat gaben sich die Freiburger nicht zufrieden: Immer noch besaß ihr Gotteshaus den alten Chor. Er war in einer Bürgerkirche weniger wichtig: Es gab kein Kapitel, dem allein der Hochchor vorbehalten war und dem die Ostpartie des Gotteshauses stets Gelegenheit bot, den Rang der geistlichen Gemeinschaft herauszustellen.

1354 begannen die Arbeiten am Chor, und schon der Grundriss zeugt vom Ehrgeiz des Unternehmens: Der spätgotische Freiburger

Chor schließt an das Querhaus in dessen ganzer Breite an und erreicht fast die Länge des Langhauses! Sein Entwurf geht auf Johannes von Gmünd zurück, Mitglied der berühmten Parler-Familie und mutmaßlich ein Vetter jenes Peter Parler, der gerade in Prag den Veitsdom erbaute. Wie die Kathedrale auf dem Hradschin hat der Freiburger Chor ein Netzgewölbe, einen weiten Umgang und als Abschluss einen Kapellenkranz. Der war allerdings erst 1536 endgültig geflochten, nachdem der Bau seit etwa 1370 für rund 100 Jahre verlassen lag. Der Vollständigkeit halber sei erwähnt, dass der südliche Querhausarm 1620 eine Vorhalle erhielt, die Renaissanceformen zeigt.

Trotz aller politischen Wirren: Die Freiburger haben ihre Kirche fertig gestellt. Und erst als die Stadt Zentrum eines Erzbistums wurde, übernahm ihre Pfarrkirche 1827 den Titel Münster. Seitdem lässt sich sagen: Freiburgs Kathedrale ist die einzige, deren Vollendung noch im Mittelalter gelang. Eine kirchliche Immobilie ist sie übrigens bis heute nicht.

Der Innenraum

Auch im Innern steht das Querhaus für die längste Zeitreise. Hier finden sich die ältesten Glasmalereien (um 1220 und 1250), denen die etwa hundert Jahre jüngeren im Langhaus ebenbürtig zur Seite stehen. Wohlhabende Familien, Zünfte und Gewerke haben sie gestiftet. Die noch jüngeren Fenster der Chorkapellen gehen zum Teil auf Entwürfe des Straßburgers Hans Baldung Grien (1484/85–1545) oder seiner Werkstatt zurück (heute Kopien). Von ihm besitzt die Kirche ebenfalls zwei Retabel, der Aufsatz über dem Hochaltar gehört zu den bedeutendsten Werken der Dürer-Zeit. Grien wird gern als Maler sinnlicher Freuden apostrophiert – bei Sujets wie der Marienkrönung (Mitteltafel) und den dichtgedrängten zwölf Aposteln an den (inneren) Flankenbildern bot sich dazu allerdings weniger Gelegenheit, von der rückwärtigen Kreuzigung ganz zu schweigen. Doch stimmt die freudige Farbigkeit des aufgeklappten Retabels schön zum hellen, lichtdurchfluteten Chor.

Noch mehr in Bann zieht **Portalhalle** des Turms. Gegen Ende des 13. Jahrhunderts geschaffen, Ende des 19. neu farbig gefasst und vor kurzem aufwändig restauriert, verkörpern hier über 400 Figuren den christlichen Kosmos des Mittelalters. Natürlich stehen auch hier Leben und Tod Christi im Mittelpunkt, das heißt im Giebelfeld des Portals. Dabei geht es nicht um die Zurschaustellung eherner Glaubenssätze, sondern um lebendig erzählte Heilsgeschichte. Der Betrachter soll am Geschehen Anteil nehmen, ja von ihm ergriffen werden. Das schließt eine drastische Vergegenwärtigung wie die des Judas ein, dem das Gedärm überanschaulich aus dem Leib hängt, während sich schon ein Teufel seiner Seele bemächtigt hat.

Höhepunkt dieser Portalplastik ist zweifellos die etwa 1300 entstandene Madonna des Portalmittelpfeilers. Das Kind dieser Madonna hält den (heute verschwundenen) Paradiesapfel, auch er ein Hinweis auf den Anfang, dem dank der Erlösertat Christi ein glückliches Ende folgen wird.

Öffnungszeiten:
Mo–Sa 10–17,
So, Fei 13–19.30 Uhr;
Chor und Kapellenkranz: Mitte Juni–Ende Sept. Mo–Sa 10–12, 14.30–17, So, Fei 13–19.30 Uhr;
Turm: Mo–Sa 9.30–17, So, Fei 13–17 Uhr

www.erzbistum-freiburg.de

Tourist-Info Freiburg:
Rotteckring 14
Tel. 07 61/3 88 18 80
www.freiburg.de

Görlitz

Europastadt an der Neiße

Bedeutendes Flächendenkmal mit Bauwerken aus Gotik, Renaissance, Barock und Gründerzeit

Gegründet: 12. Jh.

Besonders sehenswert:
- ☆ *Kaisertrutz*
- ☆ *Rathaus*
- ☆ *Schönhof*
- ☆ *Biblisches Haus*
- ☆ *Haus Neißstraße 30 (Kulturhistorisches Museum)*
- ☆ *Kirche St. Peter und Paul*
- ☆ *Dreifaltigkeitskirche*
- ☆ *Heiliges Grab*

Görlitz ist die östlichste Stadt Deutschlands und Zentrum der niederschlesischen Oberlausitz. 1071 ist der Ort als »villa Gorelic« erstmals urkundlich belegt. Im 12. Jahrhundert existiert eine böhmische Burg, und um 1220 kommen Siedler aus Thüringen, Franken und der Mark Brandenburg. Die Siedlung an der Neiße entwickelt sich rasch am Kreuzungspunkt zweier Handelswege, der »Hohen Straße« *(via regia)* von Thüringen nach Schlesien und Polen und der Nord-Süd-Verbindung von der Ostsee nach Böhmen und Ungarn. Endes des 13. Jahrhunderts wird eine Stadtmauer erbaut, 1303 erhält Görlitz das Stadtrecht. Später kommen Zollfreiheitsrecht, Münzrecht und Stapelrecht für Salz und Waid (Blaufärbemittel für Tuche) sowie Privilegien des Bierbrauens und des Tuchgroßhandels hinzu.

1346 schließen sich die Städte Bautzen, Kamenz, Löbau, Görlitz, Zittau und Lauban zum einflussreichen Lausitzer Sechstädtebund zusammen (er besteht bis zum Wiener Kongress 1815). Der böhmische König und spätere Kaiser Karl IV. stattet das Bündnis mit besonderen Vollmachten aus. Ein florierender Handel bringt Reichtum und Macht, davon zeugen noch die Hallenhäuser am Untermarkt. Nach dem großen Stadtbrand von 1525 baut Stadtbaumeister Wendel Roskopf d. Ä. die Stadt einheitlich in Frührenaissanceformen wieder auf. Nach einem Strafgericht (»Pönfall«) des böhmischen Königs Ferdinand I. 1547 verliert die Stadt für Jahrzehnte ihre Bedeutung, doch Ende des 16. Jahrhunderts ist sie wieder die wichtigste Stadt in der Region. Rückschläge bringt der Dreißigjährige Krieg, Wallensteins Truppen erobern Görlitz. Im Prager Frieden 1635 kommt es zu Kursachsen, 1815 dann zu Preußen. Um 1830 beginnt ein wirtschaftlicher Aufschwung mit dem Waggon- und Maschinenbau, 1847 erhält die Stadt Anschluss an das Eisenbahnnetz. Görlitz wird Industriestadt, die mittelalterliche Stadtbefestigung wird abgetragen (Kaisertrutz, Reichenbacher Turm, Nikolaiturm, Dicker Turm sowie Mauerteile zur Neiße und am Nikolaigraben bleiben erhalten) und gründerzeitliche Wohnviertel entstehen. Die Stadt dehnt sich auch östlich der Neiße aus, um 1900 hat sie etwa 80 000 Einwohner (heute ca. 60 000).

Ein farbiger Stich von Franz Hogenberg, 1535, zeigt die imposante Stadtanlage mit überdachter Neißebrücke, Kirchen und Türmen und der umschließenden Stadtmauer.

Im Zweiten Weltkrieg erleidet Görlitz kaum Zerstörungen, deutsche Truppen sprengen jedoch die Neißebrücken. Nach 1945 wird die Lausitzer Neiße zum Grenzfluss zwischen Deutschland und Polen und die Stadt in das deutsche Görlitz und das polnische Zgorzelec geteilt. Nach der politischen Wende 1989 kann die Altstadt denkmalpflegerisch saniert werden. 2005 haben sich (neben Essen) Görlitz und Zgorelec gemeinsam als Kulturhauptstadt Europas beworben

Der Dicke Turm am Marienplatz, links Annenkapelle, Naturkundemuseum und Kaufhaus Karstadt

Die unter Denkmalschutz stehende Görlitzer Altstadt ist mit rund 3500 Bauwerken, hauptsächlich Bürgerhäusern aus Gotik, Renaissance, Barock, Gründerzeit und Jugendstil, ein bedeutendes Flächendenkmal. Die Anlage der Stadt mit der Platzfolge von Ober- und Untermarkt als Hauptachse vom Reichenbacher Turm am Obermarkt und vom Rathausturm am Untermarkt ist sehr gut überschaubar (Aufstiege empfehlenswert). Rundgänge kann man günstigerweise am Marienplatz oder am Kaisertrutz beginnen und über den Obermarkt in Richtung Neiße gehen oder auch vom Neißeufer unterhalb der Kirche St. Peter und Paul die Gassen hochsteigen.

Ein Stadtrundgang

Der **Kaisertrutz** (1490) am Demianiplatz, ein mächtiges Festungsrondell mit bis zu 4,5 m dicken Mauern, war Teil der Stadtbefestigung und bis Mitte des 19. Jahrhunderts durch Wehrmauern mit dem Reichenbacher Turm verbunden (in beiden Bauten Kulturhistorisches Museum). Der **Reichenbacher Turm** (14. Jh.), ein quadratischer Unterbau mit zylindrischem Aufsatz und barocker Kupferhaube, zeigt zwölf Wappen des Sechstädtebundes und der Länder, denen Görlitz angehörte. Das **Theater** an der Südwestseite des Demianiplatzes wurde Mitte des 19. Jahrhunderts erbaut (Rekonstruktion 2000–02). An der Nordseite des Marienplatzes stehen der **Dicke Turm** (Sandsteinrelief mit Görlitzer Stadtwappen), die **Annenkapelle** (Anfang des 16. Jh. als Eigenkirche des Kaufmanns Hans Frenzel erbaut) und das **Naturkundemuseum** (Mitte 19. Jh.). Die Ecke Marienplatz/Struvestraße besetzt das **Kaufhaus Karstadt,** 1912/13 als Warenhaus »Zum Strauß« in Stahlskelettbauweise mit Natursteinverkleidung und großem Lichthof mit Glaskuppel errichtet; es ist noch in Originalformen des Neoklassizismus und des Jugendstils erhalten. Dahinter folgen die **Frauenkirche,** eine spätgotische Hallenkirche mit Netzgewölbe und vorspringendem Westturm mit Doppelportal, Maßwerkfenstern und barocker Haube, das **Hauptpostamt,** um 1890, ein Bau in Neorenaissanceformen, und der **Postplatzbrunnen** (1887) mit Bronzefigur der Göttin Flora (Kopie von 1992). Ein Stück weiter südlich im Gründerzeitviertel befindet sich zwischen Berliner Straße und Jakobstraße die 100 m lange repräsentative **Straßburg-Passage** (1884). In der Otto-Müller-Straße steht die **Synagoge,** 1909–11 von der Dresdner Architektengemeinschaft Lossow & Kühne (u. a. Hauptbahnhof Leipzig und Schauspielhaus Dresden) erbaut, heute Europäisches Bildungszentrum.

Die Nordseite des langgestreckten **Obermarktes** schmücken barocke Bürgerbauten. Im Haus der Görlitz-Information (Nr. 29), früher eine Herberge, waren u. a. August der Starke, Zar Alexander I. und Napoleon zu Gast. Am Haus Nr. 25 an der Verrätergasse erinnert eine Inschrift an den gescheiterten Aufstand der Tuchmacher von 1527. An der Südseite steht die ab 1234 erbaute **Dreifaltigkeitskirche** (auch Oberkirche) mit dem seitlich versetzten schlanken Turm mit Sitzhelm (»Mönch«). Ende des 14. Jahrhunderts entstanden der gotische Chor und die Barbarakapelle (Marienaltar, um 1510). Zur wertvollen Ausstattung gehören der spätgotische Schnitzaltar, Kanzel (1670), Chorgestühl, Grablegungsgruppe (1492) von Hans Olmützer und der prächtige barocke Hochaltar von Caspar Georg von Rodewitz.

Am Untermarkt

»Ober- und Untermarkt in Görlitz sind eine typische Platzfolge mittel- und nordeuropäischen Typs in der mittelalterlichen Tradition: von der Stadtstruktur unmittelbar geformter Raum, durch die gleichartige Ausbildung seiner Ränder mit den Wohnvierteln verbunden.«
Werner Müller, Gunther Vogel, 1974

Die Brüderstraße führt direkt auf den reich gegliederten **Schönhof** (1526) am Untermarkt zu, das älteste Bürgerhaus der Renaissance mit Erdgeschosslaube und durchgehendem Eckerker, von Wendel Roskopf d. Ä. erbaut (Schlesisches Museum). Die stattlichen Renaissancebauten am **Untermarkt** verweisen auf die große Zeit des Görlitzer Tuchhandels.

Das **Rathaus,** eine Baugruppe verschiedener Stilepochen, dominiert mit dem hohen Turm die Westseite des Untermarkts. Der Kernbau geht auf das 14. und 15. Jahrhundert zurück, Wendel Roskopf der Ältere und der Jüngere bauten es im 16. Jahrhundert um. Im Winkel an der Südwestecke (Gerichtsflügel, Haus Brüderstr. 7) sind die

Verkündigungskanzel, die schön geschwungene Freitreppe zum Portal und die schlanke, ornamentierte Säule mit dem Standbild der Justitia (ungewöhnlicherweise ohne Augenbinde dargestellt) gruppiert; rechts über der spätgotischen Turmpforte ein großes vollplastisches Wappen des ungarischen Königs Matthias Corvinus (Görlitz gehörte im 15. Jahrhundert kurzzeitig zur ungarischen Krone). An der Ostseite fällt die Turmuhr mit zwei übereinander sitzenden Zifferblättern (bez. 1584 und 1743) in Gold und Blau auf. Sie erinnern an den Görlitzer Bürgermeister, Mathematiker und Astronomen Bartholomäus Scultetus, der das zwölfteilige Zifferblatt einführte und an der Durchsetzung des heute gültigen gregorianischen Kalenders in der Oberlausitz mitwirkte. Der Kleine Ratssitzungsaal, Mitte des 16. Jahrhunderts, ist mit Holzdecken und Täfelung von Franz Marquirt ausgestattet. Die Häuser Untermarkt 7 (ehemalige Münze) und 8 leiten über zum **Neuen Rathaus** (1902/03) mit einer prächtigen Neorenaissancefassade mit den Wappen des Lausitzer Sechsstädtebundes.

Die **Langen Lauben** (auch Läuben) an der Südseite des Untermarktes sind spätgotische Hallenhäuser mit zentraler Halle und hohen Lichthöfen. Die Ostseite zieren die spätgotischen **Hirschlauben** mit sieben Arkadenbögen und Sterngewölbe. Die **Zeile** mit Alter Börse (Anfang 18. Jh.) und der ehemaligen Waage (um 1600) unterteilt den Platz in eine nördliche und eine südliche Hälfte; davor steht der Neptunbrunnen. Der Renaissancebau Haus Nr. 24 mit Eckerker, Portal und doppelter Sonnenuhr von Zacharias Scultetus ist die ehemalige Ratsapotheke. Am Haus Nr. 22 befindet sich ein Rundbogenportal mit mehrfach gekehlten Archivolten, der so genannte »Flüsterbogen«. Das stattliche Barockhaus Neißstraße 30, ein großer Vierflügelbau mit Rundbogenportal, Pilastergliederung, Einfahrtshalle und loggienbesetztem Innenhof, beherbergt das **Kulturhistorische Museum** und die traditionsreiche **Oberlausitzer Bibliothek der Wissenschaften.** Weiterhin gibt es eine ständige Ausstellung zu **Jakob Böhme** (1575–1624), dem Görlitzer Schuster und mystischen Philosophen. Jakob Böhme erwarb als Autodidakt ein umfassendes naturphilosophisches und religiöses Wissen. Der wortgewaltige Prediger verfasste die ersten deutschsprachigen philosophischen Schriften und gilt als Vorläufer der klassischen deutschen Philosophie. Seine visionären, innerlich glühenden Schriften eines existenziellen Mystizismus sind von urwüchsiger Ausdruckskraft und tiefster Innerlichkeit geprägt. 1612 erschien sein Hauptwerk »Aurora oder die Morgenröte im Aufgang«. Er belebte – wie Meister Eckhart und Martin Luther – die deutsche Sprache und beeinflusste u. a. Angelus Silesius, Goethe, Novalis, Schelling und Hegel. Sein Denkmal steht im Stadtpark, auf dem Nikolaifriedhof liegt er begraben.

Seine Hohlkehlen verleihen dem »Flüsterbogen« eine besondere Akustik: Wer sein Ohr an einen der Bogenaufsetzpunkte legt, hört jedes noch so leise Wort, das ein Partner auf der anderen Seite des Bogens flüstert.

Das **Biblische Haus** (Nr. 29), ein Renaissancebau von 1570 mit Sitznischenportal, ist nach den plastischen Reliefdarstellungen in den Brüstungsfeldern mit Szenen aus dem Alten und dem Neuen Testament benannt.

An der Neiße

Die Neißstraße führt steil hinab zum Neißeufer. Ein schöner Platz für eine Ruhepause ist die **Vierradenmühle** am Neißewehr (ursprünglich 14. Jh., Lohmühle, Turbinenhaus, heute Gaststätte). Seit 2004 führt eine Fußgängerbrücke über den Fluss auf die polnische Seite (Dreiradenmühle, ein Stück flussaufwärts Jakob-Böhme-Haus). Südlich der Vierradenmühle sieht man Reste der Stadtmauer mit der **Ochsenbastei.** Das frei stehende **Waidhaus** (Renthaus) als Teil der Burganlage ist das älteste profane Bauwerk der Stadt, Ende des 14. Jahrhunderts als Brauhof beurkundet. Auf dem Burgberg dominiert die spätgotische **Stadtkirche St. Peter und Paul;** der Chor mit den spitzbogigen Fenstern zwischen den Strebepfeilern scheint förmlich an den steilen Felsrand zu drängen. Die Westfront stammt noch von der spätromanischen Kirche, Turmobergeschosse und Turmhelme wurden erst um 1890 in neogotischer Form vollendet. Ende des 15. Jahrhunderts konnte die fünfschiffige Halle mit dem Sterngewölbe unter der Leitung von Konrad Pflüger fertig gestellt werden. Mit 72 m Länge, 39 m Breite und 24 m Höhe zählt sie zu den großen Hallenkirchen in Sachsen. Zur bedeutenden Ausstattung gehören im Chor der große Altaraufbau (1695) aus Sandstein und Stuckmarmor von Jörg Heermann, zahlreiche barocke Wandepitaphien, die reich geschnitzte Kanzel von 1693 und die Taufkapelle mit Kunstschmiedegitter von Hans Mantler (1617). Weithin berühmt ist die »Sonnenorgel« von Eugenio Casparini (1703) mit dem Prospekt von Johann Conrad Buchau.

Über den Karpfengrund bzw. den Nikolaigraben mit Nikolaiturm und Resten der mittelalterlichen Stadtmauer geht es zum **Nikolaifriedhof** mit barocken Grabmalen, Nikolaikirche, Finstertor, Scharfrichterhaus und dem Grab von Jakob Böhme. Eine Besonderheit ist das Görlitzer **Heilige Grab,** eine Nachschöpfung der heiligen Stätten in Jerusalem. Bürgermeister Georg Emmerich stiftete die ungewöhnliche Anlage (damals noch nordwestlich vor der Stadt) nach einer sühnenden Pilgerfahrt 1464 nach Jerusalem. Sie besteht aus der zweigeschossigen Heilig-Kreuz-Kapelle mit spitzem Dachreiter, dem Salbhäuschen, der Heilig-Grab-Kapelle und einem Kreuzweg, der ehemals von der Peterskirche zum Heiligen Grab führte. Die Maße sollen genau den Originalbauten entsprechen. Das Heilige Grab wurde bereits früh eine wichtige Wallfahrtsstätte und ist heute die besterhalte Anlage dieser Art in Deutschland.

Tourist-Info Görlitz:
Brüderstraße 1
Tel. 035 81/475 70 und 47 57 29
www.g-tm.de
www.goerlitz-tourist.de

Goslar

Dauernder als Erz

Prachtvolle Altstadt mit alter Kaiserpfalz; UNESCO-Welterbe seit 1992

Stadterhebung: um 1100

Besonders sehenswert:
- ☆ *Erzbergwerk Rammelsberg*
- ☆ *Kaiserpfalz*
- ☆ *Rathaus*

Der Goslarer Rammelsberg hat untergründige Verbindungen selbst zur Haute Cuisine: Diese singt das Hohelied des Bärlauchs, und eine alte Bezeichnung für das würzige Wildkraut steckt in Rammelsberg. Doch zugegeben: Ihren Wohlstand verdankte die Stadt nicht den Bärlauch-, sondern den ergiebigen Erzvorkommen dieser Anhöhe. Es war also nur konsequent, die Zeugnisse des historischen, erst 1988 eingestellten Bergbaus mit ins UNESCO-Weltkulturerbe aufzunehmen.

Ohne den Bergbau keine freie Reichsstadt, doch zunächst einmal keine Kaiserpfalz: Sie wurde wegen der Lagerstätten eigens hierhin verlegt. Die Ottonen und Salier machten Goslar sogar zum wichtigsten Knotenpunkt des Imperiums, zahlreiche Hof- und Reichstage fanden hier statt. Schon um 1100 erhielt der Ort selbst Stadtrechte, 1340 wurde Goslar als einziges niedersächsisches Gemeinwesen reichsunmittelbar, es war außerdem Mitglied der Hanse.

Wie Goslars Aufstieg, hing auch sein Niedergang am Bergbau. 1356 waren die Rechte am Rammelsberg von den Braunschweiger Herzögen pfandweise erworben worden, etwa zur gleichen Zeit soffen die Stollen ab. Es sollte ein Jahrhundert dauern, bis man diese Einbrüche technisch im Griff hatte. Am Erz verdienen jetzt nur noch Goslarer, das Gemeinwesen blüht auf. Sein heutiges Stadtbild entsteht, und es kommt zu einem massiven Ausbau der Befestigung.

1525 kaufen die Herzöge die Pfandrechte am Rammelsberg zurück, als rechtmäßigen Besitzern fallen ihnen nun alle Einkünfte zu. Goslar wehrt sich erbittert, muss aber 1557 die Waffen strecken. Der Ort sinkt zur Bedeutungslosigkeit herab, ist, wie es ein prominenter Besucher des Jahres 1777 ausdrückt, »eine Reichsstadt, die in und mit ihren Privilegien vermodert« (J. W. v. Goethe). Den Niedergang beglaubigt der Abbruch des Doms 1819.

Doch vierzig Jahre später stoßen die Prospektoren abermals auf ein ergiebiges Erzlager. Und dann dauert es nicht mehr lange, bis Goslar als Kraftzentrum nationaler Größe entdeckt wird. Nach 1871 stand vor allem die Kaiserpfalz für den Glanz des alten Reiches, der auf das neu gegründete abstrahlen sollte.

Die ehemalige Kaiserpfalz

Der ursprüngliche Pfalzbau fiel 1065 einem Brand zum Opfer. Unter Kaiser Heinrich III. entstand der neue, um 1140 kam die Ulrichskapelle hinzu. 1253 weilte hier zum letzten Male ein König, im 15. Jahrhundert begann der Verfall des Bauwerks. 1700 stürzte die Liebfrau-

Die Goslarer Kaiserpfalz, als Zeuge einer großen Vergangenheit im 19. Jahrhundert rekonstruiert

enkapelle, 1820 der ganze Nordflügel ein. Schon erwog der Stadtrat den völligen Abbruch, da wurde die Kaiserpfalz als Zeuge einer glorreichen Vergangenheit gerettet. Die Rekonstruktion begnügte sich mit einem romanischen Ungefähr, aber wie hätten sich auch alle Phasen der Baugeschichte nachvollziehen lassen?

Der Palast liegt auf der höchsten Stelle des Pfalzbezirks. Seine Mitte nimmt ein Saalbau ein, dem nach Norden ein deutlich kürzerer (Wohn-)Flügel angefügt ist. Im Süden führt ein Verbindungsgang zur Ulrichskapelle. Am Haupttrakt macht sich heute das untere Geschoss außen kaum geltend, dagegen öffnet sich das obere fast spektakulär mit zwei mal drei Drillingsarkaden. Die zentrale Achse ragt nach Art eines Portalmotivs mit einem Zwerchgiebel in die Dachzone. Ihr großer Rundbogen war ursprünglich wohl geöffnet, jetzt rahmt er zwei übereinander gesetzte Dreifacharkaden.

Als der zweischiffige Saalbau 1132 zusammenbrach, erhielt das Erdgeschoss quergestellte Tonnen zur statischen Sicherung. Der jetzige Zustand mit sieben spitzbogig überfangenen Räumen geht auf einen Umbau während der Gotik zurück. Immer noch die ganze Geschossfläche nimmt der Saal darüber ein. Sein Erscheinungsbild orientiert sich jedoch an den Eingriffen, die hier 1477 vorgenommen wurden. Aus den Jahren 1879–1896 stammt seine Ausmalung durch den Düsseldorfer Hermann Wislicenus. Er hat mit den Absichten seiner Auftraggeber nicht hinter dem Berg gehalten: Im Zentrum seines Zyklus steht die Neugründung des Reiches von 1871.

St. Ulrich ist eine burgentypische Doppelkapelle, sie verbindet das Untergeschoss über griechischem Kreuz mit dem achteckigen Oberbau. Heute findet sich hier die Grabplatte Kaiser Heinrichs III. (gest. 1056), die etwa 200 Jahre nach seinem Tod entstand.

Im Pfalzbezirk lag ebenfalls der so genannte Dom, genauer die **Stiftskirche St. Simon und Juda.** Von diesem Sakralbau, den Heinrich III. als »Königskapelle« gegründet hatte, blieb lediglich die zweijochige Nordvorhalle (1160–80) erhalten. Die zwei Nischenreihen über ihrem Eingang zeigen unten die drei Kirchenpatrone, zu denen neben Simon und Juda auch Matthias gehört. Sie werden von zwei Kaisern flankiert, mutmaßlich dem dritten und dem vierten Heinrich. Bedeutendster Teil der musealen Ausstattung ist der Kaiserstuhl, seine Rücken- und die Seitenwände sind höchst gelungene Bronzegüsse aus dem späten 11. Jahrhundert.

Als eine Art Gelenkstelle liegt das **Spital Großes Heiliges Kreuz** noch im Pfalzbezirk, aber am Weg zur Altstadt. Sein Stifter war 1254 der Vogt des Reichsregenten, doch rasch entwickelte sich das Spital zu einer sozialen Einrichtung der Goslarer Bürger. 1669 wurden in den lang gestreckten steinernen Hauptbau 18 sogenannte Pfründnerkammern eingebaut, und noch heute beherbergt ein Gebäudeflügel Seniorenwohnungen. Erhalten blieben die Kapelle und das etwa 1500 in Fachwerk aufgeführte Küchengebäude.

Um den Marktplatz

Selbstverständlich muss das **Rathaus** einer freien Reichsstadt am Markt liegen. Sein zweigeschossiger Ostflügel entstand um 1450, sechs Arkaden öffnen sich zur Freifläche hin (eine zur Aufstellung des Prangers vermauert). Über ihren breit gelagerten Bögen folgen langgestreckte Maßwerkfenster und die Zwerchgiebel der Dachzone.

Einen ganz besonderen Akzent setzt der **Marktbrunnen.** Seine untere Brunnenschale datiert immerhin aus dem 12. Jahrhundert und zählt zu den größten Bronzegüssen der Romanik. Die zweite Schale entstand etwa 100 Jahre später, die Wasserstrahlen treten hier aus dem Rachen von Löwenköpfen. Bekrönt wird der Aufbau vom Wappentier der Stadt, einem Adler recht undurchsichtiger Zeitstellung. Doch eigentlicher Blickfang ist das ehemalige **Gildehaus der Gewandschneider** (Tuchhändler), seit dem 19. Jahrhundert nostalgisch »Kaiserworth« genannt. Der gar nicht einmal große Bau öffnet sich dennoch mit sechs Arkaden zur Freifläche hin, keck steht sein Mittelerker vor. 1494 ließen hier die einflussreichsten Bürger der Stadt ihren Rang auch architektonisch herausstreichen, ein hohes Satteldach bekam dieses Haus allerdings erst später. Das festliche Rot seiner Fassade trägt im unteren Geschoss eine aufgemalte Diamantquaderung, ein wirklicher Steinschnitt wäre wohl selbst diesen gut betuchten Bauherren zu teuer gekommen.

Der ganz vertäfelte Huldigungssaal des Rathauses zählt zu den schönsten Profanräumen des späten Mittelalters. Die anspruchsvolle Ausmalung (1505–1520) überzieht Decke, Wände und sogar Fensternischen, sie kündet lebhaft von der Glanzzeit dieser Stadt. Unter den geschnitzten Kielbogen der Wände präsentieren sich im Wechsel prächtig gewandete Kaiser und Sibyllen. Zwei Flügel der Vertäfelung lassen sich zur kleinen, 1506 geweihten Ratskapelle hin öffnen.

Überragt wird dieses Zentrum städtischen Lebens von den beiden Türmen der Marktkirche **St. Cosmas und Damian.** Unterschiedlich behelmt, krönen sie einen gewaltigen romanischen Westbau, der sogar sein Pendant an der Domkirche St. Simon und Juda übertraf. Die Baugeschichte der imposanten Pfeilerbasilika erstreckt sich vom 12. bis zum 14. Jahrhundert, zuletzt kamen die zwei äußeren Seitenschiffe hinzu. Der nach 1844 veränderte Hauptaltar ist eine Familienstiftung. Sein dreigeschossiger Aufbau aus dem Jahr 1659 riegelt den Chorschluss in dessen voller Breite ab.

Stadtbild und Stadtviertel

Sicher lassen sich einzelne Gebäude leichter beschreiben als ganze Straßenzüge, doch zeichnet sich Goslar durch die Geschlossenheit seines Altstadtbilds aus. Nicht weniger als 1500 historische Fachwerkhäuser des 15. bis 19. Jahrhunderts blieben hier erhalten, 170 davon entstanden vor 1550. Meist wenden sie der Straße ihre Traufseite zu, bei den giebelständigen Häusern ist das Wanddreieck verschiefert. Vom Schmuck an den Holzteilen lässt sich auf das ungefähre Alter schließen: Der Zeitgeschmack um 1500 bevorzugt Treppen- und Trapezfriese, Rosetten tragen die zwischen 1550 und 1620 errichteten Häuser. Das ohrmuschelähnliche Motiv des Knorpelwerks bestimmt dann die Ornamentik der nächsten Jahrzehnte.

Als sichtbares Zeugnis für den Reichtum der Goslarer Bürger wird gerne auch das »**Brusttuch**« angeführt, erbaut von einem Bergwerks- und Metallhüttenbesitzer. Über seinem massiven Erd- und Zwischengeschoss (1521) kragt ein reich verzierter Fachwerkaufbau (1526). Vor seinen virtuosen Schnitzarbeiten verblasst der Einwand, dass Fachwerk auch bei wucherndster Ornamentik stets die kostengünstigere Alternative ist. Doch tatsächlich stammen diese Glanzstücke der Zimmermannskunst meist aus der Zeit des Niedergangs. Etliche haben einen älteren, steinernen Kern, und alle datierbaren Steinhäuser entstanden vor 1530.

Wie nun immer: Die ästhetischen Qualitäten dieser Bauweise sind unbestreitbar. Und im **Mönchehaus** von 1528 (Mönchestr. 3) ist sogar das Goslarer **Museum für Moderne Kunst** untergekommen. Mit üppigerem Schnitzwerk prunkt das Heim des Münzmeisters Harmen Schlabusch (1612, Kreuzgasse 1). Das Stammhaus der Unternehmerfamilie Siemens datiert aus dem späten 17. Jahrhundert, an Stattlichkeit kommt ihm kein anderes Gebäude dieser Zeit gleich. Als höchst ansehnliches Ensemble präsentiert sich die ganze **Breite Straße,** die nach einem Brand um 1700 wieder neu erstand.

Anlass für die Gründung des Museums für Moderne Kunst 1978 war die Auszeichnung Victor Vasarelys mit dem Goslarer Kaiserring, einem der weltweit angesehensten Kunstpreise.

Die Altstadt beherbergt nicht nur mehr oder weniger prächtige Bürgerhäuser. Um die Frankenberger Kirche scharen sich die Wohnstätten der Bergleute und Knappen. Sie konnten schon deshalb bescheidener ausfallen, weil die Bewohner ihren Arbeitsplatz auswärts hatten. Lagergeschosse fehlen hier, kleine Hauseingänge zeugen nicht nur von bescheideneren Ansprüchen – schließlich musste kein sperriger Wagen sie passieren, geschweige denn die ausladende Braupfanne.

Die evangelische **Frankenberger Kirche** liegt auf dem höchsten Punkt und so weit im Westen des historischen Goslar, dass die heute verschwundenen Türme ihres romanischen Westbaus in die Verteidigungsanlagen einbezogen werden konnten. Schon um 1000 verfügte das Gemeinwesen über vier Pfarrkirchen, sie bezeichnen jene Siedlungskerne, aus denen Goslar um 1130 zu einer Stadt zusammenwuchs. Im Norden erhebt sich **St. Jakob,** das bereits 1073 genannte Gotteshaus (um 1270 vollendet) wurde unter dem Horizont der späten Gotik zur Hallenkirche umgebaut. Noch ein wenig nördlicher, schon knapp außerhalb der mittelalterlichen Stadtbefestigung, lag die Andachtsstätte eines Benediktinerinnenklosters, die heutige evangelische Pfarrkirche **Neuwerk.** Die gewölbte Basilika zeigt spätromanische Baukunst in Vollendung. Ab 1173 wuchs sie innerhalb eines knappen Jahrhunderts in die Höhe, nur das Doppel ihrer Westbau-Türme wurde später fertig gestellt. Ein ganz anderes Erscheinungsbild hat die **Stephanikirche,** aber eben doch kein so anderes, wie die Baudaten (1729–1734) erwarten lassen. Nachdem das alte, großenteils romanische Gotteshaus niedergebrannt war, entwarf der Hannoveraner Daniel Köppel eine fünfjochige Halle, die kaum barocke Stilelemente aufweist.

Im Chor der Neuwerkkirche blieben Teile der spätromanischen Ausmalung erhalten. Und die erneuerte farbige Fassung des Innenraums ist eine Sehenswürdigkeit für sich.

Noch ein Denkmal soll wenigstens erwähnt werden, das besonders eng mit der Bergbaustadt Goslar verbunden ist. An die romanische **Klauskapelle** wurde 1537 ein **Hospital** angefügt, beide liegen neben dem Stadttor, das zum Rammelsberg führte. In der Kapelle beteten die Bergleute vor Arbeitsbeginn, das Hospital nahm ihre Kranken und Hinfälligen auf. Dafür gaben alle Beschäftigten den so genannten Büchsenpfennig. Er war ein Teil des sozialen Fürsorgesystems, das als vorbildlich galt und später ins Knappschaftswesen mündete.

Die Stadtumwehrung

Auch die erhaltenen Partien der Stadtumwehrung erzählen auf ihre Weise Geschichte. Als die Stadt (sehr zu Recht, wie sich bald herausstellte) den Zugriff der Herzöge von Braunschweig fürchtete, wurden die mittelalterlichen Mauern und Gräben verstärkt. Im heutigen Goslar künden noch einige imposante Tore und Türme von diesem schon verzweifelten Kraftakt. Vor allem das **Breite Tor** mit dem Risslingsturm und der Zwinger zeugen vom letztlich gescheiterten Versuch, den Herzögen die Stirn zu bieten.

Öffnungszeiten:
Kaiserpfalz: April–Okt. tgl. 10–17, Nov.–März tgl. 10–16 Uhr

Erzbergwerk Rammelsberg: tgl. 9–18 Uhr

Tourist-Info Goslar:
Markt 7
Tel. 05321/78 06 20
www.goslar.de

Schloss Güstrow

Renaissance in Vollendung

Größter Renaissancebau in Mecklenburg-Vorpommern

Erbaut: 1558–1598

Besonders sehenswert:
☆ *Festsaal*
☆ *Schlossmuseum*

Lebendig gestaltete Fassaden und kunstvolle Stuckaturen haben das Güstrower Schloss weit über die Landesgrenzen hinaus bekannt gemacht. Italienische, französische, niederländische und deutsche Formen wurden in beeindruckender Weise zu einem harmonischen Ganzen verschmolzen. Die Dreiflügelanlage mutet wie ein französisches Loireschloss oder ein italienischer Palazzo an. Der mächtige Baukörper mit abwechslungsreichen Putzfassaden, eleganten Türmen und prachtvollen Giebeln, mit Torhaus, Schlossbrücke und einem Garten, der sich wieder so wie Mitte des 17. Jahrhunderts zeigt, steht am südlichen Rand der historischen Altstadt. Das Schloss ist das bedeutendste Architekturdenkmal der Renaissance in Mecklenburg und gehört zu den schönsten dieser Epoche in Deutschland.

Herzog Ulrich von Mecklenburg, verheiratet mit Elisabeth, einer Tochter des dänischen Königs, war die Güstrower Burg nach mehrjährigem Erbfolgestreit als Residenz zugefallen. Ein Großbrand, der im Sommer 1557 große Teile der mittelalterlichen Burg vernichtete, dürfte ihm nicht ungelegen gekommen sein. Denn nun bot sich unerwartet die Möglichkeit, einen herrschaftlichen Schlosskomplex im Stil der Zeit errichten zu lassen. 1558 bekam Franz Parr den Auftrag für den Süd- und den Westflügel, den niedrigeren und schlichteren Nordflügel sowie den Ostflügel und die Schlosskapelle schufen bis 1598 Philipp Brandin und nach dessen Weggang sein Schüler und Geselle Claus Midow. Abgeschlossen wurde der Schlossbau in der zweiten Hälfte des 17. Jahrhunderts durch den Hugenotten Charles Philippe Dieussart, unter dessen Leitung das barock-klassizistische Torhaus und die breite steinerne Brücke mit der Orangerie darunter entstanden.

Die aus der Lombardei stammende Bauhandwerkerfamilie Parr hatte ihren Wohnsitz in Schlesien. Vermutlich arbeitete Franz Parr mit seinem Vater, der unter anderen als Baumeister die Errichtung des Piastenschlosses Brieg (Brzeg) leitete. Güstrow dürfte das erste große Projekt gewesen sein, für das Franz Parr allein verantwortlich zeichnete. 1567 kehrte er Mecklenburg den Rücken und ging nach Schweden, wo er den Aufbau des Schlosses Uppsala leitete und 1580 starb. 1587 setzte der aus dem niederländischen Utrecht stammende Philipp Brandin die Arbeiten fort. Er war seit 1583 Hofbaumeister und gilt als bedeutendster Baumeister der Renaissance in Norddeutschland. Auch er legte die Bauleitung vorzeitig nieder, ab 1590 wirkte er in Dänemark, wo er den Neubau des Schlosses Nyköping als Witwensitz für Herzog Ulrichs Tochter Sophia leitete. Dort starb er 1594.

Kunstvoller Backsteinbau

Errichtet wurde das Güstrower Schloss aus dem für diese Region typischen Backstein. Die Fassaden mit ihrer kräftigen Putzquaderung scheinen aus sorgfältig behauenen Natursteinen zu bestehen, auf den ersten Blick vermutet man einen Sandsteinbau. Aus diesem teuren Material bestehen jedoch lediglich die Galerie des Südflügels, einige Fenstereinfassungen sowie der Erker am Doppelturm des Nordflügels. Die Fassaden sind horizontal durch Gesimse gegliedert, die Westfassade besonders einfallsreich durch achteckige Ecktürme, halbrunde Flankentürmchen und den wuchtigen Torbau mit turmartigem Aufbau. Formvollendet der Giebel, der den Südflügel abschließt und in der Schaufassade des Westflügels erscheint. Die hohen Schornsteine des Komplexes sind nach französischem Vorbild aufwändig geformt. Im Schlosshof beeindruckt die dreigeschossige Galerie des Südflügels, deren Arkadenbögen von ionischen und korinthischen Säulen getragen werden. Den rechteckigen Nordturm schmückt an der Hofseite ein wunderschöner Erker aus Elbsandstein.

Prominentester Bewohner des Schlosses war 1628/29 Generalissimus Albrecht von Wallenstein, der im Dreißigjährigen Krieg Mecklenburg als Lehen vom Kaiser erhalten hatte und kurzzeitig in Güstrow als Herzog von Mecklenburg residierte. Nachdem 1695 die Her-

Renaissanceschloss Güstrow

zogslinie Mecklenburg-Güstrow erloschen war, verlor das Schloss seine Bedeutung, es stand leer und wurde baufällig. 1795/96 trug man den Ostflügel mit der Schlosskapelle und die östliche Hälfte des Nordflügels ab, seither präsentiert sich das Schloss als Dreiflügelanlage. Vom Turm des Ostflügels hat sich die funktionsfähig gebliebene Uhr erhalten, die heute im Mittelrisalit des Westflügels tickt. Von 1817 bis 1945 diente der Bau als Landarbeitshaus für Mecklenburg, eine Art Gefängnis für arbeits- und heimatlose Menschen sowie für politische Häftlinge. Nach dem Zweiten Weltkrieg zogen Vertriebene und Ausgebombte ein, 1952 wurde das Schloss Altersheim.

Die Wiederherstellung der alten Pracht

Von 1963 bis 1978 wurde das lange vernachlässigte Bauwerk aufwändig restauriert. Zunächst mussten Zwischendecken, Wände und Einbauten beseitigt werden, denn als das Schloss Landarbeitshaus geworden war, hatte man die herzoglichen Prunk- und Privatgemächer in Schlaf- und Arbeitssäle, Zellen und Wohnungen unterteilt. So hatte die einstige Wohnstube des Herzogs im Westflügel, heute als Parr- oder auch als Kachelsaal bezeichnet, 40 Personen als Schlafstätte gedient. Wie an vielen anderen Stellen traten bei der Restaurierung auch in diesem Raum unvermutet Renaissance-Schätze zutage. Unter einer Vermauerung fanden sich in der hofseitigen rechten Ecke einige italienische Fußbodenfliesen aus dem 17. Jahrhundert, nach ihrem Vorbild konnte man eine originalgetreue Kopie des Majolikafußbodens anfertigen. Die Spätrenaissancemalerei im Kuppelgewölbe des südwestlichen Turmkabinetts wurde unter mehreren dicken Kalkschichten entdeckt und mit handwerklichem und künstlerischem Geschick restauriert. 1657 dürfte sie entstanden sein, diese Jahreszahl konnte über der Tür freigelegt werden.

Zum Schönsten im Inneren gehört der **Festsaal** im Südflügel, den ein umlaufender Stuckfries schmückt, der die fürstliche Jagdleidenschaft belegt. Hirsche und Rehe treten teilweise plastisch hervor, auf den Köpfen tragen sie echte Geweihe. Darüber verläuft ein schmaler, farbig gefasster Fries mit den Namen und Wappen der Vorfahren von Herzog Ulrich. Gefertigt hat den Schmuck 1569–71 Christoph Parr, ein Bruder des Schlossbaumeisters. Zum Teil halbplastisch ist auch die prachtvolle Stuckkassettendecke gefertigt, die erst 1620 anstelle der vorher vorhandenen Holzdecke eingebaut wurde. 43 Bildfelder zeigen Jagd- und Kampfszenen aus Afrika, Europa und Asien, mythologische Darstellungen und rein ornamental gestaltete Flächen.

Schloss Güstrow ist heute Museum. In den historischen Repräsentationsräumen zeigt das **Staatliche Museum Schwerin** Kunstwerke von der Antike bis zur Gegenwart.

Öffnungszeiten:
Di–So 9–17 Uhr
www.schloss-guestrow.de

Tourist-Info Güstrow:
Domstr. 9
Tel. 01805/68 10 68
www.guestrow-tourismus.de

Das Chilehaus

Backstein-Expressionismus

Der Mann kam aus Chile. Sehr jung war er nach Südamerika gegangen, hatte dort im Salpetergeschäft Geld gescheffelt. Sehr reich traf er als Sechzigjähriger in Hamburg ein, und seinen Namen kannte jeder: Henry Brarens Sloman (1848–1931) stammte aus einer weitverzweigten hanseatischen Kaufmannsdynastie, die die größte Reederei in Hamburg besaß. Man residierte in einer Villa am Harvestehuder Weg, das große Geschäftshaus lag am Baumwall. Und nach dem Tod des letzten Sloman aus der Hamburger Linie betrat Henry Brarens die Korridore der Macht. Er war der reichste Mann im inflationsgeschüttelten, kriegszermürbten Hamburg und wollte umgehend positive, zukunftsweisende Zeichen setzen: Er ließ das Chilehaus bauen, das neben dem Michel (s. S. 174) zum zweiten Wahrzeichen Hamburgs wurde. Der backsteinerne Ozeanriese pflügt sich mit seinem spitzen Bug als einer der eigenwilligsten, gelungensten Bauten durch die Architekturgeschichte des frühen 20. Jahrhunderts. Seit 1983 steht es unter Denkmalschutz, und noch heute ist das Kontorhaus, eines der Hauptwerke des norddeutschen Expressionismus, eine Ikone urbaner Architektur und eine höchst privilegierte Geschäftsadresse.

Eigenwilliges Beispiel expressiver Architektur

Erbaut: 1922–24

Architekt: Fritz Höger

Eine Halde aus Bockhorner Klinker

Übersehen kann man das Chilehaus mit seinen endlos langen rotbraunen Fronten und weißen Sprossenfensterreihen ja nicht: Es steht im Zentrum des Kontorhausviertels am südlichen Rand der Innenstadt, gegenüber der Speicherstadt, nah am Hafen, in fußläufiger Entfernung zum Rathaus und den großen Einkaufsstraßen. 1922 war das einstige Gängeviertel Sanierungsgebiet, und die Stadt versteigerte ein riesiges Grundstück. Die 6500 Quadratmeter gingen an Sloman. Sein Konkurrent und Mitbieter war der Bankier Max Warburg. Für ihn war das Baumeister-Duo Hans und Oscar Gerson schon in den Startlöchern gestanden. Die beiden Architekten hatten der Inflation wegen vorsorglich 4,8 Millionen Stück Bockhorner Klinker gebunkert, günstig erworben, von »minderer Qualität«. Nun standen sie da: kein Grundstück, kein Auftrag, doch war wenigstens Sloman so zuvorkommend, ihnen die unerfreulich große Klinkerhalde abzukaufen und sie dem Architekten seiner Wahl unterzuschieben: Fritz Höger (1877–1949), Handwerksmeister und Architekt aus dem Holsteinischen. Die Baupläne waren zahlreichen Änderungswünschen und städtebaulichen Anforderungen unterworfen. Höger reagierte flexibel und innovativ. Ursprünglich waren zwei durch die Fischertwiete

Wie Mathias Wegner in seinem Band ›Hanseaten‹ (s. S. 91) so unterhaltsam ausführt, haben Historiker den Unterschied zwischen »hansisch« und »hanseatisch« festgeklopft: Ersteres bezieht sich allein auf die Zeit der Hanse; »hanseatisch« ist ein mythisch aufgeladener Begriffstopf, in den die Kaufleute und Stadtväter der Hansestädte in den folgenden Jahrhunderten hineingriffen, um sich selbst als »Hanseaten«, mit Würde, Tugenden und noblen Eigenschaften, zu charakterisieren.

Das Chilehaus in Hamburg. Nachts sind seine Umrisse effektvoll beleuchtet; da scheint der illuminierte Luxusliner Richtung Elbe und Weltmeere zu gleiten.

Gegenüber dem Chilehaus liegt der Sprinkenhof, das größte Kontorhaus Hamburgs. Auch aus Backstein, überzogen mit einem Netz von filigranem Klinkerschmuck und wunderschön. Hier hat Höger mit den Brüdern Hans und Oscar Gerson gebaut (1927–43). Von Höger stammt auch der expressive Bau mit seinem goldgetupften Ziersteinraster in der Straße Große Bleichen (1927), heute Renaissance Hotel. Da weiß man, wer Hans Kollhoff beim Bau seines Hochhauses am Potsdamer Platz in Berlin mit Ziegelfassade und goldenen Turmspitzen (s. S. 79) inspiriert hat!

getrennte, asymmetrische Blockareale vorgesehen; er überbaute die Twiete, verband die Blöcke zu langgliedrigen Flanken und schuf einen zentralen Innenhof.

Höger hat einen ausdrucksstarken, dramatischen und doch in sich ruhenden Bauriesen mit 30 000 m^2 Nutzfläche geschaffen. Auf der Ostseite treffen die Flanken spitzwinklig in einem hoch aufschießenden Schiffsbug zusammen, eine reich geschmückte abgetreppte Vertikale, nadelspitz auskragend. Als Galionsfigur sitzt auf hohem Sockelgeschoss mit Palmenmotiven ein Kondor, das Staatswappen Chiles. Die Nordseite ist geradlinig, die lange Südfassade dagegen beschreibt einen sanften S-Bogen, eine weiche, sinnliche Rundung. Dass der dynamische Schwung der Fassade auch auf die Straßenführung übertragen wurde, ist Högers Glanzleistung. Er hat Fritz Schumacher, Hamburgs alles entscheidenden Oberbaudirektor, dazu überredet. Schumacher (1869–1947) besaß deutschlandweit großes Renommee als Theoretiker wie praktisch ausgewiesener Stadtplaner. Seine Konzepte und Richtlinien für den sozialen Wohnungsbau, die Freiraumplanung und zahlreiche Sanierungsvorhaben wurden zukunftsbestimmend in Hamburg und richtungsweisend für den modernen Städtebau.

Rassig, elegant, sexy

Die »mindere Qualität« des Ziegelsteins war ein Glücksfall: Aus der Nähe betrachtet, reflektieren die Fassaden bei unterschiedlichem Lichteinfall die schönen, unregelmäßigen Farbeinschlüsse, mal grünlich, mal blau, mal tief violett. Auf das Sockelgeschoss mit seinen Rundbögenfenstern folgen fünf, auf der Westseite sechs Stockwerke, die durch weiße Sprossenfenster und steil hochgezogene Schmuckbänder eine perfekte ästhetische Balance halten. Einen lebhaften Kontrast zu der massiven Flächigkeit dieses ersten Hamburger Hochhauses bilden die Portale mit ihrem feinen Netzgeflecht versetzter Schmucksteine, ein Anklang an die englische Tudorgotik. Hoch oben sitzen noch drei zurückspringende Geschosse auf, von weißen Balustraden umgeben – die Reling des Schiffes. Der zentrale Innenhof ist ruhig und klar, ein trotz seiner Größe intimer Raum, der durch die stämmigen Tudorbögen behaglich wirkt. Der Steinboden übrigens ist denkmalgeschützt und darf nur mit dem Besen gekehrt werden. Eine spezielle Behandlung erhalten auch die kilometerlangen, mit Messingstreifen gefassten Linoleumböden im Inneren. Ein Treppenpodest mit blaugebrannten Keramiksäulen und eingepassten Ledersitzen, ein anderes in schwarzweißem Art-Deco-Stil, wunderbare Treppenaufgänge, Terrakottastützen mit Tierfigurinen, cremefarbene türhohe Kachelwände: überall gediegene Materialien, weiche, gedämpfte Farben, eine maskuline Atmosphäre, mit einem Hauch monumentaler Prächtigkeit durchsetzt. So hat Högers Konzept der Raumvarianz nach aufwändiger Sanierung im Jahr 1990 den Einzug modernster Bürotechnik erleichtert.

Seit 1993 ist das Chilehaus im Besitz der DIFA Deutsche Immobilien Fonds AG, die sich mit der Interessengemeinschaft Kontorhausviertel darum bemüht, ihr Stadtquartier lebendig und attraktiv zu gestalten. Bars, Bistros, kleine Läden und Ausstellungsräume im Innenhof tragen das Ihre dazu bei. »Es war ein großes Stück Gemütlichkeit in diesem Kontorleben« – das war in den Zwanzigern, vielleicht, vielleicht ja auch heute noch.

Der in Hamburg lebende Siegfried Lenz, einer der meistgelesenen deutschen Autoren, sinnierte 1968 beim Anblick eines properen Jungkaufmanns mit Aktentasche und gefalteter Zeitung, der im »backsteinroten Comptoirhaus« verschwindet, »dessen Linien dem Grundriss eines Schiffes folgen: Er wird den Schlips nicht lockern, wenn er sich setzt, er wird sagen: Das ist nett, wenn ihm die Sekretärin Tee und Post hereinbringt, und später, wenn er die bearbeitete Post dem Prokuristen hineinträgt, wird er sagen: Manila hat netterweise überwiesen.«

Chilehaus Hamburg
Borchardplatz 1-2
U-Bahn Messberg
www.chilehaus.de

Tourist-Info Hamburg:
Steinstr. 7
Tel. 0 40/30 05 13 00
www.hamburg.de

St. Michaelis – der Michel

Wahrzeichen mit stürmischer Geschichte

Schönste protestantische Barockkirche Norddeutschlands mit klassizistischem Turm

Erbaut: 1750–62

Besonders sehenswert:
☆ Kanzel
☆ Blick vom Turm

Ein Lichtermeer ringsum, Schiffssirenen, Festbeflaggung, ein Feuerwerk und 500 000 Zuschauer: Als die Queen Mary 2, das größte und schönste Kreuzfahrtschiff der Welt, im August 2005 für zwanzig Stunden in Hamburg anlegte, herrschte am Turm der Michealiskirche Massenandrang. Hoch oben vom Michel, dem Wahrzeichen Hamburgs, ließ sich der Weg der »Königin der Meere« elbaufwärts bis zum Kreuzfahrt-Terminal in der neuen HafenCity (s. S. 179) als majestätisches Schauspiel verfolgen. Sie ankerte im einstigen Altstadthafen, wo schon die Hansekoggen, die großen Segler, die Dampfschiffe zwischen Schuten und Leichtern ein- und ausliefen. Der »Michel«, wie die Hamburger ihre Michaeliskirche liebevoll nennen, markierte für Hunderttausende von Seeleuten das Ende einer beschwerlichen, oft gefahrvollen jahrelangen Reise, den Abschied für Millionen Auswanderer. Hamburgs Hafen war immer das »Tor zu Welt«. Die Kaufleute, Reeder, Schiffsmakler, die Hafenarbeiter, Bootsleute, Hafenindustrien und Zulieferbetriebe haben die Freie und Hansestadt Hamburg groß gemacht, und noch heute ist die Wirtschaftsregion Hamburg eine der ertragreichsten in Europa; die Hafenlandschaft ist die größte Deutschlands und eine der wichtigsten der Welt. Der Michel hat alles gesehen: den gewaltigen Aufstieg Hamburgs, die glanzvollen Epochen hanseatischen Stolzes, Armut, Katastrophen durch Seuchen und Kriege. Verheerende Brände haben ihn selbst getroffen.

Gegenüber der Michaeliskirche, am Eingang Haus Krayenkamp 10, öffnet sich ein kleines Sträßchen mit enger Bebauung: Die Krameramtswohnungen, zweigeschossige Fachwerkhäuschen von 1676, sind die letzten Zeugnisse des alten Hamburg.

Nebenan, im Windschatten ihres Bruders, bezeugt die reizende, dem Gründerbischof Hamburgs gewidmete St.-Ansgar-Kirche den Standort des ersten Gotteshauses um 1600. Als die große Gemeindekirche St. Michaelis errichtet wurde, erhielt sie den Namen **»Kleiner Michel«**; seit Napoleonischer Zeit ist sie eine katholische Kirche, stolz auf ihre Reliquie, den rechten Unterarm des hl. Ansgar, der sichtbar im Altar aufbewahrt wird.

Protestantischer Barock

Die Reformation ist früh in Hamburg eingeführt worden, schon 1529. Seit rund einem Jahrzehnt war Hamburg da reichsfreie Stadt, nur dem Kaiser unterstellt, und sie hat sich rasch für den protestantischen Glauben entschieden. Als zwischen 1615 und 1626 mächtige Bastionen, Wall- und Festungsanlagen gebaut wurden, bezog man auch weite Freiflächen mit ein. Dem Dreißigjährigen Krieg konnte Hamburg unbeschadet standhalten, aber eine Flut an Kriegsflüchtlingen drängte sich auf den Feldern, in dem Areal, das schließlich mit seinen ärmli-

Der Michel gehört zu Hamburg wie die Schiffe

chen Wohnquartieren als **Neustadt** in die Topographie Hamburgs einging. Eine Kirche wurde nötig. Zu Ende des Dreißigjährigen Krieges, 1648, ist der Grundstein gelegt worden. Errichtet wurde St. Michaelis als dreischiffige Basilika mit Turm, ganz in der Tradition katholischer Gotteshäuser des Mittelalters; solide, feierlich-überwältigend, in Kreuzform, mit langem Kirchenschiff und der herkömmlichen Trennung zwischen Klerus und Gemeinde. Durch einen Blitzschlag brannte die Kirche im Jahr 1750 vollständig ab.

Der Michel, wie wir ihn heute kennen, ist ein ungewöhnliches Zwitterwesen. Er ist der schönste und bedeutendste Barockkirchenbau im protestantischen Norden; sein Turm, rund zwanzig Jahre später aufgesetzt, reckt sich rank und feingliedrig klassizistisch in die Höhe. Es war eine schwere Geburt: Als Baumeister wählte Hamburg den heimischen Mathematiker Ernst Georg Sonnin aus, der einen außergewöhnlichen Entwurf vorgelegt hatte. Inspiriert von der neuen, 1743 vollendeten Dresdner Frauenkirche (s. S. 114), wollten die Bauherren auch hier baulich darstellen, dass die Predigt im Mittelpunkt protestantischer Liturgie steht. Diese neue Kirchenarchitektur brach mutig mit der Konvention, doch da der Exzentriker den Hamburgern nicht ganz geheuer war, stellte man ihm Johann Leonhard Prey zur Seite, einen grundtüchtigen Baumeister alter Schule. Die Herren stritten sich bis aufs Blut, es gab Verzögerungen, Baustopps, Geldnöte, und erst nach Preys Tod ging es zügig weiter. So baute man zwölf Jahre, 1762 war die Michaeliskirche fertig gestellt.

Fünf Hauptkirchen – der Michel, St. Katharinen, St. Petri, St. Jacobi und St. Nikolai – bestimmen von jeher Hamburgs Silhouette.

Über dem Hauptportal wacht eine Statue des Erzengels Michael; das Innere der Kirche öffnet sich strahlend zu einem weiten ovalen Raum ohne Pfeiler und Stützen. Er ist ganz der Gemeinde gewidmet: Von jedem Platz aus ist die weit in den Raum kragende kelchförmige Marmorkanzel sichtbar. Bauchig geschwungene Emporen betonen das Oval, der Marmoraltar mit dem großen Altarbild in farbigem Mosaik fügt sich ein und dominiert die festliche, doch intime Atmosphäre des Raumes nicht. Eine Harmonie in Weiß, Gold und Grau mit klarem Fensterwerk, barocken Ornamenten und drei Orgeln. Die große Orgel auf der Empore über dem Hauptportal stammt von 1962; die ursprüngliche Orgel besaß 12 173 Pfeifen – zur Bauzeit die größte der Welt.

Eine protestantische Predigtkirche in barocker Form, dazu ein klassizistischer Turm – eine ganz ungewöhnliche Mischung. Der Turm, 1776–86 entstanden, nimmt den Geschmack der Zeit auf: Sein eigenwilliger Aufsatz ist als griechischer Rundtempel gestaltet, der viereckige Turm selbst ist geometrisch und klar. Unter der großen Turmuhr liegt der Austritt für den Türmer. Er ist eine Institution: Seit mehr als 300 Jahren erklingt täglich, werktags sogar zweimal, ein Choral auf der Trompete.

Öffnungszeiten:
Mai–Okt. Mo–Sa 9–18, So 11.30–17.30 Uhr, Nov–April Mo–Sa 10–16.30, So 11.30–16.30 Uhr; Kurzorgelkonzert tgl. 12–12.15 Uhr; Türmerchoral werktags 10 und 21 Uhr, So, Fei 12 Uhr. www.st-michaelis.de

Tourist-Info Hamburg:
Steinstr. 7
Tel. 0 40/30 05 13 00
www.hamburg.de

Hoteltipp:
Der Baseler Hof bietet ein attraktives Preis-Leistungs-Verhältnis: sehr zentral, nicht zu groß, nicht zu klein, gepflegt, schöne Lobby, gutes Restaurant, Weinbar:
Baseler Hof
Esplanade 11
20354 Hamburg
Tel. 040-35 90 60
www.baselerhof.de

Der Michel, immer wieder

Noch einmal wurde der Michel ein Opfer der Flammen. Joachim Ringelnatz, Lyriker und Erzähler (1883–1934), der schon früh ausgebüxt und zur See gefahren war und später auch bei der Marine diente, absolvierte eine Lehre als Kaufmann in einem der großen Hamburger Kontorhäuser. Den Schock eines einschneidenden Tages behielt er immer im Gedächtnis: »Das war, als die Michaeliskirche abbrannte, das von allen deutschen Seeleuten geliebte Wahrzeichen. Am 3. Juli 1906. Da war ich im Menschengewühl dicht vor der brennenden Kirche auf dem Kraienkamp. Neben mir stand die Frau des Türmers und winkte zum Turm hinauf zu ihrem Mann, der, durch die Flammen abgesperrt, von der Brüstung herabwinkte. Bis er verbrannte.«

Hamburg war in Trauer. Mit Hilfe des Senats, der Bürger und Spenden aus aller Welt wurde die Michaeliskirche originalgetreu wiederaufgebaut. Im Zweiten Weltkrieg hat es den Michel wiederum schwer getroffen, und wieder ist er aufgebaut, der Turm saniert worden. Nur wenige Zeugnisse in der Gruft – der schöne Taufstein und der Gotteskasten für Spenden an Bedürftige der Gemeinde – erinnern noch an den ersten Kirchenbau, aber das Wahrzeichen steht stolz und hoch. Täglich erklingt der Choral des Türmers, täglich braust die Orgelmusik, täglich freuen sich die Besucher des Turms über das Tor zur Welt und sein großartiges Panorama.

Speicherstadt und HafenCity

Zwischen den Wassern: Maritimes alt und neu

Würdevolle alte Lagerhausarchitektur und gigantisches Stadterneuerungsprojekt

Erbaut: ab 1881

Besonders sehenswert:
- ☆ *Speicherstadtmuseum*
- ☆ *Deutsches Zollmuseum*
- ☆ *Kesselhaus*
- ☆ *Magellan-Platz*

Die Hamburger Speicherstadt ist einzigartig, das weltweit größte noch erhaltene Ensemble seiner Art, und doch war sie bis zum Jahr 2003 für die meisten Hamburger quasi nicht vorhanden, lag auf exterritorialem Gebiet. Als Freihafen war die Speicherstadt hinter hohen Maschendrahtzäunen abgeschottet; der Zollkanal markierte die Trennungslinie zur südlichen Innenstadt. Heute sind die Zollbarrieren verschwunden, aber noch immer schwimmen die langen, hoch aufgetürmten Lagerhauszeilen mit ihren Giebeln, Erkern und Ladeluken wie Amphibienwesen zwischen Land und Wasser, mit einem Adernetz aus Kanälen, Hafenbecken, Elb- und Alsterarmen, Fleeten und Brücken.

1881 musste die Freie und Hansestadt Hamburg einen Zollanschlussvertrag mit dem Deutschen Reich abschließen, konnte aber eine Reihe von Privilegien, vor allem ein zollfreies Hafengebiet, behalten. geplant wurde ein gesondertes Speicherareal, in dem Güter umgeschlagen und ohne Zollabgaben gelagert werden konnten. Dafür räumte der Senat das alte, dicht bebaute Fachwerkviertel der Hafenarbeiter am Kehrwieder und Sandtorkai, aber auch die vornehmen barocken Stadtpalais am Wandrahm. Alles wurde abgerissen, rund 20 000 Einwohner wurden in entfernte Stadtteile verschoben – in Hamburg hatte der Hafen immer Priorität.

Im Oktober 1888 eröffnete Kaiser Wilhelm II. den Freihafen. Der marinebegeisterte Monarch besuchte die Hansestadt auf dem Höhepunkt ihrer Macht und Wirtschaftskraft: Der Hafen war der größte des Kontinents, die Werften bauten gewaltige Pötte; Albert Ballin, »des Kaisers Reeder«, besaß eine ganze Flotte von Ozeanriesen, um 1900 war die HAPAG (Hamburg-Amerika-Linie) die größte Reederei der Welt.

1898 war die Speicherstadt zum überwiegenden Teil bezogen; der Weiterausbau fand 1914 sein Ende. Nach schweren Zerstörungen im Zweiten Weltkrieg wurde wieder aufgebaut, und noch in den Achtzigern funktionierte die Stadt der Arbeit tadellos mit rund 500 Firmen, die hinter den malerischen Fassaden Kautschuk, Tabak, Wein, Kaffee, Tee und Gewürze lagerten.

Literaturtipp: *Wunderbare Schmöker sind die Hamburg-Krimis von Boris Meyn. ›Der Tote im Fleet‹ spielt um 1850, ›Die rote Stadt‹ führt direkt in die Bauzeit der Speicherstadt (beide rororo).*

Meier, Müller & Consorten

Schön und überaus funktional sind die langen Zeilen der backsteinernen, sieben- bis achtgeschossigen Lagerhäuser mit Giebeln, Zinnen und Türmchen zwischen den Kanälen, Fleeten und Brücken –

Von Kanälen durchzogen: die Hamburger Speicherstadt

ein norddeutsches Venedig. Die ursprünglich angewandte Gusseisen-Skelettkonstruktion war nicht brandsicher, so dass ab 1892 die Bauten wieder in traditioneller Bauweise hochgezogen wurden: mit Eichenständern und Holzbohlen, die viel höheren Temperaturen standhalten. Die mit Ziegelwerk ausgefachten Baukörper mit ihren gleichbleibenden Temperaturen bieten noch heute optimale Lagerbedingungen. Die »Böden«, also die Lagerstockwerke, haben an Wasser- und Straßenseiten Luken, und alle Güter, ob in Ballen, Fässern oder Säcken, werden bis heute mit Winden emporgehievt, Lastenfahrstühle gibt es nicht. Die **HHLA**, die Hamburger Hafen- und Lagerhaus-AG, die die Speicherstadt seit Anbeginn verwaltet, thront in einem neogotischen Palast (1902) bei St. Annen – sie beschäftigt über 3000 Mitarbeiter.

Ein detaillierter Führer für alle Neugierigen: ›Speicherstadt + Hafencity. Zwischen Tradition und Vision‹ (Elbe&Flut Edition)

Herren in der Speicherstadt waren die »Quartiersleute«, die im Auftrag der Kaufleute und Speditionen die Güter lagerten, bemusterten und zum Teil auch veredelten. Sie taten sich zu kleinen Betrieben zusammen, meist drei, vier Männer, die unter einem Namen plus »Consorten« firmierten: alte Firmenschilder wie »Frahm & Cons.« finden sich überall entlang der Speicher. In den Siebzigern waren aus den Quartiersleuten dann »Seegüterkontrolleure« geworden, die die Waren in Flachlagern managen, nur ein Quartiersmann hält noch wacker die Stellung. Immer noch ist die Speicherstadt das Zentrum des Kaffeehandels, außerdem weltweit der bedeutendste Umschlagplatz für Orientteppiche. Zwischen Teppichballen, Kaffee- und Gewürzsäcken haben sich einige Museen und Dauerausstellungen eingenistet, die interessante Einblicke in die Geschichte der Speicherstadt bieten: **Spicy's Gewürzmuseum,** das **Afghanische Museum**, das **Speicherstadtmuseum** und das **Deutsche Zollmuseum** im alten Zollamt Kornhausbrücke.

Die nächtliche Illumination der Speicherstadt (von Lichtdesigner Michael Batz) muss man gesehen haben. Auch abendliche Rundfahrten auf den Fleeten sind sehr romantisch. Und als Highlight im Juli und August findet der »Jedermann« als Theaterklassiker in den Speicherstadt-Kulissen statt.

Vision mit Zukunft: die HafenCity

Das **Kesselhaus** mit der Maschinenzentralstation am Sandtorkai lieferte die Energie für die Speicherstadt; an seinen filigranen Stahlgitteraufsätzen, die die beiden ursprünglichen Schornsteine nachmodellieren, ist es leicht zu erkennen. Heute ist es **Besucherzentrum** mit einem riesigen Hafenmodell, Anlaufstelle für Neugierige, die sich über das gigantische Projekt der **HafenCity** informieren und die Fortschritte in Augenschein nehmen wollen. Der Speicherstadt zur Elbe hin vorgelagert, entfaltet sich auf 155 Hektar eine Riesenbaustelle: Die aufgelassenen Dock- und Kaianlagen, verlassenen Speicher, Hafenbecken und Berge von Elbschlamm verwandeln sich rasant in eine neue Stadt in der Stadt. Hamburgs ehrgeiziges Prestigeprojekt ist das in Europa derzeit größte Stadterneuerungsprojekt, wie in Barcelona oder London wird hier die City mit den alten Hafengebieten neu verknüpft.

Am Sandtorkai sind die ersten Bauten bezogen, **Magellan-Platz** und **Cruise-Center** sind von den Hamburgern schon in Besitz genommen, am Kreuzfahrt-Terminal – pardon: Cruise Center – hat bereits einmal die Queen Mary 2 angedockt. Vom orangeroten **View Point** aus lässt sich das Getane und das Zukünftige beäugen. Ziel: eine Mischnutzung mit 5500 Wohnungen, Dienstleistungsflächen für 40 000 (!) Arbeitsplätze bei größter baulicher Vielfalt, mit einer Schule, Geschäften, einem Hotel und neuer U-Bahn. Urbanes Herzstück wird das **Überseequartier** mit »Maritimer Erlebniswelt«, Science Center, Großaquarium, Ausstellungshalle. Im **Kaispeicher B,** dem ältesten Bau der Speicherstadt und Entree zum Überseequartier, finden im **Internationalen Marinemuseum** die großartigen Sammlungen von Peter Tamm zu Schifffahrt, Seefahrtsgeschichte und Marinemalerei auf 14 000 m^2 eine maßgeschneiderte Heimat.

Die Primadonna der HafenCity, das Nonplusultra dann, bringt die Hamburger in freudige Wallungen: Auf dem Riesenquader des Kaispeichers A an der Kehrwiederspitze soll nach den Entwürfen der Architekten Herzog & de Meuron die **Elbphilharmonie** entstehen. Ein neues Wahrzeichen zwischen Wasser und Land, Himmel und Erde, unter gläserner Dachlandschaft, die sich wie Wellenberge auftürmt und im Stadtbild als schimmernde Silhouette mit der Elbe verschmilzt.

Öffnungszeiten:
St. Annenufer 2
Di–So 10–17 Uhr,
Führungen
Sa 15, So 11 Uhr
www.speicherstadt museum.de

Tourist-Info Hamburg:
Steinstr. 7
Tel. 040/30 05 13 00
www.hamburg.de
www.hafenCity.info

Burg Hohenzollern

Auf der Höhe schwäbisch-preußischer Geschichte

Neogotische Burg, Stammsitz der Hohenzollern

Erbaut: ab 1850

Besonders sehenswert:
- ☆ *Grafensaal*
- ☆ *Schatzkammer*
- ☆ *Kapellen*

Ein Wolkenschloss mit Zinnen und Türmen, hoch über der Erde thronend: Die Hohenzollernburg auf dem Kegelberg des Zollern in Hechingen, Wahrzeichen der Schwäbischen Alb, ragt weit hinaus über das Land, über die dichten Wälder, die kleinen Ortschaften, die Wellentäler und Höhenrücken der Alblandschaft. Rund 350 000 Besucher jährlich stiefeln oder fahren in weiten Schleifen den Berg hinauf, 855 m hoch, um durch die Burg zu schreiten, romantische Stimmung und die grandiose Aussicht zu genießen. Greifbar ist ein Abglanz deutscher Geschichte: Die Burg ist Stammsitz der Hohenzollern, deren preußische Linie die Geschicke Deutschlands bestimmt hat. Von den brandenburgischen Kurfürsten über die Könige von Preußen, die Friedrichs, Wilhelms und Friedrich Wilhelms, die dann mit der Reichsgründung 1871 auch die Kaiserwürde erhielten. Ein beispielloser Aufstieg von einem kleinen schwäbischen Grafengeschlecht zur europäischen Großmacht unter Friedrich II. 1918 kam der politische Untergang des Hauses Hohenzollern: Der letzte deutsche Kaiser musste abdanken, nach dem Zweiten Weltkrieg ging auch der Staat Preußen unter. Das Band zwischen der Burg Hohenzollern und Berlin/Potsdam ist jedoch bis in die jüngste Vergangenheit fest geknüpft: Von 1952 bis 1991 befanden sich hier die Särge von Friedrich dem Großen und seinem Vater. Einer der Enkel von »Willem Zwo«, Prinz Louis Ferdinand, der im Marmorpalais in Potsdam geboren wurde (s. S. 298), war bis zu seinem Tod 1994 Chef des Hauses Hohenzollern.

Wie kommt Bismarck auf die Alb?

Viele Besucher sind überrascht, in den Restaurants und Gasthöfen ringsum den Alten Fritz oder das Porträt Bismarcks als Wandschmuck zu sehen: Erinnerung daran, dass sich Hechingen unter preußischer Verwaltung befand, dass es einen Extra-Bahnhof für die allerdurchlauchtigsten Herrschaften und den Reichskanzler gab, auch, dass ein sehr präsentes Kinder-Hilfswerk auf Prinzessin Kira zurückgeht, die mit Louis Ferdinand verheiratet war.

Die Anfänge des Hauses Hohenzollern liegen im Dunkeln. Im 12. Jahrhundert wurde ein Graf von Zollern auch Burggraf von Nürnberg (s. S. 277). Durch Erbteilung entstanden zwei Hauptlinien: die schwäbische Linie und die fränkisch-brandenburgisch-preußische – diese macht sich ab 1415 in der Geschichte bemerkbar. Beide Hauptlinien gibt es in gewandelter Form bis heute.

Burg Hohenzollern: An schönen Sommertagen strahlt die Burg Selbstgewissheit und machtvolle Autorität aus, unter grauem Winterhimmel verflüchtigt sie sich in den Nebeln vergangener Größe, Denkmal und Sinnbild zugleich.

»Ungemein lieblich und schön wie ein Traum«, begeisterte sich Kronprinz Friedrich Wilhelm, als er im Jahr 1819 dem Burgberg einen Besuch abstattete. Da gab es nur Ruinen, aber der architektur- und kunstbegeisterte Romantiker beschloss an Ort und Stelle einen Wiederaufbau. Zwei Burganlagen hatte es gegeben. Die erste (13. Jh.) war zerstört worden; die zweite aus dem 15. Jahrhundert, ein großer Komplex, wurde zur Zeit des Dreißigjährigen Krieges durch einen Basteienkranz ergänzt; neun Monate lang ist die Burg belagert und schließlich ausgehungert worden. Später war der Zollern ein reiner Militärstützpunkt. Und dann wurde also Mitte des 19. Jahrhunderts wieder gebaut: Ein »national-dynastisches Denkmal« sollte es werden, eine Schau-Architektur, keine feste Residenz. Aus dem Kronprinz war König Friedrich Wilhelm IV. geworden, dem die 48er Revolution in die Quere kam, der seinem Volk immer wieder eine Verfassung verweigerte, der in Potsdam mit Lenné, Schinkel, Stüler und Persius ein preußisches Arkadien kreierte, unablässig baute, Klassizistisches, Maurisches, Romanisches (s. S. 295). Auf Hechingen sollte nun das deutsche Mittelalter regieren. Nach den Entwürfen des Schinkel-Nachfolgers Stüler entstand bis 1867 eine neogotische Dornröschenburg, mit drei Zugbrücken, sieben schweren Toren und dem rekonstruierten Basteienring, denn Schutz bieten sollte die Burg doch auch, für den Notfall.

Der obere **Burghof** präsentiert sich als trutzige Bühnenkulisse. Hier liegen neben dem schönen Burggarten mit Terrassenwirtschaft, ne-

Literaturtipp:
Ulrike Schweikerts romantischer historischer Roman ›Die Herrin der Burg‹ (Knaur) führt zurück ins 13. Jahrhundert, auf den Zollern, hinein in eine gefahrvolle Welt, in der sich eine junge Frau behaupten muss.

ben Restaurant, Shop und dem Eingang zu den erst 2004 gefundenen Kasematten auch die zwei Burgkapellen.

Die Räumlichkeiten der Burg eröffnen sich mit der Stammbaumhalle, die in den **Grafensaal** überleitet mit gotischem vergoldetem Gewölbe, heute auch Konzertsaal. Von der intimen Bibliothek geht es in die Privaträume im Markgrafenturm, zu den Salons, Schlaf- und Ankleideräumen und dem wunderhübschen **Blauen Salon** der Königin. Gemälde und Fotografien der Hohenzollern, schöne historische Ansichten Berlins und eine bedeutende Sammlung von Porträtstichen Friedrichs II. vergegenwärtigen immer wieder die Verbindung ins Preußische. Wie auch die **Schatzkammer** mit Rüstungen, Waffen, Uniform und Tabaksdosen Friedrichs des Großen und der preußischen **Königskrone** von 1889.

Drei Kartoffeln und eine Rose

Die katholische **St. Michaelskapelle** ist der einzige noch erhaltene Teil der mittelalterlichen Burg mit bedeutendem Glaskunstwerk und dem ältesten Wappen der Hohenzollern. In der evangelischen **Christuskapelle** erinnern Wandtafeln, Standarten und Inschriften daran, dass sich hier bis 1991 die **Gräber** des Soldatenkönigs und Friedrichs des Großen befunden haben, Wegstation einer königlichen Odyssee: Der Alte Fritz hatte testamentarisch festgelegt, dass man ihn bei seinen Windhunden in der Gruft unter der Terrasse von Sanssouci (s. S. 299) beerdigen solle. Sein Nachfolger hielt sich nicht daran; er ließ ihn in der Potsdamer Garnisonkirche beisetzen. Kurz vor Kriegsende verbrachte man die Särge in ein Kalibergwerk in Thüringen. Die US-Armee nahm bei ihrem Rückzug die Särge mit und gab sie in die Obhut der Elisabethkirche in Marburg. Prinz Louis Ferdinand (1907–94) beschloss dann, die sterblichen Überreste seiner Vorfahren auf die Burg zu holen. Hier ruhten sie ab 1952. Bis die Mauer fiel, Deutschland vereinigt, die Voraussetzungen für eine endgültige Umbettung gegeben waren. Ein historischer Sonderzug mit Salonwagen fuhr auf geheimer Strecke zum Schlosspark Sanssouci. Am 17. August 1991, dem 205. Todestag Friedrichs II., wurden der Soldatenkönig im Mausoleum der Friedenskirche im Park Sanssouci und Friedrich der Große gegen Mitternacht auf seiner Schlossterrasse beigesetzt: Ein kontrovers diskutiertes Medienereignis (die Potsdamer sprachen von »Umtopfen«) – Friedrich hatte es sich »ohne Pomp, ohne Prunk und ohne die geringsten Zeremonien« gewünscht.

Heute liegen auf seiner Grabplatte – hier wie dort – immer wieder Rosensträußchen und Kartoffeln; letztere hatte er nach einem Hungerkrieg in Preußen eingeführt.

Öffnungszeiten:
1. Nov.–15. März 10–16.30 Uhr, 16. März–31. Okt. 9–17.30 Uhr
www.burg-hohenzollern.com

Tourist-Info Hechingen
Kirchplatz 12
Tel. 07471/940-211
www.hechingen.de

Das Heidelberger Schloss

Triumph der Renaissance und romantische Ikone

Hier ist Gelegenheit, an Georg Dehio zu erinnern. Der Begründer des Handbuchs der deutschen Kunstdenkmäler widersprach 1902 vehement einer »Wiederherstellung« des Ottheinrichsbaus im Heidelberger Schloss, er hielt diesem Plan sein Credo entgegen: »Konservieren, nicht restaurieren!« So erleben die vielen Besucher noch heute eine zwar ruinöse, aber authentische Architektur. Ob ihnen ein schön herausgeputztes Märchenschloss lieber wäre, kann dahingestellt bleiben.

Prächtige Schlossruine der Pfälzer Kurfürsten

Erbaut: 16./17. Jh.

Besonders sehenswert:
- ☆ *Ottheinrichsbau und Friedrichsbau*
- ☆ *Deutsches Apothekenmuseum*
- ☆ *Großes Fass*

Aufstieg und Niedergang

Eine Vogtsburg der Wormser Bischöfe hat hier wohl schon im 11. Jahrhundert gestanden. Um 1150 ging das Gemäuer an Konrad von Hohenstaufen, einen Halbbruder Kaiser Friedrich Barbarossas. Er legte den Grund zum territorialen Gebilde namens Pfalzgrafschaft, er gründete auch zu Füßen der Burg die Stadt, die bald prosperierte.

Stammsitz aber wurde die Feste doch erst mit Ludwig dem Kelheimer (ermordet 1231), als Angehöriger des Hauses Wittelsbach erbte er die Pfalzgrafschaft 1214. Residenz und Herrschaftszentrum blieb die Burg lange, mit der Stadt oft auf Gedeih und Verderb verbunden. Die Universität Heidelberg, 1386 unter Kurfürst Ruprecht von der Pfalz gegründet, wurde unter seinem Großneffen gleichen Namens ein Hort des Humanismus; dieser spätere deutsche König ließ dann auch für die Burg einen Bibliotheksbau errichten.

Die Höhepunkte der Baugeschichte fallen ins 16. und das beginnende 17. Jahrhundert, zuletzt veranlasste Kurfürst Friedrich V. von der Pfalz den Englischen Bau. In die Geschichte ging dieser Friedrich als »Winterkönig« ein: Als die böhmischen Stände ihm die Wenzelskrone zuerkannten, hatte er die geballte Macht der katholischen Liga gegen sich. Seine katastrophale Niederlage am Weißen Berg bei Prag 1630 zog auch die Zerstörung von Schloss und Stadt Heidelberg nach sich.

Die berühmte Bibliotheca Palatina, schon von den Zeitgenossen »Mutter der Bibliotheken« genannt und im 17. Jahrhundert jedenfalls die bedeutendste Büchersammlung nördlich der Alpen, ging 1623 als Kriegsbeute an den Papst. 1816 kamen die deutschsprachigen Handschriften zurück, der größte Teil liegt heute noch in den Tresoren der Vatikanischen Bibliothek.

Kaum fünfzig Jahre sollte es dauern, bis das wieder aufgebaute Schloss erneut in Trümmer fiel – im Pfälzischen Erbfolgekrieg zerstörten es französische Truppen. Als 1720 die Residenz der Pfalzgrafschaft nach Mannheim verlegt wurde, verlor es seine Bedeutung. Notdürftig instand gesetzt, traf den Palast 1764 der Blitz, ein nachfolgender Brand machte ihn endgültig zur Ruine.

Aber gerade das verfallene Schloss sollte glänzend wiederauferstehen. Die 1803 neu gegründete Universität zog als Zentrum der Romantik die Mittelalter-Schwärmer an den Neckar, sie sahen im Schloss

Heidelberger Schloss, Friedrichsbau. Auf den Zwerchhäusern stehen die Personifikationen des Frühlings und des Sommers, zwischen den Zwerchhäusern erhebt sich Justitia mit Schwert und Waage.

ein Bild vergangener deutscher Größe. Es blieb eine Ikone der Romantik, die mit ihr ziemlich alle Höhen und Tiefen der touristischen Vermarktung durchlitt.

Glanz der Renaissance

Anders, als sich bei so viel geballter Romantik erwarten lässt, blieben von der mittelalterlichen Burg nur Restbestände. Aber schon der Pfalzgraf und spätere König Ruprecht holte mit dem Frankfurter Stadtbaumeister Madern Gerthener einen profilierten Architekten nach Heidelberg. Nach dem Passieren von **Brückenhaus** und **Torturm** betritt der Besucher den Innenhof, dem alle Fassaden zugewendet sind. Der **Ruprechtsbau** gleich linker Hand stammt – wenngleich später verändert – noch aus dem frühen 15. Jahrhundert. Zum spärlichen Schmuck gehört der Schlussstein des Portals mit seiner sehr qualitätvollen Plastik; zwei Engel halten hier einen Rosenkranz, der einen Zirkel umschließt.

Ruprechts vierter Nachfolger im Amt des Kurfürsten war Ludwig V. (1508–44), dem die Historiker aus nicht ganz erfindlichen Gründen den Beinamen »der Friedliche« gaben. Er ließ den an den Ruprechtsbau angrenzenden **Bibliotheks**- und den **Frauenzimmerbau** errichten, letzterer beherbergte den Königssaal. Nach ihm heißt der schlichte Friedrichsbau gegenüber, auch das Brunnenhaus rechts eingangs des Innenhofs entstand während seiner Regierungszeit.

Aber den Rang dieser Schlossarchitektur begründen die Bauten der Renaissance. Schon mit dem **Gläsernen Saalbau** von 1549 kündigt sich die Epoche an: Seine Arkaden weisen unverkennbar nach Italien, ebenso der Schmuck auf dem (noch spätgotischen) Treppengiebel am quergestellten Treppenbau. Gläsern heißt dieser Saalbau übrigens deshalb, weil er einen Spiegelsaal besaß. Ein völlig verspiegelter Raum galt damals als äußerster Luxus und muss in einem gutenteils mittelalterlichen Gemäuer besonders blendend gewirkt haben.

Architektonischer Höhepunkt des Schlosses ist zweifellos der **Ottheinrichsbau** (1556–59). Als dieser Kurfürst 1556 sein Erbe wirklich antreten konnte und in der Pfalz die Reformation einführte, wollte er diese Zeitenwende auch baukünstlerisch manifestiert wissen. Am augenfälligsten ließen sich die hochgesteckten Ziele natürlich an der Fassade darstellen. Fünf Doppelfensterachsen teilen drei verschieden hohe Stockwerke vertikal. Das Figurenprogramm zeigt im Erdgeschoss mit Josua, Samson und David drei Gestalten des Alten Testaments, die als Vor-Bilder Christi gelten, wie übrigens auch der heidnische Held Herkules, der in dieser Reihe nicht fehlen darf. Darüber folgen die Allegorien der Herrschertugenden Stärke, Glaube, Liebe, Hoffnung und Gerechtigkeit, im zweiten Obergeschoss Götter der Antike (Saturn, Mars, Venus, Merkur und Luna), den Aufbau krönen Sol und Jupiter. Das Portal über der Freitreppe ähnelt einem römischen Triumphbogen und präsentiert sämtliche Titel des Herrschers.

1591 entstand der Fassbau, und das hier ausgestellte Große Fass ist fester Bestandteil der Heidelberg-Folklore. Das heutige stammt aus den Jahren 1750/51 und kann 222 000 Liter fassen.

Eine prägnante Fassade präsentiert auch der **Friedrichsbau,** errichtet von 1601 bis 1607 unter Kurfürst Friedrich IV. Hier werden keine biblischen und antiken Lichtgestalten mehr versammelt, sondern eine Art Ahnenprobe gegeben. Sie versammelt 16 blaublütige Vorfahren, darunter sogar Karl den Großen. Der Friedrichsbau birgt auch die **Schlosskirche,** das Bild seiner eigenen Unversehrtheit allerdings täuscht, es ist das Ergebnis einer Wiederherstellung im Jahrzehnt vor 1900. Friedrichs IV. später so glückloser Nachfolger Friedrich V. heiratete Elisabeth Stuart, die Tochter des englischen Königs. Nach ihr heißt der Palast ihres Gatten **Englischer Bau.** Als einziger war er mit seiner Hauptfassade der Stadt zugewendet, die Pläne lieferte kein Geringerer als der geniale Inigo Jones.

Als das Schloss von der katholischen Liga 1632 übel heimgesucht wurde, entging auch der Renaissancegarten einer Verwüstung nicht. Dieser **Hortus Palatinus** (Pfalzgräflicher Garten) galt den Zeitgenossen als achtes Weltwunder. Zu seinem Ruhm trug ein Kupferstichwerk bei, das sein Schöpfer, der aus London berufene Salomon de Caus, 1620 veröffentlichte. Spätere, behutsame Rekonstruktionen lassen die Pracht dieser Anlage wenigstens erahnen.

Öffnungszeiten:
April–Okt. Mo–Sa 9–19, So, Fei 10–18 Uhr, Nov.–März Mo–Sa 9–18 Uhr

Tourist-Info Heidelberg:
Willy-Brandt-Platz 1
Hauptbahnhof
Tel. 062 21/1 94 33
www.cvb-heidelberg.de

Schloss Herrenchiemsee

Das künstliche Paradies

Fantastische Hommage an die absolutistische Monarchie

Erbaut: 1878–85

Besonders sehenswert:
- ☆ *Galerie Julius Exter*
- ☆ *Spiegelgalerie*
- ☆ *König-Ludwig-II.-Museum*

Schon an der Schiffsanlagestelle Prien breitet sich ein malerisches Panorama aus: weiße Wölkchen über dem Blau des Chiemsees, Segelboote, die Herreninsel im Grün der Bäume, im Hintergrund die Alpen. Das »bayerische Meer« ist der zweitgrößte deutsche Binnensee, darin schwimmt die kleinste Gemeinde Oberbayerns mit Herreninsel, Fraueninsel und der unbewohnten Krautinsel. Magischer Anziehungspunkt ist die Herreninsel mit Schloss Herrenchiemsee, das Ludwig II. als Hommage an den Sonnenkönig Ludwig XIV. bauen ließ – ein glanzvolles Versailles seiner Träume, das das absolutistische Vorbild noch übertrumpfte, obwohl es nie fertiggestellt wurde.

Wie einst den König, heißt das **Alte Schloss** auch heute Besucher auf der Insel willkommen. Einst ein Benediktinerkloster, wurde es im 12. Jahrhundert als **Augustiner-Chorherrenstift** neu gegründet. Das Gesamtensemble, wie wir es heute vorfinden – der große, schöne Vierflügelbau mit Rosenhof und der Kirche St. Maria – stammt überwiegend aus der Barockzeit. Sehenswert ist das moderne **Museum zur Kloster- und Stiftsgeschichte**. Es gedenkt auch der Tagung von 1948, die hier zur Vorbereitung des Grundgesetzes der Bundesrepublik stattfand. Wunderschön ist die **Gemäldesammlung** zur Chiemseelandschaft, und in der **Galerie Julius Exter** explodieren die Farben: rund 100 Werke des Malers (1863–1939), der um 1900 zur Münchner Sezession gehörte und der Gruppe »Blauer Reiter« nahestand. Das **Schlosshotel** wartet mit einer illustren Gästeliste auf, und von den Terrassen des Restaurants und Biergartens im Schatten der Platanen bieten sich überwältigend schöne Ausblicke. Von hier aus führen die Spazierwege direkt auf das Neue Schloss, auf Herrenchiemsee mit seiner gewaltigen Westfassade zu.

Ein »Tempel des Ruhms«

Da wird es feierlich und prachtvoll: Auf schnurgerader Ost-West-Achse, von Linden begleitet, schreitet der Mensch Richtung Schloss, vorbei am geometrischen Blumenparterre mit reich geschmücktem **Latonabrunnen,** die Freitreppe hinauf zum **Wasserparterre** mit Fama- und Fortuna-Brunnen bis hinein ins Schloss. Großartig ist die Hauptfassade mit ihren aneinandergereihten Fensterachsen; im Rücken ist der Querriegel von zwei identischen Seitenflügeln gefasst.

Nach der Reichsgründung von 1871 war für den bayerischen König Ludwig II. klar geworden, dass seine Visionen von einem allmächtigen Monarchen unerfüllt bleiben würden. 1873 erwarb er die

Schloss Herrenchiemsee

Insel und begann mit der Umsetzung für sein Versailles. Dreizehn Planungsphasen gibt es, und als 1878 unter der Leitung von Georg Dollmann mit dem Bau begonnen wird, soll es ein »Tempel des Ruhms« für den französischen König Ludwig XIV. werden, den Ludwig II. sein Leben lang vergöttert hat. Zur selben Zeit waren noch 200 Arbeiter an seiner Ritterburg Neuschwanstein (s. S. 273) beschäftigt, sein Rokokoschloss Linderhof war gerade fertig gestellt. Aus der gewünschten Nachbildung von Versailles wurde schließlich ein Triumph der Überhöhung: Das südliche **Prunktreppenhaus** bildet die Gesandtentreppe in Versailles nach, mit farbigem Marmor und Stuckmarmor, mit Gemälden und reichem Detailschmuckwerk. Gekrönt wird es von einem seinerzeit hochmodernen Glasdach in Gusseisenkonstruktion.

Am 13. Juni 1886 starb Ludwig II. im Starnberger See; am 1. August wurden seine Schlösser, vom Staat übernommen, zur Besichtigung freigegeben.

Das Obergeschoss mit seiner Enfilade, mit Vorzimmern, Beratungssaal, Ochsenaugensaal, mit Gemälden zur Verherrlichung des Sonnenkönigs, mit kostbarstem Mobiliar, Samt, Seide, Stickereien, findet seinen Höhepunkt im **Paradeschlafzimmer** mit gnadenlos prunkvoller Ausstattung: Als erster Raum war es 1881 vollendet. Die Deckenmalerei zeigt Apollo im Sonnenwagen – mit dem Antlitz Ludwigs XIV. Ein Bühnenbild: Ludwig II. hat es nur angeschaut, allein.

Zur Gartenseite hin erstreckt sich die große **Spiegelgalerie**, die nahezu die gesamte Fassadenlänge einnimmt. Atemberaubend, 98 m lang, bis ins Detail eine maßstäbliche Kopie von Versailles. Den Fensterbögen entsprechen die Spiegel auf der gegenüberliegenden Wandseite, 44 Kandelaber, 33 Lüster, Gemälde, üppiges Dekor, spiegelblanker Boden. Jetzt finden hier festliche Konzerte statt – Ludwig II. wanderte des Nachts beim Licht tausender Kerzen alleine auf und ab. Er war dann vom Nordtrakt gekommen, aus seinen Wohnräumen,

Literaturtipp:
Anregend, detailreich und mit zahllosen Abbildungen: Dirk Heißerer, ›Ludwig II.‹ (rororo monographie)

Vor Eintreffen des Königs wurde das Prunktreppenhaus mit einem Teppich aus tausenden von Rosen und Lilien geschmückt, und alle Kerzen mussten angezündet sein.

aus dem in Weiß und Gold und Blau schwelgenden Schlafzimmer, dem Blauen Salon, dem rot-barocken Speisezimmer. Der Tisch wurde wie in Schloss Linderhof bis in die Küchenkatakomben versenkt, um dort gedeckt zu werden; Bedienstete wusste Ludwig II. nur ungern um sich. Von hier aus stürzen die rohen Ziegelwände des nördlichen Treppenhauses in die Tiefe; hier wurde der Bau gestoppt. Ein eindrückliches Symbol für den Wendepunkt im Leben des friedlosen Mannes, der an seinen Traumwelten, seinen Phantasien, seiner Maßlosigkeit und zunehmenden Realitätsferne gescheitert ist.

»Ein ewig Räthsel bleiben will Ich Mir und andern«

Öffnungszeiten:
April– 3. Okt. 9–18, Okt.–März 9.40–16 Uhr
Tel. 08051/688 70
www.herren-chiemsee.de

Anfahrt:
Die Insel ist nur mit dem Schiff zu erreichen:
Schiffsanlegestelle Prien/Stock und Gstadt
Tel. 08051/60 90
www.chiemsee-schifffahrt.de
Vom Bahnhof Prien fährt die letzte Dampfstraßenbahn der Welt regelmäßig bis zur Schiffsanlegestelle

Übernachtung:
Posthotel Sachrang
Dorfstraße 7
Tel. 08057-90580
www.Posthotel-Sachrang.de
Eine wunderschöne Mischung aus Alt und Neu, himmlisch ruhig und familiengeführt mit guter Küche

Acht Jahre lang wurde am Schloss und den Gartenanlagen gearbeitet; von siebzig vorgesehen Räumen konnten zwanzig vollendet werden. Nur zehn Tage, im September 1885, hat der »Märchenkönig« auf Herrenchiemsee gewohnt. Unmittelbar darauf musste er die Bauarbeiten einstellen lassen: Die Kosten für seinen Tempel des Ruhms betrugen zu dem Zeitpunkt 16,6 Millionen Goldmark; nur rund fünf Millionen hatte die Kabinettskasse abgesegnet, die Schuldenlast wuchs sich zur Staatsgefährdung aus. Ludwig war zu einem Getriebenen geworden, menschenscheu, überempfindsam, psychisch instabil. Seit 1874 hatte er sich nicht mehr in der Öffentlichkeit gezeigt; ging nur in aufwändigsten »Separatvorstellungen« in Oper und Theater, in seinen Schlössern war er im Schein tausender Kerzen allein. Er machte den Tag zur Nacht, die Nacht zum Tag. Seinen Regierungsgeschäften verweigerte er sich zunehmend, und nachdem 1871 der preußische König Wilhelm I. zum Kaiser des Deutschen Reiches ausgerufen wurde und bayerische Souveränitätsansprüche abtreten musste, mochte er sich mit der geschwächten Position des Königs in einer konstitutionellen Monarchie nicht abfinden. Im Juni 1886 wird er mittels psychiatrischer Gutachten des Psychiaters Professor Gudden für geisteskrank erklärt – obwohl kein Gutachter ihn persönlich in Augenschein genommen hat. Ludwig wird nach Schloss Berg am Starnberger See verbracht. Am 13. Juni 1886 finden Ludwig II. und Gudden im Starnberger See den Tod. In der Michaelskirche in München wird er bestattet; die Urne mit dem Herz des Königs wird in die Gnadenkapelle nach Altötting überführt.

Das **König-Ludwig-II.-Museum** im Erdgeschoss präsentiert Leben und Zeit des unglückseligen Monarchen, zeigt eine Fülle an Dokumenten, Gemälden und Memorabilien, Pläne und Modelle aller Königsbauten und umreißt seine Beziehung zu Wagner. Das Rätsel kann aber auch hier nicht gelöst werden: War das tragische Ende Selbstmord, Mord, ein Unglücksfall? Ein Geheimnis ist er geblieben, sich und andern.

Hildesheimer Dom und St. Michael

Auf den Spuren Bernwards

Romanische Kirchen mit großartigen Kunstschätzen; UNESCO-Welterbe seit 1985

Erbaut:
Dom: ab 9. Jh.
St. Michael: 1010–33

Besonders sehenswert:
- ☆ *Bernwardinische Bronzegüsse (doppelflügelige Erztür und Christussäule) im Dom*
- ☆ *Taufbecken im Dom*
- ☆ *Bemalte Holzdecke aus dem 13. Jh. in St. Michael*
- ☆ *Engelschorschranken und Kapitelle*
- ☆ *Krypta mit dem Grab Bischof Bernwards*

Am 22. März 1945 fiel auch der »Tausendjährige Rosenstock« den Bomben zum Opfer, trieb jedoch bald wieder aus. Und mag er ein paar hundert Jahre jünger sein, als der Name glauben macht – dass dieser Busch immer noch an der Ostapsis des Domes (im 12. Jahrhundert erneuert) rankt, spricht für die Vitalität dieser Wildrose.

Den Kunstwerken fehlt solche Regenerationsmöglichkeit. Wenigstens geben völlig zerstörte Bauten Gelegenheit, ihr Erscheinungsbild zu korrigieren, im Fall des Hildesheimer Doms und der Michaelskirche hin zu den Ursprüngen. Sie reichen beim Dom besonders weit zurück: In seinem Ostteil steckt noch Mauerwerk einer um 872 vollendeten Anlage, erhalten blieben sogar zwei Kryptenportale aus dieser Zeit. Doch Bernward musste erleben, wie dieser Bau ausbrannte, und der heutige Dom entstand nach einem erneuten Brand »erst« unter Hezilo (Bischof 1054–79). Im 14. Jahrhundert erhielt dann das Langhaus seine Seitenkapellen. Nach dem Zweiten Weltkrieg wurde die Barockisierung der Kirche nicht mehr berücksichtigt, wohl dagegen der bereits vor 1850 abgebrochene Westbau. Hier musste neben alten Bildvorlagen auch der Mindener Dom Modell stehen, dessen Westabschluss sich ganz eng an das (nieder)sächsische Vorbild angeschlossen haben soll.

»Bernwardskunst«

Berühmt wurde die Hildesheimer Bischofskirche durch zwei Kunstwerke, die mit Bernward (geb. um 960, Bischof 993–1022) namentlich verbunden blieben. Dieser Mann aus sächsischem Hochadel zählte zu den Lichtgestalten seiner Zeit. Um 975 war er an die hiesige Domschule gekommen, aber nie galten seine Interessen allein der Theologie; bereits die Zeitgenossen rühmten ihn als Förderer der Künste. Dem ottonischen Herrscherhaus eng verbunden, trat Bernward 987 in die Hofkapelle ein. 989 bestellte ihn die Kaiserin Theophanu zum Erzieher ihres Sohnes, der als Otto III. (Kaiser 996–1002) die »Erneuerung des römischen Reiches« *(renovatio imperii Romanorum)* zum politischen Programm erhob.

»Im Jahr der Menschwerdung des Herrn 1015 ließ Bischof Bernward göttlichen Angedenkens diese gegossenen Türflügel an der Fassade des Engeltempels zu seinem Gedächtnis aufhängen.« So lautet die lateinische, nachträglich eingefügte Inschrift auf der Mittelleiste des erstaunlichen Werks. Bronzene Türen hatte es im Reich schon vorher gegeben, die so genannte Wolfstür vom Aachener Dom

Wer Bernward im Dom seine Reverenz erweisen will, hat schon vorab die Möglichkeit, ein Zeugnis seines Nachwirkens kennen zu lernen. Denn das grandiose, 1225 geschaffene Taufbecken in der Georgskapelle verdankt sich der meisterhaften Beherrschung des Bronzegusses, der erst mit diesem Bischof nach Hildesheim kam. Dieses Becken ruht auf Figurendarstellungen der vier Paradiesflüsse, einem Motiv, dem wir auch in der bernwardinischen Kunst öfter begegnen.

(s. S. 26) stammt sogar noch aus der Zeit Karls des Großen. Aber unter den figürlich geschmückten Eingängen hat der Hildesheimer das zeitliche Primat, wie er überhaupt zu den frühesten großplastischen Bildzyklen hierzulande zählt. Die Bernwardtür erreicht 5 m Höhe, beide Flügel zusammen knapp 2,30 m Breite, allein von der Flächengröße her bedeutete sie für die Gießerei eine gewaltige technische Herausforderung. Und die Reliefs sind keineswegs gleichmäßig flach gehöht, sondern von verschieden starkem plastischem Volumen, manche Köpfe wurden fast vollrund herausgearbeitet.

Auf den jeweils acht Feldern der beiden Flügel stehen sich alt- und neutestamentliche Szenen gegenüber, links reicht die Bilderfolge von der Erschaffung Adams bis zum Brudermord, rechts schließen an die vier Felder aus der Jugend Christi vier seiner Passion an. Die Szenen entsprechen sich nicht typologisch, außerdem ist die zeitliche Abfolge gegenläufig. Links halten sich die Bilder von oben nach unten an die Chronologie im ersten Buch Mose, rechts beginnen sie unten mit der Verkündigung, zeigen dann Geburt, Anbetung durch die Heiligen Drei Könige und Darbringung im Tempel, überspringen das Leben Jesu und die sonst so gern gezeigten Wunder, um mit Jesus vor Pilatus und der Kreuzigung fortzufahren. Dann folgt die Szene der drei Frauen vor dem leeren Grab und schließlich das »Noli me tangere«, ein Christus, der schon nicht mehr von dieser Welt ist, entzieht sich der Berührung Maria Magdalenas.

Nicht alle Bilder sind von gleicher Qualität. Doch wundervoll gelang etwa die Szene, in der ein übergroßer Gottvater Eva ihrem Adam entgegenführt, während die beiden Menschen die Arme schon sehnsuchtsvoll einander entgegenstrecken. Auch den Brudermord hat der Künstler mit großer Eindringlichkeit dargestellt, links vom Schauplatz des Verbrechens steht Kain, aus der Körperdrehung heraus zeigt er dem Herrn (hier der Hand aus den Wolken) gleichsam die kalte Schulter: »Soll ich meines Bruders Hüter sein?«

Ein Bronzeguss ist auch die **Bernwardsäule.** Sie stammt allerdings aus St. Michael, der Verlust ihres Kruzifixes und ihres Kapitells (1870 ersetzt) geht wesentlich auf diesen Aufstellungsort zurück. An ihrer Basis begegnen wir den vier Paradiesflüssen, von denen jedoch nur einer als ganze Figur erhalten blieb. Insofern sie für das Wasser des Lebens stehen, speisen sie die als Säule aufsteigende Fontäne.

Offensichtlich hat die erstaunliche Stütze antike Vorbilder: Triumphsäulen, vor allem die 40 m hohe Kaiser Trajans, müssen Bernward bei seinem Romaufenthalt tief beeindruckt haben. Doch natürlich dienen die 24 Szenen auf dem Spiralband nicht der Verherrlichung von Imperatoren. Vielmehr zeichnen sie das Leben Jesu nach, es setzt hier mit der Taufe im Jordan ein und endet mit dem Einzug in Jerusalem. So umfassen sie genau jene Zeitspanne, die bei den

Bronzetür Bischof Bernwards im Hildesheimer Dom

Darstellungen auf dem rechten Flügel der Bernwardtür übersprungen wurde. Im Vergleich zu ihr sind die Bildfindungen auf der Säule weniger prägnant und die Reliefe weniger plastisch. Auch die Ziselierung, also die nachträgliche Feinarbeit, ist flüchtiger ausgeführt. Dennoch blieb mit der Bernwardsäule ein singuläres Werk der frühen Gießkunst erhalten.

St. Michael

Von St. Michael war schon die Rede. Auf einem Hügel westlich der Domanhöhe stand zunächst eine Heilig-Kreuz-Kapelle. Kaiser Otto III. hatte Bernward einen Splitter des gebenedeiten Holzes geschenkt. Der ließ um die ungewöhnlich wertvolle Reliquie eine Kapelle errichten, sie war anfangs das Gotteshaus der hierhin berufenen Benediktiner. Der erste Abt kam aus Kölns St. Pantaleon, einer den Ottonen eng verbundenen Niederlassung (s. S. 203). Dieses erste Männerkloster seiner Diözese gründete Bernward aus eigenen Mitteln, er gab sein ganzes Erbgut, um es mit irdischen Gütern auszustatten. Noch zu Lebzeiten ließ er keinen Zweifel daran, dass er dies alles nicht nur zur Ehre Gottes tat, sondern auch zum ewigen Gedenken an den Stifter.

St. Michael
1 Ostquerhaus
2 Westquerhaus mit den Chorschranken der Vierung
3 Westchor (darunter die Krypta mit Sarkophag Bernwards)
4 Romanische »Wurzel Jesse« auf der Holzdecke

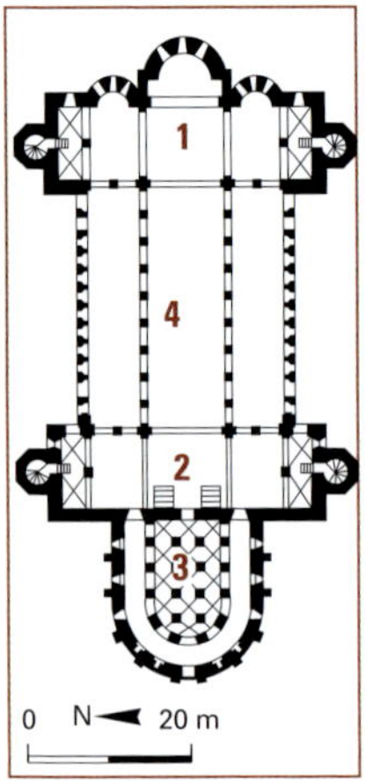

Südlich der Kapelle entstand ab 1010 das neue Gotteshaus. Eine Weihe von 1015 gilt wohl der Krypta, die Bernward zu seiner Grablege bestimmt hatte. Ende September 1022, als er den Tod nahen fühlte, weihte der zeitlebens kränkelnde Bischof die gesamte Kirche. Das Datum darf nicht täuschen, erst 1033 war sie im Wesentlichen vollendet.

Aber vielleicht gehen selbst die ersten Eingriffe in Bernwards Bau mehr auf sein Wirken zurück als auf den Brand des Jahres 1162 (oder 1164). Denn nun erfüllte sich seine Hoffnung, einmal zur Ehre der Altäre erhoben zu werden. Seit 1150 ist ein Kult um sein Grab nachweisbar, 1192/93 sprach ihn Papst Coelestin III. heilig. Wohl im Zusammenhang damit wurde die Krypta während des späten 12. Jahrhunderts erweitert. Ebenfalls erhielten die bernwardinischen Kapitelle der Langhausstützen sicher dekorativere Nachfolger, nur das nordöstliche Säulenpaar blieb verschont.

Auch im 13. Jahrhundert kam es zu Veränderungen, schließlich musste das Bauwerk noch der Gotik Tribut zollen. Aber das alles wog leicht gegen das Schicksal des Gotteshauses, nachdem sich in Hildesheim die Reformation durchgesetzt hatte. St. Michael war zwar noch Kloster-, aber auch evangelische Pfarrkirche. Immer mehr historische Substanz ging verloren; so verschwanden im 17. Jahrhundert die beiden Vierungstürme, der Ostchor wurde ebenfalls abgebrochen. Dauernd stritten Mönche und Pfarrgemeinde um den Unterhalt. Glück im Unglück: Der Streit provozierte ein Holzmodell und recht genaue Abbilder des ursprünglichen Aussehens, nicht zuletzt ihretwegen konnte der Kirche nach 1945 das ottonische Erscheinungsbild zurückgegeben werden.

So lässt sich heute wieder ablesen, welch großartigen Wurf St. Michael darstellte, schon ihre zwei Querhäuser machen den hohen Anspruch des Bauherrn deutlich. Die flach gedeckte, dreischiffige Basilika ist konsequent aus dem Modul des Quadrats entwickelt, früher wurde sie sogar als »Schöpfungsbau des Gebundenen Systems« gefeiert. Überdies gehört St. Michael zu den Kirchen, die erstmals eine klar ausgeschiedene Vierung zeigen. Und bei mancher Unentschiedenheit im Einzelnen strebt sie doch nach einer Schlüssigkeit des Gefüges, die in die Romanik vorausweist.

Säulen und Pfeiler

Das Langhaus mit den auffällig breiten Seitenschiffen bestimmt der so genannte niedersächsische Stützenwechsel, bei dem auf zwei Säulen ein Pfeiler folgt. Die sechs Türme künden ebenfalls von den besonderen Ambitionen Bernwards, die Vierungstürme, mächtige Kuben über der Durchdringung von Lang- und Querhaus, gehören zu den ältesten überhaupt. Vier Treppentürme sind den Querhausarmen angefügt, sie springen auf Höhe des Giebelsimses vom Achteck ins Rund. Dabei ist das Mauerwerk ohne jeden Schmuck, außen stört keine Lisene, kein Rundbogenfries den Eindruck des Monumentalen. Anders im Inneren: Hier steht vor allem die Dreifachgliederung der Querhausstirnwände für eine anspruchsvolle Architektur. Über den zwei großen Bögen unten folgen die vierfachen Arkaden der Empore, den Schluss machen sechs ganz kleine, fast schon ornamental aufgefasste im Obergaden.

Genaueres Hinsehen lohnen beiden erhaltenen Säulen aus der Zeit um 1015, genauer: ihre Würfelkapitelle. Der Begriff fasst die Sache nur halb. Denn zum Würfel kommt hier die Kugel. Die Form bezeichnet ein Ende und einen Anfang: Sie ging aus den reich gezierten Kopfstücken der Antike hervor, und recht bald wird sich aus ihr wieder eine neue Ornamentik entwickeln. Doch die äußerste Vereinfachung des Übergangs von der runden Säule zum plattigen Kämpfer gehört zu den wesentlichen Kennzeichen der Romanik, insofern leistet St. Michael auch in diesem Detail Bahnbrechendes. Ob die zwingende Stereometrie in Hildesheim entwickelt wurde, ist unsicher, aber sie tritt hier erstmals auf. Übrigens leitet das Kapitell nicht direkt zur quadratischen Kämpferplatte über. Ihm folgt vielmehr ein Zwischenstück; es barg Reliquien, wie die Inschriften zum Mittelschiff hin heute noch belegen.

Ein Stammbaum auf Holz

Ein ganz außerordentliches Werk des frühen 13. Jahrhunderts ist die bemalte **Holzdecke** des Mittelschiffs. Ihre acht quadratischen Felder werden von zwei Bildstreifen mit Prophetendarstellungen flankiert, die Eckpunkte bilden jedoch die Evangelisten und – einmal mehr – die vier Paradiesflüsse. Ganz außen verläuft ein Medaillonfries mit den »Ahnen« des Erlösers. Im Westen beginnt die zentrale Folge allerdings mit dem Sündenfall. Zwischen Adam und Eva steht der fatale Baum der Erkenntnis, dessen Stamm die Schlange umwindet. Aber darüber beginnt schon der Stammbaum Christi, zunächst mit dem ruhenden Patriarchen Jesse, dem Vater Davids nach der Weissagung des Propheten Jesaja. Die davidischen Könige schließen sich an, auf sie folgt eine Darstellung der Muttergottes und zuletzt ein Christus als Herrscher. Die Malerei wird augenfällig durch das Wechselspiel von Blau- und Rotton beherrscht, gegen das statuarische Erscheinungsbild der Figuren hält ihre feine, lebendige Zeichnung. Von bemerkenswerter Eleganz ist die Rankenornamentik.

Etwa zur gleichen Zeit, noch im Umfeld der Heiligsprechung Bernwards, entstanden die **Chorschranken** der westlichen Vierung. Immerhin eine davon blieb erhalten. Über der großen Dreifacharkade läuft außen ein Figurenfries aus Gipsmörtel. Die Folge seiner sieben Heiligen beginnt mit dem Ordensgründer Benedikt und schließt mit Bernward, an dessen Identität das Kirchenmodell in seiner Linken keinen Zweifel lässt. Wie selbstverständlich bildet Maria das Zentrum, alle Bildwerke stehen unter Faltkuppeln. Darüber verläuft eine sorgfältig gearbeitete Säulchengalerie. Auf der Innenseite schmücken prachtvoll gelungene Engel ihre Zwickel, die Säulenbrüstung ziert dort ein Fries aus Fabelwesen.

Von den Erneuerungsarbeiten zu Anfang des 13. Jahrhunderts zeugt das Außenportal zur westlichen **Hallenkrypta.** Sie selbst aber stammt noch aus der Zeit Bernwards, und der Sarkophag des Heiligen ist ihr eigentlicher Mittelpunkt. Ursprünglich hat offenbar nur sein dachähnlicher Abschluss aus dem Boden geragt. Die Schrägen zeigen neun Engelsbüsten zwischen je sieben Flammen. Nach der Vision aus der Apokalypse bezeichnen sie den Thron des Allerhöchsten, offenbar ein Hinweis, dass der Verstorbene Gott in seiner Herrlichkeit schauen wird. Darüber liegt heute die um 1150 geschaffene, sehr fein gearbeitete Grabplatte. Sie trägt außerdem die von Bernward selbst vorgegebene, lateinische Grabinschrift: »Ich war Bernward, der Teil eines Menschen / Jetzt bin ich umschlossen / hier vom Dunkel der Gruft. / Asche nur bin ich und Staub. / Ach, des erhabenen Amtes / hab ich nicht würdig gewaltet; / Herr lass in Frieden mich ruhn! / Betet das Amen für mich.«

Öffnungszeiten:
Dom: April–Okt. Mo–Sa 9.30–17, So 12–17 Uhr, Nov.–März Mo–Sa 10–16.30, So 12–17 Uhr

St. Michael: April–Sept. Mo–Sa 8–18, So 11.30/13–18 Uhr, Okt.–März: Mo–Sa 9–16, So 11.30/13–16 Uhr

Tourist-Info Hildesheim:
Rathausstraße 18–20
Tel. 05121/17 98-0
www.hildesheim.com

Der Schlosspark Wilhelmshöhe

Landschaft als Kunstwerk

Bedeutendes Denkmal des Gartenbaus

Erbaut: ab 1701

Besonders sehenswert:
- ☆ Riesenschloss mit Herkules
- ☆ Kaskaden
- ☆ Schloss mit Galerie Alter Meister

Angesichts der Kasseler Innenstadt kann die documenta nur als Flucht nach vorn verstanden werden. In eine ganz andere Welt führt die Wilhelmshöhe. Westlich der Stadt liegt am Abhang des Habichtswaldes ein Gartenkunstwerk, das auf deutschem Boden zu den aufregendsten seiner Art gehört. Bei aller Weitläufigkeit prägt das Bild dieses Parks doch die Höhe. Fast unausweichlich ist der Herkules auf der Spitze zum Wahrzeichen der Stadt geworden. Dieser Herkules allerdings verlangt trotz seiner imposanten 8,25 m nach Nähe, aus der Entfernung und zwangsläufigen Untersicht macht sein athletischer Körperbau weniger Effekt. Seit 1717 krönt die Figur aus getriebenem Kupfer die Wilhelmshöhe. Das Werk des Goldschmieds Johann Jakob Anthoni entstand nach dem berühmten Original des Herkules Farnese. Im Barock bediente sich der Adel häufig dieses Hauptbelden der antiken Mythologie, aber nie wird Herkules so spektakulär in Szene gesetzt wie hier am Rand des Habichtswaldes: ein ragendes Symbol absoluter Fürstengröße.

Das Urbild hatte Landgraf Karl auf seiner Italienreise bewundern können. Er war von den Gärten in der Umgebung Roms begeistert, und in der Ewigen Stadt vielleicht auch schon mit Francesco Giovanni Guerniero bekannt geworden. Im Juni 1701 kam Guerniero nach Kassel, bis 1714 schuf er hier spektakulärste Land-Art. Sie nimmt ihren Ausgang vom Unterbau des Oktogons: Wie aus dem Felsen gewachsen gibt sich dieses Achteck, erst das aufgesetzte Belvedere mit seinen vorgezogenen Schrägseiten scheint zur Architektur geläutert. Die obeliskenhaft schlanke Pyramide versteht sich als Herrschaftssymbol, insofern ist der Herkules über ihr ein folgerichtiger Abschluss.

Die zyklopische Formation aber stellt das finstere Reich der Giganten dar, jener Urwesen also, deren sich die Götter nur mit Hilfe des Herkules erwehren konnten. Der Sage nach warf Athene die Insel Sizilien nach dem fliehenden Enkelados. Hier ist nur sein mächtiger Kopf noch nicht von den Felsmassen begraben, die sich unterhalb des Oktogons kunstvoll-regellos türmen. In ohnmächtiger Wut speit der Gigant seinem Bezwinger Herakles eine 12 m hohe Fontäne entgegen – wenn die Wasserkünste in Gang gesetzt sind.

Insofern das Riesengeschlecht als Verkörperung der vulkanischen Erdkräfte galt, übernimmt hier das Wasser sogar die Rolle des Feuers. Wasser ist auf der Wilhelmshöhe allgegenwärtig, als Quelle des Lebens belebt es auch diese Gartenarchitektur. Unterhalb des Riesenkopfbeckens beginnen die Kaskaden, denen der Park ein Gutteil seiner Faszination verdankt. Guernieros Idee besticht in ihrer Einfach-

Kassel, Wilhelmshöhe: Herkules bei nächtlicher Illumination

heit: Die Treppen folgen der Falllinie, das Wasser könnte also den schnellsten Weg nehmen. Aber Flachheit und Breite der Stufen hemmen seinen Lauf, eiserne Kanten zwingen das nasse Element, glatt wie ein Spiegel hinabzugleiten. Die Zähmung des Wassers lässt sich kaum sinnfälliger vor Augen führen: Wie Herakles bezwingt der absolute Fürst die Urgewalten der Natur.

So weit waren die Arbeiten gediehen, als sich Guerniero 1715 mehr oder weniger aus dem Staub machte. Offenbar vernachlässigte der Italiener den Grundsatz, nach dem gerade die kühnsten Entwürfe die solideste Ausführung verlangen; bei ohnehin immensen Kosten ging die mangelnde Standfestigkeit seiner Schöpfungen zusätzlich ins Geld. Aber alle Überformungen des Parks ließen seine Arbeit unangetastet, niemandem kam es in dem Sinn, die Autorität dieser Gartenarchitektur in Frage zu stellen. Und obwohl die Kaskaden nie bis zum Schloss weitergeführt wurden, hält sie doch ein gestreckter Wiesenplan stets als Sichtbezug gegenwärtig.

Weiterhin herkulische Aufgaben

Seit etwa 1770 gilt auch für diese Anlage das Leitbild des Englischen Gartens. Die erste Phase versammelte noch viele landschaftliche Szenerien, eine Kleinteiligkeit, die spätere Gestalter verwarfen. Erhalten blieb jedoch das chinesische Dorf (»Mulang«), allerdings als – großenteils steinerner – Nachbau der 1820er Jahre. Findet die Chinamode noch vom Rokoko in die frühen Landschaftsgärten, so sind die Kopien der Cestius-Pyramide und des sogenannten Vergil-Grabmals Antikenzitate im Geist der Aufklärung.

Nur anderthalb Jahrzehnte später tritt hier der Landschaftsgartenbau in seine »romantische« Phase. Jetzt (erst) entsteht auch das heutige **Schloss,** und bezeichnenderweise nicht in der heutigen Kompaktheit. Seine drei Trakte sind ursprünglich nur durch eine niedrige Galerie verbunden, der Garten soll dieses Schloss durchdringen, es ist Teil der Anlage, aber keineswegs mehr ihr Bezugspunkt. Das Bild des Parks wandelt sich entschieden, nicht mehr die Vielfalt ländlicher Idyllen ist gefragt, sondern das bewegende Naturerlebnis. Wieder spielt das Wasser die Hauptrolle: In der Ebene unterhalb des Schlosses breitet sich der große Seespiegel mit der Roseninsel, in den Hangpartien aber darf das Wasser seine elementare Gewalt zeigen. Nimmt es den **Steinhöfer Wasserfall** noch malerisch-komponiert, so donnert es an den **Jussow-Kaskaden** zehn Meter hinab in den Höllenteich. Etwas oberhalb der Absturzkante spannt sich die Teufelsbrücke – die Szenerie ähnelt einer alpinen Klamm und will zweifellos ein Gefühl der Beklemmung herausfordern.

Die großartigsten Staffagen der Zeit sind das verfallene römische **Aquädukt** und das Ruinenensemble der **Löwenburg** (1793–95). Hier ließ sich Landgraf Wilhelm bestatten; seinen starken Einfluss auf die »romantische« Parkgestaltung hält der Name Wilhelmshöhe fest.

Noch ein letztes Mal wurde die Anlage in den 1820er Jahren verändert, jetzt wuchs sie zu einem »realistischen« Landschaftsgarten heran. Im nordwestlichen Randbereich kommen die Bauten **Großes Gewächshaus,** erweiterter **Marstall, Wachgebäude** und **Kavalierhaus** hinzu, seit 1810 stand dort schon das **Ballhaus** nach einem Entwurf Leo von Klenzes. 1829 erhielt das Schloss sein heutiges Erscheinungsbild als konventionelle Dreiflügelanlage, das Corps de Logis bekam vor kurzem einen Glasaufbau, der die ursprüngliche Kuppel ersetzt. Im Schloss zeigen die Staatlichen Museen Kassel ihre **Antiken- und Graphische Sammlung,** bedeutende Werke der europäischen Malerei vereint die **Galerie Alter Meister.**

Doch führt die Neugestaltung auch eine große Tradition der Wilhelmshöhe fort: Eindrucksvolle 40 m hoch ist der **Neue Wasserfall,** den vier breite Absätze unterteilen. Um ihn herum wurde der Park bedeutend erweitert. Hier musste der Hofgärtner Wilhelm Hentze keine Rücksicht auf vorhandene Strukturen nehmen und konnte seine Vorstellung einer Naturkulisse verwirklichen. Heute zählt die Wilhelmshöhe zu den bedeutendsten Gartendenkmälern des Kontinents, vor allem wuchert sie mit dem Pfund ihrer Hanglage. Die Gunst des Geländes ermöglichte Architekturen und Landschaftsbilder, wie sie kein anderer Park Deutschlands bietet.

Öffnungszeiten:
Weißensteinflügel und Löwenburg: März–Okt. Di–So 10–17 Uhr, Nov.–Feb. Di–So 10–16 Uhr;
Herkules, Oktogon, Plattform, Pyramide: 15. März–15. Nov. tgl. 10–17 Uhr;
Wasserspiele: Himmelfahrt–Anf. Okt. Mi, So, Fei 14.30–15.45 Uhr, Juni–Sept. auch Sa nachts.

Tourist-Info Kassel:
Rathaus
Obere Königsstraße 8
Tel. 0561/70 77 07

Der Kölner Dom

Gotik in Vollendung

Berühmteste Kathedrale der Gotik in Deutschland; UNESCO-Welterbe seit 1996

Erbaut: 1248–1560; vollendet: 1842–1880

Besonders sehenswert:
- ☆ Westfassade
- ☆ Glasfenster
- ☆ Gerokreuz von 976
- ☆ Altarbild der Stadtpatrone
- ☆ Dreikönigenschrein

Die Tradition, die Domvorgängerbauten seit dem 5. Jahrhundert einmal souverän beiseite gelassen: Den Anfang macht ein Reliquienraub im fernen Mailand. 1164 verschleppt der Kölner Erzbischof Reinald von Dassel die Gebeine der Heiligen Drei Könige nach Köln, schon der Weg dorthin gleicht einem Triumphzug. Die überaus kostbaren Knochen erhalten einen überaus prächtigen Schrein, er ist heute noch das eigentliche Zentrum der Kathedrale.

Bald zogen die wunderkräftigen Überreste Pilger in Scharen an, die Wallfahrt florierte. Allerdings entschlossen sich Erzbischof und Domherren recht zögerlich zu einem Neubau anstelle der vorromanischen Bischofskirche – erst 1248 legt Konrad von Hochstaden den Grundstein. Dafür greifen sie nach den Sternen: Dieses Gotteshaus soll zu den gewaltigsten der Christenheit zählen und den großartigsten Kathedralarchitekturen ebenbürtig sein. Für Köln bedeutete das eine entschiedene Abkehr von der Romanik, eine Abkehr, die wohl auch politische Gründe hatte: Der Erzbischof war ein heftiger Stauferfeind; seine Orientierung nach Westen und hin zur Gotik entsprach Konrads stetem Bemühen, die zentrale Reichsgewalt zu schwächen.

Tatsächlich zeigt schon der Grundriss des Chors eine planerische Reife, die den Ehrgeiz zu stilistischer Vollendung ahnen lässt. Die relativ lange Bauzeit des Chors (1248–1322) lässt allerdings auch auf Schwierigkeiten schließen, das ungeheure Vorhaben zu verwirklichen. Gewiss, Köln zählte damals zu den reichsten Städten der Welt, aber augenscheinlich hatten sich die Bauherrn doch übernommen. So wagte man, noch bevor das Querhaus an die Reihe kam, einen Kraftakt. Im Westen wurde der Doppelturmabschluss in Angriff genommen. Selbst als Torso zeugte schon sein Volumen vom größten Bauvorhaben des frühen 14. Jahrhunderts. Nur gelangte es eben über die imposanten Anfänge nicht hinaus.

»Doch siehe! dort im Mondenschein / Den kolossalen Gesellen! / Er ragt verteufelt schwarz empor, / Das ist der Dom von Cöllen.«
Heinrich Heine, ›Deutschland – Ein Wintermärchen‹, Caput IV

Um 1560 kamen die Arbeiten dann für knapp drei Jahrhunderte völlig zum Stillstand. Köln hatte nun ein neues Wahrzeichen: den hölzernen Domkran, der auf dem nun 59 m hohen Südturm stehen geblieben war. Erst die vaterländische Begeisterung nach den Kriegen gegen Napoleon gab der Ruine wieder eine Perspektive. Die Pointe, dass sich die Patrioten hier für eine Schöpfung aus dem Geist der französischen Kathedralgotik begeisterten, blieb lange unbemerkt. Sie entging sogar Heinrich Heine, der den Dom in »Deutschland. Ein Wintermärchen« einen »Riesenkerker« genannt hatte.

Wie die Gotik als der deutsche Stil schlechthin galt, paradierte der Kölner Dom als »das erhabenste Denkmal deutscher Baukunst« (Jo-

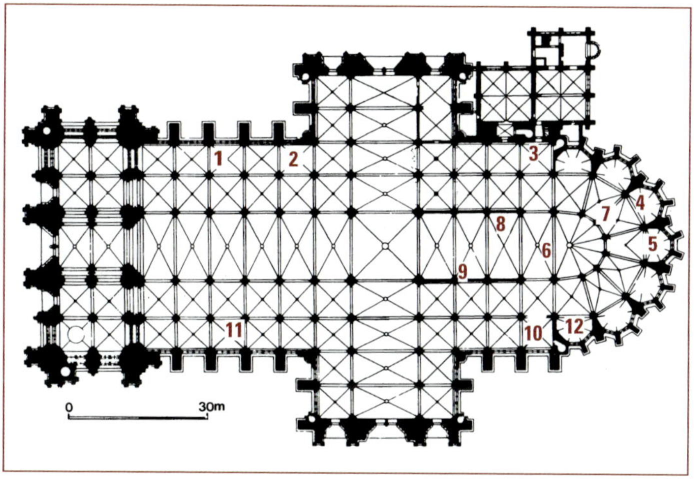

1 Renaissancefenster (1507–1509)
2 Clarenaltar (um 1360)
3 Gerokreuz
4 Hochgrab für Erzbischof Konrad von Hochstaden
5 Achskapelle mit dem älteren Bibelfenster
6 Dreikönigsschrein
7 Obergadenfenster, um 1310
8 Malereien an den Chorschranken (um 1360)
9 Chorpfeilerfiguren
10 Altar der Stadtpatrone von Stephan Lochner
11 Bayernfenster
12 Jüngeres Bibelfenster

seph von Eichendorff). Der Dom sollte für nationale Größe stehen, das preußische Herrscherhaus förderte den Bau entschieden. In Anspielung auf das protestantische Bekenntnis der Hohenzollern nannte Ludwig Uhland die Kathedrale ein »Denkmal der gemischten Ehe«.

Zweifellos ist auch der Dom des 19. Jahrhunderts ein Werk von hoher Qualität. Vor allem imponiert die Westfassade. Sie wurde nach dem ursprünglichen, wieder aufgefundenen Plan vollendet. Nur zeigt sich, dass selbst ein solcher Entwurf keine Authentizität verbürgen kann. Offenbar hielten sich schon die mittelalterlichen Baumeister nicht in jedem Detail an die Vorlage aus dem frühen 14., vielleicht sogar späten 13. Jahrhundert.

Blick in den Himmel

Ebenso imposant wie ihr Äußeres wirkt das Innere der Kirche. Auch heute erfährt mancher Besucher die buchstäblich Schwindel erregende Höhe am eigenen Leib. Der Schwindel rührt vielleicht gar nicht von der Höhe als solcher, sondern daher, wie sie erreicht wird. Die Dynamik dieser Entwicklung reißt förmlich den Kopf in den Nacken: kaum ein Stück Mauerwerk, das dem Blick Halt bietet. Die Kopfstücke der Säulen, auch sie Ruhepunkte fürs Auge, sitzen so hoch oben, dass sich ihre filigrane Steinmetzarbeit nur erahnen lässt. Hinzu kommt die extreme Steilheit der Gewölbefaltung, auch sie trägt zur himmelstürmenden Kühnheit der Architektur bei. Früher erstrahlten die Gewölbe in einem tiefen Azur, auf dem vergoldete Zinnsterne glänzten.

Das Himmelsblau ist auf andere Weise noch gegenwärtig. Es hinterfängt im Obergaden die 48 Könige und Weisen aus der Offenbarung des Johannes. Mit 850 m^2 ist dies der größte Glasmalereizyklus des 14. Jahrhunderts in Europa. Wie es überhaupt zu den Glücksfällen dieser Kirchen-Geschichte zählt, dass so viel ursprüngliche Fenstersubstanz erhalten blieb. Sie gibt Gelegenheit, an das ganz eigene Potenzial ihrer Farbigkeit zu erinnern. Das Zusammen- und Widerspiel mit dem Tageslicht betrifft ja nicht nur die Fenster selbst, vielmehr greift ihr Leuchten auf den Raum über. Keine Wandmalerei, mag ihre Bilder auch die Mauer völlig vergessen machen, kann solche Wirkung erreichen.

Das (nur wenig) Jüngere Bibelfenster sitzt in der südlichsten Kapelle des Umgangs, es kam erst Ende des 19. Jahrhunderts in den Dom.

Die Achskapelle des Chorumgangs behauptet ohnehin einen besonderen Rang. Das **Ältere Bibelfenster** hat hier noch einmal einen privilegierten Platz und war ursprünglich das einzige farbige Fenster der Kirche. Zwischen 1250 und 1260 entstanden, hat seine Malweise noch deutlich romanische Züge. Es versteht die Geschehnisse im Alten und Neuen Testament als Heilsgeschichte, die auf den Kreuzestod Christi zuläuft. Bildern aus dem Neuen stehen Szenen aus dem Alten Testament gegenüber, und beide hängen zusammen: So deutet die Erschaffung Evas auf die Geburt Marias voraus, die alttestamentliche Opferung Isaaks (durch seinen Vater Abraham) auf die Kreuzigung. Das linke Dreikönigen- sowie das rechte Petrus- und Maternusfenster gehören der jüngeren Zeitstufe an, sie wurden um 1330/40 eingesetzt, also kurz nach der Vollendung des Chors.

Die fünf ebenfalls noch ursprünglichen Renaissancefenster im nördlichen Seitenschiff entstanden nach mittelalterlichen Vorlagen zwischen 1507 und 1509, besonders im Geburt-Christi-Fenster finden sich zahlreiche Verweise auf die Kölner Stadthistorie. Auch die lange verkannten Glasgemälde des südlichen Seitenschiffs müssen keinen Vergleich scheuen. Nach ihrem Stifter König Ludwig I. heißen sie **Bayernfenster,** der äußerst umstrittene Herrscher schenkte sie dem Dom anlässlich des feierlichen Weiterbaubeginns 1842. Ihre monumentalen Darstellungen erzählen die Erlösungsgeschichte des Neuen Testaments.

Die Schätze des Doms

Bei der immer noch staunenswert reichen Ausstattung des Doms fällt die Beschränkung auf die wichtigsten Stücke nicht leicht. Die um 1280 geschaffenen **Chorpfeilerfiguren** (Christus, Maria und die zwölf Apostel), authentische Zeugen aus der Hochzeit des Dombaus, sind der französischen Kathedralgotik verpflichtet und Plastiken von außerordentlichem Rang. Von ganz anderer Körperlichkeit ist der überlebensgroße Christus des **Gerokreuzes.** Aber hier haben wir ja auch eine Schnitzerei vor uns, die zu den ersten nachantiken Monumentalfiguren diesseits der Alpen gehört: sie wurde etwa 976 geschaffen, hing also schon im alten Dom.

Kölner Dom und Museum Ludwig vom Deutzer Ufer aus gesehen ▷

Beethoven

Unter den Bildern seien zuerst die Malereien der Chorschranken genannt. Sie entstanden in den 1330er Jahren und stehen am Beginn der ruhmreichen Kölner Maltradition. Zu ihr gehört auch der **Clarenaltar** im nördlichen Seitenschiff. Er ist ungefähr zwanzig Jahre jünger und war ursprünglich für das Kölner Kloster St. Clara bestimmt. Außen zeigen die ältesten Leinwandgemälde Kölns zwölf Heilige, aufgeklappt Szenen aus dem Leben Jesu.

Dombild und Dreikönigenschrein

Alle Altarbilder übertrifft das sogenannte **Dombild** (um 1440) im südlichen Chorseitenschiff (s. S. 20). Dabei schmückte es ursprünglich gar nicht die Kathedrale, sondern die Kölner Ratskapelle (die übrigens ein Umbau der Synagoge war, das Bild stand auf dem ummantelten Sockel des Thoraschreins). Es heißt deshalb richtiger Altar(bild) der Stadtpatrone und stammt vom berühmten Stephan Lochner, dem einzigen namentlich bekannten Akteur der hiesigen mittelalterlichen Malerei. Seine Haupttafel gibt eine Anbetung der Heiligen Drei Könige, denen die hll. Ursula und Gereon zur Seite stehen. Über die ganze Breite hat Lochner einen einheitlichen Bildraum geschaffen, in den er seine monumentalen Figuren stellt. So souverän Lochner die große Komposition durchhält, so akkurat arbeitet er in den Details, etwa in den kostbaren Stoffen der Kleidung oder den Blumen der Wiese. Von ganz eigentümlichem Liebreiz sind die Gesichter. Und die Tafelmalerei kennt kaum eine verklärtere Maria als die auf dem geschlossenen linken Flügel dieses Altars.

Aber: Was wäre der Dom ohne seinen **Dreikönigenschrein**? Selbst wer den Dom von Westen her betritt, sieht von fern sein Gold erglänzen, schon die schiere Größe zeichnet ihn unter seinesgleichen aus. Begonnen wurde er noch im 12. Jahrhundert (1181), doch rund vierzig Jahre sollten bis zu seiner Vollendung vergehen. Das überaus kostbare Reliquiar ist wesentlich die Schöpfung des Nikolaus von Verdun. Der ruhmreichste Goldschmied im Übergang von der Romanik zur Gotik arbeitete auch die fulminant plastischen Prophetenreihen der unteren Langseiten, während die rückwärtige Giebelseite wohl in einer Aachener Werkstatt entstand, jedenfalls sind die Übereinstimmungen mit dem dortigen Marienschrein (s. S. 29) offensichtlich. Die Stirnseite zeigt die Anbetung der Könige, im Zentrum sitzt eine Madonna, das Kind auf den Knien.

Die enge Beziehung dieses Schreins zum Dom selbst spiegelt sich im Verständnis der Kirche als eines Reliquiars über dem Reliquiar wider. Das weltliche Köln schert sich um solche Überhöhung wenig. Die Politik macht alle Anstalten, die herausragende Stadtbild-Bedeutung des Doms mit dem Bau von Allerweltshochhäusern einzuebnen.

Öffnungszeiten:
tgl. 6–19.30 Uhr;
Turm: Jan., Feb., Nov., Dez. tgl. 9–16, März, Apr., Okt. 9–17, Mai–Sept. 9–18 Uhr;
Domschatzkammer: tgl. 10–18 Uhr
www.koelner-dom.de

Tourist-Info Köln:
KölnTourismus
Unter Fettenhennen 19 (Am Dom)
Tel. 0221/22 13 04 00
www.koeln.de

Kölns romanische Kirchen

Auf dem Gipfel der Epoche

Vielleicht bekommt Köln ja doch seine *via sacra,* eine Heilige Straße durch das Zentrum, die alle romanischen Gotteshäuser verbindet. Der Vorschlag kann sich auf die ganze Autorität der Kunstgeschichte stützen, sie hat stets die überragende Bedeutung dieser zwölf (!) Bauwerke in ihrer Gesamtheit herausgestellt. Bei manchen Vorbehalten im Einzelnen darf ihr Wiedergewinn nach dem Zweiten Weltkrieg als städtebauliche Tat ersten Ranges gelten.

St. Pantaleon bildet ein glanzvolles Entree. Allerdings entstand diese Kirche vor der Mitte des 11. Jahrhunderts und reicht erst mit den angefügten Seitenschiffen (1150/60) in die Romanik hinein. Knapp außerhalb der römischen Stadtmauer hatte Erzbischof Bruno (953–965) das Benediktinerkloster gegründet. Weil der Stifter ein Bruder Kaiser Ottos I. war, darf hier von ottonischer Baukunst im Wortsinn die Rede sein. Geweiht wurde diese Kirche erst 980, 15 Jahre nach Brunos frühem Tod. Ihr heutiges Erscheinungsbild erhielt sie wohl erst um die Jahrtausendwende.

St. Pantaleon hat ein wirkliches Westwerk, also eine Eigenkirche des Herrschers in der Kirche. Von der Empore folgte der Kaiser dem Gottesdienst, hier wurde Recht gesprochen, demnach hatte dieser klar abgegrenzte Bauteil auch eine weltliche Funktion. Im Fall von St. Pantaleon verkörpert gerade das Westwerk den imperialen Anspruch ottonischer Architektur. Mächtig, ja brüsk ragt es auf, ein blockhaftes Gebilde mit deutlicher Betonung des Zentrums. Die Wucht seines Mittelturms erscheint etwas zurückgenommen durch die beiden Treppentürme, die in die Ecken zwischen Vorhalle und Seitenschiffen gestellt sind. Sie erheben sich über quadratischem Grundriss, springen dann ins Achteck, um als Mauerrund zu enden. Vermittelnd wirkt ebenfalls die (später verkürzte) Vorhalle. Sie zeigt Anklänge an die Portalarchitektur römischer Tempel, auch das deutet auf einen weltlichen Traditionszusammenhang: Die Kaiser des sächsischen Herrscherhauses verstehen sich als Erben des Imperium Romanum.

An die Antike, genauer an den Tempel der kapitolinischen Trias Jupiter, Juno und Minerva, erinnert auch der Name **St. Maria im Kapitol.** 1065 geweiht, gilt die Kirche nach dem Speyrer Dom (s. S. 332) als bedeutendste Sakralarchitektur zur Zeit der salischen Kaiser, also jener fränkischen Adelsfamilie, die das Erbe der Ottonen antrat. Markantester Bauteil der ist majestätische Kleeblattchor, ein Wunder von Ostabschluss, das sich nach dem eher engen Mittelschiff so unvermutet raumgreifend auftut. Seine Weitläufigkeit verdankt sich einer ganz ungewöhnlichen und nie wieder aufgenommenen Neuerung: Die Sei-

Romanische Baukunst in allen Varianten

Erbaut: ab Mitte des 11. Jh.

Besonders sehenswert:

- ☆ *Ottonisches Westwerk an St. Pantaleon*
- ☆ *Vierungsturm von Groß St. Martin*
- ☆ *Kapitellschmuck in der Westchorhalle von St. Georg*
- ☆ *Dekagon in St. Gereon*
- ☆ *Romanische Glasfenster in St. Kunibert*
- ☆ *Goldene Kammer in St. Ursula*

Neben Erzbischof Bruno wurde in St. Pantaleon Kaiserin Theophanu bestattet. Die byzantinische Prinzessin hatte Brunos Neffen Otto II. geheiratet, seit dem Tod ihres Gatten 983 regierte sie für ihr Kind Otto III.; vermutlich stellten sie oder ihr Sohn reiche Mittel für den Kirchenbau bereit. Auch der Patron des Gotteshauses war ja ein Landsmann Theophanus, der zu Byzanz hochverehrte Arzt Pantaleon.

Um 1050 entstanden die grandiosen hölzernen Türflügel von St. Maria im Kapitol (heute im südlichen Seitenschiff).

tenschiffe ziehen sich um den gesamten Ostabschluss. Die Kleeblattform aber sollte Schule machen, und nicht nur in den Kölner Kirchen.

Glanz der Stauferzeit

Ihren Höhepunkt erreicht die romanische Architektur Kölns zur Stauferzeit, etwa zwischen 1150 und 1250. Nun wetteifern die Stifte und Klöster mit einem reichen und politisch erstarkten Patriziat, auch diese Konkurrenzsituation stachelt zu immer prächtigeren Bauten an. Ins Auge fällt ihre ausgesprochen malerische Wirkung, eine Lebendigkeit, die sozusagen alle Register romanischer Architektur zieht. Das gilt ebenfalls für die Zweischaligkeit der Wand, die sich als eine Art innerer Durchfensterung verstehen lässt. Dieser enorm schöpferische Umgang mit dem Potenzial des Baustils erklärt vielleicht auch das Festhalten an den hergebrachten Formen, während in Nordfrankreich und der Île de France die Gotik ihren Siegeszug antritt. Jetzt entsteht in Köln das so oft gerühmte Stadtbild, an dem die erhöhten Türme und prachtvollen Ostabschlüsse wesentlichen Anteil haben.

Triumphal erhebt sich **Groß St. Martin,** ganz bewusst rücken spätere Rheinpanoramen dieses Gotteshaus ins Zentrum des Bildaufbaus. Der wunderschöne Dreikonchenchor (1172 geweiht) in Ehren, aber ein ausgesprochener Blickfang ist eben doch der Vierungsturm, der vielleicht epochenschönste überhaupt. Beeindruckend, wie fein abgestimmt hier alle Architekturglieder ins Dekorationssystem einbezogen sind. Diese ornamentale Differenzierung arbeitet der Wucht des Baukörpers ebenso entgegen wie die vier schlanken Ecktürmchen. Schon die Treppentürmchen in den Winkeln der Apsiden bereiten ihr Erscheinen vor. Hinter deren winzigem zeltartigem Abschluss zeichnet sich dann ihr polygonaler Umriss ab, bis sie über der Knickhelmtraufe ihre ganze Vielseitigkeit ausspielen dürfen.

An St. Aposteln entstand in der Nachfolge von St. Maria im Kapitol ein Dreikonchenchor, dessen vollendete Harmonie selbst die nüchternsten Architekturhistoriker immer wieder begeistert hat.

Schon bei Groß St. Martin beeindruckt die Gestaltung des Ostabschlusses, noch machtvoller betritt um 1200 **St. Aposteln** die Szene. Dabei stand zur Bauzeit zwischen Neumarkt und der spektakulären Chorpartie die römische Stadtmauer, umso stärker zieht die Gliederung oberhalb des hohen Sockelgeschosses in Bann. Noch folgerichtiger in der Anlage, noch einfallsreicher in der Abwandlung gehen hier Architektur und Ornament zusammen. Auf lang gestreckte Blendbogen mit Kämpfern folgt eine gedrungenere Rundbogenarkade; sie wird schon von vollplastischen Pfeilern getragen, die überdies eine Basis und reich geschmückte Kapitelle haben. Bei der abschließenden Zwerggalerie wechseln die Stützen regelmäßig miteinander ab.

Oberhalb der Dachtraufe erscheint ein Giebelmotiv, das zum Neumarkt hin Muldennischen betonen. Eigenständigkeit behaupten die

Das grandiose, 1227 vollendete Dekagon von St. Gereon, Köln

Chorwinkeltürme. Sie scheinen das Dach förmlich zu durchstoßen, um nach drei ins Achteck überführten Geschossen mit einem markanten Faltenhelm zu enden. Da muss sich der Vierungsturm als Dritter im Bunde ein wenig ducken, doch wird ihm eine fast kapriziöse Laterne zugestanden, die sein Achteck bekrönt.

In der späten Romanik zwang ein solcher Chor im Osten zur Aufwertung des Westabschlusses. Um 1230 erhielt St. Aposteln statt des salischen Chors eine vom Langhaus deutlich abgesetzte Halle, der Turm darüber wird erhöht. Auch diese Querriegel sind eine wichtige Innovation am Ende der Epoche.

Im Westchor von St. Georg fallen an den zweigeschossigen, sinnfällig gegliederten Wänden die eingestellten Säulen ins Auge, deren Kapitellschmuck allein den Besuch der Kirche lohnt.

Eine Betonung des Kirchenokzidents findet sich übrigens schon bei **St. Georg.** 1067 geweiht, ist das einstige Gotteshaus des Chorherrenstifts ein weitgehend authentisches Bauwerk aus der Zeit des erzbischöflichen Stiftsgründers Anno. Doch gut hundert Jahre später erhielt es den markanten Westchor über annähernd quadratischem Grundriss. Der ragt seitlich zwar nicht über die Flucht hinaus, auch fehlt ihm der ursprünglich vorgesehene Turmaufsatz, doch erreicht sein imposanter Kubus beinahe die Länge des Langhauses.

Von der Spätantike zur Frühgotik: St. Gereon

Die Krypta von St. Gereon birgt die Sarkophage legendärer Märtyrer aus der Thebäischen Legion, allen voran des Kirchenpatrons St. Gereon. Außerdem wurden die einzigartigen Mosaikfragmente des staufischen Chors hierhin übertragen.

Die vielleicht faszinierendste Baugeschichte Kölns hat die ehemalige Stiftskirche **St. Gereon.** Einerseits reicht ihr Formenrepertoire schon in die Gotik, andererseits hält sie immer noch ihre römischen Ursprünge gegenwärtig. Die hiesige frühchristliche Andachtsstätte lag inmitten eines Gräberfelds. Ihr Zentralbau über dem heute noch ablesbaren ovalen Grundriss (2. Hälfte 4. Jh.) erhält vor 1070 einen Langchor und eine Hallenkrypta. Der Ostabschluss wurde später verändert, während die Unterkirche unangetastet blieb.

Über 800 Jahre sollte es dauern, bis der spätantike Kernbau eine Umgestaltung erfuhr. Das allerdings geschah gründlich: 1220–27 wurde der Bau erhöht und ummantelt: Nun entsteht das gewaltige Zehneck, unter den romanischen Sakralarchitekturen eine der einprägsamsten überhaupt. Knapp dreißig Jahre vor der Grundsteinlegung des Doms lassen sich hier tatsächlich Einflüsse der Kathedralgotik erkennen. Deutlich abgesetzt ist das Doppel extrem langgezogener Spitzbogenfenster, das – gewissermaßen zu allem gotischen Überfluss – ein kleiner Dreipass krönt.

Wie schon erwähnt, bereicherte der spätromanische Um- und Ausbau vieler Kirchen das Rheinpanorama nicht nur mit höheren Türmen, sondern auch mit neuen Chorpartien. Direkt am Strom – und entsprechend hochwassergefährdet – lag die einzige Pfarrkirche unter Kölns romanischen Gotteshäusern, **St. Maria Lyskirchen.** Ihre etwa zwischen 1220 und 1250 geschaffene Ausmalung gehört zu den wenigen Beispielen romanischer Wandmalerei hierzulande.

Der Weg in die Gotik

Ebenfalls sehr nah ans Wasser tritt die Chorpartie von **St. Kunibert,** die einstige Stiftskirche schloss die Kölner Rheinfront nach Norden effektvoll ab. Ihre Baugeschichte reicht am dichtesten an die Gotik heran. Um 1200 begannen im Osten die Arbeiten. Sie ruhten etliche Jahre, nachdem der Chor und das kaum vorspringende Querschiff gebaut waren. Dann erst kamen Langhaus und der mächtig ausladende Riegel der

Westabschlusses hinzu. 1247 weiht Konrad von Hochstaden den gesamten Bau, ein Jahr später sollte er den Grundstein für den gotischen Dom legen. An die Apsis dieser Gewölbebasilika schließt der östliche Querbau fast unmittelbar an, so wirken seine beiden seitlichen wie Chorflankentürme. Im Westen lädt das Querschiff um so weiter aus, und sein Westturm bekräftigt die Massivität dieses Bauteils auch für die dritte Dimension. Seine ragende Wucht sollte die Gemeinde teuer zu stehen kommen, zuletzt stürzte er 1830 ein. Jetzt hat er einen Knickhelm wie wohl schon nach dem Brand von 1376, auch die gotischen Fenster orientieren sich an dieser Zeitstellung. Von einzigartiger Bedeutung sind die Fenster des Chorbereichs. Um 1230 geschaffen, gehören sie zum sehr raren Bestand romanischer Glasmalerei.

Wie St. Kunibert ein Schlusstableau des Kölner romanischen Kirchenbaus gibt, tut das auf andere Weise **St. Cäcilien.** Doch hier geht es einmal nicht vorrangig um die Architektur der flachgedeckten Pfeilerbasilika aus der Mitte des 12. Jh. Vielmehr zeigt hier das Museum Schnütgen als Museum für mittelalterliche Kunst Stücke, die wenigstens eine Ahnung von der prachtvollen Ausstattung dieser Gotteshäuser vermitteln können.

Die Baugeschichte vieler romanischer Kirchen fand nicht mit der Epoche ihr Ende, dazu wirkte das Beispiel des Doms viel zu nachhaltig. Am weitesten in die Gotik hinein reicht der Bau von **St. Severin.** Auch die Geschichte seiner Vorgänger lässt sich bis in die Spätantike zurückverfolgen, doch mehr als nur archäologisch fassbar ist erst die teilweise erhaltene dreischiffige Hallenkrypta der Ausbauphase zwischen 1030 und 1043. Gegenwärtig bleibt sie im Grundriss der Kirche, über den östlich der spätstaufische Langchor hinausgeht. Nur werden selbst seine Flankentürme von den großen Umbaumaßnahmen der Gotik erfasst, die in mehreren Phasen bis ins 16. Jahrhundert reichen.

Einen gotischen Langchor erhielt 1414 die domnahe Dominikanerkirche **St. Andreas** ebenso wie ab 1287 **St. Ursula.** Wenn von der erstaunlichen Vielfalt romanischer Architekturlösungen die Rede ist, muss auf die Emporen ihres um 1130 entstandenen Langhauses hingewiesen werden. Später prägen sie das Raumbild der Kölner Pfarrkirchen, doch St. Ursula ist am Niederrhein Avantgarde. Ihre Emporen zogen sich ursprünglich bis ins Querschiff, verschwanden dort aber im Zuge der barocken Baumaßnahmen. Ihnen verdankt die Kirche auch die spektakuläre Haube (1680) über dem spektakulären romanischen Westturm. 1643 entstand die »Goldene Kammer« im Südwesten der Kirche. Sie ist zweifellos der merkwürdigste Kapellenraum Kölns, mit ihren Reliquiarnischen wie Setzkästen und den tapetendichten Wandverkleidungen aus heiligem Gebein ehrt sie das Andenken der Kirchenpatronin und ihrer 11 000 Jungfrauen, deren Legende die Stadtgeschichte so wesentlich geprägt hat.

Öffnungszeiten:
St. Andreas:
Mo–Fr 7–19, Sa, So 8–19 Uhr

St. Aposteln:
tgl. außer Di 10–12, 15–17 Uhr

St. Cäcilien:
Di–Fr 10–17 Uhr, Sa, So 11–17 Uhr

St. Georg:
tgl. 8–18 Uhr

St. Gereon:
Mo–Sa 9–12, 13–18 Uhr, So 13–18 Uhr

St. Kunibert:
tgl. 9–12, 15–18 Uhr

St. Maria im Kapitol:
tgl. 10–18 Uhr

St. Maria Lyskirchen:
tgl. 10–18 Uhr

Groß St. Martin:
Di–Fr 10–12, 15–17, Sa 10–17, So 14–16 Uhr

St. Pantaleon:
Mo–Fr 9–18, Sa 9–16, So 12–18 Uhr

St. Severin:
Mo–Sa 9–18, So 9–12 Uhr

St. Ursula:
Mo–Sa 10–12, 15–17, So 15–17 Uh.

www.romanische-kirchen.de

Museum der Bildenden Künste

Neues Kraftzentrum für Leipzig

Erster vollständiger Neubau eines Kunstmuseums in den neuen Bundesländern nach 1945

Erbaut: 2000–2004

Architekten:
Karl Hufnagel,
Peter Pütz,
Michael Rafaelian

Das neue Museum der Bildenden Künste Leipzig wurde in viereinhalbjähriger Bauzeit vom Berliner Architekturbüro Hufnagel, Pütz, Rafaelian auf dem ehemaligen Sachsenplatz inmitten des Stadtzentrums errichtet. Die Architektengemeinschaft war 1997 aus einem internationalen Wettbewerb mit mehr als 500 Mitbewerbern als Sieger hervorgegangen. Die Baukosten betrugen rund 75 Mio. Euro.

Der strenge, gleichwohl transparent wirkende kubische Baukörper ist 78 m lang, 41 m breit und 36 m hoch und überragt damit die umliegende Bebauung. Eingänge auf allen vier Seiten machen das Gebäude leicht zugänglich, sozusagen öffentlich, das Durchgehen ist auch ohne Besuch der Kunstsammlung möglich. Damit knüpfen die Architekten an das historische Passagenmotiv an, das für die Leipziger Innenstadt mit ihren Höfen und Passagen typisch ist. Der Haupteingang liegt zur prächtigen barocken Häuserfront der Katharinenstraße.

Die Planungen für den beherrschenden monolithischen Museumsblock sehen vier flankierende kleinere L-förmige Eckbauten vor, die Bezug auf die Maße der umgebenden Bebauung nehmen und so eine vermittelnde Funktion zur Stadtstruktur erfüllen sollen. Bisher (2005) konnte jedoch nur ein Eckgebäude errichtet werden (Stadtgeschichtliches Museum). Die in der Planung vorgesehene gläserne Vorhangfassade des Museums soll die geschlossene Erscheinung mildern, den Baukörper gleichsam »atmen« lassen und zusätzlich zum Umfeld vermitteln.

1837 gründen Leipziger Bürger einen Kunstverein. Durch Stiftungen und Schenkungen (M. Speck von Sternburg, A. H. Schletter, A. Thieme) wächst der Sammlungsbestand stetig. 1858 wird das erste »Bildermuseum« am Augustusplatz eröffnet, 1943 wird der Bau durch Bombardierung zerstört. Die Bestände können vorher ausgelagert werden. Von 1952 bis 1996 befindet sich das Museum im ehemaligen Reichsgericht (zusammen mit dem Dimitroff-Museum), 1997 zieht es in den Handelshof in der Grimmaischen Straße. Im Dezember 2004 wird der Neubau am Sachsenplatz feierlich eröffnet.

Die Fronten des großen Kubus sind durch unterschiedlich große Fensterflächen in der Art von Panoramafenstern aufgebrochen und verweisen gleichzeitig auf die geradlinige, aber komplexe innere Struktur des Museums: die miteinander verschränkten, über mehrere Geschosse führenden Ausstellungsräume, Terrassen und Lichthöfe schaffen ständig neue, kontrastreiche Perspektiven und Raumerlebnisse. Beeindruckend ist die **Große Museumshalle,** das strukturelle Herzstück des Hauses. Trotz ihrer Länge von 40 m und einer Höhe von 16 m zeigt sie sich maßvoll und klar, stimmig und offen. Architektur und Kunst sind in dem Museumsneubau eine gelungene Symbiose eingegangen. Dazu der Architekt Karl Hufnagel: »Hinter der gläsernen Hülle ist atmosphärisch alles auf eine reduzierte, steinerne Materialität ausgerichtet, die von der Betriebsamkeit der Stadt in die Ausstellungsräume des Museums überleitet und zwischen der Mannigfaltigkeit und Eigenart der einzelnen Sammlungsbereiche vermittelt. Im Maßstab der überhohen Lufträume kommt eine beinahe schon vergessene Qualität der Größenwirkung zum Zug, ein unbefangener großer Atem und das Be-

Museum der Bildenden Künste in Leipzig

harren der Architektur, einen angemessen großen Teil des Gebäudes für die eigene Kunst zu beanspruchen.«

Die Sammlung

Der Museumsbau mit fünf Geschossebenen – Untergeschoss, Erdgeschoss und drei Obergeschosse – bietet 7000 m² Ausstellungsfläche, davon 1400 m² für Wechselausstellungen. In den drei Ausstellungsgeschossen gibt es 42 Räume, die in Gruppen von drei, vier, fünf, sechs und neun Sälen zusammengeschlossen sind. Der Sammlungsbestand umfasst 3000 Gemälde, 1000 Skulpturen und 60 000 grafische Blätter.

Das Untergeschoss ist für Wechselausstellungen reserviert. In einer »Konferenz der Bilder« tritt die deutsch-deutsche Kunst von 1949–1989 in einen klärenden Dialog. Das Museum kann auf einen großen Bestand von Kunstwerken der DDR und der Leipziger Schule zurückgreifen.

Das **Erdgeschoss** mit den vier Eingängen wird durch die flache Eingangshalle mit Kasse und Garderobe erschlossen, ein großzügiges Café und eine Buchhandlung lockern das Ganze auf. Das große Stiftermosaik (2004) von Stephan Huber vereint um einen Tisch mit dem Museumsmodell Persönlichkeiten, die in den letzten 160 Jahren die Museumsgeschichte mit geprägt haben.

Das **erste Geschoss** ist hauptsächlich dem großen Sohn der Stadt, **Max Klinger,** sowie Max Beckmann und der Kunst 1900–1949 gewidmet. Klingers Großplastik »Beethoven«, in Marmor, Bronze, El-

»Der ›Beethoven‹ Klingers … ist ein Kultbild der ästhetischen Weltanschauung des Symbolismus: Klinger fasst Beethoven als den auf, der die Kraft und die Schönheit der Antike mit den Leiden der Welt vereinigt. Seine Musik bildet den edelsten Ausdruck reinen Menschentums, er selbst, der Komponist, ist also der Zeus einer neuen, alle überweltlichen Götter verneinenden Welt.« Hans H. Hofstätter, 1965

»Beckmanns Weg verlief einsam, fernab der Strömungen seiner Zeit. Seine kraftvolle, oft brutale Bildsprache geriet in der Vereinfachung der Mittel, in der Betonung des Unartistischen zu archaischer Strenge. Sie befremdet, weil sie moralisiert und erschüttert, weil sie enthüllt ohne Rücksicht auf überlieferte Tradition.«
Paul Vogt, 1972

fenbein und farbigen Glasflüssen gearbeitet, empfängt den Besucher erhaben-heroisch in der Mitte des zentralen Saales. In weiteren Räumen sind Klingers Gipsmodelle sowie die großen Gemälde »Die blaue Stunde« (1890), »Die Kreuzigung Christi« (1890) und »Christus im Olymp« (1897; als Fotoreproduktion) zu finden.

Insgesamt befinden sich 70 Werke Max Klingers im Bestand des Museums. Max Klinger (1857–1920), Maler, Radierer und Bildhauer, war virtuos in seinen Techniken, blieb aber schwankend zwischen Idealismus und Realismus. Klinger lebte und arbeitete in Brüssel, Paris, Rom (hier wird er von Arnold Böcklin beeinflusst) und Berlin. 1893 lässt er sich endgültig in Leipzig nieder.

Im großen **Beckmann-Saal** werden Arbeiten des Künstlers aus vierzig Jahren gezeigt. Max Beckmann wird 1884 in Leipzig geboren und stirbt 1950 in New York. Anfänglich vom Impressionismus beeinflusst, kommt er durch den Ersten Weltkrieg zu einer expressionistischen Ausdrucksform. Mittelpunkt seines Schaffens ist das bedrohte, einsame Individuum; dichtgedrängt, wie in einem engen Raum gepresst, sind seine Figurenkompositionen. In mythologischen Triptychen verarbeitet er in seinem Spätwerk die Erlebnisse der Exiljahre.

Die klassische Moderne von 1900 bis 1949, etwa Alexander Kanoldts Gemälde »Ansicht von Subiaco« (1924), Georg Schrimpfs idyllische »Voralpenlandschaft« (1927), weiter Franz Radziwill, Gerhard Marcks, Willi Baumeister, Hermann Glöckner, Lovis Corinth, Max Liebermann, Oskar Kokoschka, Otto Dix, Werner Tübke, Willi Sitte, Wolfgang Mattheuer, Bernhard Heisig, Hans Grundig, Hartwig Ebersbach.

Im **zweiten Obergeschoss** findet sich Malerei und Plastik des 15.–18. Jh., Werke altdeutscher, altniederländischer und altitalienischer Malerei (»Heimsuchung«, 1435, van der Weyden; »Quellnymphe am Brunnen«, 1518), holländische und flämische Malerei des 16. und 17. Jh. (Frans Hals, Adriaen Brouwer, Jan van Goyen, Adriaen van Ostade, Jacob van Ruisdael, Pieter de Hooch oder Peter Paul Rubens) sowie Werke aus Italien, Frankreich, Spanien und Deutschland (Tintoretto, Joseph Heintz d. Ä., El Greco, Füssli, Piranesi, Poussin). Außerdem sind im zweiten Obergeschoss die Bibliothek und der Studiensaal der Graphischen Sammlung untergebracht.

Im **dritten Obergeschoss** findet die Kunst der Gegenwart (Neo Rauch, Daniel Richter, Thomas Scheibitz, Wolfram Ebersbach), des 19. Jh. (Ludwig Richters dramatisch-pittoreske Darstellung »Aufziehendes Gewitter am Schreckenstein«, 1826, C. D. Friedrichs große Allegorie »Lebensstufen«, um 1834, J. A. Koch, K. Blechen, J. F. A. Tischbein, Anton Graff, B. Thorvaldsen, M. v. Schwind, Arnold Böcklins »Die Toteninsel V«, W. v. Schadow, W. Leibl) sowie die Schenkung Bühler-Brockhaus (Schule von Barbizon; Corot, Daubigny, Monet) ihren Platz.

Öffnungszeiten:
Di, Do–So 10–18,
Mi 12–20 Uhr

www.mdbk.de

Tourist-Info Leipzig:
Richard-Wagner-Str. 1
(gegenüber Hbf.)
Tel. 03 41/ 710 42 60
www.leipzig.de

Das Völkerschlachtdenkmal

Vom Nationalen Dankeszeichen zum Forum 1813

Napoleon, während der Befreiungskriege mit seiner Hauptmacht von Einschließung bedroht, lieferte sich ab dem 14. Oktober 1813 mehrere Teilschlachten hauptsächlich im Süden von Leipzig bei Möckern, Wachau und Liebertwolkwitz. Die verbündeten Armeen Preußens, Russlands, Österreichs und Schwedens, knapp 300 000 Mann, besiegten in der Völkerschlacht bei Leipzig vom 16. bis 18. Oktober 1813 die Armee Napoleons (einschließlich der Rheinbundarmee und der sächsischen Truppen etwa 190 000 Soldaten). Es war die erste Massenschlacht in der Geschichte der Neuzeit und den Zeitgenossen ein wahrhaft unerhörtes Ereignis. Auf dem Schlachtfeld blieben etwa 100 000 Tote zurück. Das Leipziger Umland war verwüstet, die Dörfer zerstört. Napoleon konnte mit einem Teil seiner Truppen knapp entkommen und überschritt im November, verfolgt von den Verbündeten, den Rhein.

Bedeutendste europäische Denkmalarchitektur und einmaliges Zeitdokument

Erbaut: 1898–1913

Besonders sehenswert:
- ☆ *Krypta*
- ☆ *Ruhmeshalle*
- ☆ *Kuppel*

Ein nationales Anliegen

Nach der Schlacht wurden viele Jahrzehnte Denkmalprojekte entwickelt, ein »nationales Dankeszeichen« sollte entstehen. Die Initiative zum Denkmalbau ging von der Leipziger Bürgerschaft aus, vom Freimaurertum, von nationalen und völkischen Kreisen, nicht vom Kaiserhaus oder vom Deutschen Reich. So trägt der Denkmalkoloss auch keine Krone als Abschluss, sondern endet wie abgeschnitten in einer klobigen Platte, einer Art Schluss- oder Deckstein.

In Anwesenheit des deutschen Kaisers Wilhelm II., des sächsischen Königs und von Vertretern der deutschen Länder, Österreichs und Russlands wurde das gigantische Denkmal nach 15-jähriger Bauzeit als »Ruhmesmal für die Helden der Befreiungskriege« am 18. Oktober 1913 – auf den Tag genau hundert Jahre nach der Schlacht – feierlich eingeweiht. Genau an der Stelle, an der Napoleon seinen Kommandostand hatte und den Befehl zum Rückzug seiner Truppen geben musste. Die Kosten von rund sechs Millionen Goldmark wurden durch Spenden, Lotterien und Sammlungen erbracht.

Der Architekt Bruno Schmitz (1858–1916) entwarf das monumentale, 91 m hohe Denkmal, Clemens Thieme (1861–1945) leitete die Bauausführung. Nach präzisen Vorgaben des »Patriotenbundes« gestaltete Schmitz das Völkerschlachtdenkmal konsequent in archaisierenden Formen, alles wirkt roh, brutal und ungeschlacht. Für die Zeitgenossen sollte es den »typisch deutschen Architektur- und Kunststil« verkörpern. Nur in einem weiten Sinne sind Architekturformen Mesopotamiens und Ägyptens sowie der Tempelbauten Indiens und

Ernst Moritz Arndt forderte bereits 1814: »Ein kleines, unscheinbares Denkmal, das sich gegen die Natur umher in nichts gleichen kann, thut es nicht... Soll es gesehen werden, so muss es groß und herrlich seyn, wie ein Koloss, eine Pyramide, ein Dom zu Köln.«

Bruno Schmitz, der Vielbeschäftigte, hatte sich bereits einen Namen gemacht mit den Kaiser-Wilhelm-Denkmälern auf dem Kyffhäuser, an der Porta Westfalica und am Deutschen Eck in Koblenz, allesamt in kurzer Zeit zwischen 1890 und 1897 an landschaftlich oder städtebaulich markanten Plätzen erbaut und im Geist eines späten Historismus gestaltet.

Mexikos erkennbar. Bruno Schmitz und Clemens Thieme überwanden die vorherrschenden Stilkonglomerate des Historismus und schufen im Rückgriff auf Grundformen der Architektur ein äußerst ungewöhnliches, ja einmalig zeitloses Werk.

Das gewaltige Denkmal ist das größte seiner Art in Europa. Düstergrau türmt es sich auf einer künstlich aufgeworfenen Erhebung bis zu einer Höhe von 91m auf. Es stützt sich auf 26 m hohe Betonpfeiler und hat ein Gewicht von 300 000 Tonnen. Bereits von weither nicht zu übersehen, ist es aus der Nähe schier überwältigend.

Die Denkmalanlage ist in Form eines weiten, hoheitsvollen Festplatzes gestaltet. Von den vier Eingangspylonen geht der Blick über das rechteckige Wasserbecken zu dem sich auftürmenden mächtigen Denkmalblock. Den unteren Teil des Sockels besetzt ein 60 m langes und 19 m hohes Relief mit Schlachtszenen und der zentralen Figur des hl. Michael, seitlich Furien mit der Fackel des Krieges, darüber zwei aufsteigende Adler, die die erkämpfte Freiheit symbolisieren, über allem der Schriftzug »Gott mit uns«. Über dem kubischen Mittelbau erhebt sich die runde Denkmalskrone mit zwölf auf ihre Schwerter gestützten Wächterfiguren von Franz Metzner, die die Wehrhaftigkeit des Volkes verkörpern. Jede Skulptur ist 13 m hoch und wiegt 200 Tonnen. Abrupt schließt eine wuchtige Platte das Bauwerk, heute als Aussichtsplattform genutzt.

Seinem äußeren Bild nach scheint das Denkmal ganz aus Naturstein errichtet zu sein. Tatsächlich bestehen jedoch 90 Prozent des Riesenbaus aus Stampfbeton. Allein fünf Jahre wurden für die Arbeiten an der 70 x 80 m großen Fundamentplatte benötigt, insgesamt eine große ingenieurtechnische und logistische Leistung, zumal bis dahin noch kein Bauwerk dieser Größe in Beton errichtet worden war. Die Technik war auf dem neuesten Stand, so dass nur 40 Arbeitskräfte tätig waren, eine unglaublich niedrig erscheinende Zahl.

Krypta, Ruhmeshalle und Kuppel

Literaturtipp:
In seinem Roman ›Völkerschlachtdenkmal‹ (dtv, 1984) entwirft der Schriftsteller Erich Loest voller Witz und Ironie ein großes, kunstvolles Panorama Leipziger und sächsisch-deutscher Geschichte.

Der 68 m hohe Innenraum wird von Krypta, Ruhmeshalle und Kuppel gebildet. Hier wird jeder Betrachter vor der Wucht der Dimensionen winzig. Acht 5,6 m hohe, klobige Schicksalsmasken – den Vorgang des Sterbens versinnbildlichend – bilden die offene Rundkrypta als Ehrenmal für die Gefallenen. Sie werden von je zwei überlebensgroßen Kriegern in trauernder Haltung bewacht.

Die darüber liegende Ruhmeshalle wird von vier 10 m hohen kolossalen Sitzfiguren akzentuiert, die Glaubensstärke, Tapferkeit, Opferbereitschaft und Volkskraft verkörpern (nur die »Volkskraft« ist als weibliche Figur dargestellt). Die steinsichtigen Granitskulpturen Franz Metzners sind nach Godehard Hoffmann »von einem esoteri-

Gewaltige Dimensionen: Ruhmeshalle und Kuppel des Völkerschlachtdenkmals

In der Ausstellung »Forum 1813« wird die Völkerschlacht mit ihren militärischen, politischen und wirtschaftlichen Aspekte in der napoleonischen Ära anhand von Waffen, Uniformen, Münzen, Gemälden, Porträts und Dokumenten sowie einem großen Modell der Schlacht anschaulich gemacht. Das Stadtgeschichtliche Museum Leipzig arbeitet an einem Projekt, das das Denkmal einer zeitgeschichtlichen Deutung unterzieht und es als Ort der Erinnerung in einen gemeinsamen europäischen Rahmen einbinden soll.

schen Expressionismus geprägt«. Im Rund der Kuppel reiten, in elf Reihen übereinander angeordnet, in knapper Lebensgröße 324 siegreich heimkehrende Krieger.

Bis zur Krypta sind 136 Stufen zu erklimmen, ein Aufzug bringt den Besucher bis auf 58 m Höhe, weitere 169 Stufen führen zur Aussichtplattform in 91 m Höhe mit einem imposanten Rundumblick. Im südlichen Seitenflügel befindet sich die Ausstellung »Forum 1813«.

Die unvergleichliche Gesamterscheinung, die Klarheit und Konsequenz des architektonischen Aufbaus und die Fülle und Vielschichtigkeit der eingearbeiteten Metaphern und Symbole machen das Leipziger Völkerschlachtdenkmal zu einem singulären Zeitdokument und zu einem der ungewöhnlichsten Bauwerke in Deutschland.

Öffnungszeiten:
April–Okt. tgl. 10–18,
Nov.-März 10–16 Uhr

Tourist-Info Leipzig:
Richard-Wagner-Str. 1
Tel. 0341/710 42 60
www.leipzig.de

Der Dom zu Limburg

Harmonie von Architektur und Landschaft

Stein gewordener Brückenschlag von der Romanik zur Gotik

Weihe: 1235

Besonders sehenswert:
- ☆ *Tumba des Stifters Graf Konrad Kurzbold (um 1230)*
- ☆ *Domschatz im Diözesanmuseum*
- ☆ *Romanischer Taufstein (um 1230)*

Der Limburger Dom dürfte zu den meist-, aber auch zu den flüchtigst wahrgenommenen Kunststätten zählen: Farbig gefasst, ist er von der vielbefahrenen A 3 aus kaum zu übersehen. Und schon seine Lage ist eine Augenweide: Hier hat die Lahn im weiten Limburger Becken kein besonders hohes, doch felsiges Steilufer herausmodelliert. Über ihm thront der Dom und stellt die gewiss eindrucksvolle Burg in den Schatten: St. Georg und St. Nikolaus steigert die Wirkung der landschaftlichen Szenerie in fast atemberaubender Weise.

Zunächst lag auf dem Plateau nur die Wehranlage, aber schon 910 hatte Graf Konrad Kurzbold im Burgbezirk ein Stift gegründet. Der Graf stammte aus dem damals noch ruhmreichen Geschlecht der Konradiner, zu dessen Fortbestand beizutragen er sich strikt weigerte. Jedenfalls will die Fama wissen, der kleingeratene Herr sei ein geschworener Feind der Äpfel und der Frauen gewesen, also der beiden Hauptschuldigen an der Vertreibung aus dem Paradies.

Zwischen Romanik und Gotik

Als Stein gewordener Brückenschlag zwischen zwei Stilepochen hat die heutige Kirche Architekturhistorie geschrieben. Sie entstand um 1190, in spätstaufischer Zeit. Damit reicht ihre Baugeschichte weiter in die Romanik zurück als lange angenommen, aber bei Beginn der Arbeiten in Limburg wuchsen die frühgotischen Kathedralen Nordfrankreichs schon seit einigen Jahrzehnten in den Himmel.

Ab 1827 ist das Gotteshaus ein Dom, ursprünglich war es eine Stifts- und Pfarrkirche. Ihr Langhaus von nur zwei Doppeljochen hat einen quadratischen Grundriss. Solche Kompaktheit lässt die Türme näher zusammenrücken, in Limburg sind es sieben. Vier Türme im Osten, sind dabei recht zierlich ausgefallen, besonders im Vergleich zum gewaltigen Doppel des Westabschlusses, aber auch zum achtseitigen Vierungsturm. Er sollte später einen gotisch lang gezogenen Helm bekommen. Diese sieben Türme, außerdem die Strebekonstruktion und der äußere Laufgang im Obergaden lassen den Einfluss der nordfranzösischen Frühgotik erkennen. Dennoch hat die Kirche einen aus der rhein-maasländischen Romanik vertrauten Grundriss, ist eine kreuzförmige, deutlich auf ein Zentrum orientierte Basilika. Das malerische Moment der späten Stilstufe unterstreicht in Limburg die erneuerte Farbigkeit der ohnehin reichen Fassadengliederung. Auch für ihre Lebendigkeit mag eine Zahl stehen: Nicht weniger als 807 Säulen sind hier gezählt worden.

Die Sieben gilt als Summe von Gott (Drei) und Welt (Vier), in der Sakralarchitektur als quasi kurzgefasste Zwölf (drei mal vier). Bezugsgröße sind dann die zwölf Tore des Himmlischen Jerusalem (aus der Apokalypse des Johannes), dessen Bild die (großen) Gotteshäuser vergegenwärtigen sollten.

Hoch über der Lahn: Der Limburger Dom, daneben die Burg

Das Wider- und Zusammenspiel von Spätromanik und Frühgotik gibt der Architektur eine merkwürdige Spannung. Das veranschaulicht der Westbau besonders schön. Seine Türme erheben sich nicht mehr über der kompakten Einheit etwa einer Chorhalle, sondern machen von Grund auf ihre Eigenständigkeit geltend. Diese Vorherrschaft der Senkrechten kennzeichnet die Gotik, doch gehören die flachen Rautendächer, die Einteilung in Geschosse sowie die durchlaufenden Horizontalen der Gesimse und Bogenblenden wiederum zum romanischen Formenrepertoire.

Die massiven Türme reichen seitlich etwa mit Mauerstärke übers Langhaus hinaus, zwischen ihnen wirkt die Westgiebelfront ein wenig schmalbrüstig, aber Hauptportal und Fensterrose lassen eine gotische Disposition erkennen. Nur fehlt der Fensterrose die Virtuosität des entwickelten Maßwerkornaments, hier formieren sich acht kleine um den größeren Kreis in der Mitte, und das Ganze wird von einem Rahmenrund gehalten. Dafür gibt es ein zweifelloses Vorbild, nämlich die Fensterrose der 1160 begonnenen, frühgotischen Kathedrale von Laon, die dort allerdings am Querhaus sitzt.

Die relative Autonomie des Westbaus zeigt sich auch daran, dass ihm allein ein wichtiges Merkmal fehlt. Alle übrigen Teile der Kirche, also Langhaus, Querhaus und Chor, verbindet ein Außenlaufgang anstelle des Obergadens. Darunter liegt am Chor und an den Vorsprüngen der östlichen Querhausfronten eine Zwerggalerie, die hier allerdings gerade abschließt. Ein genuin gotisches Bauglied ist das Strebewerk. Am Langhaus überträgt der dünne Bogen über einem Viertelkreis die Schubwirkung der inneren großen Stützen auf die kräftigen Pfeiler. Übrigens wird auch die Schubkraft der schmächtigeren Zwischenstützen aufgefangen, aber diese Streben liegen unter den Pultdächern der Seitenschiffe verborgen.

Der Blick nach oben

Das Innere des Limburger Doms hat gleichfalls ein ganz eigenes Gepräge. Es mutet auf den ersten Blick einheitlicher an, der Raum wirkt hoch und steil, tatsächlich wurde das übliche Verhältnis von Breite und Höhe zugunsten der dritten Dimension verändert. Gegen die Kürze des Langhauses hält die Betonung der Längsachse, die sich dank gleich hoher Gewölbe sichtbar von der Empore des Westbaus bis in den Chor zieht. Die Wände haben einen vierteiligen Aufbau. Über den Seitenschiffarkaden verläuft das Emporengeschoss, und es zieht sich durch die ganze Kirche, wenngleich es im Osten eine geringere Tiefe hat. Dann folgen der Laufgang des Triforiums und die Fenster des Obergadens. Die größte Überraschung aber bietet der Blick zur Decke. Die zwei Gewölbe im Mittelschiff sind sechs-, im Querhaus sogar siebenteilig. Von den Kreuzgratgewölben der Seitenschiffe oder der Langhausemporen setzen sie sich entschieden ab, und sie teilen der wuchtenden Raumentwicklung des Gebundenen Systems ein Moment der Beweglichkeit mit. Die Verbindung nach Nordfrankreich wird hier noch einmal sehr deutlich.

Und von den Gewölben her muss das Stützensystem gedacht werden. Denn seine Rippen münden in Dienste oder Dreiviertelsäulen, die ohne Unterbrechung an Wand und Stützen hinablaufen. Die hälftenden Stege kommen allerdings nur bis zur den Emporenbögen und enden dort in einer Konsole, reichen also nicht bis zu den Zwischenpfeilern hinab. Aber auch hier gelingt eine Versöhnung mit der Horizontalen. Romanisch sind die im Kern quadratischen Hauptpfeiler und die Seitenschiffarkaden, sie wirken trotz ihres Spitzbogens wie aus der Wand geschnitten. Ganz das Gepräge der älteren Stilstufe trägt die grandiose Vierung.

Insgesamt bewährt die rhein-maasländische Romanik am Dom zu Limburg ihre integrative Kraft. Und bei aller Faszination vom Zusammenwirken zweier Stilepochen darf nie vergessen werden, dass die normannische Gotik immer noch Brücken zur Romanik schlägt, Brücken, die erst mit der hochgotischen Architektur der Île de France tatsächlich abbrechen. Der Dom zu Limburg aber bietet eine Synthese.

Öffnungszeiten:
Domführungen:
Mo–Fr 11, 15 Uhr,
Sa 11, So 11.45 Uhr;
Dommuseum:
15. März–15. Nov.
Di–Sa 10–13, 14–17 Uhr, So 11–17 Uhr
www.limburgerdom.de

Tourist-Info Limburg:
Hospitalstraße 2
Tel. 0 64 31/61 66
www.limburg.de

Die Torhalle von Kloster Lorsch

Ein Portal zur Karolingerzeit

Bedeutendstes vorromanisches Profanbauwerk in Deutschland;
UNESCO-Welterbe seit 1991

Erbaut: 9. Jh.

Besonders sehenswert:
☆ Museumszentrum mit Ausstellung zur Klostergeschichte

»Sizi, sizi, bîna« (Sitze, sitze, Bienenschwarm) lautet der heute bestverständliche Halbvers einer rheinfränkischen Beschwörungsformel, die als »Lorscher Bienensegen« zu den Wiegentexten der deutschen Literaturgeschichte gehört. Zwar nennen die sechs Langzeilen Christus und die »sancte maria«, beschwören wie zum Gebetsschluss auch Gottes Willen, aber: Hier wird doch nur einem heidnischen Zauber das christliche Gewand übergeworfen.

Dieser Lorscher Bienensegen fand sich in einer Textsammlung aus dem 9. Jahrhundert; er selbst ist gut ein Jahrhundert jünger und nur eine Randnotiz. Aber er zeugt doch von der großen Tradition dieses Klosters, das wertvolle Bücher sammelte und selbst herstellte. Hier entstanden wichtige Werke wie etwa das Lorscher Arzneibuch. Einige Texte von Livius und Cicero kennen wir nur dank der hiesigen Kopien. Im Vatikan werden vier Lorscher Bücherverzeichnisse aus der Karolingerzeit verwahrt, die dort aufgelisteten 600 Handschriften bestätigen noch einmal die herausragende Rolle des Klosters als geistiges Zentrum des Ostfrankenreiches. Die Bibliothek des Klosters besaß das berühmte, ganz in goldener Tinte niedergeschriebene Lorscher Evangeliar aus der Hofschule Karls des Großen.

Ruhm und Pflichten

Der Kaiser gibt das Stichwort, um uns in die Historie von Lorsch einzuklinken. Etwa 762/63 gründeten die Rupertiner Graf Cancor und seine Mutter Williswinth ein adliges Eigenkloster. Sie vertrauten es dem Familienmitglied Chrodegang an, der Bischof von Metz war. Das Kloster wurde zunächst auf einer Insel des Rheinzuflusses Weschnitz, doch nur wenige Jahre später auf dem heutigen, hochwassersicheren Platz angelegt.

Kurz zuvor hatte Lorsch die Reliquien des römischen Märtyrers Nazarius erhalten, ein Ereignis, dem die Mönche eine enorme Zahl an Schenkungen verdankten. Karl der Große erhob ihre Niederlassung zum Königskloster, in seiner Anwesenheit wurde das Gotteshaus 774 geweiht. Die Lorscher Besitzungen reichten von der Rheinmündung bis zum Bodensee, Wirtschaftskraft und politischer Rang zeigen sich schon daran, dass Lorsch seit 817 eines der größten Kriegerkontingente im Reichsheer zu stellen hatte. Freilich sollten die damit verbundenen Kosten später zur schweren Bürde werden.

Auch nach der endgültigen Reichsteilung 870/879 erlosch der Glanz des Klosters nicht. Er bewog die ostfränkischen Karolinger, Lorsch

Aufwändige Dekoration: Die Torhalle von Kloster Lorsch

als Grablege zu wählen, mit Ludwig II. (dem Deutschen) fand hier 876 das berühmteste Mitglied der Dynastie seine letzte Ruhestätte. Auch die Ottonen traten als Förderer der Abtei auf.

Obwohl sie unter den salischen Kaisern ihre bedeutende Stellung als Reichskloster halten konnte, begann sich der wirtschaftliche Niedergang schon im 11. Jahrhundert abzuzeichnen. 1229 verweigerten sich die Mönche einer Klosterreform, drei Jahre später verlor Lorsch seine Reichsunmittelbarkeit und wurde dem Fürstbistum Mainz einverleibt. 1248 kamen die Prämonstratenser, 1557 wurde Lorsch durch den Kurfürsten Ottheinrich von der Pfalz (s. S. 185) aufgelöst. Ein ruhmloses Ende trotz ruhmreicher Vergangenheit.

Im Gegensatz zu den schriftlichen finden sich nur noch wenig steinerne Zeugnisse der Abtei, und nicht einmal die stammen aus ihrer Glanzzeit. Im Südosten der weitläufigen Anlage blieb Mauerwerk aus dem 12. Jahrhundert wenigstens so weit erhalten, dass sich seine Bestimmung erkennen ließ – es handelte sich ausgerechnet um eine Latrine. Aus der Romanik stammt auch der so genannte Vorkirchenrest, das Mittelschiff einer Erweiterung der Basilika. Sonst waren die Gebäude immerhin als Steinbruch gut, nachdem hier 1621 ein Feuer gewütet hatte. Bis ins 19. Jahrhundert wurden Lorscher Steine im Mauerwerk der umliegenden Häuser zweitverwendet.

Aber die Torhalle! Dass sie erhalten blieb, ist ein Wunder, jedenfalls ein kleines. Bis in jüngste Zeit galt sie als Bauwerk aus der Zeit

Karls des Großen, so ging sie ins UNESCO-Welterbe ein. Jüngere Untersuchungen legen allerdings nahe, dieses Gebäude erst ins zweite oder gar letzte Drittel des 9. Jahrhunderts zu datieren. Es lag inmitten eines großen Atriums genau in der Kirchenachse und muss ein wahrhaft festliches Entree zum Reichskloster gewesen sein. Viele haben in ihr einen Triumphbogen sehen wollen, doch bis heute ist die Funktion dieser Torhalle unklar.

Das Dekor als Blickfang

Am auffälligsten ist sicher das bunte Außendekor. Um die Torbögen liegen die hellen und roten Platten als gleichseitige oder einfache Rechtecke nebeneinander. Doch darüber sind die Quadrate schon als Rauten aufs Eck gestellt, und zumindest diese Art Verblendung erinnert ans antik-römische *opus reticulatum*. Im zweiten Geschoss sind die roten Täfelchen regelmäßige Sechsecke, zwischen denen kleine weiße Dreiecke sitzen, das Ganze bildet ein äußerst apartes Muster. Und die Kompositkapitelle der offenen Halle könnten sogar römische Originale sein. Das erste Geschoss schließt ein Palmettenfries ab, er zieht sich um das ganze Gebäude herum, erfasst also auch die unverblendeten Schmalseiten. Die Wandgliederung darüber weicht von diesem antikisierenden Erscheinungsbild deutlich ab: Die flachen, kannelierten Wandpfeiler haben gröbere Kopfstücke, ein spitzer Giebel krönt sie. Das sehr steile Dach geht auf die Eingriffe im 14. Jahrhundert zurück, der kleine Dachreiter mit Glocke kam um 1700 hinzu.

Das obere Geschoss ist nur über die apsisähnlichen Treppenanbauten erreichbar. Es besteht aus einem einzigen, zehn Meter langen Saal, niemand weiß sicher, wozu er gedient hat. Unter den Freskenresten verschiedener Zeitstellung fallen die spätgotischen Szenen aus dem Marienleben und die karolingische Architekturmalerei ins Auge. Sie zeigt eine Brüstungsmauer aus farbigen Quadraten, auf ihr stehen ebenfalls farbige Säulchen, die Schneckenkapitelle tragen und einen fein profilierten Architrav stützen. Darüber lag wahrscheinlich die flache oder flach gekrümmte Holzdecke. Sie wich etwa 1380/90 einer Tonne, damals kamen auch die Szenen aus dem Marienleben hinzu.

Im Kirchenrest haben die Sarkophage der ostfränkischen Karolinger Aufstellung gefunden, der am reichsten geschmückte barg wohl die Gebeine Ludwigs des Deutschen. Zum Weltkulturerbe gehören auch die sichtbar gemachten Reste des ersten Klosters, das den Namen Altenmünster trägt und heute unterhalb des Weschnitzdamms liegt. Recht zahlreich haben qualitätsvolle Architekturfragmente des späten 8. und 9. Jahrhunderts die Zeiten überstanden. Aber das glanzvollste Zeugnis der ehemaligen Reichsabtei ist eben doch die Torhalle, so viele Rätsel ihr Bau auch (noch) aufgeben mag.

Öffnungszeiten:
Di–So 10–17 Uhr

Museumszentrum Lorsch
Tel. 062 51/1 03 82-0
www.kloster-lorsch.de

Lübeck

»Königin der Hanse«

Altstadt mit bedeutender Backstein-Architektur;
UNESCO-Welterbe seit 1987

Blütezeit: 12.–15. Jh.

Besonders sehenswert:
- ☆ Holstentor
- ☆ Heiligen-Geist-Hospital
- ☆ Glandorpsgang und Füchtingshof
- ☆ Rathaus
- ☆ Marienkirche
- ☆ Buddenbrookhaus

1902: Ein Skandal weht durch die Straßen der Lübecker Altstadt. Unerhört, wie Kaufleute, Senatoren, Freunde, ja Familienmitglieder durch den Schmutz gezogen werden, wie Thomas Mann, der doch selbst aus einem reichen, bedeutenden Handelshaus in Lübeck stammt, in seinem eben erschienenen Roman »Die Buddenbrooks« Würde und Stolz der Stadt angegriffen hat. Schlüssellisten gehen um, in denen Vorbilder und Romanfiguren einander gegenüber gestellt werden. Dem Angriff eines Onkels begegnet der 27-Jährige: »Und es ist gar nicht ausgeschlossen, dass man in Deutschland an diesen Gestalten noch seine Freude haben wird zu einer Zeit, wenn wir alle, die Urbilder und ich selbst, längst nicht mehr zu den Lebenden gehören.« So ist es: Die Buddenbrooks sind in den Text der Stadt verwoben, leben in und mit ihr, ebenso wie das weltberühmte Holstentor und das Marzipan. Alles ist Teil dessen, was die Bewohner der im Mittelalter bedeutendsten Hansestadt über Jahrhunderte hin geschaffen haben.

Und alles ist noch da, beglückt Herz und Sinne: Der Grundriss des Altstadtgefüges ist wie ein Ei geformt, darin drängen sich die gotischen Kirchen mit den sieben Türme, die backsteinernen Häuserzeilen, Gänge und Tore, umgeben vom Wasser als schützender Hülle. Hier hat die Backsteingotik ihre schönsten Zeugnisse hervorgebracht, Bauten, die im gesamten Ostseeraum Nachahmung gefunden haben: Holstentor, Rathaus, Marienkirche. Einzigartig auch die langen Zeilen lübscher Kaufmanns- und Kontorhäuser mit ihrer variantenreichen Giebelgestaltung von Gotik bis Klassizismus. Und stillverschwiegen schlingt sich hinter den stattlichen Fassaden ein Labyrinth aus rund achtzig Höfen und Gängen mit Minihäuschen durch die Altstadt – ein charaktervolles großartiges Ensemble, zwei Kilometer lang,ein Kilometer breit, als Weltkulturerbe geehrt seit 1987.

Reich ist das Erbe an Kunst und Kultur. Der Komponist Dietrich Buxtehude hat hier gewirkt, auch Bach. Allein drei Nobelpreisträger sind mit Lübeck verbunden: Willy Brandt ist hier geboren; er wird ein eigenes Museumshaus erhalten. Das Günter-Grass-Haus ist ein lebendiges Kulturzentrum und das Buddenbrookhaus würdigt Thomas Mann, der den Nobelpreis 1929 erhielt.

Die reiche Tradition sakraler Musik ist heute noch lebendig: Fast täglich gibt es in einer der Kirchen Orgelkonzerte. www.kirchenmusik-luebeck.de

Streng und würdevoll

Das backsteinerne **Holstentor** am westlichen Eingang der Stadt ist das Wahrzeichen Lübecks und der Hanse. Zwei dicke Rundtürme mit nadelspitzen Helmen neigen sich deutlich einander zu und werden

durch den üppig ausgeschmückten Mitteltrakt mit Torbogen und Treppengiebeln von einer allzu engen Umarmung abgehalten. 1464–78 erbaut, hatte es schon damals nicht nur eine Schutzfunktion, sondern war auch als repräsentatives Schmuckstück gedacht: Es ist das Symbol für Selbstbewusstsein, Macht und Ansehen der Stadt. Feldseite und Stadtseite zeigen jeweils ein anderes Bild: Außen sind in die Türme nur einige Schießscharten eingelassen, auf der geschützten Innenseite bilden Turmgeschosse und Mitteltrakt vielgliedrige Fensterreihen und einen frohgemuten Giebelschmuck. Die umfangreiche **Dauerausstellung zur Geschichte der Hanse** und der Stadt Lübeck ist sehr lebendig: Kaufleute und Handelsherren haben im Rathaus, in den Kontoren und Börsen die politischen und wirtschaftlichen Geschicke der freien und unabhängigen Hansestadt bestimmt, haben Seefahrt betrieben, Zölle erhoben, Waren umgeschlagen, sich im engen Stadtraum hoch aufschießende prachtvolle Häuser gebaut, Eliten gebildet, Ansehen und Geld gescheffelt. In zahllosen noch heute existierenden Stiftungen und gemeinnützigen Vereinigungen sorgten sie fromm und verantwortungsbewusst für das Wohl der Bürger – und ihr eigenes Seelenheil.

Symbol hanseatischer Selbstbehauptung: Lübecks Holstentor von der Feldseite, flankiert von St. Marien mit ihren zwei Türmen und St. Petri

Spaziert man in die Stadt hinein, liegen gleich neben dem Holstentor sechs **Salzspeicher** friedlich an der Obertrave. In den Backsteingiebelhäusern aus dem 16.–18. Jahrhundert wurde das Salz ge-

Im Behnhaus/Drägerhaus entfaltet sich die patrizische Lebenswelt in exquisiter Wohnkultur: ein lübsches Kaufmannshaus mit riesiger Diele, Treppenläufen und Galeriegeschossen, aufs Schönste erhalten. Prachtvoll auch die Gemälde- und Skulpturensammlungen mit Werken von Caspar David Friedrich, dem heimischen Friedrich Overbeck, Edvard Munch, Max Beckmann, Lovis Corinth und Max Liebermann.

lagert. Es kam aus den Lüneburger Salinen und wurde bis nach Norwegen, ins Baltikum und nach Russland verschifft. Idyllisch ist der Weg entlang der Obertrave. Biegt man in die **Große Petersgrube** ein, präsentieren sich die leicht gekrümmten, ansteigenden Häuserzeilen in schönster Pracht. Alle historischen Hausfassaden sind vollständig erhalten: von den strengen gotischen Treppengiebeln mit spitzbogigen Doppelluken in den oberen Speicherböden über die bauchigen Barockgiebel, die geschwungenen Portalornamente bis zu klassizistischer Zurückhaltung. Vom Turm der **St.-Petri-Kirche** (13.–16. Jh.) bieten sich fantastische Blicke auf das rote Ziegelmeer Lübecks, von leuchtendem orange bis schwarzgrün geflammt. Deutlich sieht man das Raster der Stadt: von Nord nach Süd zwei parallele Hauptverkehrsadern, die König- und die Breite Straße. Im Rippenverlauf verzweigen sich die Querstraßen. Im Westen fallen die alten schmalbrüstigen Straßen, oftmals Gruben genannt, zur Trave hin ab.

Der **Dom** liegt, still und stattlich, von Wiesen gesäumt, ein wenig abseits am östlichen Stadtrand. Die älteste Kirche in Lübeck – die Grundsteinlegung durch Heinrich den Löwen fand 1173 statt – besitzt eines der größten Backsteingewölbe Nordeuropas, und besonders kostbar ist die Triumphkreuzgruppe von Bernd Notke (1476).

Rippen und Bänder, Gezacktes und Getupftes

Die schönsten Eindrücke von der lübschen Architektur erhält man beim Mäandern durch die Seitenstraßen, im Osten zwischen der sehr schicken Hüxstraße, Fleischhauer-, Hunde- und Glockengießerstraße, im Westen zwischen Fischergrube, Beckergrube und Mengstraße. Kopfsteinpflaster und Kletterrosen, wunderschöne Details an Fenstern und Portalen. Die Backsteinfassaden in unterschiedlichen Höhen und Farbtönen tragen zurückhaltendes Dekor zur Schau, gebändert, gerippt, mit eingelassenen Zackenreihen, hellen oder dunklen, wie hingetupften Ziersteinen. In den schmalen Zwischenräumen führen unauffällige **Gänge** – bei manchen muss man beim Eingang den Kopf einziehen – zu den »Buden«, den Hinterhaus- und Hofarealen, winzig und allerliebst. Zwei der schönsten Anlagen gehen von der Glockengießerstraße ab: Beide sind noch bewohnte Stiftshöfe, der **Glandorpsgang** von 1612 und der **Füchtingshof** von 1639.

Auch nach Norden hin, Richtung **Burgtor** (13.–14. Jh.), folgt ein kulturhistorisches Zeugnis dem anderen. Die **Katharinenkirche** (1300–56) war einst Ordenskirche mit Gelehrtenschule. Heute ist sie Museumskirche und besitzt sehr gute Plastiken; die Westfassade ist mit Skulpturen von Ernst Barlach und Gerhard Marcks reich gestaltet. Das **Heiligen-Geist-Hospital**, 1268 von Kaufleuten der Hansestadt erbaut, bot im frommen Langen Haus, groß wie ein Kirchen-

Literaturtipp:
Marcel Reich-Ranicki: ›Thomas Mann und die Seinen‹ (Fischer). Vom besten Kenner eine wunderbare Essay-Sammlung.

schiff, ein Heim für Arme und Kranke. Bis in die 1960er Jahre schliefen die Bewohner in winzigen, oben offenen Kojen. Das kaum veränderte Hospital ist einer der bedeutendsten Bauten des Mittelalters.

Wie eng die Geschicke Lübecks mit der Seefahrt zusammenhängen, macht die **St.-Jakobi-Kirche** deutlich. Hier beteten Schiffer und Seefahrer um gnädige Rückkehr, hier wird der Toten gedacht, die auf dem Meer geblieben sind, wie etwa der Großteil der Besatzung des Segelschulschiffes »Pamir«, das 1957 untergegangen ist.

In der Schiffergesellschaft gegenüber der St.-Jakobi-Kirche trafen sich die Männer der See an langen Eichentischen mit hochlehnigen Bänken, eingeteilt nach Häfen und Kaufmannnsgesellschaften. Das wundervolle Haus von 1535 mit der vergoldeten Kogge über dem Treppengiebel ist ein Restaurant mit berühmtem Namen.

Hansisches Doppelgespann

Zentrum Altlübecks sind das Rathaus und die Marienkirche mit ihren Giebel-, Helm- und Turmlandschaften. Das **Rathaus** aus dunkel gebrannten Ziegeln ist L-förmig angelegt; die ältesten Bauteile stammen aus der Mitte des 13. Jahrhunderts. Hochbeinig auf Arkaden stehend, strahlen die Flügel Stolz, Macht und Schönheitssinn aus. Besonders eindrucksvoll sind die hohen Schauwände mit bewimpelten Turmaufsätzen und den großen, kreisrunden Windlöchern. Von hier aus wurde und wird regiert; auch der Vater von Thomas Mann, als Senator für Wirtschaft und Finanzen im Rang eines Ministers, ging hier ins Amt.

Schließlich die **Marienkirche** (1250–1350), von Bürgern, Rats- und Kaufleuten als Zeichen ihrer Stadtfreiheit gebaut. Sehr groß, weit und machtvoll, mit Superlativen gesegnet: Sie ist mit ihren 125 m hohen Doppeltürmen und fast 40 m hohem Mittelschiff die höchste Backsteinkirche der Welt, die drittgrößte Kirche Deutschlands, und sie besitzt die größte mechanische Orgel der Welt. Sie ist die Mutterkirche der Backsteingotik, Vorbild für rund siebzig weitere Kirchen im Ostseeraum. Dietrich Buxtehude war hier Organist, Bach hat gespielt, Thomas Mann ist hier konfirmiert worden, und auch die Buddenbrooks hörten den Klang ihrer Glocken, gingen ein und aus. Denn die Mengstraße 4, das **Buddenbrookhaus,** liegt gleich gegenüber. Auf mehreren Etagen breitet sich zum einen die reale Geschichte der Brüder Heinrich und Thomas Mann aus; zum anderen sind Speisesaal und Landschaftszimmer aus dem Roman, der ja überwiegend hier spielt, als Rauminszenierungen lebendig geworden. Thomas Mann, der bedeutendste deutschsprachige Schriftsteller des 20. Jahrhunderts, war übrigens ein garstig schlechter Schüler, im Katharineum neben der Katharinenkirche hat er sich bis zur mittleren Reife durchgequält. »Ich bin nicht bis Prima gelangt, ich war schon in Sekunda so alt wie der Westerwald.«

Übrigens: Der Name der Stadt ist im Roman kein einziges Mal genannt, und doch war Lübeck sehr lange »överaus« verärgert – erst 1955 erhielt Thomas Mann die Ehrenbürgerwürde.

Tourist-Info Lübeck:
Holstentorplatz 1
Tel. 01805-88 22 33
www.luebeck-tourismus.de

Schloss Ludwigsburg

Ein schwäbisches Versailles

Barockensemble von internationalem Rang

Erbaut: 1704–33

Besonders sehenswert:
- ☆ *Barockgalerie*
- ☆ *Gartenanlage »Blühendes Barock«*
- ☆ *Modemuseum*
- ☆ *Keramikmuseum*

Auch Eberhard Ludwig, Herzog von Württemberg, hat's getan: Er hat wie besessen gebaut. Wie alle Fürsten des frühen 18. Jahrhunderts nahm er Ludwig XIV. und Versailles mit seinem hoch komplexen höfischen Leben zum Vorbild und wollte seine wachsende Bedeutung architektonisch verewigt wissen. Aus dem geplanten Jagdschloss rund 15 km vor den Toren seiner Residenz Stuttgart entstand schließlich ein gewaltiges Barockensemble, ein »schwäbisches Versailles«.

Von 1704 bis zu Eberhard Ludwigs Tod 1733 wurde daran gebaut; die festliche Vierflügelanlage zählt heute zu den größten und prachtvollsten Barockschlössern Europas. Die Räumlichkeiten sind über drei Generationen hin eingerichtet, aus- und umgebaut worden – so ist ein Gesamtkunstwerk gewachsen mit herrlichen Ausstattungen, die Barock, Rokoko, Klassizismus und Empire in schönster Fülle verdeutlichen. Das Schloss hatte das seltene Glück, ohne Kriegsschäden davonzukommen. Nach 15 Jahren aufwändigster Sanierungsarbeiten feierte Schloss Ludwigsburg im Jahr 2004 seinen 300. Geburtstag – in frischem Glanz, so schön und makellos wie nie.

Zwischen Kunst und Architektur im historischen Kontext sind mehrere hochrangige Museen im Schlossensemble zu Hause: Neben dem einzigartigen **Schlosstheater** mit kleinem Bühnenmuseum bietet die **Barockgalerie** Kunst des 17./18. Jahrhunderts; 2004 wurden das **Appartement Carl Eugens,** das **Keramikmuseum** und das **Modemuseum** eingeweiht, hinzu kommen die Schauräume der traditionsreichen **Porzellan-Manufaktur Ludwigsburg:** So präsentiert sich das Schlossareal als reiches, vielfältiges Kulturzentrum, das mit zahllosen Theater-, Musik- und Gartenfestivals überregionale Ausstrahlung und Popularität besitzt.

Die neue Barockgalerie *in originalen Räumen bietet mit 120 ausgewählten Werken aus dem Besitz der Staatsgalerie einen Querschnitt durch die deutsche und italienische Malerei des Barock. Das* Keramikmuseum *zeigt in prächtigen Räumen eine umfangreiche Porzellan-, Keramik- und Fayencen-Sammlung, die 500 Jahre umfasst und besonderen Wert auf europäische Keramik der Gegenwart legt. Auch das* Modemuseum *bietet seine Schätze liebevoll dar, von den höfischen* Prunkroben *bis zu den* Hoch-Zeiten *des Minirocks.*

Zum Schlössle ein Schtädtle

Herzog Eberhard Ludwig von Württemberg übernahm 1693 als Sechzehnjähriger die Regierungsgeschäfte; seine Residenz war das alte Schloss in Stuttgart. Er machte eine glänzende Militärkarriere; 1712 wurde er zum Reichsgeneralfeldmarschall ernannt. Die Jagd war seine Leidenschaft – und seine Mätresse Wilhelmine von Grävenitz, der er sein neues Schloss widmete. Seine Ehefrau, die badische Prinzessin Johanna Elisabetha, ließ er vorerst in Stuttgart sitzen. 1704 wurde der Grundstein für das geplante Jagdschloss gelegt. Der erste heimische Baumeister genügte den Ansprüchen des Herzogs nicht; er wurde gefeuert. Ab 1707 übernahm Johann Friedrich Nette Entwurfsplanung

Schloss Ludwigsburg

und Bauaufsicht; ihm war die neueste Baukunst in Berlin und Potsdam bekannt. Er schuf eine dreiflügelige Anlage mit dem **Fürstenbau** im Zentrum, dem **Ordensbau** im Westen und dem östlich angegliederten **Riesenbau**. Zwei Pavillonbauten schlossen die Mittelachse ab. Als Nette im Jahr 1712 starb, hinterließ er eine stattliche, weitgehend fertig gestellte dreiflügelige Barockanlage.

Sein Nachfolger Donato Giuseppe Frisoni ergänzte den Riesenbau um die Schlosskapelle als Hofkirche mit der Gruft für die Württemberger Fürsten, als symmetrisches Pendant erhielt der Westtrakt eine Ordenskapelle mit Rittersaal. Um ein geschlossenes Bauensemble zu schaffen, kamen verbindende Galerietrakte und Kavaliersbauten für den wachsenden Hofstaat hinzu. Aber auch diese Räumlichkeiten reichten nicht aus, so dass Frisoni ein neues, weit auseinander gezogenes Corps de Logis entwarf. Er stellte es dem Fürstenbau gegenüber und schloss damit das Drei- zu einem Vierflügelareal mit zwei langgezogenen Verbindungsgliedern: der **Bildergalerie** und dem **Festinbau** im Westen, der **Ahnengalerie** und dem **Theater** im Osten. Vestibül, Treppenläufe und der großartige Marmorsaal im neuen Corps de Logis, zwei festliche Enfiladen der Appartements, prachtvolle Deckenmalereien, Stuckaturen, Plastiken, Gemälde und kostbares Meublement machten die Bauten zu einem imposanten Repräsentationsgefüge. Es war nahezu vollendet, als Eberhard Ludwig 1733 starb.

Noch bevor Eberhard Ludwig 1718 von Stuttgart in sein neues Lustschloss umgezogen war, hatte er für Angehörige der Hofhaltung, Handwerker und Händler eine Stadtanlage planen lassen. Diese ein-

Öffnungszeiten:
Schloss Ludwigsburg mit Museen: tgl. 10–18 Uhr www.schloss-ludwigsburg.de
Schön und interessant sind die zahlreichen Kostümführungen und Kinderveranstaltungen im Schloss.

Blühendes Barock: Mitte März–Anfang Nov. tgl. 7.30–20.30 Uhr www.blueba.de
Prachtvoll, variationsreich und mit dem Märchengarten auch sehr beliebt bei Kindern sind die separat verwalteten Gartenanlagen »Blühendes Barock«, in denen im Sommer viele Veranstaltungen stattfinden.

In den Schlossarkaden bietet der Museumsshop an 365 Tagen im Jahr sehr schöne, geschmackvolle Geschenke, auch Hauchzartes aus der Ludwigsburger Porzellanmanufaktur.

Tourist-Info Ludwigsburg:
Marktplatz 6
Tel. 07141/9175 55
www.ludwigsburg.de

zige vollkommen neu geplante Barockstadt Alt-Württembergs, sein nach ihm benanntes Ludwigsburg nahm ab 1714 unter Frisoni deutliche Konturen an: ein rechtwinkliges Straßenraster, mit regelmäßiger Typenhaus-Architektur, mit Dienst- und Amtshäusern und zentralem Marktplatz mit barocker Stadtkirche. Vollendet wurde das »Schtädtle« mit einer zweiten, reformierten Kirche auf dem Marktplatz, großem Marstall und Militärakademie erst unter Herzog Carl Eugen um 1770. Auf der aus der Militärakademie hervorgegangenen und durch militärischen Drill geregelten Carlsschule verbrachte der junge Friedrich Schiller (1759–1805), der 14-jährig aus Marbach kam, unglückliche Jahre – hier begann er aber auch zu dichten. Als Carl Eugen die Residenz 1775 zurück nach Stuttgart verlegte, zog mit ihm der gesamte Hofstaat aus Ludwigsburg ab, außerdem das Militär und alle abhängigen Berufszweige. Das Städtchen verödete; es war menschenleer, und zwischen den Häuserreihen und Straßenzügen wuchs Gras; als »Grasburg« blieb das traurige Intermezzo in Erinnerung.

Ein wahrer Landesvater: der »dicke Friedrich«

Herzog Carl Eugen wollte die »Bewunderung des Erdkreises« erringen. Während seiner langen Regierungszeit (1744–93) ließ er zahlreiche Räume im Rokokostil umgestalten und ausbauen, darunter sein neues, elegantes **Appartement** und die **Kapelle** für seine protestantische Gemahlin im Pavillon des Ordenssaals. Mit ungeheurer höfischer Prachtentfaltung, mit Festarchitekturen in den Gärten, mit Theater- und Opernspektakeln hatte Carl Eugen um 1760, wie Casanova berichtete, Schloss Ludwigsburg zum »glänzendsten Hof in Europa« gemacht.

Aus den großen politischen Umwälzungen der napoleonischen Ära ging Herzog Friedrich II., der kraftstrotzend, machtbewusst und lebensfroh von 1797 bis 1816 regierte, schließlich als erster württembergischer König hervor. Er repräsentiert die dritte Herrschergeneration, die Schloss Ludwigsburg zu dem machte, was es heute ist. Unter ihm wurde dem barocken Äußeren ein klassizistisches Interieur gegeben. Sein Hofbaumeister Nikolaus Friedrich Thouret schuf aus dem Ordenssaal einen prachtvollen **Thronsaal** und stattete Ahnen- und Bildergalerie, den Marmorsaal sowie das königliche Appartement in strahlendem, hocheleganten Klassizismus aus. Nach dem Tod des Königs erlosch das Hofleben in Ludwigsburg. Nicht aber das Erbe des hünenhaften, 2,12 m großen »dicken Friedrich«: Er hinterließ mehrere Dutzend uneheliche Kinder, die er alle ordentlich versorgen ließ – ein echter Landesvater; noch heute lassen sich zahllose Familienstammbäume auf ihn zurückführen. Kein Wunder – so die Schwaben mit einem Augenzwinkern –, dass es ihrem Ländle so gut geht!

Der Dom zu Magdeburg

Ein kühner Wurf

Erste gotische Kirche in Deutschland

Erbaut: 1209–1520

Besonders sehenswert:
- ☆ Bischofsgang
- ☆ Mauritiusstatue im Hohen Chor
- ☆ Paradiesvorhalle mit Statuen der Klugen und Törichten Jungfrauen
- ☆ Ehrenmal von Ernst Barlach

Von Beruf war Mauritius Soldat, als Befehlshaber der Thebäischen Legion sogar ein hochrangiger Offizier. Von Berufung war er Christ, und als solcher verweigerte er die Hinrichtung aufständischer Helvetier, unter denen sich Glaubensbrüder befanden. Deshalb erlitt er 285 n. Chr. den Märtyrertod. Angehörige seiner Legion sollte später am Rhein dasselbe Schicksal ereilen (s. S. 206). So weiß es die Legende.

Wenn Kaiser Otto der Große beim Magdeburger Hoftag 937 ein Mauritiuskloster stiftete, ehrte er den damals bedeutendsten Reichsheiligen, die (angeblich) ihm verdankte Heilige Lanze gehörte zu den Reichskleinodien. Außerdem war der Thebäer ein Krieger, also einer, der hier an der östlichen Reichsgrenze die Stoßrichtung künftiger Eroberungspolitik anzeigen konnte. Jenseits der Elbe siedelten heidnische Slawen.

Eine Kirche für das »neue Rom«

Auch mit dem Ort selbst hatte dieser Kaiser viel vor: Wie der große Karl seine Pfalz Aachen zu einem »zweiten Rom« erheben wollte, so der große Otto Magdeburg zu einem »neuen Rom«. Kaum war 955 die Ungarngefahr abgewendet, setzte er die Gründung eines Erzbistums Magdeburg durch und bestimmte dessen Dom, die größte deutsche Kirche des hohen Mittelalters, zu seiner Grablege. Ottos erste Gemahlin Editha (gest. 946) wurde hier bestattet. 1207 brannte diese Andachtsstätte des 10. Jahrhunderts aus. Trotz heftiger Proteste verfügte Erzbischof Albrecht II. von Kefernburg einen Neubau.

Dieser Albrecht hatte lange in Paris studiert und die moderne Kirchenarchitektur der Île de France kennen gelernt. Der Grundriss des neuen Domes zeigt: Eine gotische Kirche sollte entstehen, die erste auf deutschem Boden. Und obwohl sich hier spätromanische Elemente zäh behaupten, gehört diese dreischiffige Basilika der neuen Epoche an. Das beweist unwiderleglich ihr Chor mit dem Fünf-Zehntel-Schluss und dem Kapellenkranz.

Im Fortgang der Arbeiten kam es zu mehreren Planwechseln. Sie bedeuteten jedes Mal eine Vergrößerung der Kirche. So nahm ihr Chor immer imposantere Ausmaße an, um 1340 wurden die Seitenschiffe bedeutend erweitert. 1363 fand die prunkvolle Schlussweihe statt, aber vollendet war der Dom deshalb noch lange nicht. Die monumentale Westfassade mit ihren beiden machtvollen Türmen wurde 1520 fertig gestellt, nun erst kann der Kathedralenbau insgesamt als abgeschlossen gelten.

Der Dom zu Magdeburg

Magdeburg, Dom
1 Mauritiusstatue
2 Paradies
3 Kapelleneinbau mit Herrscherpaar
4 Bronzetumba des Erzbischofs Ernst von Sachsen
5 Ehrenmahl für die Gefallenen des Ersten Weltkriegs von Ernst Barlach

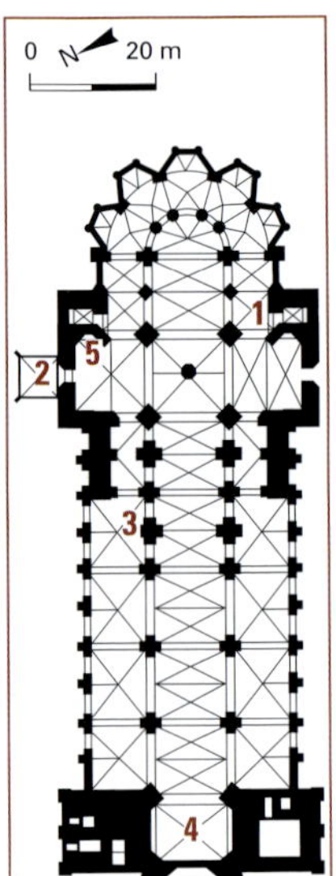

Keine fünfzig Jahre später predigte hier erstmals ein evangelischer Pfarrer, bald übernahm das neue Bekenntnis den Dom. 1826–34 wurde er durchgreifend instand gesetzt, Karl Friedrich Schinkel hatte ein Auge auf die Arbeiten. Auch die Schäden des Zweiten Weltkriegs verlangten eine umfassende Wiederherstellung.

Nicht immer haben lange Bauzeiten stilistische Uneinheitlichkeit zur Folge. Dagegen kann es beim direkten Aufeinandertreffen zweier Architektursprachen heftige Verständigungsprobleme geben. Die Ostpartie des Magdeburger Doms ist dafür ein faszinierendes Beispiel. Ungeachtet aller Spitzbogigkeit herrschen hier romanische Architekturprinzipien vor: Die einzelnen Bauteile erscheinen aneinander gereiht, die Mauer ist in ihrem ganzen Volumen gegenwärtig. Und so zwingend Türme an den östlichen Querhausecken zu den großen romanischen Bischofskirchen gehören – ein gotischer Umgangschor, einer mit Kapellenkranz duldet sie nicht. Sie blieben dieser Architektur fremd, kein Baumeister wusste sie ins Erscheinungsbild der Kirche wirklich einzubinden.

Auch innen ist die untere Chorpartie noch romanisch geprägt. Das hat eine gewisse Folgerichtigkeit, denn hier wird das Andenken an Otto den Großen wach gehalten. Seinen Stucksarkophag mit der spätantiken Marmorplatte umstehen im inneren Polygon die Granit-,

Porphyr- und Marmorsäulen »seiner«, der 1207 durch Feuer vernichteten Kirche. Wie einst Karl der Große für die Aachener Pfalzkapelle, hatte er diese Stützen aus Italien mitgebracht.

Die Apostelstatuen oberhalb des Gesimses, nämlich Andreas, Paulus, Petrus, waren ursprünglich für ein Nordportal bestimmt und tragen schon das Signum der französischen Kathedralplastik. Nach Süden folgen Johannes der Täufer, Kirchenpatron Mauritius und sein Offizier Innocentius, es sind jüngere, viel ungelenkere Arbeiten. Alle Männer stehen auf den Köpfen heidnischer Könige, sinnfälliger Ausdruck für den Triumph des Glaubens. So zu triumphieren mangelt dem zweiten Mauritius im Hohen Chor jede Gelegenheit, diesem Ritter im Kettenhemd und Lederkoller fehlen die Füße und Unterschenkel. Doch künstlerisch überragt die um 1250 geschaffene Plastik alle Säulenheiligen. Und sie gibt das authentische Bild eines Schwarzen, wohl das erste in Mitteleuropa überhaupt.

Der Bischofsgang hinter den Arkaden des Obergeschosses, nach 1235 entstanden, ist ein charakteristischer Bauteil des Doms, und Schule sollte er auch machen. Der Kirchenfürst konnte ihn von seinem Palast aus direkt erreichen, also ohne in Kontakt mit gemeinen Gläubigen zu geraten. Schon seine lichte Weite rückt ihn unter den Horizont der Gotik.

Meisterwerke im Paradies

An wertvollen plastischen Bildwerken ist der Magdeburger Dom wahrhaftig nicht arm, aber die wertvollsten findet der Besucher vielleicht doch im sogenannten **Paradies,** der Vorhalle am nördlichen Querhausarm. Die Klugen und Törichten Jungfrauen der Gewände sind Figuren (entstanden um 1250), die sowohl Freude wie Verzweiflung aufs Eindringlichste darstellen. Und wie selbstverständlich korrespondiert die grandiose Statue der (christlichen) Ecclesia mit den Klugen, während die der ebenfalls meisterhaft getroffenen Synagoge das Schicksal der Törichten Jungfrauen teilt.

Das Langhaus beeindruckt durch die Spannweite des Raums, wozu die hohen, ebenfalls großzügig breiten Seitenschiffe ihren Teil beitragen. Ganz eigen berührt der Gegensatz von schwerfälliger Arkaden- und dynamischer, geradezu rasanter Gewölbefolge. Im nördlichen Seitenschiff steht das Sechzehneck eines Kapelleneinbaus, hier thront ein **Herrscherpaar** (um 1250), das Kaiser Otto den Großen und seine Gemahlin Editha darstellt.

Zwei jüngere Kunstwerke des Doms verdienen abschließend Erwähnung. In der Kapelle zwischen den Westtürmen steht der pompöse **Sarkophag des Ernst von Sachsen** (Erzbischof 1476–1513), der Kirchenfürst hatte ihn schon zu Lebzeiten in Auftrag gegeben und bei keinem Geringeren als Peter Vischer, dem rühmlich bekannten Nürnberger Meister. Der Gegensatz zwischen dieser Bronzetumba und Ernst Barlachs hölzernem **Ehrenmal** (1929) für die Toten des Ersten Weltkriegs, er könnte kaum größer sein. Aus dem beklemmend-schlichten Relief spricht die Verstörung über ein Geschehen, dem nur zwei Jahrzehnte später ein noch verstörenderes folgen sollte.

Öffnungszeiten:
Mo–Sa 10–17,
So 11.30–17 Uhr
Führungen Mo–Sa 10, 14, So 11.30, 14 Uhr

Tourist-Info Magdeburg:
Ernst-Reuter-Allee 12
Tel. 0391/194 33
www.magdeburg-tourist.de

Der Mainzer Dom

Ein Gotteshaus für den Erzkanzler

Musterhafter Kathedralbau der Romanik mit barocken Elementen

Erbaut: 1081–1239

Besonders sehenswert:
- ☆ *Grabdenkmäler der Erzbischöfe*
- ☆ *Bronzetür des Erzbischofs Willigis im Marktportal (um 1000)*
- ☆ *Memorienpforte von Madern Gerthener im südlichen Seitenschiff*

Bis ins Jahr 16 v. Chr. und zum Augustus-Stiefsohn Drusus lässt sich die Geschichte der rheinland-pfälzischen Landeshauptstadt zurückverfolgen. Wer nach den historischen Wurzeln des Erzbistums sucht, gelangt immerhin bis Bonifatius (gest. 754), dem Apostel der Deutschen. Mit zeitweise 15 Bistümern ist Mainz später die größte Metropole der Christenheit. Ihre Häupter prägen die Reichspolitik, seit 965 hatten sie das Erzkanzleramt inne. Und bis ins 13. Jahrhundert hatte auch ihr weltliches Territorium eine beachtliche Ausdehnung.

Vor diesem Hintergrund muss ein Bau wie der Mainzer Dom gesehen werden. Die romanische dreischiffige Gewölbebasilika konnte in der Gotik ihre ohnehin imposante Größe noch einmal steigern, als den Seitenschiffen jeweils eine Kapellenreihe hinzugefügt wurde.

Ihr Ursprungsbau aber stand weiter westlich. Die heute evangelische Johanniskirche ist wohl der in den Quellen genannte »alte« Dom. Erst Willigis, von Kaiser Otto I. zum Reichskanzler berufen und von Otto II. zum Mainzer Erzbischof bestellt, ließ die neue Kathedrale am heutigen Standort errichten. Sie sollte seinen Rang als höchster Reichsfürst beglaubigen. Aber der Bauherr musste erleben, dass die Kirche 1009, einen Tag vor der Weihe, niederbrannte. 1036 konnte sein dritter Nachfolger Bardo den nur wenig veränderten Dom einsegnen.

In den beiden östlichen Treppentürmen und der Gotthardkapelle steckt noch Mauerwerk des Willigis-Baus, der 1036 wiederhergestellt war.

Während der nun folgenden Bauphasen bildet sich ein markanter Ost-West-Gegensatz heraus. Kaiser Heinrich IV. hatte nach einer abermaligen Feuersbrunst 1081 den Neubau veranlasst. Als er 1106 stirbt, zeigt der (später veränderte) Ostchor immerhin die Zwerggalerie. Abgesehen von den jüngeren Gewölben verdankt das Mittelschiff seine strenge, monumentale Romanik sogar ganz dieser Periode. Sie endet mit dem Tod des Erzbischofs Adalbert 1137.

Knapp 50 Jahre sollte es dauern, bis an der Kirche wieder gearbeitet wurde. Doch herrscht jetzt ein anderer Architekturgeschmack. Erzbischof Konrad (1183–1200) lässt Querschiff und Westchor abbrechen. Dass eine Neugestaltung hier in Angriff genommen wurde, ist kein Zufall. Stets hatte der Westchor den Vorrang vor seinem östlichen Pendant, noch heute steht hier der Bischofsthron. 1200 stirbt Konrad, wieder stockt das Werk. Doch 1239 kann Erzbischof Siegfried III. die Schlussweihe vornehmen, auch das Langhaus ist jetzt neu eingewölbt.

Der Ostbau des Doms ähnelt in vielem den Westabschlüssen der Epoche, auch daran zeigt sich die Umkehrung der Verhältnisse. So folgt der Apsis kein Chorjoch, sondern eben die Chorhalle als Querbau, ein Querbau allerdings, der seitlich kaum vorspringt. Der auffällig hohe Apsis-Sockel mit seinen drei Öffnungen erklärt sich durch

Der Mainzer Dom von Osten

1 Gotthardskapelle mit dem romanischen Großkruzifix
2 Marktportal mit der Bronzetür »für Erzbischof Willigis« (um 1000)
3 »Memorie« mit der spätgotischen Pforte Madern Gertheners

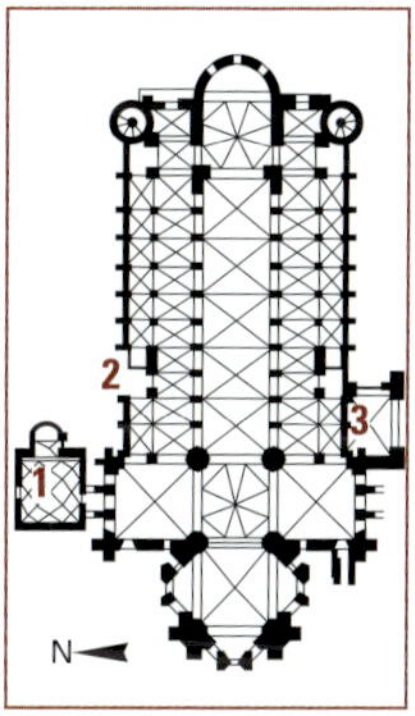

eine zunächst vorgesehene Krypta. Sonst zeigt dieser Bauteil die vertraute Folge von (hohen) Blendbögen, Wandsäulen und (der baugeschichtlich jüngeren) Zwerggalerie.

Gerne nutzen die Fotografen den freien Raum nach Osten, um eine spektakuläre Romanik ins Bild zu setzen. Aber dieses Äußere ist Ergebnis der Neuinterpretation ab 1872, die nach Meinung der Denkmalpfleger des Guten zu viel tat. Übrigens wurde damals auch die nie vollendete, zugeschüttete Krypta wieder freigelegt und ergänzt. Sie zeigt heute ein ganz unverdächtiges hochromanisches Aussehen.

Die Kapitelle der Zwerggalerie sitzen zu weit oben, aber an den Säulenkopfstücken des hiesigen Südportals fällt der erlesene Skulpturenschmuck ins Auge. Er wird lombardischen Steinmetzen zuge-

Mit der westlichen Drei-Türme-Gruppe verbindet sich einer der klingensten Namen barocker Architektur. Doch nach einem Brand 1767 schuf ihre steinernen Abschlüsse nicht Balthasar, sondern Sohn Franz Ignaz Michael Neumann. Diese Hauben vereinen die Signatur seiner Epoche mit der der späten Romanik ebenso innovativ wie glücklich. Zwischen Neumanns schöpferischer Auseinandersetzung und dem Akademismus der Ostbauerneuerung liegen Welten.

schrieben, die wohl auch in Speyer gearbeitet haben (s. S. 332). In der südlichen Vorhalle finden sich ebenfalls vorzügliche Zeugnisse ihrer Kunst, die eine antike Tradition erkennen lässt.

Das ganz unverwechselbare Gepräge des Domwestens deutet schon der Chorgrundriss an, er ist oft mit den Kölner Kleeblattchören verglichen worden (s. S. 203). Nur schließen in Mainz die drei Nischen nicht halbkreisförmig ans quadratische Joch, sondern dreiseitig gebrochen. Mit einem einzigen, glattwandigen Geschoss reicht dieser Chor hoch hinauf, Kassettenfries und Zwerggalerie aus Doppelarkaden sorgen dennoch für ein fulminantes Finale. Darüber hat das Chorquadrat seine eigenen Giebel, die jeweils ein achtteiliges Radfenster schmückt. In die östlichen Winkel der Konchen eingestellt sind zwei achtseitige Türme, ein Achteck bildet auch der hohe Vierungsturm. Kräftige Strebepfeiler markieren die Ecken der Querhauses, ihre Giebelfronten wurden besonders verschwenderisch ausgestattet.

Einen einzigartigen Schatz besitzt der Mainzer Dom: die **Erzbischöflichen Grabdenkmäler.** Zwischen Siegfried III. (gest. 1249) und dem katholischen Sozialreformer Freiherr von Ketteler (gest. 1877) fehlt kaum einer der höchsten Würdenträger, eine Kontinuität, die schöne Studien des Stilwandels von der frühen Gotik bis zum Klassizismus erlaubt. Freilich sind die älteren nicht mehr als ganze Sarkophage, sondern nur mit ihren Deckplatten erhalten und an den Pfeilern aufgestellt. Sie wirken jetzt wie Epitaphe, zu deren Errichtung die Raumnot seit 1396 zwang.

Im Dom sind Männer bestattet, die nicht nur dem Kurfürstentum ihren Stempel aufdrückten, sondern darüber hinaus Geschichte schrieben. Zu ihnen gehört Peter von Aspelt, »Generalkapitän der böhmischen Krone« unter Johann von Luxemburg und später entschiedener Gegner der dynastischen Pläne Habsburgs. Einen zu Recht prominenten Platz hat der 1545 verstorbene Albrecht (II., Markgraf) von Brandenburg, eine schillernde Figur des Reformationszeitalters. Sein Bildnis stellt dem mutmaßlichen Schöpfer Dietrich Schro ein gutes Zeugnis aus, doch nicht immer haben die wichtigsten Regenten die schönsten Grabmale. Für Erzbischof Uriel von Gemmingen schuf der hochbegabte Hans Backoffen (um 1475-1515) ein hinreißendes Werk. Überhaupt Backoffen: Auch in den Figuren der Erzbischöfe Berthold von Henneberg und Jakob von Liebenstein zeigt er sich als profilierter Künstler am Übergang von der Gotik zur Renaissance.

Kreuzgang und Kapitelbauten präsentieren die Schätze des **Dom- und Diözesanmuseums.** Zu seinen herausragenden Stücken gehören die Fragmente des Westlettners (um 1240), die ebenso wie die Figuren des Naumburger Westchors (s. S. 269) für einen epochalen Fortschritt der Bildhauerkunst im Reich stehen. Überhaupt bietet sich der Gang durch dieses Museum als schöner Abschluss eines Dombesuchs an.

Öffnungszeiten:
Dom: April–Sept. Mo–Fr 9–18.30, Sa 9–16, So 12.45–15, 16–18.30 Uhr, Okt–März nur bis 17 Uhr

Bischöfliches Dom- und Diözesanmuseum: Di–Sa 10–17, So 11–18 Uhr

Tourist-Info Mainz:
Brückenturm am Rathaus
Tel. 06131/286 21 27
www.mainz.de

Die Klosterkirche Maria Laach

Ein Bauwerk und seine Landschaft

Vergessen wir einmal, wie schwer der Gesteinsabbau die weitere Umgebung gezeichnet hat. Erinnern wir nur kurz an das Inferno vor etwa 13 000 Jahren. Damals öffnete sich an der tiefsten Stelle des heutigen Sees jener Schlot, dessen Auswurf die Gegend unter einer Bimsdecke begrub und alles Leben erstickte. Doch eben dieser Eruption verdanken sich die Wälle um den heutigen See, verdankt sich eine landschaftliche Idylle sondergleichen. Von der Hangkante reichen die Buchenwälder bis ans Ufer hinab, nur im Süden um das Kloster zieht sich ein größerer Wiesenplan. Und gerahmt von der Laubbaumkulisse ragt über dem Wasserspiegel eine Architektur, die zu den vollendetsten der Romanik gehört.

Dort, wo ein Felssporn halbinselartig in den See stößt, hatte einst Heinrich II. Pfalzgraf bei Rhein seine Burg. 1093 gründete er zusammen mit seiner Frau Adelheid ein Kloster. Kurz darauf wurde mit dem Bau seines Gotteshauses begonnen. Aber es bedurfte noch reichlicher Schenkungen durch den Stiefsohn Graf Siegfried, um die Fortführung der Arbeiten zu sichern. Sie waren bei der Weihe 1156 noch nicht völlig abgeschlossen (und bis zur Vollendung des berühmten Paradieses sollten noch einmal siebzig Jahre vergehen).

Der Stifter Hermann hatte dem Salierkaiser Heinrich IV. unerschütterlich die Treue gehalten. Das taten außer ihm nur ganz wenige; im Konflikt zwischen Kaiser und Papst schlugen sich die meisten Reichsfürsten auf die Seite des Kirche. Insofern liegt die Versuchung nahe, aus der Architektur am Laacher See, aus ihrer Nähe zum Speyrer Kaiserdom Bekenntnischarakter herauszulesen oder doch eine programmatische Note.

Romanische Sakralarchitektur in Vollendung

Erbaut: 1093–1250

Besonders sehenswert:
- ☆ *Spätromanischer Baldachinaltar*
- ☆ *Stiftergrab*
- ☆ *Paradiesplastik*

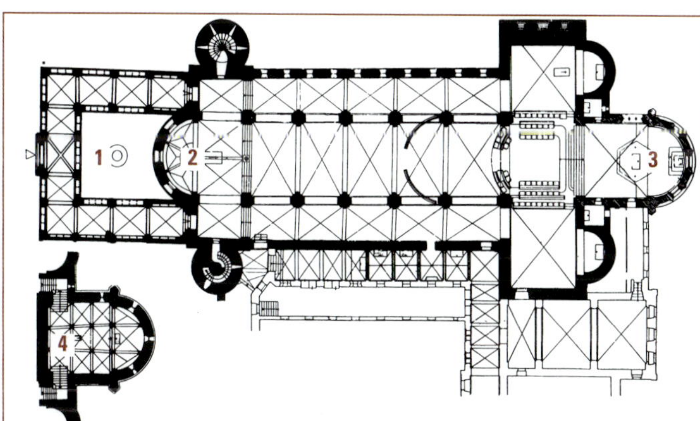

Maria Laach
1 *Spätromanisches Paradies*
2 *Stiftergrab*
3 *Ziborienaltar (Baldachin)*
4 *Krypta*

Die Abteikirche von Maria Laach ist eines der vollkommensten Werke der deutschen Romanik.

Baugeschichte

Zuerst wurde wohl das gesamte Fundament der Kirche gelegt. Demnach war sie als Doppelchoranlage geplant, allerdings mit einem weniger ausgreifenden Westbau. Nur begannen die Arbeiten auch hier im Osten der Kirche, dann wurde das Langhaus hochgeführt und zuletzt der Westbau vollendet. Doch kam es unterwegs zu einem Planwechsel, die Apsis im Osten wurde über dem hohen Sockelgeschoss neu aufgeführt. Erst nach der Weihe erhielt das Langhaus seine Gewölbe und die westlichen Türme ihre Freigeschosse.

Aber zunächst einmal: Trotz der recht langen Bauzeit zeigt Maria Laach eine bis ins Detail stimmige Architektur. Und in ihrem Fall lässt sich auch das oft leichtfertig gebrauchte Bild von der Dachlandschaft rechtfertigen. Ihr Türmeensemble verweist rheinaufwärts; nach Mainz, nach Worms, vor allem jedoch nach Speyer (s. S. 332) mit dem salischen Kaiserdom. Die Dreiergruppe im Osten beherrscht ein gedrungener, achteckiger Turm, der sich über dem Querbau erhebt und zwei quadratischen Apsiswinkeltürmen den Vortritt lässt. Im Westen macht sich das Trio noch machtvoller geltend, dafür halten alle drei auf gleicher Linie, die Assistenztürme sitzen nun am Querhaus und sind rund, der höhere, quadratische Mittelturm ist über seinem Basisgeschoss eingezogen, dennoch hat er einen Zug ins Monumentale. Die beiden Vierungstürme setzen die voluminösesten Akzente einer Doppelchoranlage, die sowohl den Ost- wie den Westabschluss der Kirche betont.

Gleich fällt der überlegte und variable Einsatz des Blendarkadenmotivs ins Auge. Selbst die Mauern des Langhauses gliedern sie nach Maßgabe der Struktur: Am Obergaden werden je drei große Bögen von Wandpfeilern aufgenommen, an den Seitenschiffen läuft unterhalb der Dachtraufe nur mehr ein kleinteiliger Rundbogenfries, ihn unterfängt die dreifache Zahl an Pilastern. Wie alle Werksteinelemente sind sie aus dunklem Basalt, der sich gegen den hellen Tuff der Fläche sehr effektvoll abhebt.

Die gesteigerte Schmuckfreude in den oberen Partien der Kirche weist in die Spätromanik. Sie spricht für einen Fortschritt der Arbeiten nach Höhenstufen, also gegen einen der Länge nach. Das Innere wirkt wesentlich strenger und gleichförmiger, aber auch hier zeigt sich bei genauerem Hinsehen eine Besonderheit. Die Joche der Seitenschiffe und des Mittelschiffs haben die gleiche Abfolge: Dem Querrechteck im Zentrum entspricht ein langgestrecktes an den Seiten. Dazu gibt es in der gesamten deutschen Romanik keine Parallele.

Die schnelle Jochabfolge des Mittelschiffs steigert die Dynamik der Architektur und zieht den Blick nach oben. Bei der schmalen Mauerfläche zwischen den Pfeilern erübrigt sich der Wandschmuck fast von selbst: Hier ist nur Platz für den Scheidbogen zu den Seitenschiffen hin, das Fenster im Obergaden und den Schildbogen zwischen Wand und Gewölbe.

Ausstattung

Auch diese Klosterkirche verlor im Gefolge der Säkularisation den größten Teil ihrer Ausstattung. Das Mosaik in der Ostapsis stammt aus dem 19. Jahrhundert, aber der wundervolle **Baldachinaltar** davor ist noch romanischen, genauer spätromanischen Ursprungs. Er hat sich bisher erfolgreich gegen eine stilistische Zuordnung gewehrt, eher von Hilflosigkeit zeugt es, seine Formen »byzantinisch« zu nennen. Auf kunsthistorisch sicherem Boden befinden wir uns wieder angesichts des **Stifterhochgrabs.** Über dem Steinsarkophag ruht der in Nussbaumholz geschnitzte pfalzgräfliche Stifter in der originalen Farbfassung. Diese feine Arbeit datiert aus den Jahren um 1280, folglich hat auch das Kirchenmodell in seiner Rechten Anklänge an die Gotik.

Nur als Kopie lässt sich die Mosaikgrabplatte bewundern, die den 1152 verstorbenen Gründerabt Gilbert zeigt. Sie hat ihren Platz in der Krypta, einer dreischiffigen Halle von hieratischer, schnörkelloser Klarheit. Der Raum ist eine Art romanisches Kontrastprogramm zum **Paradies** im Westen der Kirche. Um 1220 entstanden, gehört die dreiflügelige Säulenvorhalle nicht zum ursprünglichen Bauprogramm und lässt sich auch nicht aus seiner Entwicklung erklären. Sie ist berühmt für den plastischen Schmuck ihrer Kapitelle.

Das Eindrucksvollste an Maria Laach aber ist das Gesamtbild. Liebend gern hätte die Steineindustrie den Wall um See und Kloster benagt. Dabei liegt der Zauber dieses Fleckchens Erde im Einklang von Natur und Kultur, im Wirklichwerden eines Menschheitstraumes.

Öffnungszeiten:
tgl. 5.30–20 Uhr
www.maria-laach.de

Anfahrt:
A 61 bis Mendig/ Maria Laach, Busverbindung ab Andernach

Zisterzienserkloster Maulbronn

Von Bau- und Wasserkünsten

Eine der besterhaltenen Klosteranlagen nördlich der Alpen; UNESCO-Welterbe seit 1993

Weihe der Kirche: um 1178

Besonders sehenswert:
- ☆ *Paradies*
- ☆ *Kreuzgang*
- ☆ *Herrenrefektorium*

Fast hat ein Kunst-Reiseführer die moralische Pflicht, an die oft sträflich missachtete und dennoch kulturtragende Rolle des Esels zu erinnern. Der Unpaarhufer ist im Fall des Klosters Maulbronn zwar ein Maultier, also die Kreuzung zwischen Eselhengst und Pferdestute, und sein Auftreten leider nur legendär, aber sei's drum. Außerdem gibt es ja in Maulbronn immer noch einen Eselsbrunnen.

Zwischen Odenwald und Nordschwarzwald schiebt sich das Hügelland des Kraichgaus. Als sich die Zisterzienser hier dank tätiger Mithilfe des Speyrer Bischofs Gunther 1147 ansiedeln konnten, war die Gegend um »Mulenbronn« noch dicht bewaldet. Nur so aus der Welt, wie es die Überlieferung will, war sie auch wieder nicht; immerhin führte mit der Kaiserstraße ein wichtiger Handelsweg nahe am Kloster vorbei. Zweifellos haben die Brüder das Erscheinungsbild der Umgebung geprägt. Bis heute sind Züge einer klösterlichen Kulturlandschaft erkennbar geblieben, ins Auge fallen die künstlich angelegten Fischteiche. Sehr verdient haben sich die Zisterzienser um den Weinbau gemacht (s. S. 130), auch bei Maulbronn legten sie ausgedehnte Rebkulturen an.

1156 hatte Friedrich I. Barbarossa die Niederlassung unter kaiserliche Vogtei gestellt. Rund hundert Jahre künden die zwanzig zugehörigen Landgüter von Maulbronns Wirtschaftskraft, lange galt es als reichstes Kloster des Landes. Doch 1504 gerät es endgültig an die Herzöge von Württemberg, mit Einführung der Reformation auf ihrem Territorium wird das Kloster evangelische Klosterschule. Aus ihr gingen Persönlichkeiten wie der Astronom Johannes Kepler, später die Dichter Friedrich Hölderlin und Hermann Hesse hervor. Dass die Landesherren Maulbronn auch als eine Art Sommersitz nutzten, zeigt der Bau eines herzoglichen Schlosses 1588.

Die außerordentlich gut erhaltene Anlage hat ihre Dominante in der Kirche, sie bildet gewissermaßen ihr Rückgrat. Bei der Weihe 1178 großenteils fertig gestellt, ist diese Pfeilerbasilika im Wesentlichen romanisch und zeigt vor allem außen die programmatische Schlichtheit einer Zisterzienserkirche. Statt ragender Türme oder gar einer Doppelturmfront gibt es hier nur einen Dachreiter über der Vierung, der Chor schließt gerade, bietet also keinerlei Gelegenheit zu aufwändigen Kapellenkränzen. Die Bauzier fehlt weitgehend, dafür zeugt das Mauerwerk von höchster Sorgfalt beim Bearbeiten und Setzen der Steine.

Obwohl das Gotteshaus nur für die Insassen des Klosters bestimmt war, hat es dennoch eine (romanische) **Chorschranke.** Sie trennte den Mönchskonvent vom Bereich der Laienbrüder, Zisterzienser minderen Ranges, auf deren Schultern das wirtschaftliche Gedeihen des Klosters ruhte. Im übrigen atmet das Innere nicht mehr die Strenge der Frühzeit, denn im 14 Jahrhundert kamen die großen Maßwerkfenster im Chor hinzu, um 1424 das spätgotische Netzgewölbe und die Kapellen am südlichen Seitenschiff.

Von ganz eigenem Reiz ist die Vorkirche im Westen, das so genannte **Paradies.** Diese dreijochige Halle entstand im frühen 13. Jahrhundert und zeigt eindrucksvoll, dass die Zisterzienser zu den großen Vermittlern gotischer Baukunst im Reich zählen. Vom Baumeister wird gemutmaßt, er sei von Nordfrankreich über Burgund nach Maulbronn gekommen, um von dort weiter nach Osten zu ziehen.

Der **Kreuzgang** schließt nördlich an die Kirche an, seine Flügel entstanden zwischen dem frühen 13. (vielleicht sogar späten 12.) und dem 15. Jahrhundert, zwischen später Romanik und später Gotik repräsentieren sie alle Stilstufen. Besonders gern wird das **Brunnen-**

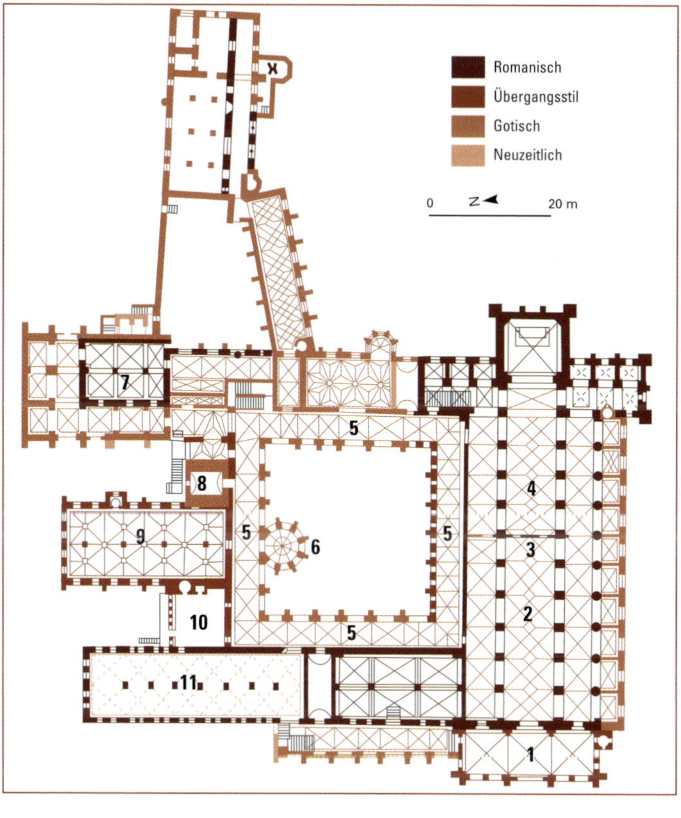

Zisterzienserkloster Maulbronn
1 Paradies
2 Kirche der Laienbrüder
3 Romanische Chorschranke
4 Kirche der Mönche
5 Kreuzgang
6 Brunnenhaus
7 Großer romanischer Keller
8 Beheizbarer Raum
9 Herrenrefektorium
10 Ehemalige Klosterküche
11 Laienrefektorium; Obergeschoss: ehemaliger Schlafsaal der Laienbrüder

Kloster Maulbronn, Herrenrefektorium

haus (um 1350; s. vordere Umschlagklappe) am Nordflügel abgelichtet, der dreischalige Brunnen wurde allerdings erst 1878 (neu) zusammengesetzt. Ihm gegenüber liegt das zweischiffige **Herrenrefektorium,** dessen Pracht jeder Burg Ehre gemacht hätte. Der lichte Saal entstand wie das Paradies am Übergang zwischen Romanik und Gotik und ist ein Bauwerk von höchstem Rang. Ganz anders übrigens der **Speisesaal der Laienbrüder:** Dunkel ist der Raum, schwer lastet das Gewölbe auf den gedrungenen Säulenpaaren.

Auch andere Partien der Maulbronner Klausur halten lange vergangenes Ordensleben und -ökonomie gegenwärtig. Im weiteren Klosterbereich fallen noch Fachwerkbauten wie **Haberkasten** oder **Gesindehaus** ins Auge, selbst die Umwehrung blieb erhalten. So erlaubt Maulbronn eine Zeitreise ins mönchische Mittelalter und gehört zu den höchst authentischen Klosteranlagen nördlich der Alpen.

Öffnungszeiten:
Führungen:
1. März–31. Okt. tgl. 11.15 und 15 Uhr;
1. Nov–28. Feb. Di–So 11.15 und 15 Uhr

www.maulbronn.de

Dom und Albrechtsburg in Meißen

Der Meißner Burgberg: die »Wiege Sachsens«

Meißen, die tausendjährige Markgrafen- und Bischofsstadt an der Elbe, besitzt neben Bautzen und Görlitz die besterhaltene mittelalterliche Stadtanlage Sachsens. Über tausend Gebäude – stattliche Bürgerhäuser der Spätgotik, der Renaissance und des Barock – der inzwischen weitgehend restaurierten Altstadt stehen unter Denkmalschutz. Mit Dom, Albrechtsburg und der ältesten Porzellanmanufaktur Europas lockt die Stadt an der Sächsischen Weinstraße jährlich Hunderttausende Besucher an. Großartig thront das Ensemble von Dom, Albrechtsburg und Bischofsschloss über dem Elbtal – aufgrund der architektonischen Geschlossenheit gehört die Meißner Stadtkrone zu den bedeutendsten Leistungen der sächsischen Gotik.

Um 928/29 entsteht unter Heinrich I. die Burg Misni als erster deutscher Stützpunkt in slawischem Gebiet, 968 wird das Bistum Meißen von Kaiser Otto I. gegründet. Die Mark Meißen wird zum Kernstück des obersächsischen Landes. Um 1000 entwickelt sich eine Marktsiedlung, die das Stadtrecht erhält. Um 1200 wird die steinerne Elbbrücke angelegt. Im 14. Jahrhundert wird eine Stadtmauer mit Stadttoren erbaut, die die vier Bereiche Burgberg, Jahrmarkt, Marktstadt und Afranische Freiheit umschließt. Nach der Leipziger Teilung 1485 wird nicht Meißen mit der neu erbauten Albrechtsburg Residenz der albertinischen Wettiner, sondern Dresden. Im Dreißigjährigen Krieg brennen schwedische Truppen die Hälfte der Stadt nieder. 1710 verlegt Kurfürst August der Starke die Porzellanmanufaktur von Dresden nach Meißen und bringt der Stadt dadurch wirtschaftlichen Aufschwung. Im Zweiten Weltkrieg bleibt Meißen fast unversehrt.

Einzigartiges gotisches Bauensemble auf dem Burgberg über der Elbe

Erbaut:
Dom: um 1260–1410
Albrechtsburg: 1471–1489

Besonders sehenswert:
Im Dom:
- ☆ *Fürstenkapelle mit Westportal*
- ☆ *Stifterfiguren des Naumburger Meisters*
- ☆ *Kreuzaltar der Cranachwerkstatt*
- ☆ *Grabdenkmäler und Grabplatten*

In der Albrechtsburg:
- ☆ *Großer Wendelstein*
- ☆ *Großer Saal*
- ☆ *Große Hofstube*
- ☆ *Große Appellationsstube*
- ☆ *»Der Alten Hertzogin Gemach«*
- ☆ *Wappensaal*

Der Dom

Auf dem Plateau des Burgberges gruppieren sich in dreieckiger Form Albrechtsburg, Bischofsschloss, Domherrenhofe und Kornhaus um den Dom. Der Dom wird Mitte des 13. Jahrhunderts als kreuzförmige Basilika begonnen, Ende des 13. Jahrhunderts sind Chor und Querhaus vollendet. Im 14. Jahrhundert wird das Langhaus in edlen Proportionen zur dreischiffigen Hallenkirche ausgebaut. Arnold von Westfalen ergänzt ab 1470 die Westfassade um das dritte Turmgeschoss. Der Südostturm (»Höckriger Turm«) stammt aus dem frühen 15. Jahrhundert. Die Westturmfront wird erst 1904–08 von Carl Schäfer mit dem vierten Geschoss und den beiden Türmen stilsicher in neugotischer Manier vollendet.

Spannend ist ein Aufstieg in die Westturmfront mit abwechslungsreichen Blicken über die Stadt Meißen und ins Umland. Über die Glockenetage in 50 m Höhe erreicht man die Aussichtsetage in 65 m Höhe nicht ohne Mühe (304 Stufen), da das oberste Stück durch einen zwar vergitterten, aber sonst offenen Wendelstein führt (nur für Schwindelfreie geeignet!).

Die **Fürstenkapelle** wird um 1425 von Friedrich dem Streitbaren, dem ersten Kurfürsten von Sachsen, der Westfront vorgesetzt. Sie kann sowohl als Vorhalle des Domes als auch als Westchor angesehen werden. Die Begräbniskapelle der Wettiner umschließt das prächtige, schön gestaffelte, 14 m hohe ehemalige Westportal (um 1400) mit reichem Figurenschmuck (»Aposteltreppe«) in teils originaler Farbgebung. An den Seitenwänden der Grablege befinden sich zehn lebensgroße Figuren (Stein, Holz und Ton), auf dem Boden künstlerisch wertvolle Grabplatten und die Tumba Friedrichs des Streitbaren, auf der Deckplatte die plastische Liegefigur mit dem Kurschwert. Später wird der Freiberger Dom (s. S. 152) zur Grabstätte der Wettiner. An die Fürstenkapelle schließt sich südlich die kleine Georgskapelle mit einem Renaissanceportal (1521–24), einem Stuckgewölbe und einem Altartriptychon (1534) von Lucas Cranach d. Ä. an.

Das **Langhaus** von strenger gotischer Erscheinung, im 14. Jahrhundert mit Kreuzrippengewölben erbaut, erreicht eine Höhe von 17 m. Der Lettner (um 1265–1370) als Chorschranke im Bereich der quadratischen Vierung ist durch eine Blendbogenarchitektur gegliedert. Davor steht der Laienaltar (Kreuzaltar) mit dem dreiflügeligen Retabel von 1526 aus der Cranach-Werkstatt. In der achteckigen Johanniskapelle (1291 geweiht) befinden sich drei Figuren, die als Arbeiten der Naumburger Werkstatt gelten: eine Madonna, ein Diakon und Johannes der Täufer. Der **Hohe Chor** ist einschiffig mit Fünf-Achtel-Schluss und besitzt hohe drei- und vierbahnige Fenster; das mittlere mit Glasmalerei, um 1260/70, ist weitgehend in originaler Farbenpracht erhalten. Die vier überlebensgroßen Skulpturen im Stifterjoch als wandverbundene Freifiguren – an der Nordseite Kaiser Otto I. und Kaiserin Adelheid, einander zugewandt, gegenüber die Patrone des Domes, Johannes der Evangelist und Bischof Donatus – werden allgemein der Werkstatt des Naumburger Meister zugeschrieben. Sie gehören zu den besten bildhauerischen Arbeiten des 13. Jahrhunderts. Hinter dem Chorgestühl verlaufen gediegene Blendarkaden mit Blattwerkkapitellen, beschirmt von einer Art Baldachinarchitektur. Vor dem Hochaltar (dreiflügliges Retabel mit Darstellung der Heiligen Drei Könige, Ende 15. Jh.) befinden sich die Grabplatten von Markgraf Wilhelm und Markgräfin Elisabeth.

»Die deutsche Skulptur der Stauferzeit bevorzugt nicht mehr die breite figurale Ausgestaltung von Portalanlagen wie in Frankreich; sie emanzipiert sich von der Unterordnung in Architekturteile. Nach Bamberg und Naumburg ist gerade Meißen für diese spezifische deutsche Entwicklung ein signifikantes Beispiel: Die Figuren wandern als autonomer gewordene Bildwerke vom Außenbau in den Innenraum.«
Dietrich Schubert, 1974

In der asymmetrisch angelegten Sakristei, Anfang des 16. Jahrhunderts vollendet, entwickelt sich aus einer zentralen Stütze ein mehrteiliges Rippennetz. In der **Allerheiligenkapelle** erwächst über figürlichen Konsolen ein Kreuzrippengewölbe mit Schlussstein mit der Darstellung Christi als Weltenherrscher. Der Kreuzgang setzt südlich des Hohen Chores an (einen Teil des Chorumgangs integrierend). Die drei spätgotischen Flügel zeigen die für Arnold von Westfalen typischen Zellengewölbe.

Die Albrechtsburg

Auf dem Höhepunkt ihrer Macht im 15. Jahrhundert beschließen die gemeinsam regierenden Brüder Ernst und Albrecht von Wettin den Bau einer neuen Residenz. 1470 wird der Baumeister Arnold von Westfalen damit beauftragt. Nach seinem Tod führt Konrad Pflüger die Arbeiten weiter, und erst nach 1520 vollendet Jakob Heilmann von Schweinfurt den Wappensaal. Von der Elbe aus erscheint die Burg als wehrhafter Bau, die Hofseite zeigt sich dagegen als repräsentative Schlossfassade mit großen Vorhangbogenfenstern. Die spätgotische Burganlage steht für den Übergang zum neuzeitlichen Schloss: Arnolds Hauptwerk gilt als der erste deutsche Schlossbau. Der Baumeister verlagert den Schub der Gewölbe und des Daches auf die Außenmauern, die er von unten nach oben stärker anlegt, und auf die kräftigen Pfeiler im Inneren, so dass die für Bauwerke der Gotik typischen Strebepfeiler nicht mehr nötig sind. Großzügige Fassaden, einheitliche Geschosse und kunstvoll gewölbte Säle verkörpern die neue Bauform. Besonders mit dem **Großen Wendelstein** gelingt ihm ein Wunder an Leichtigkeit und Eleganz, ein Meisterwerk des Treppenbaus.

Vom Erdgeschoss erreicht man über den Kleinen Wendelstein den **Großen Saal** im **ersten Obergeschoss.** Aus drei kräftigen Pfeilern wachsen schraubenförmig gekehlte Rippen, die ein stark plastisch wirkendes Sterngewölbe bilden. Kunstvoll gestaltet sind Pfeilerbasen, Türgewände und die großen Vorhangbogenfenster. Drei Wandgemälde (Anton Dietrich; 1833–1904) zeigen die Geschichte der Meißner Burg, außerdem Bildnisse wettinischer Markgrafen und Kurfürsten. Durch den so genannten Trompeterstuhl betritt man den Festsaal der Burg, die **Große Hofstube,** ebenfalls mit drei raumbeherrschenden Mittelstützen und sternförmigen Gewölben, flächendeckend in neugotischer Manier ornamental geschmückt. Historistische Wandgemälde zeigen Ereignisse aus dem Leben der Brüder Ernst und Albrecht von Wettin, u. a. den Altenburger Prinzenraub 1455 durch den Ritter Kunz von Kaufungen, auf Postamenten stehen sieben farbig gefasste Skulpturen (König Heinrich I., Konrad der Große, Heinrich der Erlauchte, Friedrich der Streitbare, Albrecht der Beherzte, Georg der Bärtige, Johann Georg II.).

Die **Kleine Tafelstube** im Nordosttakt, ein quadratischer Raum mit Rippengewölbe, tiefen Fensternischen und Vorhangbogenfenstern, ist mit Wandgemälden ausgestattet, die Lebenssituationen Albrechts des Beherzten zeigen. Die beiden Kurfürstenzimmer waren Beratungen und Audienzen vorbehalten. Möbel, Wandmalereien, Stuck, Holzschnitzarbeiten und zwei Kamine (19. Jh.) vermitteln eine intime Atmosphäre.

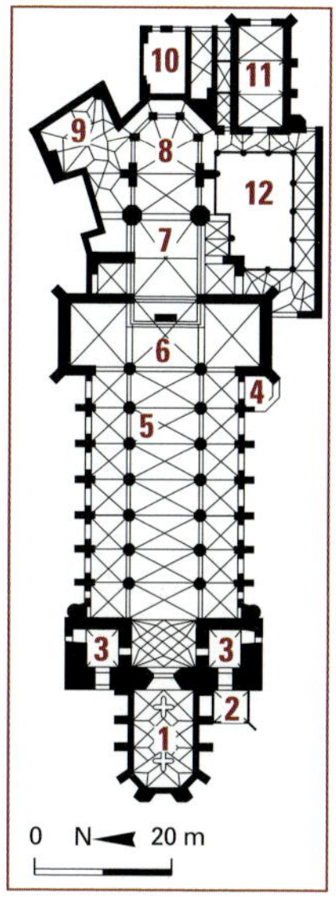

Meißen, Dom

1 Fürstenkapelle mit Westportal
2 Georgskapelle
3 Westtürme
4 Johanniskapelle (Achteckkapelle)
5 Kanzel
6 Lettner und Laienaltar (Kreuzaltar)
7 Hoher Chor (Stifterfiguren)
8 Hochaltar
9 Sakristei
10 Maria-Magdalenen-Kapelle (Kapitelhaus)
11 Allerheiligenkapelle
12 Kreuzgang

Am 3. Oktober 1990 erfolgte in der Großen Hofstube der Albrechtsburg die (erneute) Gründung der Freistaats Sachsen (wie bereits 1920–29).

Meißen, Blick auf die Stadt und die Albrechtsburg

Über den Großen Wendelstein gelangt man in das **zweite Obergeschoss.** Das Böttgerzimmer ist mit zwei Wandbildern von Paul Kießling (1836–1919) ausgestattet, die Szenen aus dem Leben des Apothekergehilfen und »Experimentators« Johann Friedrich Böttger zeigen. Böttger erfand nach wissenschaftlichen Vorarbeiten von Ehrenfried Walther von Tschirnhaus 1708 das europäische weiße Porzellan. In der Kleinen Appellationsstube in Renaissanceformen finden sich historistische Wandgemälde mit Ereignissen der sächsischen Geschichte. Die zentrale, fast quadratische **Große Appellationsstube** (Gerichtssaal) zeigt wieder beherrschende Mittelpfeiler und imposante Zellengewölbe mit dichter Bemalung pflanzlicher Ornamentik. Die Wandmalereien des 19. Jahrhunderts erinnern an Kurfürst Moritz von Sachsen (1541–53). **»Der Alten Hertzogin Gemach«** im Nordbau, ein heller Raum mit Vorhangbogenfenstern und fächerartig sich ausbreitenden Zellengewölben, beherbergt plastische Werke. Im Frauengemach hängen Porträts der Meißner Herzoginnen und Kurfürstinnen. Im asymmetrischen Kurfürst-August-Zimmer stoßen Mittelbau, Nord- und Nordostflügel aufeinander. Das große Wandgemälde »Kurfürst August und Kurfürstin Anna« von Leonhard Gey prägt den Raum. Der **Wappensaal** wurde nach 1520 von Jakob Heilmann von Schweinfurt mit dekorativen Schlingrippengewölben in Frührenaissanceformen versehen.

Öffnungszeiten:
Dom:
Apr.–Okt. tgl. 9–18, Nov.–März 10–16 Uhr

Albrechtsburg:
März–Okt. tgl. 10–18, Nov.–Febr. 10–17 Uhr

Tourist-Info Meißen:
Markt 3
Tel. 03521/419 40
www.touristinfo-meissen.de

Schloss Moritzburg

Sachsens schönstes Jagdschloss

Schon von weitem bezaubert die märchenhafte Erscheinung des barocken Jagschlosses Moritzburg. Fast unwirklich erhebt es sich mit seinen vier mächtigen Rundtürmen auf der Terrasse der Schlossinsel – spiegelbildlich wiederholt im Wasser des Schlossteichs. In Ocker und Weiß, den Farben des sächsischen Barock, tritt die Schlossanlage imponierend dem Betrachter entgegen. Balustraden, Freitreppen und Auffahrten sowie acht Kavaliershäuschen vollenden das barocke Ensemble. In einzigartiger Weise sind hier Architektur und kultivierte Natur zur harmonischen Erscheinung gebracht.

Prächtiges barockes Jagdschloss in einmaliger Kulturlandschaft

Erbaut: 1723–36

Besonders sehenswert:
- ☆ *Speisesaal*
- ☆ *Schlosskapelle*
- ☆ *Federzimmer*
- ☆ *Fasanenschlösschen*

Vom Jagdhaus zur barocken Schlossanlage

Forstwirtschaft, Fischerei und Jagd prägen seit über 500 Jahren den Charakter der Moritzburger Kulturlandschaft. Abwechslungsreich ist das von Menschenhand geschaffene Landschaftsrelief mit Feldern und Wiesen, Teichen und Wäldern. Herzog Moritz von Sachsen lässt 1542–46 nach Plänen von Hans Dehn-Rothfelser und Caspar Voigt von Wierandt im Friedewald nordwestlich der Dresdner Residenz ein erstes fürstliches Jaghaus in Renaissanceformen errichten, das den Kern der heutigen barocken Anlage bildet. 1661–72 wird eine protestantische Schlosskapelle nach Plänen von Wolf Caspar von Klengel westlich an das Fürstenhaus angebaut, West- und Ostflügel werden

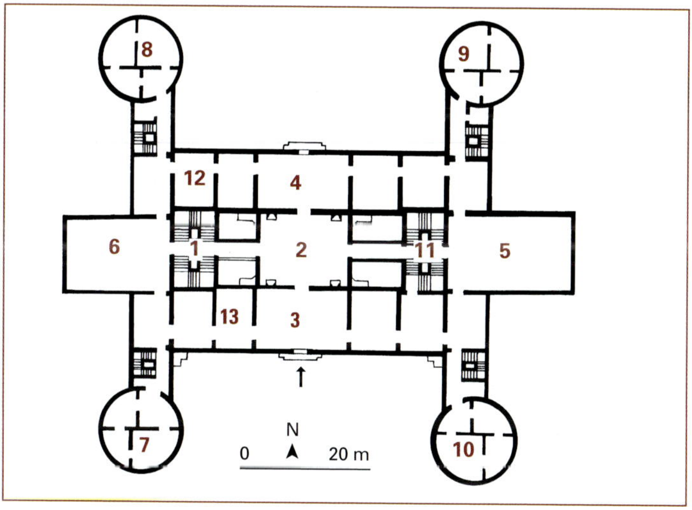

Schloss Moritzburg, Obergeschoss
1 *Aufgang*
2 *Steinsaal*
3 *Monströsensaal*
4 *Billardsaal*
5 *Speisesaal*
6 *Kapelle*
7 *Jägerturm*
8 *Backturm*
9 *Küchenturm*
10 *Amtsturm*
11 *Abgang*
12 *Federzimmer (Erdgeschoss)*
13 *Museumsshop (Erdgeschoss)*

Schloss Moritzburg verkörpert eine gelungene Verbindung von burgartigem, wehrhaftem Ursprungsbau der Renaissance mit dem repräsentativen Charakter und Anspruch einer großen barocken Schlossanlage, die Wohn- und Repräsentationszwecken dient – man möchte fast sagen in einer regionaltypischen, ländlich-rustikalen Ausprägung.

erweitert. Bereits ab 1703 beschäftigt sich August der Starke mit Umbauplänen. Von 1723 bis 1736 leitet dann Matthäus Daniel Pöppelmann unter führender Mitarbeit von Zacharias Longuelune sowie Jean de Bodt und Raymond Leplat den grundlegenden Umbau zum barocken Jagdschloss. Die vier runden Ecktürme mit den charakteristischen geschweiften Hauben werden aufgestockt bzw. neu errichtet und mit dem mittleren Trakt verbunden, zwei Treppenhäuser eingebaut und die kleineren Räume zu vier großen Sälen zusammengefasst. Der Schlossteich und die große Terrasse von 90 x 95 m werden angelegt und steigern noch einmal die Gesamtwirkung der Anlage. Der regelmäßige Park geht in den mit Wegen und Alleen ausgebauten **Friedewald** über, ehemals das bevorzugte Jagdgebiet der wettinischen Herrscher und ihrer Gäste. Das Hellhaus (Ruine) von 1776 bildet den Mittelpunkt eines großen Jagdsterns.

Ganz der Jagd gewidmet

Am Beginn der Dammallee zur Schlossinsel stehen zwei kursächsische Post-Distanzsäulen (um 1730). An den beiden Kavaliershäusern und zwei das Jagdhorn blasenden Piqueuren vorbei erreicht der Besucher die Terrasse. Die Balustraden sind mit Putten und Vasen besetzt, die als beherrschendes Motiv Jagdszenen zeigen.

Der schlicht gehaltene zentrale **Steinsaal** ist über zwei Geschosse geführt und mit Rentier-, Elch- und Rothirschgeweihen geschmückt. Der **Monströsensaal** ist mit Ledertapeten von Pierre Mercier ausgestattet, die von Lorenzo Rossi und Louis de Silvestre mit Motiven aus dem Diana-Mythos bemalt wurden. Geschnitzte und vergoldete Tierköpfe mit abnormen Geweihen sind in die Wände integriert. Den **Billardsaal** schmücken Szenen mit höfischen Jagd- und Fischerfesten und den vier Jahreszeiten, ebenfalls in Leder gearbeitet. Der lichte **Speisesaal** oder Große Bankettsaal im Osten mit Empore und Kaminen ist der größte und bedeutendste Raum des Schlosses. Die Wände zieren zahlreiche kapitale Hirschgeweihe auf geschnitzten Köpfen. Der große Moritzburger Vierundzwanzig-Ender gilt als das stärkste bekannte Rothirschgeweih. In der Mitte ist eine barocke Festtafel mit einem 66-teiligen Meißner Porzellanservice für zwanzig Personen gedeckt.

Das Schloss ist als Sächsisches Barockmuseum mit kunsthandwerklichen Arbeiten des 16.–18. Jh. eingerichtet. Im Jägerturm befindet sich eine Sammlung mit Meissner Porzellan.

Die **Schlosskapelle** an der Westseite mit Altar, Emporen und Logeneinbau, 1661–1672 errichtet, wurde von italienischen Stuckateuren ausgestattet. Balthasar Permoser schuf mit dem »Christus an der Martersäule« (um 1725) ein Meisterwerk von erschreckender Ausdruckskraft.

Nach einer Restaurierungszeit von 19 Jahren ist das Moritzburger **Federzimmer** wieder zugänglich. In einem aufwändigen konservato-

rischen Prozess wurden mehrere hunderttausend original erhaltene Federn von Hühnern, Enten, Eichelhähern und Pfauen gesäubert und präpariert.

Jagdschloss Moritzburg inmitten einer einzigartigen Kulturlandschaft

Genau in der Sichtachse des Speisesaals nach Osten befindet sich im ehemaligen Fasanengarten das **Fasanenschlösschen,** 1770–82 für Kurfürst Friedrich August III. (einen Enkel Augusts des Starken) von Johann Daniel Schade in einem späten Rokokostil mit chinoisierenden Formen erbaut. Die historische Farbgebung war Rosé und Apfelgrün. Der zierliche, zweigeschossige Bau mit geschweiftem Dach trägt eine Laterne, die von zwei chinesischen Figuren mit Schirm bekrönt wird. Die kleinen, intimen Räume sind mit Mobiliar, Tapeten und Intarsien im Zopfstil (Übergang vom Rokoko zum Klassizismus) ausgestattet.

Um 1780 wurde östlich des Fasanenschlösschens am Großteich eine künstliche Hafenanlage mit Mole und Leuchtturm gebaut und weiter südlich am Kanal die »Dardanellen«, ein Mauerzug mit Bastionen. Hier wurden höfische Feste und Wasserspiele abgehalten, auch Seeschlachten konnten inszeniert werden, bei denen mit kleinen Kanonen feuerwerksähnliche Geschosse abgefeuert wurden. Hintergrund war die russisch-türkische Schlacht bei den kleinasiatischen Dardanellen 1770. Zeitgenössische Stiche vermitteln eine verklärte höfische Scheinwelt mit Booten und kostümierten Staffagefiguren.

Öffnungszeiten:
Jan. Sa, So 10–16 Uhr
Feb., März, Nov., Dez.
Di–So 10–16 Uhr,
April–Okt.
tgl 10–17.30 Uhr
www.schloss-moritzburg.de

Tourist-Info Moritzburg:
Haus des Gastes
Schlossallee 3 b
Tel. 03 52 07/854-0
www.moritzburg.de

Die Frauenkirche

Backsteingotik mit Welschen Hauben

Eine der größten spätgotischen Hallenkirchen Süddeutschlands

Erbaut: 1468–88

Besonders sehenswert:
- ☆ Hochgrab Kaiser Ludwigs des Bayern
- ☆ Madonna im Ährenkleid
- ☆ Gotische Schnitzfiguren in der Annenkapelle

Die »Metropolitankirche zu Unserer Lieben Frau« ist das Wahrzeichen Münchens. Ihre unverwechselbare Gestalt verdankt sie den »Welschen Hauben«, die den ernsten gotischen Türmen unvermittelt etwas Barock-Spielerisches verleihen. 1468 wurde der Bau der Kirche in Angriff genommen, sie ersetzte eine seit dem 13. Jahrhundert bestehende romanische Marienkapelle. Die Arbeiten schritten zügig voran, die Bauherren – Herzog und Bürgerschaft – ließen sich nicht lumpen, der Baumeister, Jörg von Halspach, arbeitete zielstrebig. Keine zehn Jahre nach der Grundsteinlegung wurde der Dachstuhl gesetzt. 1488, kurz vor seinem Tod, konnte Halspach selbst den letzten Stein setzen, 1494 fand die Weihe statt.

Die Ausmaße der Kirche sind beachtlich: 109 m lang, 40 m breit, 58 m bis zum Dachfirst – noch heute ragt sie weit über die Häuser der Altstadt hinaus. Die Türme schließlich sollten 99 m erreichen – unmittelbarer und ausdrucksvoller konnten die Bürger ihr Selbstbewusstsein kaum in Szene setzen. Doch diese Ausmaße lassen sich nur Schritt um Schritt erfassen, die enge Bebauung verbietet einen Blick aufs Ganze. Die kompakte Bauweise des Doms trägt der Beengtheit des Standorts Rechnung, der Blick verirrt sich nicht in Strebewerk und Fialen der früh- und hochgotischen Kirchenbauten.

Halspach, der als Baumeister sonst kaum hervorgetreten ist, wurde lange Zeit zu Unrecht etwas gönnerhaft betrachtet, seinem Werk »maurerhafte Derbheit« bescheinigt. Sein Grabstein befindet sich in der südlichen Turmkapelle.

Doch das geringe Aufgebot an architektonischen Formen wirkt keineswegs arm oder plump. Die nirgends aufgebrochene oder durch Bauteile ergänzte, nur durch den Rhythmus der Fensterfolgen gegliederte Hülle verzichtet auf Effekte und gewinnt so an Würde. Unbeirrt strebt der spätgotische Ziegelbau in die Höhe. Die schmalen Fenster nehmen ihm nichts von seiner Masse. Tief angesetzt und bis knapp unter den Dachansatz reichend, reißen sie den Blick nach oben. Erst dort, in den Spitzbögen, findet sich sparsam eingesetztes Maßwerk.

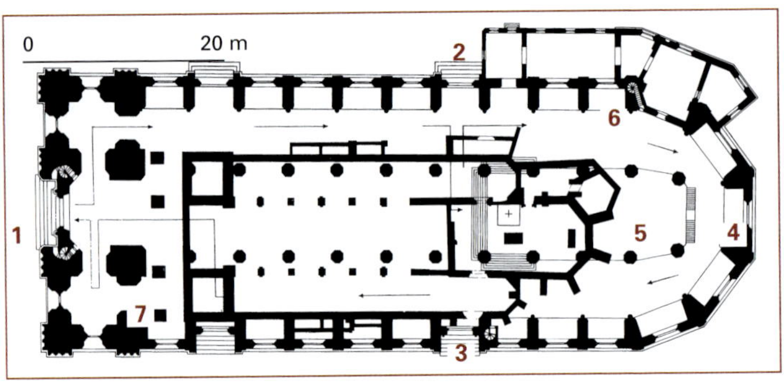

1 Westportal
2 Bennoportal (Türen von Ignaz Günther)
3 Brautportal
4 Chorhauptkapelle mit Maria im Ährenkleid
5 Chorgestühl
6 Kapelle der Hofbruderschaft St. Anna und St. Georg
7 Prunkgrabmal für Kaiser Ludwig den Bayern

Die Münchner Frauenkirche, Wahrzeichen der bayerischen Landeshauptstadt

Längen- und Breitenausdehnung des Baus betont nur ein tief angesetztes Kaffgesims. Auch das mächtige Dach steht als Masse für sich, akzentuiert durch einen Dachabsatz mit weißem Maßwerkfries, der die Tiefe der Seitenkapellen markiert. Und die vier je mit einem Kielbogen überfangenen Seitenportale treten nicht prunkvoll hervor, selbst das Hauptportal, wiewohl mit figurentragenden Säulen geschmückt, zeichnet sich eher durch selbstbewusste Zurückhaltung aus.

Kuppeln aus dem Orient

Die beiden mächtigen Türme stehen auf quadratischem Grundriss, erst ab der Höhe des Dachfirsts, nach sieben klar markierten Geschossen, verjüngen sie sich zum Oktogon. Wie ein Fries erscheint das niedrige oberste Geschoss mit seinen achtmal zwei Fenstern, es dient den Kuppeln optisch als Tambour. Bei der Weihe 1494 stand die Kirche noch ohne die berühmten »Welschen Hauben« da, ein Holzschnitt aus dem Jahr 1493 zeigt eine unvollendete Kirche, der nur noch die spitzen Helme zu fehlen scheinen. Anders als bei den ehrgeizigen Bauten der Hochgotik war hier wohl nicht eine Erschöpfung der Mittel oder des Elans der Grund für die Verzögerung, sondern ein bewusstes Innehalten am Beginn einer neuen Epoche. Schon waren andernorts nach dem großen Vorbild Jerusalem Kuppelbauten entstanden. Gewiss ist, dass eine Delegation des Stadtrats sich aufmachte, um in Landshut und Augsburg die neuesten Entwicklungen zu betrachten, bevor man sich, etwa 30 Jahre nach der Weihe, für die avancierte Kuppellösung entschloss.

Nach den schweren Zerstörungen durch vier Bombenangriffe 1944 und 1945 wählten die Restauratoren, teils aus Geldmangel, teils aus Überzeugung, eine Gestaltung, die der Nachkriegszeit angemessen schien: sparsam, fast karg, kühl und leer, kalte Weiß- und Grautöne. Die letzte Restauration wurde 1994, also genau 500 Jahre nach der Weihe, abgeschlossen. Sie gab der Kirche Wärme: Ocker, Blaugrau und ein gebrochenes Weiß.

Ein Leuchten von innen

Der Innenraum öffnet sich monumental: Elf Paare eng gestellter achteckiger Pfeiler bilden scheinbar eine massive Wand. Völlig schmucklos schießen sie aus niedrigen Sockeln in die Höhe und scheinen das Gewölbe förmlich zu durchstoßen. Hoch angesetzte Dienste auf kleinen Konsolen leiten zu den Gewölben über. Diese Pfeiler: Gerade in ihrer Schmucklosigkeit sind sie ein Meisterwerk. Ihre acht Seiten bilden dunklere und hellere Facetten, die den Raum je nach Lichteinfall und Standort des Betrachters verwandeln und so den Auftrag gotischer Kirchen vollenden: das Licht der göttlichen Erleuchtung sichtbar und spürbar zu machen.

Bedeutende Münchner Künstler haben der Domkirche ihre Aufwartung gemacht, darunter Erasmus Grasser, der die Propheten- und Apostelbildnisse im Chor geschnitzt hat (um 1502), und Ignaz Günther, von dem Haupt-, Braut- und Bennoportal stammen (1772). Zu den kostbarsten Ausstattungsstücken gehören die von Jan Pollack gemalte **Maria im Ährenkleid** (1510), die ihren weiten Mantel mit kühnem Schwung über Adel, Klerus und Bürgertum breitet, sowie ein ausdrucksstarker frühgotischer **Schmerzensmann.** Die **Kapelle der Hofbruderschaft St. Anna und St. Georg** birgt einige sehenswerte Schnitzwerke: eine Anna selbdritt von Stephan Rottaler, einen hl. Rasso, der seine lange Lanze mit großer Grazie trägt (Meister von Rabenden), einen selbstbewussten hl. Georg sowie einen Christophorus, der sich durch den Sturm kämpft (beide Hans Leinberger). Das **Scharfzandfenster** im Chor wurde 1493 geschaffen und ist das älteste Ausstattungsstück des Gotteshauses.

Die Bürgerkirche war immer auch die Kirche des Herrscherhauses. In die Gruft befindet sich die Grablege des Hauses Wittelsbach, auch der letzte bayerische König, Ludwig III., wurde hier zur Ruhe gebettet. Am prächtigsten würde Kaiser Ludwig der Bayer seiner Auferstehung harren – wenn ihm nicht wegen des über ihn verhängten Kirchenbanns die Bestattung in geweihter Erde verwehrt geblieben wäre. Ihm schuf Hans Krumpper im 17. Jahrhundert ein Hochgrab aus Marmor. Er verwendete dazu die Rotmarmorplatte des ursprünglichen Grabes und stellt den Kaiser zusammen mit seinem Vater Albrecht III. dar – eine prekäre Paarung, setzt sie doch die Versöhnung der beiden voraus: Der Vater hatte die »unstandesgemäße« Gemahlin des Sohns, die Bürgertochter Agnes Bernauer, als Hexe verurteilen und ertränken lassen.

Viele Kunstwerke sind erst nach der letzten Neugestaltung der 1990er Jahre wieder zurückgekommen, so viele, dass das Gotteshaus manchem heute wie ein Museum erscheint. Aber das größte Kunstwerk ist doch die Kirche selbst: der schlichte Bau mit dem strahlenden Kern.

Öffnungszeiten:
tgl. ab 7 Uhr,
Turmbesteigung:
April–Okt. Mo–Sa 10–17 Uhr

Tourist-Info München:
Hauptbahnhof oder Marienplatz
Tel. 089/23 39 65 00
www.muenchen.de/Tourismus

Schloss Nymphenburg

Festplatz sommerlicher Freuden

Der Name passt nur zur Hälfte. Zwar kann man sich um das Lustschloss am Münchner Stadtrand durchaus das Gewisper und Geflatter von Wald- und Wiesennymphen vorstellen, doch eine wehrhafte »Burg« ist dies wahrhaftig nicht. Einen *borgo* hatte sich die Kurfürstin gewünscht, ein elegantes Landgut, wie sie es aus ihrer oberitalienischen Heimat kannte, in das man sich vor dem heißen Stadtsommer zu einem legeren Leben zurückzog.

Der Sommersitz, etwa eine Fußstunde von der Münchner Residenz entfernt, war das Geschenk des bayerischen Kurfürsten Ferdinand Maria an seine Gemahlin Henriette Adelaide, die ihm 1662 endlich den ersehnten Stammhalter geboren hatte (s. S. 262). Agostino Barelli, Adelaides bevorzugter Baumeister, entwarf einen würfelförmigen, vielfenstrigen Bau, den Enrico Zuccalli bis 1679 vollendete und mit einem formellen Garten italienischer Prägung umgab.

Doch Adelaides Sohn Max Emanuel (s. S. 325), ein Mann von hohen Ambitionen, blickt nicht mehr nach Italien, sondern nach Frankreich, nach Paris, wo er nach dem fehlgeschlagenen Versuch, seinen Anspruch auf den spanischen Thron durchzusetzen, mehr als ein Jahrzehnt im Exil lebt. Nach seiner Rückkehr 1715 gilt sein Ehrgeiz einer neuen, repräsentativen Architektur. Sein Baumeister Joseph Effner wird zur Ausbildung nach Frankreich geschickt und darf dann einen Gesamtplan für Nymphenburg entwickeln. Er entwirft ein Ensemble von unterschiedlich großen Nebengebäuden, baut das vorgelagerte Rondell mit den Kavaliershäusern und öffnet die kleinteilige Fassade des Hauptbaus mit großen Bogenfenstern. Dem großen französischen Gartenarchitekten Le Nôtre wirbt Max Emanuel den Brunnenmeister ab und lässt ihn den Park in französischer Manier umgestalten. Ein Kanal wird gegraben, auf dem sich die Hofgesellschaft per Gondel umherfahren lässt, Kaskaden und Fontänen werden angelegt – ein zeitgenössisches Inventar listet über 600 »laufende und springende Wasserlauf«. Überhaupt trägt das Wasser viel zu dem besonders festlichen und gleichsam schwebenden Charakter des Ensembles bei, das trotz der vielen Zubauten eine Luftigkeit und Transparenz bewahrt, als würden sich Garten und Schloss gegenseitig durchdringen.

Idyllisch und majestätisch: Der Schlossbau

So sehr das Schloss durch die Gesamtheit der Haupt- und Nebenbauten lebt, so eindrucksvoll bleibt doch der Mittelbau selbst. Der hohe Sockel trägt drei Haupt- und ein Mezzaningeschoss. Die Fas-

Barocke Sommerresidenz der bayerischen Fürsten

Erbaut: ab 1664

Besonders sehenswert:
- ☆ *Steinerner Saal*
- ☆ *Schönheitengalerie*
- ☆ *Amalienburg*
- ☆ *Badenburg*
- ☆ *Pagodenburg*

Wie man sich den sommerlichen Aufenthalt in Nymphenburg vorzustellen hat, zeigt ein Gemälde im Schlafzimmer des Kurfürsten: Da sitzt eine bunte Gesellschaft zwanglos an Tischen im Freien, spielt Karten oder musiziert, sogar ein klappriger alter Herr im Rollstuhl hat sich herausgewagt.

Schloss Nymphenburg, die Sommerresidenz der bayerischen Könige

sade mit neun Fensterachsen wird durch die zweimal drei Rundbogenfenster, durch Pilaster, Gesimse und ovale Fensteröffnungen stark belebt. Nach oben zu werden die Fenster kleiner – eine optische Spielerei, die das Schloss höher wirken lässt, ohne die Proportionen zu stören. Eine doppelläufige Freitreppe führt zum Portal im ersten Geschoss hinauf. Die Gartenfassade unterscheidet sich nur in Details von der Stadtfassade.

Die festliche Leichtigkeit, die das Schloss schon von weitem ausstrahlt, findet ihren Höhepunkt im **Steinernen Saal,** jenem großen Festsaal, der das gesamte erste und zweite Geschoss einnimmt. Zu seiner Ausstattung trugen alle kurfürstlichen Baumeister jener Zeit bei: Zuccalli und Effner schufen den Rahmen mit Kolossalpilastern, umlaufendem Gebälk, Spiegelgewölbe und großen Fenstern, die Park und Rondell in den Raum einbinden, François Cuvilliés tauchte den Raum in Weiß, Gold, Rosa und Grün, herrscherliche Attitüde und pastorale Idylle vereinend. Johann Baptist Zimmermann malte einen olympischen Götterhimmel an die Decke, in dem sich Apollo, Minerva und Artemis vergnügen. Und an der Gartenseite huldigen die Nymphen der Blumen- und Gartengöttin.

Bereits Max Emanuel hatte Porträts von den Schönheiten des Landes gesammelt, berühmt wurde aber die **Schönheitengalerie** von König Ludwig I., die drei Dutzend Damen vereint, von der züchtigen Handwerkerstochter Helene Sedlmayer zur verruchten Tänzerin Lola Montez.

Apotheose des Rokoko im Grünen

Der Schlosspark, der Anfang des 19. Jahrhunderts von Friedrich Ludwig Sckell seine heutige Gestalt erhielt, wird von den Münchnern geliebt und Tag für Tag besucht. Er ist aber auch eine unwiderstehliche Melange aus gezügelten und gestutzten Hecken, Rabatten und Statuen, weiten Rasenflächen, malerischen Baumgruppen und idyllischen Seen. Und jedes Mal lösen die vier kleinen Lustschlösschen aufs Neue das Entzücken über eine unverhoffte Entdeckung aus.

Die **Pagodenburg** etwa (Joseph Effner; 1716–19): achteckig im Grundriss, mit kleinen quadratischen Anbauten an vier Seiten. Pilaster ziehen den Bau in die Höhe, bis ein vorspringendes Gebälk den Höhenflug bremst und dem kleinen Palast in der Tat einen fernöstlichen Touch verleiht. Im Inneren gibt es natürlich einen Chinesischen Salon sowie ein Chinesisches Kabinett mit Lackmalereien und chinesischen Tapeten. Oder die **Badenburg** (Joseph Effner; 1718–1721), die so unvergleichlich schön am See liegt und ein heizbares Hallenbad birgt (das erste im nachrömischen Europa) sowie einen rechteckigen Festsaal von exquisiter Farbigkeit. Die **Magdalenenklause** (Joseph Effner; 1725–28) bildet eine ›romantische‹ Vorstellung vom Rückzug in die Abgeschiedenheit, in die religiöse Versenkung ab. Die passende Kulisse dafür ist die Ruine in mittelalterlichen Formen: romanische Rund- und gotische Spitzbögen, alles kunstvoll-künstlich scheinbar im Verfall aufgehalten.

Doch der Höhepunkt ist sicherlich die **Amalienburg** (1734–1739), ein Schlösschen von bezaubernder Delikatesse, François Cuvilliés' Meisterstück. Mit diesem Baumeister kam das Rokoko nach Bayern und verwirklichte sich am schönsten in diesem Geschenk des Kurfürsten Karl Albrecht an seine Gattin Maria Amalie. Ausgewogen und dennoch einfallsreich ist der Grundriss, der zwei kleine Raumfluchten um einen runden Festsaal (Spiegelsaal) gruppiert. Dieser Saal liegt nicht im Zentrum, sondern wölbt sich an der Ostseite nach außen, während er auf der anderen Seite die Fassade nach innen zieht, eine kleine Konkav-Konvex-Spielerei. Er ist das Meisterwerk eines Illusionisten. Hohe Fenster auf der Ostseite und ebenso hohe Spiegel gegenüber lösen die Wände auf und lassen Innen und Außen einander durchdringen. Blaues Kabinett und Gelbes Zimmer, Jagdzimmer und Indianisches Kabinett – alles an diesem Minipalast ist heiter: die verspielte Fasade, die Schnitzereien der Wandvertäfelung, die Gemälde von Georges Desmarées. Die Stuckaturen (Johann Baptist Zimmermann) scheinen eine filigrane Laube zu bilden, die in der blauen Luft schwebt. Auf dem Dach ein kleiner Ansitz, von dem aus Maria Amalia auf Fasane anlegte und die milde, kunstvoll hergestellte Landschaft genoss.

Öffnungszeiten:
1. Apr.–15. Okt.
tgl. 9–18, Do bis 20 Uhr,
16. Okt.–31. März
tgl. 10–16 Uhr

Tourist-Info München:
Hauptbahnhof oder
Marienplatz
Tel. 089/233 96 500
www.muenchen.de/
Tourismus

Olympiastadion München

Von der Natur inspiriert

Avantgardistische Architektur als Symbol für ein neues, friedliches Deutschland

Erbaut: 1968–72

Architekten:
Behnisch & Partner

Als 1966 in Rom die Entscheidung fiel, die Olympischen Sommerspiele 1972 nach München zu vergeben, konnte sich keiner vorstellen, dass auf dem öden Gelände im Münchner Norden eines der Wahrzeichen der bayerischen Landeshauptstadt entstehen würde. Das Oberwiesenfeld hatte lange Zeit einem königlich-bayerischen Kavallerieregiment als Exerzierplatz gedient, 1929 wurde es Flughafen. Bereits 1909 war hier der erste Zeppelin gelandet. Nach dem Zweiten Weltkrieg benutzte die Stadt das riesige Gelände als Abladeplatz für Trümmerschutt, was später für die Gestaltung der Anlage übrigens von Vorteil war. Zwischen 1968 und 1972 entstand dann nach einem Gesamtentwurf von Günter Behnisch und Partnern eine 3 km^2 große attraktive Erholungslandschaft mit zahlreichen Sportmöglichkeiten für die Olympischen Spiele.

Unter dem Zeltdach

Das zweifelsohne berühmteste Bauwerk der Anlage ist das **Olympiastadion.** Es ist zu zwei Dritteln in die Erde gebaut und nur zu einem Drittel als Hochbauwerk errichtet. Die geschwungene Zeltdachkonstruktion ist die bewusst helle, freundlich-moderne Antwort auf die jüngste deutsche Geschichte und die Olympischen Spiele von 1936 in Berlin, ein neuer Weg in der deutschen Architektur. Fritz Auer vom Architekturbüro Behnisch in Stuttgart, der die Planungen für das Dach leitete, hatte auf der Weltausstellung 1967 in Montreal eine ähnliche, jedoch wesentlich kleinere Konstruktion für den deutschen Pavillon von Frei Otto gesehen.

Otto hatte bereits 1961 zusammen mit Johann Gerhard Helmcke, dem Ordinarius für Biologie und Anthropologie an der TU Berlin, die Forschungsgruppe Biologie und Bauen gegründet. Dort arbeiteten Biologen, Architekten und Ingenieure daran, einen Grundkonflikt zwischen Natur und Technik zu überwinden: Der Mensch zerstört die Natur durch Bauten, mit denen er sich vor der Natur schützen will. Diesen Konflikt wollten die Leichtbautechniker durch ein »natürliches Bauen« lösen, in dem Gebäude und Natur ein harmonisches Biotop bilden. Unter der Leitung von Frei Otto beschäftigten sich mehr als 50 Architekten, Bauingenieure, Geodäten, Luft- und Raumfahrttechniker, Mathematiker und Psychologen mit »all jenen Strukturen, die mit geringstem Materialaufwand Räume umschließen oder Flächen überspannen«. Diese theoretischen und experimentellen Forschungen wurden 1967 im deutschen Pavillon der Weltausstellung in

Olympiapark, Zeltdach von Günther Behnisch

Montreal zum ersten Mal umgesetzt. Entstanden war eine »leichte« Architektur, die mit Mitteln der Netzkonstruktion (Membranen, die große Spannweiten überdecken können), der pneumatischen Konstruktion (Tragsysteme, die aus einer durch Luftdruck gestützten und somit vorgespannten Membrane bestehen), der Hängekonstruktion (einseitig gekrümmte Konstruktionen, die ohne Vorspannung, nur durch ihr Eigengewicht stabilisiert werden) und der Verzweigungskonstruktion (räumliche Tragwerke im Brückenbau, aber auch bei größeren Decken- und Dachflächen, im Zeltbau oder bei Hängedächern) realisiert worden war.

Für das Münchner Bauvorhaben übernahm Fritz Auer die Konstruktion in grundlegenden Teilen, und die beschwingte Leichtigkeit des Entwurfs übertrug sich auch – zumindest bis zu dem Tag des Terroranschlags auf die israelische Mannschaft – auf die XX. Olympischen Spiele und verhalf der Architektur der westdeutschen Republik zu weltweitem Ansehen und einem zuvor nicht da gewesenen Selbstverständnis. Dieses Dach wurde zum eigentlichen Symbol der Münchner Olympischen Spiele.

Die kühne, mit lichtdurchlässigen Acrylglasplatten gedeckte Seilnetzkonstruktion zieht sich auf einer Fläche von 74 800 m² über den westlichen Teil des Olympiastadions, die Olympiahalle sowie die olympische Schwimmhalle. Sie ist an zwölf großen, teilweise bis zu 81 m hohen Pylonen und 36 kleineren Rundstützen aufgehängt. Diese gänzlich neue Architektur war zunächst heftig umstritten, Ingenieure zweifelten daran, dass es jemals gelingen könnte, eine solche Konstruktion mit diesen Materialien zu berechnen und zu errichten; und obwohl heute in Fachkreisen niemand mehr an der Qualität dieser Architektur zweifelt, stand sie 30 Jahre später erneut zur Disposition, als Funktionäre des Fußballclubs Bayern München allen Ernstes vorschlugen, das ganze Stadion abzureißen, weil es ihnen nicht mehr zeitgemäß erschien. Mit der Entscheidung zum Bau der Allianz-Arena wurde der Abriss abgewendet.

Technische Daten des Stadions: Längsachse: 260 m Querachse: 250 m Dachfläche: 74 800 m² Spielfeld: 105 x 68 400 m Rundlaufbahn mit 8 Bahnen, Anlagen für Weit- und Dreisprung, Hochsprung, Stabhochsprung, Diskus-, Hammer- und Speerwurf, Kugelstoßen; automatische Beregnungsanlage, Spielfeldheizung; 57 450 Sitzplätze, 11 800 Stehplätze, 100 Plätze für Rollstuhlfahrer.

Um das Stadion und die anderen Sportstätten herum plante das Architektenteam um Günter Behnisch auf der ehemals brachliegenden und ungenutzten Grünfläche den **Olympiapark,** eine weitläufige Erholungslandschaft für die Münchner. Der circa 60 m hohe Berg aus dem Schutt des kriegszerstörten Münchens wurde als **Olympiaberg** mit voralpiner Vegetation begrünt, der ehemals schnurgerade Nymphenburger Kanal zu einem buchtenreichen, 8,6 ha großen **Olympiasee** umgewandelt. Direkt am See liegt das **Theatron,** eine Art Amphitheater für Freiluftkonzerte. Überragt wird das Gelände vom 290 m hohen **Olympiaturm,** der höchsten Stahlbetonkonstruktion Europas. Mit zwei Hochgeschwindigkeitsaufzügen erreicht man in 190 m Höhe die Aussichtsplattform, die bei klarem Wetter einen grandiosen Blick über München und bis hin zu den Alpen ermöglicht.

Stadtplanern und Architekten gelang es auf eindrucksvolle Weise, den Bedarf für das einmalige Sportereignis mit den längerfristigen Bedürfnissen einer Großstadt zu verbinden. Auf diese Weise erhielten die Münchner nach den Spielen neben den allgemein zugänglichen Sportstätten eine eigene Hochschulsportanlage sowie einen neuen Stadtteil für mehr als 9000 Einwohner. Das Olympische Dorf der Frauen mit Hochhaustrakt, Bungalows und Mensagebäude wurde zum Studentenwohnheim, das Olympische Dorf der Männer zu einer autofreien Wohnanlage, da der Verkehr unter die Erde verlegt wurde – eine Sensation in den 1970er Jahren.

Behnisch hat nie viel in Städten gebaut, er hat sich auch nicht ausdrücklich und energisch um städtebauliche Aufgaben bemüht. Meist entwarf er an Orten, wo die Stadt in die Landschaft übergeht, wie hier im Gelände des Olympiaparks. Damit kam Behnisch jener Haltung nach, die das Kernstück seiner so genannten Stuttgarter Schule bildet. Kennzeichnend ist hierbei sein Vorbehalt gegenüber einer sich selbstgewiss darstellenden Ästhetik des Baukörpers. Immer wieder versucht er, geschlossene Ordnungen in die Gruppierung einer Stadtlandschaft aufzulösen, wie zum Beispiel 1973–80 beim Umbau der Stuttgarter Königstraße zur »landschaftlichen« Fußgängerzone, und auch im Olympiagelände schafft er fließende Übergänge zwischen Parklandschaft und bebautem Raum, ordnet die Architektur ein in ein landschaftliches Größeres. Und so verkörpert die Münchner Olympiaarchitektur wie kein anderes Bauwerk in Deutschland die leichte und heitere Grundstimmung in der Baukunst der 1970er Jahre und symbolisiert bis heute den positiven Lebensstil dieser Zeit.

Öffnungszeiten:
Olympiastadion: tgl. 9–18 Uhr, Olympiaturm: tgl. 9–24 Uhr www.olympiapark-muenchen.de

Tourist-Info München:
Hauptbahnhof oder Marienplatz Tel. 089/23 39 65 00 www.muenchen.de/ Tourismus

Pinakothek der Moderne

Kunst unter der Kuppel

Kunst, Architektur, Design: Vier Museen unter einem Dach – so lässt sich ein Projekt beschreiben, das der lange dahindämmernden Kunststadt München einen neuen architektonischen wie musealen Höhepunkt brachte und das seit seiner Eröffnung im September 2002 Einheimische und Touristen aus aller Welt anzieht.

Größter Museumsbau des 20. Jh. in Deutschland

Erbaut: 1996–2002

Architekt:
Stephan Braunfels

Nach der Fertigstellung des Museums, welches dem Architekten Stephan Braunfels wegen der mehrfach verlängerten Planungs- und Bauzeit sowie der üblichen Streitereien ums Geld im Vorfeld sehr viel Ärger bescherte, sagte dieser: »Ich komme mir vor wie ein Komponist, der jahrelang eine riesige Symphonie geschrieben hat und sich immer vorgestellt hat, wie sie wohl klingen würde.«

Stephan Braunfels, geboren 1950 in Überlingen am Bodensee und aufgewachsen in Aachen, hatte sich schon früh und sehr intensiv mit der Topografie der bayerischen Hauptstadt beschäftigt, sicherlich beeinflusst durch seinen Vater Wolfgang, der einen Lehrstuhl für Kunstgeschichte an der Münchner Ludwig-Maximilians-Universität innehatte und sich vor allem mit der Stadtbaukunst beschäftigte.

Das Tor zum Museumsviertel

Schon während seines Studiums an der Technischen Universität, spätestens aber mit Gründung des eigenen Architekturbüros 1978, begleitete Stephan Braunfels die Münchner Stadtplanung mit kritischer Leidenschaft, wies hartnäckig immer wieder auf städtebauliche Sünden hin und machte Gegenvorschläge, z. B. 1984, als nach dem Willen von Franz Josef Strauß in den Münchner Hofgarten die monumentale Neue Staatskanzlei gesetzt werden sollte (und wurde). Auch bereits realisierte »Bausünden« wie das Kulturzentrum Gasteig oder den Kaufhof am Marienplatz kritisierte er. »Mein Thema ist Stadtbaukunst«, sagt er. Und so war auch der entscheidende Gedanke seines Entwurfs für die Pinakothek der Moderne ein städtebaulicher: Der diagonal ausgerichtete Bau mit seinen zwei Zugängen im Nordwesten und Südosten verbindet die Innenstadt wieder mit der seit den 1970er Jahren durch den Altstadtring abgetrennten Alten Pinakothek (Leo von Klenze 1836/Hans Döllgast 1958) und der Neuen Pinakothek (Alexander von Branca 1975–81). Der offene, großzügige Museumsbau wird so zum Gelenk zwischen dem unregelmäßigen Rund der Altstadt und der auf rechtwinkligem Raster angelegten Maxvorstadt. Er öffnet gleichsam das Tor zu Münchens einzigartigem Museumsviertel mit den drei Pinakotheken und den Museen am Kö-

Technische Daten: Bruttogeschossfläche 33 284 m², Ausstellungsfläche 12 000 m²

nigsplatz – Antikensammlung, Glyptothek und Lenbachhaus mit Kunstbau.

Im Vergleich zu anderen Museumsneubauten des 20. Jahrhunderts ist die Pinakothek der Moderne ein eher nüchterner Bau. Und doch überrascht die Architektur mit spielerischen Elementen. Die diagonale Achse, ausgehend von der Eingangsloggia im Nordwesten bzw. dem Wintergarten im Südosten, führt den Besucher in eine gewaltige Rotunde von 34 m Durchmesser, die von einer 22 m hohen Glaskuppel überwölbt ist. Diese monumentale Zentralhalle, eine architektonische Reminiszenz an das Pantheon in Karl Friedrich Schinkels Altem Museum in Berlin, ist Orientierungsort und Treffpunkt – hier beginnen die Museumsrundgänge, bei Eröffnungsveranstaltungen wird sie zum Festsaal. Eine die Rotunde gleichsam als Arena umschließende und sich nach oben und unten trichterförmig erweiternde Treppenanlage erschließt die drei Ebenen des Gebäudes und entwickelt sich zu einer Innenraumskulptur, die alle Bereiche des Hauses über eine Länge von hundert Metern und eine Höhe von zwölf Metern miteinander verbindet. Dergestalt bietet der gewaltige Museumskomplex dem Besucher in den Publikumszonen der Eingangs- und Zentralbereiche das Erlebnis spannungsvoller Raumfolgen und vielfältiger Durchblicke, während die Architektur in den eigentlichen Ausstellungsräumen eher zurücktritt und den konzentrierten Blick auf die Kunstwerke zulässt: einfache Säle, rechteckig oder quadratisch geschnitten, in verschiedenen Proportionen – je nach den ausgestellten Kunstwerken – mit weiß verputzten Wänden und einem Terrazzoboden.

Bauwerk oder Kunstwerk?

Wie im Innern, so stellte sich Stephan Braunfels auch beim äußeren Erscheinungsbild des Museumsbaus die Frage, ob die Architektur eines Museums ganz zurücktreten soll, um nur der Kunst zu dienen, oder ob ein Museumsneubau selbst als Kunstwerk angesehen werden darf. Der Architekt hat beide Ansichten mit einem Ja beantwortet – die Größe des Neubaus und die städtebauliche Situation lassen beides zu. Auch in seinem äußeren Erscheinungsbild will das Gebäude als kraftvolle Skulptur in Erscheinung treten und sich gleichzeitig als Teil einer größeren Museumsstadt städtebaulich einfügen. So hat Stephan Braunfels ganz bewusst auf die Bildung eines Solitärs verzichtet, um die herausragende Stellung der Alten Pinakothek in der Mitte des Museumsareals nicht zu gefährden. Ein solcher Solitär wäre aufgrund der Proportionen mehr als doppelt so hoch geraten wie Leo von Klenzes Alte Pinakothek – diese behält somit die dominierende Stellung in der Trias der Museen.

Herausragende Sammlungen

Die so genannte »dritte Pinakothek« ist das größte Museum für zeitgenössische Kunst, das im 20. Jahrhundert in Deutschland gebaut wurde, in den Dimensionen vergleichbar nur mit dem Centre Pompidou in Paris oder der Tate Modern in London. Gleich vier herausragende Sammlungen von unvergleichlicher Komplexität vereinigt der 170 Mio. Euro teure Bau mit den zum Teil unterirdischen Ausstellungsflächen unter seinem Dach: die Staatsgalerie moderner Kunst – Bayerische Staatsgemäldesammlungen, das Architekturmuseum der Technischen Universität München, die Neue Sammlung – Staatliches Museum für angewandte Kunst und die Staatliche Graphische Sammlung. Zusätzlich werden spartenübergreifende Wechselausstellungen mit einem vielseitigen Veranstaltungsprogramm angeboten.

Pinakothek der Moderne, Eingangsbereich

Die in den Tageslichträumen des Obergeschosses untergebrachte **Staatsgalerie moderner Kunst** zählt zu den international führenden Sammlungen für Malerei, Plastik und Neue Medien. Die 1907 begonnene Kollektion konnte durch zahlreiche Ankäufe und Stiftungen die Verluste durch die Kunstpolitik der Nationalsozialisten wieder ausgleichen und beherbergt heute unter anderem die größte europäische Sammlung von Werken Max Beckmanns. Ferner finden sich Hauptwerke von Wassily Kandinsky, Franz Marc, August Macke, Paul Klee, René Magritte, Max Ernst, Salvador Dalí und Pablo Picasso. Nachfolgende Künstlergenerationen sind vertreten mit Werken unter anderem von Francis Bacon, Georg Baselitz, Joseph Beuys, Donald Judd, Willem de Kooning, Bruce Nauman, Sigmar Polke, Cy Twombly und Andy Warhol, die auf die unterschiedlichen Positionen in der Kunst des 20. Jahrhunderts verweisen. Auch die aktuelle Kunst wird präsentiert, etwa mit Videoinstallationen von Pippilotti Rist, Leuchtkästen von Jeff Wall oder auch der von Olaf Metzel speziell für das Treppenhaus im Ostflügel geschaffenen Säulenskulptur.

Im Erdgeschoss ist das **Architekturmuseum** der Technischen Universität München untergebracht mit zahlreichen Zeichnungen, Fotos und Modellen. Die größte Spezialsammlung für Architektur in Deutschland präsentiert wechselnde Ausstellungen zu Themen der Architekturgeschichte und zu aktuellen Entwicklungen.

Auf der gleichen Ebene befinden sich die Räumlichkeiten der **Staatlichen Graphischen Sammlung,** die Werke aus fünf Jahrhunderten umfasst. Auch hier liegt der Schwerpunkt auf dem 20. Jahrhundert. Wechselnde Ausstellungen mit Blättern bedeutender Künstler komplettieren die Auswahl.

Unterirdisch gelangt der Besucher zur **Neuen Sammlung - Staatliches Museum für angewandte Kunst.** Das erste Designmuseum Deutschlands ist weltweit das bedeutendste Museum für Industrial Design. Erstmals kann die Neue Sammlung ihre Bestände dauerhaft präsentieren, ausgewählt aus rund 60 000 Objekten aus Metall, Glas, Keramik, Porzellan oder Textil. Daneben werden Plakate, Beleuchtungskörper, Möbel (Thonet), technische Gebrauchsgegenstände und Fahrzeugdesign gezeigt.

Die Pinakothek der Moderne schöpft aus dem Vokabular der modernen Architektur. Äußerlich eher bescheiden, bilden nur die hohen Säulen und die weit ausgreifenden Vordächer einen Kontrast zu den beiden anderen Pinakotheken. Dergestalt erfüllt sich der Wille des Architekten, dass die Pinakothek der Moderne einerseits als kraftvolle Skulptur in Erscheinung treten, andererseits sich städtebaulich in das große Kunstareal einfügen soll – Stephan Braunfels hat mit diesem Museum einen modernen und offenen, von Architekturkritikern einhellig als gelungen eingeschätzten Bau entworfen.

Öffnungszeiten:
Di–So 10–17 Uhr,
Do, Fr bis 20 Uhr
www.pinakothek.de

Tourist-Info München:
Hauptbahnhof oder
Marienplatz
Tel. 089/233 96 500
www.muenchen.de/
Tourismus

Die Münchner Residenz

Bayerische Prachtentfaltung

Wer eine Eintrittskarte zur Besichtigung der Münchner Residenz löst, findet darauf das Wort »Raumkunstmuseum« – ein durchaus zutreffender Begriff für diese überwältigende Abfolge von Prunksälen, Appartements, Andachtsräumen, Galerien und Kabinetten.

Weit mehr als 120 einzelne Räume umfasst die Residenz. Sie dokumentieren den Geschmack und den Reichtum eines Herrschergeschlechts, das über mehr als sieben Jahrhunderte hinweg, bis 1918, die Macht in Bayern in Händen hielt. Nicht immer ohne Konflikte: 1385 etwa zwang ein Aufstand der Münchner den Herzog zum Bau einer befestigten Anlage, der Neuveste, einer viereckigen ummauerten Wasserburg, die in der nordöstlichen Ecke der heutigen Residenzanlage zu lokalisieren ist. Knapp 200 Jahre später, 1569, beginnt die Verwandlung vom Wehr- zum Prunkbau: Herzog Albrecht V. legt den Grundstein zum Antiquarium, einem der imposantesten Renaissancebauten Deutschlands. In den folgenden Jahrhunderten gaben sich Maurer, Maler, Tischler und Stuckateure praktisch die Klinke in die Hand. Ob Herzog, Kurfürst oder König: Fast jeder bayerische Herrscher baute und schmückte nach der jeweils herrschenden Mode weiter an diesem Ensemble. Unzählige Prunkräume entstanden, weitläufige Säle und Galerien, kostbarst ausgestattete Privatkapellen und Kabinette, belegt mit Stuck, Marmor und Seidentapeten, behängt mit Wirkteppichen und Ölgemälden, möbliert mit kunstvollen Öfen, geschnitzten Kommoden, goldstrotzenden Stühlen, Paradebetten.

Eine der prächtigsten Stadtresidenzen Deutschlands

Erbaut: ab 1571

Besonders sehenswert:
- ☆ *Antiquarium*
- ☆ *Reiche Zimmer*
- ☆ *Schatzkammer*
- ☆ *Altes Residenztheater*

Die Zauberwelt der Renaissance

Mit dem Bau des **Antiquariums** (1571) begann die Entwicklung von der Festung zum Schloss. Und gleich dieser älteste Teil der Residenz gehört zu den bemerkenswertesten. Der 70 m lange tonnengewölbte Raum, von Herzog Albrecht V. begonnen und unter seinem Nachfolger Wilhelm V. von Friedrich Sustris ausgestattet, ist der größte profane Renaissancebau nördlich der Alpen. Er gab den Rahmen für die antiken (und quasi-antiken) Büsten und Statuen, die Wilhelm in großen Mengen aus Italien kommen ließ. In das Gewölbe schneiden zu beiden Seiten je 17 Stichkappen so tief ein, dass die Seitenwände des Raums nahezu verschwinden. Die Ausmalung versucht das Ihre, ihn aufzulösen: reiche Ornamente, Medaillons, Bildnisse und Ansichten von 102 bayerischen Städten und Befestigungen.

Berühmt für seine malerische Kulisse ist der **Brunnenhof.** Achteckig im Grundriss, wird er überragt vom Residenzturm, die hochge-

Die Fülle der Räume ist unmöglich bei einem einzigen Besuch zu besichtigen, daher wird eine Vormittags- und eine Nachmittagsroute ausgewiesen. Da so viele Generationen hier residiert haben, ist zudem die ursprüngliche Abfolge der Räume, ihr innerer Zusammenhang nicht mehr in allen Fällen sichtbar.

Das Alte Residenztheater von François Cuvilliés gehört zu den Meisterwerken des Rokoko.

zogenen Fassaden geben sich mit Volutengiebel und Obelisken recht festlich. Aber der größere Ruhm gebührt doch dem kleinsten aller Höfe, dem **Grottenhof.** Er ist ein Werk von Friedrich Sustris, jenem niederländischen Baumeister, der mit seinen manieristischen Entwürfen großen Einfluss auf die Kirchenarchitektur Bayerns gewann. Hier schuf er für Herzog Wilhelm V. 1586 eine Abfolge von Bogenhallen, die er mit Muscheln, Kristallen und Tuffsteingebilden zu einer märchenhaften Kulisse ausschmückte und mit Statuen und Halbfiguren von antiken Göttern bevölkerte.

Barocke Pracht

Zwei außergewöhnliche Oratorien birgt die Residenz, beide sind Ausdruck der Marienverehrung Herzog Maximilians I. (1573–1651). Die **Hofkapelle** erhielt unter seiner Herrschaft eine strahlend weiße Stuckdekoration, die in allen Details das Lob der Gottesmutter singt. Die **Reiche Kapelle** (1607 geweiht) trägt ihren Namen vollkommen zu Recht: Die kleine Privatkapelle barg die kostbarsten Reliquien. Scagliola-Platten kleiden den gesamten Raum aus, goldgefasste Reliefs auf dem blauen Gewölbe zeigen Szenen aus dem Jesus- und dem Marienleben. Die gesamte Ausstattung – Hochaltar, Orgel, Heiltumskasten – ist überaus kunstvoll, hier werden die Kostbarkeit der Materialien und die Delikatesse der Ausführung zum Selbstzweck.

Die **Kaisertreppe** (1616) ist noch keine so raumgreifende Angelegenheit wie die späteren Anlagen in Würzburg oder Brühl, doch ist sie nicht minder prächtig. Auf- und Abstieg wird von einem sinnreichen Bildprogramm begleitet: die Himmelfahrt des Herkules sowie dem Absturz des Ikarus. Die Treppe führt auf den **Kaisersaal** zu, einen gewaltigen Festsaal mit Deckengemälden von Peter Candid.

Die **Reichen Zimmer** bildeten lange Zeit das Regierungszentrum Bayerns. Die Abfolge von Vor- und Audienzzimmern spiegelt das strenge höfische Protokoll wider, die Prachtentfaltung steigert sich naturgemäß bis zum Höhepunkt: Inneres Audienzzimmer, Schlafzimmer und Spiegelkabinett. François Cuvilliés entwarf dieses ebenso prunkvoll-repräsentative wie elegant-intime Raumensemble. Weiß, Rot und Gold sind die vorherrschenden Farben. Ein Gespinst von goldgefasstem Stuck überzieht die Wände, Spiegel scheinen sie ins Unendliche hinein fortzuführen, doch bei aller Grazie, bei allem Spielerischem geht doch nie das Herrscherliche verloren.

Scagliola-Platten sind kunstvoll gelegte, polierte Stuckintarsien in delikater Farbigkeit. Diese Technik entwickelte der Münchner Handwerkskünstler Blasius Fistulator (Blasius Pfeiffer) speziell für die Münchner Residenz, sein Sohn brachte sie mit großartigen figürlichen Motiven wie den zehn Bildern aus dem Leben Mariens in der Reichen Kapelle zur Vollendung.

Die klassizistische Vollendung

Im 17. Jahrhundert wurden die zur Residenzstraße gelegenen Bauten hinter einer einheitlichen Fassade mit 33 Fensterachsen zusammengefasst, doch erst im 19. Jahrhundert wurde das Ensemble ganz geschlossen. Ludwig I., der leidenschaftliche Städtebauer, gab der Residenz zum Max-Joseph-Platz hin die an Florentiner Paläste erinnernde Fassade des **Königsbaus** – große Diamantquader, Pilastergliederung, drei Rundbogentore – und schloss auch die letzte Seite, jene zum Hofgarten hin, mit dem markanten **Festsaalbau.** Ausführender Architekt war in beiden Fällen Leo von Klenze, der dem Stadtbild nicht nur mit diesen Werken seinen unverwechselbar südlichen Charakter verlieh. Die erst kürzlich wieder geöffneten **Nibelungensäle** mit dem monumentalen Gemäldezyklus von Julius Schnorr von Carolsfeld zeigen die bedeutendsten Szenen des deutschen Nationalepos. Die **Königsgemächer** gestaltete Klenze in dem kühlen Stil des Neoklassizismus, den Ludwig I. so schätzte.

Mit diesem Raumkunstwerk sind die Schätze der Residenz längst nicht erschöpft. **Schatzkammer, Paramentenkammer** und **Reliquiensammlung** überwältigen den Besucher schier mit der Fülle an glitzernden, schimmernden und funkelnden Kronen, Kruzifixen, Orden, Pokalen und anderem Zierrat. All diese Schätze lassen vergessen, dass die Residenz durch einen Bombenangriff am 24. April 1944 nahezu zerstört worden war. Ihr Wiederaufbau gehört zu den großen Leistungen der Denkmalpflege nach dem Krieg.

Öffnungszeiten:
1. April–15. Okt.
tgl. 9–18 Uhr,
16. Okt.–31. März
tgl. 10–16 Uhr

Tourist-Info München:
Hauptbahnhof oder Marienplatz
Tel. 089/233 96 500
www.muenchen.de/Tourismus

Die Theatinerkirche St. Kajetan

Vorhang auf für den Barock

Erste große Barockkirche in Süddeutschland

Erbaut: 1663–1690

Baumeister:
Agostino Barelli,
Enrico Zuccalli,
François Cuvilliés

Die Theatinerkirche genießt unter den Münchner Kirchen einen besonderen Vorzug: Sie steht an einem Platz, der ihrer fantastischen Schauseite genügend Raum zur Entfaltung lässt und dem Betrachter die Möglichkeit gibt zurückzutreten, um sie zu bewundern. Das strahlende barocke Gelb gibt ihr etwas Divenhaftes und ruft Thomas Manns Wort in Erinnerung: »München leuchtete«.

Diese privilegierte Stellung hatte die Kirche zu ihrer Erbauungszeit nicht, wie sie ja damals auch nicht im Stadtzentrum, sondern an dessen Rand, hart an der Stadtmauer, stand. Erst die städtebauliche Umgestaltung und das Wachstum der Stadt rückten sie ins Zentrum. Doch ursprünglich war sie ohnehin nicht für die Stadt gebaut, sondern für Fürstenhaus und Hofgesellschaft. Ihr Chor wurde nicht nach Osten ausgerichtet, sondern nach Westen, damit ihre Fassade jener der Residenz gegenüber lag.

Eine Frau als Bauherrin

Bauherrin war eine Frau: Henriette Adelaide, Gemahlin des Kurfürsten Ferdinand Maria. Sie kam aus Turin, einer Stadt, die wusste, was Prachtentfaltung heißt. Mit dem Bau des Gotteshauses erfüllte das Herrscherpaar ein Gelöbnis, das 1662, zur Geburt des lange ersehnten Sohnes und Thronfolgers Max Emanuel, endlich eingelöst werden konnte. Ein knappes Jahr danach wurde bereits der Grundstein gelegt.

Für die geistliche Betreuung der Kirche – und damit auch des Hofes – wurde der römische Orden der Theatiner ins Land gerufen – ein deutlicher Affront gegen die schon seit 70 Jahren in München wirkenden Jesuiten. Auch ein deutscher Baumeister kam für Adelaide nicht in Betracht, die von ihr gewünschte Eleganz und Pracht konnte selbstverständlich nur von einem Italiener ins Werk gesetzt werden.

Henriette Adelaide hatte einen bedeutenden Auftrag zu vergeben, Geld durfte mit vollen Händen ausgegeben werden, zum höheren Ruhme Gottes und der Kurfürstin: »Seid aber allein darauf bedacht, die schönste und wertvollste Kirche aufzurichten, wie keine andere in der Stadt, ... die Kirche muss der Stadt würdig sein, auch bedenke man, wer sie baut.«

Schließlich wurde der Bologneser Agostino Barelli geholt, der als Vorbild für das große Werk die Mutterkirche der Theatiner in Rom nahm, S. Andrea della Valle. Ihn empfing in München der selbst sehr an Architektur interessierte Theatinerpater Antonio Spinelli – für Barelli mehr Belastung als Hilfe. Beständig kam es zu Konflikten über Planung und Ausführung. Nach der Vollendung des Rohbaus nahm Barelli denn auch entnervt seinen Hut. Sein Nachfolger wurde Enrico Zuccalli, in dem Spinelli offensichtlich seinen Meister gefunden hatte. Ungestört konnte der Graubündner Baumeister die von Barelli entworfene Kuppelbasilika mit einer 70 m hohe Tambourkuppel krönen, die beiden Türme ausführen und den Innenraum gestalten.

In festlichem Weiß erstrahlt der Innenraum der Theatinerkirche

Diese Türme! Weit auseinandergestellt, durch doppelte Pilaster von der Fassade getrennt, steigen sie schon nach dem ersten Geschoss frei empor und finden ihren Abschluss in einer höchst dekorativen Komposition aus verkröpftem Gesims, großen Voluten und knappem Kuppelhelm. Die Stadtsilhouette ist nicht denkbar ohne diesen mächtigen, voll tönenden Dreiklang aus Türmen und Kuppel, deren reiche Zier sich je nach Blickwinkel immer wieder anders präsentiert.

Doch der Fortgang des Baus verlor an Schwung. Anlässlich des 13. Geburtstags des Erbprinzen im Jahr 1675 wird die Kirche zwar feierlich geweiht, doch erst 1690 wird der letzte Stein an den Türmen gesetzt, die Fassade wird sogar erst mehr als 70 Jahre später ausgeführt. Inzwischen ist François Cuvilliés Hofbaumeister; mit dieser Fassade liefert er sein letztes großes Werk ab. Cuvilliés, der Meister des Rokoko (s. S. 93 und 251), ist ein an französischer Repräsentationsarchitektur disziplinierter Baumeister. Sein Entwurf ordnet sich den

»Was sterblich ist an ihnen, hinterließen hier Bayerns erlauchte Fürsten« – nämlich in der Fürstengruft, in der neben Kurfürst Ferdinand Maria und Henriette Adelaide auch Max Emanuel und dessen Sohn Karl Albrecht, der drei Jahre lang die Kaiserkrone trug, beigesetzt sind, ferner Kurfürst Karl Theodor, Prinzregent Luitpold und Kronprinz Rupprecht

überschwänglichen italienischen Türmen weder unter, noch nimmt er ihnen Wirkung. Sockel, Gebälk, Attika und Dreiecksgiebel betonen die Breite der Fassade, Pilaster in dorischer (unten) und ionischer (oben) Ordnung lassen sie in die Höhe streben. Das breite Gesims zwischen beiden Geschossen bindet die Türme ein.

Das Bildprogramm ist beziehungsreich: Zu beiden Seiten des Hauptportals stehen St. Kajetan, der Gründer des Theatinerordens, und St. Maximilian, der Patron des Prinzen, im Obergeschoss jene der glücklichen Eltern, die hll. Adelheid und Ferdinand. Unter dem Giebel prangt das kurfürstliche Wappen mit dem Orden vom Goldenen Vlies, und darüber das Theatinerkreuz, ein Kreuz auf drei Hügeln.

Der Innenraum – ein Fest

Schwer vorstellbar, dass das vollendete Gotteshaus den hohen Ansprüchen Adelaides nicht gerecht geworden ist: Es ist eine wahre Kirche des absolutistischen Fürstentums. Davon legt vor allem die Gestaltung des Innenraums Zeugnis ab. Dieser ist einer Hofkirche mehr als würdig: festlich, erhaben, prangend – und strahlend weiß. Der tonnengewölbte Raum mit drei Jochen und je einem Halbjoch im Osten wie im Westen, mit flachem Schluss und kurzem Querschiff wird von der mächtigen Tambourkuppel beherrscht. Die Seitenkapellen sind mit Durchgängen untereinander verbunden, was ihnen den Charakter eines Seitenschiffs verleiht.

Halbsäulenpaare mit kräftiger Kannelierung und Kompositkapitellen und das stark verkröpfte Gebälk schaffen den Rahmen für den Schmuck des Festsaals. Der überbordende weiße Stuck dient kaum einem anderen Zweck, als Herrscherhaus und Orden zu verherrlichen. Wappen und Kurfürstenhüte einerseits, das Signum der Theatiner – die drei Hügel mit dem Kreuz – andererseits, dazu alle Symbole der Üppigkeit und des Überflusses: dicke Girlanden aus Früchten und Blüten, Palmzweige als Symbole für Frieden und Gerechtigkeit, Rosetten und Blütenknospen als Sinnbilder des Paradiesgartens, aber auch Symptome der höfischen Schmucklust, dazu Verweise auf das kurfürstliche Haus zuhauf: am Frauenaltar etwa die Heilige Familie, im Zentrum die Muttergottes mit den Zügen Adelaides und Max Emanuel als Jesusknabe, auch im Sprenggiebel des Hauptaltars erscheint der Thronerbe als Putto, der mit dem Kurhut tändelt. Und all die Pracht wird überglänzt vom »himmlischen«, nämlich von oben durch die großen Fenster einfallenden Licht.

Dieses Gotteshaus ist die erste Kirche des italienischen Barock, die in Süddeutschland errichtet wird. An ihr lernen die bayerischen Baumeister und errichten nach ihrem Vorbild die vielen Kirchen, die das Bild von Bayern als Land des Barock prägen werden.

Öffnungszeiten:
7–19 Uhr
www.theatinerkirche.de

Tourist-Info München:
Hauptbahnhof oder Marienplatz
Tel. 089/233 96 500
www.muenchen.de/Tourismus

Die Mitte von Münster

Vom Dom nach St. Lamberti

Nur eine hauchdünne Mehrheit sicherte den Aufbau der völlig zerstörten Altstadt von Münster nach historischem Muster. Keine Rekonstruktion wohlgemerkt, eher eine Reminiszenz. Aber heute, rund sechzig Jahre nach dem Zweiten Weltkrieg, wirken die Fassaden am Prinzipalmarkt so ehrwürdig, als stünden sie hier schon Jahrhunderte. Und alle heißen die Entscheidung der damaligen Stadtväter gut. Gilt doch für viele ähnlich heimgesuchte Metropolen, dass den Planern zum Opfer fiel, was die Bomben verschont hatten.

Wiedererstandene Bischofsstadt

Gegründet: 804/805

Besonders sehenswert:
☆ Dom
☆ St. Lamberti
☆ Erbdrostenhof

Vom Monasterium zur Stadt

Immer noch zeichnen die Promenaden den Umriss der historischen Stadt nach, sie entstanden im 19. Jahrhundert anstelle der alten Umwehrung. Jenseits der Wälle lag nur das spätestbarocke Schloss Johann Konrad Schlauns, heute das Hauptgebäude der Universität.

Kristallisationskern aber ist die Domburg. Hier, an einer Furt des Flüsschens Aa, lag jene Missionsstation, von der aus der hl. Ludger die Missionierung der umliegenden Sachsen vorantrieb. Sie wurde bald zu einem Kloster, einem *monasterium* eben, das Münster den Namen gab. 804/805 wurde der Ort Bischofssitz, und bald wurde der Bischof ein Stadtherr, der sich bis zur Säkularisation nicht loswerden ließ. Berühmteste, wohl auch berüchtigtste Episode der Geschichte Münsters ist die Täuferherrschaft (1534/1535). Die Diktatur der religiösen Schwärmer endete blutig, ebenso der Versuch Münsters, sich zur reichsfreien Stadt zu erklären.

1661 trieb Fürstbischof Christoph Bernhard von Galen der Stadt die Flausen der Reichsfreiheit so nachhaltig aus, dass er heute noch den Volksnamen »Bombenbernd« führt.

Als das Oberstift Münster an Preußen fiel, wurde seine Metropole wie selbstverständlich Zentrum der Provinz Westfalen. Schon lange gilt Münster als Hauptstadt der Radfahrer, neuerdings stellt es auch eine bundesweit prominente Kulisse quotenstarker Fernsehkrimis.

Der Dom

Der Dom von Münster gilt als bedeutendstes Bauwerk Westfalens. Die erste Bischofskirche lag ein wenig weiter nördlich, die zweite, 1090 geweihte schon auf dem Platz der heutigen Kathedrale. Um 1162 begannen die Arbeiten an ihrem Westbau, er blieb bestehen, als unter Bischof Dietrich III. von Isenburg (1218–25) der Grundstein zum neuen Dom gelegt wurde, dessen Weihe 1264 stattfand.

Seine Doppelchoranlage mit den beiden Querhäusern lässt dem Langhaus nur eine Ausdehnung von zwei, allerdings großzügig di-

Die Altstadt von Münster mit Dom (Mitte) und Lambertikirche (links unten)

mensionierten Jochen. Das Mittelschiff öffnet sich mit derart weit gespannten Spitzbögen zu den Seitenschiffen hin, dass diese Basilika fast den Eindruck einer Hallenkirche macht. Steil steigen die achtrippigen Gewölbe auf, in ihrer Gotik klingt noch die Romanik nach. Das gilt auch für den Umgangschor, der sich einem Planwechsel verdankt und an den des Magdeburger Doms erinnert (s. S. 227). Allerdings fehlte ursprünglich der Kapellenkranz.

Neben dem Doppelturm des Westbaus, dessen beide oberen Geschosse erst mit dem Neubau des 13. Jahrhunderts entstanden, ist die Südseite des Doms seine auffälligste Partie. Der (freilich erneuerte) spätgotische Salvatorgiebel im östlichen Querschiff besticht in seiner Feingliedrigkeit, noch aufwändiger wird die Fassade des Westquerschiffs betont. Zu ihren drei schönen Fensterrosen tritt im Dachdreieck noch eine vierte, sie hinterfängt das prachtvolle Paradies. 1516–22 um ein Joch nach vorn gezogen, greifen an seiner Schaufront zwei Giebel übereinander, die vom Saum einer ziselierten Maßwerkgalerie abgeschlossen werden.

Etwa 1230/40 geschaffene Statuen schmücken die Wände dieser Vorhalle, sie zählen zu den besten ihrer Zeit in Deutschland. Die zehn Apostel verweisen auf die Plastik der Reimser Kathedrale, die Statuen an Ost- und Westseite, hier Bischof Dietrich III. von Isenburg als Domgründer und der hl. Laurentius, dort der hl. Theodor (den viele als

Gottfried von Cappenberg deuten wollen) und die hl. Magdalena, erinnern an den Figurenschmuck am Portal der Kathedrale von Chartres.

Auch der Dom selbst birgt einige hochrangige Kunstwerke, die größte Attraktion aber ist doch die **astronomische Uhr** von 1540. Ihre Malereien stammen von Ludger tom Ring, dessen Familie die Tafelmalerei in Westfalen auf einsame Höhen führte. Der große Johann Brabender schuf um 1525 das **Bürensche Epitaph,** dessen ausgezeichnetes Steinrelief eine Anbetung der Heiligen Drei Könige gibt. Von den **Bischofsgräbern** des 17. und 18. Jahrhunderts muss das Epitaph für Christoph Bernhard von Galen (gest. 1678) zuerst genannt werden, das Johann Mauritz Gröninger schon zu Lebzeiten des machtbewussten Kirchenfürsten begonnen hatte. Johann Mauritz war auch noch am Grabmal für Friedrich Christian von Plettenberg (gest. 1706) beteiligt, das Sohn Johann Wilhelm Gröninger vollendete. Gerhard Gröninger schuf um 1630 den **Stephanus-Altar,** zugleich das Grabmal des Dechanten Heidenreich von Letmathe (gest. 1625).

Auch der Besuch des Dom-Kreuzgangs lohnt. 1377–95 erbaut, schließt er an die nördlichen Arme der beiden Querhäuser an.

Der weite Domplatz wird westlich von den Barockbauten des heutigen Bischofshofes und der Dompropstei begrenzt. Der Schauseite des Doms gegenüber liegt das **Westfälische Landesmuseum für Kunst und Kulturgeschichte** mit seinen bedeutenden Sammlungen zu Malerei und Plastik nicht nur Westfalens.

Am Prinzipalmarkt

Wer den Domplatz nach Osten verlässt, stößt gleich auf den Prinzipalmarkt und sozusagen mit der Nase auf den historischen Sitz des Stadtregiments. Auch dieses wohl prächtigste **Rathaus** des 14. Jahrhunderts musste nach dem Zweiten Weltkrieg neu erstehen. Unter seinem monumentalen Treppengiebel verbinden sich souveräne Durchgliederung und spielerische Eleganz in einer großartigen Schaufront. Im erhaltenen historischen Ratssaal wurde 1648 der Westfälische Friede besiegelt, seine Wandvertäfelung schuf Hermann tom Ring 1577 unter Verwendung älterer Schnitzereien. Gleich nebenan steht das **Stadtweinhaus** des Johann von Bocholt, dessen Fassade von 1615 noch unter dem Horizont der Renaissance steht.

Die Häuser am Prinzipalmarkt haben alle Lauben, deren Bogengänge den Eindruck gediegenen Mittelalters noch einmal bekräftigen. Die Häuser bildeten damals eine engere Flucht, noch mehr als heute glich der Prinzipal- einem Straßenmarkt.

Ausgangs des Prinzipalmarkts erhebt sich die Stadt- und Marktpfarrkirche **St. Lamberti,** zweifellos das prächtigste Gotteshaus des bürgerlichen Münster. Etwa zwischen 1375 und 1450 entstand der heutige Bau, sein Turm wurde im späten 19. Jahrhundert neu aufgeführt, Vorbild war der Freiburger Münsterturm. Die Fassaden von St. Lamberti zeigen delikatestes Maßwerk, das Hauptportal an der Südseite hat ein wohl eigens überlängtes Tympanon, um dort eine Wurzel Jesse darstellen zu können.

Den hohen Rang dieser Architektur begründet das Kircheninnere. Äußerst durchdacht ist die Idee der Halle umgesetzt, die Seitenschiffe haben wirklich voll am Raumeindruck teil. Hoch streben die Rund- und Bündelpfeiler mit ihren schmalen Kapitellzonen empor, um ein feines Netzgewölbe aufzunehmen. Die vier Joche verkürzen sich zum Chor hin, der nicht eingezogen ist, sondern die ganze Weite des Langhauses auch für sich beansprucht. Für eine kleine Irritation sorgt nur der Nebenchor im südlichen Seitenschiff.

Auf den Spuren Johann Konrad Schlauns

Um einen großen Barockbaumeister auf der Höhe seines Könnens zu erleben, empfiehlt sich der kleine Abstecher in die Salzstraße. Dort hat Johann Konrad Schlaun (1695–1773) mit dem **Erbdrostenhof** eines der schönsten deutschen Adelspalais geschaffen. Sein erster Kunstgriff: Weil das recht kleine Altstadtgrundstück die Entwicklung einer imposanten Fassade kaum zugelassen hätte, zog Schlaun den Baukörper über die Diagonale. So war auch dem straßenseitigen Dreieck ein repräsentativer Ehrenhof abgewonnen, an dessen Spitze sich das Eingangstor auftut; die aufwändigen Ziergitter gehören zwingend zur Komposition. Die Schaufront des Palais schwingt mit fast spektakulären Krümmungen der Seitentrakte nach innen ein. Selbst der mächtige Mittelbau tritt zwar mit seinen drei Hauptachsen deutlich vor, doch zeigt auch er eine leicht konkave Wölbung. Innen ist der fulminante zweigeschossige Festsaal Höhepunkt der Raumfolge.

1753–57 entstand der Erbdrostenhof, zuvor hatte Schlaun am benachbarten Hospitalkloster der Barmherzigen Brüder die Bauaufsicht geführt. Dessen Stifter war Kurfürst Clemens August, folglich heißt die **Clemenskirche** nach dem Namenspatron des geistlichen Landesherrn. Die solitäre Lage des überkuppelten Zentralbaus täuscht: Ursprünglich liefen zwei Trakte des Hospitals schräg auf ihn zu, so dass die mächtig nach vorn gewölbte Fassade die Spitze dieser Bewegung verkörperte. Front wie Inneres lassen erkennen, dass sich Schlaun an den besten Architekturen des römischen Hochbarock messen lassen wollte, die Schöpfungen Berninis und Borrominis standen bei diesem Entwurf Pate. Allerdings musste auch die Clemenskirche wiederaufgebaut werden, doch wurde hier versucht, dem Original so nahe wie eben möglich zu kommen. So lässt sich in Münster von der Romanik über die Gotik zum Barock voranschreiten, ein Weg überdies, den hochrangige Baukunstwerke der Epochen säumen.

Öffnungszeiten:
St.-Paulus-Dom:
Di–So 11–16 Uhr

Turmblasen von St. Lamberti tgl. außer Di 21–24 Uhr halbstündlich

Tourist-Info Münster:
Klemensstr. 10
www.muenster.de

Der Naumburger Dom

Ein Meister aus dem Westen

Natürlich war dem Markgrafen von Meißen vor allem an der besseren Kontrolle des höchsten geistlichen Würdenträgers gelegen. Aber er wusste seine Absicht hinter fürsorglichen Worten zu verbergen. Der Bischof möge das Zentrum seiner Diözese doch vom oft bedrängten Zeitz nach Naumburg verlegen, in die »neue Burg«, die sein Vater vor gar nicht langer Zeit gegründet hatte. Diese Wehranlage erhob sich gegenüber dem Zusammenfluss von Unstrut und Saale; kein Zweifel, dass sie den besseren Schutz bot. 1028 wurde Naumburg Bischofssitz. Ein frühromanischer Dom entstand knapp östlich der Marienstiftskirche, von ihm überdauerten die Seitenwände des Chorquadrats. Als er um 1170 mit der bis heute existenten Krypta unterfangen wurde, war das nur ein Vorspiel zum Neubau. Vor 1213 begannen die Arbeiten, ursprünglich sollte nur das Langhaus ersetzt werden. Bald aber griff die Planung auf die Ostpartie über. Die Krypta wurde erweitert, zwei Türme wuchsen aus den Winkeln von Chor und Querhaus, die ausgeschiedene Vierung gab das Quadrat fürs Gebundene System im Langhaus vor.

Diese spätromanische Basilika lässt sich außen leicht an der vertrauten Mauergliederung von Rundbogen und Lisenen erkennen. Um 1250 kam zunächst ein (frühgotischer) Westchor hinzu. Dafür musste die Marienstiftskirche weichen, immerhin gingen Teile ihrer Ost-

Romanischer Dombau mit frühgotischem Westchor und den weltberühmten Stifterfiguren

Erbaut: 1213–42

Besonders sehenswert:
- ☆ Romanischer Ostlettner
- ☆ Gotischer Westlettner
- ☆ Krypta

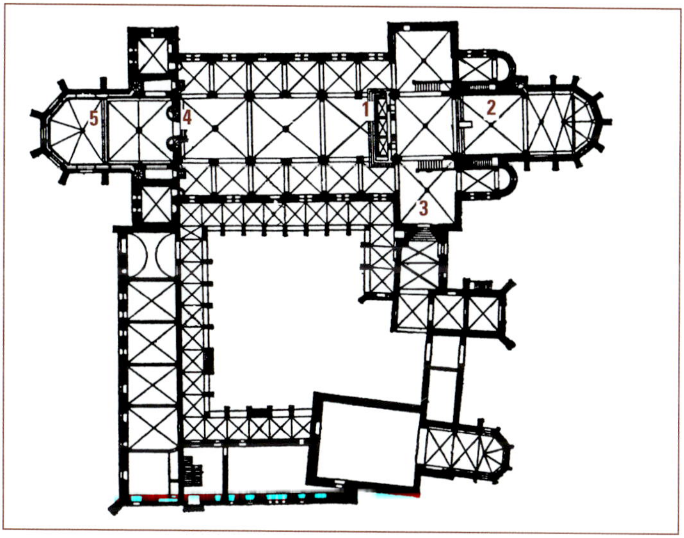

Naumburger Dom
1 Ostlettner
2 Ostchor über Krypta
3 Hauptportal
4 Westlettner
5 Westchor

türme nun in den Westtürmen des Doms auf, das erklärt ihren ungewöhnlich weiten Abstand voneinander.

Ein letzter großer Bauabschnitt begann etwa 1330. Jetzt wurde der Ostchor um ein querrechteckiges Joch und einen Sechs-Zehntel-Schluss verlängert. Seine reife Gotik wirkt ein wenig bedrängt, aber das reiche Maßwerk der um 1500 hinzugefügten Turmobergeschosse kommt ihr optisch zu Hilfe. Die Hauben sind übrigens noch 200 Jahre jünger. Streng genommen zog sich die Vollendung der Kirche bis ins 19. Jahrhundert hin. Unbestritten aber krönt dieser Dom das Naumburger Stadtbild auch im emphatischen Sinn des Wortes.

Im Innern wirkt die Kirche dreigeteilt wie kaum eine andere. Denn St. Peter und Paul verfügt gleich über zwei Lettner. Der östliche ist noch romanisch und wohl der älteste deutsche überhaupt. Vor der Vierung und mit dem Rücken zur westlichen Kryptawand bildet er fast einen Raum im Raum, die Kreuzgratgewölbe seiner drei gleich hohen Joche ruhen auf vier Bündel- und doppelten Wandsäulen. Seine Brüstung mit den Blendarkaden ist großenteils erneuert, doch bereits hier fällt die vorzügliche Ornamentik ins Auge.

Der Westchor

Den Ruhm der Kirche begründet ihr Westchor. Seine vollendeten Proportionen, sein entschiedener Zug in die Höhe lassen an die französische Kathedralgotik denken. Und welch glänzendes Entree ist der Lettner! Anders als sein Pendant im Osten bildet er eine Mauer, doch das vorgezogene Portal unter dem steilen Mittelgiebel wirkt einladend. Schon in der Fassade gehen Architektur, ornamentale und figürliche Plastik aufs Glücklichste zusammen, bestechend schön der Kapitellschmuck: Seine wunderbar fein gearbeiteten Blüten, Blätter und Früchte sind höchst naturgetreue Abbilder von Wein, Eiche, Hasel, Lerchensporn oder Beifuß. Die Brüstung der Lettnerbühne erzählt die Leidensgeschichte packend und anschaulich, Geißelung und Kreuztragung sind allerdings Ergänzungen, die um 1730 nicht mehr in Stein gehauen, sondern aus Holz geschnitzt wurden.

Wer in den Westchor will, muss unter den ausgebreiteten Armen Christi hindurch, der Längsbalken seines Kreuzes ist die Stütze der Doppelarkade. Schon das ist ein symbolkräftiges Arrangement; noch eindrucksvoller sind die Figuren des Gekreuzigten sowie der Maria und des Lieblingsjüngers Johannes in den Gewänden des Durchgangs. Ihr Leiden und Mitleiden geht wirklich ans Herz, hier zeigt sich eine neue Sicht auf die Erlösungstat Christi.

Der Lettner ist ein stupendes Werk, und dennoch nicht der Höhepunkt dieses Westchors. Das sind vielmehr die zwölf lebensgroßen Stifterfiguren des so genannten Naumburger Meisters. Dieser unbe-

Eckehard II. und Uta als Stifterfiguren im Westchor des Naumburger Doms

kannte Künstler gilt als bedeutendster deutscher Bildhauer seiner Zeit, wobei fraglich bleibt, ob die ihm zugeschriebenen Werke überhaupt von einem Einzelnen stammen oder von einer hochqualifizierten Werkstatt. Stilkritische Untersuchungen wollen seine Spur bis zur Kathedralplastik in Reims, Amiens oder Straßburg zurückverfolgt haben. Deutlich verwandt sind die Lettnerfragmente des Mainzer Doms (s. S. 232), Höhepunkt aber die Plastiken im Naumburger Westchor.

Die Stifterfiguren

Zur Zahl zwölf fallen jedem halbwegs Bibelfesten die Apostel ein. Jedoch: Keiner von den hier Versammelten wurde jemals zur Ehre der Altäre erhoben. Dennoch propagierte Bischof Dietrich II., der Bauherr des Westchors, sie als Vorbilder: Ihr Opfersinn sollte die Zeitgenossen zu gleicher Freigebigkeit ermuntern.

Obwohl diese Stifter damals schon 150 bis 200 Jahre tot waren, wirken sie so beseelt, als handele es sich um die Porträts lebender Personen. Authentizität gewinnen sie nicht zuletzt aus der Gegensätzlichkeit ihrer Charaktere. Das nächstliegende Beispiel sind die beiden Stifterpaare, nämlich Markgraf Hermann mit Gattin Reglindis vor der Süd- und Eckehard II. mit Uta vor der Nordecke des Polygons. Dieser Hermann hält zwar ein mächtiges Schwert und einen kolossalen Schild, aber er gibt keineswegs das Idealbild eines furchtlosen Ritters. Vielmehr deutet schon das sanft geneigte Haupt auf einen ausgesprochenen Melancholiker hin, gedankenvoll und tatenarm. Ganz anders seine Gemahlin, ein veritable polnische Königstochter. Aus ihrer Haltung, vor allem aber aus ihrem geradezu mitreißenden Lächeln spricht eine Lebensfrische und -freude, die sie in einen denkbar großen Kontrast zum traumverlorenen Gemahl setzt.

Sein Bruder Eckehard ist aus gleichem Stein geschlagen, aber aus ganz anderem Holz geschnitzt: ein Herrscher, dessen zupackendes Wesen sich noch den Falten seines Gewands mitteilt. An seiner Seite steht Uta von Ballenstedt, die berühmt-berüchtigte Frauengestalt. Eine kühle, standesbewusste Adlige ist sie, von einer Anmut, die ihre Unnahbarkeit noch herausstreicht. Die Art, wie sie den hohen, gegen ihren Mann nur knapp zurückgeschlagenen Mantelkragen hält, hat – diese Verkürzung zum Zeitgenössischen sei einmal erlaubt – etwas ausgesprochen Divenhaftes.

Unter den Nationalsozialisten wurde Uta als Urbild der deutschen Frau gehandelt wie der Bamberger Reiter (s. S. 50) als deutscher Mann schlechthin. Was dazu wohl ihr Schöpfer gesagt hätte, der seine Meisterschaft wesentlich dem engen Kontakt mit der Kathedralplastik des Erbfeinds verdankte. Sein Werk steht manchen Deutungen offen. Wenn es ein verbindliches Fazit zulässt, dann dies: Auf nach Naumburg!

Öffnungszeiten:
März–Okt. Mo–Sa 9–18, Nov.–Feb. Mo–Sa 10–16, So, Fei ab 12 Uhr; Führungen jeweils zur vollen Stunde.

Tourist-Info Naumburg:
Markt 12
Tel. 03445/27 31 12
www.naumburg.de

Schloss Neuschwanstein

Gebauter Traum eines Schwärmers

Nachts ließ er sich im Schlitten durch die Winterwälder fahren. Der berühmte Puttenschlitten in Schwanenform wurde von einer elektrisch beleuchteten Krone geziert. Das war 1879, und das Fahrzeug war als weltweit erstes mit elektrischen Glühbirnen ausgestattet. Er wird den Fürstenweg genommen haben, der am Albsee entlang Hohenschwangau und Neuschwanstein mit dem gerade fertig gestellten Schloss Linderhof bei Ettal verband. Er ist einsam gereist, und er hat einsam gelebt, der bayerische König Ludwig II. Seine phantasiemächtigen Bauten, die »Märchenschlösser«, werden jährlich von über einer Million Besucher bestaunt. Dabei sollten sie nach seinem Tod gesprengt werden – er hielt niemanden für würdig, in seine Traumwelt einzutreten: »Der Blick des Volkes würde sie entweihen und besudeln.«

Berühmtestes Märchenschloss Deutschlands

Erbaut: 1869–80

Besonders sehenswert:
☆ Thronsaal
☆ Sängersaal

»Zu schön für diese Welt«

Fährt man von Schwangau aus dem Albsee zu, tut sich eine Bilderbuchkulisse auf, trotz Gastwirtschaften, Hotels und Besucherrummel. Unwirklich schön, inselgleich und fern der Welt. Vor dem Albsee, hoch über den Baumwipfeln, umringt von Wäldern, Felsen und Berggipfeln, stehen sich die Schlösser Hohenschwangau und Neuschwanstein gegenüber. In Hohenschwangau mit seinen Helden- und Rittersälen hat Ludwig die Sommer seiner Kindheit verbracht. Als er nach dem Tod seines Vaters Maximilian II. 1864 als Neunzehnjähriger den Thron besteigt, ist er schon eingesponnen in die Ideenwelt und das aufwühlende Musikwerk Richard Wagners. Tannhäuser und Lohengrin, Tristan und Isolde, Gralsritter und mittelalterliche Epen leben in ihm, und für Wagner, »Inbegriff meiner Seligkeit«, empfindet er glühende Liebe und Verehrung: »Dir geboren, Dir erkoren! dieß mein Beruf!« Die enge Freundschaft mit seelischen und materiellen Abhängigkeiten endet erst mit Wagners Tod im Jahr 1883, und ohne Ludwigs lebenslange Unterstützung des »Einen, Einzigen« wären der »Ring des Nibelungen« und das Festspielhaus in Bayreuth niemals Wirklichkeit geworden (s. S. 57).

Ludwig II. liebt München und die Staatsgeschäfte nicht; bayerische und preußische politische Gegebenheiten stehen quer zu seiner Vision eines Monarchen von Gottes Gnaden; gern unterschreibt er mit »Ich, der König«. Er will sich in die geliebte Einsamkeit der Bergwelt zurückziehen und ein neues Schloss bauen, hoch auf einer schmalen Felsnase über der Pöllachschlucht, »im echten Styl der alten deutschen Ritterburgen«, wie er Wagner schreibt. »Heilig und unnahbar,

Arthur Schnitzler merkte an: »Gegend so schön, Schloss innen unerträglich.«

König Ludwig II. ließ mit Schloss Neuschwanstein seinen Traum von einer schöneren Welt Wirklichkeit werden.

ein würdiger Tempel für den göttlichen Freund, durch den einzig Heil und wahrer Segen der Welt erblühte.«

1869 wurde mit dem Bau begonnen. Die Pläne basierten auf Idealansichten des Bühnenmalers Christian Jank; die Architekten Eduard Riedel und Georg Dollmann führten die Entwürfe des Königs aus. Die neuromanische und neugotische Burgphantasie mit ihren Zinnen, Giebeln, Türmen, Zugbrücken und schneeweißen Mauern konnte Ludwig ab 1880 erstmals kurzfristig bewohnen. Doch der Bau ist niemals vollendet worden, und bis zu seinem Tod hat Ludwig auch nicht mehr als 170 Tage in seiner Gralsburg verbracht, in diesem prunkvollen Traum, mit dem er seine Innenwelt nach außen kehrte.

»Der war ja wie geschaffen, die Leute aus allen Himmelsgegenden herzuziehen. Erst einmal war er unglaublich schön ..., und zweitens war er nicht verheiratet. Man erzählte sich die geheimnisvollsten Liebesgeschichten von ihm... Und drittens endlich war er ganz für das Pompöse und Prächtige eingenommen, das einem Monarchen ja stets Bewunderung und Respekt sichert.«
Oskar Maria Graf, 1925

Den Auftakt bildet der Vorplatz, eingefasst in Szenen der Sigurdsage. Dann folgen Stockwerk um Stockwerk Güldenes, Mosaike, Intarsienböden, Samt, Seide, Riesenlüster, Spiegel. Viel schönster Schein, denn oftmals sind es einfache Materialien, die die grandiose Wirkung erzielen. Der 15 m hohe, über zwei Geschosse reichende **Thronsaal** schwelgt in byzantinischem Stil. Hier wollte Ludwig, in Blau und Gold, umgeben von Jesus Christus, den zwölf Aposteln und heilig gesprochenen Königen, auf einem Thronsessel aus Elfenbein Platz nehmen – er ist nie gearbeitet worden, und so führt die Treppe unter goldgeschmückter Kuppel feierlich ins Leere. Ludwigs Privaträume im dritten Stockwerk – bevölkert mit Schwänen, mit Siegfried und dem Drachen, Tristan und Isolde und Szenen aus der Lohengrinsage, mit beleuchteter Grotte und Kandelabern – münden ein in eine Wendeltreppe mit sternenübersätem Baldachin, hinauf zum **Sängersaal.** Vorbild war der kurz zuvor fertig gestellte Sängersaal auf der Wartburg, sagenhafter Schauplatz der mittelalterlichen Sängerwettbewerbe (s. S. 362). Hier wollte Ludwig dem Tannhäuser zuhören – auch dazu kam es nie. Unter der mächtigen Kassettendecke reihen sich rund um die Tribüne Ritter und Helden der Parzivalsage. Ganz unten im blitzblanken, hochmodern ausgestatteten Küchenbereich mit den Dimensionen einer Großkantine war alles vorhanden, um Bankette und Feste zu organisieren – gekocht wurde nur für ihn, allein.

Literaturtipp:
Ein fesselndes Porträt Ludwigs II. mit Auswertung bis dato unveröffentlichter Briefe: Robert Holzschuh: ›Das verlorene Paradies Ludwigs II.‹ (Eichborn).

»Ich, der König«

Die Wanderungen zwischen Schein und Sein spiegeln sich in Ludwigs Bauprojekten wider: Seine rückwärts gewandten Visionen – französisches Rokoko in Linderhof, das Versailles Ludwigs XIV. in Herrenchiemsee, die Sagen und Mythen deutscher Frühzeit in Neuschwanstein – ließ er mit modernsten technischen Mitteln verwirklichen. Mit Dampfkränen, extra gelegten Bahntrassen und Loren wurde das Material auf den Felsen transportiert. Für seine über 200 Arbeiter und Handwerker rief Ludwig die erste Krankenversicherung Bayerns ins Leben, und über zwei Jahrzehnte hin gab es Arbeit für die gesamte Region. Der Thronsaal ist eine Eisenträger-Konstruktion, die Heizung ein ausgeklügeltes Unterbodensystem. Es gab einen versenkbaren Esstisch, der unten im Küchentrakt gedeckt wurde, die ersten Glühlampen, die ersten Telefone wurden installiert.

Der Innenausbau von Neuschwanstein ist noch nicht komplettiert, da wird schon Schloss Linderhof geplant, die Spielzeugversion von Versailles. 1873 erwirbt Ludwig II. die Herreninsel in Chiemsee. Er kaufte sie mit der ersten Rate der Zahlung, mit der Bismarck ihm den Verlust bayerischer Rechte bei der Reichsgründung 1871 ausglich. In dem Moment, da die Rolle eines absoluten Königs von der Wirklichkeit endgültig ad absurdum geführt wird, beginnt er mit dem Bau eines eigenen neuen Versailles: Schloss Herrenchiemsee (s. S. 186).

Das Leben eines schönen, kunstbesessenen Königs, der einsam lebte, immense Schulden machte, der für geisteskrank erklärt wurde und einen rätselhaften Tod starb, ist glamourös und tragisch – ein bühnenreifer Stoff. Das **Festspielhaus Neuschwanstein** ist als Musical-Theater gebaut worden; hier in dem gläsernen Palast am Forggensee läuft das Musical »Ludwig 2« und spielt mit der Phantasie – mit direktem Blick auf Schloss Neuschwanstein.

Öffnungszeiten:
1. April–30. Sept. 9–18 Uhr, 1. Okt.–31. März 10–16 Uhr;
Ticket-Center:
1. April–30. Sept. 8–17 Uhr; 1. Okt.–31. März 9–15 Uhr;
Kombitickets für Hohenschwangau und Neuschwanstein; feste Tourzeiten, nur mit Führung
www.neuschwanstein.de
www.ticket-center-hohenschwangau.de
www.hohenschwangau.de

Festspielhaus Neuschwanstein:
Im See 1
Hotline: 01805/131 132
www.ludwig2musical.de
Mit schönem Restaurant und Biergarten. Der See am Haus ist nur vom 1. Juni bis Ende Oktober aufgestaut.

Die Nürnberger Kaiserburg

Residenz des Heiligen Römischen Reiches

Bedeutendste Kaiserpfalz des Mittelalters

Erbaut: ab Beginn des 11. Jh.

Besonders sehenswert:
- ☆ *Rittersaal*
- ☆ *Palas mit Doppelkapelle*

Ganz gleich, aus welcher Himmelsrichtung man sich nähert: Die Kaiserburg mit dem mächtigen Palas ist schon von weitem zu erkennen. Landschaftsbeherrschend thront sie auf einem Sandsteinfelsen im unteren Pegnitztal. Spätestens ab Beginn des 11. Jahrhunderts wurde auf diesem Felsklotz eine einfach befestigte Fliehburg errichtet, von der allerdings nichts mehr erhalten ist. Sie diente dem salischen Kaiser Heinrich III. (1039–56) als neuer Zentralort für die verstreut liegenden Reichsgüter rund um *Norenberc*, das erstmals 1050 genannt wird. Die späteren Bauten sind in mehreren Phasen zwischen dem späten 12. und dem späten 15. Jahrhundert entstanden, sie nehmen eine Fläche von 140 x 50 m ein. Drei Abschnitte lassen sich deutlich unterscheiden: ganz im Westen die Kaiserpfalz, ungefähr in der Mitte die Reste der ehemaligen Burggrafenburg und nach Osten hin der kleinere, reichsstädtische Teil der Wehrbauten.

Seit dem Jahr 1400 war die Reichsstadt Nürnberg durch eine knapp 5 km lange Befestigungsanlage aus Mauer, Zwinger und Graben gesichert. An der nordwestlichen Ecke grenzte sie an die Kaiserburg, bis diese 1538/44 von moderneren Basteibauten förmlich umschlossen wurde. Zu den reichsstädtischen Bauten gehört der viereckige **Luginsland** mit Spitzhelm und vier Scharwachtürmchen, den der Rat der Reichsstadt 1377 zur Kontrolle eines später abgetragenen Burgtors errichten ließ. Dies geschah in Konkurrenz zum ältesten Bauwerk der ganzen Anlage, dem **Fünfeckigen Turm.** Nur von der nördlichen Grabenseite erkennt man die schmale fünfte Ecke des auf einer Bergnase sitzenden gedrungenen Bollwerks. Trotz einer Kantenlänge von knapp 11 x 11 m bietet der aus Buckelquadern bestehende Turm nur wenig Innenraum: Seine Mauern sind mehr als zweieinhalb Meter dick.

Zwischen 1039 und 1704 machte fast jeder deutsche Herrscher in der Nürnberger Pfalz Station. Am häufigsten hielten sich Ludwig der Bayer (1314–1347), Karl IV. (1347–1378) und Friedrich III. (1440–1493) hier auf, im 19. Jahrhundert folgten die bayerischen Könige.

Um 1192 holte Kaiser Heinrich VI. die schwäbischen Zollern als militärische Statthalter nach Nürnberg. Sie bauten eine eigene, der Reichsveste im Osten vorgelagerte Burg, von der noch die zur Stadt hin weisende turmartige **Walpurgiskapelle** aus dem 13. Jahrhundert übrig geblieben ist. Als ihre Burg im Verlauf einer Fehde 1420 niederbrannte, griffen Rat und Bürgermeister zu und erwarben das Areal. Die Zollern willigten gerne ein, brauchten sie doch das Geld, um die ihnen fünf Jahre zuvor verliehenen Rechte als Markgrafen in Brandenburg durchzusetzen.

1494/95 entstand die **Kaiserstallung,** ein Kornspeicher mit sechs Schüttböden unter dem spätgotischen Steildach. Die vielen Dachluken dienten zur Entlüftung. Die vierschiffige Pfeilerhalle war für den

Nürnberg, Blick über die Sebalder Stadthälfte auf St. Sebald und Burg

Tross des Kaisers vorgesehen, heute befindet sich in dem ganzen Gebäude eine Jugendherberge.

Der Zugang zur Kaiserpfalz war mehrfach gesichert. Nach dem Passieren der Burggrafenburg gelangte man auf die **Freiung,** die einen wunderbaren Ausblick bietet. Die Schildmauer mit dem »heimlichen Wächtergang« war die östliche Grenze der Reichsveste. In ihrer Mitte erhebt sich neben dem Haupttor der **Sinwellturm** in der für damalige Zeiten ungewöhnlichen zylindrischen Form. Der gewagte, mehrfach auskragende Aufsatz mit dem Turmhelm wurde erst 1561 angebracht. Der Bergfried schützte die Vorburg mit den Wirtschaftsgebäuden. Das frei stehende Häuschen in der Mitte des Platzes wurde 1564 über dem Brunnen errichtet, der 50 m tief in den Felsen gehauen ist.

Das **Innere Burgtor** mit dem aufgemalten Nürnberger Wappendreiverein und den umrahmenden Rustikaquadern gibt den Weg in die eigentliche Kaiserburg frei. Im Norden und Osten des Innenhofs erheben sich gewaltige Wehrmauern aus dem späten 13. Jahrhundert, in der Mitte stehen Überreste der alten Kunigundenlinde. Nach schwerer Zerstörung im Zweiten Weltkrieg wurde die Kemenate wieder aufgebaut. Seit einigen Jahren wird hier in einer Dauerausstellung des Germanischen Nationalmuseums die Geschichte mittelalterlicher Angriffswaffen und der entsprechenden Verteidigungseinrichtungen am Beispiel der Nürnberger Burg gezeigt.

Die Bezeichnung »Kaiserburg« kam erst kurz vor 1900 auf, vorher sprach man schlicht von der »Reichsveste«. Auch der »Rittersaal« trägt seinen Namen erst seit dem 19. Jahrhundert.

Der breit nach Süden, zur Stadt hin, gelagerte zweigeschossige **Palas** ist kurz nach 1200 entstanden. Im Erdgeschoss beeindruckt der

Rittersaal mit der gewaltigen Balkendecke auf fünf Eichensäulen. Feiner gearbeitet ist der darüber liegende **Kaisersaal** mit hohen spitzbogigen Fenstern. Wie in alter Zeit sind die Räume fast nicht möbliert. Nach Westen hin schließen sich drei bemerkenswerte Gemächer an: Das holzgetäfelte **Empfangszimmer** zeigt an der Decke Wappenbemalungen von 1520 (1947/49 rekonstruiert). In der **kaiserlichen Stube** fällt auf, dass der Doppeladler (Ende 15. Jh.) an der Decke in verwechselten Farben, also Gold in Schwarz, gehalten ist.

Die Doppelkapelle

Unter einer Doppelkapelle versteht man zwei gleich große Kapellen mit je eigenem Altar, die in der Regel durch eine zentrale Öffnung miteinander verbunden sind. Die bauliche Teilung diente der ständischen Trennung zwischen der Herrschaft und der vornehmeren Gefolgschaft. Aus Mitteleuropa sind nur ein Dutzend solcher Bauten erhalten.

Herzstück der Kaiserburg ist die romanische **Doppelkapelle** aus der Zeit um 1200–16, die sich von außen durch den quadratischen Chorturm zu erkennen gibt. Wegen der verwitterten, nicht mehr deutbaren Skulpturen gab man ihr den Namen »Heidenturm«. Wahrscheinlich handelt es sich um das thronende Kaiserpaar Heinrich II. und Kunigunde. Das Untergeschoss der Pfalzkapelle, die **Margaretenkapelle,** war nur von der Vorburg aus zugänglich. Über annähernd quadratischem Grundriss tragen vier gedrungene Säulen mit figürlichen Skulpturen dreimal drei Joche. Die lichtere Wirkung des oberen Kirchenschiffs beruht nicht nur auf der räumlichen Erhöhung und auf der größeren Weite der drei Rundbogenfenster. Ganz eigenartig wirken die vier überproportional schlanken Säulen. Sie sind nicht aus Burgsandstein aus dem Nürnberger Raum, sondern aus marmorähnlichem Kalksandstein gemeißelt; wahrscheinlich stammt er aus Kärnten. Die südöstliche, zusammengesetzte Säule ziert in halber Höhe ein Schaftring. Dies gab Anlass für manche Legende, doch dürfte nur eine architektonische Spielerei zugrunde liegen. Nach Osten öffnet sich der Triumphbogen zum Chorraum, dessen gemauerter Hauptaltar ein Kruzifix von Veit Stoß (um 1500) trägt. Diese Oberkapelle oder **Kaiserkapelle** kann nur vom Rittersaal aus betreten werden. Bemerkenswert ist schließlich der Zugang vom oberen Kaisersaal – eine Nürnberger Besonderheit –, der auf einer Empore mündet. Sie war dem Kaiser und seiner Familie vorbehalten. In Augenhöhe erblickt man auf der gegenüber liegenden Seite, über dem Triumphbogenscheitel, einen majestätischen Christuskopf – eine Anspielung auf die Gottunmittelbarkeit Kaiser Friedrichs II. (1212–50), des Bauherrn der Doppelkapelle, dessen Regentschaft in permanentem Konflikt mit dem Papsttum verlief. Bezeichnenderweise hat er den Begriff *sacrum imperium* (Heiliges Reich) zur Formel für das deutsche Kaisertum erhoben.

Die königlichen Pfalzen dienten im Mittelalter nur gelegentlich als Residenz des umherziehenden Reichsoberhaupts. Stets waren sie aber ein Symbol der königlichen Gewalt, die sich in keiner anderen Stadt in Deutschland so erhaben zeigte wie in Nürnberg.

Öffnungszeiten:
Apr.–Sept. tgl. 9–18, Okt.–März tgl. 10–16 Uhr, Besichtigung des Palas nur mit Führung www.schloesser.bayern.de

Tourist-Info Nürnberg:
Hauptmarkt
Tel. 0911/233 61 35
www.nuernberg.de

Sebalduskirche und Frauenkirche

Gotteshaus für Kaiser und Bürger

Die Pegnitz teilt Nürnberg in eine nördliche – die Sebalder – und eine südliche – die Lorenzer – Stadthälfte, für die die beiden Hauptpfarrkirchen den Namen gaben. Die **Sebalduskirche,** das ältere und vornehmere Gotteshaus, steht auf halbem Weg vom Fluss hinauf zur Kaiserburg, breit auf ein Plateau gelagert. Abgesehen von der spätgotischen Turmerhöhung von 1482/83 war die Kirche schon im 14. Jahrhundert vollendet, spätere Generationen fügten kaum mehr etwas hinzu. Von dem etwas höher gelegenen Pfarrhof, dessen reizvolles Sebalder Chörlein (um 1370) mit dem Ostchor korrespondiert, lässt sich die bauliche Entwicklung sehr gut nachvollziehen: Eine spätromanische Pfeilerbasilika (um 1230–74) wurde durch hochgotische Seitenschiffe erweitert (1309 bis um 1330), denen man im Osten einen riesigen spätgotischen Hallenchor (1361–79) anfügte. Nach dem Vorbild des Bamberger Doms (s. S. 49) erhielt die Sebalduskirche zwischen den beiden Kirchtürmen im Westen noch einen zweiten, dem Apostel Petrus geweihten Chor.

Zwei der bedeutendsten gotischen Kirchen Nürnbergs

Erbaut:
Sebalduskirche: 1230–1379
Frauenkirche: 1352–1358

Besonders sehenswert:
☆ Sebaldusgrab

Die Kirche ist fast durchweg aus unverputzten Sandsteinquadern errichtet. Denselben Werkstoff verwendete man auch für die Steinplastik am Außenbau. Man unterscheidet zwei aufeinander folgende Werkstätten, deren Meister (wie die Architekten der Kirche) nicht bekannt sind. Dem Katharinenmeister (bis um 1335) schreibt man die Ausführung dreier Portale am Hauptschiff zu. Bemerkenswert sind vor allem das Marienportal und das Brautportal mit den fünf Klugen und den fünf Törichten Jungfrauen an der Nordseite. Wesentlich jünger ist ein anderes Kunstwerk: Das **Schreyer-Landauer-Grabmal** von Adam Kraft an der nordöstlichen Außenseite des Ostchors zeigt die Grablegung Christi, flankiert von der Kreuztragung und der Auferstehung (1490/92).

Im Innern der Kirche überrascht zunächst die vollständig erhaltene Ausstattung. Nürnberg hatte sich als erste Reichsstadt 1525 der Reformation angeschlossen, doch die patrizischen Familien verhinderten einen Bildersturm und retteten so die von ihren Vorfahren gestifteten Kunstwerke. Das hohe, streng romanische Mittelschiff öffnet sich nach Osten hin zum weiten, lichten **Hallenchor.** Den Chorumgang umschreibt innen ein Fünf-Achtel-Schluss, außen begrenzen neun Seiten eines Sechzehnecks das Halbrund. Die Glasmalereien an den hohen vierteiligen Spitzbogenfenstern stammen meist aus der Erbauungszeit. Die drei Steinreliefs im Ostchor – Letztes Abendmahl, Christus am Ölberg und Gefangennahme – sind ein Werk von Veit Stoß (1499). Sie bilden mit den unmittelbar darüber stehenden Ei-

Größere Verehrung als dem Apostel Petrus brachten die Nürnberger einem in der Nähe lebenden Eremiten namens Sebald (gest. vor 1072) entgegen. Ihm wurde manches Wunder nachgesagt, und so stieg er gleich nach seinem Tod zum Lokalheiligen auf. Ihm war das Gotteshaus von Anfang an geweiht, doch hat erst Papst Martin V. nach langen Verhandlungen 1425 seine Heiligkeit bestätigt. Sebalds wichtigstes Attribut ist neben Pilgertracht und Stab das Modell der Sebalduskirche.

chenholzfiguren eine Einheit: Christus als Schmerzensmann und Maria als schmerzensreiche Mutter. Ebenfalls von Veit Stoß stammt die Skulptur des hl. Andreas (um 1505/07) neben der nördlichen Sakristei. Das Epitaph für Lorenz Tucher ist ein Hauptwerk des Malers Hans Suess von Kulmbach (1511/13).

Mitten im Ostchor befindet sich das einzigartige **Sebaldusgrab**. Es wurde in den Jahren 1507–19 in der Werkstatt von Vater und Sohn Peter Vischer als Bronzeguss gefertigt. Die gotischen Fialen umstehen ein älteres hausförmiges, mit rautenförmigen Silberplatten belegtes Reliquiengehäuse des Goldschmieds Fritz Habelsheimer (1391/97). Das Grab ist überreich verziert mit allegorischen Darstellungen, Heiligenfiguren, Engelchen sowie zwölf Schnecken. An den Längsseiten der Tumba sind die vier Wunder des Sebald dargestellt: die Verwandlung der Eiszapfen, die Blindenheilung, das Weinwunder und die Bekehrung des Ungläubigen.

Die Frauenkirche

Etwas versteckt steht an der Nordwand in der Nähe der Sakristei eine unscheinbare Statue: ein Jüngling, dessen entblößten Rücken Würmer, Kröten und Schlangen zerfressen – die Eitelkeit der Welt.

Bis zum Jahr 1349 befand sich mitten in der Stadt, am nördlichen Ufer der Pegnitz, das jüdische Ghetto. Nach einem mit Zustimmung Kaiser Karls IV. inszenierten Pogrom wurde es niedergerissen und an seiner Statt der Hauptmarkt und der Obstmarkt angelegt. Anstelle der Synagoge ließ Karl IV., höchstwahrscheinlich vom Prager Hofarchitekten Peter Parler, zwischen 1352 und 1358 eine »kayserliche capelle« errichten. Die Kirche wurde der Jungfrau Maria geweiht, sie unterstand dem Augustiner-Chorherrenstift zu Prag. Schon die Lage an der Westseite des Hauptmarkts verleiht der Frauenkirche städtebauliche Dominanz, die auch im Inneren zum Ausdruck kommt. Nicht nur wegen der Anklänge an die Pfalzkapelle Karls des Großen in Aachen war sie ein ausgesprochen politisches und zudem in ihrer Zeit extravagantes Bauwerk.

Charakteristisch für diese erste gotische Hallenkirche in Franken ist die Anlage als Zentralbau mit einem fast quadratischen dreischiffigen Langhaus von je drei Jochen, die in der Mitte auf vier Rundpfeilern aufliegen. Die Breite des Mittelschiffs fortführend, zeigt der Ostchor einen Fünf-Achtel-Schluss mit Kreuzrippengewölbe. Die überlebensgroßen Figuren zwischen den hohen Spitzbogenfenstern werden auf die Zeit um 1370/80 datiert. Der prächtige dreiflügelige **Tucher-Altar** (um 1440-50) mit Szenen aus der Heilsgeschichte kam erst 1816 in die Kirche.

Erst beim Verlassen der Kirche nimmt man den als Herrscherloge und Sitz des Königs gedachten **Michaelschor** über dem Westportal wahr. Dieser zweite Chor war dem Schutzpatron von Kaiser und Reich geweiht, und er war Aufbewahrungsort für die Reichskleinodien, die anlässlich der Taufe des Thronfolgers Wenzel 1361 vom Umgang über

Westfassade der Nürnberger Frauenkirche. Die Kunstuhr am Giebel wurde im Zuge von Erneuerungsarbeiten 1506–09 eingebaut. Sie zeigt stets den aktuellen Stand des Mondes. Täglich zur Mittagszeit öffnen sich zwei Türchen für das »Männleinlaufen«: Die sieben Kurfürsten treten hervor und umkreisen dreimal den thronenden Kaiser.

der Vorhalle gewiesen wurden. Dieser Bedeutung gemäß zeigt die Maßwerkbrüstung den Reichsadler sowie die Wappen der sieben Kurfürsten und das der Stadt Rom (SPQR). Reichen Figurenschmuck in den Archivolten präsentiert die Vorhalle, deren Düsternis mit dem hellen Kirchenraum kontrastiert. Auf die Geburt Jesu mit Anbetung der Heiligen Drei Könige und der Darbringung Jesu im Tempel im Tympanon führt die Zentralfigur am Mittelpfeiler des Hauptportals, Maria mit dem Kind, hin. Um die Patronin der Kirche scharen sich Adam und Eva, Noah, David, Abraham, Johannes der Täufer, Sebald, Lorenz und Gerechte des Alten Bundes. Der steil aufragende Staffelgiebel mit fünf Reihen gerahmter Nischen dürfte einst von 36 Statuen besetzt gewesen sein, von denen aber keine mehr erhalten ist.

Karl IV. hat Nürnberg einmal »die vornehmste und am besten gelegene Stadt des Reiches« genannt. Ihr wollte er mit der Frauenkirche am Hauptmarkt eine zentrale Rolle im Deutschen Reich zuweisen, in dem es im 14. Jahrhundert fast eine Hauptstadt gegeben hätte.

Öffnungszeiten:
St. Sebaldus:
tgl. 9.30–16/18/20 Uhr (je nach Jahreszeit)

Frauenkirche:
Mo–Fr 9–17,
Sa 10–18, So, Fei 12.30–18 Uhr;
tgl. 12 Uhr »Männleinlaufen«

Tourist-Info Nürnberg:
Hauptmarkt
Tel. 0911/233 61 35
www.nuernberg.de

Das Obere Mittelrheintal

»Der schönste Landstrich von Deutschland«

Spektakuläre Landschaft mit einzigartigen Burgen; UNESCO-Welterbe seit 2002

Besonders sehenswert:
- ☆ Marksburg
- ☆ Gutenfels
- ☆ Pfalzgrafenstein
- ☆ Stolzenfels
- ☆ Bacharach
- ☆ Oberwesel
- ☆ Koblenz

Bei aller Freude über die Aufnahme des Oberen Mittelrheins in das UNESCO-Welterbe: Hier ging es auch um die Rettung einer Landschaft, der ein schleichender Ausverkauf drohte. Doch selbst dafür gibt es eine historische Wurzel: Der Mittelrhein, eine der mythenträchtigsten Gegenden weltweit, er ist ebenfalls die Wiege des Tourismus auf deutschem Boden. Schon vor 1850 hatte es der reisende Brite hier zum Karikaturmotiv gebracht, denn die Engländer kamen massenhaft, jedenfalls nach damaligen Begriffen.

Natürliche Gegebenheiten

Welterbe ist nicht der ganze, sondern nur der Obere Mittelrhein, also das Engtal zwischen Bingen und Koblenz. Hier durchbricht der Strom auf etwa 60 km das nach ihm benannte Schiefergebirge, vor etwa 800 000 Jahren entstand der einzige Cañon Mitteleuropas. Auf seinen Steilabfällen ruht alle Verklärung dieses Stromabschnitts, dessen zumindest ideelles Herzstück die Loreley darstellt. Es hat an Versuchen nicht gefehlt, mit ihrem Bildnis die Hangkante zu krönen, doch auch ohne Jungfrau fällt dieser Felsen 132 m steil zum Rheinufer ab. Der Strom hat die Gesteinsschichten so freigelegt, dass sich an ihnen vierhundert Millionen Jahre Erdgeschichte nachvollziehen lassen.

Das warme Klima des Engtals begünstigt eine Flora und Fauna, die manche mediterrane Züge hat, Smaragdeidechse und Segelfalter sind ihre prominentesten Vertreter. Folglich wurde der Weinbau zum landschaftlichen Wahrzeichen dieser Gegend, er vermittelt sozusagen zwischen Natur und Kultur.

Burgenbau

Zur werbewirksamen Dreifaltigkeit gehört neben Wein und Fels die Höhenburg. Oft heißt der Rheinabschnitt zwischen Bingen und Koblenz »Burgengasse«, und tatsächlich findet sich ein solcher Burgenballungsraum kaum ein zweites Mal. Dabei darf von der dichten Folge nicht auf Einheitlichkeit geschlossen werden. Burgenbau war in der Frühzeit des Reiches ein striktes Königsrecht, das höchstens an die mächtigsten Territorialherren weiter vergeben wurde. Schon deshalb blieb die Zahl der Wehranlagen damals begrenzt. Sie dienten vorrangig der Kontrolle des Warenstroms auf der Wasserstraße; dass ein Engtal wie der obere Mittelrhein die Einrichtung von Zollstellen nahe legte, leuchtet ein.

Übrigens waren es anfangs keineswegs Höhenburgen, die den Rhein säumten. Im ersten Viertel des 11. Jahrhunderts entstanden Burgen lediglich in Rüdesheim, also an einem wichtigen Handelsplatz. Es selbst liegt zwar schon im Rheingau, aber eben doch eingangs der Binger Pforte. Diese Wehranlagen standen innerhalb des Gemeinwesens, und das heißt auch: mehr oder weniger in Stromnähe.

Die älteste Höhenburg (errichtet etwa 1020) ragte auf dem Ehrenbreitstein, nur ließen die Nachfolgebauten kaum Spuren von ihr übrig. Für die relativ frühe Zeit zeugt sichtbar allein die **Sterrenberg** bei Kamp-Bornhofen. Sie wurde kurz vor 1100 zur Durchsetzung eines Reichszolls gegründet, der dem Bopparder Königsgut seit dem 10. Jahrhundert zukam. Die Burg liegt allerdings Boppard gegenüber (und hatte damals noch keinen »feindlichen Bruder«). Eine mächtige und nach ihrer Schutzfunktion »Schildmauer« genannte Sperre sicherte sie an ihrer angreifbarsten Stelle.

»Der schönste Landstrich von Deutschland, an welchem unser größter Gärtner sichtbar con amore gearbeitet hat, sind die Ufer von Mainz bis Koblenz. Das ist eine Gegend wie ein Dichtertraum, und die üppigste Phantasie kann nichts Schöneres erdenken als dieses Tal.«
Heinrich von Kleist, 1803

Gegen Ende des 12. Jahrhunderts wird die Sterrenberg ausgebaut, später entsteht das repräsentative Wohngebäude an der Nordwestecke. Ihre unmittelbare Nachbarschaft zu **Liebenstein,** vor allem die zweite, deutlich jüngere Schildmauer trug wesentlich zum einprägsamen Erscheinungsbild bei, dem der Volksmund den Neckzettel »feindliche Brüder« anhängte. Zumindest von Bruderschaft kann keine Rede sein. Als ihr ursprünglicher Sitz 1320 an Kurtrier fiel, wichen die Sterrenberger nach Liebenstein aus. So hatten sie allen Grund, diese Burg wehrtechnisch zu ertüchtigen, während Trier an demonstrativer Abgrenzung gelegen war.

Mit diesem Burgendoppel haben wir der Entwicklung vorgegriffen, mit der späten Romanik nehmen wir den Faden wieder auf. Die Stauferherrschaft (1140–1250) gilt allgemein als Blütezeit des Burgenbaus, doch anfangs lässt sich am Mittelrhein keine gesteigerte Bauaktivität feststellen. Wenn aber neue Wehranlagen errichtet werden, zeigt sich deutlich eine Tendenz zur Höhe. Jedenfalls die mächtigeren Herren zieht es hinauf (der niedere Adel bleibt weiter innerhalb der Gemeinwesen); nur noch die Mauer verbindet Burg und Siedlung. In die Höhe strebte die Burg nicht nur der Lage nach, in die Höhe strebte auch das Bauwerk selbst: Ihr Bergfried überragte die Burg noch einmal. Auf dem ungefähr rechteckigen Areal der Sterrenberg erhob er sich im hinteren Bereich, als letzte Zufluchtstätte der Besatzung. Sie hielt sich sonst in einem Wohngebäude auf, das jetzt zum festen Bestand einer Feste gehörte. Die freie Lage ermöglichte auch die Einrichtung von Zwingern. Sie führten in einen gemauerten Gang vor die Burg, der sich verengte und dem Angreifer kaum Bewegungsspielraum bot.

Zu den beeindruckendsten Burgen dieser Zeit zählt die **Stahleck** oberhalb von Bacharach. Nur verdankt sie ihr heutiges Aussehen nicht den ursprünglichen Erbauern, sondern wie so manche andere Feste

Bacharach: St. Peter, die Ruine der Wernerkapelle, Burg Stahleck und die Stadtmauer formen eines der schönsten Stadtbilder am Rhein. ▷

am Rhein sehr viel späteren Rekonstruktionen. Wenigstens datiert der untere Teil ihres Bergfrieds noch aus den Jahren um 1135, 1965–67 erhielt er dann wieder seine – mutmaßlich – volle Höhe, wenngleich nicht seine ursprüngliche Mauerdicke. Doch mit der ebenfalls rekonstruierten Ring- und Schildmauer, mit dem Wasserbecken als Halsgrabenersatz erscheint Stahleck heute wie eine Burg aus dem Bilderbuch. Über den vorhandenen Mauern im Burgbezirk wurde eine Jugendherberge errichtet.

Das Entstehen der »Burgengasse«

Um 1200 dann setzt am Oberen Mittelrhein eine stärkere Burgenbautätigkeit ein, nun entsteht auch **Gutenfels** über Kaub. Sie besitzt den einzigen romanischen Palas im Welterbe, jedenfalls den einzigen, der noch das Prädikat »authentisch« in Anspruch nehmen darf. Etwa zur gleichen Zeit wird auf der anderen Rheinseite und weiter stromabwärts die **Marksburg** über Braubach hochgeführt. Als einzige der mittelrheinischen Festen wurde sie nie zerstört und ist heute nicht nur Sitz der Deutschen Burgenvereinigung, sondern auch ein viel besuchtes Museum mit angeschlossenem Burggarten. Neben dem mächtigen Bergfried bestimmt ein Kapellenturm ihre markante Silhouette, auch er entstand noch in der ersten Hälfte des 13. Jahrhunderts. Der (erneuerte) Palas bildet die Längsseite eines fast gleichschenkeligen Dreiecks. So ist die Marksburg auch ein Beispiel für das augenfällige Bemühen ums Regelmaß zur Stauferzeit.

Mit Gutenfels und Marksburg sind die zwei auffälligsten Anlagen am oberen und am unteren Ende des Welterbes genannt, hier wie dort entstanden noch einige Burgen mehr. Ein wirklich inflationärer Burgenbau aber setzte mit dem Verfall der Reichsautorität ein, also um 1250. Jetzt versuchten auch kleinere Herren, solche Akzente ihrer Macht zu setzen. Natürlich boten sich die Wehranlagen zum – sehr oft unberechtigten – Eintreiben von Zöllen an. Das taten etwa die Grafen von Katzenelnbogen auf **Rheinfels** über St. Goar und die Pfalzgrafen auf **Fürstenberg** über Rheindiebach. Der Rheinische Städtebund (1254–56) gründete sich hauptsächlich, um gegen diese Beutelschneiderei vorzugehen.

Im 14. Jahrhundert wurden viele Burgen aufwändig ausgebaut, zunehmend macht sich der Wunsch nach gehobenem Wohnkomfort bemerkbar. Er führt zwingend zu einem größeren Platzbedürfnis und folgerichtig seit dem 16. Jahrhundert zurück ins Tal, wo einfach mehr Fläche zur Verfügung stand. Das gilt letztlich auch für den **Pfalzgrafenstein** (kurz »Pfalz«), bei Kaub, jene spektakuläre Burg über schiffsförmigem Grundriss mitten im Strom. Um 1330 stand hier nur ein Turm, den wenig später eine Wehrmauer umgab. Dann kamen immer mehr Bauglieder hinzu, erst im 18. Jahrhundert hatte es ihr heutiges Erscheinungsbild erreicht.

Sonst verfielen die alten Gemäuer häufig – noch bevor die Franzosen im Pfälzischen Erbfolgekrieg (1688–1697) kaum eine Wehranlage ungesprengt ließen. Aber gerade diese Ruinen sollten die Mittelaltersehnsucht des 19. Jahrhunderts beflügeln, und im Zuge der preußischen Rheinromantik erstanden dann einige Burgen wieder neu. Der spätere König Friedrich Wilhelm IV. träumte seinen Traum von der Größe des alten Reiches und ließ **Stolzenfels** herrichten. Unter Wahrung des überkommenen Bestands verwandelte sich diese kurtrierische Burg in ein Juwel der Neogotik. Kein Geringerer als Karl Friedrich Schinkel wirkte an den Plänen zu diesem heiteren Schlösschen federführend mit. Übrigens ähnelt sein Großer Rittersaal dem Großen Remter der westpreußischen Marienburg, die er einige Jahre zuvor kennengelernt hatte.

Städtebau

Doch in den Augen der Besucher war die Landschaft eher für die heroischen Motive zuständig, für die Idyllen dagegen die Städtchen. Auch sie trugen zur Anziehungskraft der Region entscheidend bei. Die Touristen drängten sich keineswegs nur in den Gassen von Rüdesheim, das überdies aus dem Rheingau ins Welterbe rutschte. Sonst liegen die größeren Gemeinwesen, also Bingen, Bacharach, Oberwesel, Boppard, selbst Koblenz, alle am linken Stromufer. Ebenfalls auffällig, dass viele Orte an den Einmündungen kleinerer Nebenflüsse liegen. Aber nur hier weitet sich die Enge des Oberen Mittelrheintals, die Schwemmkegel schaffen ein wenig mehr Platz. Außerdem gibt das Seitental Gelegenheit, die Häuserzeilen um den Berg herumzuführen, so kommt die charakteristische Hakenform vieler Ortsbilder zustande.

Das prägnanteste Stadtbild bewahrte vielleicht doch **Bacharach,** das in seinen Anfängen zum Territorium des Kölner Erzstifts, später den Pfalzgrafen bei Rhein gehörte. Es hat mit der romanischen Pfarrkirche St. Peter und den Ruinen der hochgotischen Wernerkapelle nicht nur zwei imposante Gotteshäuser zu bieten, sondern auch viel bemerkenswerte Profanarchitektur, ja mit dem Haus Sickingen (um 1470) eines der ältesten Fachwerkhäuser am Rhein. Gleichfalls in der Oberstraße liegt die 1240 als Pfarrhof erstmals erwähnte Alte Post. Ihr höchst malerisches Gepräge geht auf einen Bau vom Ende des 16. Jahrhunderts zurück.

Der Gleithang einer Rheinschleife, der größten am Mittelrhein, schafft Raum für **Boppard.** Die Reste seines spätrömischen Kastells sind eindrucksvolle Zeugnisse einer Siedlungskontinuität, die auch in der Völkerwanderungszeit nicht unterbrochen wurde. Sogar die

www.welterbe-mittelrheintal.de
(Alle Orte, Burgen, Kirchen und Ausblicke)

Rhein-Touristik Tal der Loreley
Bahnhofstraße 8
Tel. 06771/9 10 20
www.tal-der-loreley.de

Koblenz Touristik
Bahnhofsplatz 17
Tel. 0261/313-04
www.koblenz.de

Tourist-Info Rüdesheim
Geisenheimer Str. 22
Tel. 06722/194 33
www.ruedesheim.de

Rhein-Nahe Touristik e.V. Bacharach
Oberstraße 45
Tel. 06743/91 93 03
www.rhein-nahe-touristik.de

Tourist-Info Bingen
Rheinkai 21
Tel. 06721/184-205
www.bingen.de

Tourist-Info Boppard
Altes Rathaus
Tel. 06742/38 88
www.boppard.de

Tourist-Info Oberwesel
Rathausstraße 3
Tel. 06744/71 06 24
www.oberwesel.de

Tourist-Info St. Goar
Heerstraße 86
Tel. 06741/383
www.st-goar.de

bedeutende romanische Pfarrkirche St. Severus birgt ein Warmwasserbecken aus antiker Vergangenheit. Markantester Profanbau ist die kurfürstliche Zwingburg am Rheinufer, doch zeugen ebenfalls drei Adelshöfe von der historischen Bedeutung Boppards.

Auch andere Städte können sich einer großen Denkmaldichte rühmen, wie überhaupt der besondere Reiz hiesiger Gemeinwesen nicht in den einzelnen Monumenten liegt, sondern in dem auch atmosphärisch stimmigen Gesamtbild. Natürlich muss **Oberwesel** genannt werden, auf das der Bopparder Reichszoll um 1240 überging. Spektakulär schließt die Schönburg seine Kulisse ab, und es besitzt eine fast vollständige mittelalterliche Umwehrung. Die ehemalige Stiftskirche Unserer Lieben Frau und die katholische Pfarrkirche St. Martin zählen zu den bemerkenswertesten Kirchenbauten der Region. Lettner, Chorgestühl und vor allem ihr Goldaltar (um 1350) haben die Liebfrauenkirche berühmt gemacht. Einen grandiosen Schnitzaltar besitzt auch die Pfarrkirche St. Martin im rechtsrheinischen **Lorch,** einst eine wirtschaftlich durchaus bedeutende kurmainzische Minderstadt. Außerdem überdauerte hier mit dem Hilchenhaus eine äußerst prägnante Fassade der Renaissance. Weiterhin haben beispielsweise **St. Goar, Rhens** und **Osterspai** sehenswerte Ortskerne, das gilt ebenso für **Oberlahnstein** oder **Kamp-Bornhofen.**

Dennoch gilt der große Schlussbogen den Gemeinwesen, die am oberen und unteren Rand des Welterbes liegen. Das touristisch arg strapazierte **Rüdesheim** hat nicht nur eine Drosselgasse, sondern auch eine erstaunliche Zahl an Herrensitzen. **Bingen** kann trotz der unübersehbaren Wunden im Stadtbild immer noch mit dem Pfund seiner Pfarrkirche St. Martin wuchern und – schon zum Rheingau hin – dem stimmungsvollen Rochusberg.

Anspruch auf eine besondere Erwähnung hat **Koblenz,** die bei weitem größte Stadt am Oberen Mittelrhein. Gleich drei bedeutende romanische Kirchen und einige sehr markante Profanbauten bietet sie auf, um dem Welterbe stromabwärts ein effektvolles Finale zu sichern. Der von den Römern gegründete Handelsplatz an der Moselmündung wurde 1822 Zentrum der preußischen Rheinprovinz, kurz zuvor, nämlich 1793, war die noble klassizistische Residenz der Trierer Erzbischöfe vollendet worden. Stets hatte Koblenz unter seiner strategischen Bedeutung zu leiden, dafür blieb ihm die Feste Ehrenbreitstein auf den Höhen der anderen Rheinseite als Blickfang.

Keineswegs alle städtebaulichen Sünden der jüngeren Koblenzer Vergangenheit sind mit Kriegsereignissen zu entschuldigen. Auch dem Welterbe insgesamt drohen immer wieder einmal Substanzverluste. Zu ihrer Abwehr kann man jetzt immerhin das UNESCO-Prädikat ins Feld führen. Das Wort »Welterbe« hält ja beides gegenwärtig: ein großes Vermögen und die Verpflichtung, es zu erhalten.

Abtei Ottobeuren

Eine Gotteshymne

Größte barocke Klosteranlage Deutschlands

Kirche erbaut ab 1737

Besonders sehenswert:
☆ Klosterkirche
☆ Kaisersaal
☆ Bibliothekssaal

Zwischen Ulm und Kempten, inmitten der freundlichen Hügel und Wiesen des Allgäuer Alpenvorlandes, liegt eine kleine Marktgemeinde mit großem Namen und machtvoller Geschichte: Ottobeuren. Berühmt ist die komplett erhaltene barocke Klosteranlage, eine der größten Benediktinerabteien Europas mit ihrer festlichen Stifts- und Pfarrkirche. Über 1200 Jahre lang haben hier Patres und Fratres gelebt, gebetet und gearbeitet; ihre Äbte waren immer auch Landesfürsten und Machtpolitiker, regierten weite Landstriche.

Eine sanfte Kurve, und man ist da: Die Durchgangstraße führt direkt an den Marktplatz. Ein langes Rechteck, gefasst von pastellfarbenen, anmutigen Häuserreihen. Das Rathaus ist da, das Haus des Gastes, Restaurants und Cafés. Eine zeitgenössische Brunnenplastik mit sich wiegenden Stahlblättern von Wulf Eberlein (2000); ein paar Schritte weiter, in die Mitte des Platzes eingelassen, ein skulpturales Wasserbecken. Die »Quellfassung« stammt vom heimischen Bildhauer Diether Kunerth, die flach ausliegende Figur mit Armen in Kreuzform symbolisiert die Gnade Christi, bezieht sich auch auf die Basilika. Und die thront auf langem Bergrücken über der Stirnseite des Marktplatzes. Eine Freitreppe führt hinauf; der barock geschmückte Kirchenbau, die hohen Doppeltürme, die hellen Umfassungsmauern der Klosteranlage – sie sind, wie ihre Strahlkraft, allgegenwärtig.

Es herrscht reges Kommen und Gehen, die Glocken läuten oft, Gottesdienste sind häufig, Kirchgänger, Seminaristen, Besucher, Ordensbrüder in schwarzen Kutten. Auch Musiker mit ihren Instrumentenkästen sieht man die Treppen hinauf- und hinunterspringen: Die Basilika besitzt drei außerordentliche Orgeln, und die Musik spielt eine herausragende Rolle in Ottobeuren. Die Konzerte in der Kirche oder im Kaisersaal sind weithin bekannt; große Dirigenten wie Eugen Jochum, Leonhard Bernstein und Herbert von Karajan sind hier zu Gast gewesen; Messen, Oratorien, große Chöre und gregorianischer Gesang, auch Orgelkurse und Musikmeditationen im Kloster bieten tiefes Musikerleben in sakraler Umgebung.

Jeden Samstagnachmittag Konzerte in der Basilika oder im Kaisersaal (Febr.–Nov.). Die berühmten Ottobeurer Konzerte, große, mehrtägige Orgelfeste, auch mit Jazzpiano, Altsaxophon und Lichtprojektionen, finden mehrfach im Jahr statt.

»Palast der Musen – Bollwerk der Religion«

Das barocke Welt- und Kunstverständnis wollte mit seinen großen Sakralbauten Brücken bauen zwischen Himmel und Erde. Es schuf ein Spannungsfeld zwischen Gott und Welt, zwischen Spiel und Ernst, zwischen Ewigkeit und menschlicher Vanitas – Vergänglichkeit. Und

Klosterkirche Ottobeuren

besonders eindrücklich ist dann das Erleben, wenn Musik und Raum in barockem Überschwang verschmelzen.

Gegründet wurde das Benediktinerkloster »Uttinburon« 764 n. Chr. von Graf Silach, von Karl dem Großen kam ausgedehnter Landbesitz dazu. Kaiser Otto der Große erhob das Kloster im 10. Jahrhundert zum freien Reichsstift und stattete es mit reichen Privilegien aus: Ottobeuren unterstand nur dem Kaiser, seine Untertanen waren von allen Wehrdiensten befreit. Die Äbte besaßen große Macht, sorgten für Erschließung und Besiedelung des Landes und gründeten eine bedeutende Klosterschule. Die erste große Blütezeit erlebte Ottobeuren nach der Einführung der Hirsauer Klosterreform (12. Jh.); unter Abt Rupert I. wuchs die Klostergemeinschaft zu einem berühmten Ort der Gelehrsamkeit und Wissenschaft heran.

Im Lauf der Jahrhunderte sind die Klosteranlagen mehrfach zerstört worden. Im 18. Jahrhundert schließlich entstanden Kloster und Abteikirche in barocker Herrlichkeit. Zwischen 1711 und 1724 wurden unter Abt Rupert II. die Klostergebäude errichtet; Baumeister Christoph Vogt schuf eine gewaltige Anlage in Rechteckform mit einem schnurgeraden Mitteltrakt, an den sich im Norden die Benediktuskapelle und die Abtkapelle anschließen – sie bilden das Bindeglied hin zur vorgesetzten großen Abteikirche. Der Klosterbau, 142 m lang, 128 m breit, ist ein in sich ruhendes Geviert, er war repräsentatives Machtzentrum, reich ausgestaltetes Schloss und Heimat der Mönche zugleich – mit 196 Sälen und Räumen, neun Treppenhäusern und rund zwei Kilometern Flure.

In Ottobeuren ist Sebastian Kneipp geboren (1821–97), der eine der großen Gesundheitsbewegungen ins Leben rief. Als Pfarrer im nahe gelegenen Wörishofen tätig, entwickelte er dort sein System der Wasserbehandlungen.

Der Ostflügel mit den Zellen der Patres war zuerst fertig gestellt. Im Südflügel lagen die Wirtschaftsräume; hinter dem fein gegliederten Portal der Westfassade führen die Treppenaufgänge zum prachtvollen Gästetrakt, dem Barocktheater mit seinen herrlichen Deckenfresken und dem größten aller Säle, dem **Kaisersaal.** Hier sind die Ideen des Heiligen Römischen Reiches Deutscher Nation gestalterisch verwirklicht: mit den Statuen von 16 Habsburgerkaisern »von Gottes Gnaden« und den üppigen Deckenfresken zur Selbstdarstellung des Ottobeurer Imperiums (J. B. Zimmermann).

An der Ausstattung der Abteikirche als Gotteshymne haben Johann Michael Feichtmayr (Stuckdekor), Johann Joseph Christian (Chorgestühl, Orgelprospekt), Johann Jakob und Franz Anton Zeiller (Deckenfresken) gearbeitet.

Der zentrale Bautrakt, die **»Abtei«,** war dem Abt vorbehalten, seinen Amtsgeschäften, mit Empfangssaal, Kanzleiräumen, Audienzzimmern, Gesellschafts- und Galerieräumen; kostbar möbliert, reich geschmückt, von monarchischem Zuschnitt. Die Architektur bringt sinnbildlich die Rolle des Abtes zum Ausdruck: Zur Ostseite hin überblickte er die geschlossene Welt der Mönche, hier war er Vater und Hirte; zur Westseite hin repräsentierte er seine Macht als Herr des Landes und des Reichsstiftes. Die Prunkräume der »Abtei« und des Westflügels sind heute als **Museum** zu besichtigen. Die Ottobeurer **Gemäldegalerie** ist Teil der Bayerischen Staatsgemäldesammlungen und zeigt überwiegend schwäbische und allgäuische Altartafeln. Im Quergebäude liegt der **Bibliothekssaal:** Großartig, mit 44 Stuckmarmorsäulen, die die Galerie tragen. 15 000 Werke, alle vor 1800, sind hier versammelt; das Deckengemälde stellt die Ankunft des Heiligen Benedikt auf dem Monte Cassino dar (J. B. Zimmermann). Stolz und selbstgewiss die Bibliothekswidmung: »Palast der Musen – Bollwerk der Religion«.

Die **Klosterkirche** (1737–66) wurde nach Plänen des berühmten Johann Michael Fischer aus München errichtet; vom Meister des deutschen Spätbarock stammt u. a. auch das Münster Zwiefalten. Anders als die vier Vorgängerbauten ist die Kirche übrigens nicht geostet, sondern der Klosteranlage gemäss nach Süden ausgerichtet.

Großartig und erhebend das Innere der Basilika: ein Gesamtkunstwerk in Weiß und Gold, mit Kreuzaltar, Intarsienböden, Stuckmarmor und einer Abfolge von Deckengemälden, die die Erlösung der Menschheit darstellen: Kreuzestod, Auferstehung in der universalen Kirche, das Aufgehen im Benediktinertum, in Ottobeuren. Im letzten Gemälde über der Marienorgel ist die Gründung Ottobeurens als Teil des göttlichen Heilsplans dargestellt, neben dem Stifter, den Kaisern Karl dem Großen und Otto dem Großen, neben Bischof Ulrich von Augsburg und Abt von Ottobeuren ist auch kniend der Bauherr, Abt Anselm Erb, zu sehen. Die berühmten Chororgeln stammen aus der Werkstatt von Karl Joseph Riep; sie bilden eine Einheit mit dem wunderbaren Chorgestühl und seinen vergoldeten Reliefs – die Gebetsstätte der Mönche. Heute sind es noch 23.

Öffnungszeiten:
Kirche: tgl. 9 Uhr bis Sonnenuntergang, spätestens 20.30 Uhr, Do 13–15 Uhr

www.abtei-ottobeuren.de

Tourist-Info Ottobeuren:
Marktplatz 14
Tel. 08332/92 19 50
www.ottobeuren.de

Schloss Weißenstein

Ein Juwel abseits der Metropolen

Prächtiges Barockschloss

Erbaut: 1711–1719

Besonders sehenswert:
- ☆ *Gemäldegalerie*
- ☆ *Treppenhaus von Johann Dientzenhofer*

Natürlich hat der Name Pommersfelden nichts mit Pomeranzen zu tun. Aber es gab gute Gründe, Schloss Weißenstein wenigstens sprachspielerisch in die »Gefilde der Pomeranzen« *(in campis pomerancis)* zu versetzen. Denn die gelehrte Barockwelt hielt diese Zitrusfrüchte für die goldenen Äpfel der Hesperiden. Die Nymphen aber hegten ihre Obstbäume nirgendwo anders als im Göttergarten der griechischen Sage.

Und ein Paradies, wenngleich eines auf Erden, sollte auch Pommersfelden werden. Dass Lothar Franz von Schönborn (1655–1729) ausgerechnet auf dieses Nest südlich von Bamberg verfiel, hatte einen schlichten Grund: Das Anwesen war ihm auf dem Erbweg zugefallen. Dass er hier ein solches Schloss bauen konnte, hatte jedoch einen anderen Grund. Seit 1695 war der geistliche Landesherr des Bistums Bamberg auch Erzbischof von Mainz, also vornehmster Kurfürst des Heiligen Römischen Reiches Deutscher Nation. Seine Verdienste um das Haus Habsburg hatte Kaiser Karl VI. mit einer Dotation von 100 000 Gulden gewürdigt. Vielleicht glaubte Lothar Franz selbst daran, die zweifellos erkleckliche Summe würde zum Bau des Sommersitzes hinreichen.

Ein »Privatschloss« sollte Weißenstein werden, abseits landesherrlicher Residenzen und fern leidiger Amtsgeschäfte. Das Terrain steigt zum Schloss hin leicht an, und der unterhalb gelegene Wirtschaftshof, vor allem aber das Hohlrund des Marstalls präludieren seiner Architektur eindrucksvoll. Weißenstein wurde in nur acht Jahren zwischen 1711 und 1719 erbaut. Die Entwürfe zeichnete Johann Dientzenhofer aus der rühmlich bekannten Baumeisterfamilie. Sein Dreiflügelbau betont die Ecken durch Pavillons, sie überragen die zweieinhalbstöckigen Trakte um ein Geschoss.

Einen außergewöhnlichen Beitrag zu diesem Bau liefert der Mittelrisalit des Haupttrakts. Er trägt die Handschrift des Wiener Hofbaumeisters Johann Lukas von Hildebrandt, dem selbst ein Dientzenhofer seine Pläne zur Begutachtung vorlegen musste. Sehr weit treten diese drei Achsen vor, dafür runden sich die Ecken. Das gewaltige Portalmotiv mit den mächtigen Doppelsäulen über hohem Sockel hat das epochentypische Pathos. Im eigens herausgehobenen Mittelstück des Dreieckgiebels halten Löwen den imposant bekrönten Wappenschild, die Figuren auf den Schrägen, ja selbst die üppig gerahmten Lukarnen zeugen für die Tendenz des Hochbarock, die Architektur als Plastik aufzufassen. Dass die drei Achsen so weit in den Ehrenhof hineinragen, hat auch einen sehr praktischen Grund. Denn sie mussten das **Treppenhaus** aufnehmen, dessen repräsenta-

Schloss Weißenstein in Pommersfelden

tive Qualitäten der Bauherr früher als andere erkannt hatte. Beim Empfang zählt der erste Eindruck viel, und das Staunen hochrangiger Gäste rechtfertigt jede Verschwendung von Raum. Dieser Stiege fehlt allerdings noch die prächtige Ausführlichkeit der Neumannschen Schöpfungen. Und mit ihren beiden oberen umlaufenden Galerien scheint sie der Renaissance verpflichtet, aber vielleicht ist sie gerade deshalb ein so reizvolles Gebilde. Auch das Deckenfresko von Johann Rudolf Byss könnte thematisch auf Tiepolos fulminantes Gemälde im Treppenhaus der Würzburger Residenz vorausweisen (s. S. 387). Hier wie dort steht Apoll im Mittelpunkt des Geschehens, hier wie dort sind die vier Erdteile wesentlicher Bestandteil der Komposition, die in Weißenstein freilich sehr viel schematischer ausfällt.

Zur Gartenseite hin liegt mit dem **Marmorsaal** der Prunkraum des Schlosses. Auch er war ursprünglich ein Kaisersaal, aber dann ließ der Schlossherr die Bilder Karls VI. und seiner Gemahlin entfernen. Nun hat der Marmor die Stelle des Kaisers übernommen, nur dass hier nicht alles Marmor ist, was glänzt. Aber es spräche von wenig Kunstverstand, den Stuck- als »falschen Marmor« abzutun. Kein natürlicher Kalkstein kann seine glattpolierte Farbenpracht, seine raffinierte Zeichnung erreichen, ihn herzustellen kostete mehr Geld als jedes Stück gebrochener Fels. Es gehörte zu den typischen Spielen der Epoche, das kunstvoll Hergestellte als besseres Echtes auszugeben, ein Spiel, das hier noch einen Schritt weiter getrieben wird. Denn die Postamente dieser Säulen und Pfeiler stammen sehr wohl aus einem Kalksteinbruch, die Schäfte und Gebälke darüber geben sich nur den Anschein. Wie zu allem Überfluss trägt der scheinbare Marmor das Gewölbe nur scheinbar, die Stützen umstellen also die Wände des Saals nur des Effekts wegen. Immerhin kann ein zum Podest umgeschultes Kranzgesims die Plastiken Burkhard Zammels' aufnehmen. Diese Verkörperungen der vier Weltmonarchien nach dem Alten Testament wirken wie Bronzearbeiten, bestehen aber (siehe oben) aus bronziertem Stuck.

Die Beziehungen zum Zentrum des Reiches sind hier gleich mehrfach gegenwärtig. An der Decke des Saals brennt Johann Michael Rottmayr ein Feuerwerk der Farben ab. Das große, pompös gerahmte Hauptbild feiert den Sieg der (kaiserlichen) Tugenden über die Laster. Deren Verderben gibt dem Wiener Maler Gelegenheit, das beliebte Sujet vom Engelsturz ins Allegorische zu übersetzen.

Der Besucher wird nun durch verschiedene **Galerieräume** geführt und kann dort den erhaltenen Teil der Sammlung bewundern, die Lothar Franz von Schönborn zusammengetragen hatte. Die Gemälde hängen hier freilich nicht mehr so dicht gedrängt, wie das in den fürstlichen Kunstkammern der Zeit Mode war, aber dafür sind die Schätze über einige Räumlichkeiten mehr verteilt. Unter den Malern finden sich klingende Namen der Kunstgeschichte, da kann ein fränkischer Handwerker wie Ferdinand Plitzner (1678–1724) schon einmal an den Rand des Interesses geraten. Doch bereits das **Nussbaumzimmer** zeigt diesen Kunstschreiner als Meister seines Fachs, und im **Spiegelkabinett** steigert sich seine Meisterschaft zu artistischer Bravour; beim Betrachten der Holzeinlegearbeiten stockt einem der Atem.

Die überbordende Pracht dieses Schlosses gerät manchmal in die Nähe des Kuriosen. Insofern bringt der souterrainartig gelegene **Gartensaal** Pommersfelden auf den Punkt. Zwischen den beiden Treppenläufen öffnet sich der Gang zur **Sala terrena**, um derentwillen eigens ein »Grotteur« verpflichtet wurde. Tatsächlich hat Georg Hennicke eindrucksvoll unter Beweis gestellt, dass er sein Metier verstand. Glasschlacken und Glimmer, Muscheln, Korallen, Tuffsteine und Kristalle folgen zwar den Lineaturen epochentypischer Ornamentik, schaffen zugleich aber eine Grottenidylle von absonderlichem Charme.

Draußen im **Garten** fehlt die Grotte. Die einstige barocke Anlage erstand im 19. Jahrhundert als Landschaftspark nach englischem Vorbild neu. Aber das vorzüglich erhaltene Schloss ehrt immer noch seinen Bauherrn, dessen Familie es heute noch bewohnt. Und wer Gelegenheit hat, ein Konzert in Pommersfelden zu besuchen, sollte sie nutzen. Schon der stimmungsvolle Rahmen bürgt für den Genuss.

Öffnungszeiten:
April–Okt. tgl. 10–17 Uhr, nur mit Führung (jeweils zur vollen Stunde, Dauer ca. 1 Std.)

Information:
Tel. 09548/98 18-0
www.pommersfelden.de/schloss_weissenstein

Der Neue Garten in Potsdam

Preußische Paradiese I

Einzigartiges Ensemble von Schloss und Parklandschaft; UNESCO-Welterbe seit 1990

Erbaut: 1787–1917

Besonders sehenswert:
- ☆ *Marmorpalais*
- ☆ *Orangerie*
- ☆ *Schloss Cecilienhof*
- ☆ *Belvedere auf dem Pfingstberg*
- ☆ *Kolonie Alexandrowka*

Ein unsichtbares Netz liegt über Potsdam und der Havellandschaft in ihrer Schönheit und Vielfalt: Zwischen welligen Hügeln, Baumgruppen und Wiesen, zwischen Gärten, Buchten und Seen, Palästen, italienischen Villen, Kirchen und verspieltem Allerlei hat der große Landschaftsgärtner Peter Joseph Lenné an einem Gewebe überwältigend schöner Blickachsen geknüpft, hat die spröden Gegebenheiten der Mark gemeinsam mit den Friedrich Wilhelms III und IV, dem Klassizisten Schinkel, seinen Schülern Persius und Stüler in der ersten Hälfte des 19. Jahrhunderts in eine arkadische Kulturlandschaft verwandelt.

Neben Park und Schloss Sanssouci als Herz und älteste Anlage legt sich nach Norden hin ein Kranz von vier Park- und Schlossanlagen um die Ost- und Westufer der Havel mit ihren Seen – alle grüßen sich mit Blicken, herzerhebend und großartig. Alle wurden zum Weltkulturerbe erklärt: Auf der Berliner Seite gehörten die in Märchen versunkene Pfaueninsel sowie Park und Schloss Klein-Glienicke in strahlendem Schinkelschen Klassizismus dazu. Die legendäre Glienicker Brücke führte vom Berliner Stadtschloss nach Potsdam. Sie markierte, direkt unterhalb des Schlosses, die Staatsgrenze zwischen der DDR und West-Berlin. Zum Greifen nah, auf Potsdamer Seite, dann Park und Schloss Babelsberg mit zinnengekrönter Burgfantasie. Zum Weltkulturerbe gehören auch der zauberhafte Neue Garten mit seinem Umfeld und Sacrow mit der betörenden stillen Heilandskirche, die sich wie eine Fata Morgana im Wasser spiegelt. Vierzehn (!) Schlösser haben die Hohenzollern in und rund um ihre Residenz und Garnison Potsdam gesetzt. Barock, friderizianisches Rokoko, preußischer Klassizismus und italianisierende Baukunst. Neogotisches, Maurisches und Chinesisches. Belvederes, Drachentürme, Kirchen, Pavillons. Loggien, Teehäuser, Lauben, Tempelruinen. Grotten, Bäder, Villen, Herrenhäuser. Zwischen runden Bauminseln, auf Hügeln, am Wasser, mit Fontänen, Skulpturen und Wiesen, Brücken, Rabatten und Mischwäldchen – eine weit ausschwingende kultivierte Naturlandschaft als Gesamtkunstwerk von Weltrang, die Lenné in seinen fünfzig Schaffensjahren komponiert hat.

Literaturtipp: *Plauderfreudig und sehr informativ ist der Band ›Potsdam. Literarische Spaziergänge‹ von Jochen R. Klicker. Er verknüpft das heutige Potsdam mit Geschichte und Geschichten (Insel Verlag).*

»Schockschwerenoth! Ich genehmige Alles!«

Sie konnten sich nicht ausstehen: Friedrich der Große und sein Neffe, der ihm als Friedrich Wilhelm II. auf den Thron folgen sollte. Der Alte Fritz hatte ihm den Zutritt zu Stadtschloss und Sanssouci verboten;

Gotische Bibliothek mit Blick auf das Marmorpalais

im Gegenzug waren für den König nach Friedrichs Tod 1786 Neues Palais und Sanssouci ›out‹ – die »sehr schmutzigen« Räume in Sanssouci wurden klassizistisch umgestaltet, basta. FW2 ließ sich einen »Neuen Garten« anlegen, ein neues Schlossareal nördlich der Altstadt, eingefasst von Nauener Vorstadt, Jungfernsee und Heiligem See. Barock und Rokoko waren überholt, der Klassizismus war der Baustil, der die auch in Deutschland grassierende Italiensehnsucht der Zeit in passende Gewänder hüllte.

Der König holte die vielversprechendsten und besten Baumeister heran: Erdmannsdorff, Langhans, Gontard, die von Schinkel später alle überflügelt wurden. Den **Neuen Garten** selbst gestaltete Johann Friedrich Eyserbeck – er hatte als erster auf dem Kontinent in Wörlitz einen pittoresken Englischen Landschaftsgarten für den Fürsten von Anhalt-Dessau (s. S. 110) verwirklicht. So finden sich im 76 ha großen Neuen Garten neben dem verwunschen-schönen Schlossensemble auch heute noch malerisch in die Parkanlagen hineingesetzte Lustbauten, die »Folies« aller Stilrichtungen: das **Holländische Etablissement**, die einstigen Winzerhäuser Grünes, Rotes, Braunes und Weißes Haus, die wunderschöne **Orangerie** mit ägyptischem Dekor und Palmensaal als Konzertsaal, das als Burg gestaltete Pumphaus, die Muschelgrotte und die Einsiedelei. Das **Marmorpalais,** hochromantisch am Ufer des Heiligen Sees gelegen, ein doppelgeschossiger Kubus mit aufgesetztem Belvedere, stammt von Gontard (1787–97), er nahm Palladio mit seiner klassisch-strengen Raumaufteilung zum Vorbild. Hier bildet das herrliche Treppenhaus den Mittelpunkt. Der üppige Fassadenschmuck allerdings zeigt noch Gontards Liebe zum

Potsdam hat trotz schwerer Kriegszerstörungen und Bausünden zur DDR-Zeit ein charaktervolles Profil als Kultur-, Urlaubs- und Erholungsort. Es gibt so viel zu sehen, dass eine Woche wie im Flug vergeht. Der neueste Trend: in Potsdam urlauben und dann ein, zwei Tage nach Berlin fahren – nicht umgekehrt!

Rokoko. Dann wurde das Haus zu klein; Langhans (Brandenburger Tor in Berlin) errichtete die Seitenflügel und verband sie mit Kolonnaden. Ganz außerordentliche Scheinarchitekturen kamen hinzu: Die halb im See versunkene **Tempelruine** mit ihren massigen Säulen ist der Küchenbau; Ein 80 m langer Tunnel schuf die Verbindung zum Palais, und die **Pyramide** fungierte als Eiskeller. Am Südende bildet die **Bibliothek** die Verbindung zur Stadt hin: ein reizender gotisierender Bau, ein zweigeschossiges Oktogon mit kubischem Arkadenumgang und Galerie. Von hier aus konnte Friedrich Wilhelm II., ein »Lüderjahn« und ausschweifender Genussmensch, sein neues Reich überblicken. Vor allem lag das schöne klassizistische Palais Lichtenau nur ein paar Schritte entfernt: Er hat es für seine lebenslange große Liebe bauen lassen, die bürgerliche Wilhelmine Enke, spätere Gräfin Lichtenau. Westlich vom Neuen Garten breitet die pittoreske **Kolonie Alexandrowka** ihre Flügel aus: Schinkel und Lenné – natürlich! – haben hier ab 1826 eine »original russische« Ansiedlung in der Form eines Andreaskreuzes angelegt: für 62 russische Chorsänger, mit Blockhäusern, Aufseherhaus und Alexander-Newski-Kapelle. Noch heute leben hier Nachfahren, und auch der Potsdamer Oberbürgermeister macht es sich zwischen den bunten Gemüsegärten gemütlich.

Der »Buddelpeter«

Dreißig, vierzig Jahre später, beginnend mit Friedrich Wilhelm III., auf die Spitze getrieben von Friedrich Wilhelm IV., dem »Romantiker auf dem Königsthron«, wurden rund um Potsdam Berge abgetragen, es wurde aufgeschüttet, gebaut, gebuddelt, gepflanzt, eine bukolische, weiträumig gestaltete klassisch-englische Park- und Schlosslandschaft rund um Potsdam nahm Gestalt an. Der Gartenarchitekt Lenné und Schinkel (dann auch seine Meisterschüler Stüler und Persius), beide leidenschaftlich angetrieben, hatten nahezu freie Hand: Für drei Söhne des Königs schufen sie drei großartige Schloss- und Parkanlagen, Klein-Glienicke, Babelsberg und Charlottenhof. Lenné, 1816 nach Potsdam an den Hof gerufen, setzte mit seinem »Verschönerungsplan der Umgebung von Potsdam« (1833) die Vision eines preußischen Arkadien in die Realität um. Fünfzig Jahre lang war er tätig, der »Buddelpeter«, wie er liebevoll genannt wurde. Alle Parkanlagen hat er mit den großen Sichtachsen und Blickschneisen zusammengefasst: auch im Neuen Garten bieten sich grandiose Aus- und Überblicke.

Flaniert man am Ufer des Heiligen Sees nach Norden hin, wähnt man sich tatsächlich in englischer Landschaftskunst: **Schloss Cecilienhof** liegt wie eingegossen im Gartengrün, der jüngste und letzte Schlossbau der Hohenzollern. Kaiser Wilhelm II. hat ihn für den

Der Zweite Hofküchenmeister Friedrichs des Großen als Detektiv und Ermittler: Mit ›Königsblau. Mord nach jeder Fasson‹ und ›Tödliche Passion‹ von Tom Wolf geht es bei Preußens in Potsdam und Berlin spannend zu.

Ein Muss ist auch das Haus der Brandenburg-Preußischen Geschichte im einstigen barocken Kutschstall am Neuen Markt.

Kronprinzen Wilhelm und seine Frau Cecilie als »Country House« errichten lassen. Die große Familie hatte zuvor im Marmorpalais gewohnt; dort war auch 1907 Prinz Louis Ferdinand zur Welt gekommen, der bis zu seinem Tod im Jahr 1994 dem Haus Hohenzollern (s. S. 180) vorstand. »Englisches Fachwerk«, kunstvolle Schornsteine auf schönem Dächergewirr, fünf Höfe, verschachtelte Bauteile, insgesamt über 170 Zimmer: eleganteste Bequemlichkeit in großem Stil. Gebaut wurde zwischen 1913 und 1917, während im Schlamm des Ersten Weltkriegs Hunderttausende deutscher Soldaten umkamen. Ein Jahr später floh Seine Majestät bei Nacht und Nebel nach Holland, der Kronprinz mit ihm. Cecilie blieb mit den Kindern noch zwei Jahre dort; danach hat nie wieder ein Hohenzoller das Haus betreten. 1945 kam es noch einmal zu höchster Bedeutung: Stalin, Truman und Churchill (später Attlee) hielten hier im Juli/August die Konferenz zur Neuordnung Deutschlands ab und schlossen das Potsdamer Abkommen; in den Trümmern Berlins hatte man kein passendes Haus gefunden. Die viel besuchte **Historische Gedenkstätte Potsdamer Abkommen** in den Originalräumen erinnert daran. Die düsteren Folgen kennen wir, und mit dem Mauerbau von 1961 endete ein paar Schritte weiter, direkt am Ufer des Jungfernsees, die Welt mit dem Todesstreifen. Zu DDR-Zeiten wurden Teile von Cecilienhof zu einem Devisenhotel umgebaut; heute ist es ein Luxushotel.

Der schönste Aussichtspunkt in ganz Potsdam ist das **Belvedere auf dem Pfingstberg,** vom Cecilienhof nur durch ein paar Querstraßen getrennt. Hoch oben über dem Lennéschen Landschaftsbild thront ein gewaltiger Palast, der Villa Medici nachempfunden, mit 25 m hohen eckigen Turmbauten, Bogengalerie, Umgängen und Aussichtsplattform. Ludwig Ferdinand Hesse begann mit der Umsetzung der königlichen Pläne im Jahr 1849: Neorenaissance im Doppel, denn zeitgleich baute er auch das große, ähnlich triumphierend gestaltete Orangerieschloss in Sanssouci. Stüler und Persius führten die Arbeiten bis 1863 fort – vollendet wurde das Belvedere nicht.

Zu DDR-Zeiten waren die nord-südlichen Straßenzüge zwischen Nauener Vorstadt und dem Neuen Garten Sperrgebiet für die Potsdamer – in der geheimen Stadt hatten sich sowjetische Truppen und der KGB niedergelassen. Und der Pfingstberg? Der Bau war völlig verrottet, die Umgebung verwildert: Die grandiose Aussicht bis weit hinein nach Westberlin war nicht genehm. Im Sommer 2005 konnte, hauptsächlich durch Stiftungen und Privatinitiativen, das »Wunder vom Pfingstberg«, ein strahlend schöner Belvedere, komplett saniert und rekonstruiert, wieder eröffnet werden. Steht man hoch oben, schwebt der gute Geist des genialen Lenné wie ein zärtliches Lüftchen über der gesamten Landschaft.

Öffnungszeiten:
Marmorpalais und Cecilienhof: Di–So 10–17 Uhr, Nov.–März bis 16 Uhr

Tourist-Info Sanssouci:
Stiftung Preußische Schlösser und Gärten
An der Historischen Mühle
Tel. 0331/9694-200, 201
www.spsg.de

Tourist-Info Potsdam:
Brandenburger Str. 3
Tel. 0331/27 55 80
www.potsdam-tourismus.de

Am Filmmuseum beginnt die dreieinhalbstündige Stadtrundfahrt von Potsdam-Tourismus; sie bietet eine Gesamtschau Potsdams und ist die einzige Tour mit einer Innenführung von Schloss Sanssouci.

Schloss und Park Sanssouci

Preußische Paradiese II

Park und Schloss Sanssouci sind weltberühmt; sie sind Teil einer in ihrer Schönheit einzigartigen arkadischen Landschaft an den Ufern der Havel, Teil eines Gesamtkomplexes mit fünf großen Parkanlagen, zahllosen Schlössern, Tempelchen, Kirchen und Lusthäusern, der in über zweihundertjähriger Bautätigkeit gewachsen ist und seit 1990 als Weltkulturerbe gewürdigt und gepflegt wird. Wie kein anderer Ort ist Potsdam mit Aufstieg und Glanz Preußens unter Friedrich dem Großen verbunden, aber auch mit dem Ende der deutschen Monarchie und des Staates Preußen. Und Cecilienhof, der letzte Schlossbau der Hohenzollern, war im Juli/August 1945 Tagungsort der alliierten Siegermächte, die dann fünfzig Jahre lang die Geschicke Deutschlands bestimmten (s. S. 298).

Einzigartiges Ensemble von Schloss und Parklandschaft; UNESCO-Welterbe seit 1990

Erbaut: ab 1740

Besonders sehenswert:
- ☆ *Marmorsaal im Schloss*
- ☆ *Bildergalerie*
- ☆ *Belvedere auf dem Klausberg*
- ☆ *Neues Palais*
- ☆ *Drachenhaus*

Herzstück und ältester Teil der Schlösser- und Parklandschaft Potsdams sind Park und Schloss Sanssouci, geprägt von König Friedrich II. (1712–86) und seiner Liebe zu Barock und Rokoko. Das weite Parkareal ist durch die west-östlich verlaufende Hauptallee mit ihren zahlreichen Auffächerungen strukturiert; im Osten, vom Kern Potsdams erschlossen, liegt Schloss Sanssouci mit seinen umliegenden Ergänzungsbauten und Gartenräumen, Ausdruck und Sinnbild der *Privatperson* Friedrichs II. Am westlichen Parkabschluss dagegen versinnbildlicht das gigantische Schlossensemble des Neuen Palais den offiziellen preußischen Macht- und Herrschaftsanspruch, in Szene gesetzt von *Friedrich dem Großen* – der sich den Hofstaat weit vom Leibe hielt. Die italienische Architektur des Orangerie-Schlosses im Norden und Schinkels Schloss Charlottenhof im Süden des Parks sind von Friedrichs Nachfolgern in der ersten Hälfte des 19. Jahrhunderts geschaffen worden (s. S. 296); sie waren es, die, angesteckt vom Gärtnergenie Lenné, vom begnadeten Schinkel und seinen Schülern, aus Potsdam, den Havelufern und Buchten dieses arkadische, in seinen einzelnen Elementen aufeinander bezogene Gesamtkunstwerk machten.

»Selig nach seiner Façon«

Der Park ist riesig (ca. 290 ha), die Wege sind kilometerlang, und es gibt sehr, sehr viel zu sehen. An einem Tag lässt sich nur der flüchtigste Eindruck gewinnen.

Ein Refugium, ein kleines Weinbergschlösschen in Potsdam an der Havel wünschte sich der 28-jährige frischgebackene preußische König Friedrich II. Nach seiner unglücklichen Jugend war er als Kronprinz von Glanz umgeben, er liebte Philosophie, Musik, die Künste, die Ideen der Aufklärung und wollte nichts als »der erste Diener seines Staates« sein. Sein Sommerschlösschen Sanssouci – »ohne Sor-

Schloss Sanssouci über den Weinbergterrassen

gen«, hat er selbst anrührend schlicht aufgemalt. Gebaut hat es sein Jugendfreund Wenzeslaus von Knobelsdorff, die besten Künstler haben es ausgestattet – heiter, elegant, anmutig. 1740 hat Knobelsdorff mit der Anlage begonnen; in nur zwei Jahren (1744/45) verwirklichte er den Bau. Die Seitentrakte – Damenflügel und Schlossküche – gab es zu Friedrichs Zeiten noch nicht, sie wurden 1841 von Ludwig Persius ergänzt. Auf der Hof- und Eingangsseite bietet der schöne Kolonnadenbogen einen malerischen Ausblick auf den **Ruinenberg** mit seinen Tempelstümpfen; umgekehrt liegt einem dort der gesamte Park zu Füßen. Die legendäre Schauseite öffnet sich in ihrer Pracht zum Park hin: Sechs Terrassen mit langen Reihen verglaster Nischen, in denen seit Anbeginn Feigenbäume und Wein gepäppelt werden, die geschwungene Treppenkaskade führt hinunter zum **Hauptrondell** mit der Großen Fontäne. Der langgezogene Schlosskörper ist eingeschossig, und vom Park aus wird seine Eigenart, seine fehlbare Schönheit deutlich: Sanssouci ist zu flach geraten, selbst die Kuppel des Marmorsaals lugt nur sehr bescheiden über das Weinberggrün hinaus. Knobelsdorff hatte sich Friedrichs Wünschen beugen müssen – dieser wollte ebenerdig ins Grün hinaustreten können, so ist ein Sockelgeschoss unterblieben. Hier hat Adorno das letzte Wort: »Aber die großen Kunstwerke sind jene, die an ihren fragwürdigsten Stellen Glück haben.«

Friedrichs zärtliches Rokokoschlösslein ist auf ein Minimum reduziert, mit einer Handvoll Räume, die vom Doppelgespann Vestibül und Marmorsaal beidseitig als Enfiladen geführt sind. Der ovale **Marmorsaal,** berückend schön in Weiß und Gold, mit herrlichen Intarsienarbeiten und ausgemalter Kuppel, ist der Mittelpunkt. Im Westflügel liegen hintereinandergestaffelt die Gästezimmer (sehr unpraktisch!), zur anderen Seite hin die fünf Räume, auf die sich schließlich Friedrichs Leben zusammenzog: Speise-, Konzert-, Schlaf- und Arbeitszimmer, dazu noch die kreisrunde, mit Zedernholz ausgeschlagene Bibliothek, intim und still. In zierlichem Dekor versammelt die **Kleine Bildergalerie,** lang und schmal, Arbeiten von Watteau, Hauptwerke der französischen Malerei. In diesem Fünf-Raum-Kosmos hielt Friedrich seine Tafelrunden ab, hier philosophierte er mit Voltaire, hier widmete er sich der Musik. Hier *lebte* er, nicht im Potsdamer Stadtschloss, nicht im großen unruhigen Berlin.

Vor der östlichen Terrassenecke liegt Friedrichs **Grabstätte und Gruft;** seine Windhunde hat er hier bestattet; seine Gebeine sind erst 1991, nach dem Fall der Mauer, mit Pomp und Medienrummel von Burg Hechingen hierher überführt worden (s. S. 180).

Die langgliedrigen Bauten der Neuen Kammern und der Bildergalerie liegen zu Seiten der Weinbergterrassen: Die **Neuen Kammern,** ursprünglich von Knobelsdorff als Orangerie geschaffen, wurden nach einem Umbau ab 1771 zu einem größeren, separierten Gästeflügel – auch hier Rokoko in seiner kostbarsten und heitersten Form. In der **Bildergalerie** (1760, Büring) überwältigt der herrlich gestaltete Saal mit Gemälden überwiegend italienischer und holländischer Meister in barocker, dichter Hängung.

Literaturtipp:
Glänzend geschrieben, scharfsinnig und liebevoll kritisch: Sebastian Haffner entwirft in seinem Buch ›Preußen ohne Legende‹ ein lebendiges Panorama preußischer Geschichte – ein Dauerbrenner.

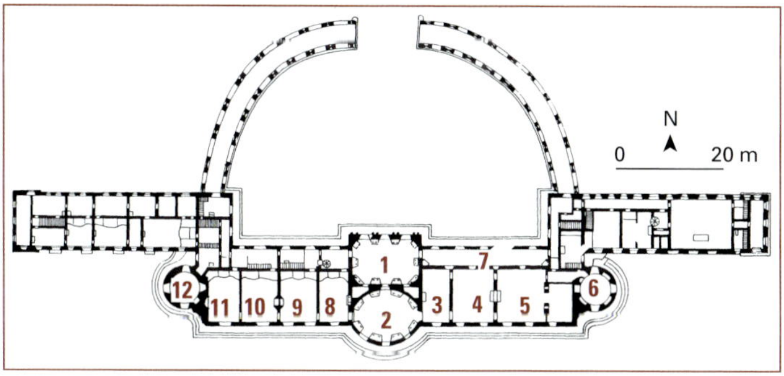

Schloss Sanssouci
1 Vestibül
2 Marmorsaal
3 Empfangs- und Speisezimmer
4 Konzertzimmer
5 Schlaf- und Arbeitszimmer mit Alkoven
6 Bibliothek
7 Kleine Galerie
8–12 Gästezimmer

Weitere Sehenswürdigkeiten in Park Sanssouci:
Friedenskirche
Marlygarten
Römische Bäder
Schloß Charlottenhof
Orangerie-Schloss

Öffnungszeiten:
Belvedere:
Sa, So, Fei 10–17 Uhr.

Bildergalerie, Chinesisches Haus, Neue Kammern:
Di–So 10–17 Uhr

Neues Palais
tgl. 9–17 Uhr,
Fr geschlossen

Tourist-Info Sanssouci:
Stiftung Preußische Schlösser und Gärten
Besucherzentrum
An der Historischen Mühle
Tel. 0331/9694-200, 201
www.spsg.de

Bushaltestellen direkt an der Historischen Mühle, wenige Schritte von Schloss Sanssouci entfernt.
Der Haupteingang zum Park Sanssouci liegt am Obeliskenportal in der Schopenhauer Straße; hier beginnt die Zentralallee durch den Park.

Von hier aus ist es nicht weit zum goldstrahlenden Chinesischen Haus (1754–57, Büring), das wie ein kokettes Spielzeug der damals modischen Chinoiserie-Begeisterung ein bezauberndes Denkmal setzte.

Die große Angeberei

Vom Zentralrondell ostwärts stoppt die Hauptallee nach 2,5 km vor dem Kolossalensemble des Neuen Palais: eine riesige barocke Dreiflügelanlage für Gäste und den Hof, 220 m lang, kuppelgekrönt und mit über 400 Skulpturen geschmückt. Gegenüber prunken die massigen Bauten zweier **Communs,** durch eine halbkreisförmige Kolonnade verbunden. Welch gigantische Kulisse, mit über 200 Räumen, vier Treppenhäusern, einem auch heute noch bespielten exquisiten Theater, mit Festsälen, erlesenen Dekoren, Kunstwerken und dem außerordentlichen Grottensaal. Sein Privatappartement dort hat Friedrich II. nur selten genutzt – das **Neue Palais** in seiner pompösen Wucht und zementierten Würde ließ er als königliche Machtgebärde errichten. Nach zahllosen Schlachten, Niederlagen und Siegen in drei Schlesischen Kriegen und dem Siebenjährigen Krieg war er zu »Friedrich dem Großen« geworden, mit ihm saß Preußen nun im Kreis der Großmächte – das musste repräsentiert werden. 1763–69 bauten Büring und Gontard die monarchische »Fanfaronade«, die alberne Angeberei, wie Friedrich sie nannte, seine größte Extravaganz, zu einer Zeit, da seine Kriege das Land ausgeblutet, die Bewohner in katastrophale Armut getrieben hatten. Die theatralischen **Communs** (Gontard, 1766) waren Wirtschaftsgebäude, Küchen und Unterkünfte für Bedienstete, die die Speisen durch einen Tunnel ins Schloss schleppen mussten. Heute sind hier Teile der Universität Potsdam zu Hause.

Nicht weit nach Norden zu bietet das kreisrunde doppelgeschossige **Belvedere auf dem Klausberg,** der letzte Bau des Alten Fritz (1770–72, Unger), eine herrliche Panoramasicht. Hübsch ist auch die kleine Pagode des **Drachenhauses** (1770, Gontard), erbaut als Wohnsitz des Winzers, heute mit Café-Betrieb.

Aus Friedrich dem Großen wurde in den langen Regierungsjahren der »Alte Fritz«, ein missmutiger Einsiedler, depressiv, misanthropisch, von Gicht geplagt. Weil er keine Vorderzähne mehr hatte, konnte er nicht mehr Flöte spielen; im Lehnstuhl ist er 74-jährig im Jahr 1786 gestorben. Bestattet wurde er gegen seinen Wunsch in der Garnisonkirche in Potsdam, in der Gruft seines ungeliebten Vaters, des Soldatenkönigs.

Friedrich Wilhelm II., der Friedrich auf dem Thron folgte, musste dann erst mal ausräumen und sanieren: die Privaträume des Alten Fritz waren völlig verwahrlost.

Quedlinburg

Behauptetes Stadtbild

Leicht hat es Quedlinburg nicht. Schon nach der Wende ging das Gerücht, sein historisches Zentrum sei kaum mehr zu retten. Doch Quedlinburg wagte den Kraftakt, widerstand auch mancher städtebaulichen Versuchung aus jüngster Zeit. Und selbst der berühmte Quedlinburger Stiftsschatz konnte 1991/92 wiedervereint werden. So viele Glücksfälle lassen darauf vertrauen, dass für die erschütterte Standfestigkeit des Schlossbergs ebenfalls eine Lösung gefunden wird. Denn bei aller Fachwerkpracht zu seinen Füßen, die Sandsteinformation prägt doch das Stadtbild ganz wesentlich mit.

Erhaltene mittelalterliche Stadt mit mehr als 1200 Fachwerkbauten; UNESCO-Welterbe seit 1994

Gegründet: 922 (Königspfalz)

Besonders sehenswert:
☆ Schloss
☆ Stiftskirche

Ein Stern des Sachsenlands

Unter König Heinrich I. und seiner Frau Mathilde (gest. 968) wurde die Harzregion zu einem Kernland des ostfränkischen Reiches, nicht zuletzt wegen der hier erschlossenen Bodenschätze. Auch die Anfänge Quedlinburgs sind eng mit dem sächsischen Herrscherhaus verbunden. Ottonische Regenten, darunter die Kaiserinnen Adelheid und Theophanu, besuchten die hiesige Pfalz derart häufig, dass sie als bevorzugter Aufenthaltsort der Familie gelten kann.

Nach Heinrichs Tod gründete seine Witwe bei der Pfalzkapelle 936 ein exklusives Damenstift, es sollte das Totengedächtnis für den hier bestatteten König sichern. Die adlige Frauengemeinschaft zählte lange zu den bedeutendsten des Reiches, erste Äbtissin wurde Mathildes gleichnamige Enkelin. 961 erhielt die **Stiftskirche** Reliquien des hl. Servatius aus Maastricht und kam unter die Schutzherrschaft des spätantiken Bischofs, der im tiefsten Westen des Imperiums gewirkt hatte.

Die jetzige, 1129 geweihte Flachdeckenbasilika ist das vierte Gotteshaus an dieser Stelle. Es bleibt ein großartiger Bau der Hochromanik, wenngleich ihm die durchgreifende ›Restaurierung‹ des 19. Jahrhunderts manches nur vermeintlich Stiltypische angedichtet hat. Einen Widerpart zum erhabenen Ernst dieser Architektur bietet innen wie außen das Dekor. Flechtbandwerk, Palmetten und stilisierte Adler verdanken sich der hohen Kunst lombardischer Steinmetzen, die vor allem an den Kapitellen der Säulen zur Geltung kommt. Im dreischiffigen Langhaus folgen zwei von ihnen jeweils einem Pfeiler, wie es für den niedersächsischen Stützenwechsel charakteristisch ist.

Dass der 1320 neu geschaffene Chor in die Gotik gehört, lässt sich seinem Inneren kaum ansehen. Heinrich Himmler hatte die Stiftskirche zur Kultstätte des nationalsozialistischen Rassenwahns erkoren und der Apsis eine ›romanische‹ Wand vorblenden lassen. Auch

Quedlinburg, Blick auf Schloss und Stiftskirche

die Treppenanlage entstand erst 1936, sie spitzt eine bauliche Eigentümlichkeit des Gotteshauses zu: Nicht nur, dass es einen äußerst hohen Hochchor hat, es hebt auch noch das Querhaus auf dessen Höhe. Denn unter diesen Bauteilen liegt eine weitläufige Krypta, die kaum in den Fels eingetieft werden konnte. Als sie im Zuge des Kirchenneubaus seit 1070 bedeutend vergrößert wurde, blieben ihr doch zwei Joche der dreischiffigen Unterkirche von 1021. Neben den Gräbern des ersten sächsischen Königpaares Heinrich und Mathilde finden sich hier die Grabplatten mehrerer Äbtissinnen.

Mit einer besonderen Aura versah die Quedlinburger Überlieferung ein antikes Kalksintergefäß: Sie erklärte die Urne zu einem Krug, der bei der Hochzeit von Kana am Wandlungswunder teilhatte.

Erstrangige Kunstwerke vereint der **Schatz,** dessen kostbare Evangeliare und Bergkristallflakons nun wieder in der Kirche zu sehen sind. Obwohl über die Jahrhunderte manches verloren ging, kündet er immer noch glanzvoll von der Größe des Stifts. Der Kamm Heinrichs I. etwa ist eine goldbeschlagene und granatgeschückte Arbeit aus Elfenbein (um 700). Schon früh bezeichnen die Quellen sie als Toilettenartikel des Königs.

Die Stiftsgebäude heißen in Quedlinburg **Schloss.** Vor allem der Dreiflügelbau aus dem 16.–18. Jahrhundert rechtfertigt diese Bezeichnung, mit der Renaissance kokettieren schon die drei Zwerchhäuser am Nordtrakt (1557-59). Eine Augenweide sind die erlesenen, sehr schön restaurierten Obergeschossräume aus Barock und Klassizismus. Sie machen vollends deutlich, wie entschieden dieses Stift auch nach seiner Umwandlung in ein ›Freies‹ evangelisches als weltliche Macht auftrat, ab 1633 immerhin mit Sitz (auf der Prälatenbank) und Stimme im Reichstag.

Stadtwerdung

Bis heute sind Burgberg und Stadt deutlich gegeneinander abgegrenzt, es gibt nur eine einzige schmale Verbindung. Am Fuß des Felsens entstand früh ein *suburbium*, das die Quellen »Westendorf« nennen und das sich nie aus der Abhängigkeit vom Stift lösen konnte. Im übrigen hilft immer noch die Orientierung an den Kirchen, um die sehr komplizierte Stadtwerdung nachzuvollziehen. Noch während des 10. Jahrhunderts bildete sich ein urbanes Gemeinwesen um **St. Blasii,** ihm verlieh (der spätere) Kaiser Otto III. 994 das Markt-, Münz- und Zollrecht. Zwar erstand dieses Gotteshaus 1715 als achteckiger Zentralbau neu, doch der Turm ist etliche Jahrhunderte älter.

Wohl noch im 11. Jahrhundert entwickelte sich die eigentliche Rechtsstadt unmittelbar westlich. Ihr Zentrum ist die **Benediktikirche,** unter deren Sakristei ein Kryptenraum aus ottonischer Zeit erhalten blieb. An die heutige spätgotische Halle schließt ein Westbau an, der seine romanischen Ursprünge nicht verleugnet. Hier entstanden auch Markt und das erstmals 1310 genannte **Rathaus,** es begrenzt mit seiner Trauf- die nördliche Schmalseite der Freifläche.

Etwa in der zweiten Hälfte des 12. Jahrhunderts fand das einstige Dorf Nördlingen Anschluss an die Altstadt. Auch seine Pfarrkirche **St. Ägidii** wandelte sich zur gotischen Halle, doch auch hier datiert des Westriegel noch ins 13. Jahrhundert. Apropos Gotteshäuser: Sie haben oder hatten durch die Bank einen Doppelturm, und wenn es keine zwei Türme waren, dann doch zwei Turmhelme. Als Pfarrkirchen stand ihnen dieser Zwillingsabschluss eigentlich nicht zu, er kann wohl, wie im Falle Goslars (s. S. 163), als Ausdruck bürgerlichen Selbstbewusstseins verstanden werden.

Die zusammengewachsene (Alt-)Stadt war ab 1174 befestigt, während die Neustadt von Beginn an eine Umwehrung hatte. Regelmäßiger angelegt, hat sie im Steinweg ihre Hauptachse. Anders als bei vielen Kirchen dieses Patroziniums lässt die **Nikolaikirche** (erste Erwähnung 1222) wohl nicht darauf schließen, dass die Neustadt aus einer Kaufmannssiedlung hervorging, jedenfalls wohnten hier später biedere Ackerbürger. Etwa 1300 kam sie an die Grafen von Regenstein, von ihnen konnte die Altstadt die Vogteirechte erwerben. Nun war der Weg frei für die Vereinigung der beiden Städte, das geschah um 1340.

Quedlinburg wollte hoch hinaus, die reiche Stadt reichsfrei werden. Immer wieder legt sie sich mit den Territorialherren der Umgebung an, schließt 1326 ein Schutzbündnis mit Aschersleben und Halberstadt und tritt 1384 dem niedersächsischen Städtebund bei. 1394 kann der Rat die Vogtei über Quedlinburg erwerben, 1426 wird die Stadt Mitglied der Hanse. Doch 1477 misslingt die Vertreibung der Äbtissin Hedwig, die Stadt muss sich den Truppen ihrer Brüder erge-

Dem Zusammenschluss von Alt- und Neustadt folgte der Bau einer 85 m langen Steinbrücke, anders hätte sich das Sumpfgelände zwischen zwei Bodearmen nicht passieren lassen.
Sie verband die Alt- mit der Neustadt und liegt heute noch unter dem Pflaster der Straße namens Steinbrücke.

ben. So gerät sie unter die Fuchtel der Wettiner, verliert das Recht der freien Ratswahl wie der Befestigung.

Stadtbild und Fachwerk

Erstaunlicherweise ließ der wirtschaftliche Aufschwung im 19. Jahrhundert den historischen Kern unangetastet. Zwar verschwanden in jüngster Zeit einige alte Häuser, und der Sanierungsbedarf ist hoch, doch drängen sich in Quedlinburg immer noch 1200 Fachwerkgebäude. Vom 14. bis in die ersten Jahre des 20. Jahrhunderts spannt sich der Bogen, zwei Hauptphasen kennzeichnen die Entwicklung. Die erste beginnt 1500 und geht um 1620 zu Ende, ihre Blüte liegt zwischen 1550 und 1575. Die zweite setzt etwa 1650 ein, sie erstreckt sich über ein Jahrhundert, die schönsten Bauten entstehen von 1670 bis 1700.

Lange galt die **Wordgasse 3** sogar als ältestes Fachwerkhaus Deutschlands. Um 1310 entstand dieser Hochständerbau, der keine Trennung von Haus- und Dachgefüge kennt und außen keine Einteilung in Geschosse zeigt. Sie machen sich aber seit etwa 1475 eindrucksvoll geltend, kragen bis zur äußersten Beanspruchung der Statik in die Straße vor. Die Balkenköpfe und Knaggen tragen öfter ein Birnstabprofil, Treppenfriese und Vierpässe zieren die Schwellen.

Zur Mitte des 16. Jahrhunderts hin treppen die oberen Geschosse schwächer ab. Dafür steigern sich die Zierformen, besonders reichen Schmuck zeigt etwa der **Kunsthoken** (1569, Marktstr. 2) mit Doppelarkaden und Zahnschnitt. Besondere Akzente setzen jetzt seitliche Zwerchhäuser, so am reich geschmückten Fachwerkdenkmal **Alter Klopstock** (um 1580, Stieg 28). Gleich zwei davon hat das rund zwanzig Jahre ältere Geburtshaus Dichters Friedrich Gottlieb Klopstock (1724–1803). Das östliche tritt seit dem 17. Jahrhundert risalitartig vor und wird von zwei toskanischen Säulen gestützt.

Fachwerk aus dem 17. und 18. Jahrhundert prägt ganze Straßenzüge. Jetzt fassen die Bauherren auch öfter zwei Häuser zu einem zusammen, wie etwa im Fall des fast schon pompösen Gildehauses **Zur Rose** von 1612 (Breite Straße 39). Um 1630 verschwinden die üppigen Schmuckformen. Die Zurückhaltung beim Zierrat schließt ein prächtiges Erscheinungsbild nicht aus, wie das ehemalige **Gasthaus Börse** (1683, Steinweg 23) schlagend beweist. Der sechsseitige Eckerker verleiht seiner Schaufront etwas geradezu Majestätisches.

Nach dem Dreißigjährigen Krieg beginnt das Aussetzen der Gefache mit Ziegeln, das Regelmaß des Backsteins wird als Muster genutzt, etwa am barocken Kaufmannshof **Pölle 10** von 1709. Nun häufen sich Motive der Steinarchitektur, ganz so, als solle Massivität vorgespiegelt werden. Dem entspricht eine Tendenz zur Fassade, gegen die Mitte des 18. Jahrhunderts springen, wenn überhaupt, die oberen

Geschosse nur noch wenig vor. Die Balken enden jetzt oft als farbig abgesetzter Diamantschnitt, auch dies eine Reminiszenz an den Massivbau. Ein wirkliches Steinhaus aus dieser Zeit ist übrigens das **Saalfeldsche Palais** am Kornmarkt (Nr. 5, 1737). Als Repräsentationsgebäude der Deutschen Stiftung Denkmalschutz ermöglicht es auch einen Blick auf seine wunderschönen Stuckarbeiten im Innern.

Schließlich zeigen in Quedlinburg einige Beispiele, wie zwanglos Fachwerkbauweise und Jugendstil zusammenkommen. Zur atmosphärischen Dichte dieses Stadtbilds trägt – ein weiterer Glücksfall – das großenteils erhaltene Straßenpflaster bei. Statt aufgedonnerter Fassadenkunst bietet Quedlinburg hohe Authentizität, bietet viele sorgfältig restaurierte Häuser.

Zum Gelingen der Stadterneuerung trägt auch das Holzwurmmuseum bei (Halberstädter Str. 47). Denn natürlich steht hier die Bekämpfung der Bock- und Klopfkäfer oder anderer Holzschädlinge im Mittelpunkt.

Münzenberg und Wiperti-Kloster

Landschafts- wie stadtbildliche Charakterköpfe sind Quedlinburgs Münzenberg und sein Wiperti-Kloster. Etwa sechzig kleine Fachwerkhäuschen, die meisten aus dem 18. Jahrhundert, drängen sich auf der Anhöhe des **Münzenbergs,** etliche profitieren vom einstigen Benediktinerinnenkloster. Stiftsäbtissin Mathilde gründete es 986, aber die ehrwürdige Geschichte hat seine Zerstörung während der Bauernkriege nicht verhindert. Über oder in die Trümmer der einstigen Pfeilerbasilika und der Klosterbauten setzten weniger gut gestellte Quedlinburger ihre Behausungen. So wurde die Erhebung zum Armeleutequartier, ein Fluchtpunkt auch fürs fahrende Volk. Die Gruppe der Münzenberger Musikanten auf dem Marktplatz erinnert an sie und romantisiert eine triste Wirklichkeit. Wer sich auf Spurensuche nach der klösterlichen Vergangenheit dieses Orts begibt, sollte sich an der gewaltigen Esse der Klosterküche orientieren. Sie blieb am Haus Münzenberg 50 (errichtet um 1750) erhalten.

Deutlichere Überreste zeugen vom ehemaligen **Kanonikerstift St. Wiperti.** 961/64 wurde es am Königshof im Tal gegründet und knapp 200 Jahre später in ein Prämonstratenserkloster umgewandelt. Das romanische Gotteshaus diente nach der Reformation als evangelische Pfarrkirche, 1812 als Scheune. Erst vor einem halben Jahrhundert kam es zu einer Instandsetzung, das Säulenportal der **Münzenbergkirche** (um 1220/30) wertete ihr Äußeres auf.

Berühmt ist die tonnengewölbte Krypta dieser Kirche. Sie datiert aus der Zeit kurz nach der ersten Jahrtausendwende, einige Bauteile sind noch älter. Die ungefügen Säulen und Pfeiler vereinbaren sich gut mit dem archaischen Dämmer des unterirdischen Raums. Aber zu St. Wiperti gehört ja auch ein stimmungsvoller Friedhof, und seine in den Felshang getriebenen Grüfte sind letzte Ruhestätten von sonderbarer Wohnlichkeit.

Öffnungszeiten:
Schloss: tgl. 10–17 Uhr

Tourist-Info Quedlinburg:
Markt 2
Tel. 03946/90 56 24-5
www.quedlinburg.de

Schloss Rastatt

Ein Versailles, kein Sonnenkönig

Barockschloss mit großem Vorbild

Erbaut: 1698–1752

Besonders sehenswert:
☆ *Treppenhaus*
☆ *Schlosskirche*
☆ *Erinnerungsstätte für die Freiheitsbewegungen in der deutschen Geschichte*

Wer heute noch beim Necknamen gerufen wird, darf als volkstümliche Figur gelten. Der »Türkenlouis« ist Generalfeldmarschall Ludwig Wilhelm, Markgraf von Baden-Baden (1655–1707). Als Oberbefehlshaber der Reichsarmee hatte er am Zurückdrängen der Türken aus Mitteleuropa wesentlichen Anteil, glänzende Siege erfocht er bei Niš und Slankamen (Serbien). 1693 brachte Ludwig Wilhelm als Oberbefehlshaber der Rheinarmee den französischen Angriff zum Stehen. Als er den Dienst quittierte, übernahm sein Vetter Prinz Eugen das Generalkommando, der dann eine noch volkstümlichere Figur wurde.

Kaiser Leopold I. hat sich gegenüber dem Markgrafen wenig erkenntlich gezeigt. Dass der »Türkenlouis« ein Schloss, ja eine wirkliche Residenz errichten konnte, dankte er dem Vermögen seiner Frau Sibylla Augusta. Das Stammschloss in Baden-Baden hatten die Truppen Ludwigs XIV. 1689 im Pfälzischen Erbfolgekrieg zerstört, die neue Residenz sollte in der Rheinebene entstehen. Dort, wo die Murg eine weite Schlinge bildet, wurden Stadt und Schloss planmäßig angelegt. Mochte der Sonnenkönig die Markgrafschaft noch so schwer heimgesucht haben, für Rastatt konnte nur Versailles das Vorbild sein. Als erster deutscher Fürst verwirklichte Ludwig Wilhelm die Dreiheit von Schloss, Park und Stadt; dreistrahlig, als sogenannter Ententritt, greifen die Straßenachsen vom Ehrenhof in die urbane Einheit aus.

Ein italienisches Künstlertriumvirat prägte das Schloss: der Baumeister Domenico Egidio Rossi (1659–1715), der Maler Paolo Manni und der Stuckateur Giovanni Battista Artario. 1698 wurde ein gerade erbautes Jagdschloss großenteils niedergelegt und in atemberaubend kurzer Zeit das neue Corps de Logis hochgezogen: Bei der dauernden Kriegsgefahr mussten die Arbeiten rasch vorangehen. Als 1701 der Spanische Erbfolgekrieg ausbrach, ließ sich eine Unterbrechung dennoch nicht vermeiden. Sechs Jahre später starb der Bauherr, und nur vier Monate nach seinem Tod eroberten französische Truppen Rastatt.

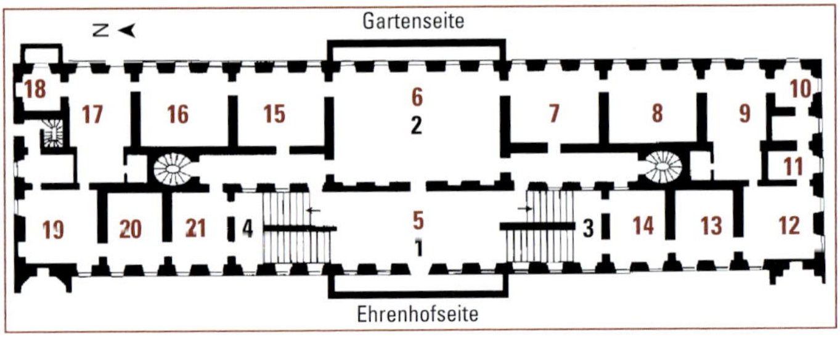

Rastatt, Grundriss des Corps de Logis

Erdgeschoss
1 Intrada
2 Sala terrena
3, 4 Treppenhaus

Obergeschoss
5 Antisala
6 Ahnensaal
7–14 Gemächer des Markgrafen
15–21 Gemächer der Markgräfin

Rastatter Schloss: Ein blitzeschleudernder Jupiter, der »Goldene Mann«, bekrönt den Laternenturm des Mittelrisalits.

Nach der Beendigung dieses Konflikts lag das Land verwüstet, die regierende Markgräfin entließ die Italiener und vertraute den weiteren Ausbau der Residenz ihrem böhmischen Landsmann Michael Ludwig Rohrer an. Bis 1752 dauerte die Vollendung des Schlosses, nur zwei Jahrzehnte später starben die Baden-Badener Markgrafen aus. Ihr Erlöschen bedeutete das Ende der Residenz Rastatt – und ihr fast unversehrtes Überdauern bis heute.

Der Dreiflügelbau des Schlosses schließt einen tiefen Cour d'honneur ein, auf den eine Rampe zuführt. In die zweigeschossigen Seitentrakte musste Bossi Bauteile des Jagdschlosses einbeziehen. Sie stoßen rückwärtig einfach ans Hauptgebäude an, werden aber durch

Zwar ging die Einrichtung des Schlosses verloren, doch gelang es der baden-württembergischen Schlösserverwaltung, die Haupträume wieder angemessen auszustatten.

Die beiden Fresken im Treppenhaus zeigen den übermütigen Phaeton mit Helios/Apoll und Jupiter. Im südlichen Deckenbild schleudert Jupiter seine Blitze. Wen anders könnte er verkörpern als den Landesherrn selbst? Er unterbindet hier den Himmelsbrand, den Phaeton zu verursachen im Begriff ist: Er hat sich, der griechischen Mythologie zufolge, die Herrschaft über den Sonnenwagen angemaßt und ist dabei katastrophal gescheitert. Mit diesem Phaeton kann eigentlich nur der französische Sonnenkönig gemeint sein, der Mordbrenner an der Rheingrenze. Das ist aktuellste Polemik im antiken Gewand.

Kopfpavillons aufgewertet, die wie eigenständige Bauwerke wirken. Die fein reliefierten Fassaden, die Wandpfeiler- und Kolonnadenordnung lassen italienische Vorbilder erkennen. Der Haupttrakt hat eine imposante Ausdehnung, seinen fünfachsigen Mittelrisaliten überragt ein Laternenturm mit Blitze schleuderndem Jupiter obenauf. Um das Werk voranzutreiben, verwendete Bossi übrigens Ziegel, nur die Farbfassung ahmt den gewachsenen Sandstein nach.

Bühnen der Selbstdarstellung

Natürlich wusste auch Ludwig Wilhelm, wie wichtig das **Treppenhaus** für die Inszenierung des absoluten Herrschertums ist. Hier führen links und rechts vom dunklen Vestibül zwei großzügige Läufe hinauf, ihre durchbrochenen Decken geben den Blick frei auf zwei ovale Kuppelgemälde, die Szenen aus der klassischen Mythologie darstellen.

So eingestimmt, gelangt der Gast auf die Beletage und dort zuerst in den Vorsaal. Diese Antisala eröffnet eine sorgfältig kalkulierte Raumfolge, deren Anlage wiederum die Macht des Herrschers vorführt. Zum Garten hin liegt der zweigeschossige **Ahnensaal.** Sein Name lässt kaum ahnen, dass auch hier alles auf den einzigen Ludwig Wilhelm hinausläuft. Und wie flexibel sich die griechisch-römische Götterwelt zur Verherrlichung des Herrschers einsetzen ließ, zeigt das zentrale Deckenbild von der Aufnahme des Herkules (Ludwig Wilhelm) in den Olymp. Seiner Aufgabe gemäß besitzt dieser Raum die prunkvollste Ausstattung. Die Wandpfeilergliederung gibt wie nebenbei Gelegenheit, auf den Deckplatten stuckierte Osmanen zu platzieren, selbstverständlich in Fesseln, also bezwungen vom Hausherrn.

Die nördlich und südlich anschließenden Raumfolgen sind die Staatsappartements von Markgraf und -gräfin. Wer hier vom Vorzimmer (Ort der minder wichtigen Regierungsgeschäfte) übers Audienzzimmer (Ort der Haupt- und Staatsaktionen) ins Schlafzimmer vordringen konnte, der hatte es geschafft. Im Angesicht des Prunkbetts durfte er dem allerhöchsten Erwachen beiwohnen und sich in zeremoniösen Worten nach der gehabten Nachtruhe erkundigen.

Auch die 1720–23 erbaute Schlosskirche zum Heiligen Kreuz und die angeschlossene Heilige Stiege lohnen einen Besuch. In den Seitenflügeln sind zwei ziemlich konträre Museen untergebracht: Das südliche zeigt eine Ausstellung zur Wehrgeschichte, das nördliche ist den Freiheitsbewegungen der deutschen Geschichte gewidmet. Auch dafür steht der Name Rastatt: In der Badischen Revolution von 1848/49 spielte die hiesige Feste als Hauptquartier der Revolutionäre eine zentrale Rolle. Nachdem dieser Aufstand niedergeschlagen war, fällte ein Standgericht 19 Todesurteile. Ort des Blutgerichts: der Ahnensaal der Rastatter Schlosses.

Öffnungszeiten:
Mo–Do 8.30–12, 12.45–16.30 Uhr, Fr 8.30–12, 12.45–15 Uhr, stündlich Führungen

Tourist-Info Rastatt:
Herrenstraße 18 (Schloss)
Tel. 07222/972-462
www.rastatt.de

Regensburg

Urbanes Mittelalter mit Dolce Vita

Besterhaltene mittelalterliche Großstadt Deutschlands

Begründet: 179 n. Chr.

Besonders sehenswert:
☆ Steinerne Brücke
☆ Dom
☆ Haidplatz
☆ Schloss St. Emmeram

Die erste Pflicht jedes Besuchers: auf der berühmten Steinernen Brücke stehen und die Blicke über das behaglich-elegante Panorama Regensburgs mit seinen zahlreichen Kirchtürmen, den leuchtenden Ocker- und Terrakottatönungen der Fassaden, der vielfältigen Dachlandschaft schweifen lassen. Am stadtseitigen Flussufer liegen die Ausflugsdampfer, gegenüber breiten sich baumbewachsene Auen entlang der Donauarme aus. Regensburg ist eine Stadt, die mit ihren zwei Jahrtausenden Geschichte wunderbar entspannt umgeht. Einzigartig ist seine mittelalterliche Architektur mit Patrizierhäusern, Stadtpalästen und Geschlechtertürmen, wie man sie nördlich der Alpen nirgendwo sonst erleben kann, sehr italienisch, sehr lebendig. Regensburg gilt als besterhaltene mittelalterliche Großstadt Deutschlands.

Als römische Festung begann seine Geschichte; ein in Stein gemeißeltes Zeugnis markiert die Gründung der Militärfestung *Castra Regina* im Jahr 179 n. Chr., und mit der Legion von 6000 Soldaten wuchs dann auch eine zivile Ansiedlung heran. Über die nächsten Jahrhunderte herrschten die Herzöge der Agilolfinger; ihre Residenz musste sich später dem Machtanspruch der fränkischen Könige beugen. Schon 739 wurde Regensburg Bischofssitz; unter Karl dem Großen entwickelte es sich zur königlichen Stadt, der mächtigsten Süddeutschlands. Damit einher gingen zahllose Klostergründungen, Kultur und Künste erlebten eine erste Blüte. 1249 wurde Regensburg freie Reichsstadt und war nur dem Kaiser untertan. Und weil der Strom vor der Haustür eine bedeutende Verkehrsader nach Osteuropa hin war, sich zudem hier Handelsstraßen aus allen Himmelsrichtungen kreuzten, wurde die dicht bevölkerte Stadt der Kaufherren sehr reich und sehr mächtig. Die Architektur der Zeit spiegelte ihre Lebensart und ihren Stolz: Wie in Norditalien errichteten sie Palazzi und Wohntürme, der Dombau ging voran, das prächtige Rathaus wuchs empor.

Im 15. Jahrhundert verliert Regensburg langsam, aber stetig seine Vorrangstellung. Augsburg und Nürnberg beherrschten schließlich den Fernhandel. Ständische Auseinandersetzungen, die Vertreibung der Juden, religiöse Konflikte, die Leiden des Dreißigjährigen Krieges – Regensburg ging es schlecht, bis der »Immerwährende Reichstag« zwischen 1663 und 1806 wieder Fürsten, Adel und Gesandte in der alten Reichsstadt versammelte, die alten Paläste und Bürgerhäuser um- und ausgebaut wurden. Mitte des 18. Jahrhunderts lässt sich auch der Stellvertreter des Kaisers, Fürst von Thurn und Taxis, hier nieder, um auf den Reichstagen präsent zu sein. 1810 fällt Regensburg an Bay-

Blick auf den Chor des Regensburger Doms

ern und wird Sitz des Regierungsbezirks Oberpfalz. Den Zweiten Weltkrieg hat Regensburg nahezu unbeschadet überstanden, es ist heute Universitätsstadt und ein wichtiger Wirtschaftsstandort mit rund 135 000 Einwohnern.

Kurze Wege, lange Nächte

Das Flanieren ist ein Vergnügen: Die Altstadt bietet schmale Gassen, flankiert von hoch aufschießenden Häusern mit vielfältigem Fassadenschmuck, in allen sonnig-erdigen Farbnuancen. Jahrhunderte alte Gebäude stehen hier, auf unterschiedlichste Weise überformt: mit gotischem Maßwerk und Wandmalereien, den übereinander gereihten Fenstern der Renaissance, mit barocker Schwelgerei, klassizistischer Eleganz. Und immer wieder überraschend weite, völlig unterschiedlich gestaltete Platzanlagen, intim und offen zugleich. Einige, allen voran der Haidplatz, erinnern an norditalienische Stadtbilder, an Padua oder Verona. Viele Fahrradfahrer, Studenten, Besucher; sehr viele Wirtschaften, Biergärten, Bistros, Bars, Restaurants, Cafés. Neben Berlin besitzt Regensburg tatsächlich die höchste Kneipendichte in Deutschland – und das wird auch fleißig genutzt, denn die Altstadt ist noch bewohnt und auch nächtens belebt. Portale führen in grün bewachsene Innenhöfe mit herrlichen alten Steinböden, Galerien und weiten Treppenläufen. Alles ist kompakt beieinander, im Norden von der Donau begrenzt, nach Süden hin halbkreisförmig von Parkanlagen umgeben.

Noch einmal zur **Steinernen Brücke:** Über 300 m lang und leicht gewölbt, steht sie stramm in der Donau, ursprünglich auf sechzehn Bögen, deren Aufleger die berüchtigen Donaustrudel verursacht haben. Erbaut wurde sie 1135–46, sie gehört zu den ältesten in Deutschland. Stadtseitig ist auf dem letzten Brückenbogen um 1620 der reichsstädtische Salzstadl errichtet worden; entlang des Ufers zogen sich Speicher und Lager hin. Davor lädt die **Wurstkuchl** zu Deftigem ein; sie steht seit über 500 Jahren an diesem strategisch unüberbietbar günstigen Standort.

Hoch in den Himmel ragen die zwei Turmspitzen des **Doms St. Peter.** Er zählt zu den großen Kathedralen Deutschlands und ist eines der Hauptwerke der Gotik in Bayern. Rund 250 Jahre, zwischen 1260 und 1525, ist daran gebaut worden; mit der Reformation 1542 wurde die Arbeit eingestellt. Das Kirchenschiff war aber nahezu vollendet und voll nutzbar. Im Barock wurde wurde es teilweise umgestaltet, erst im 19. Jahrhundert hat man die 105 m hohen Türme erbaut. Damals wurde auch das Innere komplett regotisiert: Die barocke Vierungskuppel wurde durch ein Kreuzrippengewölbe ersetzt, die Orgel – ganz ungewöhnlich – hinter den Hochaltar abgesenkt. Nach sechs-

Unter den vielfältigen Regensburger Kirchen sticht die so genannte Schottenkirche mit ihrem rätselhaften Schmuckwerk aus Stein hervor.

hundert Jahren war der Dom vollendet. Zu den großen Schätzen der Kathedrale gehören die **Buntglasfenster** (ab 12. Jh.) und die **Verkündigungsgruppe** (um 1280) mit dem lachenden Engel an den westlichen Vierungspfeilern, ein Höhepunkt mittelalterlicher Kunst. Weltberühmt sind die Regensburger Domspatzen; der Knabenchor mit rund tausendjähriger Tradition erfüllt jeden Sonntag den Dom mit seinem wunderbaren Gesang.

Östlich des Doms, am Alten Kornmarkt mit der einstigen Herzogsresidenz und dem Römerturm (10. Jh.) der Kaiserpfalz steht die **Alte Kapelle,** strahlend in Weiß und Gold, ein barockes Gesamtkunstwerk. Hier wird die Liturgie noch auf Latein gefeiert. Der **Krauterermarkt** am Dom ist eingefasst von alten Patrizierhäusern wie dem Haus Heuport mit alter Diele oder dem einstigen Bischofshof, heute ein Hotel, das im Sommer in den großen grünen Innenhof einlädt.

Tortenstück und Türme

Noch mehr Römisches: In der Straße Unter den Schwibbögen ist das römische Nordtor erhalten, die Porta Praetoria (179 n. Chr.). Der Torbau aus Riesenquadern ist in seiner Unversehrtheit ein bedeutendes antikes Zeugnis.
Im einstigen Minoritenkloster am Dachauplatz besitzt das Historische Museum eine hervorragende römische Abteilung mit einer großen Dauerausstellung über antikes Leben.

Gleich nebenan bietet der Neupfarrplatz einen aufregenden Schnitt durch die Schichtungen der Stadthistorie. Im Zentrum steht die **Neupfarrkirche,** die auf Fundamenten des jüdischen Viertels erbaut wurde und die erste protestantische Kirche Regenburgs war (1542). Dort führt **document** in den Bauch der Stadt: Unter dem Pflaster breiten sich die Reste des römischen Legionslagers aus, darüber die ausgedehnten Kelleranlagen des jüdischen Ghettos, wo man erst in den 1990er Jahren einen spektakulären Goldmünzschatz (14. Jh.) entdeckt hat – alles eingebettet in einen Betonbunkerring der Nazis. Dies außergewöhnliche Tortenstück der Geschichte ist sehr ansprechend und sorgsam dargeboten. Ganz neu ist das eindrucksvolle **Erinnerungsmal** (2005) von Dani Karavan, von dem auch die »Straße der Menschenrechte« in Nürnberg stammt: Nachgezeichnet in samtigem, schneeweißem Beton sind die Umrisse der Synagoge, die hier gestanden hat; ein abgesenkter Ruheplatz mit angedeuteten Säulenreihen, zwischen denen die Kinder herumturnen.

Ringsum im Straßen-und Gassennetz, zwischen Brunnen und idyllischen Höfen, in der prächtigen Gesandtenstraße, muss man immer den Kopf nach oben recken, um die schönen Giebel, Fassaden, Dächer und mittelalterlichen Wohntürme zu bewundern. Der höchste ist der **Goldene Turm,** neungeschossig, mit seinen fünfzig Metern der höchste Wohnturm nördlich der Alpen; in der Wahlenstraße ragt seine Schauseite auf. Die Türme waren größtenteils nur in den unteren Etagen ausgebaut, mit Kapelle und Lagerräumen darüber; ihre Höhe war pure, schillernde Prunksucht der Patrizierhäuser und Handelsherren, die sich gegenseitig überflügeln wollten. Von ursprünglich sechzig Türmen sind zwanzig noch erhalten; manche sind innen ausgebaut

Blick über die Donau mit der Steinernen Brücke auf Dom und Altstadt

und zu Wohnungen umgestaltet worden. Eine besonders schön gegliederte puderrosa Fassade mit unterschiedlichsten Fensterformen besitzt der **Baumburgerturm** am Watmarkt, mächtig und prächtig zeigt sich auch die imposante Schaufassade des **Goliathhauses** (um 1220; Ecke Goliath-/Brückstraße): Über drei Stockwerke hinweg dräut der gemalte Riese. Am Rathausplatz lädt das **Alte Rathaus,** eine ockergelbe Vierflügelanlage mit Turm (ab 1260), dazu ein, sich in den Originalräumen ein Bild von den Reichstagen zu machen. Im Reichssaal und den Kurfürstenzimmern berieten Kaiser, Fürsten, Äbte und Gesandte über Gesetze und Wirtschaftsangelegenheiten, über Frieden und Krieg. Nicht immer, aber immer wieder, rund 150 Jahre lang auf dem »Immerwährenden Reichstag«. Die Redewendungen »am grünen Tisch entscheiden« oder »etwas auf die lange Bank schieben« – hier haben sie ihren Ursprung.

Einer der schönsten, stimmungsvollsten Platzanlagen Süddeutschlands ist der **Haidplatz:** ein großzügiges Dreieck, ringsum geschützt von mittelalterlichen Stadtpalasten und Türmen, eleganten Renaissance-Fassaden, anmutigem Schmuckwerk und Brunnen. Mit Arka-

Öffnungszeiten:
Dom St. Peter:
tgl. ab 7 Uhr

Reichstagsmuseum im Alten Rathaus:
tgl. 10–16 Uhr

document:
Neupfarrplatz
Do, Fr, Sa, Juli, Aug. auch So, Mo 14.30 Uhr, nur mit Führung

Historisches Museum:
Di–So 10–16, Do 10–20 Uhr

Schloss Thurn und Taxis:
Führungen April–Okt. tgl. 11, 14, 15, 16 Uhr, Nov.–März Sa, So 10, 11, 14, 15 Uhr

Tourist-Info Regensburg:
Altes Rathaus
Tel. 0941/507 44 10
www.regensburg.de

Hoteltipp:
Unkonventionell sind die mit leichter Hand inszenierten Räume in den beiden Häusern des Hotels Orphée, ein individueller Mix aus altem Gebälk, grandiosen Stuckdecken, altersmürben Dielen und modernem Design. Hotel Orpheé. Wahlenstraße und Untere Bachgasse www.hotel-orphee.de

den und spitzem Giebel grüßt der Bau der **Neuen Waag,** auf der Nordseite liegt das prachtvolle **Thon-Dittmer-Palais,** in dem heute u. a. ein Theater zu Hause ist. Der Innenhof mit mehrgeschossigen, von zierlichen Rundbögen geschmückten Galerieumgängen ist besonders schön. Das zinnenbewehrte graue Gebäude mit siebenstöckigem frühgotischem Turm war immer schon Fürsten- und Nobelherberge: Seit dem Mittelalter haben im **Goldenen Kreuz** hohe und höchste Durchlauchtigkeiten ihre Häupter gebettet, von Kaiser Karl V. (16. Jh.) bis Kaiser Wilhelm I. Heute bietet das Hotel großartig restaurierte Räumlichkeiten. Und sitzt man auf dem Platz im Sonnenschein und liest die netten Geschichten von Kabale, Liebe und Tändeleien im Goldenen Kreuz, wärmt ein Italiengefühl das Herz – Dolce Vita in Regensburg.

Mit Glanz und Gloria

Eingebettet in die Parklandschaft im Süden der Altstadt liegt das großartige Schloss Emmeram der Fürsten von Thurn und Taxis. Auftakt ist der Emmeramsplatz. Die einstige **Abteikirche St. Emmeram** mit ihrer Krypta als ältestem Bauteil zeugt von der Bedeutung des Benediktinerklosters, das hier seit dem 8. Jahrhundert existierte, eines der ältesten in Bayern. Die romanische Vorhalle (um 1170) führt in das Langhaus, das um 1730 von den Brüdern Asam in hochbarocker, satter Pracht umgestaltet wurde. Kostbar sind die Decken- und Wandgemälde, die Grabplatten und Steinskulpturen aus dem 12. bis 15. Jahrhundert. Neben der Orgel, ganz hoch oben, wacht die Skulptur eines Mönchs – ihn hatten die Asambrüder postiert, damit er während ihrer Abwesenheit über die Bauarbeiten wache.

Das gewaltige Geviert von **Schloss Emmeram** ist eine der beliebtesten Sehenswürdigkeiten in Bayern – nicht zuletzt, weil die muntere und sehr präsente Mariae Gloria, Fürstin von Thurn und Taxis, zu den bekanntesten Personen des europäischen Adels gehört, hier lebt sie als Schlossherrin mit ihrer Familie. Seit 1812 sind die einstigen Klostergebäude im Besitz der Thurn und Taxis, die als Begründer des internationalen Postwesens (die Postkutschen! die Briefmarken!) reich und berühmt wurden. Die Fürsten waren Prinzipalkommissäre beim Reichstag, ließen sich hier nieder, bauten die Stiftsgebäude zur Residenz aus. Zu besichtigen sind der gotische Kreuzgang und die wahrlich prunkenden Prunkräume und Säle (19. Jh.) mit ausgezeichneter Kunst, auch der Gegenwart. Zudem hat das Bayerische Nationalmuseum hier eine Dependance eröffnet: mit bedeutenden Schätzen aus dem Hausbesitz, die als Ausgleich für horrende Erbschaftssteuern an den Staat verkauft wurden – aber eben an Ort und Stelle blieben.

Die Reichenau

Eine Klosterinsel im Binnenmeer

Entlegen ist die Reichenau nicht. Seit 1838 führt ein Damm vom Festland zur Insel, und der Untersee ist ohnehin eine überschaubare Wasserfläche. Doch zweifellos trennten auch diese Fluten das Kloster sichtbar vom Treiben der Welt. Und ein Binnensee konnte immerhin das Meer vertreten. Wegen seiner trostlosen Weite galt es den frühen Mönchen Europas als vollgültiger Ersatz für die Wüste, in der wiederum die weltflüchtigen Einsiedler des Nahen Ostens ihre einzig angemessene Heimstatt gesehen hatten.

Beispiel großartiger mittelalterlicher Klosterkultur; UNESCO-Welterbe seit 2000

Begründet: 724

Besonders sehenswert:
- ☆ *St. Marcus und Marien*
- ☆ *St. Peter und Paul*
- ☆ *St. Georg mit Wandmalereien*

Die Reichenau und das Reich

Klösterliche Abgeschiedenheit wird ein heutiger Besucher kaum mehr vorfinden. Für den Fall aber, dass ihn das Gleißen der Treibhausglasdächer besonders stört, sollte er sich sagen: Der Gemüseanbau hat hier eine historische Dimension. Es war der Reichenauer Mönch Walahfrid Strabo (809–849), der das erste botanische Werk des Mittelalters verfasste und dabei auch Aspekte des Gartenbaus berücksichtigte. Kaiser Ludwig der Fromme berief ihn erst zum Erzieher seines Sohnes Karl (damals noch ohne den Beinamen »der Kahle«) und dann als Abt auf die Reichenau.

724 hatte der Wanderbischof Pirmin das Kloster im Bodensee gegründet. Rasch erfuhr es die besondere Förderung der Karolinger. Mustergültig erfüllte es hier den Bildungsauftrag der »karolingischen Renaissance«. Der berühmte St. Galler Klosterplan (um 830) heißt so nach dem Empfänger, aber er stammt von der Reichenau. Jahrhunderte lang sollte dieses Idealschema für die Anlage einer Ordensniederlassung verbindlich bleiben.

Auf der Reichenau musste Sachsenherzog Widukind seinen Tod erwarten, doppelt eingeschlossen von Klostermauern und Wasserfluten.

Etwa zur gleichen Zeit erhielt das Kloster Reliquien des hl. Markus, zunehmend profilierten sich seine Äbte als Politiker. Um 1000 war die Reichenau ein Zentrum der Buchmalerei, und noch einmal wirkte hier mit Hermann dem Lahmen (1013–54) ein berühmter Gelehrter des hohen Mittelalters. Schwer körperbehindert, leistete der universale Kopf Bedeutendes als Musiktheoretiker und Komponist, als Mathematiker, Dichter und Historiker. Seine Weltchronik reicht von Christi Geburt bis in das Todesjahr der Verfassers.

Walahfrid und Hermann: Ihr Wirken bezeichnet etwa Anfang und Ende des goldenen Zeitalters der Reichenau. Schon im 12. Jahrhundert setzte der Niedergang nicht zuletzt deshalb ein, weil der Adel auch hinter Klostermauern unter sich sein wollte. 1411 konnte der Abt auf ganze zwei Mitbrüder zählen. Während des 16. Jahrhunderts

Reichenau-Oberzell, Inneres von St. Georg

ging die Reichsunmittelbarkeit verloren, verloren gingen auch viele Kirchenbauten, dafür sind die drei erhaltenen eindrucksvolle Zeugnisse der Klostergeschichte. Ihre Luftlinienverbindung ist die ungefähre Längsachse der Insel, vom ufernächsten Oberzeller bis zum fernsten Niederzeller Gotteshaus.

Das Münster St. Marcus und Marien

Im Zentrum der Insel liegt St. Marcus und Marien; das Gotteshaus trägt den Titel Münster und repräsentiert die Keimzelle des hiesigen Klosterlebens. Wer seine Baugeschichte vor Ort zurückverfolgt, gelangt zuletzt ins östliche Langhaus. Es blieb als Teil einer Kirche erhalten, die wohl 816 vollendet war. Später wurde dieses Langhaus bedeutend verlängert und 1048 geweiht. Auf einer Insel liegt der Gedanke nahe, seinen offenen Dachstuhl aus dem 13. Jahrhundert (1236/37) mit dem Spantenbau eines Schiffes zu vergleichen. Imposantester Bauteil ist jedoch das Westquerhaus. Es entstand kurz nach der Jahrtausendwende (1008–48), mutmaßlich, um den Rang der Markusreliquien schon im architektonischen Gehäuse zu bekunden.

Die wertvollsten Stücke der Ausstattung versammeln östliches Querhaus und Chor, der allerdings aus spätestgotischer Zeit stammt (1477 geweiht). Hinter dem barocken, höchst kunstvoll geschmiedeten Chorgitter (1746) erhebt sich der leuchtend rote Heilig-Blut-Altar von 1739. Bereits Anfang des 10. Jahrhunderts konnten die Reichenauer Mönche eine Heilig-Blut-Reliquie erwerben, also eine der wertvollsten überhaupt (zumal das Reliquiar, ein byzantinisches Abtkreuz, auch noch Späne des Heiligen Kreuzes einschließt). Der Altar selbst zeugt auch von den letzten verzweifelten Anstrengungen des Klosters, an seine frühere Bedeutung anzuknüpfen. Doch der Konstanzer Fürstbischof unterband jeden Versuch, sich seiner Oberhoheit zu entziehen, und scheute sogar vor dem Einsatz militärischer Mittel nicht zurück. An die Glanzzeiten der Reichenau erinnert jedoch die Grabplatte Kaiser Karls III. (887 zur Abdankung gezwungen, 888 gestorben), der 882 noch einmal, wenngleich nur für wenige Jahre, das gewaltige Reich seines Urgroßvaters, Karls des Großen, vereinigt hatte.

Zu den wertvollsten Stücken der Münsterschatzkammer zählt der Markusschrein, geschmückt mit Szenen aus der Jugend und der Passion Christi.

St. Peter und Paul in Niederzell

Im äußersten, zipfelartigen Ende der Reichenau liegt die ehemalige Stiftskirche St. Peter und Paul. Ihr Ursprungsbau (um 799 geweiht) ist eine Gründung des Reichenauer Mönchs Egino, der es bis zum Bischof von Verona gebracht hatte. Auch sie bewahrt im Osten wohl noch karolingisches Mauerwerk, doch entstand das heutige Langhaus der dreischiffigen Säulenbasilika zwischen 1080 und 1134. Irritierte Blicke zieht der Ostabschluss auf sich: Schon im 12. Jahrhundert hatte man Höhenakzente über den Seitenapsiden vorgesehen, aber das rare Bild einer östlichen Doppelturmfassade bot die Kirche erst 300 Jahre später: Damals wurden die Türme vollendet.

Fast mutwillig wirken die stilistischen Brüche im Inneren. An die Decke durfte Dominik Wurz seine äußerst schwungvollen Rokokostuckaturen zaubern; schade nur, dass ihre Spiegel bis 1906 leer blieben, um dann in einer diffus neobarocken Manier ausgemalt zu werden. Allerdings war damals gerade die **romanische Wandmalerei** der Hauptapsis freigelegt worden. Der überlebensgroße Christus Pantokrator blickt seitdem mit statuarischer Ruhe auf die neckischen Rocaillen von 1757. Seine Mandorla flankieren die Kirchenpatrone Petrus und Paulus, darunter reihen sich zwölf Apostel und Propheten am Halbrund der Apsiswand, die Jünger Jesu mit Buch, die anderen mit einem Schriftband. Mancher Beobachter sieht in diesem Werk eine Art Vermächtnis der Reichenauer Malerschule.

St. Georg in Oberzell

Den wertvollsten Bilderschatz birgt jedoch St. Georg in Oberzell. Die dreischiffige Säulenbasilika mit dem markanten Vierungsturm ist die jüngste der Inselkirchen, »jung« aber eben nur für die Reichenau. Denn das Lang- und das Querhaus von St. Georg datieren aus der Wende vom 9. zum 10. Jahrhundert, und aufs ganze Deutschland gesehen gibt es nur sehr wenige Architekturen so hohen Alters. Übrigens tritt das Querhaus nicht vor die Mauerflucht, doch ist die Vierung durch einen massiven Turm ausgezeichnet, der auch dieser Kirche ihr ganz eigenes Gepräge gibt.

Bauherr der Andachtsstätte war Abt Hatto III. (888–913). Nur drei Jahre nach seiner Wahl zum Reichenauer Abt bestieg er als Hatto I. den Mainzer Bischofsthron und besetzte damit eine politische Schlüsselstelle im Reich. Enger Berater der ostfränkischen Könige, erhielt Hatto 896 vom Papst einige Gebeine des Erzmärtyrers Georg, darunter die so genannte Reichenauer Kopfreliquie. Vermutlich gab dieses äußerst wertvolle Heiltum den Anstoß zur Errichtung der Kirche.

Damals entstand auch die Krypta, während der quadratische Ostchor in der zweiten Hälfte des 10. Jahrhunderts hinzukam. Noch später wurden die heutige Westapsis (erste Hälfte 11. Jh.) und die doppelgeschossige Vorhalle (frühestens zweite Hälfte des 11. Jh.) angefügt. Und erst nach 1050 bekam das Langhaus die wenig eleganten Strebepfeiler, um das schwache Fundament des Baus zu entlasten.

Wahrscheinlich erhielt St. Georg seine außerordentliche **Wandmalerei** um 1000. Sie überzieht die Wände des Langhauses, Blickfang sind die je vier großformatigen, durch Ornamentstreifen voneinander getrennten Evangelienszenen. Ein jugendlicher Christus wirkt als Wundertäter, der Schwerpunkt liegt auf den Heilungen und auf den Totenerweckungen: Die vier Bilder der Nordwand stellen dar, wie er den Besessenen, den Wassersüchtigen und den Blindgeborenen gesund macht. Ob die Beruhigung des Sturms über dem See Genezareth einen Bezug zum Bodensee und seinen Todesgefahren hat, bleibt dahingestellt. Die vier Bilder der Südwand zeigen, wie er den Jüngling von Nain, die Tochter des Jairus und Lazarus ins Leben zurückruft. Auch die Heilung des Aussätzigen gehört in den Zusammenhang der Südwand: Nach damaligem Rechtsverständnis galten diese Kranken als tot.

Die Bilder auf den Wänden stehen in enger Verbindung zur Reichenauer Buchmalerei, die ihren Höhepunkt ebenfalls um das Jahr 1000 erreichte. Ihre Werke werden heute von großen Museen oder Bibliotheken wie ein Augapfel gehütet, doch immerhin sprechen die (allerdings sehr teuren) Faksimile-Ausgaben lebhaft für den Rang dieser Bildwerke. Wer einen authentischen Eindruck vom Hauptstück der ottonischen Wandmalerei erhalten will, muss sich an den Bodensee aufmachen. Und vielleicht ist ein langer Weg auch ein guter Grund dafür, es nicht bei einem flüchtigen Besuch von St. Georg bewenden zu lassen.

Öffnungszeiten:
Museum Reichenau:
März–Okt. Di–So
14.30–17.30 Uh.

Tourist-Info Reichenau:
Pirminstraße 145
Tel. 07534/9207-0
www.reichenau.de

Rothenburg ob der Tauber

Die »hochgebaute Stadt«

Was lockt die Besucherscharen aus aller Welt nach Rothenburg? Wird hier eine Schaulust gestillt, wie sie in jedes Disney-Land führt, oder geht einem hier wirklich das Herz auf? Und zeugt es womöglich von Kaltschnäuzigkeit, angesichts dieser Kulisse überhaupt noch Fakten und Daten zu bemühen?

Mit vielen urbanen »Kleinoden« hat Rothenburg gemeinsam, dass zur Auferstehung als Touristenattraktion nicht nur eine ältere glanzvolle, sondern auch eine jüngere triste Vergangenheit gehört. Seit 1274 (streng genommen aber erst achtzig Jahre später) reichsfrei, geriet die Stadt nach dem Dreißigjährigen Krieg an den Rand des Geschehens und verarmte. So konnte sie bereits in der zweiten Hälfte des 19. Jahrhunderts zum Idol der Nostalgiker werden: ein wehmutgesättigtes Abbild der alten (ständischen) Ordnung, die unaufhaltsam zerfiel.

Noch etwas kam hinzu: die unübertroffen sinnfällige Präsentation. Die Stadt wirkt schon aus der Ferne wie ein Versprechen. Deshalb kamen keineswegs nur Heimattümler, sondern auch viele Engländer. Sie begeisterten sich früh für Rothenburg, für den geschlossenen Mauerring mit den 43 Türmen, für die eigen geschachtelte, höchst lebendige Dachlandschaft um die mächtige Stadtkirche St. Jakob – und dies alles dank der Höhenlage so wundervoll herauspräpariert.

Weltbekanntes mittelalterliches Stadtbild

Gegründet: 12. Jh.

Besonders sehenswert:
- ☆ *St. Jakob mit Hl.-Blut-Altar von Tilman Riemenschneider*
- ☆ *Plönlein*

Die Bewahrung seines Stadtbilds verdankt Rothenburg auch dem späteren Hochkommissar John Jay McCloy, der 1945 einen zweiten Luftangriff und damit die völlige Zerstörung verhinderte.

Vom Rödertor zum Marktplatz

Der Eintritt durchs **Rödertor** zeigt, wie anschaulich die Rothenburger Baudenkmale Stadtgeschichte erzählen. Dieses Tor ist ein Doppeltor, ja eine burgartige Anlage. Zur Landseite sichern zwei massive Wachtürme den äußeren Zugang, der mit dem inneren einen Zwinger bildet: Hatte der Feind das erste Tor durchbrochen, musste er sich der Attacken aus dem zweiten Bollwerk erwehren.

Das Rödertor gehört zur jüngeren Stadtumwehrung, die um 1400 entstand und einige Vorstädte in den Schutz der Mauern einbezog. Aber die Rödergasse führt stracks auf den **Röderbogen** zu. Er ist ein Zeugnis der frühen Stadtumwehrung (Anfang 13. Jh.). Sie umfasst, was hier eher verlegenheitshalber »Altstadt« heißt, und die aktuellen Rothenburg-Pläne lassen selbst ihren Verlauf noch gut erkennen. Auch auf unserem Weg bleibt es nicht beim Torbogen, vielmehr ragt stadteinwärts und seitlich versetzt der **Markusturm** auf. An atmosphärischer Dichte sucht dieses zweite Entree ohnehin seinesgleichen, dazu tragen nicht nur die stattlichen Fachwerkhäuser, sondern auch der 1716 gesetzte Brunnen bei.

Blick auf Rothenburg ob der Tauber

Die weniger ausgeprägte Achse von Norden nach Süden (Heugasse/Obere Schmiedgasse) war zunächst nur ein Abzweig der Route Würzburg–Augsburg, bis Kaiser Ludwig der Bayer erlaubte, die Handelsstraße durch Rothenburg zu führen.

Die Fortsetzung der Röder- heißt Hafengasse nach den Hafnern, den Ofensetzern. Sie führt gleich auf den **Marktplatz** zu, der den Kreuzungspunkt zweier historischer Fernwege bezeichnet. Dem wichtigeren sind wir gefolgt: Er bildet die Ost-West-Achse Rothenburgs und war Teil der hoch frequentierten Route nach Nürnberg. Das **Rathaus** wartet mit einem 60 m hohen Turm auf, seinen heutigen Abschluss bekam er 1555–1558. Doch wächst dieser Belfried aus dem südwestlichen Giebel des älteren Gebäudetrakts, dessen Anfänge um die Mitte des 13. Jahrhunderts datieren. Parallel zu ihm erstreckt sich der marktnähere Flügel; nach einem Brand 1570 errichtet, wurde ihm 1681 seine heutige Laube vorgesetzt. Alles in allem hat dieser Sitz des Stadtregiments ein recht eigenwilliges Erscheinungsbild: Seine beiden Giebel, der eine durch den Turm, der andere, jüngere durch reiche Bauzier ausgezeichnet, wenden sich der Herrengasse zu. Die östlichste Ecke akzentuiert ein schön geschmückter Erker, und die eigentliche Freifläche begrenzt eine Traufseite, deren leicht exzentrischer Treppenturm ein Achteck andeutet.

Dem repräsentativen Rathaus entspricht der repräsentative **Georgsbrunnen.** So wie heute zeigt er sich seit 1608, damals wurde ihm auch der namengebende Drachentöter aufgesetzt. Aus der Mitte seines üppig reliefierten zwölfeckigen Beckens strebt auf wohlgegliedertem Sockel die Säule empor: kein Zweifel, dieser Brunnen ist wirklich ein Schmuckstück. Es darf nicht darüber hinwegtäuschen, dass ein intaktes Brunnensystem für die »hochgebaute Stadt« lebensnotwendig war. Das kostbare Nass musste von umliegenden Quellhorizonten nach Rothenburg geführt werden; einst verfügte das Gemeinwesen über vierzig Wasserstellen innerhalb seiner Mauern.

Von der Stadtpfarrkirche zur Klingentorbastei

Zwei Flankentürme am Ostchor hat die evangelische **Stadtpfarrkirche St. Jakob.** 55 und 57 m hoch, stehen sie im Rang eines Stadtwahrzeichens. Dabei verdankt das Gotteshaus seine eindrucksvollen Abmessungen ursprünglich nicht den Bürgern, sondern einer hier 1258 gegründeten Komturei des Deutschen Ordens. Erst als der Orden schon Chor und Seitenschiffe hatte errichten lassen, nahmen die Bürger ihm 1398 das Heft aus der Hand. Die Stiftungen wohlhabender Familien halfen, den Bau bis 1436 zügig zu vollenden.

1473 kam mit dem Westchor eine architektonische Besonderheit hinzu. Jenseits der Klingengasse lag damals die Heilig-Blut-Kapelle, die ihren Namen der dort verehrten Reliquie verdankte. Nun überwölbte das Gotteshaus die Gasse, und so konnten die Bürger quasi unter dem Heiltum hindurchschreiten und seinen Segen täglich aufnehmen. Zweifellos hat mancher Rothenburger auch von der einträglichen Wallfahrt profitiert, die hier zu einem (angeblichen) Blutstropfen Christi im Schwange war. Die Glaskapsel sitzt hoch im Gesprenge des schönsten Kirchenaltars, dessen Schnitzereien 1501–1504 kein Geringerer als Tilman Riemenschneider fertigte.

Am Ende der Klingengasse liegt die **Klingentorbastei,** wo sich die Stadtmauer ersteigen und die bewussten zwei Kilometer entlang laufen lässt. An dieser Stelle steht auch die einstige **Schäferkirche** (erbaut 1475), die nichts von einer Schäferidylle hat. Sie ist vielmehr in die Verteidigungsanlagen eingebunden, also eine wirkliche Wehrkirche. An der massiven Nordwand führt ein Gang zu Kassematten hinunter und einer zum Torturm wie zur Wachstube hinauf. Die fortifikatorisch erzwungene Herbheit hier gleicht das schöne Maßwerk an

Der Mittelschrein des Heilig-Blut-Altars von Tilman Riemenschneider zeigt eine ungewöhnliche Deutung des Letzten Abendmahls. Nicht Christus bestimmt hier die Szene, sondern Judas; seine hoch aufgerichtete Gestalt teilt die um den Tisch versammelten Jünger in zwei Gruppen. Aber indem Judas hochfährt und so die Gemeinschaft spaltet, verkörpert er das eben gesprochene Wort des Herrn: Einer von euch wird mich verraten. Die Gesichter der übrigen zeigen nur Ratlosigkeit angesichts des Unvorstellbaren (s. Abb. S. 10).

Im Westen der Stadt

An die Stadtmauer grenzt das heutige **Reichsstadtmuseum.** Die Dominikanerinnen verloren ihre 1258 gegründete Niederlassung, als die Stadt 1554 protestantisch wurde. Das nächste Tor auf dem Weg heißt **Burgtor** und erinnert an die um das Jahr 1000 gegründete Wehranlage, die 1356 kein Feind, sondern ein Erdbeben zerstörte. Nur die **Burgkapelle** musste (1383–90) wieder aufgebaut werden, sonst konnte man das Gemäuer mit Erlaubnis Kaiser Karls IV. als Steinbruch nutzen.

So gelegen den Bürgern die Naturkatastrophe kommen mochte, so eng ist die Feste mit der Stadtwerdung verbunden. Seit Ende des 10.

Ihren Reichtum verdankt die Rothenburger Oberschicht bezeichnenderweise dem Grundbesitz, nicht dem Handel. Und vielleicht liegt in solchen Wurzeln auch der Grund für die erstaunliche Ausdehnung des Hoheitsgebiets: Um 1430 gehörte Rothenburg eines der größten Territorien, über das eine Reichsstadt je verfügen konnte.

Jahrhunderts krönte sie den schmalen Bergsporn über der Tauberschlinge, und nur sie heißt ursprünglich Rothenburg. 1142 bringt sich der Stauferkönig Konrad III. in ihren Besitz, eine »Vorderburg« entsteht. Sie bildet den Kristallisationskern des Gemeinwesens, und das städtische Patriziat entsteht aus Ministerialen der staufischen Burgherren oder dem lokalen niederen Adel.

Vor dem Burgtor tut sich die **Herrengasse** auf. An ihr reihen sich die Wohnsitze des Patriziats, das seine Vorrechte gegenüber den Handwerkern zäh verteidigte und kaum Teilhabe der Zünfte am Stadtregiment duldete. Ein besonders eindrucksvolles Zeugnis seines herrschaftlichen Wohnens ist das **Staudtsche Haus** (Herrengasse 18). Ihm gegenüber steht die ehemalige Franziskanerkirche, die Grabkirche der besseren Rothenburger (Weihe von Chor und Hochaltar 1309).

Vom Marktplatz zur Spitalvorstadt

Gleich eingangs der Oberen Schmiedgasse imponiert die aufwändige Fassade des **Baumeisterhauses** (1596). Sie war sozusagen die Visitenkarte Leonhard Weidmanns. Der Steinmetz hat das Rothenburger Stadtbild zur Renaissancezeit wesentlich geprägt, er wirkte beim Bau des neuen Rathausflügels mit und errichtete das Gymnasium nahe der Georgskirche. In der Fassade des Baumeisterhauses wirken die Fensterreihen im ersten und zweiten Geschoss wie Friese. Zwischen den Öffnungen stehen skulptierte Tragefiguren, sie sollen wohl die Sieben Tugenden und die Sieben Laster darstellen.

Zu den atmosphärisch dichtesten Ensembles der Stadt gehört zweifellos das **Plönlein**, also der »kleine Plan«. Mehr Straßengabelung denn Platz, bildet seine pittoreske Mitte ein Fachwerkhaus mit hohem Giebel. Rechts von ihm und ein Stück weiter zurückgesetzt sperrt das **Kobolzeller Tor** den Blick tauberwärts, links und ein wenig oberhalb riegelt das **Sieberstor** den Weg zur Spitalvorstadt ab.

Das hiesige **Spital** war lange eines der reichsten im süddeutschen Raum. Sein Zentrum ist ein dreigeschossiger Bau, den Leonhard Weidmann 1578 vollenden konnte. Ebenfalls von Weidmann stammt das sogenannte Hegereiterhaus für den Spitalverwalter. Und natürlich muss dieser Komplex eine (Heilig-Geist-)Kirche haben.

Zum historischen Rothenburg gehören auch das Kobolzeller Kirchlein auf dem Weg zur Tauber hinab, die Doppelbrücke über den Fluss und das **Toppler-Schlösschen** (1388) im Tal. Letzteres erinnert an den Bürgermeister Heinrich Toppler, der als Zugezogener zum mächtigsten Mann Rothenburgs wurde, und, zum Sündenbock ausersehen, 1408 im Rathausverlies elend umkam. Aufstieg und Fall: Die totgesagte Stadt Rothenburg hat diesen verhängnisvollen Lauf der Geschichte umgekehrt.

Tourist-Info Rothenburg:
Marktplatz
Tel. 098 61/404 92
www.rothenburg.de

Die Schleißheimer Schlösser

Warten auf die Kaiserkrone

Eigentlich fehlte es an nichts: Es gab eine höchst repräsentative Stadtresidenz (s. S. 259), einen eleganten Sommerpalast (s. S. 249), und nun entstand hier, im Norden der Stadt, auch noch ein gewaltiges Schloss, wahrlich eines Kaisers würdig. Nur die Kaiserkrone – die ließ auf sich warten. Kurfürst Max Emanuel von Bayern (1679–1726) war ein Mann von großer Kühnheit und brennendem Ehrgeiz. Als Feldherr hatte er 1683 einen bedeutenden Beitrag dazu geleistet, die Türken vor Wien zurückzuschlagen, als Statthalter der Habsburger hatte er in Brüssel glänzend Hof gehalten und in der von den verschwenderischen Burgunderherzögen geprägten Stadt eine Vorstellung davon erworben, was Eleganz und Luxus bedeutete. 1701 kehrte er nach München zurück, noch im selben Jahr legte er den Grundstein zum »Neuen Schloss« in Schleißheim.

Der Ort nördlich von München war bereits Schauplatz mehrerer fürstlicher Bauvorhaben gewesen: Herzog Wilhelm V. hatte sich mit seiner Gattin Renata von Lothringen 1598 nach seiner Abdankung hierhin zurückgezogen und einen Landsitz errichten lassen, in dem er ein florierendes landwirtschaftliches Gut betrieb, dazu auch eine Reihe von Kapellen, in denen er sich in Gebet und stille Betrachtung versenkte. Sein Nachfolger Maximilian ließ an dieser Stelle ab 1617 von Heinrich Schön das heutige **Alte Schloss** errichten und von Peter Candid ausstatten. Liebliche Landschaften schmückten die Wände, es gab ein Ballhaus, schattige Galerien, eine Reitbahn – was eben für ein herzogliches Sommerschloss notwendig erschien. Diese Umgebung bestimmte Max Emanuel 1684 zunächst für den Bau eines weiteren, viel prächtigeren Lustschlosses, das seine Vermählung mit der österreichischen Kaiser-

Imposante Schlossanlage mit original erhaltenem Barockgarten

Erbaut:
Altes Schloss: 1617–1623
Lustheim: 1684–1689
Neues Schloss: ab 1701

Besonders sehenswert:
- ☆ *Großer Saal*
- ☆ *Große Galerie*
- ☆ *Barockgarten*

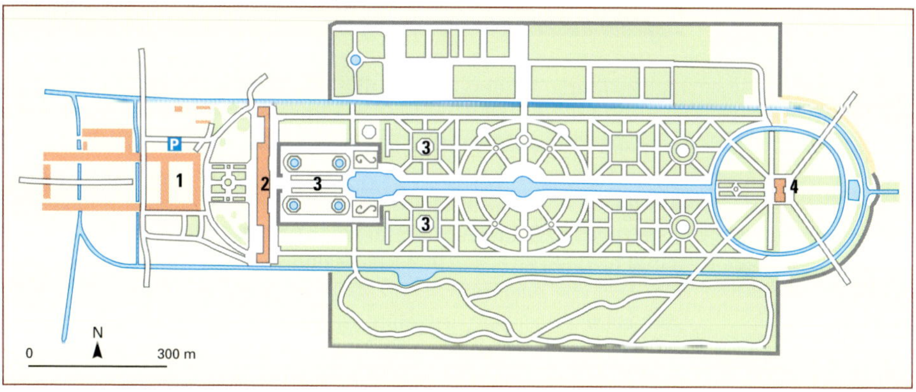

Die Schleißheimer Schlösser
1 *Altes Schloss*
2 *Neues Schloss*
3 *Gartenparterre und Boskettzone*
4 *Schloss Lustheim*

Schloss Schleißheim, im Vordergrund das Alte Schloss

tochter Maria Antonia feiern sollte. Sein Hofbaumeister Enrico Zuccalli wurde eigens nach Paris geschickt, um die französische Baumode kennen zu lernen, der Hofmaler Francesco Rosa musste in Venedig die besten Farben kaufen. In nur vier Jahren entstand **Lustheim,** ein Gartenschlösschen italienischer Prägung: ein rechteckiger Mittelbau mit vorgezogenen Seitenflügeln und aufgesetztem Belvedere. Das Hauptportal betonen zwei mal drei Kolossalpilaster, das Wappen der Kurfürsten wird von zwei bayerischen Löwen präsentiert. Ein großer Festsaal über beide Geschosse, gewölbte Galerien und die Appartements von Kurfürst und Kurfürstin in den beiden Seitenflügeln erfüllen alle Ansprüche an eine standesgemäße Sommerfrische; die Ausmalung mit my-

Max Emanuels Gemahlin hatte als Tochter von Kaiser Leopold und Margareta Maria Theresia von Spanien Erbanspruch auf die spanische Krone, ihrem gemeinsamen Sohn sollte nach dem Tod des letzten spanischen Habsburgers dessen Erbe zufallen. Doch dieser Sohn starb 1699, zwei Jahre vor dem Erbfall. Im folgenden Spanischen Erbfolgekrieg standen sich Frankreich und Österreich gegenüber, fast alle mitteleuropäischen Mächte ergriffen Partei. Max Emanuel, der seine Ambitionen keineswegs aufgegeben hatte, setzte auf die französische Karte, doch in der Schlacht von Höchstadt 1704 wurde Frankreich besiegt, Bayern fiel an Österreich und Max Emanuel musste bis 1715 ins Exil.

thologischen Szenen rund um die Jagdgöttin Diana zollt sowohl dem fürstlichen Jagdeifer als auch der jungen Gemahlin Respekt – die Göttin trägt die Züge Maria Antonias. Im Februar 1690 konnte Max Emanuel bereits seinen Schwiegervater, Kaiser Leopold, nach Lustheim zum Bankett laden.

Ein imperialer Bau

Kein Zweifel, dass Max Emanuel schon damals selbst auf die Kaiserkrone spekulierte. 1701 legt er den Grundstein zu einem Schloss, das keinen anderen Zweck hatte, als diesen Anspruch ins Bild zu setzen. Enrico Zuccalli entwarf für ihn ein gewaltiges Ensemble. Längst nicht alles, was geplant war, kam zur Ausführung, doch ist allein die über 300 m lange Fassade des heutigen Schlossbaus mit 40 Fensterachsen, dem breiten, erhöhten Mittelrisalit und zwei vorspringenden Pavillonbauten mehr als imposant.

Nach mehr als zehnjähriger Unterbrechung konnten die Bauarbeiten erst 1720 wieder aufgenommen werden, nun unter dem neuen Hofbaumeister Joseph Effner, der den von Zuccalli angeschlagenen hohen Ton zu halten vermochte. Feierlich und Respekt gebietend bereits das **Treppenhaus:** Wappen, Waffen und die Köpfe besiegter Türken belegen, dass dies die Residenz eines großen Feldherrn ist. Das Gemälde in der Laterne (von Cosmas Damian Asam) zeigt Venus in der Schmiede des Vulkan. Der **Große Saal,** der zwei Geschosse einnimmt, macht jeden Betrachter klein: Weißer Stuck mit Draperien, Wappenkartuschen und Putten (Johann Baptist Zimmermann) führt den Blick hinauf zum riesigen Deckengemälde (Jacopo Amigoni), auf dem der trojanische Held Aeneas – wer anderes als der Bauherr? – den Wettbewerb um die Hand der Königstochter Lavinia gewinnt. Die beiden riesigen Gemälde an den Schmalseiten berichten von den realen Ruhmestaten des Türkenbezwingers. Dieser Heldentaten, die Max Emanuel den Kriegsnamen »Der blaue Kurfürst« (wegen seiner blau schimmernden Rüstung) eingebracht hatten, wird auch im **Victoriensaal** gedacht. Die **Große Galerie,** eine Reminiszenz an seinen Aufenthalt in Versailles, bietet einen doppelten Augenschmaus: barocke Gemälde auf der einen, Fenster zum prächtigen Park auf der anderen Seite. Auch die nach den Vorgaben des Hofzeremoniells angeordneten Räume des **Kurfürstlichen Appartements** führen das Thema fort: Gemälde, Stuckdekorationen, Wirkteppiche, Schnitzereien und goldgeprägte Ledertapeten singen überlaut den Ruhm des Kriegsherrn. Doch all diese Prunkräume sprechen auch von einer vergeblichen Hoffnung: Erst der Max Emanuels Sohn, Karl Albrecht, errang die Kaiserkrone – und musste wenige Tage nach der Krönung wie sein Vater das Land verlassen. Das Neue Schloss Schleißheim vollendete auch er nicht.

Die drei Schleißheimer Schlösser sind nicht denkbar ohne den barocken **Park,** in den sie – alle auf einer Achse liegend – eingebettet sind. Dominique Girard, der Brunnenmeister Ludwigs XIV. (s. S. 249), legte Parterre und Kaskaden an. Charakteristisch ist der lange Kanal, der den Blick vom Neuen Schloss hinüber nach Lustheim lenkt, über die ornamental angelegten Beete hinweg, an den Heckengärten entlang. Der Kanal übrigens ist Teil eines geplanten Systems von Wasserstraßen, die die Hofgesellschaft von Schloss zu Schloss (Residenz, Nymphenburg, Dachau, Schleißheim) bringen sollten – ein Vergnügen von in der Tat imperialer Exklusivität.

Öffnungszeiten:
April–Sept. 9–18, Okt.–März 10–16 Uhr, Mo geschlossen

Im Alten Schloss: Ökumenische Sammlung Gertrud Weinhold »Das Gottesjahr und seine Feste« sowie Sammlung zur Landeskunde Ost- und Westpreußens.
In Lustheim: Sammlung früher Meißner Porzellane

www.schloesser.bayern.de

Schloss Schwerin

Das Neuschwanstein des Nordens

Prachtbau des Historismus in herrlicher Lage

Erbaut: 1845–1857

Besonders sehenswert:
- ☆ *Thronsaal*
- ☆ *Orangerie*
- ☆ *Gartenanlage*

Wie im Märchen liegt das Schloss auf einer Insel im Schweriner See. Der Monumentalbau mit über 600 Räumen gehört zu den bedeutendsten und am besten erhaltenen des Historismus in Europa. Mit seinen unzähligen Türmen und Türmchen wurde das Schloss zum Wahrzeichen der Landeshauptstadt von Mecklenburg-Vorpommern.

Mitte des 19. Jahrhunderts entschied Großherzog Friedrich Franz II., die aus einer mittelalterlichen Burg entstandene Schlossanlage zu einem repräsentativen Prachtbau umgestalten zu lassen. Von 1845 bis 1857 bekam das Schloss seine bis heute bewahrte Gestalt.

Hofbaurat Georg Adolph Demmler, der das Bild Schwerins prägte wie kein Zweiter, und sein Baukondukteur Hermann Willebrand setzten sich mit ihrem Entwurf gegen die Pläne des Berliner Hofbaumeisters Friedrich August Stüler und des Dresdner Baumeisters Gottfried Semper durch. Demmler und Willebrand orientierten sich am Stil der französischen Renaissance, vor allem das Schloss Chambord an der Loire diente ihnen als Vorbild. Mit dem Umbau des Schweriner Schlosses schufen die beiden Absolventen der Berliner Bauakademie ihr bedeutendstes Werk.

Bei dieser Umgestaltung, die weitgehend dem überlieferten Grundriss folgte, wurden auf Weisung des Großherzogs vier Renaissancegebäude an der Seeseite sowie die Schlosskirche vom Abriss ausgenommen. Neu gebaut wurden Schlossgarten-, Burgsee- und Burggartenflügel sowie der hohe Turm zur Seeseite und der Turm mit dem Treppenhaus im Schlosshof vor dem Ostflügel. Nachdem Demmler 1851 wegen politischer Betätigung aus dem Staatsdienst entlassen wurde, übernahm der ansonsten für Preußen tätige Geheime Baurat Stüler die Leitung und vollendete das Werk. Durchschnittlich 400 bis 600 Arbeiter und Künstler waren 14 Jahre lang auf der Baustelle tätig. 1857 konnte mit großem Pomp Einweihung gefeiert werden.

Nachdem der letzte Großherzog 1918 abgedankt hatte und das Schloss in den Besitz des Staates gelangt war, eröffnete 1921 in den schönsten historischen Räumen das Landesmuseum des Freistaates Mecklenburg. Der Großherzog hatte dem Staat 2240 Leihgaben unter der Bedingung zur Verfügung gestellt, sie museal auszustellen. Von 1943 bis 1980 wurde das Schloss durch verschiedene Institutionen genutzt, doch mit einer veränderten Sicht auf den Historismus begann man schon 1974, den Thronsaal und weitere Innenräume zu restaurieren und sie wiederum als Museum herzurichten. Seit 1990 hat auch der Landtag von Mecklenburg-Vorpommern seinen Sitz im Schloss.

Schloss Schwerin, das Wahrzeichen der Landeshauptstadt Mecklenburg-Vorpommerns

Alt und Neu harmonisch verbunden

Das drei- und viergeschossige, sandsteinfarben verputzte Schloss hat außen sechs Fassadenfronten, die zylindrische Türme trennen. Die Eingangsseite mit dem Hauptportal wendet sich dem Alten Garten zu, dem schönsten Platz der Stadt. In der Bogenhalle steht das monumentale Reiterstandbild des 1160 gefallenen Obotritenfürsten Niklot, des Urvaters der mecklenburgischen Herzöge, gefertigt von dem Berliner Bildhauer Christian Friedrich Genschow. Den monumentalen Abschluss bildet eine von der Figur des Erzengels Michael bekrönte Prunkkuppel. Die Fassaden der drei neu gebauten Flügel sind durch Mittelrisalite sowie Türmchen, Simse und Putzbänder mit eingesetzten Medaillons gegliedert. Neu gebaut wurde auch der 70 m hohe runde Turm an der seeseitigen Front; die Idee dazu hatte Gottfried Semper geliefert. Im Osten schließt sich das ehemalige **Bischofshaus** an, westlich des Turms das **Neue Lange Haus.** Beide sind mit den rotbraunen Terrakottaplatten verziert, die für die mecklenburgische Renaissance-Architektur des mittleren 16. Jahrhunderts typisch sind. In den Formen der niederländischen Renaissance blieben das Haus über der Schlosskirche und das Haus über der Schlossküche erhalten, die nach Plänen von Ghert Evert Piloots entstanden sind.

Prunk im Inneren

Ein verheerendes Feuer hatte 1913 die Räume im Süd- und Westflügel, darunter den prunkvollen Goldenen Saal und das repräsentative Haupttreppenhaus, fast vollständig vernichtet. Doch die anderen Räume blieben samt Intarsienparkett, Wandpaneelen und Stoffbespannungen, Balken- und Stuckdecken unversehrt. In der Beletage, in der sich die Wohn- und Gesellschaftsräume der Großherzogin befan den, faszinieren beispielsweise im **Blumenzimmer** eine aufwändig gestaltete Stuckdecke und blumengeschmückte Karyatiden, die das Gesims tragen. In der einen Stock höher gelegenen Festetage befindet sich der **Thronsaal** mit prächtiger Decke und Intarsienfußboden.

Ein architektonisches Kleinod ist die 1560–63 erbaute Schlosskirche, die im 19. Jahrhundert einen neogotischen Choranbau mit prachtvollen farbigen Glasfenstern bekam. Das Gotteshaus war der erste Neubau einer protestantischen Kirche in Mecklenburg, als Vorbild dienten die Schlosskirchen in Torgau und Dresden.

Die Gärten des Schlosses

Die Einheit von Architektur und Natur macht den besonderen Reiz der Schweriner Schlossanlage aus. Gemeinsam mit dem Neubau war nach Entwürfen von Peter Joseph Lenné der **Burggarten** entstanden, der sich auf mehreren Ebenen erstreckt. Unzählige Blumen, Stauden und Gehölze bilden mit der Orangerie, mit Brunnen, Wasserspielen und Plastiken ein beeindruckendes Gesamtkunstwerk. Außergewöhnlich ist der Wandel vom naturnahen unteren Landschaftspark am Seeufer zur ornamental gestalteten oberen Gartenanlage mit ihren geometrischen Beeten. Die **Orangerie** ist kein frei stehendes Gebäude, sondern fügt sich direkt an das Schloss an und schafft so einen fließenden Übergang zwischen Gebäude und Garten.

Im Laufe von eineinhalb Jahrhunderten war der Burggarten baufällig geworden, der weiche Boden der Insel einen halben Meter zum See hin abgerutscht. Bei der Sanierung mussten zunächst die Fundamente gesichert werden. Nicht für alle Teile des Gartens gab es historische Zeugnisse, etwa für die nach 1952 nicht mehr existierende Treppe, die jetzt wieder von der Dachterrasse in den 12 m tiefen Orangerie-Innenhof führt. Nach einem Aufruf schickten zahlreiche Schweriner alte Fotos und gaben damit wichtige Hinweise für die Wiederherstellung. So wurden die gusseisernen Geländer wie im 19. Jahrhundert mit einem holzimitierenden Anstrich versehen. Sechs Jahre dauerte die kostspielige Restaurierung. Seit 2001 zeigen sich Burggarten und Orangerie wieder in alter Pracht.

Über eine aus dem 19. Jahrhundert stammende Drehbrücke wird der **Schlossgarten** erreicht, eine der herrlichsten Parkschöpfungen im Norden Deutschlands. Die barocke Grundstruktur mit dem Kreuzkanal als zentraler Achse, die auf einen Entwurf des französischen Architekten Jean Legeay zurückgeht, blieb bis heute erhalten. Fast unmerklich geht der Schlossgarten in die freie Landschaft über.

Öffnungszeiten:
15. April–14. Okt.
Di–So 10–18 Uhr,
15. Okt.–14. April
Di–So 10–17 Uhr

Tourist-Info Schwerin:
Am Markt 14
Tel. 0385/5 92 52-12
www.schwerin.com

Der Dom zu Speyer

Ein Schöpfungsbau der Romanik

Eines der größten romanischen Bauwerke Deutschlands; UNESCO-Welterbe seit 1981

Erbaut: 1030–61

Besonders sehenswert:
☆ Kaisergräber

Die Stätten des Weltkulturerbes weisen über ihre eigene Geschichte hinaus, das gilt auch für den Dom zu Speyer. Der Ort, schon damals Zentrum eines Bistums, lag im Gebiet des Gaugrafen Konrad (um 990–1039) aus dem Geschlecht der Salier. Er wurde 1024 König, 1027 Kaiser des Heiligen Römischen Reiches. Mit dem neuen Speyrer Dom wollte Konrad ein Monument seiner höchsten Herrschaft errichten. Deshalb kennt zumindest die Überlieferung das präzise Datum der Grundsteinlegung: den 12. Juni 1030.

Tatsächlich sollte keine andere Kirche Mitteleuropas an diese wahrhaft imperiale Architektur heranreichen. Schon die Zahlen sprechen für sich: Seine 133 m Gesamtlänge hat kein Bauwerk des 11. Jahrhunderts übertroffen, seine Mittelschiffhöhe von 30 m ebenfalls nicht. Die machtvolle Präsenz dieser Kathedrale strichen schon die Autoren des Mittelalters heraus, und keineswegs nur die salischen Herrscher beanspruchten sie als Grablege.

Als Konrad 1039 starb, wurde sein Sarkophag im noch unvollendeten Dom aufgestellt. Unter seinem Sohn Heinrich III. (Regent 1039 bis 1056) schritten die Arbeiten zwar voran, aber erst unter seinem Enkel Heinrich IV. (Regent 1056–1106) konnte die Kirche 1061 geweiht werden. Zwanzig Jahre später kommt es zu einem tiefgreifenden Umbau, etwa im Todesjahr Kaiser Heinrichs IV. hatte der Dom dann sein heutiges Aussehen.

Die beiden Bauphasen sind am Mauerwerk der Kirchennordseite ablesbar. Hier setzen sich die Bruchsteine gegen die roten Sandsteinquader der Folgekampagne klar ab. Sozusagen deren Markenzeichen ist die Zwerggalerie, sie umgreift fast den ganzen Außenbau. Dieser Laufgang ist für die Kenner der rheinischen Romanik ein vertrautes Detail, doch hier gibt er sein Debüt in der Baugeschichte. Damals musste die alte Apsis weichen, hochgeführt wurden die charakteristischen Chorwinkeltürme. Sie, die in Maria Laach eine direkte Nachfolge finden sollten (s. S. 233), waren vorher nicht über die Trauflinie hinausgelangt. Überhaupt die Türme: Auch ihre doppelte Dreifaltigkeit im Osten und Westen sollte Schule machen.

Trotz, vielleicht sogar wegen seines machtvollen Auftretens hat dieser Dom die Zeitläufte nicht unbeschadet überstanden. Im Pfälzischen Erbfolgekrieg wurde er 1689 in Brand gesetzt, sein Langhaus stürzte teilweise ein. Franz Ignaz Michael, Sohn des großen Balthasar Neumann (s. S. 386), leitete die Wiederaufbauarbeiten. Und erneut waren es französische Truppen, die den Dom 1793/94 derart ruinierten, dass im 19. Jahrhundert sogar sein Abbruch erwogen wurde. Das aber

Die Krypta des Doms zu Speyer ist die größte ihrer Zeit.

ließ der mäzenatische Ehrgeiz des bayerischen Königs Ludwig I. nicht zu, 1854–58 nahm sich Heinrich Hübsch (s. S. 47) des Westwerks und der Westtürme an. Außen macht schon der Steinlagenwechsel keinen Hehl aus der neoromanischen Architektur, im Innern gab die große Erneuerungskampagne 1957–66 dem Dom sein authentisches Erscheinungsbild zurück.

Bei der Kirchenbeschreibung wird der Westbau regelmäßig mit demonstrativer Missachtung gestraft. Als Kronzeugen für die Schwächlichkeit der neoromanischen Architektur gelten seine Flankentürme. Sie waren ursprünglich massiver, bildeten mit dem Vierungsturm also ein stärkeres Gegengewicht zur Turmgruppe im Osten. Über sechs Meter mächtig ist die Mauer zum Langhaus, sie öffnet sich mit einem grandiosen Stufenportal ins Kircheninnere. Der Raumeindruck hier ist in einem fast wörtlichen Sinn überwältigend. Die monumentale Gliederung, die Steilheit der Proportionen scheint auf Einschüchterung berechnet. Gegen dieses Regiment der Senkrechten arbeiten nur die Bilder des nazarenisch inspirierten Marienzyklus von Johann Schraudolph (vollendet 1853).

Aus der zweiten Bauphase unter Heinrich IV. stammen die Gewölbe im Mittelschiff (sie ersetzten hier eine Flachdecke), das quergestreckte Rechteck ihrer sechs Joche gibt dem Raum eine ganz eigene Dynamik. Schon im ersten Speyrer Bau hatten die Seitenschiffe querrechteckige Gewölbe, aber wegen der geringeren Deckenfläche eine weniger heikle Statik. Die eigentliche konstruktive Herausforderung stellte sich im Mittelschiff.

Speyer, Dom
1 St.-Emmerams- und Martinskapelle
2 St.-Afrakapelle, sog. Kleines Paradies
3 Sakristei

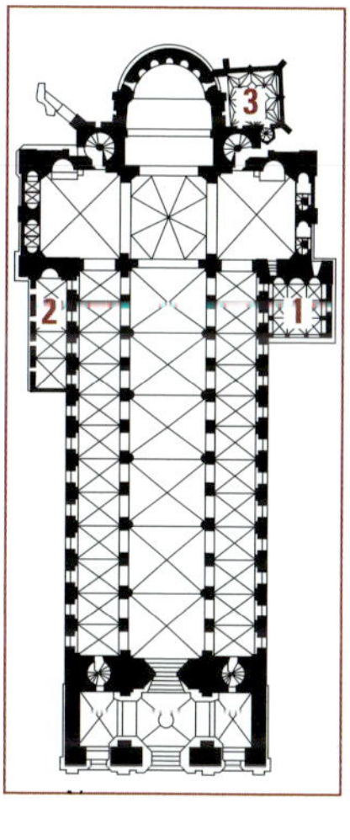

Die markanten Zwischenringe an den Säulen mit den tellerförmig ausgezogenen Kämpfern waren nicht dazu gedacht, dem Auge auf seinem Weg in die Höhe Halt zu bieten. Vielmehr sollte hier eine Wandgliederung aufsitzen, die jedoch nie ausgeführt wurde. Sie hätte den Vertikalismus dieses Mittelschiffs wenigstens gemildert.

Seine großen Querrechtecke sind die ersten überhaupt, jedenfalls die ersten erhaltenen. Sie markieren einen wichtigen Fortschritt in der Gewölbetechnik: Anders als beim Quadrat schneiden unterschiedlich große Tonnen ineinander. Der Baumeister hatte bei diesen Gewölbeschalen denn auch mehr Mühe, als die sauberen Grate auf dem Putz erkennen lassen. Erst der gotische Spitzbogen sollte das Problem befriedigend lösen. Insofern weisen die Speyrer Gewölbe schon auf die nächste Epoche voraus.

Die Kopfstücke der Säulen sind stets ein guter Anhaltspunkt, wenn die Bauzeit genauer bestimmt werden muss. Hier setzen sich die reich geschmückten korinthischen Kapitelle der zweiten Kampagne besonders deutlich gegen die Würfelkapitelle der Wandpfeiler im Mittelschiff und in den Seitenschiffen ab.

Eine Steigerung des ohnehin gewaltigen Raumeindrucks bietet die Vierung. Hier reißen die frühen, geradezu archaischen Vierungspfeiler den Blick förmlich in die Höhe. Die Kuppel ist freilich jüngeren Datums, wie überhaupt das Querhaus größtenteils aus der Zeit Kaiser Heinrichs IV. stammt. Es erhebt sich getreppte dreieinhalb Meter über dem Langhaus, liegt jedoch seinerseits noch einmal drei Stufen unter dem Chor. Dessen Apsisinnenwand entspricht mit der zweigeschossigen Gliederung ihrer dekorativen Betonung an den Außenmauern.

Die Krypta

Das 11. Jahrhundert ist die große Zeit des Kryptenbaus, und die Speyrer Anlage ist – wie der Dom im Ganzen – die größte ihrer Zeit. 1041 geweiht, beeindruckt ihre zwingende Architektur – und doch entstand auch sie nicht in einem Zug. Zunächst gab es eine Krypta nur unter dem Chor, erst um 1060 wurde sie unter die Vierung und das Querschiff ausgedehnt. So entstand ein Bau mit vier gleichen Raumteilen, dessen Modul das quadratische Joch ist. Dreimal drei dieser Einheiten bilden jeweils die größere Einheit, auch die hat demnach einen quadratischen Grundriss. Wie viele Krypten dieser Periode ist auch die Speyrer eine Halle, deren Kreuzgratgewölbe zwischen kräftigen Gurten gespannt sind. Die unverjüngten Säulen haben das typisch frühromanische schmucklose Würfelkapitell.

Noch während des Dombaus fanden Kaiser Konrad II., seine Gemahlin Gisela und Kaiser Konrad III. hier 1043 ihre letzte Ruhestätte. Die Domkrypta als Grablege der Salier behielt ihre Anziehungskraft bis in die Habsburgerzeit, auch Rudolf I. ist hier bestattet. Und es gehört sicher zu den denkwürdigeren Ruhestatt-Konstellationen, dass in dieser Krypta der glücklose König Adolf von Nassau (gefallen 1298) und sein erbitterter Gegner König Albrecht von Habsburg (ermordet 1308) zusammengefunden haben.

Öffnungszeiten:
April–Okt. Mo–Fr 9–19, Sa 9–18, So 13.30–18 Uhr, Nov.–März bis 17 Uhr
www.dom-speyer.de

Tourist-Info Speyer:
Maximilianstraße 13 (neben Historischem Rathaus)
Tel. 06232/14 23 92

Stralsund

Spaziergang durch die Hansezeit

»Ein schöner Anblick«, schwärmte Wilhelm von Humboldt 1796 in seinem Tagebuch, »ist Stralsund von Rügen aus mit seinen hohen und gotischen Türmen, dem wunderbar gebauten Rathaus und den vielen spitzen Giebeln mit durchbrochenem Mauerwerk.« Manchmal wird sogar ein wenig überschwänglich vom »Venedig des Nordens« gesprochen. Rund 500 Baudenkmale drängen sich in der vom leuchtenden Rot des Backsteins geprägten Stralsunder Altstadt. Die einmalige, seit dem 13. Jahrhundert unveränderte Insellage zwischen dem Strelasund und den bald nach der Stadtgründung aufgestauten Teichen betont den mittelalterlichen Stadtkörper.

Mittelalterliche Hansestadt in einmaliger Insellage; UNESCO-Welterbe seit 2002

Stadterhebung: 1234

Besonders sehenswert:
☆ Rathaus
☆ St. Nikolai
☆ St. Marien
☆ Katharinenkloster

Die 1234 zur Stadt erhobene Siedlung Stralow schloss sich 1293 mit Lübeck, Wismar, Rostock und Greifswald zum Hansebund zusammen. Stralsund entwickelte sich rasch zu einer der einflussreichsten Städte an der Ostseeküste, Stralsunder Kaufleute waren auf den großen Märkten der nord- und westeuropäischen Seestädte vertreten. Zu sinken begann der Stern der Hanse im 16. Jahrhundert, Stralsund versank in politische und wirtschaftliche Bedeutungslosigkeit. So fehlte es an Geld für neue Bauten, und das gotische Erscheinungsbild blieb erhalten. Große Schäden richteten im Zweiten Weltkrieg Bomben an, und zu DDR-Zeiten war Stralsund zwar eine bedeutende Werft- und Hafenstadt, doch zahlreiche Altstadtbauten verkamen. Um nach der Einheit rasch sichtbare Zeichen zu setzen, wurde Stralsund in den Kreis von fünf Modellstädten aufgenommen, in die besondere Geldmittel flossen. So sicherte man die alten städtebaulichen Strukturen und rettete mit der schrittweisen Sanierung eine Vielzahl vor dem Verfall stehender denkmalgeschützter Gebäude und Ensembles.

Bilddokument aus der großen Zeit der Kaufleute: In der St. Nikolaikirche zeigen Relieftafeln am Rest des Gestühls der »Nowgorodfahrer« Szenen aus dem Alltag der Pelztierfänger, Honigsucher und Wachssammler sowie den Verkauf der Erzeugnisse an einen hanseatischen Kaufmann.

Beeindruckende Kunstschätze

Der mächtige Städtebund des Mittelalters ließ Ströme von Geld in die Stadt fließen. Das Bürgertum wollte den Wohlstand und das Selbstbewusstsein mit sakralen und weltlichen Bauwerken von gewaltigen Ausmaßen und bezaubernder Schönheit demonstrieren. Am eindrucksvollsten sind die drei gewaltigen Kirchen, wahre Kolosse aus gebackenem Stein. Mächtig und riesenhaft stehen sie da, die Türme recken sich hoch in den Himmel. Sie waren nicht nur Gotteshäuser, sie hatten auch im politischen und gesellschaftlichen Leben Bedeutung. In St. Nikolai am Alten Markt etwa wurden Ratssitzungen abgehalten und Gesandte empfangen.

Blick in die Arkadenzone der Nikolaikirche

Die **St. Nikolaikirche,** so meinte man lange Zeit, sei der früheste Nachfolgebau der St. Marienkirche in Lübeck. Doch neueste Forschungen belegen, dass beide Gotteshäuser in annähernd derselben Zeit entstanden und sich wechselseitig beeinflussten. Beide sind die ersten Kirchen im südlichen Ostseegebiet, an denen die Einflüsse der französischen Kathedralgotik sichtbar sind. Da St. Nikolai die Kirche der reichen Ratsherren und Patrizier war, besitzt sie – von allen Kirchen in Norddeutschland – die üppigste und qualitätvollste Ausstattung. Die Arbeiten stammen aus allen Kunstepochen. Zu den Kostbarkeiten gehören die um 1290 entstandene, 2,25 m hohe Anna selbdritt, das heute über dem Hochaltar angebrachte, über 5 m hohe gotische Triumphkreuz von Anfang des 14. Jahrhunderts, die Renaissancekanzel aus Sandstein, Marmor und Alabaster von 1611 und der nach einem Entwurf des Barockbaumeisters Andreas Schlüter 1708 vollendete Hauptaltar mit einem prachtvollen architektonischen Aufbau. Ein Kleinod europäischer Uhrmacherkunst ist die fast vollständig erhaltene astronomische Uhr, wie sie in dieser Qualität nur noch das Münster in Bad Doberan und der Dom in Lund (Schweden) besitzen. Die Übersetzung der lateinischen Inschrift unter dem Zifferblatt lautet: »Im Jahre 1394, am Tage des hl. Nicolaus, wurde dieses Werk von Nicolaus Lilienfeld vollendet. Betet für die Verfertiger und Stifter, welche es mit Fleiß geschaffen haben.«

Auf der einstigen Trennlinie zwischen Altstadt und Neustadt entstand die **St. Jakobikirche,** um 1400 zur dreischiffigen, siebenjochigen Backsteinbasilika umgestaltet. Durch den fehlenden Chor hebt sie sich von den beiden anderen großen Pfarrkirchen der Stadt ab, aber auch durch den 68 m hohen, jüngst restaurierten Westturm. Dieser ist mit seinem reichen Maßwerk in den Spitzbogenblenden und in den geschosstrennenden Friesen der prachtvollste aller drei Stralsunder Kirchen. Heute wird die St. Jakobikirche für Konzerte und andere anspruchsvolle Veranstaltungen genutzt.

Unweit davon, am Neuen Markt, trifft man auf die **St. Marienkirche,** eine wuchtige dreischiffige Basilika mit Querhaus, Chorumgang und hoch aufragendem Westbau, die als Höhe- und Endpunkt in der Entwicklung der norddeutschen Backsteingotik angesehen wird. Touristisch ist St. Marien die beliebteste Kirche der Stadt, da sie den einzigen öffentlich zugänglichen Turm besitzt. Wer die Aussicht bis nach Rügen und Hiddensee genießen möchte, steigt über 226 Stein- und 119 Holzstufen auf den 104 m hohen Turm. Das außen monumental wirkende Bauwerk beeindruckt auch im Inneren mit dem 99 m langen und 32,40 m hohen Hauptschiff, das zu den größten gehört, die die norddeutsche Backsteingotik hinterlassen hat. Von den Kunstgegenständen haben sich durch Plünderungen im Dreißigjährigen Krieg nur wenige erhalten, zwei sind jedoch herausragend: das Grabmal des 1732 verstorbenen Schweden Johannes von Lilljenstedt und die Barockorgel, die 1653–59 als letztes Werk des bekannten Meisters Friedrich Stellwagen aus Hamburg entstand.

Backsteingotik auf engem Raum

Der leuchtend rote Backstein wurde für die norddeutsche Kulturlandschaft bestimmend. Da in der Küstengegend kein abbaubares Material vorhanden war, wurden aus der reichlich vorhandenen Tonerde Steine »gebacken«. Die große Epoche des Backsteinbaus war die Gotik, die im norddeutschen Raum um die Mitte des 13. Jahrhunderts einsetzte und ihre Höhepunkte im 14. und 15. Jahrhundert hatte. In dieser Zeit entstand auch das Stralsunder **Rathaus,** das oft als das schönste in Norddeutschland bezeichnet wird und mit der benachbarten St. Nikolaikirche ein städtebauliches Ensemble bildet. Im Rathaus wurde 1370 der dänische König von der Hanse in die Knie gezwungen. Der »Stralsunder Friede« sicherte der Hanse die Schlüsselstellung auf dem Seeweg zwischen Ost- und Nordsee und garantierte ihr die Kontrolle über den Sund. Das Rathaus ist aber nicht nur ein geschichtsträchtiges, sondern auch ein baukünstlerisch bedeutendes Bauwerk. Die ältesten Teile des vielflügeligen Backsteinbaus stammen aus dem späten 13. Jahrhundert. Die dem Alten Markt zu-

Unter der Galerie im Westflügel des Rathauses steht eine Bronzebüste des schwedischen Königs Gustav II. Adolf, der am 26. Juni 1630 mit 15 000 Mann auf Usedom gelandet war, um in den Dreißigjährigen Krieg einzugreifen. Die Stralsunder hatten ihn am 10. September 1630 begrüßt und sich damit definitiv auf die schwedische Seite gestellt.

gewandte faszinierende Schaufassade mit den hochgezogenen Giebeln, die von sieben polygonalen Pfeiler gegliedert wird, entstand wohl um 1400. An die große Zeit des Hansebundes erinnern die Wappen von Hamburg, Lübeck, Wismar, Rostock, Stralsund und Greifswald über den sechs großen Fenstern. Die von schlanken Säulen auf hohen Postamenten getragene hölzerne Galerie im lang gestreckten Innenhof wurde um 1680 errichtet.

Bis ins 14. Jahrhundert waren nur öffentliche Großbauten und Kirchen aus dem teuren Backstein errichtet worden, die Wohnhäuser baute man in Fachwerkbauweise mit Rohrdach. Doch nun ließ sich der Reichtum Stralsunds auch an den Häusern der Bürger ablesen. So ließ sich nachweisbar vor 1358 Bürgermeister Bertram Wulflam sein Wohnhaus an der nördlichen Seite des Alten Marktes erbauen. Das einstige Wohnspeicherhaus besitzt einen prächtigen Staffelgiebel, der große Verwandtschaft mit der gegenüber liegenden Schaufassade des Rathauses hat, ein deutlicher Hinweis auf das Machtbewusstsein des Bürgermeisters. Zu den bekanntesten gotischen Giebelhäusern gehört auch das rekonstruierte, heute als Standesamt genutzte Dielenhaus in der **Mühlenstraße 3.** Es ist eins der typischen Giebelhäuser der Kaufleute, deren Breite meist 9,20 m betrug und die in den wichtigsten Straßen stehen. Allerdings wurden die Fassaden später oftmals überformt und die Innenstruktur der jeweiligen Nutzung angepasst. Ursprünglich dienten die Dielenhäuser dem Kaufmann der Hansezeit als Wohn-, Handels- und Lagergebäude gleichermaßen. Die sich über zwei Geschosse erstreckende, etwa 5 m hohe Diele, die das gesamte Erdgeschoss einnahm, war der Aufenthalts- und Arbeitsraum für die Familie und die Bediensteten, aber auch Repräsentations- und Geschäftsraum. In den steilen Satteldächern lagerte man die Waren, gewohnt wurde in einem meist zweigeschossigen hofseitigen Seitenflügel, der, wie auch die Rückfassaden der Hauptgebäude, in Fachwerk ausgeführt war. Als im 19. Jahrhundert in Hafennähe die vielfach heute noch vorhandenen großen Speicher erbaut wurden, baute man die Dielenhäuser zu reinen Wohnhäusern um.

Im späten Mittelalter, mit dem Übergang von der Gotik zur Renaissance, verlor sich die Wertschätzung des Backsteins. Die Stralsunder ließen die prachtvolle Fassade ihres Rathauses hinter einer Putzverkleidung verstecken, die jedoch 1881/82 wieder abgeschlagen wurde, als der Backstein erneut zu Ehren kam. Wie in der Hansezeit wurden Ende des 19. Jahrhunderts erneut Bauten aus den roten Ziegeln aufgemauert, meist sogar in der Formensprache der Backsteingotik. In Stralsund stehen dafür als Beispiele das Gebäude der ehemaligen **Reichspost** am Neuen Markt und die ehemalige **Knabenmittelschule** in der Mönchstraße.

Kleinod Heilgeisthospital

Heute leidet die Stralsunder Altstadt unter Bevölkerungsrückgang. 1958 wohnten hier noch 15 000 Menschen, 1990 waren es etwa 5300, nun sind es nur noch rund 3000. Die meisten denkmalgeschützten Häuser haben zwar eine hübsche Fassade, doch oft fehlt es an Licht, die Wohnungen sind nicht auf die heutigen Bedürfnisse zugeschnitten. Zu den Bemühungen, mehr Menschen in die Altstadt zu bringen, gehört die Sanierung des **Heilgeisthospitals,** auch »Kloster zum Heiligen Geist« genannt, weil die eigentlich weltliche Einrichtung ähnlich wie ein Kloster organisiert war. Die Mitte des 13. Jahrhunderts von der Stadt gegründete Anlage gab in Not geratenen Reisenden, Kranken und vor allem älteren Menschen Obdach, heute ist sie in ihrer Geschlossenheit der besterhaltene Spitalkomplex an der südlichen Ostseeküste.

Vor allem im 20. Jahrhundert wurde kaum etwas zur Erhaltung der Bausubstanz getan, die nach dem Krieg von 1715 neu entstandenen Fachwerkhäuser verkamen immer mehr und mussten zu DDR-Zeiten teilweise baupolizeilich gesperrt werden. Nach der Einheit hat die Stadt das architektonische Kleinod nicht nur denkmalgerecht restauriert, sondern auch die ursprüngliche Nutzung erhalten. In den 20 kleinen Wohnungen im malerischen »Kirchgang« wohnen im Südflügel alte Menschen dauerhaft, im Nordflügel Menschen, die nur für eine Übergangszeit eine Wohnung brauchen. Zu einer begehrten Wohnadresse wurden die kleinen farbigen Fachwerkhäuschen.

Ein besonderes Beispiel für die Sanierung der letzten Jahre stellt das schlichte, Anfang des 14. Jahrhunderts errichtete Giebelhaus **Mönchstraße 38** dar, eines der ältesten Bürgerhäuser an der Ostseeküste. Manche Um- und Anbauten musste das gotische Dielenhaus in seiner fast siebenhundertjährigen Geschichte ertragen, dazu gehören die beiden Vorbauten aus dem 18. Jahrhundert, so genannte Utluchten, die aus der Bauflucht hervorkragen. Bei der Sanierung durch die Deutsche Stiftung Denkmalschutz war es Ziel, alle diese baulichen Veränderungen zu erhalten. Und so kann der Besucher des heutigen Museumshauses die wechselvolle Geschichte des als Krämerhaus errichteten Bauwerks vom Mittelalter bis zur DDR-Zeit kennenlernen. Ein weiteres gutes Beispiel, wie historisches Gemäuer zeitgenössisch genutzt wird, zeigt das Gebäude des sorgfältig restaurierten **Dominikanerklosters St. Katharinen.** 1251 am südwestlichen Rand der damaligen Altstadt gegründet, ist das Kloster eine der größten Anlagen seiner Art an der Ostseeküste und blieb fast vollständig erhalten. 1924 zog in den Ostteil des Klosters das Kulturhistorische Museum. 1974 nahm die aus Backstein errichtete turmlose gotische Hallenkirche das **Deutsche Meeresmuseum** auf.

Tourist-Info Stralsund:
Alter Markt 9
Tel. 038 31/24 69 0
www.stralsund tourismus.de

Die Stuttgarter Staatsgalerie

Museumstempel der Postmoderne

Postmodernes Kunstmuseum

Erbaut: 1977–84

Architekten:
James Stirling
Michael Wilford

Immer noch geistert die Vorstellung von Kehrwoche und hochgeklappten Bürgersteigen durch die Welt, wenn es um Stuttgart geht: Da wird geschafft im Ländle, beim Daimler oder beim Bosch, man trinkt ein Viertele und spart aufs Häusle. Doch so behäbig geht es nicht mehr zu. Die Schwabenmetropole strahlt vor Lebensfreude und sonnt sich in mediterranem Flair. Am Schlossplatz mit Altem und Neuem Schloss, mit nagelneuem Kunstmuseum, zwischen Straßencafés und Wochenmarkt, beginnt der kilometerlange Schlossgarten. Das wilhelminische Staatstheater steht festlich da, Heimat der Oper und des weltberühmten Stuttgarter Balletts. Dahinter liegt die »Kulturmeile«: die Alte und Neue Staatsgalerie, das Haus der Geschichte, die Musikhochschule. Das Trio ist ein locker nebeneinander gesetztes Ensemble, wuchtig und feingliedrig zugleich. Der dicke Rundturm der Musikhochschule lenkt sofort die Blicke auf sich. Fast zwanzig Jahre nahm die Fertigstellung des Gesamtkomplexes von James Stirling und Michael Wilford in Anspruch. Das erste Gebäude, die Neue Staatsgalerie von 1984, brachte ihnen Weltruhm und den Stuttgartern einen aufsehenerregenden Museumsbau, einen steinernen Pop-Tempel, unerhört und ganz, ganz anders. Die öffentliche Meinung war damit über Jahre beschäftigt.

»Eine Serie von Zwischenfällen«

James Stirling und Michael Wilford haben u.a. gebaut:
Campus des Wissenschaftszentrums Berlin
Architekturlandschaft Braun Melsungen AG, Melsungen
Tate Gallery, Liverpool
Turner-Flügel der Tate Britain, London

Von Michael Wilford stammt die Britische Botschaft in Berlin.

Mutig und beunruhigend war Sir James Stirling (1926–92), seine spektakulären Bauten läuteten die Phase des Postmodernismus ein. Sie wurden bejubelt oder verdammt, und in Deutschland schuf er mit Witz und souveräner Freiheit seine Meisterwerke. »Big Jim« mit seinem »riesigen, langsamen und breiten Körper« verbarg seine Kreativität schildkrötengleich hinter einem Panzer aus Ironie und schwarzem Humor. Er trug gern leuchtend lila Socken und altersmürbe Strickjacken, er war ein Künstler, ein Architekt der Widersprüche. Anfangs baute er nüchtern und sachlich, dann durchbrach er die Monotonie des rechten Winkels mit zwei außergewöhnlichen Universitätsbauten in Großbritannien. Eine Erprobung komplizierter Gebäudeformen und raffinierter Zusammenstellungen: viel gelobt, viel geschmäht. 1981 erhielt Stirling, da arbeitete er schon länger mit seinem Partner Michael Wilford zusammen, den Nobelpreis der Architektur, den Pritzker-Preis. Zu jener Zeit pellte sich die Neue Staatsgalerie (Grundsteinlegung 1977) aus ihren Baugerüsten. Mit ihrer Eröffnung im März 1984 wurde Stirling für die einen zur »Galions-

Die Neue Staatsgalerie Stuttgart, ein Poptempel der 1980er Jahre

figur der Postmoderne«, für die anderen zum »exzentrischen, mit Zitaten jonglierenden Manieristen«; dritte verdammten seinen Bau gar als »Machwerk aus Speers Mottenkiste«.

Gewollt war ein gleichberechtigtes Gebäude als Erweiterung zur **Alten Staatsgalerie,** einem stattlichen spätklassizistischen Bau (1838–43). Neben der Verbindung beider Galerien sollte die Neue Staatsgalerie eine offene Vertikale anbieten, um auch einen Durchgang von der hochgelegenen hangseitigen Straße her zu schaffen. Stahl, Glas und kühle Kuben kamen für Stirling/Wilford nicht in Frage; sie kombinierten Naturstein in unterschiedlichsten Tönungen mit poppig lackiertem Kunststoff. Ein historisches Formenrepertoire wurde aufgegriffen, spielerisch und frech verfremdet: Statt einer herkömmlich musealisch-bedeutsamen, feierlichen Fassade schufen sie eine wogende, in Höhe und Tiefe abgestufte Architekturlandschaft mit rückspringender Terrassenfront und knalligen Farben. Rampen, Aufgänge, Brüstungen und Handläufe in Pink und Babyblau, ein antikisierender Portikus in Rot, eine grün gefasste, kühn gekurvte Glasfront in der Eingangshalle: Sie bieten dem Besucher schon von außen »eine Serie von Zwischenfällen«, wie Stirling kommentierte. Die Travertin- und Sandsteinfassaden schimmern in Gelb und Puderrosa, da-

Im prallen Rundturm der Staatlichen Hochschule für Musik, dem Pendant zur Rotunde der Neuen Staatsgalerie, liegt der großartige Konzertsaal, und von der Aussichtsplattform bietet sich ein tolles Panorama.

zwischen sind doch tatsächlich einzelne Quader herausgefallen – eine kleine Ironie, mit der die großen Formen, die Monumentalität der Baumassen gebrochen wird.

Im Zentrum hockt als Mutterglucke die mächtige **Rotunde** mit dreißig Metern Durchmesser, die als Skulpturenrondell oder »circular garden«, wein- und efeuumrankt, Stille und Intimität vermittelt. Die Freitreppe schafft die Verbindung zwischen Hang und Front. Diese seinerzeit verspottete Rotunde im Mittelpunkt ist ganz explizit Stirlings Hommage an Schinkels preußischen Klassizismus, an den prunkvollen Kuppelsaal im Alten Museum in Berlin. Sterling hat ihn wie ein Ei gekappt: »Der zentrale Raum hat nur eine Öffnung zum Himmel.« Um die Rotunde legen sich die Ausstellungsräume mit klassischen Raumfluchten, die im Altbau mit sinnlicher Farbigkeit wie warme Höhlen locken. Und überall heitere Details, die das klassische Formenrepertoire mit leichter Hand hintertreiben.

Auch Regenschirme gibt's mit grünen Noppen

Die Staatsgalerie ist eines der meistbesuchten Museen Deutschlands und ihre Bestände sind herausragend. Im Altbau präsentieren sich die **Sammlungen vom 14. bis 19. Jahrhundert** mit einem einzigartigen Fundus an altschwäbischen Gemälden, Altären und Tafelbildern. Alte Meister, Niederländische Malerei und italienisches Barock sind in großer Fülle vertreten. Das 19. Jahrhundert bietet neben dem schwäbischen Klassizismus exemplarische Werke aller Stile, von den Präraffaeliten bis zum Impressionismus. Die Neue Staatsgalerie ist der Kunst des 20. Jahrhunderts gewidmet, ihren Werkgruppen und Stilströmungen. Einen Sammlungsschwerpunkt bildet die **Klassische Moderne** mit starken Werkkomplexen von Beckmann, Oskar Schlemmer (»Figurinen zum Triadischen Ballett«), Otto Dix und George Grosz. Qualitativ und quantitativ herausragend in Deutschland ist der Picasso-Bestand. **Zeitgenössische Malerei und Plastik** sind u. a. durch Josef Beuys, Anselm Kiefer, Georg Baselitz sowie die amerikanische Avantgarde, Pop- und Minimal Art vertreten. Die traditionsreiche **Grafische Sammlung** mit ca. 400 000 Zeichnungen, Druckgraphiken, mit Plakatsammlung, Fotokunst und u. a. dem Schlemmer-Archiv hat im Jahr 2002 einen separaten Bau erhalten.

Schon legendär ist ja der grasgrüne Noppenboden im kurvigen Erschließungsbereich, der immer wieder mit Freude kommentiert wird. Schön auch der Shop und die vorgelagerten Terrassen mit ihren Bistros, die die Staatsgalerie mit dem Haus der Geschichte verbinden. Stirlings Ziel war es, Kunst mit unterhaltsamem Erlebnis zu verquicken und Bauten als »Ausbrüche« zu konzipieren. Und weil sie ihm und Stuttgart bis dato fehlten – hat er sie eben selbst geschaffen.

Öffnungszeiten:
Di, Mi, Fr–So 10–18 Uhr, Do 10–21 Uhr
www.staatsgalerie.de

Tourist-Info Stuttgart:
Königstr. 1 a
Tel. 07 11/2 22 82 40
www.stuttgart.de

Die Weißenhofsiedlung

Frühe Architektur der Moderne

Frühes Beispiel für modernes Bauen

Erbaut: 1927

Architekten:
- ☆ *Mies van der Rohe*
- ☆ *Peter Behrens*
- ☆ *Hans Scharoun*
- ☆ *Le Corbusier*
- ☆ *Walter Gropius u. a.*

Die Kontroversen und Auseinandersetzungen wogten hin und her. Die Front der Konservativen und Beleidigten im Architekten-Establishment sprach von »Neu-Marokko«, und überhaupt: Flache Dächer passen nicht hierher. Die Gegenseite, die progressiven Werkbünde, hatte trotz heftigsten Wiederstandes 1926/27 am Stuttgarter Killesberg eine neue Siedlung errichten können: Zukunftsweisend sollten die »Wohnungen für Großstadtmenschen« sein, ökonomisches und rationelles Bauen mit neuen Wohnformen verbinden. Für den Bebauungsplan und die künstlerische Leitung der Weißenhofsiedlung, der geschmähten »Vorstadt Jerusalems« war Ludwig Mies van der Rohe verantwortlich, aufsteigender Architekten-Stern aus Berlin, der drei Jahre später zum Direktor des Bauhauses ernannt wurde (s. S. 105). Mit von der Partie waren Baumeister, die Architekturgeschichte geschrieben, Bauen und Wohnen revolutioniert haben: Walter Gropius, Le Corbusier, Peter Behrens, Mart Stam, J. J. P. Oud, Bruno und Max Taut, Hans Scharoun und andere. Insgesamt 17 Architekten bauten 21 Häuser mit 63 Wohnungen.

Mitte 1926 wurde der Bebauungsplan genehmigt; der erste Spatenstich erfolgte im März 1927. Im Rahmen der Werkbund-Ausstellung »Die Wohnung« wurden die Häuser nach nur viermonatiger (!) Bauzeit im Juli 1927 zur Besichtigung freigegeben. Bis zum Ende der

Straßenfront der Häuserzeile von J. J. P. Oud am Pankokweg 1–9

Vorhanden sind folgende Originalbauten:
Mies van der Rohe:
Am Weißenhof 14–20
Mart Stam:
Am Weißenhof 24–28
Peter Behrens:
Am Weißenhof 30–32, Hölzelweg 5
Hans Scharoun:
Hölzelweg 1
Josef Frank:
Rathenaustr. 13–15
Le Corbusier/Pierre Jeanneret:
Rathenaustraße 1–3, Bruckmannweg 2
Victor Bourgeois:
Friedrich-Ebert-Str. 118
Adolf Gustav Schneck:
Bruckmannweg 1, Friedrich-Ebert-Str. 114
J. J. P. Oud:
Pankokweg 1–9

Zerstört oder durch Unbedeutendes ersetzt:
Walter Gropius:
Bruckmannweg 4 u. 6
Ludwig Hilbersheimer:
Rathenaustr. 5
Hans Poelzig:
Rathenaustr. 7
Bruno Taut:
Bruckmannweg 8
Max Taut:
Bruckmannweg 12, Rathenaustr. 11

Schau im Oktober waren 500 000 Besucher durch die Häuser mit ihren komplett eingerichteten Wohnungen gelaufen, verständnislos, verstört oder begeistert. Die Presse überschlug sich.

Der Aufruhr kulminierte nur wenige Jahre später. 1938 hatte das Deutsche Reich das gesamte Areal aufgekauft. Die Gebäude, von den Nazis als »Schandfleck«, als »undeutsches Machwerk von Kulturbolschewisten« gebrandmarkt, sollten abgerissen, das Areal als Bauplatz für das Generalkommando V des Heeres genutzt werden. Eine Fotocollage zeigte die Weißenhofsiedlung als »Araberdorf«: Vor den weißen Hauskuben stehen Palmen, Menschen im Burnus ziehen mit Kamelen vorbei. Doch dann kam der Krieg, 1944 wurde die Siedlung durch Bomben teilweise zerstört. Nach langer Indifferenz und später Besinnung sind die elf erhaltenen Originalbauten in den Achtzigern instand gesetzt und restauriert worden; die Gesamtanlage steht seit 2002 unter Denkmalschutz. Eine weiß leuchtende, bewohnte Vision, ein Freilichtmuseum der frühen Moderne.

»Wohnmaschinele«

Knapp ein Jahrzehnt nach Ende des Ersten Weltkriegs waren die Zeiten schlecht, die Bevölkerung zermürbt, die Wohnraumnot groß. Mit den Bauten der Weißenhofsiedlung, mit Geschosswohnbauten, verdichteten Reihenhäusern, Ein- und Zweifamilienhäusern wurden Rationalisierung und Typisierung beim Bau erprobt, neue Konstruktionsprinzipien, neue Werkstoffe, neue Materialien und sachlich-schlichte Innenausstattungen. Gleichzeitig sollten unterschiedlichste Wohnansprüche befriedigt werden. Für die Familien des »gehobenen Mittelstands« mit Kindern und Tageshilfe, für die »berufstätige Dame«, den »Junggesellen«. Überwiegend ist der Stahlskelettbau zum Einsatz gekommen; das Flachdach war von Mies vorgeschrieben worden. Die Farbgebung der Häuser variierte zwischen »gebrochenem Weiß« (Mies van der Rohe) und zartem Pastell. Bei allen spielte die Sozialverantwortlichkeit eine große Rolle: viel Sonne, Luft und Licht gegen Mietskasernen, Hinterhöfe, vollgestopfte Räume und Tuberkulose. Kühn waren die versetzt ineinandergeschobenen Bauteile, die übereck gesetzten Fensterbänder, die flachen Terrassendächer, die freien Grundrisse mit flexibler Raumaufteilung und verschiebbaren Wänden, die leichte, ästhetisch abgemagerte Möblierung.

Auf dem höchsten Punkt der Siedlung liegt der dreigeschossige Mietshausblock von **Mies van der Rohe** (1886–1969). Hier sind das Infozentrum und die kleine Weißenhof-Galerie untergebracht. In den 24 unterschiedlich großen Wohnungen demonstrierte er »die größte Freiheit in der Benützungsart« mit demontierbaren Trennwänden, neuen Einrichtungskonzepten und raumhohen Türen, die er als Teil der Wand ansah. Alle Wohnungen waren unterschiedlich möbliert – »gehoben« oder mit »Konfektion« für »die billige Wohnung«.

Zu sehen war auch das erste »Sitzmöbel aus gebogenem Stahlrohr« mit Lederbespannung – der weltberühmte Freischwinger, dessen Urform auf einer Idee des Niederländers **Mart Stam** (1899–1986) beruht. Der hat wie auch sein Landsmann **J. J. P. Oud** (1890–1963) eine freundliche, gut geschnittene Reihenhausbebauung entworfen: Beide Häuserzeilen sind südorientiert, eignen sich zur weiteren Aneinanderkettung zur Großsiedlung und erfüllen »allgemein-familiäre Bedürfnisse« in größtmöglicher Variation auf kleinstem Raum. Der Block aus drei Einfamilienhäusern mit winzigen Eingangsbereichen in Lavendelbau ist von Stam; die wackere Fünferreihung mit Häusern von 70 m^2 Wohnfläche stammt von Oud. Die Eckbebauung zwischen Weißenhof und Hölzelweg hat **Peter Behrens** (1868–1949) entwickelt. Er war Wegbereiter des modernen Designs: seine Industriehallen und Verwaltungsbauten, u. a. für die AEG in Berlin, sind Ikonen der Moderne. In seinem Büro haben Gropius, Le Corbusier und auch Mies van der Rohe ihr Handwerk gelernt. Sein vielgliedriger Bau besteht aus unterschiedlich hohen, ineinander geschobenen Hausteilen, mit Flachdachpartien, die als Terrassen dienen. Hell und luftig sollte alles sein in dem Haus für »Volksgesundheit«.

Bruno Taut hatte sein Haus in grellsten Farben – Rot, Gelb, Grün, Blau, Schwarz und Weiß, streichen lassen. Le Corbusier: »Mein Gott, der Taut ist ja farbenblind!«

Das Haus von **Hans Scharoun** (1893–1972) gilt noch heute als das schönste: mit lichtdurchfluteten Räumen, die Innen und Außen verbinden, einem separaten Wirtschaftstrakt und geschwungenen Formen, die an einen Schiffsrumpf erinnern. »Wegen der in künstlerischer Beziehung besonders eigenartigen Einstellung des Architekten« hätte ihn die Stadt beinahe ausgeschlossen – seiner eigenartigen Auffassung verdanken wir das großartige Bauensemble mit Philharmonie und Staatsbibliothek in Berlin.

Die beiden Häuser von **Le Corbusier** (1887–1965) und Pierre Jeanneret (jetzt mit **Museum Weißenhofsiedlung**) haben die Gemüter am meisten erhitzt. Die Ansätze zu den späteren Wohnmaschinen (Marseille, Berlin) sind hier zu erkennen: tragende Stelzensysteme, offene Wohngeschosse und beim Doppelhaus aneinandergekoppelte Schlafkabinen mit variablen Zwischenwänden. Noch heute werden die Bewohner nach ihren Erfahrungen mit dem »Wohnmaschinele« gefragt. Das Einfamilienhaus sollte eigentlich gleich wieder abgerissen werden, da durch falsche Höhenberechnungen am Hang der Hauseingang in den Keller gerutscht war. Überhaupt war vor der Eröffnung einiges schief gegangen, aber wie Kurt Schwitters, der fröhliche Dadaist, in seiner Eröffnungsrede in einer Dialektparodie sagte, haben die Architekten von »ihrem Beschten dasch Beschte« gegeben, und da kann es eben vorkommen, »dass nachher die Einwohner nicht so reif und so frei sind wie ihre eigenen Türen«.

Öffnungszeiten:
Infozentrum Weißenhofsiedlung:
Am Weißenhof 20
Tel. 0711/257 91 87
Di–Fr 11–15,
Sa, So Mo 11–16 Uhr
www.weissenhofsiedlung.de

Architektur-Galerie:
Di–Sa 14–18,
So 12–17 Uhr
www.weissenhofgalerie.de

Museum Weißenhofsiedlung
Rathenaustraße 1

Tourist-Info Stuttgart:
Königstr. 1 a
Tel. 07 11/2 22 82 40
www.stuttgart.de

Trier

Das römische Erbe

Älteste Stadt Deutschlands mit großartigen römischen Relikten; UNESCO-Welterbe seit 1986

Gegründet: wohl um 16 v. Chr.

Besonders sehenswert:
- ☆ *Amphitheater*
- ☆ *Thermen*
- ☆ *Basilika*
- ☆ *Dom und Liebfrauenkirche*
- ☆ *Porta Nigra*

Unterhalb der Saarmündung durchfließt die Mosel eine sanft geneigte Talweite. Dort ließen sich die Römer an einer Furt nieder, die sicher schon im zweiten vorchristlichen Jahrhundert als Übergang diente. Einiges spricht dafür, dass Kaiser Augustus selbst die Gründung anstieß, jedenfalls hieß sie nach ihm *Augusta Treverorum.* Keinen Zweifel gibt es an der Verkehrsgunst ihrer Lage: An dieser Stelle kreuzte sich die große römische Nord-Süd-Verbindung Lyon–Metz–Köln mit der Ost-West-Achse Reims–Mainz.

Die hier ansässigen Treverer fühlten sich nicht den Galliern, sondern den Germanen zugehörig und verweigerten im Gallischen Krieg jedes Bündnis mit Cäsars keltischstämmigen Feinden. 68/69 n. Chr. machten sie dennoch gegen die Römer Front, mit diesem gescheiterten Aufstand sind sie letztmalig als politisch eigenständige Größe fassbar. Als sich die Verhältnisse wieder gefestigt haben, beginnt die (erste) Blütezeit des römischen Trier, die knapp 200 Jahre dauern sollte.

Schon vor der Revolte war Trier unter Kaiser Claudius zur *colonia,* also zur römischen Stadt im vollen Rechtssinn, erhoben worden. Um 90 hatte es ein Forum, die Barbarathermen kamen wohl wenig später hinzu. 154–156 erhielt Trier dann seine berühmte steinerne Brücke, deren Pfeiler heute noch stehen.

275/76 erwies sich allerdings als Katastrophenjahr, damals wurde die reiche Stadt von den Germanen schwer heimgesucht. Um so erstaunlicher die rasche Erholung unter Probus, die glorreiche Epoche, die Trier seit der diokletianischen Reichsreform erlebt. Unter Constantius Chlorus I. (Cäsar 293–306), dann unter seinem Sohn und Nachfolger Konstantin I. ist es kaiserliche Residenz. Eine letzte Glanzzeit erlebt die Stadt von 367 bis 383. Die Invasionen der Grenzvölker seit 395 zwingen zur Verlegung der Residenz nach Mailand und der Präfektur ins noch sichere Arles. 402 wird die Rheinarmee nach Italien abkommandiert, die verbliebenen Truppen können Trier nicht mehr verteidigen. Wer irgend kann, flüchtet Richtung Süden. Die Stadt verödet und fällt 470 endgültig an die Franken.

Die Römerbrücke

Den vielleicht mächtigsten Bogen in die Moderne spannt die **Römerbrücke.** Doch sie hatte bereits einen Vorläufer. Als die Mosel hier anfangs der 1960er Jahre vom Fluss zum Kanal wurde, stieß man auf Pfahlroste, deren Holzkonstruktion eine Altersbestimmung ermöglichte. Schon 18/17 v. Chr. muss dieser Überweg über jene Furt ge-

Die Porta Nigra in Trier

baut worden sein, die eigentlich die Keimzelle der Stadtwerdung Triers war. Bis etwas oberhalb die Steinbrücke entstand, sollten noch gut anderthalb Jahrhunderte vergehen. Dafür sind ihre Pfeiler ein ragendes Beispiel von Solidität: Spitz gegen den Strom gerichtet und flussabwärts gerundet, haben sie alle Hochwasser überstanden. Der Aufbau bestand allerdings nur aus Holz, erst der tatkräftige Fürstbischof Balduin ließ die Brücke 1343 einwölben. Nachdem die Franzosen diese Bögen gesprengt hatten, wurden sie 1719 wiederhergestellt. 1931 zwang das erhöhte Verkehrsaufkommen zur Verbreiterung der Fahrbahn, damals wurden die Fußgängerüberwege als auskragende Betonkonstruktion angelegt. Die Pfeiler der Römerbrücke aber blieben, Tragebauten auch im übertragenen Sinn.

Zeitlich weiter zurück als diese Brücke reicht das **Amphitheater**, ältestes Trierer Römermonument und östlichster Punkt der *Augusta Treverorum.* Es wurde etwa um 100 n. Chr. am Fuß des Petersberges angelegt und ist kein Stein-, sondern ein Erdbau. Um für den ovalen Spiel- und Kampfplatz eine ebene Fläche zu schaffen, wurde die Ostseite der Arena in den Hang hineingezogen, während das Terrain im Westen wallartig aufgeschüttet wurde. 18 000–20 000 Zuschauer konnten hier Platz finden, drei Ränge waren durch breite Gänge geschieden, die Sitzreihen treppenförmig angeordnet. Eine vier Meter hohe Mauer trennte die Spielfläche vom Zuschauerbereich, davor zog sich

Als Verteidigungsbollwerk blieb das Theater intakt: Hierhin flüchtet sich die Bevölkerung bei den Einfällen der Barbaren, zwischen dem mächtigen Süd- und dem Nordtor konnte sie sich noch am sichersten fühlen. So bezeugt das Bauwerk Aufstieg und Niedergang der Römerstadt Trier.

ein abgedeckter Umgang. Käfige für die Tierhatz und mehrfach erweiterte Gladiatorenkeller sind unter der Arena erhalten.

Gegen Ende des zweiten nachchristlichen Jahrhunderts wurde das Amphitheater in die Stadtumwehrung einbezogen, so dass zwischen äußerem und innerem Torbau eine Art Zwinger entstand, der dem potenziellen Feind wenig Amüsement bereitet hätte. Nach dem Ende der Christenverfolgungen war dieses Theater ohnehin um eine Attraktion ärmer, und nachdem Theodosius (Kaiser 379–395) die Spiele überhaupt verbot, wurde die Anlage 406 zugeschüttet.

Antike Badefreuden

Sehr viel zivileren Charakter hatten die **Thermen,** sie gelten seit je als der bester Ausweis des römischen Savoir vivre. *Balnea* (Bäder) gehörten neben *vinum* (Wein) und *Venus* (Liebe) zu den drei klassischen Freuden. Kein Wunder also, dass Gasthäuser und Bordelle die Nachbarschaft der Thermen suchten. Über das ganze Reich verbreitet, geben diese Bäder eine Vorstellung von der gestalterischen Kraft römischer Kultur. Architektonisch bedeuteten die Anlagen eine gewaltige Herausforderung, die Thermen waren es, denen die Baumeister der Renaissance den höchsten Respekt zollten.

Trier zeigt eindrucksvolle Überreste von gleich zwei dieser großen Badebezirke (weniger eindrucksvoll sind die Viehmarktthermen als dritter Komplex). Die älteren **Barbarathermen** entstanden nach dem Bataveraufstand, zur Zeit Hadrians (Kaiser 117–138) galten sie als größte und prächtigste des ganzen Imperium Romanum. Ihre Längsseite verlief etwa parallel zur Mosel, das eigentliche Badegebäude misst 170 x 100 m in der Fläche. Hier lagen genau in der Mittelachse und in der üblichen Reihenfolge *Frigidarium* (Kaltbad), *Tepidarium* (Laubad) und das *Caldarium* (Warmbad). Ein repräsentativer Durchgang führte zum Warmbad mit seiner imposanten Halle. Platten, Säulen und vor allem Statuen aus Marmor lassen die exquisite Ausstattung erkennen. Gut erhalten ist die Unterbodenheizung, das *Hypocaustum,* dessen Erfindung im zweiten nachchristlichen Jahrhundert wirkliche Badepaläste überhaupt erst möglich machte. Eine Ofenanlage sorgte sowohl für die Erhitzung der Heißwasserkessel als auch über die ziegelgestützten Hohlräume für die Erwärmung des gesamten Badehauses.

Den Badegästen blieb verborgen, dass zum Inganghalten des Betriebs neben viel Technik viele Menschen nötig waren. Die Arbeit in den Kellern und Lichtschächten war eine erbärmliche Schufterei.

Noch prächtiger sollte es bei den **Kaiserthermen** zugehen, die allgemein als Nonplusultra der Badekultur galten. Nachdem Trier Residenz eines Cäsars wurde, hatte es Anspruch auf diese – nie ganz vollendeten – Thermen für Hofstaat und Beamtenadel. Sie lagen gleich an der Hauptstraßenachse des antiken Trier, dem *Decumanus maximus,* und bildeten den südlichen Abschluss des Palastbereiches.

Nicht weniger als vier Wohnquartiere mussten dem Komplex weichen, und wenn seine Reste heute den Eindruck eines Festungsbaus machen, dann lässt sich das einzig auf die Monumentalität der Anlage zurückführen. Ihre Architektur steigerte sich bis zum Warmbad hin, das den Höhepunkt auch im Wortsinn bildete.

Zum Palast gehörte auch die **Palastbasilika** als Thronsaal des Herrschers. Und wenn es ein Superlativ mehr sein darf: Unter den erhaltenen antiken Räumen ist sie der größte. Für die Wiederherstellung musste das angebaute Fürstbischöfliche Schloss Federn lassen. Aber was bei diesem Rokoko-Kleinod verloren ging, war doch für die Basilika gewonnen. Kurz nach 310 waren die letzten Ziegel des gewaltigen Bauwerks vermauert, außen lassen sich Reste von Bemalung erkennen, doch abgesehen von den monumentalen Rundbögen fehlt jede Bauzier. Die Basilika erreicht die stolze Höhe von 33 m, war innen mit Marmorplatten ausgekleidet und hatte wohl eine Kassettendecke. Heute ist das einstige Zentrum der kaiserlichen Repräsentation bar jeden Schmucks, aber womöglich steigert diese Schmucklosigkeit seine Wirkung noch.

Die Erhaltung der Palastbasilika verdanken wir dem Eingreifen des preußischen Königs Friedrich Wilhelm IV., der die Ruine 1846 zur evangelischen Kirche der Garnisonsstadt bestimmte.

Christliches Doppel: Dom und Liebfrauenkirche

Ein wenig weiter nördlich erhebt sich das Doppel von **Dom** und **Liebfrauenkirche.** Auch dieser Zwei-Kirchen-Komplex entstand in konstantinischer Zeit. Und wenngleich er sein damaliges Erscheinungsbild verloren hat, bleibt seine antike Baugeschichte ablesbar. Früh muss sich in Trier eine christliche Gemeinde gebildet haben, wegen ihrer Größe schien es Konstantins Vater geraten, die Christenverfolgung eher lax zu handhaben. Mit Konstantin als Kaiser und großem Förderer des Kultes kamen führende Persönlichkeiten der jungen Religion an die Mosel.

Als erster Trierer Bischof (312–322) gilt Agritius. Seinen Namen verbindet die Überlieferung mit der hl. Helena. Die Mutter Kaiser Konstantins des Großen soll dem Bischof ihren Palast geschenkt haben, damit er auf dem Gelände eine Kirche anlegen konnte. Dieser Bau sei die Keimzelle des heutigen Doms. – Natürlich verwiesen spätere Generationen die Tradition ins Reich der Fabel respektive Legende. Doch dann kam bei Ausgrabungen unter der Kathedrale eine vielfach gesplitterte, nichtsdestoweniger spektakuläre Wandmalerei ans Licht, wie sie in dieser Qualität nur einen Palast geschmückt haben kann. Sorgfältig zusammengesetzt, ist dem nun wirklich ohne Abstriche sensationellen Fund ein ganzer Saal des Trierer Diözesanmuseums vorbehalten.

Bis heute hat der Dom einen römischen Kernbau aus dem vierten nachchristlichen Jahrhundert, bis zu 25 m hoch sind seine Umfassungsmauern erhalten. Er musste im Lauf der Zeit vielfach instand gesetzt werden, wurde aber erst unter Poppo von Babenberg (Erzbischof 1016–1047) nach Westen erweitert. Hier wächst sozusagen die frühe Romanik aus einem Bauwerk der römischen Antike, ein beinahe fließender Übergang. Am Dom entsteht ein Westabschluss, der zu den eindrucksvollsten seiner Epoche gehört. Mit ihm und der Pfalzkapelle zu Aachen (s. S. 26) knüpfen über die Eifel hinweg zwei Schlüsselbauten an die große Architekturtradition des Imperium Romanum an, die sie doch beide auf eigene Weise fortentwickeln.

Die Porta Nigra, Wahrzeichen Triers

Öffnungszeiten:
Porta Nigra, Amphitheater, Kaiserthermen: April–Sept. tgl. 9–18 Uhr, in den anderen Monaten etwas kürzer.

Barbarathermen z. Zt. geschlossen

Basilika:
April–Okt. Di–Sa 10–18, So 12–18 Uhr, Nov–März Di–Sa 11–12, 15–16 Uhr, So 12–13 Uhr

Dom:
Nov.–März tgl. 6.30–17.30 Uhr, April–Okt. tgl. 6.30–18 Uhr

Liebfrauenkirche:
April–Okt. tgl. 7.30–18, Nov.–März tgl. 7.30–17.30 Uhr

Tourist-Info Trier:
An der Porta Nigra
Tel. 0651/97 80 80
www.trier.de

Noch ein grandioses Bauwerk kündet vom römischen Trier: die **Porta Nigra.** Das ehemalige Stadttor ist ein Profanbau, und so blieb es wohl nur erhalten, weil er um 1040 in das Gotteshaus eines Kanonikerstifts umgewandelt wurde. Erst unter Napoleon kam es zur Rückverwandlung. Die Porta Nigra stammt aus einer turbulenten Phase der Stadtgeschichte. Der abtrünnige Clodius Albinus stand 197 vor den Mauern Triers, eiligst musste der schon begonnene Torbau verteidigungsbereit werden. Offenbar wurde er deshalb nicht ganz vollendet, jedenfalls fehlt partienweise die sorgfältige Glättung des Mauerwerks und etwa die exakte Profilierung der Fensterrahmen.

Die Flankentürme mitgerechnet, erreicht das monumentale Bauwerk 36 m Länge, gut 21 m Breite und die imposante Höhe von 29 m. Eigentlich war es eine Torburg mit zwei Toren, konnte also feldseitig wie stadtseitig geschlossen werden. So ließ sie sich selbst dann noch verteidigen, wenn eventuelle Angreifer die Mauer schon überstiegen hatten. Und falls die Feinde wirklich einen Zugang erobert hatten, befanden sie sich doch erst im eng umschlossenen Innenhof, der sie dem Geschosshagel aus den oberen Stockwerken preisgab.

Der hier vermauerte Sandstein war ursprünglich hellgelb und olivfarbig, den Beinamen »Schwarz« verdankt dieses Tor also dem Zahn der Zeit. Über einem wahrhaftig soliden Fundament ruhen hier 52 Steinlagen, deren Versatz wirklich von höchster Handwerkskunst zeugt. Ohne Mörtel schließen sie fast fugenlos zusammen. Während sich dieses Mauerwerk in der Senkrechten selbst stabilisierte, mussten die Zugkräfte durch horizontal verlegte Eisenklammern aufgefangen werden. In späteren, metallarmen Zeiten wurden sie oft herausgebrochen, was die Statik der Porta Nigra gefährdete. Der Raubbau endete erst mit dem Kirchenbau.

Heute ist die nördliche Toranlage der römischen Umwehrung die vielleicht besterhaltene ihrer Art. Und ein großartiges Entree ins römische Trier, das so viele Zeugnisse seiner antiken Vergangenheit vorweisen kann.

Das Ulmer Münster

Mehr als ein Höhenrekord

Die schiere Höhe ist kein Qualitätsmerkmal. Aber an die 161 und den halben Meter des Ulmer Münsterturms reicht nun einmal kein anderer der Christenheit heran. Außerdem steht dieses imposante Maß nicht alleine: Mit gut 123 m Länge und über 48 m Breite ist das Münster die größte Pfarrkirche Deutschlands, eine Art Bürgerkathedrale, die unübersehbar von Glanz und Macht der Reichsstadt kündet.

Die ersten Planer der Kirche hatten insofern freie Hand, als sie auf keine Vorgängerin Rücksicht nehmen mussten. So unglaublich es klingt: Noch 1376 lag die einzige Pfarrkirche des Gemeinwesens draußen »in den Feldern«. Die Bürger entschlossen sich erst zu einem Neubau innerhalb der Mauern, nachdem Ulm als Haupt des Schwäbischen Städtebunds von kaiserlichen und württembergischen Truppen (erfolglos) belagert worden war.

Höchster Kirchturm der Christenheit

Erbaut: ab 1377

Besonders sehenswert:
- ☆ *Chorgestühl*
- ☆ *Sakramentshaus*
- ☆ *Schmerzensmann von Hans Multscher*

Werkmeisterdynastien

Über dem ersten Kapitel der Bauhistorie (seit 1377) steht der Name Parler. Jedenfalls gibt es kaum mehr Zweifel, dass die beiden Heinrichs und der eine Michael zwischen ihnen tatsächlich jener Familie angehörten, die fürwahr Architekturgeschichte schrieb. Ganz sicher ist, dass der ältere Heinrich noch ein anderes Gotteshaus vorgesehen hatte. Es sollte eine Halle werden, der bei den großen spätgotischen Bürgerkirchen bevorzugte Typus. Doch schon der zweite Werkmeister, Michael Parler, plante eine Basilika, eine Basilika mit sehr breiten Seitenschiffen. Mit dem Bau wuchs der bauherrliche oder -meisterliche Ehrgeiz, und es wuchsen die Probleme bei der Umsetzung immer gewagterer Vorhaben.

Nach dem jüngeren Heinrich Parler bestimmt zwischen 1392 und 1477 ein anderer Familienverband das Geschehen, die Ensingers zählen ebenfalls zu den profilierten Werkmeisterdynastien der späten Gotik. Ulrich leitete bis zu seinem Tod 1419 auch den Bau des Straßburger Münsters, an der Donau trat der Bau jetzt in seine wichtigste Phase. Chor und Langhaus wurden erhöht, 1405 hatte die Kirche ihr Dach, wobei noch immer die Gewölbe fehlten. Doch ein gewaltiger Westturm forderte den Einsatz aller Kräfte, Ulrich konnte seine Vorhalle, Erd- und erstes Obergeschoss fertig stellen. Die 21 x 21 Meter Grundfläche zwangen zur Verkürzung des Langhauses um drei auf zehn Joche. Erst unter Werkmeister Matthäus Ensinger (1446–65) wurden die Ostpartie und das nördliche Seitenschiff eingewölbt. Matthäus' Sohn Moritz vollendete die Maßwerkfenster des Obergadens,

Ulrich Ensingers Nachfolge trat sein Schwiegersohn Hans Kun an, dem 1435 dessen Sohn Kaspar folgte. Auch für die beiden Kuns bedeutete der Westturm die größte Herausforderung; Hans schuf auch die filigrane Bessererkapelle an der Südseite des Chors.

Das Ulmer Münster, davor das Stadthaus von Richard Meier

Ulmer Münster

1 Bessererkapelle
2 Chorgestühl und Dreisitz
3 Sakramentshaus
4 Schmerzensmann von Hans Multscher
5 Kargretabel von Hans Multscher

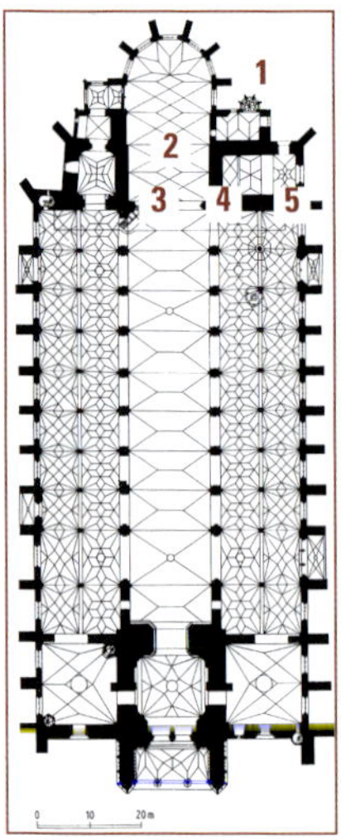

erhöhte noch einmal das Mittelschiff, darüber hinaus konnte er alle gekrümmten Decken des Langhauses schließen.

Als Moritz Ensinger Ulm 1477 aus unbekannten Gründen verließ, trat Matthäus Böblinger an seine Stelle. Gleich präsentierte er einen neuen Plan für den Turm, führte dessen zweites Obergeschoss hoch und vollendete die Viereckgalerie. Aber nun ließ sich über konstruktive Mängel nicht mehr hinwegsehen: Der Turm stand unsicher, der Gewölbeschub an den Seitenschiffen drohte das Mauerwerk auseinander zu drücken. Um dieser Probleme Herr zu werden, bedurfte es keines genialen Planers, sondern eines versierten Technikers. Böblinger erhielt den Abschied, der Augsburger Stadtbaumeister Burkhard Engelberg sollte es richten. 1499 übernahm er die Leitung des Münsterbaus, dreizehn Jahre lang hatte er sie inne.

Engelberg ertüchtigte zunächst einmal die Fundamente des Turms und sicherte ihn nach Osten durch zusätzliche Verstärkungen im Mittelschiff. In den Seitenschiffen ließ er die Ensinger-Gewölbe kurzerhand abbrechen und die breiten Joche durch eine Pfeilerreihe teilen. Nun ließen sich weniger lastende Decken einziehen. Ihre Folge von anmutigen Netz- und Sterngewölben lässt das Münster zumindest auf dem Grundriss fünfschiffig erscheinen.

Nun hätte dem zügigen Abschluss der Arbeiten eigentlich nichts mehr im Weg stehen dürfen. Doch 1531 wurde Ulm evangelisch, ab 1543 ruhten alle Arbeiten. Erst 300 Jahre später gelang wieder die Gründung einer Bauhütte, deren zweifelloses Meisterstück die Vollendung des Turms darstellte. Bis zu ehrenwerten 71 m war sein mittelalterlicher Torso gediehen, nun erreichte er jene Höhe, die auch die Zwillingstürme des Kölner Doms übertraf (s. S. 198). Und Matthäus Böblinger erfuhr posthum Genugtuung, denn sein Entwurf wurde diesem Abschluss zugrunde gelegt.

Auch die Ulmer Domvollendung galt als »nationale Aufgabe«, 1890 war sie bewältigt.

Die Ausstattung

Reformatorische Bilderfeinde brachten das Münster um viele Glanzlichter seiner Ausstattung. Gleichwohl blieben ihm höchst beachtliche Kunstwerke. Das beginnt mit den ältesten **Tympanonreliefs,** die von der abgebrochenen Kirche »in den Feldern« hierhin kamen und noch in der Parler-Tradition stehen. Ausgezeichnete Werke sind die spätgotischen, allerdings im 19. Jahrhundert großenteils überarbeiteten Fenster, die Konsolen an den Mittelschiffpfeilern und die Reste des **Altarretabels der Familie Karg.** Hans Multscher (um 1400-67) schuf diesen Aufsatz, von seiner Hand stammt auch das Original des fulminanten **Schmerzensmannes,** das an seinem ursprünglichen Platz am Mittelpfosten des Hauptportals durch eine Kopie ersetzt wurde. Multscher bricht mit dem Schönen Stil, sehr zu Recht hat man ihn einen »begnadeten Menschenbildner« genannt.

Hervorzuheben sind schließlich das 25 m hohe **Sakramentshaus** (1467–71) und das **Chorgestühl** samt Dreisitz (1468/69–74). Mit dem Dreisitz lieferte Jörg Syrlin d. Ä. wohl ein Probestück, das ihm den Auftrag für die reich geschmückten privilegierten Sitzgelegenheiten sicherte. Die gelungensten Bildwerke schnitzte der großartige Michel Erhart. Er bleibt ungenannt, während Syrlin das Chorgestühl gleich vierfach signierte – berechtigter Stolz eines Meisters, der im Ulmer Münster seiner Kunst ein wirkliches Denkmal gesetzt hat.

Öffnungszeiten:
Jan., Feb., Nov., Dez. 9–16.45 Uhr, März, Okt. 9–17.45 Uhr, April, Mai, Juni, Sept. 9–18.45 Uhr, Juli, Aug. 9–19.45 Uhr
Turm: tgl. ab 9 Uhr bis 1 Std. vor Kirchenschließung

Tourist-Info Ulm:
Münsterplatz 50
Tel. 07 31/1 61 28 30
www.ulm.de

Die Wallfahrtskirche Vierzehnheiligen

Eine Art Vermächtnis

Balthasar Neumanns kühnes barockes Meisterwerk

Erbaut: 1723–72

Besonders sehenswert:
☆ Gnadenaltar

Nach Viktor von Scheffel ist der Staffelberg die ideelle Mitte Frankens. Sein immer noch populäres »Lied der Franken« ruft den »heil'gen Veit vom Staffelstein« in unheiliger Absicht an, allerdings steht dessen Kapelle in Ansberg. Die Wallfahrtskirche Vierzehnheiligen ragt ein wenig weiter nördlich über dem rechten Ufer des jungen Main, in Sichtweite erhebt sich über dem anderen die Klosterkirche Banz, eine Schöpfung Johann Dientzenhofers. Vierzehnheiligen hat einen noch berühmteren Architekten, wenngleich selbst der Name Balthasar Neumann keine reibungslose Abwicklung des Bauvorhabens gewährleisten sollte. Aber davon später.

Auch in Vierzehnheiligen ließe sich lange darüber grübeln, wie der gewaltige Sakralbau und die treuherzige Ursprungslegende zu vereinbaren sind. Zunächst hatte hier, auf dem Grund des Klosters Langheim, eine angemessen-schlichte Kapelle gestanden. 1573 erbaut, ging sie auf die Visionen eines jungen Klosterschäfers zurück, dem an dieser Stelle 1445/46 Christus dreimal erschienen war. Das dritte Mal assistierten dem göttlichen Kind die Vierzehn Nothelfer. Schnell und weit ins Land verbreitete sich nun ihr Kult, denn dieses Kollektiv versprach sehr handfesten Beistand, sei es nun bei zu geringem Milchfluss (Katharina), bei Kopf- (Dionysius), Hals- (Blasius) oder Leibschmerzen (Erasmus).

Prächtiges Pilgerziel

Viele Pilger fanden den Weg hierher. Doch obwohl 1703 eine Kommission die Baufälligkeit der schon einmal erweiterten Andachtsstätte feststellte, blieb ihr Befund noch geraume Zeit ohne Folgen. Erst 1735 beauftragte der junge Langheimer Abt Stephan Mösinger den sachsen-weimarischen Landbaumeister Gottfried Krohne mit dem Entwurf einer neuen Kirche. Allerdings konnte er über die Auftragsvergabe nicht allein entscheiden. Denn von alters her war das Bamberger Hochstift an der Wallfahrt beteiligt, und dessen Fürstbischof hieß eben Friedrich Carl von Schönborn. Der war ebenfalls geistlicher Landesherr von Würzburg und trieb gerade den Bau der dortigen Residenz voran (s. S. 386).

So nimmt nicht wunder, dass der prachtliebende Kirchenfürst die Kirche zu kümmerlich fand. Über weitere Beweggründe seiner Ablehnung lässt sich nur spekulieren. Baumeister Krohne war Protestant, mehr noch, er kam aus Sachsen-Weimar. Ausgerechnet diesem protestantischen Herzogtum hatte der Schwedenkönig Gustav Adolf

Wallfahrtskirche Vierzehnheiligen, Gnadenaltar von Johann Michael Feichtmayr

das Bistum Bamberg während des Dreißigjährigen Krieges übereignet. Gewiss, das war gut hundert Jahre her, aber ein solcher Stachel politisch-religiöser Ketzerei saß tief im Fleisch eines absolut-katholischen Herrschers.

Wer zahlt, schafft an: Friedrich Carl verfügte über die wesentlich größeren Geldmittel. Er hatte das letzte Wort – und einen ungleich renommierteren Architekten zur Hand: Balthasar Neumann. Dessen Entwurf einer dreischiffigen Basilika über kreuzförmigem Grundriss wurde abgesegnet. Immerhin konnte Abt Mösinger seinen Planer Krohne als örtlichen Bauleiter durchsetzen.

Am 23. April 1723 wurde der Grundstein zu Vierzehnheiligen gelegt. Im Dezember kam Neumann zur Inspektion und traute seinen Augen nicht: Krohne hatte den Entwurf gravierend geändert. Der Bau setzte viel weiter im Osten an als vorgegeben, die Gnadenstelle, unverrückbares Zentrum der Kirche, lag damit nicht unter der Vierung, sondern schon im Langhaus. Für Neumann konnte das nur heißen, sich von dem rufschädigenden Projekt zurückzuziehen. Allein das heftige Zureden seines Landesherrn gewann ihn für eine neue Planung, die den Gnadenaltar am rechten Ort ließ. Beruhigend wirkte auch die Zusage des Langheimer Abtes, fortan »alle lutherischen Nebensprüng« zu verhindern.

1753 starb Neumann, Johann Michael Küchel führte die Arbeiten im folgenden Jahrzehnt zu Ende, ohne von den Entwürfen des Meisters im mindesten abzuweichen. Doch die Ausstattungsarbeiten zogen sich hin, erst 1772 konnte die Kirche geweiht werden.

Das Äußere von Vierzehnheiligen gibt sich nicht spektakulär, abgesehen natürlich von der triumphalen Zwei-Türme-Front mit dem

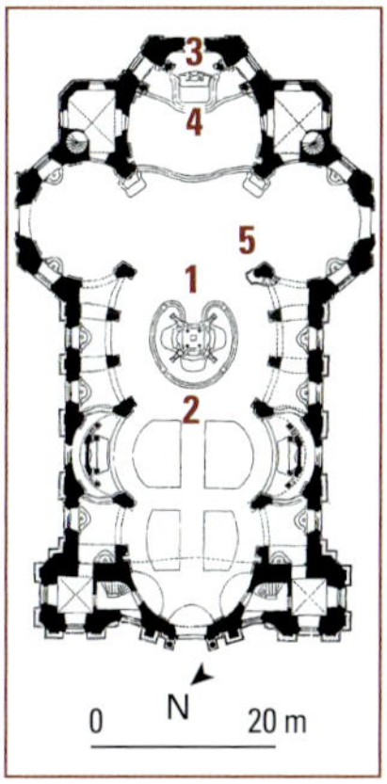

Wallfahrtskirche Vierzehnheiligen

1 Gnadenaltar
2 Hauptfresko (Verherrlichung der Nothelfer mit Maria und den Bistumspatronen Heinrich und Kunigunde)
3 Hochaltarbild (Aufnahme Mariens in den Himmel)
4 Chorfresko (Verkündigung an die Hirten)
5 Kanzel

vorgewölbten Mittelteil. Neumanns ganz großer Wurf ist das Innere. Wir sehen: Ein genialer Baumeister begreift die widrigen Umstände nur als Herausforderung, eine noch kühnere Architektur zu ersinnen. Wie die drei Längsovale des Kirchenschiffs die Wände in Schwung bringen, dazu gibt es jedenfalls in Deutschland keine Parallele. Überwältigend die Kunst seiner Lichtführung, die diesem graziösesten Rokoko eine geradezu sprühende Lebendigkeit verleiht.

Und so komplex sich dieses Raumgefüge vor den Augen der Besucher auftut, ein Blick in die Höhe schafft doch Klarheit: Das Gebälk zeichnet den Verlauf der drei Ovale zuverlässig nach. Der Obergaden darüber ist mit der Wölbungszone verschliffen. Folgerichtig schneiden seine hohen Fensteröffnungen noch in die flachen Kuppeln ein. Die Arme des großen, nach außen polygonal geschlossenen Querhauses sind gleichfalls überkuppelt, aber über der Grundfigur des angeschnittenen Kreises.

Gehen wir vom kreuzförmigen Grundriss aus, dann gäbe es am Schnittpunkt von Quer- und Langhaus eine Vierung, über die eine gloriose Kuppel gehören müsste. Nicht so in Vierzehnheiligen. Hier nähern sich nur die beiden Ovale von Haupt- und Chorraum, zwischen beiden bleibt gerade noch Platz für zwei sphärische Dreiecke mit einer Kartusche darin. Allenfalls die vier einander zugewandten Pfeiler-Säulen-Gruppen erinnern daran, dass dieser privilegierte Ort den Gnadenaltar aufnehmen sollte.

Der Gnadenaltar

Eine gemalte Ornamentbrücke verbindet die Fresken über dem Haupt- und dem Chorraum. Leider wurde diesen Bildern Giuseppe Appianis übel mitgespielt, doch über dem Gnaden- und dem Hochaltar haben die Restauratoren ihr Möglichstes getan. Das Chorfresko zeigt eine Verkündigung an die Hirten, in der Hauptkuppel werden die Vierzehn Nothelfer, Maria sowie Heinrich und Kunigunde als Bistumspatrone (s. S. 50) verherrlicht. Im Blickpunkt aber steht der Gnadenaltar Johann Michael Feichtmayrs (1709/10–72). Eigentlich sind es drei Altäre in einem, im Osten gibt der Aufbau die Sicht auf den Ort der Erscheinung frei. Einen privilegierten Platz haben Erasmus, Dionys, Cyriakus und Blasius auf den Postamenten der herzförmig geschwungenen Balustrade. Nicht nur im Fall dieser Nothelfer hat sich der Stuckateur Feichtmayr auch als Bildhauer glänzend bewährt.

Enger ist Vierzehnheiligen natürlich mit dem Namen Balthasar Neumanns verbunden. Ein Alterswerk ist diese Kirche nur nach den Jahren ihres Schöpfers. Wer sich von ihrer baukünstlerischen Kühnheit leiten lässt, muss auf einen jugendlichen Feuerkopf als Architekten schließen.

Tourist-Info:
Franziskanerkloster Vierzehnheiligen 2
Bad Staffelstein
Tel. 095 71/95 08-0
www.vierzehnheiligen.de

…ger Hütte

… der Schwerindustrie

Unablässig rattern die Gebläse, versprühen die rotierenden Schwungräder einen feinen Ölnebel. Unablässig brummen tiefe Vibrationen aus dem Bauch der Gebläsehalle. 24 Stunden am Tag, sieben Tage die Woche, über Monate, Jahre, Jahrzehnte, in drei Schichten, ab 1960 sind es vier. Für jedes Gebläse ist ein Maschinist zuständig. Neben der Maschine steht ein Tisch mit Stuhl. Dort verzehrt er sein mitgebrachtes Essen. Bis Mitte der 1970er Jahre gibt es keine Pausenräume. In der Nachtschicht wird die Halle mit Schmierseife geschrubbt. In allen Kolossalbauten der Völklinger Hütte wird den Hochöfnern zugearbeitet. Sie lassen das flüssige Roheisen aus dem Hochofen abfließen; der Abstich erfolgt alle zwei- bis zweieinhalb Stunden. Etwa 130 Tonnen Roheisen mit einer Temperatur von 1200 Grad schießen dann aus dem Abstichloch – als Abschluss des langen Prozesses vom Erz zum Eisen, Daseinsgrund des Hüttenwerks.

1965 haben über 17 000 Männer auf der Völklinger Hütte gearbeitet; die gesamte Region hat von und mit der Hütte gelebt. Bis zum letzten Abstich des letzten Hochofens im Jahr 1986 hing über Völklingen eine rotbraune Staubwolke, Wahrzeichen des Eisenwerks. Und die Schichtsignale, das Quietschen der Hängebahnwagen, das Pochen der Pumpen, das Stampfen der Drückmaschinen bildeten die Geräuschkulisse.

Weltweit einziges erhaltenes Hüttenwerk aus der Blütezeit der Eisen- und Stahlindustrie;
UNESCO-Welterbe seit 1994

Erbaut: ab 1880

Besonders sehenswert:
- ☆ *Gichtbühne*
- ☆ *Science Center Ferrodrom*
- ☆ *Gebläsehalle*

Eisenzeit

Das Eisen- und Stahlwerk Völklinger Hütte ist eine überwältigende Industrielandschaft, ein riesiger Organismus der Schwerstarbeit, der sich über 600 000 m² in der Saarlandschaft ausbreitet. Das Montandreieck Saar–Lothringen–Luxemburg war, wie das Ruhrgebiet, von der Schwerindustrie geprägt, bis Mitte der 1970er Jahre das Sterben zahlloser Hütten und Zechen begann. 1986 wurde die Hütte stillgesetzt, damit erlosch die Roheisenerzeugung in Völklingen. Seit 1994 gehört sie zum UNESCO-Welterbe.

Begründung der UNESCO im Jahr 1994: »Die Völklinger Hütte ist die einzige stillgelegte Eisenhütte in ganz Europa und Nordamerika, in der die Originalausstattung noch erhalten ist.«

Die gigantischen Anlagen der hochkomplexen Hüttenmaschinerie sind komplett erhalten. Weithin sichtbar ist das Riesengeschling aus sechs **Hochöfen**, umringt von Dutzenden überkuppelter **Winderhitzer**, gekrönt von den spitzwinkligen Gichtgasrohren. Die Reihung dieser giebelförmig aufragenden **Rohrleitungen** hoch in den Himmel hinein markiert das Terrain, ist das Erkennungsmerkmal der Völklinger Hütte – einzigartig in der Industriearchitektur. Wie eine Sprungschanze zieht sich der **Schrägaufzug** als Stahlgeflecht in die Höhe. In

Die Hochofenanlage der Völklinger Hütte mit den spitzwinkeligen Gichtgasrohren

der **Möllerhalle** wurden Erze, Sinter und Zuschlagsstoffe vorgehalten, in der **Sinteranlage** der Erzstaub aufbereitet, »gebacken« und als Brennstoff wiederverwendet. Eine Koksofenbatterie, Benzolhäuser, Wasserturm, die gewaltige **Gebläsehalle** – eine Kolossalarchitektur, vernetzt durch ein dichtes Gefüge aus Rohren, Lorentrassen, Stromleitungen, Ventilen, Schornsteinen, Motoren, Eisentreppen, Wartungsbrücken, Wasserturm, Stellrädern, Ventilen, Schütten, Gerüsten, Kaminen, Windzylindern. Mittendrin liegt die Handwerkergasse mit ihren Werkstätten: Über 200 Mann stark war allein die Maurerkolonne. Unter dem Schrägaufzug duckt sich das Hüttenbüro.

Kochen und Backen

Wasser, Erde, Luft braucht es zum Eisenkochen, und Bahnverbindungen zum Transport. So sind zwischen Saar und der Bahnlinie ab 1880 die Röchlingschen Eisen-und Stahlwerke entstanden. Eisenerz und Kohle sind die wichtigsten Rohstoffe zur Eisengewinnung. Das Eisenerz kam aus Lothringen und Luxemburg; die Kohle lag an Ort und Stelle, das Werk wurde auf der Kohle des Saargebiets errichtet. 1883 wurde der erste Hochofen angeblasen. Mehrere Generationen der Familie Röchling waren am Aufstieg des Hüttenwerks beteiligt. Sie entwickelten immer neue Verhüttungstechniken, die weltweit zum Vorbild für die Roheisen- und Stahlproduktion wurden. Eine Geschichte der Arbeit, der industriellen Entwicklung, die sich über hundert Jahre erstreckt und in deren Verlauf die Völklinger Hütte zu einem der bedeutendsten Eisen- und Stahlerzeuger Europas wurde.

Seinem Bruder schrieb Carl Röchling 1880: »Lieber Theodor! Ich habe Dir eine große Neuigkeit mitzuteilen, ich habe gestern Völklingen zu 270 000 M ohne Erz-Conzession gekauft.«

Wichtige Entwicklungsstufen waren z. B. die riesigen gasbetriebenen Gebläsemaschinen, die um 1900 eine eigene Halle erhielten. Die Kolosse aus Eisen und Stahl erzeugten den Wind, der in den Winderhitzern aufgeheizt und dann in die Hochöfen eingeblasen wurde. Im Hochofen wurde das Eisenerz sowie bestimmte Zusatzstoffe mit diesem Heißwind bis auf 2000 Grad erhitzt; beim Abstich wurde das Erz in flüssiges Roheisen einerseits und Schlacke andererseits getrennt. Die Energie für die Hochöfen lieferte Koks, der in der werkseigenen Koksofenbatterie aus Zigtausend Tonnen Steinkohle gebacken wurde. Die beim Eisenkochen entstehenden Gichtgase, die vordem ausnahmslos abgefackelt, also verbrannt wurden, konnten hier zum Großteil gefiltert und u. a. zum Antrieb der Gebläsemaschinen verwendet werden. Zum anderen gelang es mit einer Sinteranlage, die gewaltigen Mengen an Staubreststoffen aus der Eisenproduktion weiterzuverarbeiten und wiederzuverwerten. Die 1928 in Betrieb genommene Sinteranlage war die weltweit größte ihrer Art.

In und um Völklingen und der Region Saarbrücken/Lothringen erschließen Themenrouten für Fußgänger oder Autofahrer das historische Erbe. In Völklingen sind es z. B. die Wohnhäuser der Hüttenbeamten, die Werkssiedlungen, die Milchküche, das ehemalige Hüttenkrankenhaus und das einstige Schlafhaus für junge Hüttenmänner, die das Stadtbild geprägt haben. www.die-region-saarbruecken.de

Es ist ein großes Erlebnis, diese gigantische Maschine der Schwerindustrie zu besuchen. Das rund 6 km lange Kohlegleis bildet den Besucherweg. An den Rohstoffsilos vorbei bietet sich ein fantastischer Blick auf die sechs Hochöfen, dicht umringt von den stählernen Riesen der Winderhitzer. Hinauf geht es dann zur 27 m hohen **Gichtbühne.** Von hier aus wurden die Hochöfen mit Rohstoffen befüllt. Noch höher, auf der Aussichtsplattform, überblickt man das Gesamtareal der Hütte bis zum Stahlwerk der Saarstahl, weit hinaus ins Saartal. Am Hochofen 6 führt der Abstieg bis zur Abstichebene, wo das flüssige Eisen durch die Rinne abgeflossen ist. In der unteren Ebene der Möllerhalle lädt das **Science Center Ferrodrom** in die Welt des Eisens ein.

Ritterrüstung, Stahlhelm, Eisen im Spinat

Im Untergeschoss wird die Geschichte der Eisenerzeugung von den Anfängen bis zum Hightech-Produkt Edelstahl lebendig. Vom eisenhaltigen Meteoriten über die geschmiedeten Ritterrüstungen des Mittelalters bis zum Eisenanteil in unseren Nahrungsmitteln. Eine Begegnung mit den Urelementen Feuer, Wasser, Erde, Luft, mit interaktiven Zonen, Filmen, Videos und Dokumentationen. Hier wird auch die Geschichte der Hütte und ihrer Leute erzählt. Ehemalige Hüttenmänner berichten von Hochöfnern, Wasserwärtern und Schmelzern, von Mannlöchern und der Hochofenreise; ein Höhepunkt ist der Videofilm von einem Hochofenabstich. In der oberen Siloebene finden Wechselausstellungen statt.

Die **Gebläsehalle** ist einzigartig auf der Welt: Riesenschwungräder, geöffnete Spinde, Teekannen, Werkzeuge und der Geruch nach Maschinenöl. Nur Tisch und Stuhl der Maschinisten sind nicht mehr da.

Öffnungszeiten:
März – Nov. tgl. 10–19 Uhr
Führungen: 1.30 oder 5 Stunden, vorab zu buchen.
In der Gebläsehalle finden ganzjährig Wechselausstellungen und Kulturveranstaltungen statt.

Tourist-Info Völklinger Hütte:
Besucherservice, Gruppenbuchungen:
Tel. 06898/9 100 100
www.voelklinger-huette.org

Die Wartburg

Ein Bild von einer Burg

Nationalsymbol und Sinnbild deutscher Einheit; UNESCO-Welterbe seit 1999

Erbaut: 1067
Erneuert: 1849–1890

Besonders sehenswert:
☆ Luthers Stube
☆ Sängersaal
☆ Ritterbad

Die Wartburg ist eines von Deutschlands Nationaldenkmälern. Bereits von weitem entbietet sie dem Besucher Eisenachs und Thüringens ihren freundlichen Gruß. Wie kein anderes Bauwerk ist sie mit Legenden und historischen Ereignissen deutscher Geschichte verbunden: Hier lebte die heilige Elisabeth, stritten die berühmtesten Minnesänger des Mittelalter um die Gunst des Landgrafen, übersetzte Martin Luther 1521 das Neue Testament, und die oppositionellen Burschenschaften vereinten sich hier 1817 zur ersten nationalen Willensbekundung. Mittelalterliche Authentizität kann die Wartburg nur noch teilweise beanspruchen, doch die wenigsten Besucher nehmen das wahr, denn ihr Aussehen entspricht den Vorstellungen, die die meisten von einer mittelalterlichen Befestigung haben. Doch sind es vor allem die historisierenden Neuschöpfungen des 19. Jahrhunderts, die das Gesicht von Deutschlands berühmtester Burg prägen. Die Wartburg ist ein Bau- und Geschichtsdenkmal von internationaler Bedeutung. Seit der Einheit Deutschlands liegt sie wieder in der Mitte des Landes, Hunderttausende steigen jährlich zu ihr hinauf.

Wechselvolle Geschichte

»Wart'! Berg, du sollst mir eine Burg werden!« Mit diesem angeblichen Ausruf von Ludwig dem Springer aus dem Geschlecht der Ludowinger beginnt 1067 die Geschichte der Wartburg, die sich im 12. Jahrhundert von einer schlichten Grenzfeste zur landgräflichen Residenz entwickelte und in ihrer mehr als neunhundertjährigen Geschichte nie erobert oder zerstört wurde. 1406 starb Balthasar, der letzte auf ihr residierende Landgraf. Die Burg verlor ihre Bedeutung als fürstliche Residenz und verfiel. Erst Carl Alexander von Sachsen-Weimar-Eisenach entdeckte sie im 19. Jahrhundert wieder. Der Widerstand gegen Napoleon hatte das Nationalbewusstsein gefördert, das Bürgertum begann sich auf die eigene Geschichte zu besinnen, die Fürstenhäuser wetteiferten um Repräsentation. In dieser Periode beschloss Carl Alexander, das »Stammschloss der Ahnen« wieder herzustellen und zu erweitern, er wollte aus ihr ein »Museum für die Geschichte des Herzoghauses und des Landes als auch eine Weihestätte für die deutsche Nation« machen. Die Leitung dieses Projektes übertrug er 1849 dem Gießener Universitätsprofessor Hugo von Ritgen. 1890 war der größte Teil der Arbeiten abgeschlossen, stolz stellte Carl Alexander fest: »... sie ist ein wahres Juwel geworden für die gebildete Welt überhaupt, für das Deutsche Vaterland im Besonderen.«

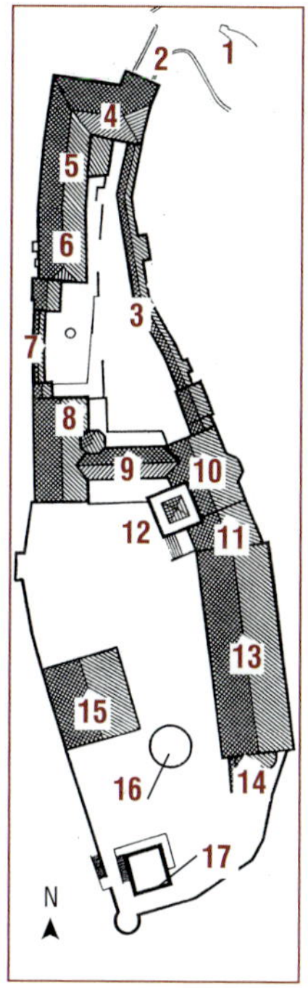

Die Wartburg
1 Schanze
2 Zugbrücke
3 Östl. Wehrgang (Elisabethengang)
4 Torhaus
5 Ritterhaus
6 Vogtei
7 Westl. Wehrgang (Margarethengang)
8 Dirnitz
9 Torhalle-Dirnitzlaube
10 Neue Kemenate
11 Neues Treppenhaus
12 Bergfried
13 Palas
14 Ritterbad
15 Gadem
16 Zisterne
17 Südturm

Harmonisches Bauensemble

Bei den Baustilen herrscht fröhlichste Mannigfaltigkeit: Romanische Architektur, Bauten aus dem Spätmittelalter und Schöpfungen des Historismus fügen sich zu einem harmonischen Ensemble, das die unterschiedlichen Entstehungszeiten auf den ersten Blick nicht erkennen lässt.

Zu den historischen Bauten gehören das **Torhaus,** dessen schwere hölzerne Flügel schon zu Luthers Zeiten nach Einbruch der Dunkelheit den Weg versperrten, und, im vorderen Burghof, **Ritterhaus** und **Vogtei.** In der Vogtei hat sich **Luthers Stube** erhalten, in der der Reformator vom 4. Mai 1521 bis zum 1. März 1522 als »Junker Jörg« lebte. Hier auf der Burg befand er sich unter kurfürstlich-sächsischem Schutz und somit in Sicherheit vor Kirchenbann und Reichsacht. In nur drei Monaten übersetzte er das Neue Testament aus dem griechischen Urtext in eine dem gesamten deutschen Volk verständliche Sprache. Seither bilden Wartburg und Reformation eine Einheit.

Hugo von Ritgen ließ bei der Wiederherstellung die vorhandenen Burgbauten weitestgehend unverändert. Als Nachahmungen bzw. Neubauten entstanden Torhalle, Bergfried (1853–59), Neue Kemenate (1853–60), Dirnitz und Torhalle (1866/67) sowie der Gadem (1874–77). Hier und dort fügte er den historischen Bauten Neues an, an der Vogtei beispielsweise den schönen spätgotischen Erker, der jahrhundertelang in Nürnberg das Haus der Patrizierfamilie Harsdorf-Enderndorf geschmückt hatte. Als das Haus 1872 abgetragen wurde, kam der Erker auf die Wartburg. Oder an der Südwand des Palas das

Die Sammlungen der Wartburg umfassen mehr als 8000 Sachzeugen, vor allem kunsthandwerkliche Gegenstände, Textilien, Möbel sowie Gemälde, Plastiken und Grafiken aus Mittelalter, Reformation und Historismus.

Ritterbad (1889/90). Ritterbäder wie dieses waren auf den Burgen des Mittelalters üblich, auch auf der Wartburg hatte es einst eines gegeben, wie aus alten Dokumenten hervorgeht. Für diese Neubauten holte sich Hugo von Ritgen Anregungen von anderen mittelalterlichen Burgen; die **Dirnitz,** der beheizbare Teil der Burg, hat ihr Vorbild u. a. im Predigerkloster in Eisenach. In der **Neuen Kemenate** wohnte die großherzogliche Familie bei ihren Wartburgaufenthalten, heute erstreckt sich von dort über die Torhalle bis zur Dirnitz der Museumsbereich.

Ein Meisterwerk der Romanik

Blickpunkt im zweiten Burghof ist der **Palas,** das Landgrafenhaus mit seiner arkadengeschmückten Westfassade, dessen ausgereifte architektonische Gestaltung den staufischen Kaiserpfalzen nicht nachsteht. Die Bauarbeiten begannen im letzten Drittel des 12. Jahrhunderts. Während der Wiederherstellung der Burg erfolgten im Innern umfangreiche Veränderungen, so entstand im Erdgeschoss die wunderschöne Elisabeth-Kemenate. Rund eine Million farbiger Glassteine, Blattgold und Perlmutt wurden zu einem prunkvollen Mosaik im byzantinischen Stil zusammengefügt. Als Vorbild dienten die Mosaiken im italienischen Ravenna. Die kunsthandwerklich bemerkenswerte Arbeit war ein Geschenk Kaiser Wilhelms II. an die großherzogliche Familie. Aus dem Mittelalter blieb die Mittelsäule des Raums mit dem um 1200 hervorragend gearbeiteten Adlerkapitell erhalten.

Die **Elisabeth-Galerie** im ersten Obergeschoss zieren Fresken Moritz von Schwinds. Die rechteckigen Bilder zeigen Episoden aus dem Leben und Legendenschatz der hl. Elisabeth. Von Moritz von Schwind stammt auch das großflächige Wandbild (1855) im Sängersaal, auf dem der legendäre, aber nicht belegte Sängerkrieg von 1206/07 dargestellt wird.

Den Höhepunkt im Palas bildet der **Festsaal** mit seiner üppigen Dekoration. Michael Welter hat die Malereien geschaffen, der Bildhauer Konrad Knoll die lebensgroßen Figuren, Tiere und Fabelwesen. Sie thematisieren den Siegeszug des Christentums über den heidnischen Aberglauben. Von dem Festsaal war Bayernkönig Ludwig II. so begeistert, dass er ihn für sein Märchenschloss Neuschwanstein kopieren ließ (s. S. 273). Gerühmt wird die Akustik des Raums. Sie ist Franz Liszt zu verdanken, der als Hofkapellmeister in Weimar tätig war. Er dirigierte in diesem Raum zur 800-Jahr-Feier der Wartburg sein Oratorium »Die Legende von der hl. Elisabeth«. Um die Akustik zu verbessern, hatte er dem Großherzog eine trapezförmige Kassettendecke vorgeschlagen. Die Decke, von 16 starken Bindern getragen, wurde eingebaut, und die Musikdarbietungen sind dadurch bis heute ein Genuss.

Öffnungszeiten:
März–Okt. 8.30–17, Nov–Feb. 9–15.30 Uhr

Tel. 0 36 91/25 00
www.wartburg-eisenach.de

Tourist-Info Eisenach:
Markt 9
Tel. 03691/79 23-0
www.eisenach.de

Das Vitra Design Museum

Der Herr der Stühle

Größtes Stuhlmuseum der Welt und aufregende Musterschau zeitgenössischen Bauens

Erbaut: ab 1981

Architekten:
- ☆ *Frank O. Gehry*
- ☆ *Nicholas Grimshaw*
- ☆ *Alvaro Siza*
- ☆ *Tadao Ando*
- ☆ *Zaha Hadid*

Jeder weiß, wie unbequem Stühle sein können: Wenn die Sitzfläche zu kurz ist, wenn sich die spitzige Armlehne in den Unterarm bohrt, die Plastik-Seilverspannung am Hosenboden klebt. Und weil das so ist, will es jeder Architekt und Designer besser machen, einmal den Stuhl aller Stühle entwerfen. Alle diese Stühle sind im Vitra Design Museum zu sehen, der weltweit größten Stuhlsammlung mit rund 3000 Objekten aus allen Stilepochen des modernen Möbeldesigns. Da ist als Klassiker des Klassizismus der gusseiserne Gartenstuhl von Karl Friedrich Schinkel, da ist der originale »Caffeehausstuhl« aus Bugholz von Thonet aus Wien. Der »Red & Blue Chair« von Gerritt Rietveld aus der niederländischen Bewegung De Stijl. Der Sessel »Barcelona« von Mies van der Rohe. Grün-Stacheliges, Grellrot-Knubbeliges und Transparent-Aufblasbares von italienischen Designern. Sitzsäcke, Frankfurter Küchenstühle und Neobarock-Pompöses der Gruppe Memphis. Selbstverständlich sind auch jene Ikonen zeitgemäßen Designs vertreten, die aus dem Hause Vitra selbst stammen, ringsum auf dem Gelände produziert werden und anerkanntermaßen museumsreif sind, wie die wunderbaren Dauerbrenner von Charles und Ray Eames oder die allerneuesten Minimalismus-Kreationen von Jasper Morrison. Hochkarätige Wechselausstellungen zur Geschichte und aktuellen Entwicklung von Architektur und Design gehen von hier aus auf internationale Wanderschaft.

Eine Dependance des Vitra Design Museums gibt es auch in Berlin. Nachdem der ursprüngliche Standort nicht genügte, wird sie im Herbst 2006 im Kultur-Areal Pfefferberg am Prenzlauer Berg neu eröffnet.

Das Vitra Design Museum in Weil am Rhein, am südwestlichsten Zipfel Deutschlands, direkt an Basel grenzend, ist immer noch ein Geheimtipp. Es gehört zum international agierenden Möbelhersteller Vitra – und Vitra wiederum schreibt mit seinen inspirierten Entwürfen für Büromöbel und Stühle fortlaufend Designgeschichte und überzeugt weltweit mit seiner aufregenden Produktpalette. Die Stadt Weil am Rhein wiederum ist stolz auf das Renommee des Unternehmens und bezeichnet sich selbst nun als »Stadt der Stühle«: Inmitten des Verkehrsrondells z. B. ragt ein Riesenstuhl in die Höhe, hoch an einer Hauswand sitzt blauleuchtend eine andere Stuhlskulptur.

Die Erfolgsstory des Unternehmens begann mit Willi Fehlbaum, der 1934 eine Ladenbaufirma bei Basel übernommen hatte, 1950 die Vitra Deutschland GmbH gründete und die Stuhlproduktion ankurbelte. Mit der Lizenzübernahme für Möbel des legendären amerikanischen Duos Charles und Ray Eames sowie George Nelson ist 1957 dann der erste Highclass-Akzent gesetzt worden. Im Wirtschaftswunder-Deutschland wurde gebaut wie verrückt, der »internationale Stil«, ein modifizierter, über die USA rückgeführter und verwässerter Bauhaus-

Vitra Design Museum von Frank O. Gehry

Stil verlangte nach dem passenden klarlinigen, funktionalen Mobiliar. Noch heute wird z. B. der berühmteste Entwurf des Eames-Duos, der üppige und doch schlichte »Lounge Chair« mit passendem Hocker aus erlesenen Materialien, nebenan in den Fabrikhallen produziert. Eames hatte ihn für seinen alten Freund Billy Wilder entworfen, der in den Film-Sets in Hollywood gern ein Nickerchen machte.

Ein weiterer Meilenstein internationalen Designs war der 1967 auf den Markt gebrachte »Panton Chair«. Der dänische Designer Verner Panton hatte den ersten Freischwinger aus gegossenem Kunststoff entwickelt. Die rasante Stromlinienform verlieh dem Material eine neue Eleganz. Der Stuhl ist wieder aufgelegt und neuerlich ein Verkaufsschlager geworden. Seit Rolf Fehlbaum 1977 die Firmenleitung übernahm, ist aus dem Familienbetrieb eine weltweit agierende Firmengruppe mit höchstem Anspruch geworden.

Fabrik der Architekten

Das gesamte Firmenareal ist für Architekturliebhaber zu einer Pilgerstätte geworden: Die Fabrikhallen stammen ausnahmslos von profilierten Architekten, die heute Kultstatus haben, für Vitra aber schon sehr früh bauen konnten: Nicholas Grimshaw (1981), Frank O. Gehry (1989), Tadao Ando und Antonio Citterio (1992), Zaha Hadid (1993), Alvaro Siza (1994). Gleich am Eingang zum Gelände lockt der weiß leuchtende Museumsbau mit seinen Schrägen, Kuben und Spiralen. Der Kalifornier **Frank O. Gehry** hat ihn 1989 erbaut, es war sein erstes verwirklichtes Projekt in Europa. Damit begann ein groß angelegtes Architekturprogramm, das konsequent weiterverfolgt wurde.

Der Museumsbau von Gehry erregte Aufsehen; da wurde dann auch die klare, nüchterne Fabrikhalle des Briten Nicholas Grimshaw in einer Aluminiumhaut von 1981 als Beispiel einer neuen Hightech-Architektur mit bewusster wahrgenommen. **Sir Nicholas Grimshaw** gilt heute als einer der weltbesten Architekten: in Berlin hat er das »Gürteltier« der Industrie- und Handelskammer gebaut; auf der Expo 1992 in Sevilla fand sein britischer Pavillon mit wassergekühlten Fassaden großen Anklang, und seine gläserne Schlange des Eurostar-Terminals an der Londoner Waterloo Station ist meisterlich in das Gleisdickicht der Metropole eingepasst. Direkt gegenüber von Grimshaws kühler Schachtel steht ein roter Ziegelsteinbau, schlicht und schön anzusehen mit seinen ausgewogenen Proportionen: Hier hat der Portugiese **Alvaro Siza** eine Fabrikhalle (1994) gebaut.

1993 wurde der Konferenzpavillon von **Tadao Ando** eröffnet. Der Japaner beherrscht die Formensprache des Minimalismus wie kein anderer: offene Kargheit, die aus Licht und Schatten und dem Material Beton marmorglatte, weiche Stimmungen erzeugt. Auch Ando konnte hier zum ersten Mal seine Baukunst in Deutschland zeigen.

Großes Aufsehen erregte schließlich das firmeneigene Feuerwehrhaus von **Zaha Hadid.** Ihre »Weltraum«-Entwürfe galten lange als unbaubar. Die britisch-iranische Powerfrau hat mit ihren stürzenden, auseinanderbrechenden oder amorphen Gebäudeschöpfungen alle Regeln der Statik und des technisch Machbaren außer Kraft gesetzt. In Leipzig hat sie für BMW (2005) gebaut; in Wolfsburg bildet ihr Stelzenbau des Science Centers (2006) den Auftakt hinein in die Stadt (s. S. 381). Das Feuerwehrhaus auf dem Vitra-Gelände rief laut und kraftvoll, und alle, alle kamen, um den pfeilspitzen und schräg aufragenden Baukörper zu begutachten. Die Presse war begeistert, die Feuerwehrleute weniger, sie mochten sich in den kahlen »Raumkonzepten« nicht aufhalten. Inzwischen sind sie in etwas Gemütvolleres umgezogen, und im Hadid-Bau werden nun Ausstellungen und Tagungen abgehalten. Der Rummel um das Feuerwehrhaus gab auch den Ausschlag, auf dem Firmengelände Führungen anzubieten, denn derweil hatte auch die breite Öffentlichkeit das »Architekturgucken« für sich entdeckt

Schaut man sich bei einer Begehung dann die Fabrikhallen an, tut man das in dem Bewusstsein, dass just in dem Moment dort drinnen in komplexen Abläufen all die Sitzmöbel entstehen, die von berühmten »Hausdesignern« entworfen wurden wie Ron Arad, den Italienern Antonio Citterio und Mario Bellini, auch Norman Foster, Philippe Starck und Jasper Morrison. Sie zählen zu den meistgekauften Designermöbeln weltweit – und können auch noch in Mini-Form vom Shop nach Hause genommen werden: bei Sammlern höchst begehrt.

Der bonbonbunte Verwaltungsbau des Unternehmens ist ein zweiter Gehry-Wurf: Er steht im nahen Biersfelden.

Öffnungszeiten:
Vitra Design-Museum
Charles-Eames-Str. 1
Tel. 07621/702 35 90
Di–So, Fei 11–18 Uhr.
Architekturführungen auf dem Gelände: Di–So, Fei 12 und 14 Uhr,
www.design-museum. de

Tourist-Info Weil am Rhein:
Rathausplatz 3
Tel. 07621/422 04 40
www.w-wt.de

Weimar

Die Stadt der deutschen Klassik

Klassikerstadt von europäischem Rang; UNESCO-Welterbe seit 1996 und 1998

Besonders sehenswert:
- ☆ *Goethehaus/Goethe-Nationalmuseum*
- ☆ *Schillerhaus*
- ☆ *Stadtschloss*
- ☆ *Herzogin-Anna-Amalia-Bibliothek*
- ☆ *Wittumspalais*
- ☆ *Deutsches Nationaltheater*
- ☆ *Goethe-Schiller-Denkmal*
- ☆ *Stadtkirche St. Peter und Paul*
- ☆ *Historischer Friedhof (Fürstengruft)*
- ☆ *Park an der Ilm (Goethes Gartenhaus, Römisches Haus)*
- ☆ *Schloss Belvedere*
- ☆ *Schloss Tiefurt*

Weimars weltweiter Ruhm gründet sich hauptsächlich auf die Epoche der deutschen Klassik an der Wende vom 18. zum 19. Jahrhundert, die man auch mit Goethes Wirken in Weimar von 1775 bis1832 gleichsetzt. Goethe und Schiller, Herder und Wieland begründen den heutigen Ruf als Klassikerstadt, die auf vielfältige Weise durch Architektur und bildende Kunst, Theater und Musik bereichert wurde. Weimars Geschichte ist von bewahrendem Geist und progressiven Aufbrüchen geprägt: 1919 wird die erste demokratisch legitimierte deutsche Verfassung in Kraft gesetzt (Weimarer Republik) und Walter Gropius gründet das weltoffene Staatliche Bauhaus (s. S. 105), doch schon 1937 entstehen Hitlers riesiges (unvollendetes) Gauforum im Stadtzentrum und das KZ Buchenwald auf dem Ettersberg vor den Toren der Stadt – Kultur und Barbarei dicht beieinander.

Nirgendwo sonst findet man auf so engem Raum so viele Museen und Gedenkstätten wie in der Stadt an der Ilm. 996 werden die Bauhausstätten, 1998 das Ensemble »Klassisches Weimar« in das UNESCO-Welterbe aufgenommen. 1999, im Jahr von Goethes 250. Geburtstag, wird Weimar mit dem Titel »Europäische Kultur(haupt)stadt« ausgezeichnet und das Neue Museum wird eröffnet, das erste Museum für zeitgenössische internationale Kunst in den neuen Bundesländern. Weimar ist heute eine vielseitige und lebendige Kulturstadt, die jährlich rund drei Millionen Besucher anlockt. Auf angenehmste Weise kann man im Weimarer Stadtkern und – besonders erholsam – im Park an der Ilm die meisten Sehenswürdigkeiten zu Fuß erkunden. Ob am Markt, Frauenplan, Theaterplatz, Goetheplatz, Herderplatz oder Burgplatz – praktisch überall kann man einen Altstadtrundgang beginnen, die Stadtanlage macht es dem Besucher leicht.

In der Altstadt

»Weimar ist eigentlich ein Park, in welchem eine Stadt liegt.«
Adolf Stahr, 1851

Die Nordseite des **Marktes** mit der Hofapotheke wurde im Zweiten Weltkrieg zerstört und nach historischen Vorlagen rekonstruiert, die Westseite nimmt das neugotische Rathaus (Mitte 19. Jh., Glockenspiel aus Meißner Porzellan) ein, an der Ostseite fallen das Stadthaus (Tourist-Information) mit dem Staffelgiebel und das Cranachhaus in Renaissanceformen auf. Hier hatte ab 1552 der Maler Lucas Cranach d. Ä. sein Atelier. An der Südseite stehen die traditionsreichen Häuser »Hotel Elephant« und »Schwarzer Bär«, der älteste Gasthof der Stadt (1450). Thomas Mann hat in seinem Roman »Lotte in Weimar«

den »Elephanten« literarisch verewigt, Hitler ließ ihn in den 1930er Jahren nach seinen Vorstellungen vollständig umbauen.

Im Haus am Frauenplan wohnte Johann Wolfgang von Goethe von 1782 bis zu seinem Tod 1832. Rund fünfzig Jahre war das **Goethehaus** das kulturelle Zentrum Deutschlands. Der Dichter und Staatsminister, der »dichterische und tätige Mensch schlechthin«, der »Olympier« und literarisch-geistige Übervater zog Gelehrte, Politiker, Dichter, Philosophen und Künstler aus ganz Europa an. Die Wohn- und Gesellschaftsräume im Vorderhaus, die Bibliothek mit 6500 Bänden, das bescheidene Arbeits- und Schlafzimmer, die reichen Kunstsammlungen, die Reisekutsche und der Hausgarten geben dem Besucher einen authentischen Eindruck von Goethes Lebens- und Arbeitswelt. Angeschlossen ist das **Goethe-Nationalmuseum** mit Zehntausenden von Objekten der bildenden Kunst und der Naturwissenschaften sowie der sehenswerten Ausstellung »Weimarer Klassik von 1759 bis1832«. Im »Gasthaus zum Weißen Schwan« nebenan war Goethe Stammgast und lud seine Gäste hierher ein.

Franz Kafka weilt gemeinsam mit Max Brod im Sommer 1912 in Weimar. »Gang in der Nacht zum Goethehaus. Sofortiges Erkennen. Gelbbraune Farbe des Ganzen. Fühlbare Beteiligung unseres ganzen Vorlebens an dem augenblicklichen Eindruck. Das Dunkel der Fenster. Die helle Junobüste.«

In der Schillerstraße (früher Esplanade), heute Weimars belebte Fußgängerzone, steht **Schillers Wohnhaus,** seit 1847 Gedenkstätte. Der Dichter, oft von Krankheit und stets von Schulden geplagt, bewohnte es nur drei Jahre lang, von 1802 bis zu seinem Tod 1805; für seine Familie blieb es weiterhin das Zuhause. Hier schrieb er die großen Dramen »Die Braut von Messina« und »Wilhelm Tell«. Zugehörig ist das **Schiller-Museum,** ein rückseitiger Anbau von 1988. Ins barocke **Wittumspalais** lud Herzogin Anna Amalia, die achtzehnjährig die Regierungsgeschäfte übernahm, zu den bekannten Tafelrunden – die Glanzzeit Weimars. Wieland, Herder, Goethe und später auch Schiller gehörten zum engsten Kreis.

1857 wird auf dem Theaterplatz das **Goethe-Schiller-Denkmal** eingeweiht, das Wahrzeichen Weimars. Der Dresdner Bildhauer Ernst Rietschel stellt die Geistesgrößen in heroisierend verklärender Pose, jedoch freundschaftlich verbunden dar. Das **Deutsche Nationaltheater,** ein 1908 eröffneter Neubau (1948 mit Goethes »Faust« wiedereröffnet), ist der Nachfolger des ehemaligen Weimarer Hoftheaters. Hier kamen viele Werke Goethes und Schillers zur Uraufführung, aber auch Richard Wagners »Lohengrin«. Im August 1919 setzte die hier tagende Deutsche Nationalversammlung die Weimarer Verfassung in Kraft. Gegenüber im **Bauhaus-Museum** wird das Wirken des Staatlichen Bauhauses Weimar 1919–25 anhand zahlreicher Exponate lebendig (Arbeiten von Itten, Feininger, Gropius, Breuer, van de Velde).

Über den langgestreckten Goetheplatz und den Rollplatz geht es in den ältesten Teil Weimars, ins **Jakobsviertel** mit Jakobskirche und Jakobsfriedhof mit Grabmälern bedeutender Weimarer Persönlichkeiten. An der Südwand der Kirche befindet sich die Grabplatte von Lu-

Weimar, Rokokosaal in der Herzogin Anna Amalia Bibliothek (vor dem Brand 2004)

cas Cranach d. Ä. Die **Stadtkirche St. Peter und Paul** (Herderkirche) mit dem Herderdenkmal dominiert den Herderplatz. Die spätgotische Hallenkirche wurde Mitte des 18. Jahrhundert barock umgebaut. Johann Gottfried Herder war Pfarrer der Stadtkirche und Generalsuperintendent des Herzogtums Sachsen-Weimar. Seine Grabplatte befindet sich im Mittelschiff. Bedeutend ist das dreiflügelige Altargemälde Lucas Cranachs d. Ä., das sein Sohn vollendete. Thomas Mann spendete 1949 das Preisgeld des Goethe-Nationalpreises für den Wiederaufbau der im Februar 1945 zerstörten Kirche. Ein paar Schritte weiter, in der Jakobstraße, vermittelt das **Kirms-Krackow-Haus** mit Innenhof und Garten ein Bild bürgerlicher Wohnkultur der Goethezeit.

Am Eingang zum Ilmpark erstreckt sich der große Vierflügelbau des ehemaligen **Residenzschlosses.** 1789 begann der nach einem Brand notwendige Wiederaufbau und die Neugestaltung unter Herzog Carl August, Goethe wirkte in der Schlossbaukommission mit. Klassizistisch gestaltet wurden das große Treppenhaus, der Festsaal und die

Falkengalerie. Die Einrichtung der Dichterzimmer für Goethe, Schiller, Herder und Wieland veranlasste Großherzogin Maria Pawlowna. Das **Schlossmuseum** zeigt europäische Kunst vom Mittelalter bis zum Beginn des 20. Jahrhunderts; hervorzuheben ist die Lucas-Cranach-Galerie.

Gelbes Schloss, Neue Wache und Rotes Schloss führen zum Platz der Demokratie (ehemals Fürstenplatz) mit dem Reiterstandbild Herzog Carl Augusts (Entwurf von Adolf Donndorf, enthüllt 1875) in der Mitte. Die Südseite des Platzes bildet das ehemalige Landschaftsgebäude, heute Hochschule für Musik »Franz Liszt«, die Parkseite schließt die **Herzogin Anna Amalia Bibliothek** (Grünes Schloss) mit dem Bibliotheksturm. Herzogin Anna Amalia und ihr Sohn Herzog Carl August förderten die Bibliothek, Goethe leitete sie 1797–1832. Weithin bekannt ist der ovale Bibliothekssaal mit umlaufender Galerie und Büsten von Dichtern und Künstlern, der so genannte Rokokosaal. Die »Wiege der Weimarer Klassik« ist heute eine bedeutende Forschungsstätte der Literatur- und Kulturgeschichte (rund 900 000 Druckschriften, Handschriften, Inkunabeln, Bibliotheken Nietzsches und Liszts). Am 2. September 2004 wurde die Bibliothek durch einen Brand zum Teil zerstört. 50 000 Bücher wurden vernichtet, über 60 000 beschädigt. Der Bibliotheksbau soll 2007 wieder eröffnet werden.

Park an der Ilm

Ein reines Vergnügen bietet der sich an und in die Stadt schmiegende Park an der Ilm. Die knapp 2 km lange Anlage in der Art eines englischen Landschaftsgartens wurde 1778–1828 unter Mitwirken Goethes gestaltet, der Wörlitzer Park (s. S. 110) war das Vorbild. Mitte des 19. Jahrhunderts sorgte Hermann Fürst von Pückler-Muskau für weitläufige Rasenflächen und verbindende Sichtachsen, so Natur und Kultur harmonisch verbindend und steigernd. Bauwerke, Denkmäler, Gedenksteine und Brücken akzentuieren den Park. Die markantesten Bauten sind **Goethes Gartenhaus** und das Römische Haus. Herzog Carl August schenkte Goethe das schlichte Weinberghaus, das der Dichter kurz nach seiner Ankunft in Weimar beziehen konnte. Hier in der Ruhe der Natur, ohne höfische Etikette, war er produktiv und fühlte sich erfüllt (»Wilhelm Meister«, »Tasso«, »Iphigenie«, zuletzt auch »Faust«, zweiter Teil).

Im Kulturstadtjahr 1999 war es ein besonderes Erlebnis, zwei optisch identische goethesche Gartenhäuser in unmittelbarer Nachbarschaft im Ilmpark zu sehen. Goethes Gartenhaus war originalgetreu – auch in der Innenausstattung – nachgebaut worden. Heute befindet sich die Kopie im 30 km entfernten Bad Sulza.

Das **Römische Haus,** antikisierend mit Säulenhalle und skulptiertem Dreiecksgiebel, war das erste klassizistische Gebäude in Weimar, 1792–97 für Herzog Carl August als sommerliches Refugium errichtet. Neben Martin Gottlieb Klauer und Georg Melchior Kraus war auch Goethe maßgeblich an der Ausgestaltung des Hauses beteiligt, von Carl August vertrauensvoll damit beauftragt. Goethe und Carl

August blieben, trotz mancher Differenzen, lebenslang freundschaftlich verbunden.

Zu einem Weimar-Besuch sollte auch ein Gang über den **Historischen Friedhof** gehören, 1818 als neue Begräbnisstätte eingeweiht. Eine Lindenallee führt zur **Fürstengruft,** von C. W. Coudray 1822–27 als klassizistischer Zentralbau mit Säulenportikus und Laterne errichtet. In der Familiengruft der Weimarer Herzöge stehen die Särge der herzoglichen Familie, der Sarkophag von Großherzog Carl August und die schlichten Eichensärge von Goethe und Schiller (Goethe-Schiller-Gruft). Die **russisch-orthodoxe Kapelle** mit den fünf vergoldeten Zwiebelkuppeln wurde 1860–62 für die Großherzogin Maria Pawlowna (Gemahlin des Großherzogs Carl Friedrich) unmittelbar an die Fürstengruft gebaut. Auf einem Rundgang über den Friedhof findet man u. a. die Grabstätten der Familien Wieland, Goethe und Falk, von J. P. Eckermann, J. N. Hummel, H. Meyer, C. W. Coudray, F. W. Riemer und Charlotte von Stein.

Belvedere und Tiefurt

Nicht versäumen sollte man den Besuch der schönen Schloss- und Parkanlagen von Belvedere und Tiefurt. Vier Kilometer südlich der Stadt entstand 1724-32 das barocke **Schloss Belvedere** für Herzog Ernst August. Ursprünglich als Jagdschloss angelegt, wurde es zur repräsentativen Anlage mit Kavaliergebäuden, Orangerie (Wagensammlung) und Gärtnerhaus ausgebaut. Es war die erste Sommerresidenz der Herzogin Anna Amalia. Die großen Vier – Goethe, Schiller, Herder und Wieland – waren oft Gäste im Schloss (Rokokomuseum, Ausstellungen zur Jagdgeschichte und Gartenkunst). Westlich des Schlosses ließ Großherzogin Maria Pawlowna den regelmäßigen »Russischen Garten« mit Irrgarten und Heckentheater anlegen. Der englische Landschaftspark mit der Großen Fontäne ist belebt von zahlreichen Büsten, Bänken, Lauben und Grotten.

Östlich von Weimar liegen **Schloss und Park Tiefurt.** Von 1781 bis 1806 war das Schlösschen der Sommersitz von Herzogin Anna Amalia, eine Stätte regen literarisch-geselligen Lebens in der Natur (Tiefurter Musenhof). Treppenhaus und die vier Haupträume des Obergeschosses sind im Geschmack der Zeit um 1800 erhalten. Der stimmungsvolle, abgeschiedene Park mit schönen Blickachsen wird in einem großen Bogen von der Ilm umflossen.

Tourist-Info Weimar:
Markt 10
Tel. 036 43/74 50
www.weimar.de

Am Hang des Ettersberges liegt **Schloss Ettersburg** (Altes und Neues Schloss), wiederum ein Sommersitz der Herzogin Anna Amalia (1776–1780). Schloss Ettersburg ist in verfallenem Zustand, z. Zt. in Sanierung befindlich und nicht zugänglich. Eine »Zeitschneise« führt zum nahe gelegenen ehemaligen **KZ Buchenwald.**

Die Wieskirche

Wunderwelt des Rokoko

Je treuherziger die Vorgeschichte dieses Kirchenbaus erzählt wird, desto kühner erscheint er selbst. Am beiläufigen Anfang steht ein Bildnis des Gegeißelten Heilands: Den Steingadener Prämonstratensern schien es derart unansehnlich, dass sie die derbe Schnitzerei ihrem Klosterwirt überließen, der sie wiederum an die Wiesbäuerin Maria Lory abgab. Nun stand das schlichte Werk in ihrer Schlafstube, fromm verehrt von einem schlichten Gotteskind. Das erzählte bald, der Gemarterte vergieße Tränen, keine aufgemalten wohlgemerkt, sondern echte Tränen, bitterlich weine er wegen seiner unwürdigen Unterbringung.

Bedeutendste Rokoko-Kirche Deutschlands; UNESCO-Welterbe seit 1983

Erbaut: 1745–65

Baumeister: Dominikus und Johann Baptist Zimmermann

Schnell erreichte die Nachricht auch die Patres von Steingaden. Aber sie gefiel ihnen gar nicht. Denn auch ihre Abtei hatte das Licht der Aufklärung erhellt, und ein Tränenwunder wie dieses sprach aller Vernunft Hohn. Wenn nun das Herz der Maria Lory voll war vom Leid des Herrn, sollte ihr wenigstens der Mund nicht überlaufen. Das Kloster gebot der Frau, über das Erlebte Stillschweigen zu bewahren. Aber da hatte sich ihre Geschichte schon wie ein Lauffeuer in der Gegend verbreitet, schnell nahm die Verehrung dieses Heilands Züge einer Wallfahrt an.

Zu Steingaden wurden die Mönche ihrer wissenden Herablassung immer unsicherer. Zweifellos gehörte ihres, das Welfenkloster, zu den traditionsreichsten im Königreich Bayern, doch einträgliche Pilgerströme hatte es bisher noch nicht auf sich ziehen können. Demnach schadete ein Kapellchen für das wundertätige Bildnis nicht, 1740 las der Steingadener Abt hier erstmals die Messe.

Wallfahrtskirche zum Gegeißelten Heiland in der Wies

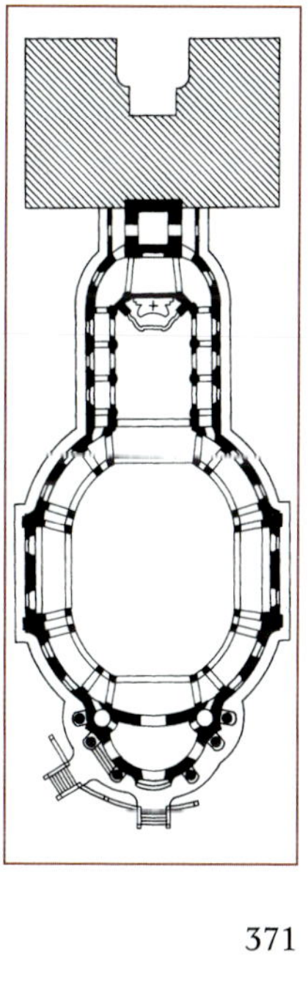

Pilgerströme

Aber wenn je die Welle der Gläubigen ein Kloster mitgerissen hat, dann im Fall dieser Kirche Zum Gegeißelten Heiland. Bald war die Kapelle zu klein, auch ein größerer Anbau konnte nichts mehr richten. 1745 begannen die Arbeiten zum Chor der heutigen Andachtsstätte, und vieles spricht dafür, dass es bei ihm bleiben sollte. Nur schwoll der Wallfahrerstrom immer weiter an, so kam ab 1749 Hauptbau hinzu. 1754 wurde die Wallfahrtskirche geweiht, bis zur wirklichen Vollendung der Wies sollten allerdings noch elf weitere Jahre ins Land gehen.

Nachdem sich die Steingadener einmal zum Kirchenbau entschlossen hatten, knauserten sie nicht. Das zeigt schon die Verpflichtung von Dominikus (1685–1766) und Johann Baptist Zimmermann (1680–1758). Die zwei Brüder hatten damals bereits einen

Wieskirche, Deckenbild von Johann Baptist Zimmermann ▷

großen Ruf, Dominikus als Architekt, Johann Baptist als Freskomaler. Beide waren hervorragende Stuckatoren, einer im Barock und Rokoko besonders gefragten Meisterschaft. Und sie gehörten zu den »Wessobrunnern«, wirkten also im Schatten des berühmten Klosters, das nicht nur ein geistliches, sondern eben auch ein Kunstzentrum war. Über 150 Jahre prägten Wessobrunner Künstler vor allem den Kirchenbau in Altbaiern und Schwaben, oft sind sie als »Schule« bezeichnet worden.

Das Äußere der Kirche lässt, wie häufig bei Rokokobauten, kaum auf die Pracht im Inneren schließen. Aber schon hier zeichnet sich die Raffinesse der Raumdisposition ab. Der Turm steht weit im Osten, ist sogar dem Chor vorgesetzt und vermittelt dort zu dem schlichten Priesterhof, der als offene Dreiflügelanlage unmittelbar an das Gotteshaus anschließt. Die architektonischen Kunstgriffe konzentrieren sich am westlichen Eingangsbereich. Er legt sich sichelförmig vor den Hauptraum und variiert an den Flanken das Motiv eines Portals: Zwei vor die Fassade gestellte, schlanke Säulen strecken sich bis zur Dachzone, um dort von einem vasengeschmückten Giebel überfangen zu werden. Außerdem hat Dominikus Zimmermann diese Schaufront in ein fast hochbarockes Schwingen versetzt, also sehr plastisch aufgefasst.

Frommer Jubel im Innern

Doch die Sehenswürdigkeit im eindringlichsten Sinn des Wortes ist das Innere. Schon vom Eingang her fällt der Blick auf den höchst stattlichen Hochaltar. Sein doppelgeschossiger Aufbau gründet auf dem schlichten Bildnis des gegeißelten Heilands in einer allerdings prachtvoll gerahmten Nische. Ihre üppige Ornamentik krönt ein Pelikan, Sinnbild des Opfertodes Christi. Darüber liegt im vollen Licht die ungleich imposantere Darstellung der Heiligen Familie vom Münchner Hofmaler Balthasar Augustin Albrecht (1690–1765).

Die prachtvolle Architektur des Altars greift mit ihren wuchtigen, rotmarmornen Säulen nach Westen aus. Ihre Dynamik erschließt sich allerdings erst, wenn der Hauptraum durchschritten ist und die ganze Langgestrecktheit des Chors ermessen werden kann. Ja, die erweiterte Perspektive offenbart eine noch entschiedenere Vereinnahmung des Chors durch den Altar. Denn seine Stützen finden eine Fortsetzung: Sie flankieren, jetzt freilich lichtblau marmoriert, auf ganzer Länge die innere Bahn des Ostabschlusses, den vom Altar her auch die kräftigere Farbigkeit erfüllt.

Deutlich davon abgesetzt ist die in Gold (Ornamente) und Weiß gehaltene Wandzone der eigentlichen Wallfahrerkirche. Auf den ersten Blick scheint ihr Grundriss ein Oval. Doch fassen hier zwei Halb-

kreise ein Rechteck ein, dessen knapper Sprung vor die Mauer ein Querhaus anklingen lässt. Acht Doppelstützen umstehen diesen lichten Hauptraum, sie sondern zur Wand hin einen schmalen, etwas erhöhten Umgang ab. Und wie das ganze Gebilde zwischen Zentral- und Längsbau steht, oszillieren seine Stützen zwischen Säulc und Pfeiler, haben gerundete und gerade Flächen. Dieser Wechsel entlockt dem Weiß stupende Lichteffekte.

Oberhalb des Gebälks findet sich solche architektonische Zweideutigkeit noch gesteigert: Das Konstruktive wird hier vom Ornament sozusagen beiseite geschoben. Ob Zwickel, Scheidbögen oder Gewölbebasen, die Schmuckformen überwuchern sie alle, besonders feurig hat Zimmermann den Triumph der Rocaille inszeniert. Der Übergang zur Decke wird dann zusätzlich verunklärt durch zwei prägnante Scheinarchitekturen, die Malerbruder Johann Baptist Zimmermann im Osten und im Westen an den Deckenrand gesetzt hat: einen leeren Thron und ein verschlossenes Portal. Dieses Portal symbolisiert das Tor zur Ewigkeit, wie der Schlangenring über der Kartusche bekräftigt. Auch der unbesetzte Thron weist auf Zukünftiges, nämlich die Herrschaft Christi. Er kann nach der Apokalypse des Johannes auch den Thron Gottes beim Weltgericht versinnbildlichen, dafür spricht hier der Regenbogen.

Der Abschluss nach oben ist keine steinerne Gewölbeschale (sie hätte einen viel massiveren Unterbau erfordert), sondern eine flache, am Dachstuhl aufgehängte Holzdecke über einer Hohlkehle. Dieser Malgrund trägt einen Himmel, der in seiner duftigen Farbigkeit das Firmament nahe bringt und zugleich entrückt. Die Mitte der Komposition bestimmt das traditionelle Motiv vom Christus als Weltenrichter; aber hier sitzt der Erlöser mit angewinkeltem Bein elegant auf dem Regenbogen und hat alles Statuarische abgetan. Nur weist auch sein rechter Arm auf das eigentliche Zentrum des Christentums, das in einer Gloriole überirdischen Lichts gegebene Kreuz.

Natürlich stehen die beiden Seitenaltäre, die opulente Orgelempore und vor allem die prächtige Kanzel hinter dem Aufwand der Chorausstattung nicht zurück. Aber am Zauber dieser Kirche wirkt doch auch ihre Lage mit. Deshalb die Empfehlung, nicht gleich mit der Tür ins Gotteshaus zu fallen, sondern ein wenig Abstand zu nehmen. Was den Besuchstermin angeht, versteifen wir uns nicht auf eine Tagesneige im Frühsommer, auch zu anderen Jahreszeiten wird die Wieskirche im Abglanz des Abendrots leuchten. Aber nur im Mai und Juni haben die Wiesen dieses smaragdene Grün, nur dann erglühen die rosa Blütenähren des Schlangenknöterichs, während der Nadelwald des Berghangs dahinter schon das nächtige Dunkel ahnen lässt. Vielleicht ist der Zusammenklang von Gotteshaus und Umgebung das eigentliche Kunstwerk, eines, das dem Wunder am nächsten kommt.

Öffnungszeiten:
Sommer 8–19 Uhr,
Winter 8–17 Uhr

www.wieskirche.de

Wismar

Backsteinkleinode in Fülle

Einzige geschlossen erhaltene Hansestadt im südlichen Ostseeraum;
UNESCO-Welterbe seit 2002

Gegründet: 12. Jh.

Besonders sehenswert:
- ☆ St. Nikolai
- ☆ St. Georgen
- ☆ Archidiakonat
- ☆ Fürstenhof
- ☆ Marktplatz mit Rathaus
- ☆ Dielenhäuser

Staunend stehen wir heute vor den prächtigen Backsteinbauten, die die historische Altstadt prägen. Wismar (47 000 Ew.) ist ein herausragendes Beispiel einer mittelalterlichen Stadt, deren städtische und bauliche Struktur der natürliche Seehafen geprägt hat. Seit dem Mittelalter blieb das Hafenbecken weitestgehend unverändert und mit der Grube, einem bereits im 13. Jahrhundert regulierten und ausgebauten Bach, ist das Wasser auch im Inneren der Stadtanlage präsent. Wismar besitzt den letzten noch im Mittelalter künstlich angelegten Wasserlauf in einer norddeutschen Altstadt. Erhalten geblieben sind auch der mittelalterliche, annähernd kreisförmige Stadtgrundriss mit den geschlossenen Baufluchtlinien, die das lübische Stadtrecht bestimmte und die es schnurgenau einzuhalten galt, sowie der große Reichtum an Bausubstanz früherer Jahrhunderte. Rund 300 Einzeldenkmale stehen in der Altstadt. Wismar verkörpert somit ein Flächendenkmal für mittelalterliche Bau- und Lebensweise par excellence.

Bereits 1147 ist ein »Wizmar Havn« genannt, erstmals taucht in den Annalen 1229 die Stadt Wismar auf. Unter der Vorherrschaft Lübecks schloss sie sich mit Rostock, Stralsund und Greifswald zum Hansebund zusammen, um sich »zu Wasser und zu Lande« beizustehen, wie ein Vertrag festlegte. Mit dem »lübischen Recht« gaben sich die Städte eine gemeinsame Rechtsform. Der Reichtum Wismars beruht auf der berühmten Bierproduktion, Wismar war das »Brauhaus der Hanse«. Bier und Fisch gehörten im Mittelalter an der Küste zu den Grundnahrungsmitteln. Die Bierbrauer waren die wohlhabendsten Bürger der Stadt, mit ihren Brauhäusern sowie mit dem dafür notwendigen System von Wasserleitungen und Brunnen haben sie die bauliche Struktur Wismars wesentlich geformt. Für die Mitte des 15. Jahrhunderts sind in Wismar fast 200 Braustellen nachweisbar. Nach dem Niedergang der Hanse im 16. Jahrhundert verlor die Stadt ihre Bedeutung, mit dem Dreißigjährigen Krieg war die Blütezeit endgültig vorbei. Im Westfälischen Frieden 1648 gelangte die Stadt mit der benachbarten Insel Poel zu Schweden, erst 1903 kehrte sie zu Mecklenburg zurück: Die Schweden lösten ein 100 Jahre zuvor erworbenes Pfand nicht ein, und so wurden aus den Südschweden wieder Mecklenburger. Im Zweiten Weltkrieg zerstörten mehrere Luftangriffe zwei große Kirchen der Stadt und zahlreiche gotische Häuser. Zu DDR-Zeiten besaß Wismar eine bedeutende Werft und der Hafen eine der modernsten Kali-Verladeanlagen Europas. Seit der Einheit hat sich das Stadtbild nachhaltig verändert, Wismar ist dabei, sich wieder in den Kreis der schönsten Städte im Ostseeraum einzureihen

Kolosse aus gebackenem Stein

»Die Dominante Backsteingotik gibt noch immer, wie vor vielen Jahrhunderten, der Stadt Charakter und Würde. Ein unermessliches, nicht mehr errechenbares Viel von Ziegelsteinen ist hier in wundervoller Gesetzmäßigkeit gehäuft und gestapelt zu drei gotischen Hochkirchen ... Tagtäglich, Jahr aus und ein, umwandert man mit Blicken diese Ziegelkolosse, tastet die Schönheiten ihrer glasierten Fialen, Wimperge und ihre nordisch derben Groteskfriese ab.«

Sella Hasse, 1929

Das lübische Recht legte fest, dass das öffentliche Bauen an den Kirchen eine Aufgabe des Stadtrats sei, die Geistlichkeit hatte also auf Kirchenbauten keinen Einfluss. Um ihre gesellschaftliche und politische Bedeutung zum Ausdruck bringen, ließ die wohlhabend gewordene Bürgerschaft drei gewaltige Backsteinkirchen errichten.

Bis 1945 prägten die drei Kolosse aus gebackenem Stein das Gesicht von Wismars historischer Altstadt, heute vermag sich das Auge nur noch an der riesigen **St. Nikolaikirche** zu erfreuen, mit deren Bau 1381 begonnen wurde. Drei Millionen Steine wurden schätzungsweise für das Gotteshaus verbaut. Das 37 m hohe Mittelschiff ist nach dem Kölner Dom, dem Ulmer Münster und der Lübecker Marienkirche das vierthöchste in Deutschland. Der gewaltige Innenraum, ohne Trennung von Schiff und Chor angelegt, wird geprägt von der komplett erhaltenen barocken Ausstattung mit Kanzel, Altar, Orgel und Taufgehäuse. All das kam in die Kirche, nachdem 1703 der Turmhelm eingestürzt war und dabei den Innenraum schwer zerstörte. Bereichert wurde die Ausstattung nach 1945 durch bedeutende Kunstwerke, die aus den beiden kriegszerstörten Kirchen stammen. So kamen die um 1335 gefertigte Bronzetaufe und der Mitte des 15. Jahrhunderts geschnitze Krämeraltar aus St. Marien und der spätgotische Schnitzaltar (um 1428) aus St. Georgen. Er gehört mit einer Größe von 10 x 4 m im geöffneten Zustand zu den größten Flügelaltären im Ostseeraum. Im 19. Jahrhundert hatten viele Familien ihre festen Sitzplätze, aus dieser Zeit stammen die Schilder an den Bänken.

Unwiederbringlich verloren ist **St. Marien,** die Rats- und Hauptpfarrkirche der Stadt, die ab 1339 in eine dreischiffige Basilika umgebaut worden war. Im Zweiten Weltkrieg wurde das Langhaus der Kirche, eine der schönsten Backsteinkirchen im norddeutschen Raum, von Bomben schwer beschädigt, 1960 wurde die Ruine gesprengt und abgetragen. Stehen blieb der 84 m hohe, weithin sichtbare Westturm mit der 5 x 5 m großen Uhr mit drei Schlagglocken von 1647. Viermal am Tag erklingt das Glockenspiel.

Die in ihrer heutigen Gestalt jüngste der drei Wismarer Backsteinbasiliken, **St. Georgen,** wurde ebenfalls im Zweiten Weltkrieg schwer beschädigt. Zu DDR-Zeiten verkam der breit gelagerte Koloss zur Ruine, die ausgebrannten hohen Pfeiler trotzten Jahrzehnte Sturm und Regen, bis in einer Orkannacht 1990 der hohe Nordgiebel einstürzte und zwei Wohnhäuser unter sich begrub. Die St. Georgenkirche war Deutschlands größte Kirchenruine geworden – aber nicht lange, denn schon im folgenden Jahr war sie eine große gotische Baustelle. St. Georgen wird seither systematisch von Ost nach West rekonstruiert. Die Deutsche Stiftung Denkmalschutz machte den Wiederaufbau des Gotteshauses zu ihrem größten Förderprojekt seit der deutschen Einheit. 2010 soll St. Georgen wieder in alter Schönheit erstrahlen, schon heute komplettiert sie wieder die Stadtsilhouette.

Backsteingotik in höchster Vollendung

Wismar liegt in einem natursteinarmen Gebiet. Mit den Findlingen, die die Eiszeit hinterlassen hat, konnten die großen Aufgaben der Kolonisation um die Mitte des 12. Jahrhunderts nicht bewältigt werden. Die Baumeister, die mit den Bauern und Handwerkern der deutschen Ostbesiedlung gekommen waren, schauten sich um und entdeckten den reichlich vorhandenen Lehm. Der Backstein entstand, der »gebackene« Stein, der nun in nahezu allen Bereichen eingesetzt wurde. Welche Möglichkeiten er bietet, wenn man seine Gesetze beherrscht, zeigt das am Marienkirchhof gelegene **Archidiakonat,** das um 1450 errichtete Verwaltungs- und Wohnhaus des Vertreters des Bischofs. Das zweigeschossige Haus mit seiner herben Schönheit und schlichten Eleganz zeigt Backsteingotik in höchster Vollendung. Durch reiche Blendgliederung und den wechselseitigen Einsatz von glasiertem und unglasiertem Stein wurde das reiche Baudekor erzielt. Das im April 1945 schwer beschädigte Archidiakonat wurde 1962/63 wieder aufgebaut.

Die Fürstenresidenz

Eines der schönsten Zeugnisse der Schlossbaukunst des Ostseeraums in der Übergangsperiode von der Spätgotik zur Renaissance ist der **Fürstenhof,** die ehemalige Stadtresidenz der mecklenburgischen Herzöge. Anlässlich seiner Vermählung ließ Herzog Johann Albrecht I. von Mecklenburg an den gotischen Westflügel von 1512/13, heute Altes Haus genannt, 1553/54 das so genannte Neue Haus anbauen. In seiner Gesamtkonzeption folgt der dreigeschossige Putzbau der oberitalienischen Palastarchitektur der Frührenaissance, ganz besonders dem Palazzo Roverella in Ferrara. Die aufwändige Gestaltung der Fassaden steht unter niederländischem Einfluss. Auf der der Straße zugewandten Schauseite sind auf dem unteren Fries Reliefszenen aus dem Trojanischen Krieg zu sehen, auf der Hofseite wird die Geschichte des verlorenen Sohnes aus dem Neuen Testament dargestellt. Der obere Terrakottafries zeigt an der Straßen- und Hofseite Porträtmedaillons antiker und zeitgenössischer Persönlichkeiten. Bei der 2002 vollendeten umfassenden Restaurierung bekam das Neue Haus die Farbigkeit zurück, die es in den 70er Jahren des 19. Jahrhunderts erhalten hatte. Nur eine Achse der Hofseite wurde in der Farbfassung der Renaissance rekonstruiert. Wie der Palazzo Roverella ist auch der

Wismar, Markplatz mit den Häusern »Alter Schwede« und Reuterhaus sowie dem Stadtbrunnen, der »Wasserkunst«

Fürstenhof reich mit fein ziseliertem Terrakottaschmuck versehen, der aus der damals bekannten Lübecker Werkstatt des Statius von Düren stammt. Der Fürstenhof ist das erste Bauwerk in Mecklenburg, bei dem Terrakotta als Gliederungs- und Schmuckelement eingesetzt wurde, was den Herzog viel Geld kostete. Die Wismarer bekamen es zu spüren, denn fünf Jahre nach der Hochzeit hatte er die Baukosten noch nicht bezahlt. Die Stadtväter mussten deshalb eine zusätzliche Steuer einführen, was die Bürger ziemlich verärgerte.

Die gute Stube Wismars war und ist der **Marktplatz,** mit 100 x 100 m der größte in Mecklenburg-Vorpommern. Fast die gesamte Nordseite des mit altem Kopfsteinpflaster belegten Platzes wird vom breit gelagerten klassizistischen **Rathaus** eingenommen. Der schlichte Putzbau mit zwei Seitenrisaliten wurde 1817–1819 errichtet, nachdem der Vorgängerbau 1807 wegen Vernachlässigung eingestürzt war. Zierde des Platzes ist die 1580–1602 errichtete **Wasserkunst,** ein schmuckvolles zwölfeckiges Gehäuse für das zentrale Wassersammelbecken. Bis 1897 leiteten Holzrohre von den etwa 6 km entfernten Metelsdorfer Quellen das Wasser hierher. Von hier wurden etwa 220 Häuser und 16 öffentliche Schöpfstellen in den Straßen mit Frischwasser versorgt. Der pavillonartige Bau im Stil der niederländischen Renaissance mit geschwungener glockenförmiger Haube und sechseckiger Laterne wurde zum Wahrzeichen von Wismar.

Kunstvolle Dielenhäuser

Das typische hanseatische Kaufmannshaus, das Dielenhaus, prägt heute noch das Bild Wismars. Es diente dem Kaufmann der Hansezeit als Wohn-, Handels- und Lagergebäude. Das um 1380 errichtete älteste Dielenhaus Wismars, durch die 1878 darin eröffnete Gaststätte **Alter Schwede** zu beachtlichem Bekanntheitsgrad gelangt, ziert die Ostseite des Marktplatzes. Das alte Kaufmannshaus ist nur eingeschossig, aber der mächtig aufragende Staffelgiebel, der durch dunkle Glasursteine eine prächtige Wirkung erzielt, erreicht mit seiner mittleren Achse die Höhe von fünf Geschossen. Zu den herausragenden Dielenhäusern gehört auch das 1569–71 errichtete **Schabbell-Haus** an der Schweinsbrücke, heute Sitz des Stadtgeschichtlichen Museums. Bauherr des bedeutendsten bürgerlichen Renaissancebaus Mecklenburgs war der wohlhabende Ratsherr und spätere Bürgermeister Hinrich Schabbell. Beim Schabbell-Haus mit dem für die Dielenhäuser typischen, an der Rückseite angesetzten Seitenflügel wurden erstmals die Fassaden mit Sandstein dekoriert. Die reich gestalteten Giebelhäuser, im 17. und 18. Jahrhundert leider oftmals im Stil der Zeit überformt, bestimmen noch immer die Hauptstraßenzüge Wismars, in den Nebenstraßen dagegen sind es die bescheidenen zweistöckigen Traufenhäuser der Handwerker, die mit der Dachschräge zur Straße stehen und fast immer nur eine geringe Gebäudetiefe aufweisen.

Wismar genoss nicht nur in der Hansezeit Bedeutung, im 17. und 18. Jahrhundert spielte die Stadt eine beachtliche Rolle im militärischen Großmachtsystem Schwedens, das Wismar auf Grund seiner strategisch günstigen Lage zu einer der größten Festungen im Ostseeraum ausbaute. Aus dieser Zeit sind zwei Bauwerke überliefert: das königlich-schwedische **Provianthaus** von 1690 im Nordosten der Stadt (heute Arbeitsamt) und das lang gestreckte **Zeughaus** in der Ulmenstraße, der bedeutendste Barockbau schwedischer Militärarchitektur. Der 60 x 15 m große Raum im ersten Obergeschoss ist eine ingenieurtechnische Meisterleistung: Die ausgeklügelte, frei tragende Hängekonstruktion kommt ohne jegliche Stützpfeiler aus, die Lasten des gewaltigen Dachstuhls ruhen nur auf den Umfassungsmauern. Bei der 2000 abgeschlossenen aufwändigen Sanierung des Gebäudes gelang es weitgehend, die ehemalige Raumstruktur wieder zu schaffen. Auch wurde die noch mit Originalsteinen gepflasterte Zufahrtsrampe wieder hergestellt sowie das große Aufzugsrad unter dem Dach. Wo einst schwere Geschütze standen, leiht man heute Bücher aus und besucht kulturelle Veranstaltungen: Das Zeughaus wurde vom Militärbau zum Kulturzentrum.

Tourist-Info Wismar:
Am Markt 11
Tel. 0 38 41/2 51-30 25
www.wismar.de

Autostadt Wolfsburg

Mensch und Technik als Zwillingsgespann

Weltweit einzige Stadt des Autos

Eröffnet: 2000

Architekten:
Alvar Aalto,
Zaha Hadid,
Henn Architekten und Ingenieure München,
Hinnerk Wehberg

Wolfsburg, die »Volkswagen-Stadt« hat sich zu einem Touristenmagneten herausgemacht: In den letzten fünf Jahren haben über acht Millionen Besucher die Autostadt mit der AutoStadt am Mittellandkanal besucht. Und hier setzen die begrifflichen Missverständnisse womöglich gleich ein. Die Verquickung von Stadt und Auto ist Charakteristikum Wolfsburgs: Es ist weltweit die einzige Stadt, die nur für das Automobil gebaut wurde. Als Stammsitz des Global Player Volkswagen-Konzern ist die »Autostadt« im Bewusstsein verankert: immer das ganze Wolfsburg, Werk und Stadt mit ihren Einwohnern als siamesisches Zwillingspaar. Seit Mitte 2000, zeitgleich mit der Expo in Hannover, hat nun das »Erlebniszentrum AutoStadt« seine gläsernen Portale geöffnet und verführt mit einer kunstvoll gestalteten Lagunenlandschaft, deren Bauten und Attraktionen dem Thema Mobilität und Automobil gewidmet sind und die – selbstredend – vom Volkswagen Konzern nebenan initiiert wurde. Sie ist das Aushängeschild des Weltkonzerns, spielt mit dem Motorenkult und hofiert und umsorgt zudem all jene, die ihren Neuwagen direkt vom Werk abholen.

Aber auch Wolfsburg ist für Besucher interessant und anregend: Die junge Stadt aus der Retorte hat sich das Thema Mensch, Kultur und Technik zu Eigen gemacht, zeigt ihre außergewöhnliche Geschichte in einem eigenwilligen Stadtbild, in einer Architektur, die alle Epochen der Bundesrepublik wie im Brennglas spiegelt. Sie besitzt ein publikumsnahes, weit über die Grenzen bekanntes Kunstmuseum, weitere Museen hoch auf der Wolfsburg, einige architektonische Schätze und eine kompakte, fußgängerfreundliche Innenstadt, eingefasst in sehr viel Landschaft. Und als jüngste Sehenswürdigkeit zeigt ein aufsehenerregender Bau, wie naturwissenschaftliche Phänomene und die Welt der Technik spielerisch erlebt und verstanden werden können.

Der Käfer, Symbol des Wirtschaftswunders

Das Werksgelände des Volkswagen-Konzerns ist über 8 km² groß, mit 75 km Straßennetz, werkseigenem Verladebahnhof und zwei Kraftwerken. Über 50 000 Mitarbeiter sind hier beschäftigt, weltweit sind es knapp 350 000. 2004 wurden über 5 Mio. Autos verkauft.

Einzigartig ist die Stadtgeschichte: Gegründet wurde das Volkswagenwerk im Niemandsland, im Mai 1938. Gleichzeitig sollte eine Industriestadt entstehen, die »Stadt des KdF-Wagens«. Das nationalsozialistische Automobil, das »Kraft durch Freude« bringen sollte, ist nie gebaut worden, stattdessen fertigten Zigtausende von Zwangsarbeitern Militärfahrzeuge und Rüstungsgüter. Am 25. Mai 1945, unmittelbar nach Kriegsende, erhielt die Barackensiedlung durch die nun freie Stadtverordnetenversammlung ihren Stadtstatus und ihren

Die AutoStadt in Wolfsburg, eine Experimentierlandschaft mit aufregender Architektur

Namen. Wolfsburg wurde zum Inbegriff des Wirtschaftswunders, wuchs zur ersten durchgeplanten, autogerechten Großstadt im Grünen. Der Käfer trat von hier aus seinen Siegeszug um die Welt an: Schon 1955 rollte der einmillionste Wagen vom Band. Heute ist das riesige Werksgelände, rund viermal so groß wie Monaco, die größte zusammenhängende Automobilfabrik der Welt »unter einem Dach«, und noch gehen rund 50 000 Mitarbeiter im Werk ein und aus.

Der Bahnhof ist der Knotenpunkt, und von hier aus ist alles ganz einfach: Nördlich des Mittellandkanals liegt das **Volkswagenwerk** und die gläserne Dachlandschaft der AutoStadt. Schier endlos lang zieht sich das VW-Werk hin: Das Stammhaus mit der Konzernzentrale ist 1,5 km lang; es steht mit seinen Schornsteinen und der backsteinernen Werksfront unter Denkmalschutz. Im Nordwesten thront die **Wolfsburg,** die der Stadt ihren Namen gab – ein imposanter Bau der Weserrenaissance. Nach Süden hin fächert sich der Stadtorganismus auf, die schöne Fußgängerbrücke schlägt den Bogen über den Mittellandkanal. Das amöbenhaft geschwungene Etwas aus fließenden Betonschalen und scharfem, spitzem Bug, direkt am Nordkopf der Stadt, ist die neue **Experimentierlandschaft Phaeno:** Zaha Hadid, in Deutschland bekannt geworden mit ihrem sensationellen Erstlingsbau in Weil am Rhein (s. S. 363) und in Leipzig mit dem hoch gelobten gläsernen BMW-Werk (2005) vertreten, hat hier ihren ers-

Der große finnische Architekt Alvar Aalto (1898–1976) konnte drei Bauten in Wolfsburg verwirklichen: das zentrale Kulturhaus in der Porschestraße (1959–62) sowie die Gemeindezentren Heilig Geist und Stephanus.

Das Fünf-Sterne-Hotel Ritz Carlton in der Auto Stadt war das erste in Deutschland. Es bietet Gourmetküche und erlesene Interieurs von der weltbekannten Designerin Andrée Putman gestaltet.

ten großen Bau für die Öffentlichkeit errichtet. Ende 2005 eröffnet, widmet sich das »Wundertier«, dieser rasante Bau-Organismus auf zehn massigen, je unterschiedlich geformten Füßen mit Ausstellungen und interaktiven Stationen allen Phänomenen aus der Welt der Naturwissenschaft und Technik. Der Boden ist eine hügelige asphaltierte Platzanlage, darüber hängt als Museumskörper der Bauch des riesigen Mehrfüßlers, in dem auch noch Tagungsräume, ein Wissenschaftstheater und ein Bistro Platz haben. Der futuristische Bau bildet den Auftakt hinein in die Porschestraße, die als Rückgrat der City und Treffpunkt der Wolfsburger bis hin zum Klieversberg führt. Sie verbindet Phaeno und »das Werk«, Kunst und Kultur mit Technik und Naturwissenschaften. Aufgereiht wie an einer Schnur: das **Rathaus,** das **Kulturhaus** von Alvar Aalto, das vitale **Kunstmuseum** und, schon inmitten hügeligen Wiesengrüns, das **Planetarium,** das **Kongresszentrum** und das **Theaterhaus** von Hans Scharoun.

Motorenkult im Erlebnispark

Die Idee der **AutoStadt** war ein genialer Coup. Die brachliegenden Flächen neben dem Werk wurden von der Volkswagen AG für fast eine Milliarde D-Mark in eine Erlebnislandschaft für die ganze Familie verwandelt, die rundum dem Mythos Auto und der Leidenschaft Mobilität gewidmet ist. Spielerisch und spektakulär präsentiert der Konzern seine Marken, gleichzeitig stehen die Abholer der Neuwagen im Mittelpunkt. Unter der Leitung des Büros Henn Architekten und Ingenieure München sowie des Landschaftsarchitekten Hinnerk Wehberg aus Hamburg ist eine komponierte Landschaft mit Hügeln, Wasserläufen, Seeplattformen und Halbinseln entstanden. Zwischen den Lagunen ragen die unterschiedlichsten Fassaden- und Dachsilhouetten hervor, gläserne Türme und farbig leuchtende Kuben. Lichtdurchflutet und weit offen lockt das **KonzernForum** mit 20 m hohen gläsernen Flügeltüren: Im Innern, auf der Piazza, zwischen den Kunstwerken der drei Farbkörper »Rot Gelb Blau« von Gerhard Merz, der Globen-Serie von Ingo Günther, mit Cafés, Restaurants und Shops finden zahllose Festivals, Partys und Kulturevents statt. Herzstück des Geländes ist das **KundenCenter** mit zwei über 40 m hohen, nachts erleuchteten Glaszylindern, in denen die Wagen, kunterbunt gestapelt, auf ihre Besitzer warten. Lamborghini gucken? Audi, Skoda, Seat und Bentley? Jede Marke setzt sich in extravagant gestalteten Pavillons in Szene. Ein **AutoLab** führt interaktiv in Forschung und Erprobung neuen Autodesigns ein; auf Kinder wartet eine eigene Fahrschule, im **ZeitHaus** wird die Geschichte des Automobils mit legendären Oldtimern lebendig – natürlich auch mit dem Käfer-Prototypen.

Öffnungszeiten:
AutoStadt:
tgl. 9–20 Uhr; bei Veranstaltungen länger
www.autostadt.de

ScienceCenter Phaeno:
Willy-Brandt-Platz
www.phaeno.de

Tourist-Info Wolfsburg:
Willi-Brandt-Platz 5
Tel. 05361/143 33
www.wolfsburg.de

Vom Bahnhofsvorplatz fährt ein kostenloser Shuttlebus durch die Porschestraße bis zum Theater am Klieversberg.

Der Dom St. Peter in Worms

Die Krönung des Stadtbilds

Bedeutender romanischer Kirchenbau

Erbaut: 1130–80

Besonders sehenswert:
- ☆ *Frühgotische Bauplastik am Südportal*
- ☆ *Hochaltar von Balthasar Neumann*
- ☆ *Wurzel Jesse in der Nikolauskapelle*

An Selbstbewusstsein hat es dieser freien Reichsstadt selten gefehlt. Vielleicht schreibt es sich ja wirklich von den kaum dreißig, aber desto sagenumwobeneren Jahren her, als Worms Zentrum des Burgunderreichs war (etwa 410–436). Einen historisch fassbaren Aufschwung verdankt das Gemeinwesen zunächst Burchard (1000–1025), der den Ort zum Zentrum seines Bistums erhob. Schon bald bot das Bürgertum dem bischöflichen Stadtherrn die Stirn. Kaiser Heinrich IV. gewährte 1074 die ersten Freiheitsrechte, seine Blütezeit erlebt Worms unter den Staufern. Kaiser Friedrich I. Barbarossa erweitert 1184 die Privilegien der Stadt bedeutend, gleich darauf werden sie in Erz gegossen und ins Mauerwerk über dem Domnordportal eingelassen. 1273 bestätigt Rudolf von Habsburg die Reichsunmittelbarkeit.

Der heutige Dom entsteht über den Fundamenten seines 1018 möglicherweise übereilt geweihten Vorgängers, denn dessen Westchor stürzt schon zwei Jahre später ein. Dieser Abschluss war zwar nicht auf Sand, aber auf Löss gebaut, ein Untergrund, der auch in der Folgezeit immer wieder Probleme machen sollte. Doch übernimmt der Neubau zum guten Teil die alten Fundamente und damit die alte Disposition; sie hatte zwischen markantem Ost- und Westchor ein dreischiffiges Langhaus vorgesehen.

Der ganze Reichtum der Epoche

Von den drei großen oberrheinischen Bischofskirchen der Epoche ist Worms die kleinste. Was keineswegs heißt, dass ihre Architektur hinter die von Speyer und Mainz zurückfällt. Um 1130 wurde der Grundstein zur neuen Kathedrale gelegt, gut fünfzig Jahre sollten hier die Arbeiten dauern. Damit hat sie eine relativ kurze, aber eben doch bewegte Baugeschichte. Sie nimmt ihren Anfang noch in der Hochromanik, steht jedoch gegen Ende schon unter dem Horizont der Gotik. Jedenfalls prunkt St. Peter als spätester Bau des Triumvirats mit dem ganzen Formenreichtum einer Epochenendzeit.

Wie selbstverständlich trägt die fünfjochige, doppelchörige Anlage einen starken Turmgruppenakzent im Osten wie im Westen. Die beiden Zentraltürme haben einen achteckigen Grundriss, die vier flankierenden Treppentürme sind alle rund. Dem wahrscheinlichen Baufortschritt von Ost nach West entspricht die zurückhaltendere Gliederung der Ostpartie. Obwohl ihre Apsis im Innern den bekannten Beinahehalbkreis zeigt, schließt sie außen gerade ab, behauptet sich also nicht als eigener Bauteil.

Wormser Dom, Innenraum. Von der Ausstattung vor 1689 blieb nur ein Renaissancealtar erhalten. Glanzstück des barocken Inventars ist der Hochaltar (1738–40) nach einem Entwurf von Balthasar Neumann. Dieses sechssäulige Ziborium weist mit seiner Auflösung der geschlossenen Wandteile schon ins Rokoko voraus, die Figuren schuf der Würzburger Johann Wolfgang von der Auwera. Auch das Chorgestühl eines unbekannten Meisters darf als authentisches Zeugnis der Epoche gelten.

Dafür gibt die Wand dieser Fassade Monumentalität, außerdem fallen schon hier die reich profilierten Gewände ins Auge. Die Sohlbänke tragen voll herausgearbeitete Löwen- und Bärengruppen, die Säulenbasen der Zwerggalerie eher reliefierte Tiere und Menschen. Ein besonders hübsches Detail (Fernglas!) ist jener Säulenmann in trauter Zweisamkeit mit unserem nächsten tierischen Verwandten. Hier drängt sich die Frage auf, ob schon damals die Redewendung »Mich laust der Affe« im Schwange war.

Auch das Langhaus dieser Kirche ist im sogenannten Gebundenen System eingewölbt, demnach entsprechen zwei Joche im Seiten- einem Joch im Mittelschiff. Aber die Scheitel der Kappen liegen hier über denen der Gurtbögen, die außerdem spitz zulaufen. Damit nicht genug, haben die Gewölberippen ein markantes Profil: Hier kündigt sich unübersehbar die Gotik an. Einen ganz eigentümlichen Unterschied zeigt die Langhauswand im Norden gegenüber ihrem Pendant im Süden. Während die nördliche noch deutlich an die Formen im Speyrer Dom anschließt, weisen die an der südlichen Wand sehr viel weiter rheinaufwärts, nämlich ins Elsass.

Einen ganz außergewöhnlichen Beitrag zur spätromanischen Architektur liefert die Apsis des Westchors. Sie drückt ihren Fünf-Achtel-

Schluss zwischen den zwei Flankentürmen derart heraus, dass die Verhältnismäßigkeit nur eben noch gewahrt scheint. Die tief durchdrungene Mauer ermöglicht Gewände, die Gewände wiederum den variablen Einsatz von Schmuckformen. Ein wirklicher Blickfang sind die drei Rundfenster am Chorhaupt. Überdies sitzt unter dem hochgestellten der Scheitelwand ein Radfenster, das sich ohne weiteres als Vorläufer jener Fensterrosen zu erkennen gibt, die sich dann an den gotischen Westfassaden voll entfalten werden. Seitlich geht es fast über die ganze Wand, lässt so gut wie keinen Platz mehr für die Einschnittfläche: Als habe der Baumeister hier Größeres gewollt und sich mit den beschränkten Möglichkeiten nur widerwillig zufrieden gegeben.

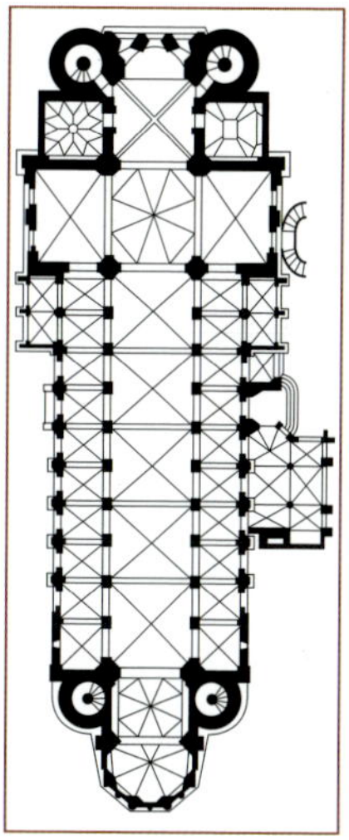

Grundriss des Wormser Doms

Wiederaufbautaten

Erstaunliches tut sich beim Wiederaufbau des nordwestlichen Turms um 1480. Ein halbes Jahrhundert zuvor war er eingestürzt, nun wurde er seinem Gegenstück genau nachgebildet hochgeführt. Solche Skrupulosität ist in der Gotik keineswegs selbstverständlich. Bedeutende Anstrengungen mussten auch nach dem Schicksalsjahr 1689 (s. S. 22) gemacht werden, um den Dom wiederherzustellen und neu auszustatten. Zu einem wahren denkmalpflegerischen Kraftakt aber forderte der Westchor zu Beginn des vorigen Jahrhunderts heraus. Wegen des nachgiebigen Lössbodens war er inzwischen so baufällig geworden, dass nur eine Radikalkur helfen konnte. Die Fundamente wurden 1902 so tief gegründet, dass sie nun auf dem natürlichen Gesteinssockel ruhen. Und bis 1906 erstand das zuvor abgetragene Mauerwerk Stein für Stein wieder neu.

Vom Anfang des 14. Jahrhunderts datiert das Südportal der Kirche. Obwohl es sich zwischen zwei gotischen Kapellenanbauten sehr beengt ausnimmt, lässt sich hier die Verbindung zum berühmten Westportal des Straßburger Münsters mit Händen greifen. Die Szenen und Figuren der Portalgewände sowie die Marienkrönung im Bogenfeld des Giebels markieren einen Höhepunkt der Bildhauerkunst. Das tut auch die Wurzel Jesse aus dem einstigen Kreuzgang der Domkirche, die in der Nikolauskapelle ihren Platz fand. Die lateinischen Ziffern um den niedrigen Stamm ihres Astwerks ergeben die Jahreszahl 1488. Stifter war der kunstsinnige Johann von Dalberg, er stand zu dieser Zeit an der Spitze des Bistums.

Worms hat mit den Jahren viel von seinem Reiz eingebüßt, und nicht immer können diese Einbußen diversen Kriegen in die Schuhe geschoben werden. Doch wie eh und je schließt der Dom, auf einem Hügel erbaut, das Stadtbild äußerst effektvoll ab. So repräsentiert er das Gemeinwesen, ein Zeugnis nicht nur, sondern auch die Beglaubigung einer großen Stadtgeschichte.

Öffnungszeiten:
April–Okt. 9–18 Uhr,
Nov.–März 9–17 Uhr

Tourist-Info Worms:
Neumarkt 14
Tel. 06241/2 50 45
www.worms.de

Die Würzburger Residenz

Der Griff nach den Sternen

Bischofsresidenz des großen Barockarchitekten Balthasar Neumann;
UNESCO-Welterbe seit 1982

Erbaut: 1720–1744

Besonders sehenswert:
- ☆ *Treppenhaus mit Deckengemälde von Tiepolo*
- ☆ *Kaisersaal*
- ☆ *Kirche*

Dass auf dem berühmten Treppenhaus-Fresko der Würzburger Residenz auch Balthasar Neumann (1687–1753) erscheint, verwundert nicht. Nur: Er posiert hier als Obrist auf einer Kanone. Der weltberühmte Baumeister erscheint ganz ohne Attribute seiner Kunst, dafür in zugegeben fescher, aber eben doch: Uniform. Wir vergessen leicht, dass viele Architekten dieser Epoche nicht nur als Militäringenieure angefangen, sondern diese Profession auch zeitlebens versehen haben. Sie planten Straßen, Kanäle, Brücken und Festungswerke, sie wachten über die Ausführung der Entwürfe. Eines lernten sie dabei ganz sicher: die Beherrschung des Handwerks.

Friedrich Carl von Schönborn (1674–1746) führte schon den stolzen Titel eines Reichsvizekanzlers, als er 1729 Herr über gleich zwei geistliche Territorien wurde. Und in Würzburg gab ein ruhendes Bauprojekt Gelegenheit, sich als Barockherrscher zu inszenieren. Den Anfang hatte sein älterer Bruder gemacht: Unter ihm waren 1720 die Arbeiten an der Würzburger Residenz begonnen, doch bei seinem Tod nach nur vier Jahren wieder eingestellt worden. Der Nachfolger, kein Schönborn, hatte dem Bau die kalte Schulter gezeigt.

Aber er hatte nur drei Jahre regiert. Dann kam Friedrich Carl, und bei ihm fand auch Balthasar Neumann unverzüglich wieder die Gnade, die ihm dessen spröder Vorgänger entzogen hatte. Neumann durfte die Residenz von Beginn an projektieren, obwohl ihm damals noch die höheren baukünstlerischen Weihen fehlten. Freilich besaß Neumann nicht die volle Planungshoheit. Seit Versailles galt der französische Schlossbau als das Nonplusultra, »premier architecte« Robert de Cotte musste ebenso um Rat gefragt werden wie der große Germain Boffrand, gleichfalls ein Wort mitzureden hatte der Wiener Hofarchitekt Johann Lukas von Hildebrandt. Und aus dem nahen Mainz fand, wenigstens anfangs, die Stimme des kurfürstlichen Baudirektors Maximilian von Welsch besonderes Gehör.

1744 stand die Residenz im Rohbau. Die Ausstattungsarbeiten hatte erst der Schweizer Johann Rudolf Byss, nach 1738 Johann Wolfgang von der Auwera (1708–56) geleitet, den die Kunsthistoriker später zum Haupt des Würzburger Rokoko küren sollten.

Nach dem Tod Friedrich Carls gab es wieder eine Unterbrechung, doch abermals überlebte ein weniger bauwütiger Landesherr seine Wahl nur um drei Jahre. Dann kam die Reihe an Carl Philipp von Greiffenklau-Vollraths. Keinen Geringeren als Giovanni Battista Tiepolo (1696–1770) gewann er, um das Würzburger Treppenhaus und den Kaisersaal auszumalen. Damit war der Bau nicht vollendet. 1753

Würzburg, Treppenhaus der Residenz

starb der geniale Baumeister, die Feinarbeiten sollten sich bis in die 1760er Jahre hinziehen. Neumann hatte eigentlich nicht zwei Flügel, sondern zwei Schlösser entworfen, die hier ein weit zurückgesetzter Mittelbau verbindet. Beide liegen um zwei Innenhöfe, denn jeweils ein Querbau muss die Raumfolge erschließen helfen. Augenfälligstes Merkmal sowohl der nördlichen Garten- wie der südlichen Rennwegfront ist das fünfachsige Oval im Zentrum, übrigens eine Idee des damals noch allgegenwärtigen Maximilian von Welsch, die Neumann seinem Landesherrn nicht ausreden konnte. Zur Betonung der drei Hauptachsen findet er eine ganz eigene Lösung: Zwei Kolossalordnungen, unten halbrunde Säulen, oberhalb des Balkons flache Wandpfeiler, übergreifen jeweils anderthalb Geschosse. Diese Gliederung kehrt an den Hauptfassaden des Ehrenhofs wieder, die vier einspringenden Eckbauten werden sogar durch vorgestellte Säulen betont. Insgesamt beeindruckt Neumanns sicheres Gefühl für Proportionen.

Vielleicht wäre die ganze Residenz 1945 in Schutt und Asche gesunken, wenn Balthasar Neumann nicht derart solide gebaut hätte. So blieb der repräsentative Mitteltrakt samt seiner wertvollen Ausstattung erhalten, während sich andere Säle nur mehr rekonstruieren ließen. Als glanzvollster Schlossbau Deutschlands fand die Würzburger Residenz Aufnahme ins UNESCO-Weltkulturerbe.

Die Wunderwelt der Treppe

Wer das Innere des Schlosses beschreibt, tut gut daran, sich auf die Raumfolge im **Corps de Logis** zu beschränken. Bis ins Vestibül konnten selbst vierspännige Kutschen vorfahren, und dann empfing den staunenden Gast das gewaltige **Treppenhaus.** Ähnlich wie später in Brühl (s. S. 93) hat Neumann eine dreiläufige Stufenfolge konzipiert, die sich auf halber Höhe teilt und die Richtung wechselt. Mit jeder Stufe aber erfasst der Besucher mehr vom Wunderwerk Tiepolos. Über das Muldengewölbe von 677 m^2 Fläche zieht sich das größte jemals geschaffene Deckenfresko. Und nicht die Himmelfahrt christlicher Heiliger, nicht die Apotheose Mariens wird hier verherrlicht, sondern die Künste. Apoll ist ihr Schirmherr, und natürlich fällt einiger Glanz auch auf den Bauherrn Greiffenklau, obwohl der nur als oval gerahmtes Halbporträt gegenwärtig ist. Es huldigen die vier (damals bekannten), prächtig allegorisierten Erdteile, bei der Figurengruppe Europas hat Tiepolo sich selbst verewigt und eben auch Balthasar Neumann.

Der **Weiße Saal** mit den gewiss glänzenden Stuckarbeiten Antonio Bossis gönnt dem Auge ein wenig Erholung. Aber dann folgt gleich der Farbenrausch des **Kaisersaals.** Über den quergestreckt achteckigen Raum von 16 x 26 m schwingt sich eine Ovalkuppel, die bis zu ihrem flachen Scheitel fast noch einmal Wandhöhe erreicht. Stuckkappen schneiden tief ein, lassen jedoch immer noch genug Platz für das zentrale Fresko, auf dem der Musengott diesmal als Phoebus Apoll auftritt. Er dirigiert den vierspännigen Sonnenwagen, der Beatrix von Burgund dem Genius des Reiches zuführt. Tatsächlich hat sie Kaiser Friedrich Barbarossa geheiratet, wie eines der seitlichen Fresken zeigt. Auf dem anderen belehnt derselbe Herrscher den Würzburger Bischof mit dem Herzogtum Franken.

Und auch dieser Raum besticht als Gesamtkunstwerk, strahlt wider vom Gold der gewaltigen Wappen und der üppigen Kapitelle. Auch die goldgerahmten Supraporten über den Türen und die Jahreszeiten-Allegorien in den Nischen tun das Ihre, um die Besucher weit über den schlichten Wortsinn hinaus zu blenden.

Über all diesem sehr weltlichen Glanz soll die **Kirche** der Residenz nicht vergessen werden. An der südwestlichen Residenzkante bildet sie ein schlichtes Rechteck, aber der simple Umriss sagt nichts über die Raffinesse der Raumbildung. Sie wird von der Grundform des Ovals bestimmt: Dem großen, längsgestreckten im Zentrum sind zwei kleinere im Osten und im Westen quer vorgelegt, ihre Kuppeln ruhen auf acht achatfarbenen Marmorsäulen. Besonderen Effekt macht die geschwungene Empore über dem Altar. Sie geht auf einen Wunsch des Fürstbischofs zurück. Neumann hatte einen großzügigen Altaraufbau bis hinauf zur Gewölbezone entworfen, der geistliche Herr aber wollte einen zweiten für sich allein.

Die Deckenbilder der Kirche schuf der wackere Johann Rudolf Byss. Doch die Blätter der Seitenaltäre sind Werke Tiepolos, er malte hier einen furiosen Engelsturz und dann doch eine Himmelfahrt Mariens.

Öffnungszeiten:
25. März–Okt.
tgl. 9–18 Uhr,
Nov.–24. März
tgl. 10–16 Uhr

www.schloesser.bayern.de

Tourist-Info Würzburg:
Falkenhaus am Markt
Tel. 0931/37 23 98
www.wuerzburg.de

Erläuterung der Fachbegriffe

Ambo Meist steinernes Podium mit Lesepult in der altchristlichen und frühmittelalterlichen Basilika (Vorläufer der Kanzel)

Apotheose Verklärung, Vergöttlichung

Apsis (Mz: Apsiden) Meist halbrunder, mit einer Halbkuppel überdeckter Raum, der sich zu einem Hauptraum hin öffnet; in der christlichen Baukunst überwiegend der östliche Abschluss einer Kirche

Archivolte Vom Mauerwerk abgesetzte Einfassung eines Bogens als Fortsetzung der Gewändegliederung; bei romanischen und gotischen Portalen Bezeichnung der Bogenläufe im Gewände

Arkade Bogenstellung über Säulen oder Pfeilern

Art Nouveau Bezeichnung für die französisch-belgische Spielart des Jugendstils, der sich durch florale Motiven und fließenden Formen auszeichnet, ca. 1880–1914

Arts-and-Crafts-Bewegung In England entstandene Bewegung von Handwerkern und Künstlern mit dem Ziel, der industriellen Massenproduktion entgegenzuwirken

Attika Niedriges Geschoss oder brüstungsartige Aufmauerung über dem Hauptgesims eines Gebäudes

Bandelwerk Ziermotiv des frühen 18. Jh. aus symmetrisch angeordneten Bändern, vor allem als Decken- und Wandstuckaturen

Basilika Drei- und mehrschiffige Kirche, deren Mittelschiff höher und breiter ist als die Seitenschiffe, so dass der durchfensterte → Obergaden für Lichteinfall sorgt.

Beletage (franz.: schönes Stockwerk) Hauptgeschoss eines Gebäudes

Bergfried Hauptturm einer Burg, Beobachtungsstand und letzte Zufluchtsstätte bei Belagerungen

Blendbogen Einer Wand vorgeblendeter Scheinbogen

Caldarium Warmbaderaum der römischen Thermen

Chor Hochaltarraum einer Kirche, einige Stufen höher liegend als der Gemeinderaum, architektonisch besonders ausgestaltet und oftmals durch einen Lettner, durch Gitter oder Schranken vom Mittelschiff getrennt

Chorhaupt Am Außenbau hervortretendes Abschlusselement des Chores

Chorschranke s. Lettner

Ciborium Baldachin

Civitas römisches Gemeinwesen

Corps de Logis Mittleres Hauptgebäude eines Barockschlosses

Cour d'honneur (franz., s. Ehrenhof)

Dachreiter Schlankes Türmchen auf dem First eines Daches

Decumanus maximus Ost-westlich verlaufende Hauptstraße römischer Lager und Städte

Dienst Langes, dünnes Viertel-, Halb- oder Dreiviertelsäulchen, das als Teil eines Bündel- oder Wandpfeilers die Rippen des Gewölbes oder der Bögen aufnimmt

Ehrenhof Der von drei Flügeln umschlossene Hof eines barocken Schlosses aber auch einer privaten Stadtvilla

Empore Galerie- oder altarartiger Einbau in einen Innenraum; meist in Kirchen

Enfilade Abfolge von Räumen, die durch geöffnete Türen lange, imposante Blickachsen ermöglichen; architektonische Umsetzung des absolutistischen Herrschaftsanspruchs.

Epitaph Erinnerungsmal (Inschrift, figürliche Darstellung) für einen Verstorbenen, aber kein Grabmal

Exedra Gebäude, Raum oder Gebäudeteil (z. B. Apsis) mit halbkreisförmigem Grundriss

Fiale Architektonisches Zierelement der Gotik: spitz zulaufendes Ziertürmchen auf Strebepfeilern

Fraternei Raum eines Klosters, in dem die Mönche *(fratres)* häuslichen Arbeiten nachgingen

Fries Waagerechter Mauerstreifen mit ornamentalen oder figürlichen Darstellungen als Schmuck, Gliederung oder Abschluss einer Wand

Frigidarium Kaltwasserbad, Abkühlungsraum in den römischen Thermen

Gebälk Oberer Teil einer Säulenordnung

Gebundenes System Der durch das Vierungsquadrat bestimmte Grundriss einer gewölbten romanischen Basilika; einem quadratischen Mittelschiffsjoch entsprechen je zwei quadratische Joche von halber Seitenlänge in den Seitenschiffen

Gewände Schräg geführte, seitliche Mauerfläche (Laibung) einer Fenster- oder Portalöffnung; oftmals profiliert und mit Säulen und Skulpturen geschmückt

Gnadenstuhl Darstellung der Dreifaltigkeit: Der thronende

Gottvater hält das Kreuz oder den Leichnam Christi, über seinem Haupt schwebt der Heilige Geist in Gestalt einer Taube

Grisaille Malerei, die ausschließlich Schwarz- und Grautöne verwendet

Gurtbogen Verstärkungsbogen quer zur Hauptrichtung des Gewölbes, der von Pfeiler zu Pfeiler gespannt wird und die Gliederung des Gewölbes in den Jochen betont

Hypocaustum (griech.: von unten geheizt) Antike Raumheizung, bei der von einem zentralen Raum aus die Wärme mittels Hohlräumen unter den Fußboden und mittels Tonröhren in die Wände geleitet wurde

Joch Gewölbeabschnitt in Längsrichtung

Kämpfer Architekturelement einer Säule zwischen Kapitell und aufliegendem Bauteil, meist würfelähnlich

Kaffgesims Unterschnittene, schräge Abdeckfläche oder Gesims

Kannelierung Rillen eines Säulenschafts

Kapitell Oberer Abschluss von Säule, Pfeiler oder Pilaster mit ornamentaler, figürlicher oder pflanzlicher Dekoration.

Kartusche Zierrahmen für Wappen, Inschriften und dergl.

Klausur In Klöstern der allein den Mönchen vorbehaltene Bezirk

Kleeblattchor (auch Dreikonchenchor) Typische Chorform bei spätromanischen Kirchen im Rhein-Maas-Gebiet. Um das Quadrat der Vierung sind nach drei Seiten Halbkreise gelegt.

Kolonnade Säulenreihe, die einen Architrav trägt; als Begrenzung von Straßen oder Plätzen

Kompositkapitelle Die Vereinigung von ionisch-korinthischen Merkmalen (Voluten und Blattwerk)

Konche Halbrunde Nische mit Halbkuppel

Kreuzgang Um den rechteckigen Innenhof eines Klosters angelegter überdachter Umgang

Krypta Unterirdisch gelegener Raum unter dem Ostabschluß einer Kirche zur Aufbewahrung von Reliquien; Grabstätte von Heiligen und Märtyrern. Später auch Grablege für geistliche und mitunter weltliche Würdenträger

Langhaus (Längsschiff) Bei einer Kirche der langgestreckte Gebäudeteil zwischen Fassade und Chor

Laterne Runder oder vieleckiger durchfensterter Aufbau über einer Decken-, Gewölbe- oder Kuppelöffnung

Lavabo Becken, an dem sich der Priester während der Messe zeremoniell die Hände wäscht

Lettner Trennwand mit einem oder mehreren Durchgängen zwischen Chor und Mittelschiff einer Kirche zur Scheidung von Priestern und Laien

Lisene Schwach profilierte, vertikale Mauerverstärkungen ohne Basis und Kapitell

Lukarne Dacherker mit verziertem Giebelfenster

Marstall Zeughaus eines Schlosses, in dem u. a. Kutschen, Zaumzeug, Sättel etc. aufbewahrt wurden

Maßwerk Geometrisches Bauornament der Gotik, zunächst nur zur Unterteilung von großen Fenstern, später auch zur dekorativen Gliederung von Wandflächen, Giebeln usw.

Obergaden Wandabschnitt über den Mittelschiffarkaden einer Basilika, in dem sich die Fenster befinden; auch Licht- oder Fenstergaden genannt

opus reticularum (lat. opus: Mauerwerk, reticulum: kleines Netz); Mauerwerk, bei dem die quadratischen Steine oder Ziegel diagonal, also mit der Spitze nach unten, gelegt sind.

Palas 1. Wohn- oder Saalbau der mittelalterlichen Burg, 2. Saalbau einer Pfalz

Paradies Vorhalle einer Kirche, oft reich mit Plastiken geschmückt

Pilaster Wandpfeiler

Quadriga Viergespann (z. B. als Bekrönung eines Triumphbogens)

Radfenster Kreisrundes Fenster mit speichenförmigen Verstrebungen

Reliquiar Meist kostbar gestaltetes Behältnis zum Aufbewahren oder Vorzeigen sterblicher Überreste (Reliquien) eines Heiligen oder eines kirchlichen Würdenträgers

Risalit In ganzer Höhe vorspringender Fassadenteil, entweder in der Mitte eines Gebäudes (Mittelrisalit) oder an den beiden Ecken

Rocaille Muschelförmiges, asymmetrisches Dekorationsmotiv des Rokoko (um 1730–1770)

Sakramentshäuschen Architektonisch ausgebildetes

Behältnis aus Stein oder Holz, meist auf einem Sockel, zur Aufbewahrung geweihter Hostien an der Nordwand des Chores

Sala terrena Gartensaal eines Schlosses

Sarkophag Kasten- oder wannenförmiger Sarg aus Holz, Stein, meist prunkvoll gestaltet

Säulenportikus von Säulen getragene Vorhalle vor der Schauseite eines Gebäudes

Scheidbogen Bögen zwischen Säulen, die Haupt- und Seitenschiff voneinander trennen

Schildbogen Das Joch seitlich begrenzender Gewölbebogen

Schildmauer verstärkte Mauer einer Burg

Sohlbank Fensterbank, unterer Abschluss eines Fensters, leicht nach vorne geneigt, um das Regenwasser abzuleiten

Sterngewölbe Gewölbe, bei dem die Rippen eines Joches einen Stern bilden

Stichkappe Gewölbeteil meist über Fenstern und anderen Maueröffnungen, der senkrecht in das Hauptgewölbe einschneidet

Stufenportal Portal mit von außen nach innen gestuftem → Gewände; bei großer Mauerstärke erscheint so eine relativ kleine Öffnung in der Fassade wesentlich breiter

Supraporte Bemaltes oder reliefiertes gerahmtes Feld über einem Türsturz

Tambour Zylinderförmiger, durchfensterter Unterbau einer Kuppel

Tepidarium Lauwarmbad römischer Thermen

Thermen Römische Badeanlagen

Tonnengewölbe Gewölbe mit halbkreisförmigem Querschnitt

Triforium Laufgang in der Kirchenwand zwischen Arkaden oder Emporen und der Fensterzone

Tumba Rechteckiges Grabdenkmal, mit einer Grabplatte darauf, die entweder reliefiert oder mit einer vollplastischen Darstellung des Toten gestaltet ist

Tympanon 1. Bogenfeld über einem Portal, meist mit plastischem Schmuck 2. Giebelfeld eines antiken Tempels

Vedute Gemalte, gezeichnete oder gestochene Ansicht einer Stadt; vor allem vom 17. bis zur ersten Hälfte des 19. Jahrhunderts.

Verkröpft Ein verkröpftes Gesims wird winkelig um alle Mauervorsprünge herumgeführt.

Vierung Ort der Durchdringung von Lang- und Querhaus einer Kirche

Vierungsturm Turm über der Vierung

Wasserspeier Ende eines Wasser ableitenden Rohres, oft figürlich als Mensch oder Tier gestaltet

Wimperg Giebelförmiger Aufbau über gotischen Portalen und Fenstern

Zeughaus (Arsenal) Gebäude, in dem Waffen und sonstiges Kriegsmaterial untergebracht wurde

Ziborium (Ciborium) 1. Auf Säulen ruhender, baldachinartiger Altarüberbau 2. Tabernakel 3. Deckelkelch, der die geweihte Hostie enthält

Zwerggalerie Laufgang, überwiegend unter dem Dachgesims von Kirchen, mit kleiner Bogenstellung und zierlichen Säulen

Zwerchhaus, Zwerghaus s. Lukarne

Zwinger Bereich zwischen Vor- und Hauptmauer einer Burg oder einer Stadtbefestigung

Personenregister

Detlev Arens, geb. 1948, wurde mit einer Arbeit über Arthur Schnitzler zum Dr. phil. promoviert. Veröffentlichungen zur Prager Deutschen Literatur und zu Kunst und Kultur der (vorigen) Jahrhundertwende. Lebt und arbeitet als freier Autor in Bonn. Im DuMont Reiseverlag erschienen von ihm die Kunstreiseführer Prag und Flandern.
Von Detlev Arens stammen die Beiträge Aachen (1), Aschaffenburg (3), Baden-Baden (6), Bamberg (7), Bonn (17), Brühler Schlösser (19), Kloster Eberbach (28), Burg Eltz (29), Frankfurt, Paulskirche (34), Freiburg (36), Goslar (38), Heidelberg (44), Hildesheim (46), Kassel (47), Köln (48, 49), Limburg (52), Lorsch (53), Magdeburg (56), Mainz (57), Maria Laach (58), Maulbronn (59), Münster (68), Naumburg (69), Oberes Mittelrheintal (73), Pommersfelden (75), Quedlinburg (78), Rastatt (79), Reichenau (81), Rothenburg ob der Tauber (82), Speyer (85), Trier (89), Ulm (90), Vierzehnheiligen (91), Wieskirche (96), Worms (99), Würzburg (100).

Dr. Peter Fleischmann, geboren 1955, Studium u.a. der Geschichte in Erlangen, danach Ausbildung zum Archivdienst in München. Längere Tätigkeit am Staatsarchiv Nürnberg, seit 2000 Direktor des Staatsarchivs Augsburg. Zahlreiche Monografien und Beiträge zur Geschichte Frankens und Schwabens, u. a. DuMont Kunst-Reiseführer Nürnberg.
Von Peter Fleischmann stammen die Beiträge zu Nürnberg (71, 72).

Margarete Graf, geboren 1953, lebt und arbeitet als Lektorin und Autorin in Köln. Sie verfasste u. a. die Reiseführer DuMont direkt Flandern und Brüssel.
Von Margarete Graf stammen die Beiträge zu Ettal (32), München: Frauenkirche (62), Schloss Nymphenburg (63), Residenz (66), Theatinerkirche (67) sowie Schleißheim (83).

Ingrid Nowel studierte Anglistik, Germanistik und Geschichte in Berlin und lehrte dort an der Technischen Universität. Sie lebte mehrere Jahre in London und arbeitet heute als freie Journalistin und Redakteurin in Stuttgart. Im DuMont Reiseverlag erschienen von ihr die Kunst-Reiseführer Berlin und London, Richtig Reisen Südengland und DuMont direkt Schwarzwald.
Von Ingrid Nowel stammen die Beiträge Augsburg (4), Bad Muskau (5), Bayreuth (8), Kloster Benediktbeuern (9), Berlin (10, 11, 12, 13, 14, 15, 16), Bremen 18), Chorin (20), Darmstadt (21), Dessau (22, 23), Essen (31), Frankfurt, Museumsufer (33), Hamburg (40, 41, 42), Burg Hohenzollern (43), Herrenchiemsee (45), Lübeck (54), Ludwigsburg (55), Neuschwanstein (70), Ottobeuren (74), Potsdam (76, 77), Regensburg (80), Stuttgart (87, 88), Völklinger Hütte (92), Weil am Rhein (94), Wolfsburg (98).

Werner Preuß, 1942 in Döbeln geboren, kennt Sachsen und Thüringen von Jugend an. Er war lange in einem Verlag tätig und veröffentlichte den Reiseführer DuMont direkt Dresden.
Von Werner Preuß stammen die Beiträge Annaberg-Buchholz (2), Dresden (24, 25, 26, 27), Erfurt (30), Freiberg (35), Görlitz (37), Leipzig (50, 51), Meißen (60), Moritzburg (61) und Weimar (95).

Christian Schnieders, geboren 1970, studierte Buchwissenschaft, Kunstgeschichte und Romanistik in Mainz sowie Electronic Publishing in Oxford. Er lebt und arbeitet in Bonn als Internet-Consultant und beschäftigt sich mit zeitgenössischer Architektur und ihrer Wirkung auf die Stadtplanungen unserer Tage. Im DuMont-Reiseverlag erschien von ihm u. a. der Internet-Kompass Reise.
Von Christian Schnieders stammen die Beiträge zu München: Olympiastadion und Pinakothek der Moderne (63, 64).

Bernd Wurlitzer, geboren 1940, studierte Journalistik und Fotodesign. Er lebt und arbeitet in Berlin als freier Journalist. Im DuMont Reiseverlag erschienen von ihm u. a. der Kunst-Reiseführer Mecklenburg-Vorpommern.
Von Bernd Wurlitzer stammen die Beiträge Güstrow (39), Schwerin (84) Stralsund (86), Wartburg (93), Wismar (97).

Gunda Amberg, Gröbenzell S. 13
Wilfried Bahnmüller, Geretsried-Gelting S. 59
Bayer. Verwaltung der staatl. Schlösser, Gärten und Seen, München S. 387
Constantin Beyer, Weimar S. 368
Martina Beuting, Köln 147
Helmut Buchen, Köln S. 20
Hedda Eid, München Umschlagklappe vorne, S. 45, 184, 309
Emmler/laif, Köln S. 196
Galli/laif, Köln S. 69
Roman von Götz, Regensburg S. 315
Paul Hahn/laif, Köln S. 85
HB Verlag/Christiane Böttcher und Thomas Tiensch S. 103
HB Verlag/Jörg Axel Fischer S. 266
HB Verlag/Huber, Schmid S. 304
HB Verlag/Kirchner S. 169
HB Verlag/Sabine Lobenow S. 137
HB Verlag/Specht S. 80
Dom-Museum (Frank Tomio), Hildesheim S. 191
Peter Hirth/transit, Leipzig S. 330
Andreas Hub/laif, Köln S. 10, 34, 50, 55, 277, 281, 293, 322, 355
Huber/Schmid S. 39
Huber/Gräfenhaun S. 178
Michael Jeiter, Merzenich S. 87, 231, 234, 284/285
Gerold Jung S. 253
Kirchner/laif Köln Titelbild, S. 62, 247
Ansgar Koch, Berlin S. 296
Peter Kühn, Dessau S. 107, 111
Langrock/Zenit/laif, Köln S. 25
Museum der Bildenden Künste, Leipzig S. 209
Franz Karl Maria Freiherr von Linden, Waldsee/Pfalz S. 238
Wolfgang F. Meier, Köln S. 7
Meißen, Touristeninformation S. 242
Marion Mennicken, Köln S. 201
Hans Peter Merten, Saarburg S. 164
Florian Monheim, Düsseldorf Umschlagklappe hinten, S. 27, 28, 31, 42, 65, 72, 75, 90, 118/119, 121, 124, 127, 131, 150, 154, 156, 159, 172, 175, 205, 213, 215, 218, 221, 225, 228, 245, 257, 263, 300, 333, 341, 347, 361, 364, 384
Florian Monheim/Roman von Götz, Düsseldorf/Dortmund S. 100, 378
Wolf-Christian von der Mülbe, Dachau 144, 260, 373
Dietmar Necke, Stuttgart S. 336
Werner Otto, Oberhausen S. 11
Dietmar Scherf, Mainz S. 134
Toni Schneiders, Lindau S. 290
Sigrid Schulze-Rodemann, Halle S. 271
Schuster/f1online, Frankfurt S. 17
Wilkin Spitta, Mariaposching S. 181, 312, 352
Thomas Stachelhaus, Bochum S. 141
Franz-Josef Stiele-Werdemann, Konstanz S. 318
Verlagsarchiv S. 94/95, 326
Jörn Vogt, Stuttgart S. 343
© Weltkulturerbe Völklinger Hütte/Franz Mörscher S. 358
Jürgen Wackenhut, Bad Herrenalb/Neusatz S. 187

Thomas Peter Widmann, Regensburg S. 250, 253
Autostadt Wolfsburg S. 381
Karten und Pläne: DuMont Reisekartografie, Puchheim
© MAIRDUMONT, Ostfildern

Zitat S. 119: Durs Grünbein, Porzellan, © Suhrkamp Verlag, Frankfurt 2005
Umschlagvorderseite: Dresdner Frauenkirche
Umschlagklappe vorn: Brunnenhaus des Zisterzienserklosters Maulbronn
Umschlagklappe hinten: Blick in die Kuppel der Pinakothek der Moderne in München
Umschlagrückseite von oben nach unten:
Museum der Bildenden Künste, Leipzig
Dresdner Zwinger
Burg Eltz
Pfalzkapelle des Aachener Doms

Grafisches Konzept: Ralf Groschwitz, Hamburg
Lektorat: Margarete Graf, Köln
Herstellung: Rudi Mohr, Leverkusen
Druck: Rasch, Bramsche
Buchbinderische Verarbeitung: Bramscher Buchbinder Betriebe

Printed in Germany ISBN 3-7701-6395-8